Ingrid Nebe

ADOLF ERMAN · NEUÄGYPTISCHE GRAMMATIK

ADOLF ERMAN

NEUÄGYPTISCHE GRAMMATIK

Zweite, völlig umgestaltete Auflage

Geschrieben von
W. ERICHSEN

Mit einem Index von Harry A. Hoffner, Jr.

1979

Georg Olms Verlag
Hildesheim · New York

Zweite Nachdruckauflage
Nachdruck der Auflage Leipzig 1933
Mit freundlicher Genehmigung des Verlages J. Cramer, Braunschweig
Herstellung: Druckerei Strauss & Cramer GmbH, 6945 Hirschberg 2
ISBN 3 487 00081 4

NEUAEGYPTISCHE GRAMMATIK

NEUAEGYPTISCHE GRAMMATIK

von

Adolf Erman

Zweite, völlig umgestaltete Auflage

Geschrieben von W. Erichsen

LEIPZIG 1933
VERLAG VON WILHELM ENGELMANN

MANULDRUCK VON F. ULLMANN G. M. B. H., ZWICKAU SA.

ALAN H. GARDINER

dem diese Studien so vieles verdanken
in Freundschaft gewidmet

Vorrede

Die Sprache, die ich hier darstelle hat in der großen Zeit Ägyptens geherrscht, die wir das neue Reich nennen, also in der Epoche, deren Kultur der unseren schon so nahe steht. Für Ägypten ist es eine moderne Zeit und als eine moderne Sprache mag man auch das Neuägyptische bezeichnen; es hat vielfach seine alten Formen aufgegeben und begnügt sich mit Hilfsverben und andern Umschreibungen. Aber es ist zugleich auch eine gebildete Sprache mit einer eigenen und mannigfachen Literatur.

Zeitlich steht das Neuägyptische etwa in der Mitte zwischen dem Koptischen der christlichen Zeit und dem Altägyptischen des dritten Jahrtausends; auch von diesem Letzteren trennt es eine weite Kluft und nur das altertümliche Kleid seiner Schreibweise kann Unkundige darüber täuschen, daß uns hier eine selbständige Sprache vorliegt, die besonders erlernt werden will.

Die Kenntnis des Neuägyptischen ist nicht minder wichtig als die der alten Sprache, denn ihm gehört fast alles an, was uns das neue Reich hinterlassen hat, in Poesie und Prosa, in den Inschriften und in all den Schriftstücken des täglichen Lebens. Und noch aus einem anderen Grunde ist es notwendig das Neuägyptische zu pflegen, bildet doch seine Grammatik den natürlichen Weg zum Verständnis des Demotischen in Schrift und Sprache.

Die Grammatik, die ich hier herausgebe, habe ich schon vor dreiundfünfzig Jahren veröffentlicht, allerdings in sehr anderer Gestalt. Damals war sie ein Wagnis und zwar eines von denen, die man unternimmt, weil man sich der wirklichen Schwierigkeiten nicht bewußt ist. Ich hatte bei meiner Erstlingsarbeit über „die Pluralbildung" richtig gesehen, daß die Texte des neuen Reiches in einer sehr anderen Sprache geschrieben sind, als die der älteren Zeit. Auf diese Erkenntnis hin unternahm ich es, ihren Sprachgebrauch darzustellen. Ich brach dabei mit dem damals verbreiteten Vorurteil, daß alles, was in Hieroglyphen geschrieben sei, ein und derselben Sprache angehöre. Hätte mein Buch nur diesen einen Zweck gehabt, jenen Wahn zu zerstreuen, so brauchte es heute nicht wieder zu erscheinen. Aber es hatte ja auch einen praktischen Zweck gehabt, denn es sollte auch das Verständnis der neuägyptischen Texte erleichtern und um dieses Zweckes willen muß das Buch wieder zugänglich werden. Es ist dies um so nötiger, als das neuägyptische Schrifttum in den letzten Jahrzehnten noch an Bedeutung gewonnen hat und immer weiter gewinnt.

Mein jetziges Buch beruht auf Sammlungen, die ich im letzten Jahrzehnt durchgeführt habe. Ich habe dabei die wesentlichsten Texte genau exzerpiert und ich würde auch die weniger wichtigen ebenso durchgearbeitet haben, wenn anders meine Augen es mir erlaubt hätten. Indessen konnte ich mit Hilfe meiner Frau den gesammelten Stoff noch selbst ordnen und ausarbeiten und auch die Register konnten wir noch herstellen. Dann gewährten mir die beiden Freunde, die mir schon bei der 4. Auflage der ägyptischen Grammatik beigestanden hatten, auch dieses mal wieder ihre Hilfe. Hermann Grapow stand mir als treuer, unermüdlicher Berater zur Seite und W. Erichsen unterzog sich der großen Mühe, alle Zitate zu vergleichen. Seiner Kunst verdankt das Buch auch die schöne Form, in der es erscheint.

Auch Frau Runze und Herr Spiegel, die beide für das Wörterbuch tätig sind, haben mir freundlich beigestanden.

Daß ich auch einem anderen Freunde dankbar bin, zeigt die Widmung des Buches. Alan H. Gardiner hat mir nicht nur gestattet, die wichtigen Bearbeitungen zu benutzen, die er seiner Zeit für das Wörterbuch ausgeführt hatte, sondern hat mir auch freundlichst wertvolle Texte mitgeteilt, die zur Zeit noch unveröffentlicht waren. Daß ich „Horus und Seth", seine „Liebeslieder" und seine „Ostraka" benutzen konnte, danke ich seiner Güte.

Eine besondere Freude ist es mir auch gewesen, daß mein Buch in demselben Verlage erscheinen durfte, der dem Anfänger vor 53 Jahren das Vertrauen geschenkt hatte, es zu veröffentlichen.

Wenn das Buch umfangreicher geworden ist, als ich es wünschte, so liegt das an den vielen Einzelheiten, die sich beim Sammeln ergaben. Vieles von diesen Kleinigkeiten habe ich freilich fortgelassen, hatte ich doch nur zu oft bei der Arbeit das Gefühl des Mannes, der „mit gieriger Hand nach Schätzen gräbt und froh ist, wenn er Regenwürmer findet."

Allerdings wollen wir diesem Gefühle doch widerstehen, denn ohne die Kenntnis dieser Kleinigkeiten kann man auch die Feinheiten der Texte nicht würdigen.

Als einen Mangel des Buches wird es mancher vielleicht empfinden, daß die Beispiele in ihm nicht umschrieben sind, aber abgesehen davon, daß dies den Umfang des Buches beträchtlich vergrößert haben würde, so ist es auch geradezu unmöglich einen neuägyptischen Text auch nur annähernd richtig zu umschreiben. Jede Umschreibung kann den Leser hier nur irreführen. Ohnehin wird sich ja schwerlich jemand dem Neuägyptischen zuwenden, ehe er nicht die elementaren Kenntnisse der ägyptischen Schrift besitzt. Aus den verschiedenen Grammatiken sind diese heute ja leicht zu erwerben.

Und nun zum Schluße noch ein Geständnis, auch von dieser Grammatik gilt ebenso wie von mancher anderen das bittere Wort:

„Wer will was Lebendiges erkennen und beschreiben,
sucht erst den Geist herauszutreiben;
hat dann die Teile in seiner Hand,
fehlt leider nur das geistige Band",

Dieses „geistige Band" herzustellen gibt es nur einen Weg: man muß sich bei den lebenden Sprachen Rats erholen und auch das eigene Sprachgefühl befragen. Damit wird sich dann ergeben, wie die einzelnen Tatsachen, die säuberlich in Paragraphen eingesperrt sind, zusammengehören und der tote Stoff gewinnt dann an Leben. Vielleicht wird man finden, daß ich mich, halbbewußt, in der Auffassung dieser alten Vulgärsprache auch von unserer eigenen habe leiten lassen.

Berlin-Dahlem, 17. 8. 1932.

Ad. Erman.

Inhalt.

Erstes Buch

Sprache und Schreibung

	Seite
A. Die Sprache	1
B. Die Schreibung	6
a) Die Orthographie	6
b) Die Schrift	11
1. Besondere Eigenheiten	11
2. Die Determinative	13
c) Die syllabische Schrift	15
d) Bezeichnung von Vokalen	17
e) Zur Umschreibung	19
1. Aus dem Hieratischen in Hieroglyphen	19
2. Umschreibung in unserer Schrift	21
f) Lautliche Erscheinungen	22
g) Die Interpunktion	26

Zweites Buch

Die Pronomina.

A. Die persönlichen Pronomina	27
a) Die Personalsuffixe	27
1. Ihre Formen und ihr Gebrauch	27
2. Ungewöhnlicher Gebrauch der Suffixe	37
3. Verschiedenes	39
b) Die Pronomina absoluta	40
1. Die alten Pronomina absoluta	40
2. Die jüngeren Pronomina absoluta	44
3. Pronomina absoluta als Possessivausdruck	47
4. Ausdrücke für „selbst"	48
B. Die Demonstrativa	50
a) Die alten Demonstrativa	50
b) Die jüngeren Demonstrativa	51

Drittes Buch.

Substantiva, Adjektiva und Zahlen.

A. Die Substantiva	57
a) Ausdruck des Geschlechts	57
b) Formen der Substantiva und zusammengesetzte Substantiva	59
c) Das Substantiv in Verknüpfung und mit Suffixen	60
d) Der Ausdruck der Zahl	63
1. Der Pluralis	63
2. Der Dualis	67
3. Die Kollektiva	68

		Seite
e) Bestimmung der Substantiva		69
1. Artikelloser Gebrauch		69
α. Vermeidung des Artikels in bestimmten Fällen		69
β. Substantiva, die man in allen Fällen meist ohne Artikel zu brauchen pflegt		72
2. Der bestimmte Artikel		75
Gebrauch des Artikels		77
3. Der Possessivartikel		78
4. Der unbestimmte Artikel		80
f) Absoluter Gebrauch		81
g) Das bestimmende Substantiv		82
h) Die Apposition		82
i) Die Koordination		85
k) Der Genetiv		89
1. Der direkte Genetiv		89
2. Der indirekte Genetiv		92
α) Allgemeines		92
β) Besitz und Zugehörigkeit		93
γ) Erläuternd		93
δ) Mit *nt*, *ntj* und *nw*		95
B. Adjektiva		97
a) Adjektiva verbalen Ursprungs		97
1. Allgemeines		97
2. Das Adjektiv *nb*		99
3. Verschiedenes		101
b) Adjektiva auf *-j* und *-tj*		102
c) Anhang zum Adjektiv		105
1. Ausdrücke für „zugehörig"		105
2. Ausdrücke für „ganz" und „jeder"		106
3. Ausdrücke für „anderer", „irgendeiner", „etwas"		107
C. Die Zahlen		111
a) Die Kardinalzahlen		111
1. Allgemeines		111
2. In Angaben von Maß, Gewicht u. ä.		113
3. Mit Artikel oder Demonstrativ		114
4. Substantivisch gebraucht		114
b) Die Ordinalzahlen		115

Viertes Buch.

Das Verbum.

A. Allgemeines		116
a) Schreibung des Stammes		116
1. Scheinbare Endungen		116
2. Der Anlaut *i* oder *r*		117
b) Die Klassen der Verba		118
Anhang: Kausativa und Eigenschaftsverben		122

		Seite
B. Die jüngere Flection		123
a) Allgemeines		123
b) Die Form auf -tw		125
C. Das gewöhnliche śdm·f		127
a) Seine Bildung		127
b) Sein Gebrauch		132
1. Vorbemerkung		132
2. Gebrauch in der Aussage		133
3. Gebrauch als Subjunktiv		135
4. Gebrauch für Absicht u. ä.		138
5. Gebrauch als Optativ		140
6. als Ausdruck für „indem		141
D. Die emphatische Form		143
a) Ihre Bildung		143
b) Ihr Gebrauch		145
E. Die n-Form und die ihr verwandten Formen		148
a) Die n-Form		148
b) Die in-Form und ḫr-Form		150
F. Das eigentliche Passiv		151
G. Das Pseudoparticip		155
a) Seine Bildung		155
b) Sein Gebrauch		160
H. Der Imperativ		164
a) Seine Bildung		164
1. Allgemeines		164
2. „Komme" und „gib"		167
b) Zusätze zum Imperativ		169
c) Worte für „siehe"		171
I. Die Participien		173
a) Bildung der Participien		173
1. Einfache Participien		173
2. Zusammengesetzte Participien		178
b) Gebrauch der Participien		179
1. Attributiv und als Substantiv		179
2. Mit beigefügtem Substantiv oder Suffix		182
3. In der Hervorhebung		184
K. Die Relativformen		185
a) Allgemeines		185
b) Die älteren Formen		187
c) Die jüngeren Formen		187
d) Die perfektischen Relativformen		190
L. Der Infinitiv		192
a) Seine Bildung		192
1. Allgemeines		192
2. Besondere Formen		195

		Seite
b) Gebrauch des Infinitivs		198
1. Der bestimmte Infinitiv		198
2 Der unbestimmte Infinitiv		200
ω) Selbständig und als Objekt		200
β) Im Genetiv		202
γ) Nach Praepositionen		203
αα) Nach *m* und *n*		203
ββ) Nach *r*		204
γγ) Nach *ḥr*		209
δδ) Nach *ḥnc*		211
εε) Nach anderen Präpositionen		211
c) Anhang zum Infinitiv		212
M. Die Formen *śḏm·t·f* und *śḏm·tj·fj*		213
a) *śḏm·t·f*		213
b) *śḏm·tj·fj*		216

Fünftes Buch.
Der Bau des Satzes und die von ihm hergeleiteten Verbalformen.

A. Vorbemerkungen	217
a) Einleitung	217
b) Zum Nominalsatz und seinen Abkömmlingen	218
B. Der Nominalsatz mit nominalem Praedikat	220
a) Mit substantivischem Praedikat	220
b) Mit adjektivischem Praedikat	222
C. Mit einem Demonstrativ als Subjekt	223
D. Der adverbiale Nominalsatz	225
a) Allgemeines	225
b) Ohne Hilfsverb	226
c) Mit dem Hilfsverb *iw*	228
1. Mit selbständigem *iw*	228
2. Mit begleitendem *iw*	228
E. Die verbalen Nominalsätze: Allgemeines	229
F. Der verbale Nominalsatz ohne Hilfsverb oder das Praesens I	232
a) Seine Bildung	232
b) Sein Gebrauch	234
G. Der verbale Nominalsatz mit *iw* oder das Praesens II	236
a) Seine Bildung	236
b) Sein Gebrauch	239
1. Allgemeines	239
2. Selbständig	239
3. Begleitend	241
H. Verbindungen mit *m*	243
I. Die futurischen Formen	244

	Seite
K. Verbindungen mit *wn*	245
a) Allgemeines	245
b) Mit adverbialem Praedikat	246
c) mit verbalem Praedikat	248
L. Das unpersönliche *iw*	251
a) Allgemeines	251
b) Selbständig	251
c) Begleitend	252
d) Vor negierten Sätzen	255
e) Anhang	258
M. Das unpersönliche *wn*	259
N. Das Hilfsverb *ir*	261
a) Allgemeines	261
b) Vor mehrkonsonantigen Verben	262
c) Zum Ersatz bestimmter Verbalformen	263
1. Bei emphatischer Form	263
2. Als Ersatz der Relativform und der Form nach *bw*	266
3. Ersatz des Particips	267
4. Ersatz anderer Formen	267
d) Als Ersatz des Verbums *iw* „sein"	268
e) Die Verbindung *śdm pw ir·n·f* u. ä.	270
O. Verschiedene Hilfsverben	271
a) *cḥc·n*	271
b) Seltnere Hilfsverben u. ä.	272
P. Der Konjunktiv	275
a) Seine Bildung	275
b) Gebrauch des Konjunktivs	278

Sechstes Buch.

Partikeln.

A. Adverbien	283
a) Allgemeines	283
b) Bildung aus Adjektiven oder Substantiven	284
c) Praepositionen als Adverbien	285
d) Verschiedene Bildungen	286
B. Praepositionen	288
a) Allgemeines	288
b) Die Praepositionen *n, m, r, ḥr*	289
1. Die Praeposition *n*	289
2. Die Praeposition *m*	292
3. Die Praeposition *r*	299
4. Die Praeposition *ḥr*	304
c) Andere einfache Praepositionen	308
d) Zusammengesetzte Praepositionen	316

XIV

	Seite
C. Konjunktionen	331
a) Nicht enklitische	331
1. Die Konjunktion ḥr	331
2. Andere nicht enklitische Konjunktionen	336
b) Enklitische Konjunktionen	340
D. Interjektionen	343
a) Eigentliche Interjektionen	343
b) Partikeln des Wunsches	345

Siebentes Buch.
Die Sätze.

A. Die Teile des Satzes	346
a) Wortstellung	346
b) Die Anrede	349
c) Hervorhebung	349
1. Allgemeines	349
2. Mit Voranstellung des Hervorgehobenen	352
3. Mit Hintenanstellung des Hervorgehobenen	354
4. Verschiedenes	355
d) Ellipsen	355
e) Wiederholung	360
B. Selbständige Sätze	361
a) Aussagesätze	362
b) Erzählende Sätze	363
C. Abhängige Sätze	364
a) Wirklich abhängige Sätze	364
b) Indirekte Rede	367
D. Zustandssätze	369
E. Fragesätze	371
a) Allgemeines	371
b) Frageworte	374
F. Negativsätze	378
a) Die Negation nn	378
1. nn „Es ist nicht"	378
2. nn vor Hilfsverben und Verben	380
3. Die Verbindung $nn\ wn$	382
b) Die Negation bn	383
1. bn „Es ist nicht"	384
2. bn vor Hilfsverben und Verben	387
c) Die Negation bw	389
d) Die Negation $bw\ pw$	394
e) Die Negation mn	396
f) Umschreibung der Negation	398

	Seite
1. *im* und *m*	398
2. *tm*	401
g) Verdoppelung der Negation	403
h) Verstärkung der Negation	403
i) Das negative Adjektiv	404
G. Zeitsätze	405
a) Allgemeines	405
b) Ohne Konjunktion	405
c) Mit Konjunktionen	409
H. Bedingungssätze	410
a) Ohne Konjunktionen oder mit *ir*	410
b) Ungewöhnliches	416
I. Relativsätze	417
a) Allgemeines und die Bildung mit Relativformen	417
b) Relativsatz als Zustandssatz	423
c) Mit *n* angeknüpft	425
d) Mit *ntj* angeknüpft	426
1. Allgemeines	426
2. Mit adverbialem Praedikat	428
3. Mit verbalem Praedikat	430
4. Mit *iw* und *ir*	432
5. Mit *śdm·f* u. ä.	434
Sachregister	435
Wortregister	443
Anhang zu den Registern	453
Koptisches Register	458

Abkürzungen.

Die in dem Buche benutzten Bezeichnungen der Texte bedürfen keiner Erläuterung.

Die Verweise auf die Grammatik der älteren Sprache gehen auf deren vierte Auflage vom Jahre 1928, die auf die koptische Grammatik auf den Neudruck der zweiten Auflage von Steindorffs koptischer Grammatik zurück.

Erstes Buch.

Sprache und Schreibung.

A. die Sprache.

1. Soweit hinauf wir die ägyptische Sprache verfolgen können, begegnen wir stets, neben der wirklich gesprochenen Sprache, auch einer besonderen Schriftsprache. Sie wird von jener ständig beeinflusst, aber trotz dieser unablässigen Erneuerung tritt dann schliesslich doch eine Zeit ein, in der sie schon ein totes Idiom geworden ist; nur wer es in der Schule gelernt hat, versteht es noch recht. Damit öffnet sich dann eine Kluft zwischen Gebildeten und Ungebildeten, die auf die Dauer unerträglich wird, und es kann nicht ausbleiben, dass man schliesslich diese Fessel sprengt. Man überlässt die bisherige Schriftsprache den Gelehrten und schreibt statt ihrer die Sprache, die man im gewöhnlichen Leben spricht. So wird die Volkssprache zu einer neuen Schriftsprache, aber das bringt dann doch eine Umgestaltung für sie mit, denn man muss ihren Gebrauch regeln. Auch sie wird wieder in der Schule gepflegt und entfernt sich damit allmählich wieder von der lebenden Umgangssprache. Zuletzt wird auch sie wieder eine tote Sprache und eine neue Umwälzung wird notwendig.

Sethe hat in seinem Aufsatze Z.D.M.G. Bd. 79 Seite 290 ff. darauf hingewiesen, dass eine solche sprachliche Umwälzung zuweilen mit einer politischen zusammenfiel; sie fand statt, wenn die bis dahin dominierende Klasse des Volkes ihre Stellung an eine untere Schicht verlor. So wird die Sprache des mittleren Reiches damals emporge-

§ 1-3   Sprache

kommen sein, als das alte Reich in einer grossen Katastrophe zusammenbrach, und so ist auch das Neuägyptische in jener Zeit zur Anerkennung gelangt, als die Ketzerzeit eine neue Welt an Stelle der alten zu setzen suchte.

Natürlich handelt es sich aber in solchen Fällen immer nur um die Legitimierung einer Sprache, die schon längst bestand; auch die höheren Stände haben im täglichen Leben sie längst gesprochen, aber sie scheuten sich davor, sie zu schreiben.

Anm. Ein Seitenstück zu den hier geschilderten Vorgängen bietet das moderne China, wo auch die alte überlieferte Schriftsprache durch eine neue Schriftsprache ersetzt wird, die auf der Umgangssprache beruht.

2. Dass auch das Neuägyptische schon vor seiner Anerkennung als Umgangssprache bestanden hat, versteht sich demnach von selbst, aber es ist bemerkenswert, dass wir auch Beweise dafür haben. Auf dem Carnavon-Tablet sprechen König Kamose und seine Räte reines Neuägyptisch, und in dem Grabe des Paheri sind die Reden der Arbeiter ebenfalls Neuägyptisch. Besässen wir mehr Papyrus aus Dynastie 18, so würden sich diese Beispiele gewiss vervielfachen, aber sie würden doch nichts an der Tatsache ändern, dass man erst unter Amenophis IV. (1370-1352 v. Chr.) das Neuägyptische als Schriftsprache verwendet hat; denn unter ihm scheut man sich nicht mehr, es auch in religiösen und offiziellen Texten zu brauchen.

3. Als Schriftsprache hat das Neuägyptische dann ein langes Leben gehabt, auch wenn man nicht, wie dies nach Sethes Ausführungen eigentlich berechtigt wäre, auch die Sprache der demotischen Texte noch als ein letztes Stadium desselben zu ihm rechnet. Wie lange man das Neuägyptische noch schrieb und las, zeigen uns zwei Handschriften spätester Zeit, die des Weisheitsbuches des

Amenemope (aus der Perserzeit?) und die mit der von Schott entdeckten Übersetzung eines älteren religiösen Textes (etwa 4tes? Jahrhundert, Urk. VI, 62 ff.).

anm. Früh hat man es schon in den Schulen behandelt. Das zeigen zwei Ostraka etwa aus Dynastie 20 (?), Kairo 25227 und Petrie 28, auf denen die Flexion des Hilfsverbs ... und anderes steht. Auf einer Schreibtafel in Berlin, etwa aus Dynastie 22, hat ein Schüler den altertümlich gehaltenen Anfang der Maximes d'Anii Wort für Wort ins Neuägyptische übersetzt.

4. In den drei Jahrhunderten, die uns hier beschäftigen – der Zeit von Amenophis IV. bis auf Hrihor – hat die Sprache natürlich Änderungen erfahren, und Manches von diesen ist auch für uns sichtbar. So sehen wir, wie das Suffix ... dem ... Platz macht, wie das ... vor dem Infinitiv verschwindet, wie die Artikel ... und ... ihr ... aufgeben, wie die erste Singularis des Pseudoparticips durch eine Form auf ... ersetzt wird, wie das Verbum die n-Form verliert u. ä. m. Aber eine genauere Abgrenzung der einzelnen Phasen ist nicht möglich, und wenn uns Texte aus Dynastie 21 anders anmuten als solche aus Dynastie 19, so liegt das gewiss zum guten Teil nur an der Verschiedenheit ihrer Orthographie. Ein Text, der sicher aus Dynastie 19 stammt, das Lied auf die Stadt Ramses, sieht in der wilden Schreibung des Papyrus Rainer schon fremdartig aus, und die Maximes d'Anii haben wir für ein spätes Werk gehalten, solange wir sie nur aus dem barbarischen Papyrus Boulaq kannten.

Auf der anderen Seite erscheinen diejenigen Texte, die uns hieroglyphisch vorliegen, äusserlich altertümlicher als ihre hieratischen Genossen, auch das nur, weil sie eine ältere Orthographie haben. Man vergleiche zum Beispiel die hieroglyphischen Texte der Kadeschschlacht mit dem hieratischen Papyrus Sall. III, oder die Inschrift des Mes mit den ihr gleichzeitigen geschäftlichen Papyrus, oder die Inschriften von Medinet Habu mit

§.4-5   Sprache

dem Papyrus Harris.

<u>Anm.</u> Im Grossen und Ganzen kann man die hier besonders benutzten Texte in folgende Gruppen teilen:

1) Tell Amarna (1370 ff.).
2) die Zeit Ramses' II und seiner Nachfolger (seit 1300):
    Kadesch und Sall. III.
    die Schülerhandschriften: An. I und An. II, An. III,
        An. IV, An. V, An. VI; Sall. I, Koller, Bologna.
    die Erzählungen: Harris 500; d'Orb.
    die Lieder des Harris 500.
3) die Zeit Ramses' III und seiner Nachfolger (seit 1200):
    Harris.
    die Akten des Hochverratsprocesses (P. jur. Turin),
        die über die Gräberdiebe (Abbot u.s.w.).
    die Schülerhandschrift Lansing.
    die Erzählungen: Hor. u. Seth; Wahrh. u. Lüge.
    die Liebeslieder des Pap. Beatty
4) die Zeit der Dynastie 21 (seit 1085):
    die Erzählung des Unamun.
    die Dekrete der Neschons.
    die Briefe der „Corresp." und Abg. Just.
    die Maximes d'Anii in der vorliegenden Fassung.
5) Späteste Texte wie Amenemope.

5. Neben dieser zeitlichen Differenz macht sich dann noch eine andere fühlbar. Neben der gewöhnlichen Sprache geht eine <u>gewählte</u> einher, die man in der Poesie und da, wo vom Könige und den Göttern die Rede ist, verwendet, und die natürlich auch in der Schule herrscht. In ihr haben sich ältere Ausdrücke und Worte erhalten, die man sonst schon vermeidet, so das 𓃀𓈖𓏏 statt des 𓈖, das 𓅓 statt des 𓈖 u.a.m. Daneben haben sich denn auch gerade in der Geschäftssprache einige altertüm-

liche Ausdrücke erhalten wie [hieroglyphs] u.a.m.

Natürlich sind aber auch diese Arten der Sprache nicht scharf voneinander zu trennen; auch der gewöhnliche Schreiber hat ja eine Schule durchgemacht und kann ja, wenn es ihm beliebt, sich auch einmal gebildet ausdrücken.

<u>Anm</u>. Dass man sich des Unterschieds zwischen beiden Sprachweisen bewusst war, kann man daraus sehen, dass, wie Herr Erichsen bemerkt hat, in Medinet Habu die Reden geringerer Personen vulgärer gehalten sind als der übrige Text — das Gleiche aus älterer Zeit in §. 2.

6. Wer an das Neuägyptische geht, erwarte nicht, in ihm ungewöhnliche sprachliche Erscheinungen zu finden. Sieht man von dem Konjunktiv des §. 575 ff. und Wenigem anderen ab, so ist fast nichts in ihm zu finden, was nicht ebenso, mutatis mutandis, in anderen Sprachen vorkäme, die auf der gleichen Stufe der Entwicklung stehen. Es ist das die Stufe, die uns aus unsern modernen Kultursprachen vertraut ist, die Stufe, wo die Substantiva sich mit Artikeln behelfen und wo die Verben ihre Flexion durch Hülfsverben ersetzen. Dabei wird es dann unnötig, die alten Formen, die noch existieren, genau auszusprechen: ihre unbetonten Vokale werden zu einem ĕ oder sie gehen auch ganz verloren.

Alles dies beobachten wir auch im Neuägyptischen. Bei den Substantiven drückt es Zahl und Geschlecht und die Bestimmtheit schon durch seine Artikel aus. Bei den Verben existieren zwar noch einzelne flektierte Formen, aber sie sind schon ein Ballast, und statt „er hört" braucht man schon „er ist beim Hören", „er tut hören" u.s.w. Im Koptischen ist die Entwicklung dann noch weiter gegangen, auch die letzten Reste der alten Flexion sind verloren und die Hülfsverben beherrschen als „Präfixe" allein das Verbum.

Auf die grossen Unterschiede, die das Neuägyptische auch im Wortschatz gegenüber der älteren Sprache zeigt, kann hier nicht eingegangen werden. Seine neuen Worte werden zumeist aus der Vulgärsprache stammen, zum Teil aber sind es auch Fremdworte, besonders kanaanäische (vgl. Max Burchardt: Altkanaanäische Fremdworte. Lpz. 1909-10). Auch die Bedeutung der einzelnen Worte hat sich vielfach gegen früher verschoben.

7. Wenn wir zum Verständnis neuägyptischer Sprachformen das Koptische heranziehen, so müssen wir zweierlei bedenken: einmal, dass beide Sprachperioden fast anderthalb Jahrtausende auseinander liegen, ein auch für ägyptische Verhältnisse ungeheurer Zeitraum; weiter aber, dass das Koptische überhaupt nicht auf das schriftmässige Neuägyptische zurückgeht, das im Demotischen der heidnischen Ägypter sein Ende gefunden hat. Es geht vielmehr auf die gesprochene Sprache des niederen Volkes zurück, die uns unbekannt ist. Wir können uns demnach nur wundern, dass so vieles, was wir aus dem Neuägyptischen kennen, auch im Koptischen bewahrt ist.

B. die Schreibung.

a. die Orthographie.

8. Die grösste Schwierigkeit, die der grammatischen Erforschung des Neuägyptischen entgegensteht, liegt in seiner Schreibung, die uns die wirklich gesprochenen Worte kaum ahnen lässt. Wie es damit stand, zeigen uns z. B. die in §. 244 erwähnten Wortspiele; wenn ein 𓀀𓀁𓀂𓀃 und ein 𓀄𓀅𓀆𓀇 ähnlich wie ⲭⲟⲟⲩⲧ lauten, so besagt das genug. Auch das Wenige, was wir an gleichzeitigen Umschreibungen neuägyptischer Worte in Keilschrift kennen, bestätigt diesen Eindruck. Man schreibt eben Formen, die gar nicht zu der gesprochenen Sprache passen. Die Folge davon ist, dass die Schreiber wenig Gewicht auf

Orthographie §. 8 — 9

eine konsequente Schreibung legen. Sie schreiben in derselben Stelle ein Wort bald so, bald so, und vergebens wird man sich nach einem Grunde fragen. Auch wer sich die Mühe gäbe, alle diese Schreibungen vollständig zu sammeln, würde aus diesem Kehricht nicht viel gewinnen, man muss sich daher in der Hauptsache an die Syntax der Sprache halten, wie das auch in diesem Buche geschieht.

9. Dass eine jüngere Sprache die Schreibungen einer älteren Zeit beibehält, obgleich sie gar nicht mehr zu ihren Formen passen, hat sich oft genug in der Welt ereignet, und man braucht nur an das Englische und Französische zu denken, um zu sehen, welche Verwirrung hieraus entsteht. Aber bei dem Neuägyptischen kam noch etwas besonderes hinzu. Diese Art der Sprache hatte sich ja nicht in Inschriften und Büchern entwickelt, sondern in den Schriftstücken des täglichen Lebens, und in diesen bediente man sich einer kursiven Schrift, die nicht wie das Hieratisch der Bücher jedes Zeichen deutlich gestaltete. Es genügte ja, wenn man das Wort im ganzen erkennen konnte, auf die Lesbarkeit der Auslaute und der Determinative kam es weniger an. Wir haben in den Papyrus des späteren neuen Reichs Beispiele genug solchen flüchtigen Schreibens, wo sich der Schluss der Worte in unlesbare Striche und Punkte verliert, und wir können nicht zweifeln, dass die Schreiber früherer Jahrhunderte es ebenso eilig gehabt haben werden. Auch damals wird das Ende des Wortes nicht immer deutlich geschrieben worden sein. So musste es kommen, dass diesen Schreibern das Gefühl für die genaue Form der Worte immer mehr verloren ging; ob man sich am Ende des Wortes ein ◠ oder ⫽ oder ▱ zu denken hatte, das wird niemand Sorge gemacht haben. Als man dann aber das Neuägyptische legitimierte und als es aus einer Geschäftssprache zur Schriftsprache wurde, da musste man seinen Worten für den literarischen Gebrauch doch bestimmte Formen geben, und das wird dann den Anlass zu weiterer Verwirrung gegeben

§. 9 - 11   Orthographie

haben.

<u>Anm</u>. Wo man einmal Neuägyptisch in Hieroglyphen schrieb, benutzte man die alt herkömmliche Orthographie der Inschriften, die freilich erst recht keinen Begriff von den gesprochenen Formen der Worte gab. Man beachte, dass gerade auf kleinen Gegenständen, Statuetten, Denksteinen u. ä. die Schreibung oft eine wilde ist, gewiss nur, weil sie von ungelehrten Handwerkern angefertigt sind.

10. Offenbar hat man dann versucht, eine gewisse Regelung der Orthographie einzuführen. Ihr verdanken wir gewiss die für das Neuägyptische charakteristische Schreibung des Präfixes der Verben 𓇋𓅱 (§.255), das man vor dieser Regelung, wenn überhaupt, mit ⌒ geschrieben hatte. Des weiteren rühren von dieser Reform gewiss her das 𓐍𓂋 des Konjunktivs, die Negation 𓃀𓈖𓐍𓏭, das Pronomen 𓊃𓏥𓈖 und anderes mehr. Diese Reform der Orthographie ist dann freilich nur eine halbe geblieben, da sie ja den Worten in der Hauptsache ihr gewohntes Äussere belassen musste; die Wortzeichen und Determinative blieben unangetastet. Die Kluft zwischen der gesprochenen Sprache und der Schrift wurde somit nicht überbrückt und auch die Änderungen, welche die Orthographie in noch späterer Zeit (Dynastie 21) erfuhr, haben sie nur noch mehr verwirrt. Beispiele dieser tollen späten Schreibungen siehe in §. 13; 14.

11. Wie schon oben gesagt, ist es besonders das Ende der Worte, das in der Orthographie entstellt wird, und zwar auch durch irrige Zusätze. So hängt man z. B. Formen, die gewiss nie eine Endung gehabt haben, ein ⌒ an, als scheue man sich, das Wort ohne Endung zu lassen. Besonders den Verben wird ein solches ⌒ angehängt, das sie dann in allen ihren Formen tragen; so schreibt man: 𓀁⌒, 𓂝𓏤𓈖𓏛, 𓀁𓏤𓈖, 𓀁𓏤𓈖𓏛, 𓀁𓏤𓐍, 𓀁𓏤𓏤 u.s.w. Warum man dann andere diesen gleichartige Verben ohne das ⌒ lässt, wie: 𓀁𓏥, 𓂋𓏛, 𓀁𓂝𓏤𓈖, 𓂋𓏛, 𓂋, 𓊪𓏭, 𓀁 u.s.w., das gehört zu den Geheimnissen der ägyptischen Schrift, über die zu grübeln es nicht lohnt.

Orthographie §. 11 – 14

Bei den Worten, die auf *uu* ausgehen, begnügt man sich dann nicht mit dem einfachen [e], sondern schreibt ein korrektes [uu/oe]. So bei den Verben: [hierogl.], [hierogl.], [hierogl.], [hierogl.] u.s.w. und ebenso bei andern Worten, z. B.: [hierogl.]. Seltener gestaltet man den Auslaut zu *uu* um: [hierogl.] Amenemope 8,3 ; 12, 13.

Anm. Diese Schreibung [oe] hat dann dazu geführt, dass man auch ein [o], das nur als Determinativ steht, mit einem [e] versieht: [hierogl.] für [hierogl.]; später noch weiter entstellt zu [hierogl.] Neschons 3,13 ; 5, 27, [hierogl.] für [hierogl.], [hierogl.] für [hierogl.] „Mehl" (ⲚⲞⲈⲒⲦ), Schreibungen, die völlig durchgedrungen sind.

12. An die Schreibungen auf [oe] schliessen sich dann solche mit einer Endung [j e]. Sie kommt schon in Dynastie 19/20 vor: [hierogl.] „Netze" lieb. Harr. 4,8 ; [hierogl.] „Mine" Insc. H. Char. pl. 18 ; häufig wird sie aber erst in den späten Handschriften: [hierogl.] „süsse Speise" Neschons 2,9 ; [hierogl.] „Flamme" ibd. 1,15 ; [hierogl.] ibd. 1,13 ; [hierogl.] „vorbeigehen" Amenemope 7,1. Nach §. 38 scheint dieses [j e] als syllabische Gruppe n*ō* gelautet zu haben. Danach könnten diese Schreibungen eigentlich šn*ō*, mn*ō* u.s.w. bedeutet haben; es ist wohl aber ratsam, sie nicht allzu ernst zu nehmen.

13. Man hängt weiter an ein am Ende stehendes [s] ein müssiges [a] an, und schreibt z. B. [hierogl.] für *ps* „gekocht" und sogar [hierogl.] für *mss* „Hemd". Diese Unsitte findet sich vor allem bei dem Suffixe 3. fem. sing (§. 72) und rührt augenscheinlich von der Verwechslung desselben mit dem Pron. abs. [s a] her. Wie sehr sie sich eingebürgert hatte, sieht man daran, dass diese Gruppe [s a] im Demotischen als ⲥ zum gewöhnlichen Zeichen für *s* geworden ist.

14. In späten Handschriften findet sich als Zusatz bei beliebigen Worten [e]: [hierogl.] Amenemope 11,13 ; 15,14 ; 22,14 ; [hierogl.] (Infin.) ibd. 7,14 ; [hierogl.] ibd. 20,19 ; [hierogl.] ibd. 2,15. Von diesen Beispielen ist das letztere verständlich; das Gestell, auf dem das Zeichen des Min steht, erinnert an dasje-

§. 14 - 17   Orthographie

nige des 𓁟 „Thoth", und so gibt man ihm auch dessen Endung ⸗ ; aber bei den andern Fällen fehlt jede Erklärung.

Anm. Dagegen ist die Endung ⸗ nie ganz bedeutungslos; sie stellt zum mindesten ein *tĕ* oder *t* dar. Übrigens schreibt man anstatt des ⸗ zuweilen auch), so z. B. in §. 140 und 270.

15. Die überlieferte Schreibung ⸗ 𓏲 für auslautendes ⸗ das zu 𓏲 geworden ist (Gr. §.59), wird den Schreibern offenbar schon unklar. Statt *bnrj* und *swrj* schreiben sie: 𓃀𓈖𓂋𓇋𓆰 an.I 5,2 ; 8,1 ; 𓃀𓈖𓂋𓇋𓇋𓏛 Ostr. Gard. 16; Rainer; 𓃀𓈖𓂋𓇋 Amenemope 13,6 ; 𓃀𓈖𓂋𓇋𓏛 ibd. 12,11.

16. In einem Punkte müssen wir diese neuägyptischen Schreiber doch rühmen: sie erleichtern uns das Lesen auch flüchtiger Schrift dadurch, dass sie den Auslaut 𓄿, 𓏲, 𓇋 zweikonsonantiger Zeichen regelmässig ausschreiben. Man schreibt 𓅓𓄿, 𓄿, 𓄿, 𓄿, 𓄿, 𓇋 u.s.w. Nur die hieroglyphischen Inschriften lassen den Auslaut meist ungeschrieben: 𓅓.

Anm. Die Inschrift des Mes behält die Schreibungen 𓅓𓄿, 𓄿 u.s.w. ihrer hieratischen Vorlagen bei; dagegen schreibt sie 𓅓 mit nur einem Zeichen, weil das 𓄿 hier im Hieratischen mit dem 𓅓 in einer Ligatur verbunden ist.

17. Charakteristisch für diese Orthographie ist es dann weiter, dass man oft die Schreibung eines häufigen Wortes mit der eines anderen vermischt, weil dieses irgendwie an jenes erinnert. So z. B.: 𓊃𓈞𓄿 „Rücken" (wegen 𓊃𓈞𓄿 „schneiden") d'Orb. 14,6; 𓊃𓈞𓄿 „erweitern" (wegen 𓊃𓈞𓄿 „Halle") Abu Simbel, Gr. Tempel, Raum F, Ostwand; 𓊃𓈞𓄿 „Schlag" (wegen 𓊃𓈞 „taub") Sall. I 7,11 ; 𓊃𓈞𓄿 „Tor", cвε (wegen 𓊃𓈞𓄿 „Lehre", cвw) P. Bologna 11,3 ; 𓊃𓈞 „Ufer" (wegen 𓊃𓈞 „gelangen") Unamun 2,14 ; 𓊃𓈞 „Grab" (wegen 𓊃𓈞 „Zeit") ibd. 2,52. Während solche Fälle nur als Schreibfehler gelten können, haben sich andere Vermischungen eingebürgert. So: 𓊃𓈞 für 𓊃𓈞 „Glieder" (wegen 𓊃𓈞 „Glied") d'Orb. 9,7 u.o.; 𓊃𓈞𓄿 für 𓊃𓈞𓄿 „essen" (wegen 𓊃𓄿 „befindlich in") Hor. u. Seth 11,10 ; Wah-

Schrift § 17 – 19

u. Lüge 6,4. – Weil man an [hieroglyphs] "[hieroglyphs] "Offizier" gewöhnt ist, schreibt man auch [hieroglyphs] "[hieroglyphs] für *sntj* "Grundriss" An. III 2,1.; [hieroglyphs] für *sn t3* "die Erde küssen" Amenemope 14,16. – Auf [hieroglyphs] "Kraut", das man auch [hieroglyphs] schreibt (wegen [hieroglyphs] "Geruch") d'Orb. 1,10 u.ö., beruhen die Schreibungen: [hieroglyphs] "Gemüse" (für *w3d*) Ostr. Petrie 50; [hieroglyphs] "Flachs" (für *mḥ*) Harr. 32b, 8. – Aus den Determinativen [hieroglyphs], [hieroglyphs], [hieroglyphs] und [hieroglyphs] haben sich entwickelt: [hieroglyphs] (für *ꜥḥm*) "löschen" Sall. I 8,10; [hieroglyphs] (für *dns*) "schwer" An. I 10,5 u.ö.; [hieroglyphs] (für *rnp*) "jung" P. Bologna 7,4; [hieroglyphs] (für *wꜥr*) "fliehen" ibd. 3,2; [hieroglyphs] (für *snk*) "säugen" Max.d'Anii 9,16.

Vgl. ferner [hieroglyphs] "Monat" (wegen [hieroglyphs] "Morgen") Unamun X+16; [hieroglyphs] (für *mšꜥ*) "gehen" (wegen [hieroglyphs]) An. I 22,1 u.a.m.

18. Neben den gewöhnlichen alten <u>Abkürzungen</u> (Gr. §. 75 ff) finden sich dann in geschäftlichen Texten noch andere. So: [hieroglyphs] "ein jeder" Ostr. Gardiner 29 u. öfter; [hieroglyphs] "Summe" Harr. 11,4; Ostr. Gard. 29 u. oft; [hieroglyphs] "jeder Auftrag" An. VIII 2,5; Corr. 17; [hieroglyphs] für *ptr* "sehen" Mayer A 3,19; Corr. 31; [hieroglyphs] für *šꜥ.t* "Brief" Corr. 17 und sogar [hieroglyphs] für "[er] sagt" Mayer A 3,23.

b. die Schrift.

1. besondere Eigenheiten.

19. Zu den hier geschilderten Wirrnissen der Orthographie treten dann noch mancherlei Entartungen der Schrift. Als besonders störend merke man die folgenden Punkte:

1) das Zeichen [hieroglyphs] wird durch die Ligatur [hieroglyphs] d.h. [hieroglyphs] ersetzt und so schreibt man für [hieroglyphs] "Mutter" [hieroglyphs] Harris 78,6 oder [hieroglyphs] d'Orb. 3,10.

2) Ebenso schreibt man für [hieroglyphs] eine Ligatur [hieroglyphs]; die gibt man dann

hieroglyphisch durch ein neu erfundenes Zeichen [Zeichen] wieder und wir tun gut, dieses beizubehalten, da wir sonst z. B. ein [Zeichen] mit [Zeichen] umschreiben müssten.

3) das Zeichen [Zeichen] stellt sowohl [Zeichen] als [Zeichen] dar; wir umschreiben es durchweg mit [Zeichen].

4) die häufige Gruppe [Zeichen] entartet zu einem [Zeichen].

5) In den späten Handschriften schreibt man für [Zeichen] „Feld" gern ein unsinniges [Zeichen]; Max. d'Anii 8,1; Amenemope 7,17; 17, 20.

20. Wo ein schmales Zeichen über oder unter einem breiteren steht, gibt man beiden gern die gleiche Breite. Das kann leicht zu Missverständnissen führen bei [Zeichen] und [Zeichen]. Vgl. z. B.: [Zeichen] für dhn „ernennen" d'Orb. 12,3 und die späten Schreibungen: [Zeichen] für ktt „klein" Amenemope 2,13; 25, 2; [Zeichen] für itm „Sonne" Amenemope 10,12; [Zeichen] für 3tp „beladen" Amenemope 12,8.

21. Man empfindet es als unangenehm, wenn unter einem breiten, horizontalen Zeichen ein leerer Raum bleibt. Daher schreibt man in einem solchen Fall statt des Suffixes [Zeichen] lieber ein [Zeichen], also [Zeichen], [Zeichen] für ns, nš (vgl. §. 72). Daher füllt man auch einen solchen leeren Raum nach dem letzten Konsonanten gern mit einem [Zeichen] aus. z. B.: [Zeichen] d'Orb. 3,9 u.o.; [Zeichen] d'Orb. 5,8; Prinzengesch. (Harr. 500) 6,10; Unamun 2,80; [Zeichen] Sall. I 7, 11; [Zeichen] An. IV 5,10 = An. II 6, 2; [Zeichen] d'Orb. 2,9; [Zeichen] Harr. 77,12; 78, 3; vgl. auch Ostr. Berlin III 35; [Zeichen] max. d'Anii 3,14. Dieses [Zeichen] mag auf die Schreibung von [Zeichen] „Hand" zurückgehen.

Übrigens wird [Zeichen] dann zu einem [Zeichen] P. Neschons 4,6; 4, 8 entstellt.

Anm. Einen leeren Raum am Ende einer Zeile füllt der Schreiber von Sall. I und Sall. III zuweilen mit einem [Zeichen] aus (z. B. Sall. III 2,5).

22. Charakteristisch für das spätere Hieratisch ist es, dass man das Zeichen [Zeichen] gern nach vorn reckt über ein ihm vorhergehendes hin: [Zeichen] für [Zeichen];

| Determinative | § 22 — 25 |

das führt dann dazu, dass man schliesslich ⟨hiero⟩ für ⟨hiero⟩ schreibt und ebenso ⟨hiero⟩ für ⟨hiero⟩: ⟨hiero⟩ Max. d'Anii 9,6; ⟨hiero⟩ ibd. 3,2; ⟨hiero⟩ amenemope 9,9 u.ö. neben ⟨hiero⟩ ibd. 15,19 u.ö.; ⟨hiero⟩ „Brote" ibd. 9,7. Diese Seltsamkeit hat sich dann auch in den späten hieroglyphischen Texten festgesetzt und herrscht dort noch in griechischer Zeit.

Ähnlich ist es, wenn manche Handschriften in ⟨hiero⟩ „ihnen" das ⟨hiero⟩ vorrücken: ⟨hiero⟩ als meinten sie ⟨hiero⟩ Hor. u. Seth 2,4 u.ö.

23. Auch nur auf graphischer Entartung beruht es, wenn man die Gruppe ⟨hiero⟩ auch ⟨hiero⟩ schreibt; das ⟨hiero⟩ und das ⟨hiero⟩ fallen zusammen: ⟨hiero⟩ Sall. I 6,5 (statt ⟨hiero⟩ an. V 15,5 u.ö.); ⟨hiero⟩ für ⟨hiero⟩ Unamun 2,81; 83; Max. d'Anii 3,13; 4,16.

24. Seltsam ist die Schreibung von ⟨hiero⟩ und ⟨hiero⟩. Die erstere einfache Form schreibt man eigentlich ⟨hiero⟩, die zweite, mit Suffixen gebrauchte, aber ⟨hiero⟩, wobei der Strich irrig zugefügt ist. Diese letztere entstellt man dann weiter zu ⟨hiero⟩ und dieses ⟨hiero⟩ braucht man dann auch gewöhnlich für das einfache ⟨hiero⟩.

Nicht zu erklären ist der schräge Strich, der in späten Handschriften den senkrechten Strich von Gr. § 53 begleitet; es geschieht dies bei ⟨hiero⟩ aber auch bei anderen Worten: ⟨hiero⟩ Unamun 2,59; ⟨hiero⟩ ibd. 1x+6, ⟨hiero⟩ ibd. 2,3; ⟨hiero⟩ Corr. 31; ⟨hiero⟩ Tabl. Rogers 11; ⟨hiero⟩ P. Meschons 4,4; 4,21; 5,11. — Rührt er etwa von einem ⟨hiero⟩ „Gesicht" her? Jedenfalls ist er ebenso bedeutungslos wie der horizontale Strich in ⟨hiero⟩ d'Orb. 3,2; 7,3; ⟨hiero⟩ Unamun 1,13.

2. die Determinative

25. Die neuägyptischen Handschriften machen einen weiten Gebrauch von den Determinativen, und zwar gerade von solchen allgemeiner Bedeutung wie ⟨hiero⟩, ⟨hiero⟩, ⟨hiero⟩. Selbst ein Wort wie sḏm „hören" muss sich gegen die ältere Sitte ⟨hiero⟩ (z. B.: Mes N 7) schreiben lassen, und von den Verben bleiben eigentlich nur ⟨hiero⟩, ⟨hiero⟩ und ⟨hiero⟩ ohne Determinativ; für das

§ 25 – 28   Determinative

letztere kommt freilich auch 〈gl〉 vor.

26. Dabei liebt man es dann mehrere Determinative zu kombinieren, so besonders 〈gl〉 ; 〈gl〉 ; 〈gl〉 ; 〈gl〉 : 〈gl〉 „besorgen" d'Orb. 8, 3; 〈gl〉 „rauben" (Inf.) Max. d'Anii 4,17 ; 〈gl〉 „jauchzen" d'Orb. 14,9 ; 〈gl〉 „Ceder" d'Orb. 7,2. — Besonders seit Dynastie 21 schreibt man statt des einfachen 〈gl〉 ein 〈gl〉 : 〈gl〉 „Schrei" Unamun 2,13 ; 〈gl〉 „lachen" ibd. 2,21 ; 〈gl〉 „ich tue" im Sinne von „ja" ibd. 2,32 ; 〈gl〉 „essen" Amenemope 12,11.

27. Als Zugabe zu allen Determinativen kommen dann die Pluralstriche hinzu. Sie stehen meist ganz ohne Sinn und werden mit der Zeit immer häufiger. In den Maximes d'Anii stehen sie gerade zu, als ob sie das Ende des Wortes bezeichnen sollten : 〈gl〉 1,14 ; 〈gl〉 4,2 ; 〈gl〉 4,2 ; 4,13 ; 〈gl〉 2,5 ; 3,12 u.s.w.

28. Den leeren Raum über den kleinen Determinativen wie △, ▢, ⊙, ⊗, 𐦠 füllt man gern mit einer kleinen Endung (〃 oder ◠) aus, die man bei irgend einem häufigen Worte über dieses Determinativ zu setzen gewöhnt war. So schreibt man 〈gl〉 wegen 〈gl〉 und 〈gl〉, 〈gl〉 und 〈gl〉 wegen der Infinitive der III. inf., 〈gl〉 wegen 〈gl〉, 〈gl〉 wegen 〈gl〉 „Theben" u.s.w.

So steht 〈gl〉 in :

〈gl〉 amarna VI,15 ; 〈gl〉 ibd. 7 (gr. Hymnus) ; 〈gl〉 ibd. VI,19 ; 〈gl〉 ibd. VI,19. 〈gl〉 Unamun 2,29 (neben 〈gl〉).

〈gl〉 in : 〈gl〉 Prinzengesch. (H. 500) 5,10 ; 6,9 ; 7,14 ; 〈gl〉 ibd. 2,4 (Joppegesch.) ; 〈gl〉 ibd. 6,11 (Prinzengesch.) ; 〈gl〉 Harr. 77,13 ; 78,1. (aber 78,6 〈gl〉)

〈gl〉 und 〈gl〉 stehen in 〈gl〉 amarna III,18 ; 〈gl〉 d'Orb. 3,3 ; 〈gl〉 Lieb. Harr. 5,3.

In flüchtiger Schrift wird dieses 〃 oder ◠ meist auf einen unkenntlichen Punkt oder Schnörkel beschränkt, der mit dem Determinative zusammengezogen wird. In spätesten Handschriften fällt er über dem ▢ auch syllabische Schrift   §. 28-29

ganz fort: [gly] Amenemope 11,2 ; [gly] ibd. 7,7.
<u>Anm</u>. Das ◦ wird dann im späten Hieratischen sogar zum Wortzeichen
für r͑: [gly] ; [gly] P. Rainer ; [gly] Unamun 2, 4.

c. die syllabische Schrift.

29. Über Wesen und Entstehung dieser Schriftart vgl. Gram. §. 89 und das Werk
von Max Burchardt: Altkanaanäische Fremdworte I. (Lpz. 1909).

Die in neuägyptischen Handschriften besonders üblichen Gruppen sind
folgende:

für ꜣ (d.h. ᴵ): [gly] (eigentlich [gly]);   für r: [gly] ; [gly] ; [gly] . Ferner [gly]
     [gly] ; [gly]   das als Auslaut einer Silbe
für j: [gly] ; [gly]   steht (vgl. §. 51)
für ꜥ (d.h. Y): [gly] ; [gly]   für h: [gly]
für w: [gly]   für ḥ: [gly] ; [gly]
für b: [gly] ; [gly] ; [gly]   für ḫ: [gly]
für p: [gly] ; [gly] ; [gly]   für s: [gly] , [gly] und [gly] des §. 13
für f: [gly]   für š: [gly]
für m: [gly] (in einer Ligatur, welche   für ḳ: [gly]
     die Ägypter selbst gern mit   für k: [gly] ; [gly] ; [gly]
     [gly] wiedergeben); [gly]   für g: [gly]
für n: [gly] ; [gly] . Ferner [gly] das als   für t: [gly] ; [gly] ; [gly] ; [gly] ; [gly]
     Auslaut einer Silbe steht (dem   für ṯ (d.h. ḏ): [gly] ; [gly]
     pluralischen Suffix nachge-   für d: [gly] ; [gly] ; [gly]
     ahmt §. 75ff).   für ḏ: [gly] ; [gly]

Ausserdem benutzt man die Verbindung [gly] zur deutlichen
Schreibung eines l.

<u>Anm</u>. Man beachte, dass hieroglyphisch geschriebene Texte die syllabische
Schreibung nur halb mitmachen. Sie schreiben zwar [gly] aber nicht
gern [gly] ; sie schreiben statt [gly] nur [gly] (Kadesch
39) u. a. m.

§. 30-31   syllabische Schrift

30. Die syllabische Schrift dient zunächst zur Schreibung fremder Worte und
    Namen: 〈hierogl.〉 „der Jordan" An. I 23,1 ; 〈hierogl.〉
    „Gipfel" An. I 21,5 ; 〈hierogl.〉 „kluger Schreiber" als
    Übersetzung von 〈hierogl.〉 An. I 17, 7-8 ; 〈hierogl.〉
    „Wagen" ⲂⲈⲢⲈϬⲰⲞⲨⲦ (Burchardt: No 482) ; 〈hierogl.〉 „das Meer"
    ⲈⲒⲞⲘ Raifet.

    Sie wird dann aber auch bei rein ägyptischen Worten gebraucht, für die es
    keine überlieferte Schreibung gab, da sie in der Volkssprache entstanden
    waren. So bei: 〈hierogl.〉 §. 620 ; 〈hierogl.〉 §. 743 ; 〈hierogl.〉 §. 776 ; 〈hierogl.〉
    §. 782 ; 〈hierogl.〉 §. 591 u. a. m.

31. Dann hat die syllabische Schrift weiter gewuchert und man schreibt nun
    auch solche Worte so, für die es eine überlieferte Schrift gab:
    〈hierogl.〉 „Blume" Lieb. Harr. 7,7 ; d'Orb. 8,4 ; 〈hierogl.〉 P. Tur. 67,
    4 ; 67,5 ; 〈hierogl.〉 „gesägt" Liverpool, Ostrakon M 13626 ; 〈hierogl.〉
    (für 〈hierogl.〉) „gering schätzen" An. III 6,4 ; 〈hierogl.〉 Sall.
    III 3,9 (statt 〈hierogl.〉 Kadesch 63) „niedergestreckt o.ä." ; 〈hierogl.〉
    (für 〈hierogl.〉) „ähren lesen" Sall. I 5,1 ; 5,2 ; 〈hierogl.〉 (für 〈hierogl.〉)
    Lieb. Beatty 25,2.

    So werden dann auch einzelne syllabische Gruppen in gewöhnliche Schrei-
    bungen eingefügt: 〈hierogl.〉 „Burg" An. III Rs. 5,1 ; 〈hierogl.〉
    „Schemel" Wahr. u. Lüge 6,3 ; 〈hierogl.〉 „Wagen" Lieb. Beatty 29,3 ;
    〈hierogl.〉 Ostr. Berlin III, 36.

    In späten Handschriften werden solche Schreibungen immer häufiger:
    〈hierogl.〉 „der Geringe" Amenemope 14,5 ; 〈hierogl.〉 „weichen"
    ibd. 5,16 ; 〈hierogl.〉 „Zeit" (statt 〈hierogl.〉) ibd. 17,15 ; 〈hierogl.〉
    〈hierogl.〉 „andere" ibd. 2,4 u.ö. (älter 〈hierogl.〉 Harr. 30,2 ; 78,9 ; 78,13.
    ⲔⲞⲞⲨⲈ) ; 〈hierogl.〉 „Brote" (statt 〈hierogl.〉) P. Neschons 3,19.

    Dabei verwildern sie immer mehr. Besonders das 〈hierogl.〉 wird falsch verwen-
    det: 〈hierogl.〉 „Libanon" Unamun 2,14 ; 〈hierogl.〉 „der Mund" Max.
    d'Anii 1,6 ; 6,8 ; vgl. auch P. Neschons 2,4. — Den Personennamen 〈hierogl.〉

schreibt man in Dynastie 21 auch mit 〚⟨hiero⟩〛 in der ersten Silbe und mit 〚⟨hiero⟩〛, 〚⟨hiero⟩〛, 〚⟨hiero⟩〛 und 〚⟨hiero⟩〛 in der zweiten und dritten (Corr. 21; abk. Justiz 17).

<u>Anm.</u> Im Demotischen besteht das Alphabet zum grossen Teil aus den alten syllabischen Gruppen; vgl. Spiegelberg, Demot. Gr. 4a.

d. Bezeichnung von Vokalen

32. Wir nehmen heute an und im Ganzen mit Recht, dass die Zeichen 〚⟨hiero⟩〛, 〚⟨hiero⟩〛, 〚⟨hiero⟩〛 u.s.w. der syllabischen Schrift ohne Bedeutung sind. Die Zeit, wo man mit diesen Zeichen Vokale andeuten wollte, ist in der Epoche, die uns hier beschäftigt, jedenfalls längst vorüber.

Indessen finden sich doch noch einzelne Schreibungen, und zwar sowohl in der syllabischen als auch in der gewöhnlichen Schrift, in denen ein vokalischer Gebrauch solcher Zeichen nicht zu verkennen ist. Solche sind im Folgenden zusammengestellt.

33. Dass das 〚⟨hiero⟩〛 zuweilen ein <u>i</u> wiedergibt, zeigen die ständigen Schreibungen: 〚⟨hiero⟩〛 NIM „wer?"; 〚⟨hiero⟩〛 CIM „Kraut" Sall. I 4,2; An. III 2,3; Ostr. Berlin III 33. — Vgl. ferner: 〚⟨hiero⟩〛 keilschr. Siluḫepa (ä. 7. 18,82); 〚⟨hiero⟩〛 (jtr'j) „Sidon" An. I 20,8; 〚⟨hiero⟩〛 Urk. IV 891 keilschr. <u>gargamis</u>; 〚⟨hiero⟩〛 für γʿy „Blume" An. IV, 16, 17; 〚⟨hiero⟩〛 spät für pIp „Sau". Vgl. auch § 61 über das Suffix 1. sing.

<u>Anm.</u> Natürlich ist aber nicht jedes 〚⟨hiero⟩〛 als <u>i</u> zu lesen. Bei einigen Fällen wie 〚⟨hiero⟩〛 CTWT „zittern", 〚⟨hiero⟩〛 Topf (ṯꜣṯ) nimmt Max Burchardt (altkan. Fremdworte I § 154) nur die Bezeichnung betonter langer Vokale an, und dazu passt es aufs beste, dass man eine Form, die doch gewiss *<u>henhônef</u> lautete, 〚⟨hiero⟩〛 (Max. d'Anii 6,13) schreibt. Auch das 〚⟨hiero⟩〛 des Glossar Golenischeff statt des 〚⟨hiero⟩〛 des Hood wird eine Aussprache <u>hn ! me</u> andeuten.

34. Dass 〚⟨hiero⟩〛 als vokalisches <u>i</u> steht, findet sich auch zuweilen bei dem Suff. 1.

§. 34 - 37   Bezeichnung von Vokalen

sing., vgl. §. 61. In der Regel aber ist [hierogl.] als ein anlautendes konsonantisch gebrauchtes $i̯$ zu fassen. Vgl. z. B.: [hierogl.] „Vater" ειωτ Abbot 5,9; 6,21. Im Koptischen hat sich ein solches [hierogl.] aber nur da erhalten, wo es eine betonte Silbe begann: [hierogl.] мсιос „dass sie gebiert", wo das nicht der Fall war, musste es nach dem bekannten Gesetze (kopt. Gr. §. 25 Anm) verschwinden: [hierogl.] *pôi̯ef̯ πωϥ; [hierogl.] *erē̯i̯ey ερηy; [hierogl.] *i̯oti̯e ειοτε. — Über die Worte auf [hierogl.], [hierogl.] vgl. unten §. 37.

35. Als Bezeichnung eines Vokales steht ein [hierogl.] wohl in [hierogl.] „Emor" Kadesh 29. Das ε, [hierogl.] der tonlosen Endungen galt gewiss nicht viel; man sieht dies auch daraus, dass die späten Handschriften ein [hierogl.], das man ernster nehmen sollte, mit εε schreiben: [hierogl.] εε [hierogl.] „Tag" ϩοογ Abbot 3,11 u.ö.; [hierogl.] εεο [hierogl.] „die Sonne" Amenemope 13,3; P. Neschons 5,15 u.ö.; ϻεε [hierogl.] „schlecht" Amenemope 11,11; [hierogl.] εε [hierogl.] „morgen" P. Neschons 1,8; 2,9. In diesen Fällen stellt das εε einen Stammkonsonanten [hierogl.] dar, und auch in [hierogl.] εε [hierogl.] Abbot 7,5 und [hierogl.] εε [hierogl.] ibd. 7,5 vertritt das εε noch eine alte Endung [hierogl.]. Aber ein [hierogl.] εεε, [hierogl.] εε und [hierogl.] εε Abbot 5,1; 6,7; 5,6 u. s. w. ist wohl sinnlos.

<u>Anm</u>. Was das [hierogl.] ε ausdrücken soll, stehe dahin. Es findet sich z. B. in: [hierogl.] „Grenze" An. I 22,6; [hierogl.] dieb. Harr. 4,9; [hierogl.] „Schiffe" P. Boulag 12,6 (aber [hierogl.], [hierogl.] Harr. 4,12; Lansing 8,9); [hierogl.] „o dass doch" Harr. 27,3.

36. Während man ein einfaches [hierogl.] nur selten wie einen Vokal gebraucht (so [hierogl.] „gehen" ϣε Unam 1,12), wird die Gruppe [hierogl.] desto häufiger so benutzt. Sie steht zunächst als tonloses $ĕ$ in Endungen: [hierogl.] ϣηρε; [hierogl.] μοονε. — Sodann in dem Anlaut von Participien, den man früher [hierogl.] schrieb (§. 368 Anm. 2) und der gewiss auch nur ein $ĕ$ war: [hierogl.]; [hierogl.]. Auch das [hierogl.] βηκ „Falke" für älteres [hierogl.] wird hierher gehören; man mag es sich als <u>bĕeq</u> zu denken haben.

37. In späten Handschriften tritt das [hierogl.] gern nach [hierogl.] als Endung auf: [hierogl.] „Satte"; [hierogl.] „Soldaten"; [hierogl.]

"hoch" P. Neschons 4,15; [hieroglyphs] "Gestalt" neben [hieroglyphs] ibd. 3,17. Das Koptische ϨΑΪ, ΜΑΤΟΪ zeigt hier ein *i* und die älteren Handschriften schreiben in der Tat [hieroglyphs], [hieroglyphs]. Man möchte annehmen, dass die ältere Form etwa <u>matoie</u> gelautet hatte und dass dies zu einem <u>matoi</u> oder <u>matoe</u> geworden war.

38. Wenn das [gl.] *i* in den hier besprochenen Fällen auf die kurze, tonlose Form des Hülfsverbums [gl.] zurückgehen mag, so mag ein anderer Gebrauch von [gl.] auf der volleren Form desselben Hülfsverbs beruhen. Das ist der Gebrauch von [gl.] für *ꜥ*, den wir besonders in der syllabischen Gruppe [gl.] [gl.] finden: [hieroglyphs] "die Leier" An IV, 12,2 (hebr. נֵבֶל); [hieroglyphs] Urk. IV, 784 (hebr. אִישׁ); [hieroglyphs] Urk. IV, 704 (keilschr.: Nuḫaše); [hieroglyphs], [hieroglyphs] "Vorhäute", wohl Plural עֲרָלוֹת (Mar. Karn. 54,55) statt des Sing. [hieroglyphs], [hieroglyphs] עָרְלָה. — [gl.] stellt danach ein *no* dar. Anm. Dieses [gl.] wird eigentlich die Einleitung eines Fragesatzes „ist es....." sein in ihrer vollen Form, dieselbe, die enttont ⲉⲛⲉ- lautet. Vgl. §. 739.

c. Zur Umschreibung.

1. Aus dem Hieratischen in Hieroglyphen.

39. Aus allem, was oben über die Schrift gesagt ist, geht schon hervor, dass man einen neuägyptischen hieratischen Text oft nur unvollkommen in Hieroglyphen übertragen kann. Wie ein [gl.] oder ein [gl.], ein // oder ein /// zu umschreiben sind, bleibt immer fraglich.

Dazu kommt dann aber noch ein Anderes: die hieratischen Zeichen gehen auf solche Hieroglyphen zurück, die einer längst vergangenen Periode angehören: [gl.] ist aus dem uralten [gl.] entstanden, [gl.] aus einem [gl.], das sich überhaupt fast nur als Determinativ nachweisen lässt. Das [gl.] kommt zwar hieratisch noch als [gl.] vor, für gewöhnlich ist es aber durch die neue Hieroglyphe [gl.] verdrängt. u. a. m.

§ 39 - 40   Umschreibung

Wenn man doch in übertriebener Treue solche Zeichen in einen neuägyptischen Text einsetzt und etwa ⟨hierogl.⟩ für
⟨hierogl.⟩ schreibt, so ist das stillos und es ist um
nichts besser, als wenn man einen byzantinischen Autor in der alt-
griechischen Schrift des sechsten Jahrhundert v. Chr. drucken wollte.
Man muss also die Zeichen ⟨⟩, ⟨⟩ und ⟨⟩ verwenden, die man im neu-
en Reiche kennt. Ebenso steht es mit dem Pluralzeichen ⟨⟩; gewiss
geht dies auf ein ⟨=⟩ zurück, aber das neue Reich kennt nur ein ⟨!⟩.
In anderen Fällen ist ein altes Zeichen in den Hieroglyphen selten geworden, während es hieratisch noch viel gebraucht wird. So das ⟨⟩, das
sich als ⟨⟩ gehalten hat, während es in den Inschriften durch ⟨⟩ verdrängt ist. Und so vor allem das ⟨⟩; es ist hieratisch als ⟨⟩ völlig
gebräuchlich, während es hieroglyphisch durch ⟨⟩ ersetzt ist.
Trotzdem wird man bei der Umschreibung gut tun, das ⟨⟩ zu benutzen, da das ⟨⟩ auch hieratisch noch in den Kombinationen ⟨⟩,
⟨⟩ u.s.w. vorkommt.

 Anm. Das ⟨⟩ hat sich übrigens noch an anderer Stelle eingeschlichen,
 die Gruppe ⟨b ȝ⟩ schreibt man ⟨⟩ also ⟨⟩ statt ⟨⟩.

40. Auch die Stellung, die die Zeichen in einem hieratischen Worte haben,
lässt sich in der Umschreibung nicht immer beibehalten; denn die
Zeichen haben im Hieratischen zum Teil eine andere Grösse und Lage
wie in den Hieroglyphen. Sie ordnen sich daher schlecht in die Gruppe des Wortes ein: ein hieratisches ⟨⟩ ist nicht unschön, aber
ein ⟨⟩ oder ein ⟨⟩ würde einem ägyptischen Auge ein Greuel
gewesen sein. Auch dass die Zeichen ⟨⟩ und ⟨⟩ im Hieratischen
unter die Zeile gehen, kann man in den Hieroglyphen nicht nach-
ahmen, und ebenso hässlich ist es, das ⟨⟩ genau zu umschreiben,
da dann unter dem hohen ⟨⟩ noch Platz für ein ⟨⟩ bleiben müsste.
Auch das ⟨⟩ hinter einem Worte wird man besser durch ⟨⟩ ersetzen,
da über ihm oft ein leerer Raum bleiben würde. Vollends die Stel-

lung des Striches, der kurze Wortzeichen begleitet, sollte man dem Hieratischen nicht nachmachen wollen. Dort hat der Strich die volle Höhe der Zeile und steht daher gut <u>hinter</u> dem Wortzeichen |⸗ und |?; im Hieroglyphischen ist er klein und so wird man ihn, so wie es dort üblich ist, <u>unter</u> das Zeichen setzen: ⸗ und nicht ⸗.

41. Im ganzen trachte man danach, den umschriebenen Worten ein nicht zu fremdartiges Aussehen zu geben, das das Lesen für uns, die wir an Hieroglyphen gewöhnt sind, unnütz erschwert. Gewiss können manche gleichgültige Kleinigkeiten so nicht zum Ausdruck gelangen, aber wer auf diese Kleinigkeiten Gewicht legt, wird doch immer das Facsimile des Textes nachschlagen müssen.

Von dem bequemen Auskunftsmittel, unlesbare Striche und Punkte am Wortende auch nur durch solche wiederzugeben, mache man nicht mehr Gebrauch als Not tut. Es hat wirklich keinen Sinn ⸗ oder ⸗ zu schreiben, wo es sich doch zweifellos um ⸗ und ⸗ handelt.

<u>Anm.</u> Die Art, wie die Ägypter des neuen Reichs selbst einen hieratischen Text in Hieroglyphen wiedergeben, kann uns nicht viel helfen. In grossen offiziellen Inschriften benutzen sie ja überhaupt die alte Orthographie, und auch da, wo sie wie in der Inschrift des Mes einmal Aktenstücke genau kopieren, verfahren sie nicht konsequent.

42. Dass wir die Worte nicht in derselben Richtung schreiben, die sie im Hieratischen haben, bedarf wohl keiner Rechtfertigung. Wir können es Champollion nicht genug danken, dass er in seinem gesunden praktischen Sinn sich von vornherein für diejenige Schriftrichtung entschieden hat, die unserer eigenen Schrift nicht zuwider läuft.

<u>2. Umschreibung in unserer Schrift.</u>

43. Ist schon die Wiedergabe in Hieroglyphen nicht gut möglich, so ist es gera-

dazu ein vergebliches Bemühen, wenn man einen neuägyptischen Text in unserer Schrift wiedergeben will. Wir wissen ja nie, welche von den geschriebenen Zeichen überhaupt noch ernst zu nehmen sind. Sollen wir die Determinative ⌂, ⌂, ⌂ mit -t und -j wiedergeben? Soll man ein 🐦, wo es für das Suffix ⌐ kopt. -K steht, wirklich kw oder gar kwj lesen? Und soll man ein 〰〰〰 ∫⌂ für altes 〰 ∫, kopt. NAC etwa mit nsst wiedergeben? Hier ist ohne Willkür nicht durchzukommen und am besten umschreibt man gar nicht.

f. Lautliche Erscheinungen.

44. Was wir über die Vokale des Neuägyptischen sagen können, ist so gut wie nichts; wir sind nur auf Rückschlüsse aus dem Koptischen angewiesen und wissen nicht, wie weit wir hierbei gehen dürfen. Das Wenige was uns an neuägyptischen Worten in Keilschrift erhalten ist, hilft uns auch nicht viel, da diese unvollkommene Schrift ja weder ein o noch ein e besass; wenn wir also den Gott 𓇋𓏤𓈖 der griechisch Ἀμοῦν hiess, als Amâna antreffen, so bleibt es unklar, ob diese Schreibung nicht etwa nur ein Amôn darstellen soll, auf das ja nach den koptischen Lautgesetzen das Amûn zurückgehen wird. Wenn neben dem Amâna einmal auch ein Amûn vorkommt (Ranke, Keilschriftliches Material p. 44), so zeigt das vielleicht, dass das alte o hier schon im Übergang zu u begriffen war.

45. Im übrigen sehen wir nur, dass das Neuägyptische schon in einer Periode lautlichen Verfalles stand: Die unbetonten Vokale waren schon gefährdet. Endungen, die dann im Koptischen teils verstümmelt teils verloren sind, waren auch im Neuägyptischen geschwunden oder doch verfallen. So z.B. beim Pseudoparticip (§ 328; 333), beim Pronomen absolutum (§ 91) u.a.m. Andere Endungen wie das 𓏭 (§ 253) oder ⌒ (§ 139; 403) haben ihren Wert verloren. Kurze Worte, die tonlos stehen, werden nicht nur verkürzt, sondern gelten schon als

Lautliche Erscheinungen §. 45 — 49

etwas, was man kaum noch zu schreiben braucht; so die Präpositionen ⌒, 𓏞 (§.598) oder das Genetivwörtchen (§.200; 206)

Wir können uns also das Neuägyptische als eine Sprache mit zerstörten Wortenden denken; sie stand etwa so zum Altägyptischen wie das Französische zum Latein oder das Neuhochdeutsche zum Althochdeutschen.

Einzelnes, was wir über die Konsonanten beobachten können, ist im folgenden zusammengestellt.

46. Dass der Rest eines verschliffenen Konsonanten als ⌒ gesprochen wurde, wenn das Wort diesen Laut schon einmal enthielt (Gr. §.93 c) sehen wir in Amarna: 𓉔𓂝 für ḥꜥw "Aufgang" II, 9; 𓄣𓈖𓈖𓈖𓆓𓏏 für jꜥ.t jb "die das Herz erfreut" II, 7; ⌒𓄿𓉔 für jꜥꜥ "beschenken" I, 30. Die eigentlichen neuägyptischen Texte setzen vor dieses ⌒ im Anlaut noch ein 𓄿 oder ein 𓇋: 𓄿⌒"""𓆇 an. III 4,12; 𓇋⌒"""𓆇 amenemope 17,9; 𓄿⌒𓂝𓏭𓄿 Sall. I 8,1.

47. Bei dem n bemerke man, dass es vor einem p oder m zu m wird. Vgl.: 𓄿𓂝𓂓 aus 𓈖𓆓𓄿 (§.797) und die häufigen Beispiele bei den Präpositionen n und m wie: 𓈖 𓊪𓏏 "im Himmel" für m p.t Turin, Holztafel ohne Nummer; 𓈖 𓄿𓉐𓆑 "in seinem Hause" für m pr.f Sall. IV, 7, 5.

Auslautendes n scheint zuweilen verlorengegangen zu sein; denn schlechte Schreiber setzen zuweilen für 𓂓 "es ist" auch 𓂝 z. B. Sall. III 1,8 als lauteten beide gleich. Vgl. auch die Verwechslung der Negation 𓂜 und 𓂝 (§.775).

48. Das anlautende unbetonte ⌒, wie wir es in der Präposition haben, ist zu ĕ geworden; vgl. das Einzelne §.609. Daher benutzen manche Schreiber und zwar gerade solche älterer Zeit (so der von Sall. I, Sall. III) ein ⌒ zur Schreibung jenes unbetonten Anlautes ĕ, den die korrekte Orthographie mit 𓇋𓄿 wiedergibt (§.255).

49. Ein auslautendes ⌒ ist zu j geworden: 𓂧𓈙𓂋𓇋𓏤 "bitter" für

§. 49 — 51   Lautliche Erscheinungen

⟨hierogl.⟩ Max. d'Anii 8,7. Oder es ist, wo es nicht in der Tonsilbe stand, auch ganz geschwunden; das zeigt das Koptische und das zeigt sich auch in Schreibungen wie ⟨hierogl.⟩ für ⟨hierogl.⟩ P. Bologna 1,6 u.ö.; ⟨hierogl.⟩ neben ⟨hierogl.⟩ Ostr. Gard. 42.

Anm. Zumeist wird dieses Schwinden des auslautenden ⟨ʿ⟩ durch die Orthographie verdeckt. Man schreibt z. B. für *nôfe ⟨hierogl.⟩ und für ḥôpe ⟨hierogl.⟩. Interessant ist es, wenn es dann doch einem Schreiber begegnet, dass er ⟨hierogl.⟩ "dass sie nicht werde" Berl. Ostr. III, 39 oder ⟨hierogl.⟩ "möge dein Herz werden (wie ein Damm)" Ostrakon in Borchardts Besitz, schreibt; da ist ⟨hierogl.⟩ offenbar der Auslaut des Infinitivs *ḥôpe (ϣⲱⲡⲉ) resp. des Subjunktivs *ḫpo (vgl. ⲭⲡⲟ). Vgl. auch die Beispiele å.7. 67, 36.

50. Dass ⟨ʿ⟩ auch im Innern eines Wortes schwindet, zeigt uns koptisch ϩⲟⲟⲩ aus altem ⟨hierogl.⟩. So schreibt man dies denn auch wenigstens in späten Texten ⟨hierogl.⟩ Unamun 1 x+15; ⟨hierogl.⟩ ibd. 1 x+16. Wenn der Pluralis dann ebenda (1,21) ⟨hierogl.⟩ geschrieben wird, so deutet dies vielleicht darauf hin, dass man in diesem das ⟨ʿ⟩ noch sprach; vgl. a. ϩⲣⲉⲩ.

51. Beginnt die erste Silbe eines Wortes mit ⟨ʿ⟩ und ist diese betont, so schreibt man an Stelle des ⟨ʿ⟩ gern ⟨hierogl.⟩: ⟨hierogl.⟩ "weinen" Ostr. Gard. 31; ⟨hierogl.⟩ (ⲡⲓⲙⲉ) Unamun 2, 64; 67; ⟨hierogl.⟩ "Tisch" ⲡⲁⲙⲓ ibd. 2, 41, 42; An. IV 3,10; Amenemope 7, 4; ⟨hierogl.⟩ "an den beiden grossen Toren" Med. Habu ⟨916⟩; vgl. auch Petrie, Koptos 20a (Dyn. 19); ⟨hierogl.⟩ "draussen" Amenemope 11,9; 9,12. — Es wird nicht Zufall sein, dass dies in allen Fällen vor einem m oder w geschieht. Offenbar deutet dieses ⟨ʿ⟩ eine besondere "schnurrende" Aussprache an. Auch in der syllab. Schreibung ⟨hierogl.⟩, für das auslautende r einer betonten Silbe wird das ⟨hierogl.⟩ den Laut des r wiedergeben: *márkabat "Wagen".

Anm. Für die Aussprache des ⟨ʿ⟩ beachte man auch ⟨hierogl.⟩ An. II 8,4; ⟨hierogl.⟩ Sall. I 7,8: beides für ⲧⲣⲓⲣ "Ofen".

Lautliche Erscheinungen §. 52–55

52. Der Übergang von ḥ zu š, den wir im Koptischen so oft finden, begegnet im Neuägyptischen nur in: 〈hierogl.〉 „faules Wasser" An. III 5,11 = An. IV 1,10 = Lansing 10,1 mit šnš für 〈hierogl.〉. Vielleicht war er bei diesem Worte früher eingetreten, weil es schon ein 〈hierogl.〉 enthielt.

53. Über das ḏ lässt sich nur sagen, dass es die beiden verschiedenen Laute besitzt, unter denen es im Koptischen auftritt, K und 6.

Dass es wie K lautete, zeigt sich z. B. in 〈hierogl.〉 „vernachlässigen u.ä." Lansing 2,1 (statt des richtigen 〈hierogl.〉 ibd. 3,5); vgl. auch Sall. I 8,10.

Dass es 6 lautete, sieht man aus dem häufigen Wechsel mit 〈hierogl.〉: 〈hierogl.〉 oder 〈hierogl.〉 Med. Habu (56) für gbgb.t „niedergestreckt" vgl. ϬΒϬΙΒ; 〈hierogl.〉; z. B. Ostr. Gard. 20 für sgnn „Salbe" ϬΟϬΝ; 〈hierogl.〉 neben 〈hierogl.〉 „Arm" Lieb. Harr. 5,3; 〈hierogl.〉 „Napf" Amenemope 23,17, vgl. kopt. ϬΑΙ.

54. Das ḏ steht offenbar dem d schon sehr nahe, daher schreibt man z. B. statt 〈hierogl.〉 nur 〈hierogl.〉 (An. IV 3,11; P. Turin 18,4), da *rowd·t wie *rowd gesprochen wurde. Und für 〈hierogl.〉 „es sagen" schreibt man 〈hierogl.〉 (d'Orb. 4,1), 〈hierogl.〉 (ibd. 6,1), weil *dodf schon wie *dodṯ, *doṯf klang.

Andere Fälle, in denen ḏ und d zu wechseln scheinen, beruhen nur auf falschen Umschreibungen aus dem Hieratischen, vgl. §. 20.

Ein Wechsel von t und d liegt z. B. in 〈hierogl.〉 Kadesch 42 statt des gewöhnlichen 〈hierogl.〉 „der Wagenlenker" vor.

55. Das Umspringen zweier Konsonanten, das uns aus dem Koptischen bekannt ist, finden wir z. B. in 〈hierogl.〉 für 〈hierogl.〉 „begraben" Hor. u. Seth 10,4 (kopt. ΤѠΜⲤ); 〈hierogl.〉 für 〈hierogl.〉 „zerstören" Harr. 76,10 (kopt. ϢΟϤ); 〈hierogl.〉 für ḥsf „beantworten" Hor. u. Seth 14,11; 15,2: Fälle, die auch die Orthographie anerkannte. Wenn dagegen „ihn beladen" 〈hierogl.〉 (d'Orb. 4,4) geschrieben ist, so zeigt diese Schreibung zwar auch, dass man das t hinter dem p sprach: *optf (statt *otpf) aber es war das eine unorthographische Schreibung.

Anm. Vgl. auch die häufige Umstellung in der syllabischen Schrift:

§ 56 – 58   Interpunktion

[hieroglyphs] An. III 5,7 neben [hieroglyphs] An. IV 9,5.

g. die Interpunktion.

56. Um das Lesen und die Übersicht eines Textes zu erleichtern, setzt man und zwar offenbar erst nachträglich, rote Punkte über die Zeilen. Das geschieht bei Liedern, wo die Punkte gewiss auch die Verse teilen. Es geschieht auch in prosaischen Texten aller Art. Für uns ist diese Interpunktion lehrreich, da wir nach ihr erkennen können, wie man bei langsamem Sprechen die Sätze teilte.

Anm. Im Ganzen entspricht dieses Teilen unserm Gefühl, aber es gibt auch Stellen, wo es diesem widerspricht; so z. B.:

„er übertraf seine Genossen• [hieroglyphs] • die in der Schule waren• mit ihm•" Wahr. u. Lüge 5,2.

Freilich darf man nicht übersehen, dass dieses Einsetzen der Punkte zuweilen sehr flüchtig geschehen ist.

57. Das Zeichen [hieroglyph] steht am Ende von Liedern, aber auch am Schlusse einzelner Briefe in der Bologneser Schulhandschrift (P. Bologna 7,1; 7,10 u. ö.). Daneben kommt bei Liedern ein Schlusszeichen vor, das wohl [hieroglyph] zu lesen ist (Lieb. Harr. 1,6; 1,10), vielleicht auch [hieroglyph] (ibd. 2,13).

58. Den Anfang eines Abschnittes bezeichnet man gern durch ein Rubrum. In erzählenden Texten ist dieses für uns von Wichtigkeit, denn es steht hier auch vor kleineren Abschnitten, da, wo wir in unseren Sprachen eine Periode beginnen würden; vgl. § 722 Anm.

Zweites Buch

die Pronomina

A. die persönlichen Pronomina

a. die Personalsuffixe

1. ihre Formen und ihr Gebrauch

59. Über das Wesen und die Form der Personalsuffixe, die wir auch Possessivsuffixe oder meist nur „Suffixe" nennen, vgl. Gr. §. 138-142. — Sie werden im Neuägyptischen gebraucht zum Ausdruck des Possessivverhältnisses (§. 138 f.f.; §. 179 f.f.); als Subjekt (§. 267; §. 270); als Objekt beim Infinitiv (§. 399; §. 403) u.a.

Im Neuägyptischen erscheinen die einzelnen Suffixe in verschiedenen Formen, von denen es meist unklar bleibt, ob sie auch lautlich verschieden gewesen sind; nur bei der 3. plur. tritt ein sicher neues Suffix neben das alte.

1. Sing.

60. Gewöhnliche Schreibung: 𓀀 , in sorgfältigen Handschriften auch 𓀀 bei Göttern (Hor. u. Seth, passim) und 𓁐 bei Frauen (d'Orb. 3,6; 3,7; 4,1; Hor. u. Seth 5,13; 6,8 u.ö.). — Die hieratischen Zeichen 𓃭 d.h. 𓀀 und 𓃭 d.h. 𓁐 werden übrigens auch mit einander vertauscht.

In hieroglyphischen Texten kommen daneben auch als seltene Schreibungen vor: 𓇋 (Amarna III, 2; IV, 32) und 𓏤 in 𓇋𓊃𓏤 (ibd. VI, 15,11; IV, 4); vgl. auch Mes N. 8.

§. 61-62. Suffixe. 1. Sing.

61. Für die Aussprache des Suffixes der ersten Singularis beachte man die folgenden Schreibungen, die zum Teil älteren neuägyptischen Texten angehören: ⸺ (d.h. ογν-ναι) ⸺ „ich habe kein Feld" Pap. Kairo (Wb. Nr. 9); ⸺ (Pap. Kahun 39,19), ⸺ (P. Berlin 9784) „ich bin voll"; ⸺ „indem (sie) mich hasste" Prinzengesch. 7,4; ⸺ „was ich sage" Berlin 20377. Sie entsprechen dem Koptischen ναι, †, ⲘⲤⲦⲰⲒ, ⲠⲈⲬⲀⲒ.

Man vergleiche auch weiter die Schreibungen der hieroglyphischen Texte: ⸺ „meine Stadt" Urk. IV,150; ⸺ „meine Leiche". Theb. Gr. ⟨1208⟩; ⸺, ⸺ „dass ich gelange", vgl. §. 443.

<u>anm</u>. Ob auch ⸺ „mich lieben" Lieb. Harr. 2,2; ⸺ „mich tragen" ibd. 3,4 mit ihrem ⸺ für das gewöhnliche ⸺ hierher gehört?

62. Wie man aus dem Koptischen ersieht, ging das Suffix der ersten Sing. nach Konsonanten verloren: ϨⲎⲦ für *ḥêti „mein Anfang". Hierzu werden schon Fälle gehören wie: ⸺ „mich prügeln" d'Orb. 4,7; 5,3; ⸺ „mich töten" ibd. 7,4; ⸺ „mein Rücken" ibd. 14,6. Die meisten Fälle aber, in denen das Suffix 1. Sing. nicht geschrieben ist, werden davon herrühren, dass man nach altem Herkommen dieses vokalische Suffix als etwas geringfügiges ansah, das es nicht zu schreiben lohnte; dass es nicht wirklich verloren war, zeigen z. T. die koptischen Formen: ⸺ „mein Herz" P. Bol. 5,6 für ϨⲦⲎⲒ; ⸺ „ich bin" Amarna II, 36; VI, 19; Inscr. Hier. Char. pl. 16 für ⲈⲒ; ⸺ P. Bologna 9,2 „ich bin" für †; ⸺ „ich weiss nicht" P. Mayer A Vs. 2,12 (ⲘⲈⲨⲀⲒ); ⸺ „dass ich ihn sage" Wahrh. u. Lüge 5,5; ⸺ „dass ich ihn esse" ibd. 8,2; ⸺ „ich sehe" Lieb. Harr. 3,6; ⸺ „ich sehe sie" Lieb. Beatty 26,1; ⸺ „ich sehe dich" Lieb. Harr. 7,10; ähnlich P. Bologna 9,9; 11,4; 12,1; ⸺ für „ich tue" Amarna VI, 30; ⸺ „dass ich gesetzt werde" Lieb. Tur. 1,14; ähnlich Lieb. Harr. 2,13. ⸺ „ich salbe mich nicht" Lieb. Beatty 24,1; ⸺

Suffixe: 2. masc. sing.   §. 62 – 65

[Hierogl.] „nimm mich nicht" Pap. Kairo, Ä.Z. 1881, 119; vgl. auch An. VI, 13. Man beachte in diesen Beispielen die Häufigkeit bestimmter Fälle, die gewiss ihre Gründe haben wird.

<u>Anm.</u> Auf der anderen Seite fügt man dann [Hierogl.] irrig Worten bei, bei denen es nichts zu suchen hat, so besonders im Lieb. Harr., aber auch in anderen Handschriften:

[Hierogl.] „mein Herz" Lieb. Harr. 5, 8;

[Hierogl.] „hinter deiner Liebe her" ibd. 4, 2; vgl. auch 5, 6; 5, 7.

[Hierogl.] „der Mund irgenwelcher Menschen" d. Orb. 4, 1.

[Hierogl.] „vor dem Stallobersten" P. Bologna 3, 2.

[Hierogl.] „der Herr tut nicht". Berlin 20377.

63. Wie das Koptische zeigt, hielt sich die Femininalendung der Substantive und Infinitive da, wo sie einmal durch ein dann fortgefallenes Suffix der ersten Singularis geschützt gewesen war: ϨΗΤ „vor mir" aus *ḥĕtî, ΜΑϹΤ „mich gebären" aus *mastî; das Τ gilt dann als Suffix. Dem entsprechen neuägyptische Schreibungen wie: [Hierogl.] „mein Bedürfnis" Sall. I 8, 3; [Hierogl.] „meine Sachen" Insc. Hier. Char. pl. 16; ϨΑΕΙΒΕ „mein Schatten" Lieb. Tur. 2, 12; [Hierogl.] „mich finden" ibd. 1, 14; [Hierogl.] „mich bringen" Lieb. Beatty 17, 3; ϨΕ [Hierogl.], ϨΕ [Hierogl.] ḥw.t für ḥw.tj „mich treiben" Unamun 2, 74; 2, 80.

64. Im Koptischen hängt man ein solches scheinbares Suffix 1 sg. dann auch als Objekt an Infinitive an, die nie eine weibliche Endung gehabt haben: ΝΑϨΜΕΤ (Kopt. Gr. §. 193). Wir haben den gleichen Fall in:

[Hierogl.] „man liess (mich) heraus" Insc. Hier. Char. pl. 18;

[Hierogl.] „und Ihr werdet (mich) herauslassen" ibd. pl. 18. (Kopt. ΚΑΑΤ).

<u>2. masc. sing.</u>

65. Bei dem Suffix der 2. sing. masc. steht neben dem gewöhnlichen [Hierogl.] noch [Hierogl.], das der Endung der 1. sing. des Pseudopartizips gleichsieht.

§ 65-66   Suffixe: 2. masc. sing.

Da diese letztere im Neuägyptischen auch ⌒ geschrieben wird, möchte man zunächst glauben, dass es sich hier lediglich um eine äusserliche Verwechslung dieser beiden Endungen handelt. Dem widerspricht aber, dass das 𓎡𓅱 nicht in allen Fällen für ⌒ steht; es hat einen beschränkten Gebrauch. Man findet es niemals bei den Hülfsverben 𓂝𓏤, 𓂝̣ und 𓇍𓂝̣ und nie bei den Präpositionen 𓈖, 𓇋𓂋 und ⌒. Auch als Possessivsuffix bei Substantiven u. ähnl. kommt es nicht häufig vor.

Als Possessivsuffix findet es sich z. B. in: 𓊪𓏏 , 𓂋𓎡𓅱 An. I 19, 4-5; 𓇯𓎡𓅱 ibd. 14, 7; ⌒𓇋𓏤𓂝𓎡𓅱 ibd. 5,5; 𓇳𓇳𓎡𓅱 Lieb. Harr. 7, 12; 𓊪𓂝𓎡𓅱 ibd. 5,2; 𓊪𓁹𓎡𓅱 ibd. 7,10; 𓇋𓈖𓎡𓅱 ibd. 7, 6; 𓎡𓅱𓆑! 𓂝𓎡𓅱 ibd. 5, 12 (aber ohne 𓎡𓅱 ibd. 4,9; 1,6); 𓊪𓎡𓅱 ibd. 7,9; 𓊪𓎡𓅱 Ostr. Petrie 11 (daneben immer ⌒); 𓆑𓎡𓅱 Max. d'Anii 2,3; 5,8; 5,10; 𓎡𓅱 Lansing 18,1 (der Lansing hat als Possessivsuffix sonst nur ⌒).

Als Objekt steht es beim Infinitiv: 𓊪𓊪𓎡𓅱 Amarna VI, 33 E; 𓎡𓅱 Lieb. Harr. 5, 6; 6, 1; 𓆑𓎡𓅱 ibd. 7, 4; 𓎡𓅱 P. Salt 2, 21.

66. Der häufigste Gebrauch von 𓎡𓅱 ist aber der als Subjekt eines Verbums, und zwar scheint es hier nicht ohne Grund anstatt des einfachen ⌒ zu stehen. In der Klage über die Faulheit des Schülers: 𓊪𓎡𓅱 𓂋𓎡𓅱 𓎡𓅱 𓎡𓅱 𓎡𓅱 „man sagt mir: Du verlässt die Schriften, du ergiebst dich den Vergnügungen, du wendest den Gottesworten den Rücken zu und du fliehst dieses Amt des Thot" die An. V 6, 1; An IV 2, 4 und ähnlich An. IV 11, 8; Koller 2, 2 vorliegt, steht in den sechs Fällen wo 𓎡𓅱 vorkommt, und in den drei Fällen wo 𓎡𓅱 vorkommt stets das 𓎡𓅱, während die andern daneben stehenden Verben 𓎡𓅱, 𓎡𓅱 u.s.w. das ⌒ haben. Nur Sall. I 8, 11, der immer schlecht schreibt, hat in der Stelle 𓎡𓅱 ⌒. Augenscheinlich sind die

30

Suffixe: 2. masc. sing.   §. 66 – 67

Formen mit 〈Hier.〉 hier absichtlich gebraucht. Sehr ähnlich ist es, wenn im Lansing dem Schüler sein Lebenswandel so vorgehalten wird:

〈Hieroglyphen〉 „du schlägst den Weg zum tanzen ein, du befreundest dich mit den Dirnen", folgt 〈Hier.〉 u.s.w. Lansing 8,5.

〈Hieroglyphen〉 „du wohnst in dem Orte des Bettes ..... Du machst dir ...... du verbrüderst dich...." ibd. 8, 6–7.

Auch hier haben die drei wesentlichsten Verben das 〈Hier.〉, während die andern nur 〈Hier.〉 haben.

Andere Stellen mit auffälligem Wechsel beider Formen sind:

〈Hieroglyphen〉 ..... 〈Hieroglyphen〉 ..... 〈Hieroglyphen〉 ..... 〈Hieroglyphen〉 ..... 〈Hieroglyphen〉 Lansing 8, 9–10.

〈Hieroglyphen〉 „hast du ihn nicht betreten ..... hast du nicht Fische gegessen ..... hast du nicht gebadet ..... (in parallelen Sätzen) An. I 27, 3.

〈Hieroglyphen〉 „Du sitzt .... und du wäschst dein Gesicht und deine Hand" (neben 〈Hier.〉, 〈Hier.〉 u.a.) An. I 3, 8 – 4, 2.

〈Hieroglyphen〉 „du hast mich gerettet" Berlin 20377 (sonst immer 〈Hier.〉).

In einem Bedingungssatz steht das 〈Hier.〉: 〈Hieroglyphen〉 „wenn du (eine Last) nimmst" Lansing 7, 8; ebenso Lieb. Harr. 1,2.

In einem Relativsatz: „Äcker .... 〈Hier.〉 die du geschaffen hast" Lansing 9, 2. — Vgl. auch 〈Hier.〉 ibd. 14, 4; 〈Hier.〉 ibd. 14, 8; 〈Hier.〉 ibd. 14, 5 im Sinne von „(seit)deiner Geburt".

Anm. Manche Handschriften benutzen das 〈Hier.〉 überhaupt nicht, so Hor. u. Seth; ebenda 7,7 wo 〈Hier.〉 geschrieben war, ist das 〈Hier.〉 anscheinend getilgt, entsprechend dem 〈Hier.〉 von 6,11. — Der Unamun hat ebenfalls nur 〈Hier.〉.

67 Man möchte demnach in 〈Hier.〉 eine vollere Aussprache des Suffixes 〈Hier.〉

sehen, die etwa als *-ke neben dem *-ek stand. Die alte Orthographie hatte es dem Leser überlassen, ob er im einzelnen Fall die vollere oder die kürzere Form sprechen wollte; jetzt, wo man in der Endung des Pseudopartizips ein vielleicht ebenso lautendes *-ke hatte, benutzte man dies, um die vollere Aussprache zu bezeichnen.

Eine besondere Bedeutung verlieh es dem Worte nicht; es war nicht mehr, als wenn wir die oben angeführte Stelle der Lehrerbriefe so wiedergäben: „man sagt mir: du verliessest die Bücher, du ergebest dich dem Vergnügen, du kehrest den heiligen Schriften den Rücken" und dann weiter in gewöhnlichem Tone: „ du fliehst dieses Amt des Thoth".

2. fem. sing.

68. Die alte Form kommt nur noch in Amarna vor: 〈glyph〉 II, 21 ; 〈glyph〉 III, 19, V, 13; sonst deutet man dieses Suffix nur durch 〈glyph〉 : 〈glyphs〉 Lieb. Beatty 24,1; 〈glyphs〉 P. Bologna 10,7; 〈glyphs〉 d. Orb. 17,8 ; Hor. u. Seth 6,1; Unamun 2,81; 〈glyphs〉 d. Orb. 3,9 ; Unamun 2,80 ; 〈glyphs〉 d. Orb. 3,10 ; Hor. u. Seth 9,5 ; 〈glyphs〉 d. Orb. 10,2.

Auch hier findet sich in den Handschriften sehr oft 〈glyph〉 d. h. 〈glyph〉 für 〈glyph〉 d. h. 〈glyph〉. So z. B. d'Orb. 2,10; 4,1. (Richtig scheidet z. B. Lieb. Harr. 5,7: 〈glyphs〉 „und meine Hand liegt in deiner").

Wie das 〈glyph〉 der 1. sing. wird auch 〈glyph〉 zuweilen ausgelassen: 〈glyphs〉 „dich übersetzen" Hor. u. Seth 5,14; und ebenso wird es auch oft irrig angehängt, z. B.: 〈glyphs〉 „ihre Glieder" d.'Orb. 9,7.

3. masc. sing.

69. Zu dem Suffix 〈glyph〉 gibt es keine Nebenform; denn das 〈glyph〉 das zuweilen in späten Texten vorkommt: 〈glyphs〉 Lit. Br. Gol. 1,2 ; 〈glyphs〉 (für 〈glyphs〉) Unamun 2,22 ; 〈glyphs〉 Tabl. Rogers 2,1, enthält wohl nur ein graphisches Füllsel 〈glyph〉, wie ein solches auch einmal bei der 2. masc. vorkommt: 〈glyphs〉 „du bist" Theb. Grab. ⟨652⟩.

Suffixe: 3. fem. sing. §. 69 — 72.

<u>Anm</u>. Wo das Suffix sich auf einen Gott bezieht, fügt man ihm manchmal ein 𓀭 bei : [gly] Hor. u. Seth 9,8 ; [gly] ibd. 12,11.

3. fem. sing.

70. Das Suffix 𓊃 hat eine Nebenform 𓊃𓏏, die in ihrer Schreibung dem alten Pronomen absolutum 𓊃𓏏 gleicht. Da dieses, wie das Koptische bestätigt, etwa <u>sĕ</u> gesprochen wurde, so könnte man denken, dass das Suffix in der lebenden Sprache wirklich <u>sĕ</u> oder ähnlich gelautet hätte ; die herkömmliche Schreibung 𓊃 würde dem nicht widersprechen. Doch da ja in der ägyptischen Orthographie auch das Unvernünftige denkbar ist, so ist es auch möglich, dass man es aus irgend einem uns unverständlichen Grunde für angemessen gehalten hat, das Pronomen absolutum 𓊃𓏏 anstatt des Suffixes 𓊃 zu schreiben.

71. Man braucht dieses 𓊃𓏏, das hieroglyphische Texte [gly] schreiben:
als <u>Possessivsuffix</u>: [gly] amarna VI, 15,4 ; [gly] Lieb. Beatty 29,3 ;
[gly] d'Orb. 3,6 ; [gly] ibd. 4,7 ; [gly] Hor. u. Seth 4,2 ;
[gly] ibd. 4,3 ; d'Orb. 8,3 ; [gly] amarna I, 38 ; IV, 31.
als <u>Objekt eines Infinitivs</u>: [gly] Salt 1,18.
als <u>Subjektssuffix</u>: [gly] amarna V, 15 ; [gly] Hor. u. Seth 5,7 ; [gly]
Unamun 2,76 ; [gly] d. Orb. 2,3 ; Harris 77,7 ; Hor. u. Seth 1,6 ;
Unamun 2, 83.

72. Zu der Form 𓊃𓏏 gesellt sich dann noch eine scheinbare Nebenform [gly] 𓊃𓏏, die aber nur dem in §. 21 erörterten Bedürfnis entspricht, den Raum unter horizontalen Zeichen auszufüllen. Wenn man sonst bei [gly], [gly], [gly] das Suffix mit [gly] geschrieben hätte, so schreibt man jetzt, seit das 𓊃𓏏 gebräuchlich geworden ist, [gly] 𓊃𓏏 : [gly] 𓊃𓏏 d. Orb. 2, 10 u. oft ;
P. Bologna 11, 8 ; Unamun 2, 77 ; [gly] 𓊃𓏏 ibd. 1x+6 ; [gly] 𓊃𓏏 d. Orb. 12, 6 ;
[gly] 𓊃𓏏 ibd. 3, 9 ; P. Neschons 3, 17 ; [gly] 𓊃𓏏 Lieb. Beatty 22,6 ; 24, 9.
Ebenso verfährt man zuweilen auch beim Suffix [gly]; vgl. §. 78.
<u>Anm</u>. Erläutert werden diese Schreibungen auch durch solche wie [gly]

§ 73 – 75   Suffixe: 1. plur.

„gekocht" d. Orb. 1,8 d. h. ⲡⲟⲥⲉ.

73. Ganz fest steht übrigens der Gebrauch nicht, und Schreibern, die meist ∥⚬ und ⁓∥⚬ schreiben, entwischt auch wohl ein ∥ und ⁓.

∥ schreiben: Lieb. Harr., Joppegesch.; Harris; dabei ⁓ (D.20); Amenemope (spät).

∥⚬ und ⁓: Prinzengesch.; Hor. u. Seth. (D.20). — ⁓ und ⁓: Amarna.

∥⚬ und ⁓∥⚬: d'Orb. (D.19); P. Bologna (D.19); Lieb. Beatty (D.20); Lansing (D.20); Unamun (D.21); P. Neschons (D.21).

Im Ganzen ist das ∥⚬ also das Jüngere; das ∥ ist altertümlich. Vgl. auch Mes, wo ∥ überwiegt.

74. Gelegentlich setzen schlechte Schreiber auch 𓎡 für das Suffix ∥⚬. So als <u>Subjektssuffix</u>:

„bewahrt meinen Brief (fem.) ⟶ 𓎡 ⁓ damit er uns ein Beleg sei" (für ∥⚬ = s) P. Mallet 4,5.

„indem sie mir nichts Gutes tat" Ostr. Petrie 18; „indem sie das Kleid nahm", „indem sie ihn stahl" ibd. 18.

als <u>Objekt eines Infinitivs</u>:

„sie (⚬ ∥) töten" Unamun 2,82.

1. plur.

75. Neben ⁓ existiert die Nebenform ⁓, die wenigstens seit Dynastie 19 vorkommt; so stets in dem Papyrus, der Lieb. Beatty und Hor. u. Seth enthält, aber auch sonst: ⁓ Hor. u. Seth 1,11 u. ö.; ⟶ ⁓ ibd. 2,5; 8,9 u. ö.; ⁓ ibd. 12,5; Inf.: ⁓ ibd. 14,1; ⁓ Unamun 2,72; ⁓ (wir sagen)(?) Mes S.12; ⁓ (wir sind) an. IX, 7. — Auch das ⁓ des pluralischen Imperativs schreibt man so: ⁓ „höret" Hor. u. Seth 14,6. — Bei der Präposition nn aber schreibt man nur <u>ein</u> n: ⁓ „für uns" Lieb. Beatty 17,11; Hor. u. Seth 13,3; 3,1. — Über ⁓ für <u>mtw n</u> vgl. § 575.

Suffixe: 2. u. 3. plur. §. 76–77

2. plur.

76. Neben dem korrekten 𓏏𓈖𓏥 (z. B.: 𓇋𓂋𓏏𓈖𓏥 Hor. u. Seth 8,3 , 𓂋𓏏𓈖𓏥 ibd. 5,2 ; 𓁹𓂋𓏏𓈖𓏥 ibd. 5,4) finden sich auch verschiedene andere Schreibungen, so z. B.:

𓏏𓏥 : 𓇋𓂋𓇋𓏏𓏥 P. Mallet 3,7 ; 𓇋𓏏𓇋𓂋𓏏𓈖𓏥𓏏𓏥 ibd. 3,7 ; vgl. auch beim Konjunktiv §. 575 f.f.

𓏏𓈖𓏥 : 𓇋𓂝𓏏𓏥 ⬜ 𓍿𓇋𓂋𓏏 , 𓍿𓂝𓏤 „Ihr sollet mit ihm hinausgehen" P. Mallet 3,6.

𓏏𓏥 : 𓏏𓇋𓂝𓂧𓏏𓏥 „bringet sie fort" Hor. u. Seth 2,4 ; 𓂋𓈖𓏏𓏥 „vor euch" An. IX, 17 ; vgl. auch Ostr. Edinburgh 9,2.

𓈖𓏥 : „der Brief 𓇋𓂋𓆑𓊃𓆼𓈖𓏥 den ich euch geschrieben habe" Corr. 19,5. Das hier erwähnte 𓏏𓏥 findet sich auch für das Pron. absolutum 2. Plur. vgl. §. 89.

3. plur.

77. Das alte Suffix 𓅱𓏥 ist im neuägyptischen schon durch das jüngere 𓏏𓏥 zurückgedrängt. Die meisten Texte brauchen beide durcheinander. Der Lansing z. B., der wie die meisten immer 𓇋𓏏𓏥 „sie sind" schreibt (vgl. zur Schreibung §. 81), braucht immer 𓇋𓂋𓅱𓏥 „in ihnen" und wechselt zwischen 𓈖𓏏𓏥 und 𓈖𓅱𓏥. Ein anderer (An. IV, 15,1 – 17,7) hat dagegen immer 𓈖𓅱𓏥 und 𓇋𓏏𓏥. Auch in dem amtlichen Briefe desselben Schreibers An. VI schreibt er fast immer 𓅱𓏥 sogar 𓇋𓂝𓅱𓏥 (83). Im Mes überwiegt 𓅱𓏥 (z. B.: 𓇋𓂋𓅱𓏥 N. 32, 34) und ebenso im Kadeschgedicht; wie wenig Gewicht man übrigens auf diesen Unterschied legt, zeigen Beispiele wie: 𓂋𓏤𓅱𓏥 Kadesch 65 ; 𓂋𓏤𓏥 ibd. 64 man vergleiche auch Beispiele, in denen beide Formen neben einander stehen: 𓃀𓋴𓅱𓏥 ..... 𓃀𓋴𓏥 Kadesch 65 (Sall. III 4,1 hat aber auch das zweite Mal 𓅱𓏥) ; 𓂜𓏏𓏥 𓅱𓏥 P. Boulag 10 ; 𓇋𓂝𓏏𓊪𓏏𓏥 𓅱𓏥 Ostr. Berlin III 86 ; 𓈖𓂋𓏏𓏥𓂝𓈖𓂋𓏤𓅱𓈖𓏥 Abbott 4,2. Bei einem Beispiel wie: 𓇋𓂝𓅱𓏥 𓅱𓏥 𓂋𓇋 𓍿𓅱𓏥 ⬜ 𓋴𓂋𓏏𓅱𓏥 ..... ⬜𓃀𓏏𓏥 ; 𓍘 Harr. 75,7 möchte man denken, dass das 𓅱𓏥, das hier

§. 77 – 80   Suffixe : 3. plur.

von den Göttern steht, der gewähltere Ausdruck ist. Dazu stimmt es, dass das [𓇋𓏥] vor unserm Auge ausser Gebrauch kommt. Die Geschichte des verwünschenen Prinzen braucht noch ausschliesslich [𓇋𓏥], aber die Joppehandschrift hat daneben auch schon [𓂝𓏥]. Im d'Orbiney kommt [𓂝𓏥] nur auf den ersten Seiten vor, dann mag der Lehrer es als zu vulgär gerügt haben, denn der Schüler schreibt nun bis zum Schluss immer nur [𓇋𓏥] ; erst auf Seite 18 u. 19 entschlüpft ihm wieder zweimal [𓂝𓏥]. In dem Briefe Leiden 368 (D.19) steht immer [𓇋𓏥] (auch in [𓇋𓏥]), aber nach dem Infinitiv [𓂝𓏥]. Im P. jur. Turin und im Unamun ist [𓇋𓏥] dann ganz verloren ; wie ein koptischer Text kennen sie nur das [𓂝𓏥].

78. Wo das Suffix [𓇋𓏥] auf ein horizontales Zeichen folgt, und wo man in Hieroglyphen [𓏤𓏥], [𓏤𓏥] u.s.w. schreiben würde, verfährt man hier zuweilen ebenso wie beim Suffix der 3. fem. : [𓏤𓇋𓏥] amarna III, 17 ; [𓏥𓇋𓏥] Sall. I 4,8 ; [𓏤𓇋𓏥] d'Orb. 10,10. – Noch ärger ist dies entartet in : [𓏤𓂝𓇋𓏥] Leiden 348,9. Vgl. auch die Schreibung [𓏤𓂝𓇋𓏥] des §. 97.

79. Dass das Suffix [𓇋𓏥] zuletzt sein 𓏥 verloren hat, zeigen Schreibungen wie: [𓇋𓏤], [𓇋𓏤] ; [𓇋𓏥] am.S.d.H. 6,9 u. oft. Daher wird es auch kommen, dass man es zuweilen auch [𓇋𓂝𓏥] schreibt, also wie das pluralische Pronomen absolutum, das man ja nach Ausweis des Koptischen sē sprach: [𓇋𓂝𓏥] an. I 9,3 ; [𓇋𓂝𓏥] Harr. 78,12 ; „die Pferde [𓇋𓂝𓏥] vergessen ihre Mütter" Lansing 2,7 ; [𓇋𓂝𓏥] sie (die Pferde) machen" ibd. 2,8. Mehrere dieser Beispiele gehen auf weibliche Personen, so dass man denken könnte, der Schreiber habe [𓇋𓂝𓏥] für eine weibliche Form gehalten. Vgl. z. B.: [𓇋𓂝𓏥] Lansing 12,6 (fem.) neben dem männlichen [𓇋𓇋𓏥] ibd. 12,7.

Anm. In [𓇋𓂝𓏥] Amarna II,8 ; [𓇋𓏥] Am.S.d.H. 4 wird man wohl Verschreibungen zu sehen haben.

80. Das jüngere Suffix [𓂝𓏥] tritt vereinzelt schon vor Amarna auf und zwar in

Suffixe: ungewöhnlicher Gebrauch   §. 80 – 82

[hieroglyphs] „sie sind" (z. B.: Urk. IV, 54). Es wird kein Zufall sein, dass dieses [hieroglyphs], [hieroglyphs] auch in Amarna und in den anderen Texten besonders oft vorkommt, ungleich häufiger als [hieroglyphs]; man möchte glauben, dass das [hieroglyph], über dessen Ursprung wir ja gar nichts wissen, zuerst bei diesem Hülfsverbum aufgetreten ist. Beispiele des Suffixes [hieroglyph] sind:

als <u>Possessivsuffix</u>: [hieroglyphs] Abbott 5,4; [hieroglyphs] Harr. 75,3; [hieroglyphs] (vgl. §.22) Hor. u. Seth 2,4; [hieroglyphs] Lansing 9,6; Abbott 4,2; [hieroglyphs] Harr. 75,11; [hieroglyphs] P. jur. Turin passim.

als <u>Objekt beim Infinitiv</u>: [hieroglyphs] Lieb. Tur. 2,10; [hieroglyphs] Lieb. Beatty 29,2.

als <u>Subjektssuffix</u>: [hieroglyphs] Lansing 7,5; [hieroglyphs] Amarna gr. Hym. 8; [hieroglyphs] Amarna III 28; [hieroglyphs] Hor. u. Seth 12,1.

81. Wo das [hieroglyph] an ein Wort gehängt wird, das auf ein wirkliches oder graphisches [hieroglyph] ausgeht, schreibt man statt des Suffixes meist nur ¦; so stets [hieroglyphs] ([hieroglyphs]) „sie sind", [hieroglyphs] „dass sie fressen" d'Orb. 1,9; [hieroglyphs] ibd. 18,1; [hieroglyphs] Harr. 75,9; [hieroglyphs] „sie bringen" Petrie, Koptos 18,1; [hieroglyphs] Hor. u. Seth 3,3.

auch wo kein [hieroglyph] vorhergeht, steht zuweilen nur ein ¦ für das Suffix: [hieroglyphs] Amarna, gr. Hym. 4-5; [hieroglyphs] „sie hinlegen" d'Orb. 1,6; 1,8.

<u>Anm.</u> Auf der anderen Seite kommt spät auch eine doppelte Schreibung des [hieroglyph] vor: [hieroglyphs], [hieroglyphs] Max. d'Anii 8,19. — Über die Schreibung des Suffixes bei [hieroglyph] „ganz", vgl. §. 235.

2. Ungewöhnlicher Gebrauch der Suffixe

82. Da bei der häufigsten Form des neuägyptischen Verbums, dem Infinitiv, das pronominale Objekt durch ein Suffix ausgedrückt wurde, so hat man dann auch bei anderen Verbalformen öfters das Objekt in gleicher Weise ausgedrückt. Ausser dem im §. 59 geschilderten normalen Gebrauch der Suffixe werden diese nun auch in einem Falle verwendet, wo man ein Pronomen absolutum erwartet. Anscheinend besonders nach einem <u>Particip</u>. So bei der 1. sing.:

§. 82 - 83   Suffixe: Ungewöhnlicher Gebrauch

⟨hiero⟩ „die Länder die mich gesehen haben" Kadesch 97 ;
⟨hiero⟩ „du bist es, der mich mit deiner Nahrung erhält" Amarna
V 15; vgl. auch ibd. VI, 15, 6 ; III, 19 ;
⟨hiero⟩ „der mich mit seiner Nahrung erhält" Louvre C. 213 (D.19) ;
⟨hiero⟩ „du bist es der mich auf den Thron setzte" Harr. 3,9 ;
⟨hiero⟩ „die mich bezeugten" Kadesch 131 (Sall. III 8,9 : ⟨hiero⟩)
⟨hiero⟩ „der mich blendet" Wahr. u Lüge 5,8 (parallel zu
k3mn ⟨hiero⟩ „der dich blendet").

Seltener kommt es auch sonst vor:

⟨hiero⟩ „der Herrscher hat mich gebaut" Amarna V, 15 ;
⟨hiero⟩ „er schliesst mich in seine Arme" Lieb. Harr. 8, 11 ;
⟨hiero⟩ „du machst mich zum König" Harr. 25, 5 ;
⟨hiero⟩ „du schützst mich" Karnak ⟨809⟩ (Ramses III);
⟨hiero⟩ „sende mich aus" Unamun 2, 26 ;
⟨hiero⟩ „siehe mich" Harr 76, 11 ;
⟨hiero⟩ dansing 8,8 statt ⟨hiero⟩ ibd. 10, 9.

Auch bei anderen Personen finden sich so als Objekt gebrauchte Suffixe und
zwar wieder bei den Participien ; auch bei der 3. masc. : An. I 21, 6 (?).
So bei der 2. masc. : ⟨hiero⟩ „wohl dem o.ä. der
sich an dich hält" Karnak ⟨952⟩ (Ramses III) ; vgl. auch Karnak ⟨799⟩.
Anscheinend auch bei der 2. fem. : ⟨hiero⟩ „möge ich dich (Frau)
sehen" P. Bologna 8,9 (Var. 10, 7 ⟨hiero⟩).
Und vielleicht auch bei der 3. plur. ⟨hiero⟩ : „der Pharao, ihr Sohn ⟨hiero⟩
⟨hiero⟩ der sie schützt und sie gründlich unter-
sucht" Abbott 6,7 wo das Adverb doch auf ein Particip deutet.

Anm. Umgekehrt schreibt man dann zuweilen auch ⟨hiero⟩ bei einem
Infinitiv anstatt des Suffixes ⟨hiero⟩ : ⟨hiero⟩ „er lud mich ein"
Unamun 2, 74 ; ⟨hiero⟩ „man wird mich suchen" ibd.
2, 61.

83. An diesen Gebrauch schliessen sich nun auch die merkwürdigen Formen,

bei denen vor dem Suffix noch ein 𓂝 steht; sie sind offenbar nach der Analogie der weiblichen Infinitive gebildet (Vgl. den ähnlichen Vorgang im §.142.): 𓂋𓏲𓏥𓂝 „wenn sie mich sehen" Kairo, Wb. Nr. 49 (das Suffix 𓅱 ist nach §. 62 nicht geschrieben); 𓂧𓏤𓏛𓏏𓆑𓂋𓀁𓎡𓅱𓂝𓏤𓀀 „deine Klugheit (o. ä.) hat dich selbst gerichtet" Hor. u. Seth 7,1; 7,11 aber nur 𓂧𓂝; 𓀁𓎡𓆑𓀁𓌃𓏏𓎡𓂝 „hebe dich fort" Unamun 1, X + 2-3; 1, X + 9. Im Koptischen haben sich solche Suffixe bei einigen Imperativen erhalten: ⲀⲚⲒⲦ, ⲀⲚⲒⲦⲨ; ⲀⲠⲒⲦⲞⲨ; ⲘⲎⲒⲦⲨ. Vgl. auch §. 357.

<u>Anm.</u> Ebenso im Demotischen: vgl. Spiegelberg, Demot. Gr. §. 258 f.f. und so auch in späten hieroglyphischen Texten:

𓅭𓏛𓏤𓎡𓀀 „deine Mutter hat dich umarmt (späte Totenstele im Louvre), statt des gewöhnlichen 𓅭𓏛𓎡𓀀;

𓏏𓏐𓏛𓋴𓏏𓎡𓇳 „die Schützerin schütze dich" Urk. III 41.

3. Verschiedenes

84. Der Gram. §. 147 besprochene Gebrauch, dass man die Endung -j eines dualischen Substantivs auch auf ein ihm angehängtes Suffix überträgt, ist in ält. nä. Texten noch bekannt: 𓂋𓏥𓇋 Amarna VI, 25, 17; 𓀀𓏤𓇋 ibd. III, 28; Gr. Hymn. 7; 𓏏𓂝𓏤𓇋 Sall. III, 3, 10; und zwar findet sich dieses 𓇋 auch da, wo es sich nur um einen dualischen Sinn handelt: 𓏤𓏤𓏤𓇋 „seine Finger" (als die beiden Hände gedacht) Bologna 2, 6; 𓂝𓀠𓏏𓏤𓇋 ⲞⲨⲦⲰϤ d'Orb. 6, 6; 𓂧𓄤 „seine Kraft" (zweimal) Kadesch 6.

85. Als neutrisches Suffix benutzt man die 3. masc. sing.:
𓆓𓂧𓏛𓎡𓂝 „er sagte es" Unamun 1, X + 10; 2, 67;
𓀁𓎡𓂝𓂝 „du wirst es tun" ibd. 2, 5;
„andere Zeiten geschahen 𓁹𓂝𓎡 danach" Harr. 75, 4.
𓆓𓐍𓅓𓀁𓂻𓏴 „es (das Erzählte) ist nicht vorher gehört worden." ibd. 78, 3.

§. 86 – 89   altes Pronomen absolutum. 1.u.2.Pers.

86. Das Suffix der 3. plur. wird in jüngeren Texten für das unbestimmte „man" gebraucht, das man sonst durch das Passivum ausdrückt. – Über den Gebrauch vgl. §. 269.

b. die Pronomina absoluta.

1. die alten Pronomina absoluta

87. Die alten Pronomina absoluta (Gr. §. 148; 149) werden sowohl als Subjekt (§.457; in der dritten Person auch §. 466; 479) wie auch als Objekt gebraucht. Die folgenden Belege ihrer Formen geben, soweit nichts anders bemerkt, durchweg Objektsformen an:

Pronomina der 1.ten und 2.ten Person

88. **1. Sing.**: [hiero] amarna III, 2 ; [hiero] d'Orb. 3, 10.

    2. Sing. (masc.): [hiero] amarna VI, 14 ; VI 25, 10 ; Lansing 3, 5 (Subj.); Unamun I, 20; amenemope 5, 12.

    [hiero] (seltener): [hiero] „er verlässt (?) dich" Max d'Anii 8, 13 (aus [hiero] verbessert); [hiero] „der dich angegriffen hat" Inscr. Hier. Char. pl. 26 (neben [hiero]);

    [hiero] „der dich nicht kennt" ibd. pl. 26.

    [hiero] „der dich geschaffen hat" P. Beatty I B. 6.

    2. Sing. (fem.): [hiero] ; [hiero] : [hiero] „dass ich dich sehe" P. Bologna 10, 7 ; [hiero] „ich fahre dich über" Hor. u. Seth 5, 12.

89. **1. Plur.**: [hiero] in: [hiero] „siehe wir tun (es)" P. Bologna II, 23 ; [hiero] „du bist es der uns fortgeführt hat" A.J.H. 189, 43 ; [hiero] „Dein Schwert hat uns getötet" Med. Habu (932.); vgl. auch Kadesch 104.

    [hiero] in: [hiero] „rette uns" Kadesch 105.

    [hiero] in: [hiero] Karnak (382?)

    [hiero] „dass er uns richtet" An. I, 13, 4

    2. Plur.: [hiero] in: [hiero] „stellt euch zu meinem Schutze

Altes Pronomen absolutum. 3. Pers.   §. 89 — 91

hin". Mar. Ab. II 54-55 ; [Hierogl.] „hütet euch". P. jur. Turin 2,8.

Pronomina der 3. Person

90. Diese Pronomina, das alte $św$, $śj$, $śn$, $śt$, sind zwar scheinbar alle vorhanden, doch werden sie derartig mit einander verwechselt, dass man glauben möchte, alle vier seien in der Umgangssprache fast gleich — etwa $s\breve{e}$ — gesprochen worden (vgl. auch die Schreibung §. 745); trotzdem ist es ratsam, sie getrennt zu behandeln.

91. [Hierogl.] steht als Subjekt und zwar für die 3 masc. :

[Hierogl.] „sie (die Pyramide) ist unverletzt befunden" Abbott 3,9;

die 3 fem., und zwar oft :

[Hierogl.] „indem sie (die Frau) nicht zuliess" Prinzengesch. 7,8 ;

[Hierogl.] „sie (die Eselin) ist geworden" Lansing 2,6 ; vgl. auch An. I, 25,5 ; 27,3 ; d'Orb. 11,5.

als Objekt (oft in neutrischem Sinn):

[Hierogl.] „merke es dir" P. Bologna 1,8; 4,1; 4,10; Sall. I 8,2;

[Hierogl.] „sie haben es getan" Unamun 2,5 ;

für die 3 fem. :

[Hierogl.] „ich umarme sie" Lieb. Kairo 10; ibd. 11 ;

[Hierogl.] „sage sie (die Antwort, $w\check{s}b.t$)" Max. d'Anii 6,10 (ⲀⲬⲒⲤ) ;

[Hierogl.] „da ist sie" Lieb. Beatty 24,7; 25,9. Vgl. auch An. III 5,3 ; Unamun 2,57 ; Amenemope 26,9.

für die 3 plur. :

[Hierogl.] „ihr Herr, der sie geschaffen hat, geht über ihnen auf" Amarna VI, 25,7 ;

[Hierogl.] „setze sie (die Knaben)" P. Bologna 5,2 ;

[Hierogl.] „ihr sollt sie (die zwei Verbrecher) geben" abg. Justiz a.

Anm. Auch als Objekt eines Infinitivs kommt [Hierogl.] vor, vielleicht für [Hierogl.], das ja nach Gr. §. 150 auch bei Infinitiven steht :

[Hierogl.] „Du wirst mir (etwas) geben dafür

§. 91-95   Altes Pronomen absolutum 3. Pers.

  dass (ich) es tue und dann tue ich es." Unamun 2,6 (vorher hat er ⟨⟩).

92. Für die Aussprache des 𓇋𓂝 als Objekt haben wir einen alten Beleg in bab. Riʒamašēša und einen jüngeren in griech. ΡΑΜΕϹϹΗϹ, lat. Ramses. Beide deuten etwa auf se, ohne einen volleren Auslaut. Vgl. auch: ⟨hebr.⟩. Dazu stimmen dann auch Schreibungen wie 𓀀𓏥𓉐𓉐 ; 𓂝𓉐𓉐𓏤 (das Haus seines Vaters) Abusimbel (172) ; 𓂞𓏤𓇋𓂝𓀀𓏤𓂋𓈖𓏌𓏌 „ich kann dir ihn nicht geben" Wahrh. u. Lüge 8,3 ; vgl. auch Amarna V, 2,5 ; V, 2,16 (bei knappem Raum für 𓇋𓂝).

93. Die Form 𓏌𓏥 findet sich als 3. fem. nur in älteren Texten und zwar als Objekt: 𓅓𓎛𓏏 „er füllt es"(fem.) Amarna V, 2,6 . — Als Subjekt : 𓏌𓎛𓀀𓎛 „sie (die Göttin) ist bei ihm" Kadesch 136 (Sall. III, 9,4 hat 𓇋𓂝). — Als 3. Plur. findet sie sich : 𓏏𓈖𓏌𓏌 „sie (die Leute) sind gemacht." Amarna VI, 30.

94. 𓏌𓏥 bezeichnet durchweg die dritte Pluralis. Als Subjekt kommt es nicht mehr vor, weil es hier durch 𓏌𓊪𓏥 verdrängt ist. Als Objekt ist es mehrfach belegt :

  𓐍𓂋𓏌𓏌𓀁𓈖𓏌 „du hast sie (die Leute) erhoben" Amarna Gr. Hymn. 4 ;
  𓇋𓂝𓂋𓇋𓂝𓏌𓏌𓐪𓈖𓐍𓊪 „da Bata sie getötet hatte" d'Orb. 11,9 ;
  𓂞𓏤𓏌𓏥𓏌𓌡𓁺 „ich liess alle Leute sie sehen" Harr. 78,5.
„der Falke der unter die Vögel stösst 𓂞𓏤𓂋𓐍𓏌𓏌 er macht dass sie von sich selbst nichts wissen" Abusimbel (228). — vgl. auch Hor. u. Seth 2,4 ; Lansing 6,6 ; 7,7 .

95. Das sehr häufige 𓏌𓊪𓏥 entspricht gewiss dem alten 𓏌𓊪 „es" (Gr. §. 150). Wenn die Schreiber ihm fast stets die Pluralstriche zufügen, so hängt dies wohl damit zusammen, dass man es als einen Pluralis fasst. In der Tat hat man zuweilen den Eindruck, als sähen die Schreiber einen weiblichen Pluralis darin, ein Gegenstück zu dem männlichen 𓏌𓏥 ; vgl. auch §. 79. Als Subjekt bezeichnet es stets wie sein Derivat, das koptische ϹΕ, die dritte Pluralis:

  𓏌𓊪𓏥𓂝𓊪𓈖 „als sie trunken waren" Joppegesch. 1,3.

altes Pronomen absolutum 3. Pers. §. 96 – 97

[hieroglyphs] „der Ort wo sie (die Frauen) waren" P. jur. Turin 6,1 ;
[hieroglyphs] „sie sind nicht (da)". Amenemope 9,19 ; vgl. auch : An. VI, 25 ;
Hor. u. Seth 3,3 ; 15,5 ; Harr. 77,10 ; Lansing 2,7 ; Unamun 2, 82.

96. Als <u>Objekt</u> steht es zuweilen noch für das <u>neutrische</u> „es" :

[hieroglyphs] „ohne das irgend jemand es (das Zurichten des Schiffes) sah" Hor. u. Seth 13, 6.

Es steht ferner für die <u>3. masc</u>. (gewiss nur irrig), vgl. das Beispiel im §. 97 und mehrfach für die <u>3. fem</u>. :

[hieroglyphs] „das Meer erblickte sie" d'Orb. 10,5
[hieroglyphs] „dass der Gott sie empfange" P. Neschons 3,14 ; vgl. auch Harr. 78,9 ; man beachte, dass in diesem Falle die Pluralstriche nicht geschrieben sind. Sehr oft steht es für die <u>3. Plur</u>. :

[hieroglyphs] „er gebe sie (die Pfunde) mir" Ostr. Berlin III 35 ;
[hieroglyphs] „er hatte sie alle getan" (masc.) P. Rollin 4 ; ähnlich P. jur. Turin 4,2 ; P. Lee 1,6 ;
[hieroglyphs] „die sie (die Grenzen) überschreiten" Harr. 76,6.

<u>Anm</u>. Da man alt nach Gr. §. 150 ; 435 [hieroglyph] auch dem Infinitiv als Objekt beifügt, so wird es sich daraus erklären, wenn dies zuweilen auch im Neuägyptischen geschieht : [hieroglyphs] L.D. III 155 (Chetaschlacht)(Ramesseum und Luxor), Abusimbel aber hat : [hieroglyphs] ; vgl. auch §. 91 Anm.

97. Wie schon oben bemerkt, ist die Verwirrung dieser Formen eine grosse. Hier noch einige besonders merkwürdige Fälle : Unamun 1,14 geht auf [hieroglyphs] sowohl [hieroglyphs] als [hieroglyphs]. Für [hieroglyphs] „der der sie geschaffen hat" des Amarna Hymnus giebt die Parallelstelle Amarna VI, 25, 9 [hieroglyphs]. Abbot 3,2 schreibt vom [hieroglyphs] „der Pyramide", „sie ([hieroglyph]) wurde gefunden, indem die Diebe sie ([hieroglyphs]) erbrochen hatten".

Den Gipfel aber erreicht diese Verwirrung, wenn einzelne Schreiber zwei dieser Pronomina zu einem Worte vereinigen : [hieroglyphs] „wisse es" P. Turin 75,1 ; 75,9 ; ebenso hat Lansing 10,10 [hieroglyphs], dann

§.98-99 Jüngeres Pronomen absolutum 1. Sing.

aber 8,7; 5,7 i҆k rḫ·k ṯe 𓏭 schreibt. Dazwischen hat er 7,6 richtig i҆k rḫ·k ṯe; „deine Lehre hast du zwar vor dir (?) ⌒ ṯe 𓏭 aber es ist nicht in deinem Herzen" ibd. 8,3. Gewiss sind diese Unformen auch nur sě gesprochen worden.

Anm. Die selbe törichte Schreibung kommt auch bei dem Suffix der 3. plur. vor, vgl. §. 78.

2. die jüngeren Pronomina absoluta

98. Das Pronomen ⲁⲛⲟⲕ und die mit ⲛⲧ- gebildeten Pronomina (Gr. §. 151a; 152) bilden im Neuägyptischen ebenso wie im Koptischen eine zusammenhängende Reihe von gleichem Gebrauch. Das nt- dieser Pronomina wird vielfach noch in alter Weise mit 𓏭 geschrieben, aber die eigentliche neuägyptische Schreibung ist 𓀀𓏭. Vielleicht hat man zu besorgen gehabt, dass ein einfaches 𓏭 ebenso wie beim Relativum schon et- gesprochen wurde, vgl. das im §. 836 über die Aussprache von ntj bemerkte. Man hat daher ebenso wie beim Konjunktiv und bei der Präposition ⲛ̄ⲧⲉ- den ⁿn gesprochenen Anlaut mit 𓀀 wiedergegeben; vgl. auch §. 603.

1. Singularis (ⲁⲛⲟⲕ)

99. Das Pronomen der 1. Sing. wird im Unterschied von den anderen mit 𓀀 determiniert. Offenbar, weil man an das so geschriebene Suffix der 1. sing. denkt. Handelt es sich um eine Frau, so setzt man 𓁐: 𓇋𓏌𓎡𓁐 Lieb. Beatty 17,4; 𓎡𓁐 Hor. u. Seth 7,4.

Die Schreibungen sind:

    𓇋𓏌𓎡𓀀 z. B.: d'Orb. 15,9; Hor. u. Seth 14,11; Unamun 2,8.
    𓎡𓀀 z. B.: Prinzengesch. 5,11; Lieb. Harr. 1,4; Lieb. Beatty 17,9; Hor. u. Seth 12,6.

Die zweite Schreibung ist wohl die ältere; ein Unterschied zwischen ihnen scheint nicht zu bestehen, doch vergleiche Insc. hier. Char. pl. 18 wo 𓇋𓎡𓀀 in 𓇋𓎡𓇋𓏌𓎡𓀀 verbessert ist. Auch die Stelle 𓇋𓇋𓏌𓎡𓎡𓉐𓇋𓀀

Jüngeres Pronomen absolutum 2. u 3 sing. 1. Plur.   §. 100 – 102

„ich, ich bin der Sohn des...." (als Anfang der Aussage) Mes N2 sieht aus, als solle 𓇋𓏤𓎡 eine vollere Form darstellen. vgl. auch ibd. N.11.

2. masc. und 2. fem. sing.
(N̄TOK, N̄TO)

100. Die Schreibungen des masc. sind:

  [hieroglyphs] z.B.: d'Orb. 6,5 ; Hor. u. Seth 7,11 ; Unamun 1,13.
  [hieroglyphs] z.B.: Amarna V,15 ; IV, 32 ; Lieb. Harr. 5,5 ; Harr. 25,5.
                                                Kadesch 119 (Sall. III [hieroglyphs])

die des fem.

  [hieroglyphs] An. V, 14, 2.

3. masc. und 3. fem. sing.
(N̄TOϥ, N̄TOC)

101. Die Schreibungen des masc. sind:

  [hieroglyphs] An. V, 17,1 ; P. Salt 2,4 ; Unamun 2, 24.
  [hieroglyphs] d'Orb. 1,2 ; An. IV, 5,1.
  [hieroglyphs] Amarna V, 29,5 ; An. II, 5,4.
  [hieroglyphs] Prinzengesch. 4,1 (vgl. §.106).

die des fem. sind:

  [hieroglyphs] Sall. I 5,10 (Schreibung nach §. 72).
  [hieroglyphs] An. V, 18, 2 ; Ostr. Gardiner 55.

1. plur. (ANON)

102. Dieses Pronomen ist nur einmal sicher belegt: [hieroglyphs] ....
[hieroglyphs] „wir die Schreiber des Ptah haben es gesagt." Spiegelberg Rec. de Trav. 26, 153 ; vgl. Denkstein Ramses' IV in Karnak. Dieses Pronomen kommt in der älteren Sprache überhaupt nicht vor ; es wird eine junge Analogiebildung zu der ersten sing. ANOK sein. – Über die Interjektion [hieroglyphs] vgl. §. 688.

die anderen pluralischen Formen.

103. Die dem ntt̠n N̄TWTN entsprechenden neuägyptischen Formen der 2. plur. sind:

⟨hieroglyphs⟩ Berlin 2081 ; P. Turin P. u. R. 47,2 ⟨246⟩ ;
⟨hieroglyphs⟩ Stele Ramses' IV (Mar. Ab. II 55, 34) ;
⟨hieroglyphs⟩ L.D. III 140c (Redes.).

Von der 3. plur. findet sich das alte nts̠n als ⟨hieroglyphs⟩ Kadesch 128 ; 129 ; der Schreiber des Sall. III giebt dafür ⟨hieroglyphs⟩ resp. ⟨hieroglyphs⟩ Schreibungen, die darauf deuten, dass er etwa *entôsen hörte, als sei ihm die Form nicht recht geläufig. Die gebräuchliche Form war gewiss das dem N̄TOOY entsprechende : ⟨hieroglyphs⟩ P. jur. Turin 3,1 ; Unamun 2,5 ; ⟨hieroglyphs⟩ Harr. 77,2.

Gebrauch.

104. Man braucht diese jüngeren Pronomina als Subjekt eines Nominalsatzes:

⟨hieroglyphs⟩ „ich bin ein Sohn eines Offiziers" Prinzengesch. 5,11 ; 7,3.

⟨hieroglyphs⟩ „du bist doch der Fürst" Unamun 1,13.

⟨hieroglyphs⟩ „bist du nicht die Gesundheit und (das) Leben?" Lieb. Harr. 5,5.

Häufig und wichtig sind die Fälle, wo das Prädikat ein Particip ist; sie dienen dazu, das Subjekt hervorzuheben:

⟨hieroglyphs⟩ „du bist es der mich geschaffen hat" Amarna V, 15. (vgl. § 82)

⟨hieroglyphs⟩ „du bist es der dich selbst gerichtet hat" Hor. u. Seth 7,11. — Vgl. andere Beispiele in § 386 ; 700.

105. Man fügt sie weiter einem Suffix bei, um dieses zu betonen:

⟨hieroglyphs⟩ „alle das meinige" Unamun 1x+6 ; und ähnlich steht es auch in Verbindung mit gr „auch":

„bringe ⟨hieroglyphs⟩ auch mir etwas" Unamun 2,8.

„er schlief bei der W. ⟨hieroglyphs⟩ indem sein Sohn auch seinerseits bei der W. schlief" P. Salt 2,4.

Anm. Wie eine Apposition steht es in: „N.N. hatte sie angezeigt ⟨hieroglyphs⟩

Pron. abs. als Possessivausdruck §. 106 — 109

⟨hierogl.⟩ „er, der dort gewesen war." Mayer A. 1, 4.

106. Rätselhaft bleibt der Gebrauch der 3. masc. sing. in der Formel, mit der die Märchen beginnen:

⟨hierogl.⟩ d'Orb. 1,1; ⟨hierogl.⟩ Prinzengesch 4,1. Sie bedeutet natürlich: „es gab einmal zwei Brüder", „es war einmal ein König" und wird auf irgend einer Ellipse beruhen; aber weiter lässt sich nichts sagen. Das ⟨hierogl.⟩ könnte nach §. 715 ein ⟨hierogl.⟩ „man sagt" sein.

3. Pronomina absoluta als Possessivausdruck.

107. Der Gebrauch, einem Substantiv eines der Pronomina absoluta beizufügen, um den Besitzer auszudrücken, stammt aus der alten Sprache; vgl. Gr. §. 153. Man hat dabei zwei Gebrauchsweisen zu scheiden. Entweder steht das Pronomen wie ein Genetiv _hinter_ dem Substantiv; es vertritt dann ein Adjektiv „ihm gehörig" und wird besonders da gebraucht, wo man aus irgend einem Grunde den Possessivartikel nicht verwenden kann und auch da, wo man das Pronomen leicht betonen möchte, – oder es ist dem Substantiv wie ein Prädikat beigefügt: „etwas ist sein", „etwas gehört ihm". Es steht dann gern _vor_ dem Substantiv und hat dann eine nachdrückliche Bedeutung: „Sein ist das."

108. Für die erste Person gebraucht man so ⟨hierogl.⟩:

⟨hierogl.⟩ „dieser mein Schreiber" An. VI, 39; auch P. Mallet 4,4.
⟨hierogl.⟩ „die Arbeiterinnen von mir" An. VI 44.
⟨hierogl.⟩ „ein Haus von mir" Mayer A. Rs. 1,6.
⟨hierogl.⟩ „alle meine Sachen" Ostr. Petrie 28.
⟨hierogl.⟩ „es gehört mir" Ostr. Berlin III, 34.

109. Für die 2. u. 3. Person benutzt man oft noch zwei Formen, die sich aus ältester Zeit in der Vulgärsprache erhalten haben werden, die Pron. _twt_ und _swt_ (Gr. §. 151).

Sie werden ⟨hierogl.⟩, ⟨hierogl.⟩; ⟨hierogl.⟩, ⟨hierogl.⟩ u. ä. geschrieben.

§. 110 – 111   Ausdrücke für „selbst"

mit „gehörig" haben wir sie zu übersetzen in:

〈hierogl.〉 „dieser dein Schreiber" An. IV, 19,9 ; ibd. II,5.

〈hierogl.〉 „dieser sein kleiner Bruder" P. Bologna 9,6.

〈hierogl.〉 „die vielen Rückstände von ihm" Ostr. Berlin III, 38.

〈hierogl.〉 „jedes Geschäft von ihm" Am. S. d. H. 6.

〈hierogl.〉 „gehört mir, aus Holz von ihm" Ostr. Berlin III, 34 (nachher sagt er 〈hierogl.〉).

mit „gehört", „sein ist", in:

„das Land Ägypten und das Land Chatti 〈hierogl.〉 sie gehören dir." Sall III, 10, 4 (Kadesch: 〈hierogl.〉).

〈hierogl.〉 „alles dieses es gehört dir" Louvre C 218 = Brit. Mus. 142 nach Gardiner, Ä.Z. 50, S. 117 f.f.

〈hierogl.〉 „sein ist die Stadt" P. Amherst 9.

110. Daneben werden auch die jüngeren Pronomina der 2. und 3. Person in gleicher Weise benutzt:

〈hierogl.〉 „ihm (dem Amun) gehört das Meer" Unamun 2,24.

〈hierogl.〉 „er gehört zu dir" ibd. 1,16 ; 1,20.

„Penamun 〈hierogl.〉 ein Diener der ihm gehörte" ibd. 2,46.

4. Ausdrücke für „selbst".

111. Der alte Ausdruck für „selbst" ds- (Gr. §. 154) ist im Neuägyptischen noch lebendig. Belegt sind folgende Personen: 〈hierogl.〉 Kadesch 129 ; 〈hierogl.〉 Max. d'Ani 8,9 ; 〈hierogl.〉 (〈hierogl.〉) P. jur. Turin 5,7, u. oft ; 〈hierogl.〉 Lieb. Beatty 24, 6 ; 〈hierogl.〉 An. IV, 17, 4 ; 〈hierogl.〉 Petrie, Koptos 18,1 ; P. jur. Turin 5,4.

Das Suffix bezieht sich dabei auf das Subjekt des Satzes:

〈hierogl.〉 „er war von selbst gestorben" P. Lee 2,4.

〈hierogl.〉 d.h. „er nahm sich das Leben" P. jur. Turin 5,7; u.o.

Zuweilen ist das Subjekt auch nur aus dem Zusammenhang zu ergänzen:

„Stäbe ..... 〈hierogl.〉 in Selbst-krümmung". An. IV 17, 4.

Öfters findet sich vor dem 〈hierogl.〉 noch ein 〈hierogl.〉, das eigentlich „wegen ..... selbst"

| Ausdrücke für „selbst" §. 112 – 113 |

bedeutet:

„Re hat die Stadt gegründet [hieroglyphs] für sich selbst" P. Rainer.

[hieroglyphs] „sie ist gekommen wegen sich selbst" (d.h. von freien Stücken) lieb. Beatty 24,6.

[hieroglyphs] „Quäle dich nicht selbst" Max. d'Anii 8,9.

aber ein bedeutungsloser Zusatz scheint es nur zu sein wenn [hieroglyphs] [hieroglyphs] P. Lee 2,4 steht, wo alle andern Stellen (P. jur. Turin 5,7; 5,8 u.s.w.; P. Lee 2,4; P. jur. Turin 5,6; 5,11) nur ds- ohne hr davor haben.

112. Häufiger als [hieroglyph] ist h^c- (Gr. §. 155), Kopt. ϩⲱⲱ=. Wo es einem Possessivsuffix beigefügt ist, hat es ursprünglich die genetivische Form n $h^c.f$:

[hieroglyphs] „deine eigene Stadt" (eigtl. deine deines Leibes Stadt) Joppegesch. 1,4.

[hieroglyphs] „irgend ein Auftrag von ihm selbst" Am. S.d. H. 6.

Daneben steht eine andere Form, die loser mit ⌢ angeknüpft ist:

[hieroglyphs] „das ist das eigentliche Tell Amarna" Amarna, Grenzstele N.

[hieroglyphs] a.B.C. [hieroglyphs] „von a.B.C. und von mir selbst" Ostr. Gardiner 56 Rs.

An Stelle beider tritt dann ein einfaches h^c-, das schön dem koptischen ϩⲱⲱ= entspricht:

„Brote [hieroglyphs] von deiner eigene Tenne" Amenemope 8,18

[hieroglyphs] „mein eigener (Schrecken)" Unamun 2,51.

„ihre Hälfte war [hieroglyphs] bei ihr selbst" Ostr. Gard. 55.

Anm. Zuweilen steht das h^c- dann auch nur zur besonderen Betonung eines Wortes, etwa wie unser „besonders, vor allem, auch":

[hieroglyphs] „und ein Mensch war auch er" Unamun 2,54

113. Ein weiterer Ausdruck für „selbst", findet sich in: [hieroglyphs] „wer eines andern nicht vergisst, dessen wird selbst nicht vergessen" Kairo W.B. ⟨49⟩ (D.22).

§ 114-115   alte Demonstrativa

B. Die Demonstrativa.

a. die alten Demonstrativa

114. Das alte Demonstrativum _pn_ femininum _tn_ (Gr. §. 157) ist nur noch in bestimmten Redensarten im Gebrauch: [hierogl.] „an diesem Tage" (nach einem Datum) Abbott 5,12 ; 7,1 ; [hierogl.] An. III Rs. 5,3 u. oft ; [hierogl.] oft im Harris, z. B.: 44,3 ; [hierogl.] Leiden 346, 2,10 ; [hierogl.] „dort" Harr. 78,2. vgl. auch Abbott 1,10 ; P. Bologna 2,12.

Dazu gehören auch die Briefformeln:

[hierogl.] „man bringt dir diesen königlichen Befehl" An. IV 10,8 ; P. Turin 66,6 (wohl irrig für _pn_).

[hierogl.] „man bringt dir diesen Brief des....." An. III 5,5 ; 6,2 ; P. Bologna 1,4 ; Sall. I 6,1 ; 7,9 ; 8,7 (an. V 22,1 schreibt [hierogl.] , wohl irrig). — Das [hierogl.] Amen. S. d. H. 1 ist gewiss nur eine verwilderte Schreibung.

115. Das alte Demonstrativum _pw_ (Gr. §. 159) ist in seinem eigentlichen Gebrauch völlig verschwunden.

Auch in der Bedeutung „es ist" (Gr. §. 477) ist es durch [hierogl.] verdrängt, und hat sich nur in einigen Formeln gehalten. So in dem [hierogl.] (§. 560) und in der Briefformel:

[hierogl.] „Dies ist geschrieben, damit mein Herr wisse" Sall. I 4,5 ; An. IV 5,5 ; An. VI, 8 u. oft. — Vgl. auch die alte Schlussformel der Handschriften: [hierogl.] An. III 7,10 ; Amenemope 27,18.

Anm. Vereinzelt kommt [hierogl.] noch in gewählter Sprache vor:

[hierogl.] „er ist es der....." Wooden Tablet 4.

[hierogl.] „die (Taten) sind (?) es des Einzigen" Kadesch 77 (var.: [hierogl.]).

Dabei wird es auch mit [hierogl.] vermengt: [hierogl.] „es ist der Ort, wo man Jubiläen giebt" Karnak, Tempel Ramses' III (593)

| Jüngere Demonstrativa | § 116 – 118 |

116. Das dritte alte Pronomen _pfj_ femininum _tfj_ (Gr. §.163) findet sich auch noch zuweilen und steht sowohl vor als nach dem Substantiv. Die Bedeutung ist immer eine pointierte und deutet oft auf etwas Unangenehmes oder Verächtliches: [hier.] „auf jener Seite" Lieb. Kairo 6 ; [hier.] „jene Einzige" (eine Göttin) Lieb. Beatty 22,7 ; [hier.] „jener Tag des Geschreis" (d.h. der Totenklage) Lieb. Harr. 6,12 ; [hier.] „jene Aufrührer" An.I 17,3.

117. Von den alten Worten für „dieses" _mn_, _nw_, _nf_ ist das _nw_ ganz verloren; _nf_ trifft man in: „vermischen [hier.] dieses mit jenem" An. I 4,8. – [hier.] findet sich noch öfter, so in den Formeln der Erzählungen: [hier.] d'Orb. 2,8, 19,1 ; Hor.u.Seth 7,6 ; 14,9 ; „nachdem die Tage vorbeigegangen waren [hier.] bei diesem" Prinzengesch. 4,11 u. oft – und auch sonst im Sinne von „diese Dinge", wo es dann als Pluralis gilt:

[hier.] „alle diese Dinge" An.IV 3,2.

[hier.] „indem diese Dinge in deinem Herzen sind" Amenemope 3,17 ; 5,18 ; ähnlich 18,3 ;

zuweilen auch für: „diese Leute" vgl. An.I 10,1 ;

mit folgendem Substantiv findet es sich in:

[hier.] „diese schönen Orte" Amarna I, 30.

[hier.] „diese (vorliegenden) Schriften" Mes N 14.

[hier.] „diese Asiaten" (verächtlich) Sall. III 5,8 die hierogl. Texte (Kadesch 107) haben [hier.] „.

b. die jüngeren Demonstrativa

Form ohne Endung.

118. Das jüngere Demonstrativ _p3_, _t3_, _n3_ (Gr. §.168) hat im Neuägyptischen zunächst den Artikel ergeben (vgl. §.171). Als solcher hat es seine alte Schreibung [hier.], [hier.], [hier.] bewahrt, und diese selbe ursprüngliche Gestalt ist ihm auch in bestimmten Ausdrücken geblieben, sogar noch im Koptischen,

§. 119 - 120   Jüngere Demonstrativa

in denen es auch noch seine volle demonstrative Kraft besitzt; es sind das durchweg Ausdrücke der Zeit: [hierogl.] Kadesch 150; Mes n 12; Hor. u. Seth 5,10; 8,1; Unamun 1x+15; Max. d'Anii 7,15 (ⲘⲠⲞⲞⲨ) „heute".
[hierogl.] (ϢⲀⲠⲞⲞⲨ) „bis auf den heutigen Tag" Hor u. Seth 8,1; ähnlich 5,10. [hierogl.] „heute Nacht" d'Orb. 17,2; Lieb. Harr. 2,7. [hierogl.] „in diesem Jahr" An. VIII 2,1; 2,13; 2,14; Max. d'Anii 7,6; 7,8 (Gegensatz: im vorigen); [hierogl.] „sogleich" d'Orb. 12,7; 18,10; Sall. I 9,5; An. III 7,1 (Kopt. ⲚⲦⲈⲨⲚⲞⲨ).

Das [hierogl.] Unamun 1x+5 ist keine Ausnahme, denn es bedeutet an dieser Stelle nicht „heute Nacht" sondern „in dieser Nacht".

119. Ohne Endung bleibt zuweilen auch der Pluralis n3, wo er allein substantivisch gebraucht ist. Man gibt ihm dann das Pluralzeichen:

[hierogl.] „diese alle" (d.h.: alle diese Leute) Lansing 5,7.
[hierogl.] „dies was du sagst" Abbott 6,8.
[hierogl.] „diese welche gegangen sind" Unamun 1,23.
[hierogl.] „ich bin hierher (o.ä.) gekommen" Kadesch 58 (var. [hierogl.]; Sall. III 3,4 hat ↓↓).
„zwei Monate ⸺ [hierogl.] bis jetzt" An. IX, 5.

die Form auf -w (p3w).

120. Eine besondere Art des Demonstrativs ist [hierogl.], das nur in der männlichen Form vorkommt. Es steht wie ein Substantiv und hat neutrische Bedeutung: [hierogl.] „Anzeige über(?) dieses: sein Sohn lief vor ihm weg" P. Salt 2,1.

Man braucht es als betontes Subjekt eines reinen Nominalsatzes:

[hierogl.] „dieses ist Frevel" Abbott 6,16; ähnlich 6,20; (unbetont würde es bt3w p3j „es ist Frevel" heissen).

Hierzu gehört auch: [hierogl.] „das ist nicht gut" An. I 18,2.

Weiter steht p3w für „dieses" mit einem angehängten Relativsatz oder Participium:

| Jüngere Demonstrativa | §. 121 – 123 |

[hieroglyphs] „alles dieses was du tust" Hor. u. Seth 15,4 ; ähnlich P. jur. Turin 3,2.

„dein schönes Schloss [hieroglyphs] das du dir selbst gebaut hast" An. IV 3,7.

[hieroglyphs] „was ist das was ihnen getan ist" An. VIII 1,11.

„man tat nicht [hieroglyphs] nachdem was Atum sagte" Hor. u. Seth 8,6.

<u>Anm</u>. Die seltenen Stellen, wo p3w einem Substantiv anstatt des gewöhnlichen p3j vorgestellt ist, sind vielleicht irrige Schreibungen:

[hieroglyphs] P. Amherst 4,4 ; [hieroglyphs] P. Turin 43,5.

121. Der Verdacht liegt nahe, dass in diesem p3w das koptische ΠΗ steckt; beide werden ja gerade substantivisch gebraucht.

<u>Anm</u>. In einem späten Text steht übrigens ein t3, das ähnlich wie das p3w als Subjekt eines Nominalsatzes gebraucht ist

[hieroglyphs] „dies ein Ekel für den Gott" Amenemope 13,16,15,21.

die Form auf =j (p3j)

122. [hieroglyphs] , [hieroglyphs] , [hieroglyphs] ist das gewöhnliche Demonstrativum, das sich koptisch als ΠΑΙ, ΤΑΙ, ΝΑΙ erhalten hat. Hieroglyphisch schreibt man das Masculinum [hieroglyph]. Den Pluralis schreibt man spät auch [hieroglyphs] statt [hieroglyph] :

[hieroglyphs] max. d'Anii 9,12 ; vgl. auch 8,18 ; [hieroglyphs] abg. Just. 1,4 (aber [hieroglyphs] ibd. 1,3).

Die enttonte Form schreibt man hieroglyphisch nur pj : [hieroglyphs] Berlin 20377.

123. Das p3j, t3j, n3j kann ebenso wie im Koptischen substantivisch gebraucht werden : „80 Jahre [hieroglyphs] bis zu diesem" Hor. u. Seth 2,13 ; P. Bologna 9,4 ; „5 Monate [hieroglyphs] bis zu diesem" Unamun 1x+16 ; vgl. auch Hor. u. Seth 14,1.

Auch kann man dem p3j, ebenso wie dem p3w Particip oder Relativsatz anhängen :

§. 124 - 125.   Jüngere Demonstrativa

[hieroglyphs] „wie die welche dastehen und sich alle Tage zanken" Hor. u. Seth 2, 4.

[hieroglyphs] „das ist es was du sagst" ibd. 5,12.

[hieroglyphs] „das was Seth getan hat" ibd. 11,5.

124. In der Regel aber steht p₃j attributiv vor einem Substantiv:

[hieroglyphs] amarna VI, 15,12 ; [hieroglyphs] („dieses mich kränken") Hor. u. Seth 4,9 ; [hieroglyphs] („dieser kleine Bruder") Bologna 9,6.

[hieroglyphs] („diese 30 Morgen") Sall. I 9,4 ; [hieroglyphs] Unamun 1,18.

[hieroglyphs] Hor. u. Seth 4,12 ; [hieroglyphs] P. Salt 2,6.

<u>Anm. 1).</u> Nach dem Koptischen würde man sich das Demonstrativ vor dem Substantiv stets als enttont und verkürzt denken : ΠΕΙ-, ΤΕΙ-, ΝΕΙ-. Doch sprach man in römischer Zeit ΒΑΪ ΝΟΥΘΙ für ΠΕΙ- ΝΟΥΤΕ „dieser Gott" (Griffith, ä. Z. 46, 129) ; die Verkürzung war also bei feierlichem Sprechen nicht üblich.

<u>Anm. 2).</u> Zweifelhaft ist es, wie die mit [hieroglyphs] (var. [hieroglyphs]) gebildeten Personennamen aufzufassen sind : [hieroglyphs] (פינחס) Ex. 6,25 ; [hieroglyphs], [hieroglyphs] ; [hieroglyphs] (var. [hieroglyphs]) P. Neschons 4,2 ; [hieroglyphs] an. III 5,5 ; P. jur. Turin 2,1 — sie werden irgend wie besagen, dass ihr Träger lebt, angenehm ist, wie ein Neger oder wie ein Bes aussieht.

125. p₃j, t₃j, n₃j braucht man ferner ständig als Ausdruck für „es ist", also da, wo man in der alten Sprache [hieroglyph] verwendet (Sr. §. 477). Im Unterschiede von diesem richtet es sich in Geschlecht und Zahl nach dem Substantiv, dem es beigefügt ist. Es steht immer nach dem Substantiv und ist gewiss tonlos und verkürzt gewesen. Ebenso wie seine koptischen Formen ΠΕ, ΤΕ, ΝΕ :

[hieroglyphs] „das ist ein Hund" Prinzengesch. 4,9.

[hieroglyphs] „das ist ein grosses Wunder, das geschehen ist" d'Orb. 15,4. — Näheres §. 459; 460.

Jüngere Demonstrativa   § 126 – 127

126. Sowohl bei p3j wie bei p3w begegnen wir einem eigentümlichen Gebrauch (Kopt. Gr. §. 511). Wo man ein Particip oder einen Relativsatz einem Substantiv beifügen sollte, das ein Demonstrativ hat (dieser Mann, welcher kam), setzt man das Demonstrativ als eine Apposition hinter das Substantiv und fügt das Particip oder den Relativsatz an dieses Demonstrativ an: „der Mann, dieser, welcher kam":

[Hieroglyphen] „dieser Grenzstein von Tell Amarna neben dem ich stehe" Amarna, Grenzstele, U.

[Hieroglyphen] „dieses dein schönes Schloss, das du dir selbst erbaut hast" An. IV, 3, 7.

[Hieroglyphen] „dieses euer Spektakel (?) den ihr gemacht habt" Abbott 5, 15.

[Hieroglyphen] „P. der vordem auch diesen anderen Namen trug" P. jur. Turin 5, 7.

[Hieroglyphen] „dieses Land Ägypten aus welchem du gekommen bist" Unamun 2, 20.

der Ausdruck für „der von"

127. Über die Verbindung von p3, t3, n3 mit den Possessivsuffixen (der Meinige u.s.w.), die dann als Possessivartikel benutzt wird vgl. §. 179 ff. Ebenso verbindet man nun das p3, t3, n3 mit einem Genetiv und gewinnt damit p3-n...... „der von...", t3-nt...... „die von..." (Gr. §. 172). Diese Verbindungen, die vor ein Substantiv oder einen Namen treten, wurden tonlos gesprochen und wurden daher verkürzt und verstümmelt:

m. [Hierogl.]   ⲡⲁ-
f. [Hierogl.]   ⲧⲁ-
pl. [Hierogl.]   ⲛⲁ-

So in den Personennamen wie: [Hierogl.] (Lieblein 710); [Hierogl.] (Lieblein 573). – Im Monatsnamen: [Hierogl.] ⲡⲁⲟⲡⲉ; in: [Hierogl.]

§. 127   Jüngere Demonstrativa

„der (Fürst) von Chatti" Kadesch 78; - und in:

[hieroglyphs] „die von der Stadt" d.h. die Einwohner Unamun 2, 75.

N.N. [hieroglyphs] „der von den Ställen" An. I 10, 6.

N.N. [hieroglyphs] „der von der Weinstube" ibd. 9, 9.

[hieroglyphs] „die Ration eines Jeden" ibd. 17, 7.

Substantiv. Geschlecht. § 128 - 129

Drittes Buch

Substantiva, Adjektiva und Zahlen

A. die Substantiva

a. Ausdruck des Geschlechts

128. Aus allem, was über den Verfall der unbetonten Endungen und über deren willkürliche Schreibungen gesagt ist, ergibt sich, dass diese Endungen uns keinen sicheren Aufschluss über das Geschlecht der Substantiva geben können. Auch wenn man einmal zwischen Masculinum und Femininum zu scheiden versucht: [hierogl.] „Sohn" neben [hierogl.] „Tochter" Salt 2,4; vgl. auch Mes N.8; [hierogl.] [hierogl.] Berlin 20377 — so ist das doch nur eine Ausnahme und für gewöhnlich schreibt man ϣⲉⲉⲣⲉ „die Tochter" und ϣⲏⲣⲉ „den Sohn" [hierogl.] und [hierogl.] ohne eine unterscheidende Endung. Eben so schreibt man nebeneinander [hierogl.] und [hierogl.] u.s.w.

Ebenso setzt man nach § 28 die weibliche Endung stets an manche Maskulina: [hierogl.] für ḥꜥ, [hierogl.] für ꜥḥ u.s.w. Ähnlich steht es ja mit der Schreibung des Pluralis vgl. § 145, 146.

Einen gewissen Ersatz für diese Gebrechen besitzt man in dem bestimmten Artikel; vgl. § 171 f.f.

129. Will man bei einem Substantiv, das nicht den bestimmten Artikel hat, dessen Geschlecht deutlich machen, so fügt man ihm die Worte „Mann" und „Frau" bei:

[hierogl.] „ein männlicher Sohn" = ein Sohn d'Orb. 18, 7, 8;

Prinzengesch. 4,3 ; ähnlich Wahr. u. Lüge 4,6.

𓀀𓈖𓈖... „ein männlicher Sohn = ein Sohn" Inscr. Hier. Char. pl. 14 (ϣⲏⲣϩⲟⲟⲩⲧ).

𓀀𓈖𓈖... „eine weibliche Tochter = eine Tochter" Prinzengesch. 5,4 (aber 6,4 mit dem Artikel 𓀀𓈖𓈖...); (f. ϣⲉⲣϣⲓⲙⲓ).

130. Die weibliche Endung -t, die schon lange vor dem neuen Reich verschliffen war und sich nur vor einem Suffix oder in einer anderen engen Verbindung gehalten hatte (Gr. §. 174 ; vgl. auch §. 139), werden wir uns im Neuägyptischen wohl als ĕ zu denken haben. Ob dieses ĕ auch wie im Koptischen von einem vorhergehenden langen Vokal verschluckt wurde, wissen wir nicht.

131. Ein Wechsel des Geschlechtes findet sich zuweilen, ohne dass wir den Grund erraten könnten : 𓀀𓈖𓈖... „mein Öl" (eigtl. fem.) Inscr. Hier. Char. pl. 15 ; 𓀀𓈖𓈖... „die Stadt" (eigtl. masc.) ; 𓀀𓈖𓈖... „seine Burg" d'Orb. 9,2 ; fem. aber P. Leiden 348, 6,6.– vgl. auch P. Neschons 4,20 ; 5,8. – Vgl. auch Kopt. Gr. §. 99 und Sethe Ä. Z. 47,6 Anm. 2 ; die dort aufgeführten Worte auf 𓏏, die auf Feminina mit d·t zurückgehen, werden auch im Neuägyptischen Masculina sein: 𓀀𓈖𓈖... ⲃⲱⲧⲉ , 𓀀𓈖𓈖... ⲱⲟⲛⲧⲉ , 𓀀𓈖𓈖... ⲟⲩⲟⲟⲧⲉ .

Anm. Entsprechend dem in Gr. §. 176 bemerkten werden zuweilen auch Namen fremder Orte als fem. gebraucht, z. B.: 𓀀𓈖𓈖... An I 27,4.

132. Wie man bei den Suffixen (§.85) und bei dem Pronomen absolutum (§.91) das Neutrum durch das Masculinum ausdrückt, so geschieht dies auch bei allen substantivisch gebrauchten Worten und Ausdrücken (auch die Infinitive gelten – selbst wenn sie eine weibliche Form haben – als männlich):

„Dein Auge sieht 𓀀𓈖𓈖... das Gute (und Du hörst) 𓀀𓈖𓈖... das was angenehm ist" An. V, 15,2.

𓀀𓈖𓈖... „alles das was du tust" P. Bologna 1,7 ; 2,1.

Formen der Substantiva §. 133 – 135

    𓀀𓏏𓈗𓇋𓊪𓏺𓏺𓏺𓂻𓏥 „das was sie tun sollten" d'Orb 11,1.

    𓀀𓏏𓇋𓇋𓈐𓂻𓏺𓏺𓏺𓂻 „dein Kommen" ibd 7,4.

    𓀀𓏏𓆓𓂧𓏥 „das was er sagt" passim ; (vgl. §. 394; 828).

b. Formen der Substantiva
und
zusammengesetzte Substantiva

133. Die Gr. §. 177 ff. besprochenen Bildungsweisen sind im Neuägyptischen noch ungleich schwerer zu beobachten als in der älteren Sprache.

Die Form auf -w, die eine Tätigkeit ausdrückt (Gr. §. 179) ist noch in Tell Amarna und vereinzelt auch sonst kenntlich geschrieben: „Fürstenschöpfer" als Beiwort des Königs Amarna III, 19 (ebenda auch nur); „der Schweigsame" Sall. I 8,5 ; 8,6 ; ibd.; vgl. §. 376. – Hierher gehören auch anscheinend die auf 𓇋𓇋 ausgehenden: „Lehrer" An. I 1,2 und „Feind" für $ḫrw$ Joppegesch. 2,3 u. ö. sowie „der Diener" P. Mayer A 4,5; 4, 12.

Auch die Abstrakta auf -w (Gr. §. 180) sind in Tell Amarna noch kenntlich: „Friede" Amarna III, 28 , oder „Schönheit" ibd. Grenzstele U. u. S. ; „Sonnenaufgang" ibd. V, 29, 12, 14. – Auch findet sich später noch „der Sieg" Kadesch 82 und „die Menge" ibd. 115.

134. Die weiblichen Substantiva auf -w.t, seit dem m. R. auf 𓇋𓇋𓏏 (Gr. §. 180a), haben auch im Neuägyptischen beide Schreibungen : „Last" An. VIII 3,8 ; ibd. 3,10 . Ihre weibliche Endung war verloren, vgl. : „Belohnung" Amarna II 7,9 (aber vor dem Suffix : ibd. 21); „deine Lehre" ibd. VI, 25, 16 ; Unamun 2,21 ; „die Last" d'Orb. 4,2 (ⲈⲦⲠⲰ) ; „der Hafen" Unamun 1,22 u. ö. (ⲘⲠⲰ).

135. Als Diminutiva möchte man die Fälle ansehen, in denen ein Substantiv durch eine Endung n erweitert ist, die man wie oder schreibt:

§.136-138   Substantiv in Verknüpfung

[hieroglyphs] „Art Blume" Harr. 21,13 (von [hieroglyphs] unterschieden); [hieroglyphs] „Art Gewässer" Lansing 12,10 (neben [hieroglyphs])
[hieroglyphs] „Brief" neben [hieroglyphs] „amtliches Schriftstück" dieb. Tur. 2,5
<u>Anm</u>. Zu den Diminutiven vgl. auch die in dieser Zeit häufigen Koseformen der Namen (Ä.Z. 44,105).

136. Die alte Verbindung von [hier.] mit einem Substantiv, wie [hieroglyphs] „das Pferdewesen" d.h. die Wagentruppe, ist noch lebendig und gilt als <u>ein</u> Wort [hieroglyphs] „seine Wagentruppe" (Kadesch 12); in der Regel braucht man es mit dem Artikel: [hieroglyphs] ibd. passim. Merkwürdig ist nun aber, dass man das [hier.] wie beim Ausdruck für „die von" (§.127) in [hier.] zusammenzieht: [hieroglyphs] d'Orb. 11,10; An. III 6,4. Dies behandelt man dann zuweilen - wenigstens in der Schreibung - weiter als <u>ein</u> Wort und setzt noch einmal den Artikel davor: [hieroglyphs] Sall. III 2,2; [hieroglyphs] sic [hieroglyphs] An. III 7,5.

137. Zusammensetzungen zweier Substantive liegen vor in: [hieroglyphs] d'Orb. 9,7; [hieroglyphs] Max.d'Anii 2,13 u. oft, eigtl. „Frauensperson", Kopt. CϨIME „Weib". — Und weiter in: [hieroglyphs] Max. d'Anii 9,6; vgl. auch Unamun 2,77, Kopt. M̄N̄T-p̄M̄-N̄-KHME „ägyptische Sprache"; [hieroglyphs] „der Bedarf an Leuten" An. I 15,7; ähnlich 14,7.

<u>Anm</u>. Die Bildung mit [hier.], [hieroglyphs] und einem Infinitiv siehe §.439; 441.

<u>c. das Substantiv in Verknüpfung</u>

<u>und</u>

<u>mit Suffixen</u>

138. Wenn ein Substantiv mit einem folgenden Worte eng verbunden wird, so erleidet es, wie das Koptische zeigt, eine Enttonung und damit auch eine

Substantiv mit Suffix §. 139 - 140

Verkürzung. Diese Verkürzung wird uns natürlich fast immer durch die Schrift verdeckt. Beim direkten Genetiv können wir wenigstens einen sicheren Fall erkennen (vgl. §. 201). Ein anderer, wo ein Adjektiv eng mit dem Substantiv verbunden ist, ist <u>Naptera</u>, die babylonische Wiedergabe des Namens [hieroglyphs] (Ranke: Keilschriftliches Material. Brln. 1910 S.14). Die enge Verknüpfung hat hier auch die weibliche Endung des ersten Wortes geschützt, gerade so, wie wir dies beim Genetiv im Namen ⲡⲁⲑⲱⲡ und ΝΕΒΘⲰ sehen.

139. Wichtiger aber sind die Fälle, in denen dem Substantiv ein Suffix angehängt wird; zwar werden auch da die inneren Verschiebungen des Wortes bei den Substantiven meist durch die Schrift verdeckt: ein [hier.] ρο und ein [hier.] ρωϥ sehen gleich aus und ebenso ein [hier.] ⲭⲱⲭ und ein [hier.] ⲭⲱⲥ, ein [hier.] ϨΗΤ und ein [hier.] ϨΤΗϤ. Bei den <u>weiblichen</u> Substantiven aber sehen wir doch etwas wesentliches: Die Femininalendung, die sonst verloren ist, erhält sich vor dem Suffix und wird daher hier noch einmal mit [hier.] geschrieben: [hier.] ϨΗ, mit Suffix: [hier.] ϨΗΤϤ.

140. Indessen geschieht dies nicht in allen Texten gleichmässig und überhaupt ohne Konsequenz. In Tell Amarna geschieht es nur vereinzelt: [hier.] amarna VI, 33, und in anderen Texten schwankt der Gebrauch: [hier.] d'Orb. 10,6; [hier.] ibd. 2,1; 5,9; [hier.]; und [hier.] an.I 23,5; [hier.] Lansing 6,5; [hier.] ibd. 2,6; [hier.] Unamun 1x+17; [hier.] ibd. 1x+19. — Auch sind es besonders die häufigen Worte, denen man das [hier.] gibt. So: [hier.] Hor.u.Seth 10,4; Lieb.Beatty 29,3; Harr.75,7; P.jur.Turin 5,6; An.IV, 5,2. — [hier.] Hor.u.Seth 3,4; Harr. 75,5; Unamun 2,34; Amenemope 8,7. — [hier.] Harr.75,2. — [hier.] Abbott 5,1.— [hier.] Hor.u.Seth 9,8; Tabl. Rogers 2. — [hier.] an.II 6,2. — [hier.] Lansing 9,1. — [hier.] Lieb.Harr. 5,4. — [hier.] an.IV, 17,7.

Indessen auch seltnere Worte erhalten es: [hier.] an.I 19,5. — [hier.] an.II 5,8. — [hier.] Lieb.Harr. 4,9; Lieb.Beatty 25,1; an.II 2,3;

§. 141-142   Substantiv mit Suffix

Lansing 14,9. — [ ] An. II 4,3. — [ ] Harr. 79,11. — [ ] Ostr. Gardiner 20a. — [ ] Lansing 12,2. — [ ] An. IV 6,4 ; An. II 1,4. — [ ] An. III 7,10 ; An. I 13,5.

Oft lässt man auch die Femininalendung ungeschrieben und begnügt sich mit [ ] : [ ] Lansing 10,8. — [ ] Harr. 77,1. — [ ] Lieb. Beatty 23,10.

<u>Anm.</u> Späte Handschriften schreiben nach §. 22 für dieses [ ] ein [ ] : [ ] Wood Tabl. 1. Ausserdem braucht man auch) statt [ ] : [ ] An. V 12,2 ; 19,6 ; [ ] An. V 20,7 ; und auch [ ] allein findet sich [ ] Kadesch 93.

141. Merkwürdig ist nun aber, dass dieses [ ] nicht bei allen Suffixen gleichmässig verwendet wird. Bei der 1. Plur. und bei dem [ ] der 3. plur. ist es überhaupt nicht zu belegen. Bei der 1. Sing. schreibt man oft [ ] und lässt das [ ] ungeschrieben : [ ] „meine Sachen" Insc. Hier. Char. pl. 16 ; [ ] „mein Schatten" Lieb. Tur. 2,12 ; [ ] „mein Befinden" Sall. I 8,3 ; [ ] „was ich sage" Amenemope 3,9 ; aber daneben findet sich auch : [ ] An. I 8,3 ; [ ] „mein Anteil" Mes S. 6.

Beispiele für die anderen Personen sind : [ ] An. II 6,2 ; [ ] An. IV 5,2 ; [ ] Lieb. Beatty 29,3 ; [ ] („in eurer Hand") An. V 26,3 ; [ ] P. jur. Turin 5,6 ; [ ] An. I 23,5.

142. An diesen normalen Gebrauch des [ ] vor dem Suffix schliessen sich nun andere, in denen es sich zumeist nicht um eine erhaltene Femininalendung handelt. So zunächst [ ] ⲣⲱⲙⲉ, das mit Suffixen [ ] Med. Habu (336) ; [ ] Lansing 4,4 ; 10,7 ; Max. d'Anii 4,11 lautet. Hier und bei [ ] Lansing 10,5 könnte man freilich auch an weibliche Kollektiva denken (vgl. §.157). — Aber bei [ ] „sein Boden" Lansing 12,11 (ⲉϭⲏⲧ) ; [ ] „ihr Ende" Lansing 12,11 (ⲡⲁϩⲧⲉ?) ; [ ] „seine Kraft" An. II 4,1 ; [ ] „sein Verbrechen" Amenemope 4,19 ; 12,13 ; [ ] „wie er" Ostr. Gardiner 2.

62

Substantiv. Pluralis §. 143 – 144

ähnlich Amenemope 5,2 ; 21,7 haben die Schreiber offenbar den letzten Konsonanten für das femininale t gehalten.

<u>Anm.</u> Ganz rätselhaft ist dann : 〈hierogl.〉 „sein Tor" Lansing 12,2 und die späte Schreibung : 〈hierogl.〉 Lit. Br. Gol. 1,3 ; 〈hierogl.〉 Max. d'Anii 2, 4 („deine", bezw. „seine Zeit").

d. der Ausdruck der Zahl

1. der Pluralis

143. Das alte Zeichen des Pluralis ııı oder ⋮ hat sich in den neuägyptischen Handschriften noch weit mehr verbreitet als früher und ist vielfach schon so gut wie bedeutungslos (vgl. §. 27). Das beste Kennzeichen des Pluralis ist daher für uns der pluralische Artikel ; ob das Wort überdies das Pluralzeichen trägt ist fast einerlei.

<u>Anm.</u> Die Bezeichnung des Pluralis durch dreifache Setzung des Wortzeichens oder des Determinativs hat sich nur in alten Schreibungen erhalten : 〈hierogl.〉 z. B. Harr. passim ; 〈hierogl.〉 An. I 1,5. Bei dem sinnlosen 〈hierogl.〉 für 〈hierogl.〉 : 〈hierogl.〉 Mayer A, 3, 19 ; 3, 21 ; Abbott 5,1 u.ö. ; 〈hierogl.〉 ibd. 3,15. 5,2 ; 2,1 schwebt dem Schreiber wohl das häufige 〈hierogl.〉 „Scheune" vor (z. B. Lansing 12,3), das wirklich einmal ein Dualis gewesen ist.

144. Bemerkenswert ist nun, dass sorgfältige Schreiber oft bei Worten, die durch den pluralischen Artikel schon als Plurale gekennzeichnet sind, das Pluralzeichen <u>nicht</u> schreiben : 〈hierogl.〉 An. IV 2, 10 ; 〈hierogl.〉 An. III 5,9 (aber An. IV 9,7 mit 〈hierogl.〉) ; 〈hierogl.〉 d'Orb. 17,5 ; 〈hierogl.〉 Lansing 11,7 ; 〈hierogl.〉 ibd. 11,4 ; 〈hierogl.〉 Lieb. Tur. 2,14 ; 〈hierogl.〉 abg. Just. A.B.C. (alle ohne ⋮) ; vgl. auch Amenemope 19, 14 – 15. – Und so auch in der Formel : 〈hierogl.〉 Harr. 57,1 ; P. Bologna 5,9 ; u.ö. ; vgl. auch Kadesch 158. Wie man sieht, schreibt man auch in diesem Fall beim

§. 145-148   Substantiv. Pluralis

zweiten Wort keine Pluralendung ; man empfand das Wort eben als Singular.

145. Da im Koptischen die Pluralformen meist verloren gegangen sind, so wird es auch kein Zufall sein, dass die Plurale des Neuägyptischen in der Regel den Singularen gleichen. Auch wo die alten Pluralendungen ausgeschrieben sind, dürfen wir daraus noch nicht schliessen, dass man sie auch gesprochen habe. Dies gilt vor allem von der männlichen Endung -w (Gr. §.191). Von dieser kann man nur sagen, dass die Schreiber sie bei häufigen Worten eher schreiben als bei seltenen. So schreibt der Lansing: [hieroglyphs], [hieroglyphs], [hieroglyphs], [hieroglyphs], [hieroglyphs] aber : [hieroglyphs], [hieroglyphs], [hieroglyphs]. Man schreibt eben die geläufigen gewöhnten Formen. Auf der anderen Seite schreibt derselbe Schreiber auch die Singulare [hieroglyphs] 3,8 ; [hieroglyphs] 10,6 ; [hieroglyphs] 4,2 (kopt. ⲱⲃⲧ, ⲛⲟⲩϩ, ⲡⲁϩⲧ) als hätten sie die Pluralendung gehabt.

146. Ähnlich steht es mit der weiblichen Pluralendung -w.t (Gr. §.192). Auch sie findet sich bei häufigen Worten öfters ausgeschrieben: [hieroglyphs] P. jur. Turin 2,4 ; 6,3 ; An. I 13,4 ; [hieroglyphs] Harr. 77,6 ; [hieroglyphs] Louvre C.148, und so besonders in : [hieroglyphs] Amarna I 30 ; [hieroglyphs] Abbott 5,4 u.ö. [hieroglyphs] Sall. I 9,6 ; [hieroglyphs] An. IV 4,9 ; und in wunderlicher Entstellung : [hieroglyphs] Insc. Hier. Char. pl. 14 . — In der Regel aber schreibt man sie nicht und wir wissen daher nicht, wie weit die Feminina ihre Pluralform noch hatten.

147. Neben den männlichen Pluralen auf -w finden sich nun auch solche, die eine Endung [hieroglyphs] haben. Manche von diesen sind nur Kürzungen alter Plurale auf [hieroglyphs] : [hieroglyphs] Unamun 2,29 ; [hieroglyphs] d'Orb. 11,4 ; 18,3 ; [hieroglyphs] An. IV, 16,1 = An. III 8,2 ; vgl. auch Lansing 15,1 ; 14,3.

148. In andern Fällen hat ein der Endung vorhergehender [hieroglyph] bewirkt, dass dieser mit ihr zusammen zu [hieroglyphs] und danach zu [hieroglyphs] wurde : [hieroglyphs] An V 12,7 ; [hieroglyphs] P. Turin 13, 1,6 ; [hieroglyphs] An. IV, 17,3 ; Lansing 10,1 — und so besonders in der Form die altem [hieroglyphs] (Amarna V, 4) kopt. ⲟⲓ entspricht :

Substantiv. Pluralis §. 149 – 151

[hieroglyphs] an. I 11,1 ; an. V. 10,1 ; d'Orb. 17,1 ; 19,4 ; Lansing 14,1.

[hieroglyphs] Mes S. 10 ; an. IV, 17,6 ; Harr. 76,5 ; 77,8 ; Lansing 1,3. ; Berlin 20377.

[hieroglyphs] Abbott 5,11 u. ö. ; Hor. u. Seth 1,1 ; P. Beatty 1B,3.

149. Ebenso hat sich nach einer Endung ‹‹ die Pluralendung in ‹‹ [hier.] oder [hier.] verwandelt: [hieroglyphs], [hieroglyphs] Harr. 10,15 ; an. IV, 3,5 ; 16,5 ; an. III 8,6 ; [hieroglyphs] Abbott 4,1 ; 4,2 ; [hieroglyphs] Max. d'Anii 3,8 (ⲉⲡⲏⲩ) ; auch: [hieroglyphs] P. Salt 1,10 ; Lieb. Beatty 25,4. — Hierzu gehören dann auch die Plurale der Adjektiva auf _-tj_ (Gr. 227), die man sonst im Pluralis mit [hier.] schreibt: [hieroglyphs] Harr. 3,7 ; [hieroglyphs] ibd. 25,4 u. ö. ; [hieroglyphs] Abbott 4,7 ; [hieroglyphs] Mar. Karn. 42,9 (vgl. ⲉⲃⲓⲁⲧⲉ) ; [hieroglyphs] Max. d'Anii 9,6 ; [hieroglyphs] P. jur. Turin 3,4 ; [hieroglyphs] an. IV 17,9 ; [hieroglyphs] Lansing 13a,2.

Anm. Was von solchen Adjektiven auf _-tj_ im Koptischen erhalten ist, zeigt Plurale wie S. ⲙⲉⲣⲁⲧⲉ (zu ⲙⲉⲣⲓⲧ), B. ⲥⲟⲩⲁϯ (zu ⲥⲟⲩⲓⲧ), also ein unbetontes ⲉ nach einer kurzen und daher geschlossenen Silbe. Die Form mag etwa so entstanden sein: _-atje_ , _-atʾe_ , _-ate_ .

150. Über die Plurale auf [hier.], die aus dem Kollektivum entstanden sind, siehe unten §. 157.

Ausserdem gibt es nun noch zahlreiche Plurale auf [hier.] über deren Entstehung sich nichts sagen lässt: [hieroglyphs] Sall. I 4,7 ; [hieroglyphs] Harr. 10,4 ; [hieroglyphs] (neben Sing. [hier.]) P. Neschons 1,10 ; [hieroglyphs] Amenemope 7,18 ; [hieroglyphs] Unamun 2,17 ; [hieroglyphs] Max. d'Anii 4,5 ; 8,18 ; [hieroglyphs] an. I 28,2 ; [hieroglyphs] an. IV, 17,9 ; [hieroglyphs] Max. d'Anii 8,8 ϣⲃⲟϯ (Plur. zu ϣⲃⲱⲧ) ; [hieroglyphs] Unamun 2,8 ; 2,31. Die beiden letzteren Formen ϣⲃⲟϯ und ⲉⲓⲟⲧⲉ erinnern an die oben in §. 149 besprochenen Formen der Adjektiva auf _-tj_ (ⲙⲉⲣⲁⲧⲉ, ⲥⲟⲩⲁϯ).

151. Merkwürdig ist nun, dass diese Art der Pluralbildung auch auf weibliche Substantiva übergegriffen hat: [hieroglyphs] P. Turin 137, ; [hieroglyphs] Abbott 3,17 ; [hieroglyphs] Kubanstele 9 ; [hieroglyphs] P. Neschons 6,14

§.152 – 154   Substantiv. Pluralis

(ibd 5,4 [hierogl.]). Dieses letztere Beispiel ist uns als ϩⲓⲟⲙⲉ erhalten, eine Form, die zu den Pluralen ⲩϨⲟϯ und ⲉⲓⲟⲧⲉ des vorigen Paragraphen stimmt.

152. Eine andere ungewöhnliche Art des männlichen Pluralis liegt vor in den Formen auf -ⲱⲧ und -ⲱϫ : [hierogl.] Harr. 77,1 ; 77,2 (Kopt. plur. ⲧⲙⲉ); [hierogl.] ibd. 25,8 ; [hierogl.] ibd. 48,1 neben [hierogl.] Lansing 12,7 ; [hierogl.] amenemope 10,4 ; [hierogl.] Wood. Tabl. 3 ; [hierogl.] P. Neschons 3,3 ; [hierogl.] Med. Habu (559) (ob richtig?). Es wird die Endung der weiblichen Plurale sein, die hier weitergewuchert ist; hauptsächlich bei Worten, die nicht auf einen starken Konsonanten ausgehen.

Anm. Charakteristisch für diese ganzen Schreibungen ist, was man im Harris beobachtet: die Schreiber von Heliopolis, Memphis und der des historischen Abschnittes schreiben [hierogl.], während der von Theben und der dort redigierten Teile sich mit [hierogl.] begnügt.

153. Die sogenannten gebrochenen Plurale des Koptischen (Kopt. Gr. §.139) sind gewiss dadurch entstanden, dass die halbvokalische Pluralendung -ⲱ durch Umlaut in den Stamm trat. Wo sie hier auf ein a stiess, bildete sie mit diesem einen Diphtong : ⲁⲛⲁϣ pl. ⲁⲛⲁⲩϣ, ⲥⲛⲁϩ pl. ⲥⲛⲁⲩϩ. Ein o wurde dagegen vor ihr gedehnt, und das ⲱ trat in eine unbetonte Silbe, wo es nun nach dem bekannten Lautgesetze verloren ging: snôχef : snôⲱef : ⲥⲛⲱⲟⲩϩ. An den hier besprochenen Vorgang erinnert die merkwürdige Schreibung des Pluralis bei dem Wort für Grenze: [hierogl.] An. I 22,6 ; ähnlich Abydos. Inscr. ded. 88 ; Petersb. Weisheit 10,2 ; vgl. den Plur. ᵃⲧⲟⲟϣ : ᵃⲧⲱⲱϣ von ⲧⲟϣ.

Anm. Auch der Pluralis ⲉⲃⲓⲁⲓⲕ „Diener" (sing. ⲃⲱⲕ) wird durch Umlaut entstanden sein. Was bei ihm in den Stamm gedrungen ist, ist ein i, das ja in der Tat bei diesem Worte die Pluralendung bildete : [hierogl.] Sall. I 4,7.

154. Über den Gebrauch des Pluralis bemerke man noch, dass er auch bei Stoffausdrücken vorkommt. Einmal bei Worten, die in der alten Sprache schon Plurale sind : [hierogl.] „das Wasser" (im Napf) d'Orb. 14,1 ;

Substantiv. Dualis §. 155 - 156

〖hiero〗 "sein Wein" P. Salt 1,11. Sodann auch bei Worten, die alt im Singularis stehen (〖hiero〗 "das Korn" An IX, 5), im Pluralis bedeuten sie dann zuweilen einzelne Stücke des Stoffes:
〖hiero〗 ("die Silbersachen") P. Mayer B. 4; 〖hiero〗 (Geräte) Petrie, Koptos 18,1; 〖hiero〗 "die Ölflecke" (im Kleide) Lieb. Kairo 15; vgl. auch Ostr. Berlin III, 38.

Auch Abstrakta kommen im Pluralis vor: 〖hiero〗 "das Recht" Hor. u. Seth 4,13; 〖hiero〗 "deine Stärke" d'Orb. 3,6; 〖hiero〗 "die vom Lande verabscheuten" P. jur. Turin 2,1; P. Rollin 5; und so auch bei Infinitiven: 〖hiero〗 "das wiederholte Zanken" d'Orb. 11,2.

2. der Dualis

155. Vom Dualis der alten Sprache (Gr. §. 194) haben sich nur einzelne Fälle erhalten, von denen man nicht weiss, ob sie auch wirklich in der Sprache noch lebten: 〖hiero〗 Amarna IV, 32; 〖hiero〗 ibd. Gr. Hymnus 7; Sall. III 10,5; 〖hiero〗 Hor. u. Seth 10,4; 〖hiero〗 Hor. u. Seth 11,4; 〖hiero〗 Sall. III, 3,10.

Anm. Für die Aussprache der männlichen Dualformen im Neuägyptischen beachte man die Schreibung 〖hiero〗 "das Ende" An. III 7,4 die gut dem kopt. ⲠⲀϨⲞⲨ entspricht.

156. Die Verwirrung ist hier offenbar gross gewesen; das zeigen die folgenden Beispiele: Das häufige 〖hiero〗 "die Sandalen" ⲦⲞⲞⲨⲈ scheint überhaupt kein Dualis zu sein, sondern nur eine unrichtige Auffassung des Pluralis: 〖hiero〗 Harr. 79,7 (tŏbwe : toowe). — Die Dualform 〖hiero〗 "die beiden Horizonte" wird auch für den Singularis gebraucht (Harr. 76,1) und erhält das Suffix so wie ein weiblicher Singularis: 〖hiero〗 An. II 1,3. — Ebenso steht es mit 〖hiero〗, 〖hiero〗 "Kraft" (altkopt. ⲠⲀϪⲦⲈ): 〖hiero〗 Amenemope 21,7; 〖hiero〗 Berlin 20377; 〖hiero〗 Luxor ‹ 4917; 〖hiero〗 Kadesch 149 (Sall. III 10,5 〖hiero〗). — Man beach-

§.157-158　　　　　　　　　　　　　　　Substantiv. Kollektiva

te auch wie einzelne Duale die Schreibung anderer Worte beeinflussen: 〰 „die beiden Länder" verdrängt vielfach den Singularis und den Pluralis des Wortes : 𓉻𓇾𓇾𓈉 „das Gottesland" Harr. 77,11 ; 𓈉𓇾𓇾𓈅 an. III 1,5 ; 𓇾𓇾𓈅 Sall. I, 8,7 ; 𓂻𓈉𓇾𓇾𓈉 „die (fremden) Länder" Harr. 76,7 ; Unamun 1,15. — Auch die Determinierung von 𓇾𓈉𓏥𓊖 Harr. 78,9 u.o. geht auf die Erinnerung an „die beiden Länder" zurück ; vgl. auch 𓇾𓏥 als Determinativ statt 𓇾𓏥 in §.143 Anm.

3. die Kollektiva

157. Neben dem Pluralis existierte noch von altersher ein singularisches Kollektivum weiblichen Geschlechts (Sn. §.199). Zu ihm gehören gewiss: 𓇾𓏥𓊖𓏏𓈅 Dachelstele (Rec. de Trav. 21, 13 ff.) ; 𓇾𓏥𓊖𓏏𓈅 an. VII, 1,6 ; vgl. auch Lansing 10,5 ; 𓆱𓏥𓏥 („Hölzer") Harr. 73,8 , aus 𓆱𓏥𓏏 Siut 19,32 (alt : ḫtwt) ; 𓏏𓏥𓈅 Amarna V 29,17 ; Sall. III 6,4 ; 𓏏𓏥 L.D. III 258 (D.22) ; Sall. I 9,6 (vgl. auch 𓏏𓏥𓏥 Admon. 7,9) ; 𓊹𓊖𓏏𓏥𓉺𓏏𓊖 Amonshymn. Leiden Us. 2,16 — Alles Worte, die für das Neuägyptische als Plurale gelten. Und ebenso auch : 𓇾𓏥𓏏 Gloss. Golen. 1,2 (kopt. ⲧⲟⲩⲉⲓⲏ) ; 𓇾𓏥𓈅 P. Neschons 5,4 ; 5,6 (Kopt. ⲥⲛⲏⲩ) Auch mśw.t „Kinder" und das Wort für „Menschen" dürften Kollektiva sein : 𓁐𓀀𓏥𓏏𓈅 Amenemope 12,4 u. öfter ; 𓀀𓏥𓈅 Lansing 4,4 ; 𓀀𓏥𓈅 Max. d'Anii 2,3 ; 𓀀𓏥𓏥 Harr. 76,10 . Das Letztere möchte man sich nach der Schreibung als ⲣⲱⲙⲧⲉ denken.

Anm. Im Koptischen gehen die alten Kollektiva, wie das Lacau (Rec. de Trav. 24, 206 ; 31, 77) nachgewiesen hat, auf ein betontes H aus, vor dem das Wort verkürzt war: ⲧⲟⲟⲩ pl. ⲧⲟⲩⲉⲓⲏ. Von diesen Formen sind dann neue Plurale gebildet : ⲣⲟⲙⲡⲉ , koll. *ⲣⲉⲙⲡⲉ̂ pl. ⲣⲙⲡⲟⲟⲩⲉ. Ob das im Neuägyptischen auch schon so war, wissen wir nicht.

158. Auch im Neuägyptischen braucht man zuweilen einen einzelnen, bestimmten Singularis mit kollektiver Bedeutung : 𓂋𓈙𓏤𓏥𓂻𓈅𓇾 𓂋𓀁 „freuet euch, du ganzes Land" Sall. I 8,7 ; „ich liess gehen

Substantiv. Artikellos   §.159 – 160

[Hieroglyphen] „wohin sie wollte." Harr. 78,9 (im Sinne von: alle Frauen; man beachte das [Zeichen] nach §. 215); vgl. auch ibd. 77,2.

e. Bestimmung der Substantiva

1. artikelloser Gebrauch

159a. Ob die alte Sprache Hilfsmittel gehabt hat, mit denen sie die Bestimmtheit eines Substantives bezeichnen konnte, wissen wir nicht. In der Volkssprache des mittleren Reiches hat sich ein solches in dem Artikel und dem Possessivartikel ausgebildet (Gr. Westcar S. 106 ff.) und das Neuägyptische hat dann zu diesen noch den unbestimmten Artikel gefügt. Es steht also im Wesentlichen auf dem Standpunkt des Koptischen. Indessen hat es diese nützliche Neuerung, die ihm auch einen deutlichen Ausdruck für Femininum und Pluralis gab, nicht durchgeführt. Es benutzt auch weiter noch manche Substantiva ohne Artikel (vgl. das Einzelne unten §. 163).

Anm. Dass ein Wort mit Possessivsuffix doch unbestimmt ist, ist im Neuägyptischen nicht nachzuweisen. Aus der Sprache des mittleren Reiches liegen dagegen Beispiele vor wie: [Hieroglyphen] „ein Sohn von euch", [Hieroglyphen] „ein Bruder von euch" Petersb. Prophez. 6-7; [Hieroglyphen] „eine Dienerin von ihr" Westcar 11,19.

d. Vermeidung des Artikels in bestimmten Fällen

159b. Nichts damit zu tun haben die folgenden Fälle, in denen jedes Substantiv ohne Artikel bleibt, weil es die ganze Gattung und nicht ein bestimmtes einzelnes Individuum bezeichnet.

160. Solche Fälle, wo ein Substantiv die Gattung bezeichnet, sind zunächst die Vergleiche: „(er) ist zu mir [Hieroglyphen] wie ein Vater" d'Orb. 5,2; „sein Gesicht war wild [Hieroglyphen] wie das eines Panthers" Hor. u. Seth 9,8;

§. 160   Substantiv. Artikellos

„es ist süsser 〈hier.〉 als der Schedehutrank" Lansing 2,2. —
Ausnahmen wie: „sie waren zahlreich 〈hier.〉 wie der Sand" Kadesch 30;
〈hier.〉 „sie sind wie die Heuschrecke" ibd. 24 beruhen darauf,
dass der Dichter das Verglichene lebhaft vor sich sieht.

Sodann Sätze wie:

〈hier.〉 „ich bin ein Bote des Amun" (d.h. nicht
  ein einzelner bestimmter, sondern ein beliebiger) Unamun 2,81;
  ähnlich Prinzengesch. 5,11; 7,3.

〈hier.〉 „sie wird ihm Frau sein" Prinzengesch. 5,6;

〈hier.〉 „das ist ein Hund" ibd. 4,9; vgl. auch d'Orb. 10,2;
An.V 26,5; P. Bologna 10,2.

Hierher gehören auch die häufigen Fälle, in denen ein Verbum mit einem
Substantiv einen festen Begriff bildet: „Meldung sagen" für „melden";
„Schwur machen" für „schwören":

〈hier.〉 „um zu melden" d'Orb. 11,8; P. jur. Turin 4,12;

〈hier.〉 „berichten" P. Bologna 2,1;

〈hier.〉 „bei Gott schwören" Hor. u. Seth 12,5; vgl. auch ibd. 2,7.

〈hier.〉 „bestrafen" P. jur. Turin 2,7 (aber stets dmj t3
sb3j.t „die Strafe zuteilen");

〈hier.〉 „zechen" ibd. 6,1.

〈hier.〉 „sich vergnügen" d'Orb. 16,2.

〈hier.〉 „ausfahren" ibd. 17,5.

〈hier.〉 „ins Schiff laden" P. Turin 67,3; u.a.m.

Ferner bei Angabe der Art und Weise, z.B.:

〈hier.〉 „traurig" d'Orb. 8,8;

〈hier.〉 „als Beute" passim,

und in erklärenden Genetiven, z.B.:

〈hier.〉 „jeder Frauenschmuck" d'Orb. 12,1; — vgl.
auch die Beispiele in §. 209 ff.

Dabei kann das Substantiv auch ein Suffix oder ein Adjektiv erhalten:

Substantiv. Artikellos §. 161 – 162

⟨hierogl.⟩ „ich berichte über sie" Abbott 1,6; 6,19.
⟨hierogl.⟩ „laut schreien" Hor. u. Seth 2,1.

161. Zu dem hier geschilderten Gebrauch des artikellosen Substantivs für die Gattung gehört es dann weiter, dass alle Substantiva, die das Adjektiv ⟨⟩ „jeder" haben, ohne Artikel bleiben:

⟨hierogl.⟩ „alle deine Glieder" Lansing 8,1
⟨hierogl.⟩ „irgend ein Kraut" Hor. u. Seth 11,10.
⟨hierogl.⟩ „irgend einer" ibd. 13,6.

Es gibt indessen eine merkwürdige Ausnahme: Wo es sich nicht um ein eigentliches Substantiv, sondern um ein Particip oder einen Relativsatz handelt, braucht man den Artikel trotz des beigefügten ⟨⟩:

⟨hierogl.⟩ „alles geschehene" d'Orb. 7,7; Abbot 7,13.
⟨hierogl.⟩ „alles was er sagte" ibd. 7,12.
⟨hierogl.⟩ „alles was" P. Bologna 4,6 (u.ö.), vgl. §. 380; 828; 838.

Der Grund mag darin liegen, dass hier Particip und ⟨⟩ gleichsam <u>ein</u> Wort bilden: „das Alles-geschehene", „das Alles-was".

<u>Anm.</u> Die merkwürdige Ausnahme ⟨hierogl.⟩ An. I 21,8, könnte darauf beruhen, dass der Schreiber das fremde Wort als ein Particium fasst. — Die Stelle Amenemope 2,3: „die Opfer ⟨hierogl.⟩ ⟨hierogl.⟩ erklärt sich dagegen als irrige Auffassung für ⲚⲦⲎⲢ ⲚⲒⲘ.

162. Endlich lässt man alle pluralischen Substantiva ohne Artikel, wo sie unbestimmt gedacht sind: ⟨hierogl.⟩ „Brote" Hor. u. Seth 5,6; der Gebrauch entspricht genau unserm deutschen: Singularis: „<u>ein</u> Brot", Pluralis: „Brote".

Das Koptische hat sich dann schon einen pluralischen unbestimmten Artikel gebildet, der aus dem neuägyptischen Ausdruck für „einige" (§. 243) entstanden ist.

§ 163 - 164   Substantiv. Artikellos

<u>B. Substantiva, die man in allen Fällen
meist ohne Artikel zu brauchen pflegt</u>

163. Wie in § 159a bemerkt, bleiben manche Substantiva immer oder doch oft ohne Artikel; 𓄣 heisst „das Herz" und „ein Herz", 𓄣𓆑 heisst „sein Herz". Warum diese Worte den Artikel und den Possessivartikel des § 180 meiden, können wir nicht sehen, vielleicht nur, weil sie so häufig waren, dass man Ungewohntes bei ihnen nicht vertrug. Übrigens ist der Gebrauch bei den Substantiven mit Possessivsuffixen nicht ganz der gleiche, wie bei denen ohne solche; wir tun daher gut, im Folgenden beide Fälle aus einander zu halten.

164. Ohne Artikel bleiben zunächst die Namen der Körperteile, die auch im Koptischen noch ähnlich behandelt werden (Kopt. Gr. § 84).

Es heisst so <u>ohne Suffix</u>, z. B.:

𓁹 Prinzengesch. 6,7; Hor. u. Seth 1,12

𓈖𓏤𓆑𓆑 Hor. u. Seth 11,4

𓂋𓆑𓆑𓏤 d'Orb. 6,2.

𓂝𓁹 ibd. 13,4

𓄣 Hor. u. Seth 7,10.

𓂋𓏤𓆑𓏤 ibd. 12,7; 12,8.

𓄣 ibd. 8,4; 8,6.

𓀀𓀀𓀀𓁹 d'Orb. 10,2; Hor. u. Seth 9,9.

<u>Mit Suffixen</u>, z. B.:

𓄿𓐍𓆑 „sein Rücken" an. III 3,13; vgl. ⲱⲱ = : ⲱⲧ=

𓂀𓆑𓏤 „dein Auge" an. V 15,2;
𓁷𓆑𓄿 „meine Augen" Lieb. Harr. 5,9; vgl. ⲉⲓⲁⲁⲧ=

𓂋𓏤 „dein Mund" Lansing 2,9; vgl. ⲣⲱ=

𓂋𓆑𓆑𓄿 „meine Füsse" Joppegesch. 2,3; vgl. ⲣⲁⲧ=

𓂝𓄣 „sein Herz" d'Orb. 8,1; vgl. ϨⲦⲎ=

𓂋𓏤𓆑𓏤𓄿 „ihr Leib" Lieb. Kairo 14; vgl. Ϩⲱⲱ=

𓁷𓏤𓏥 „ihre Gesichter" Joppegesch. 1,8; vgl. Ϩⲣⲁ=

𓂀𓆑 „sein Bauch" an. IV 9,6; vgl. ϨⲎⲦ=

𓂝𓐍𓆑 „seine Umarmung" Lieb. Harr. 8,11; vgl. ⲕⲟⲩⲛ=

𓀀𓀀𓀀𓆑 „sein Kopf" an. IV, 9,6; vgl. Ⳇⲱ=

𓂝𓆑 „seine Hand" d'Orb. 6,8; vgl. ⲧⲟⲟⲧ=

Substantiv. Artikellos §. 165

Ferner: ⟨hiero⟩ „sein Herz" Prinzengesch 4,5 ; ⟨hiero⟩ „meine Brust" Lieb. Harr. 1,5 ; ⟨hiero⟩ „sein Hals" An. IV 2,9. und so oft.

Ausnahmen sind:

1) der nicht seltene Gebrauch des Possessivartikels, wie z. B.:

⟨hiero⟩ Lieb. Harr. 5,8 ; Lieb. Beatty 24,2 (neben ⟨hiero⟩); Inscr. hier. Char. pl. 26.

⟨hiero⟩ Abbott 6,19;

⟨hiero⟩ Amarna III 27 (gleich nachher ⟨hiero⟩ III, 28); (beides vom Könige), vgl. auch Urk. IV, 1163 u. sonst.

⟨hiero⟩ („seine beiden Hände") Hor. u. Seth 11,4 ; ähnlich Amarna VI, 25, 22. vgl. auch Wahr. u. Lüge 2,2.

⟨hiero⟩ P. Mayer A 1,18.

2) der ganz vereinzelte Gebrauch des Artikels Lansing 3,3:

⟨hiero⟩ mit viell. besonderer Bedeutung (ähnl. wie Westcar 9,22). — In späten Texten ist der Artikel bei Körperteilen öfter verwendet.

165. Weiter gehören hierher Worte, die eine Örtlichkeit bezeichnen. So ohne Suffix: ⟨hiero⟩ Joppegesch. 3,11 ; ⟨hiero⟩ Prinzengesch. 4,6. — ⟨hiero⟩ „das Land" (d.h. Ägypten) Harr. 75,1 ; ⟨hiero⟩ ibd. 76,1; Amarna V,29,52. — ⟨hiero⟩ für „Theben" Unamun 2,78. — ⟨hiero⟩ Prinzengesch. 4,6; 5,2; d'Orb. 11,8. — ⟨hiero⟩ d'Orb. 11,1 ; Lansing 7,1. — ⟨hiero⟩ Abbott 6,22. — ⟨hiero⟩ d'Orb. 1,3 ; Lansing 6,2 (aber stets ⟨hiero⟩). — Manche dieser Beispiele mögen sich auch aus §. 160 erklären (aufs Feld ; in die Fremde).

Der Gebrauch schwankt dabei: ⟨hiero⟩ Harr. 75,5 ; ⟨hiero⟩ Hor. u. Seth 7,11 ; 8,4 ; ⟨hiero⟩ ibd. 10,7 ; ⟨hiero⟩ („das Vorderteil") Unamun 2,38; ⟨hiero⟩ An. IV, 17,7.

Mit Suffixen: ⟨hiero⟩ Lansing 6,5 ; ⟨hiero⟩ ibd. 5,5 ; Prinzengesch. 6,15; ⟨hiero⟩ Max. d'Anii 8,3; ⟨hiero⟩ Harr. 76,2 ; ⟨hiero⟩ Lansing 9,1 ; ⟨hiero⟩ Max. d'Anii 9,11 ; ⟨hiero⟩ An. IV, 17,7 ; ⟨hiero⟩ Lansing 12,11 ; ⟨hiero⟩ Harr. 77,1

§.166-168   Substantiv. Artikellos

und so auch bei Teilen von Gebäuden: 𓉐𓇋𓇋𓂧𓂋𓏺𓂝𓏤 Lansing 10,8;
𓂝𓂋𓏤𓉐𓂋𓏺𓂝𓏤 ibd. 12,2.
Der Gebrauch schwankt übrigens bei den gewöhnlichsten Worten:
𓉐𓂋𓇋𓇋𓏲𓂋𓂙𓂋𓂝 P. Salt 1,2; 𓅓𓂋𓇋𓇋𓏲𓂋𓉐 P. Bologna 8,4; Prinzengesch.
5,8; 7,14; 𓉐𓂋𓇋𓇋𓏲𓏥𓉐𓏺 Lieb. Gard. 18,3.

166. **Ausdrücke der Zeit.** (Über die besondere Bedeutung von 𓅓𓂋𓂧𓇋𓏏𓇳𓏺,
𓅓𓂋𓂝𓇳𓏺 siehe §. 118).

Ohne Suffix z.B.: 𓇳𓏺 Prinzengesch. 4,2 (Sall. I 4,10; 5,3 mit Artikel);
𓉔𓂋𓇳𓏺 Prinzengesch. 7,13; 𓂋𓇯𓏺𓇳𓏺 Joppegesch. 1,3; 𓂋𓂧𓂋𓂝𓏏𓇳 Lansing
5,5; 𓂧𓇯𓇳𓏺 d'Orb. 19,7 (mit Artikel: Prinzengesch 4,11); 𓂧𓇋𓏏𓇳𓏺 Lansing
2,1; Hor. u. Seth 11,3; 𓂧𓇋𓇋𓏥𓂋𓂧𓂋𓇋𓏏𓇳𓏺 („zur Abendzeit") ibd. 8,2;
11,2.

Mit Suffixen z.B.: 𓂋𓇯𓇳𓂝 Unamun 2,19; 𓂧𓇋𓇋𓂧𓏤𓂝 Max.d'Anii 2,4; Lit.
Brief 1,3.

167. **Personen und Verwandtschaftsbezeichnungen.**

Ohne Suffix: Das alte 𓅭 „Sohn" wird (abweichend von dem jungen Wort
𓈙𓂋𓇋𓏲𓅭) ohne Artikel gebraucht: 𓅭 𓅓𓂋𓇋𓂧𓏺 „du Sohn der Sonne"
Amarna V, 25, 15. — Ebenso 𓎟 „der Herr" in den alten Phrasen wie:
𓅭𓋴𓅓𓊪𓉐𓏛𓂋𓅱 während es sonst den Artikel hat: „der Schreiber E.
𓅓𓂋𓏥 𓅓𓂋𓅮𓉔𓂋𓂋𓏥 der Besitzer dieses Buches" d'Orb. 19,9.

Mit Suffix: 𓇋𓏏𓅭𓎟 Joppegesch. 3,11; aber: 𓅓𓂋𓇋𓇋𓅭𓇋𓏏𓅭 P. Salt 1,1;
𓅭𓂝𓏤𓂝 Hor. u. Seth 11,5; 𓅭𓂝𓉐𓉔 Max. d'Anii 9,4; aber: 𓂋𓇋𓇋𓅭𓅓
𓂝𓉔 „deine (fem.) Mutter" Lieb. Beatty 22,9; 𓂋𓇋𓇋𓅓𓅓𓂝𓉔 Hor. u. Seth
11,5; 𓂋𓇋𓇋𓂋𓅓𓉔 P. jur. Turin 5,7 (wobei Hor. u. Seth beide Arten
neben einander haben); 𓎟𓉔𓂝 Abbott 3,4; aber 𓅓𓂋𓇋𓇋𓅓𓎟 passim;
𓅓𓇋𓇋𓂋𓎟 Amarna I,8; 𓅓𓇋𓇋𓏥𓎟 ibd. VI, 25,7; 𓎟𓅓𓂋𓂝 P. Leiden I 368 (aber auch 𓅓𓂋𓇋𓇋𓅓𓎟); 𓊪𓉐𓂋𓂝 Lansing 10,5; aber:
𓏥𓇋𓇋𓂝𓊪𓐪 Harr. 78,12; P. Salt 2,19; Amarna Grenzst. S. 11; 𓂋𓇯𓂋
𓊪𓐪𓉐𓂝 Lansing 10,5; vgl. auch Harr. 78,12.

168. Es ist begreiflich, dass die alten Ausdrücke der Religion und des Königtums

Substantiv; der bestimmte Artikel §. 169 — 171

die Artikel vermeiden.

So **ohne Suffix**: [hiero] „Stier" als Götterbeiwort Hor u. Seth 3,4 ; [hiero] „die weisse Krone" ibd. 8,4 ; 8,6 ; [hiero] „Diadem" Harr. 18,1 ; [hiero] „der Hohepriester" Amarna V, 29,18 (aber daneben die gewöhnlichen Priester mit Artikel). Auch hier ist indessen der Artikel eingedrungen: [hiero] An. II, 6,5 ; [hiero] abbott 2,10 ; 3,4 ; [hiero] P. Bologna II,4 ; An. II 6,5 ; [hiero] P. Bologna 12,2 ; [hiero] Amarna III, 1; Ostr. Petrie 18 .. Und immer heisst es [hiero] (z. B. d'Orb. 6,4), auch wo das alte [hiero] damit verbunden ist.

Mit Suffixen: [hiero] passim ; [hiero] pass. ; [hiero] („ihre Seele") P. Neschons 5,11, neben [hiero] ibd. 4,22 ; aber auch [hiero] P. Salt 5,1,16.

169. Schliesslich gibt es eine beträchtliche Anzahl von häufigen Substantiven, die zumeist Abstraktes bezeichnen, bei denen man Artikel und Possessivartikel oft nicht setzt.

So z. B.: [hiero] ([hiero]) ; [hiero] ; [hiero] ; [hiero] ; [hiero] ; [hiero] ; [hiero] ; [hiero] ; [hiero] ; [hiero] ; [hiero] ; [hiero] ; [hiero] ; [hiero] u. a. m.

170. Wie man sieht, schwankt der Gebrauch in den meisten der hier aufgeführten Fälle; und in ein und derselben Stelle stehen zuweilen beide Gebrauchsweisen nebeneinander. Was dabei mitspielt, lässt Amarna VI, 25 vermuten: [hiero] „du mein Wind, von dem ich lebe, du mein Nordwind". Hier kann das erste Glied, das noch einen Relativsatz enthält, nur das Suffix haben, da es sonst länger würde als das zweite.

2. der bestimmte Artikel

171. Über seine Entstehung aus dem jüngeren Demonstrativ, vgl. oben §.118. Den männlichen Artikel schreiben hieroglyphische Texte meist [hiero], die hieratischen aber [hiero], was sie dann zu einer Ligatur [hiero] zusammen-

§. 172 - 173   Substantiv. Der bestimmte Artikel

ziehen. Der weibliche Artikel wird stets ◯𓏏𓄿 geschrieben. Über den pluralischen siehe im nächstfolgenden Paragraphen.

Die Kürzung, die der Artikel im Koptischen für gewöhnlich aufweist (ⲡ-, ⲧ-, ⲛ̄-) wird im Neuägyptischen ähnlich bestanden haben. Vgl. die Schreibung □𓏭 „der von" und)𓏭◯ „die von" in §. 127, Schreibungen, die schon früh vorkommen; auch findet sich in den Inschriften der Dyn. 21 vereinzelt schon □ statt 𓊪𓄿 und in späten hieratischen Texten kommt das Gleiche vor: □◯𓉐 Amenemope 25,18.

172. Bekanntlich hat das Koptische neben dem ⲡ- noch eine Nebenform ⲡⲓ-. Eine Spur derselben möchte man in den seltsamen Schreibungen erkennen, die ▭ an Stelle des Artikels setzen: 𓊪𓏤 ◯𓉐𓉐 ▭ Glossar Solenischeff statt 𓊪𓄿 ◯𓉐𓉐 ▭ des Hood; 𓊪𓏤 ◯ ▭ Inscr. hier. Char. pl. 14 statt 𓊪𓄿 𓉐 ◯ ▭ wie kurz vorher steht; vgl. auch Corresp. 19,61. Das wird ⲡⲓ- zu lesen sein, die enttonte und verkürzte Form von ⲡⲏⲓ „das Haus", die wir auch in ⲡⲓⲛⲧⲱⲕ „der Ofen" kennen. Da es sich in beiden Fällen um Lokalitäten handelt, so lag es für die Schreiber nahe, hier eine Verwechselung zu machen.

173. Der pluralische Artikel geht auf die Verbindung 𓈖𓄿𓏭 „dieses von" zurück, die mit dem Singularis oder dem Pluralis verknüpft wurde (Sr. §. 169, 170). Diese vollständige Form findet sich noch in den älteren neuägyptischen Texten, so in Tell Amarna, in den Liebesliedern und den Märchen des Harris 500 und im d'Orbiney. Aber auch in diesen kommt schon durchweg daneben 𓈖𓄿 vor: 𓈖𓄿𓏭 𓆼𓏏𓉐𓏥 Amarna, Grenzstele A; 𓈖𓄿 𓆼𓏏𓉐𓏥 ibd. Grenzstele N u. S.; 𓈖𓄿𓏭 𓂝𓏤𓏥 d'Orb. 16,8; 𓈖𓄿 𓂝𓏤𓏥 ibd. 11,8; vgl. auch 10,9 mit 10,8. — Dies 𓈖𓄿, das in den Handschriften der Dyn. 20 allein herrscht, wird in manchen von ihnen auch 𓈖𓏥 geschrieben: 𓈖𓏥 𓂸𓊡𓏥 abbott 5,10; 𓈖𓏥 𓂧𓈖𓏥 Unamun 2,60; vgl. auch Lieb. Beatty 29,7 und Unamun 2,22, 35,72 (in der Regel aber schreibt er 𓈖𓄿). — In wie weit auf den pluralischen Artikel auch eine pluralische Form folgte, ist schwer zu sagen, denn selbst eine Schreibung wie

bestimmter Artikel. Gebrauch   §. 174 – 176

𓉻𓂝𓏥 an. III 4,10 beweist noch nichts. Dagegen sind bemerkenswert die in §. 144 besprochenen Fälle, wo bei Worten mit pluralischem Artikel das Pluralzeichen fortgelassen ist; man möchte denken, dass die Schreiber diese Worte als Singular gefühlt haben.

Anm. Der Gedanke liegt nahe, dass sich 𓈖𓏥 in der bohairischen Nebenform NEN- erhalten habe. Das ist natürlich möglich, aber NEN- müsste dann in diesem Volksdialekte im Stillen weitergelebt haben, da es in der Schriftsprache ja schon in Dyn. 20 ausgestorben war.

174. Auch der pluralische Artikel ist verkürzt worden und zwar schon wie im Koptischen bis zu ᵉn; daher die Verwechslung mit der Präposition ⲛ und auch mit der wie diese gesprochenen Präposition 𓈖 : 𓈖 𓇋𓈖 „für wen?" N̄IM Amarna VI, 30 ; 𓈖𓏏𓏥 ibd II 21 statt des richtigen 𓈖𓏏𓏥 „die guten Taten" wie z. B. ibd. II 8 steht. – vgl. auch die häufige Schreibung 𓈖 für das 𓏌𓈖 der Frage §. 739.
Besonders macht sich diese Verwirrung bei dem häufigen Pluralis 𓈖𓊹𓊹𓊹 geltend, der ja etwa N̄NTHP gesprochen wurde: 𓈖𓈖 𓊹𓊹𓊹 (PBologna 5,9; 7,3 u.ö.) statt ⲛⲛ 𓈖𓊹𓊹𓊹 (der Schreiber findet sich aus N̄N̄NTHP nicht heraus). ⲛⲛ 𓈖𓊹𓊹𓊹 𓎟𓏥 „aller Götter" N̄NTHP NIM Amenemope 2,3; vgl. auch Unamun 2,59.

Gebrauch des Artikels

175. Koordinierte Substantiva von verwandter Bedeutung erhalten oft nur einen Artikel:

𓈖𓏥 ... „die M. und die B. Schiffe" Harr. 77,10.

... „die Gesundheit u. das Leben" Lieb. Harr. 5,5; vgl. auch Unamun 2,31.

... „die Nahrung u. die Speise" An. III 2,10. – vgl. auch Abbott 5,10, wo nicht weniger als fünf Substantiva zu einem 𓈖𓏥 gehören.

176. Man verwendet den Artikel bei Dingen, die der Sprechende schon vorher erwähnt hat, oder die doch allgemein bekannt sind: ⲟ 𓈖 ⲟⲥ d'Orb. 9,3;

77

§. 177 - 179   Substantiv. Possessivartikel

Hor. u. Seth 3,3 ; 〈〈〉〉 ibd. 1,12. Oft auch da, wo man in lebhafter Rede etwas als selbstverständlich ansieht, so Hor. u. Seth 11,9 : „Isis ging zu dem (〈〈〉〉) Garten des Seth und sagte zu dem (〈〈〉〉) Gärtner"; – dass Seth, dass eine vornehme Person einen Garten besitzt, versteht sich von selbst und ebenso, dass in diesem Garten ein Gärtner arbeitet. Oder: „der Knabe sah, dass ein Mann 〈〈〉〉 auf dem Wege ging"; dass neben dem Schlosse ein Weg ging, ist selbstverständlich (Prinzengesch. 4,8).

Anm. Merkwürdig ist, dass man allbekannte fremde Länder mit dem Artikel gebraucht : 〈〈〉〉 An. I 27,1 ; 〈〈〉〉 Kadesch 114 (aber Sall. III 7,8 〈〈〉〉 ḫt3).

177. Des Weiteren steht der Artikel in der Anrede :

„Woher kommst du 〈〈〉〉 du schöner Junge?" Prinzengesch. 5,10.

Und so auch feierlich :

〈〈〉〉 .... 〈〈〉〉 .... 〈〈〉〉 .... 〈〈〉〉 „du schöner Herrscher .... du Sonne .... du Pharao, du Kind („von dessen Anblick man lebt")" Amarna III, 17.

Auch vor einem Götternamen :

〈〈〉〉 An. II 10,5.

178. Der Artikel steht weiter in der Apposition, vorausgesetzt, dass das Wort, an welches diese sich anschliesst, auch bestimmt ist ; vgl. §. 188.

3. der Possessivartikel

179. Die Verbindung des jüngeren Demonstrativs in der Form 〈〈〉〉, 〈〈〉〉, 〈〈〉〉 mit den Suffixen (eigtl. „dieser von ....") kommt alleinstehend vor und entspricht dann dem Koptischen ⲠⲰⲒ, ⲦⲰⲒ, ⲚⲞⲨⲒ „der Meinige" :

〈〈〉〉 „die Meinen" (d.h. meine Väter) Unamun 2,6 ; 〈〈〉〉 „alles das Meinige" ibd. 1x+6 ; 〈〈〉〉 „der meine" (nämlich : Schrecken) ibd. 2,50 ; 〈〈〉〉 „der deinige" (Anteil) Amenem

Substantiv. Possessivartikel §. 180 — 182

ope 15, 12.

180. Viel häufiger aber werden diese Formen artikelhaft gebraucht, entsprechend dem Koptischen ⲡⲉϥ-, ⲧⲉϥ-, ⲛⲉϥ-; z. B.: 〈hiero〉 „dein Diener" (ⲡⲉⲕⲃⲱⲕ) P. Bologna 9,3 ; 〈hiero〉 „unser Haus" Wahr. u. Lüge 4,1; 〈hiero〉 „euer Machen" Hor. u. Seth 1,7 ; 〈hiero〉 „unsre Last" Kairo W.B. Nr. π ; 〈hiero〉 „ihre .... Gewässer" Lansing 12,10 ; 〈hiero〉 „ihre Mütter" ibd. 2,7 ; 〈hiero〉 „ihre Frauen" P. Salt 2,19.

Anm. Über die Fälle wo der Possessivartikel nicht gebraucht wird, vgl. §. 163.

181. Über die Schreibung dieser Formen ist zu bemerken, dass neben den normalen Schreibungen wie 〈hiero〉, die das aus 〈hiero〉 entstandene 〈hiero〉 wiedergeben, auch altertümliche vorkommen, die dies 〈hiero〉 nicht schreiben. So stets in Tell Amarna (〈hiero〉 , 〈hiero〉), aber auch sonst : 〈hiero〉 Berlin 20377 , 〈hiero〉 , 〈hiero〉 , 〈hiero〉 , 〈hiero〉 u.s.w. (Dekret für Iseemheb).

Im Pluralis fügt man dem m3j noch die Pluralstriche bei: 〈hiero〉 , indessen unterlassen gute Handschriften (Lansing u. Harris) dies vor pluralischen Suffixen: 〈hiero〉 , 〈hiero〉. Offenbar scheinen ihnen zwei Pluralzeichen bei einem Worte zuviel.

Die Verkürzung, die der Possessivartikel erleiden musste und die sich ja auch im Koptischen zeigt, wird nur in späten Texten sichtbar: 〈hiero〉 „dein Schweigen" Amenemope 23,11. Weshalb diese Handschrift auch 〈hiero〉 schreibt (15,12 ; 22,8), ist unklar.

182. Bei dem Possessivartikel der ersten Singularis (kopt. ⲡⲁ-) muss dessen Suffix irgend wie verloren sein, denn man lässt es vielfach unbezeichnet : 〈hiero〉 „mein Sohn" Amarna VI, 30 ; 〈hiero〉 „mein Gott" ibd. V, 2,13 ; VI, 25,9 ; 〈hiero〉 „mein Nordwind" ibd. VI, 25,14 ; 〈hiero〉 „mein Haus", 〈hiero〉 „meine Frau" Ostr. Gard. 55 Rs. ; 〈hiero〉 „mein Herr" Hor. u. Seth 6,8 u. ö; vgl. auch Amarna VI, 25,12 ; ibd. IV, 19 ; ibd. II 21.

§.183 – 184   Substantiv. Unbestimmter Artikel

Anm. Merkwürdig ist, dass der Pap. Boul. 10, der sonst korrekt 𓏏𓏤𓇋𓇋𓀀 schreibt, bei dem Suffix 1. sing. 𓏏𓇋𓇋𓀀 schreibt (1,9; 1,11); vgl. auch die Schreibung 𓏏𓇋𓇋 „mein" mes n. 7.

4. der unbestimmte Artikel

183. Wo es sich um einen einzelnen Gegenstand handelt, dessen man noch nicht gedacht hat, benutzt man einen unbestimmten Artikel, der aus wꜥ n „einer von" entstanden ist (Gr. Westcar §. 117). Zur vollen Herrschaft ist er erst im Koptischen gelangt; im Neuägyptischen braucht man ihn in den einfachen Erzählungen und in geschäftlichen Texten. Aber man benutzt ihn weder in den Liedern noch sonst in gewählter Sprache, und selbst ein so spätes Buch wie der Amenemope hat ihn nicht. Kommt in solchen Texten einmal doch ein unbestimmter Artikel vor, so hat er besondere Bedeutung; so in der bekannten Stelle Harris 75,4, wo der fremde Herrscher (𓇋𓂋𓊃𓅱 𓈖 𓂋𓅓𓏏 𓊃𓏏𓏏𓏭) „Arsu, irgend ein Syrer" verächtlich genannt ist.

184. Die ursprüngliche Schreibung 𓇳𓏤 𓀀 mit dem Determinativ 𓀀 haben manche Texte beibehalten, auch da, wo es sich nicht um eine Person handelt:

𓇳𓏤 𓀀 𓇋𓅱𓃡 „ein Hund" Prinzengesch. 4,7.
𓇳𓏤 𓀀 𓃒 𓃾 „ein grosser Stier" d'Orb. 14,5.
𓇳𓏤 𓀀 𓄤𓈖 𓇋𓇋 𓀁 „ein schönes Huldigungsgeschenk" Sall. I 4,2.

Daneben lassen sie das Determinativ aber auch fort:

𓇳𓏤 𓅨 𓏏𓏤𓇋𓇋𓀀 „ein männlicher Sohn" d'Orb. 18,7.

Wichtiger ist, dass auch das n verloren geht; die älteren Handschriften haben es noch (Harris 500 Rs.) oder haben es doch meistens (d'Orbiney); in denen der Dynastie 20 überwiegt schon das einfache wꜥ:

𓇳𓏤 𓊃𓏏𓁐 „eine Tochter" d'Orb. 11,5.
𓇳𓏤 𓀀 𓐍𓃭𓂋𓀔 „ein Kind" An. VI, 27.
𓇳𓏤 𓁹𓃭𓈖𓀁 „eine Gazelle" Hor. u. Seth 10,7.
𓇳𓏤 𓌙 „ein Stock" ibd. 7,10.

Substantiv. Absoluter Gebrauch   §. 185 – 186

Dass das wꜥ in direkter Verbindung mit dem Substantiv verkürzt worden ist, ist von vornherein zu vermuten; im Koptischen ist es denn auch zu ΟΥ- herabgesunken.

185. Als Pluralis des unbestimmten Substantives benutzt man den artikellosen Pluralis (vgl. §. 162). Das Koptische hat einen eigenen Artikel ϨΕΝ- dafür, der auf ⸗ „etwas von" zurückgeht; dieser Ausdruck ist zwar auch im Neuägyptischen vorhanden, bedeutet aber meist noch „einige"; vgl. §. 243.

f. absoluter Gebrauch

186. Dieser alte Gebrauch, ein Substantiv als Zeitangabe absolut hinzustellen, ist noch nicht verloren (Gr. §. 208):

⸗ „Morgens" Amarna VI, 25,4; Sall. I 8,4.

⸗ „an diesem Tage" Abbott 5,12.

⸗ „am Tage des Verscheidens" d'Orb. 19,7.

„ich lasse sie füttern ⸗ alle Tage" Kadesch 129.

⸗ „die Sommer u. Winter grünen" Lansing 12,10

„man fordert die Abgaben von mir ⸗ Jahr für Jahr" (o.ä.) Pap. Kairo, ä. Z. 1881, 119; ebenso Mes N. 29.

„sie wurde schwanger ⸗ in dieser Nacht" Wahr. u. Lüge 4,5.

Ebenso verfährt man in den Ausdrücken für „mehrmals":

„gelobt ⸗ unendlich oft" An. III 4,4.

Daneben werden aber im Neuägyptischen auch die Präpositionen verwendet: ⸗ (für m) ⸗ Unamun 2, 70; ⸗ Hor. u. Seth 4,5; ⸗ d'Orb. 4,3 und da diese nach §. 603; 607; 612, 617 oft nicht geschrieben werden, so ist es möglich, dass ein oder der Andere der oben genannten Fälle in Wirklichkeit mit einer Präposition zu sprechen ist.

Anm. Vgl. auch: ⸗ „(sie sagten) mit einem Munde" d'Orb. 9, 8-9.

§ 187 - 188   das bestimmende Substantiv.

g. das bestimmende Substantiv

187. Der alte Gebrauch, ein Adjektiv oder eine Verbalform, durch ein ihm folgendes Substantiv zu bestimmen oder zu beschränken (Gr. § 209), gehört besonders der gewählten Sprache an.

So nach einem <u>Adjektiv</u>:

[hieroglyphs] „alle wohlriechenden Blumen" Lieb. Harr. 7,8.

[hieroglyphs] „kraftreich" Sall. III 4,9, vgl. ⲀⲠⲀϨⲦⲈ Par. Zaub. Pap. C.11.

[hieroglyphs] „mit weisser Haut" Lieb. Beatty 22,2.

[hieroglyphs] „ein Rind mit sehr schöner Farbe" Wahr u. Lüge 7,2.

[hieroglyphs] „die mit den schönen Fenstern" An. III 7,5.

[hieroglyphs] „deine Stadt wo man angenehm lebt" Sall. I, 8,3.

Nach einem <u>Particip</u>:

[hieroglyphs] „einer mit gebrochenem Arm" Amenemope 4,5.

[hieroglyphs] „einer mit abgeschnittenem Ohr" P. jur. Turin 5,5.

[hieroglyphs] „mein Myrrhen gesalbter" Lieb. Harr. 4,6.

[hieroglyphs] „vorgerückt an Platz im Königshaus". Amarna V, 4 z.

Nach einem <u>Pseudoparticip</u>:

[hieroglyphs] „du bist schön an Händen mit dem Räuchergefäss" (d.h. wenn du es beim Opfer hältst) Lansing 13a, 8.

<u>Anm</u>. Merkwürdig ist: [hieroglyphs] „tapferen Herzens" o. ä. An. I 28, 2 u. öfter

h. die Apposition

188. Bei der gewöhnlichen Art der Apposition steht das erklärende Wort hinter dem zu erklärenden und hat in der Regel den bestimmten Artikel:

[hieroglyphs] „E. der Besitzer dieses Buches" d'Orb. 19,9.

„das Buch des Ramses [hieroglyphs] des Gottes seines Herrn" P. Lee 1,3.

Substantiv. Apposition §. 188 – 189

„n.n. [hierogl.] mein Bruder" P. Salt 2,14.

[hierogl.] „Schmun deine Stadt" Sall. I 8,3.

[hierogl.] „H. meine Mutter (und) seine Tochter" Inscr. hier. Ch. pl. 17.

auch da, wo das erste Wort ein unbestimmtes ist, kann die Apposition den bestimmten Artikel haben:

[hierogl.] „es ist mir etwas zugestossen (nämlich) dass ich mein Herz nehme" d'Orb. 8,4.

Eine Ausnahme bilden natürlich die Worte, die auch sonst nach §. 159 ff. den Artikel vermeiden:

„Amun [hierogl.] der grosse Gott der Herr dieses Heiligtums" Berlin 20377.

[hierogl.] Ramses „die Götter u. Göttinnen die Herren des Hauses R." P. Bologna II 3;

doch schwankt auch da der Gebrauch:

[hierogl.] Ramses [hierogl.] „König Ramses der grosse Gott" Harr. 75,1.

Auch ein Demonstrativ kann vor der Apposition stehen:

„Neschons [hierogl.] diese Tochter (der Frau T.)" Tabl. Rogers 4.

Anm. 1. Auch einem Pronomen wird zuweilen eine Apposition beigefügt:

„komme [hierogl.] rette mich den Schweigsamen" Sall. I 8,5.

Anm. 2. In: [hierogl.] „mein Gott Thot" An. I 8,3 steht „mein Gott" als das dem Schreiber wesentlichere voran.

189. Die nicht häufigen Fälle, in denen die Apposition den unbestimmten Artikel hat, drücken wohl eine besondere Nuance aus:

„N.N. [hierogl.] ein Mann (der....)" Mayer A, 12.

[hierogl.] „T. eine ägyptische Sängerin" Unamun 2,69.

[hierogl.] „P. ein Diener (der ihm gehörte)" ibd. 2,46.

Vergleiche das Beispiel Harr. 75,4 in §. 183, das offenbar eine Geringschätzung ausdrückt.

§. 190 - 191   Substantiv. Apposition

190. Wird einem Titel oder einem Worte wie „Land" der Name der Person oder des Landes beigefügt, so bleibt das erste Wort des ganzen Ausdrucks ohne Artikel:

[hieroglyphs] d'Orb. 19,9 ; [hieroglyphs] Harr. 78,2 ; ähnlich 77,7 ; vgl. auch P. Bologna II, 12 ;

Wird in einem Titel auch die Stelle genannt, zu der der Beamte gehört, wie: „Arbeiter von der Nekropole", „Priester des Amun", so setzt man den Namen der Person zwischen die beiden Teile des Titels:

[hieroglyphs] „der Nekropolenarbeiter A. Sohn des H." Abbott 5,4.

[hieroglyphs] „der Priester P. vom Tempel des S." P. Bologna 5,8.

Eine Ausnahme bildet der Frauentitel:

[hieroglyphs] „die Sängerin des Amun S." P. Bologna 7,1 ; P. Leiden 364 ; 365.

Anm. In ungewöhnlicher Weise ist ein Titel behandelt in:

[hieroglyphs] „P. der Trompeter" P. Mayer A 8,22.

191. In der geschäftlichen Sprache hat sich die alte Art der Apposition erhalten, bei der man einem Worte, das einen Stoff bezeichnet, das daraus Hergestellte oder eine Massangabe zufügt (Sr. §. 210). So Hergestelltes:

[hieroglyphs] „Tongeschirr 53 Krüge" Berl. Pap. III 32.

[hieroglyphs] „Gold: vier Gefässe" Unamun 2, 40.

[hieroglyphs] „silberne und goldene Schalen u. Töpfe" An. III 8,8 = An. IV, 16,2.

Bei Massen:

[hieroglyphs] „Bier, 1 D. Krug" Ostr. Berlin III 33.

[hieroglyphs] „Wein: 2 Schalen" Unamun 2,68.

[hieroglyphs] „40 Pfund Kupfer" (als Preisangabe) Ostr. Berlin III 35.

Daneben ist aber die jüngere Art üblich den Stoff im Genetiv anzuknüpfen

[hieroglyphs] „20 Pfund Kupfer" Ostr. Berlin III 37 — und in ein und

Substantiv. Koordination §. 192

demselben Schriftstück stehen so nebeneinander:

[hieroglyphs] „ein Bund Kraut, ein Topf Fleisch"
[hieroglyphs] (Ostr. Berlin III 33.)

i. die Koordination

192. Die Koordination (Gr. §. 211) bleibt sehr oft unbezeichnet. Die koordinierten Worte bilden ein Ganzes, das als Subjekt oder Objekt stehen kann. Sie können gemeinsam <u>einen</u> Artikel haben; vgl. §. 175.

[hieroglyphs] „wenn er sein Brot u. sein Wasser auf der Schulter hat" An. IV, 9,8.

[hieroglyphs] „verbrüdere dich mit dem Buche und dem Schreibzeug" Lansing 2,2.

[hieroglyphs] „viele Leute und viele Sachen" d'Orb. 15,6.

Gemeinsam steht es im Genitiv:

[hieroglyphs] „in der Gunst von Göttern und Menschen" P. Bologna 11,5.

oder hängt von derselben Präposition ab:

[hieroglyphs] „zu ihren Müttern und ihren Brüdern" P. jur. Turin 4,2.

[hieroglyphs] „bei seinem Auf- und Untergang" P. Bologna II 8.

Die Präposition kann aber auch vor jedem der Worte wiederholt werden:
„ich sage [hieroglyphs] dem Re, dem Seth und der Nephthys" P. Bologna 5,9.

„das Haus war versehen [hieroglyphs] mit Leuten und mit allen guten Dingen" Prinzengesch. 4,6;

und wo mehr als zwei Worte koordiniert sind, teilt man dabei diese ihrem Sinne entsprechend in Gruppen:

„ich sage [hieroglyphs] ..... [hieroglyphs]

§. 193 – 195   Substantiv. Koordination

[Hieroglyphen] „Amun, Mut, Chons, und zu dem Baum.......... (der Liebe von Theben) und zu Amenhotep" P. Bologna 10,10.

„dein Mund ist voll [Hieroglyphen] von Wein, Bier und von Brot, Fleisch, Kuchen" An. IV, 3, 7; vgl. auch Lansing 2,3.

Anm. Auch wo mehrere Worte von einer Präposition abhängen, können diese durch andere Wörter von einander getrennt werden:

[Hieroglyphen] u.s.w. [Hieroglyphen] „durch P. welcher u.s.w. und die anderen grossen Verbrecher" P. Rollin 2.

193. Die Koordination mit [Zeichen] verbindet, so wie in der alten Sprache, Dinge, die ihrem Sinne nach eng zusammengehören:

[Hieroglyphen] „Wind und Regen" An. II 7,7 (aber Sall. I 7,7 lässt das [Zeichen] fort).

[Hieroglyphen] „Gerste und Weizen" An. III 2,4.

[Hieroglyphen] „mit Stöcken und Knüppeln" Lieb. Harr. 2,4; vgl. auch Sall. I 4,3; Hor. u. Seth 14,8.

194. Die Präposition [Hieroglyphen] „zusammen mit" benutzt man zum deutlichen Ausdruck der Koordination (vgl. Gr. §. 211). Sie wird gern da gebraucht, wo das zweite Glied durch mehrere Worte von dem ersten getrennt ist:

[Hieroglyphen] „die Perlen aus Fayence (über die ich geschrieben habe) und die D. aus....." P. Bologna 2,2. — Auch in gewählter Sprache ist sie gebräuchlich und selbst die alte Formel [Hieroglyphen] (z.B. Amarna V, 29,4) wird in [Hieroglyphen] (Amarna V, 29, 2-3; Lieb. Harr. 5,3) geändert.

195. Auch die mit [Hieroglyphen] verbundenen Worte können ein Ganzes bilden; sie stehen zusammen als Subjekt oder Objekt:

[Hieroglyphen] „das was Atum.... und Re sagten" Hor. u. Seth 8,6.

„sie stahlen [Hieroglyphen] ihre Hausgeräte und das Gold, das Silber, die Troddeln" Abbott 4,4;

Substantiv. Koordination §. 196 – 197

oder hängen zusammen von einer Präposition ab:

„sie jauchzen ⸗⸗ [hiero] über I. und T." Amarna VI, 30.

Aber die Verbindung kann auch eine losere sein, so, dass jedes der Worte die Präposition erhält:

[hiero] „blick auf den Stuhl und nach dem Beutel" Amarna VI, 30.

auch [hiero] kann an einen Possessivausdruck anknüpfen:

„was geschehen war [hiero] mit ihm und seiner Frau" d'Orb. 7,7.

Sogar ein zweites Suffix: [hiero] „man teilte zwischen mir und ihnen" Mes N.7.

Anm. Das koordinierende [hiero] dürfte lautlich sich von der Präposition geschieden haben, denn nur diese letztere schreibt man auch [hiero] ; vgl. Hor. u. Seth: ḫr ḥnꜥ „mit": 4,3; 6,6; 12,1; 15,6; ḥnꜥ „und": 2,3; 4,3; 8,6; 8,13.

196. Auch die jüngeren Präpositionen werden zur Koordination benutzt. So

1) [hiero] :

„man gab den Kasten ⸗⸗ [hiero] X. [hiero] y. [hiero] z. dem Schreiber X und dem General y und dem Z." P. Beatty IX.

„er hatte sich angeschlossen dem P. [hiero] welcher Hausvorsteher gewesen war und den Frauen". P. jur. Turin 4,3; vgl. auch Unamun 2,38.

2) [hiero] und zwar in der Verbindung ḥr mdj (§. 672):

[hiero] „ausser diesem Grabe sowie ferner dieses Haus" Abbott 5,8.; vgl. auch P. Neschons 5,14; 5,18; 4,14.

3) [hiero] (kopt. ⲁⲩⲱ) ist nur in Dyn. 21 belegt:

„ich sage ⸗⸗ [hiero] ...... [hiero] dem Amun ...... und den bꜣ·w" Corr. 64.

197. Ebenfalls zur Koordination benutzt man das Adverb [hiero] „desgleichen", das

§ 198 — Substantiv. Koordination

man auch nur 〈hier.〉 schreibt. Es kann hinter den zu koordinierenden Worten stehen:

„um zu jubeln 〈hier.〉 bei deinem Aufgang und bei deinem Untergang" Amarna III 28.

„sie können nicht ergreifen 〈hier.〉 weder Bogen noch Schwert" Kadesch 80.

〈hier.〉 „pass auf auf meine Leute und meinen Samen auch" Corr. 64.

Aber es steht auch zwischen ihnen:

„bringe mir Honig für meine Augen 〈hier.〉 und auch Fett .... und Schminke" Ostr. Berlin III 35.

〈hier.〉 „aus dem Schatzhaus und aus der Scheune" Mes N. 7; ähnlich N. 14; vgl. auch d'Orb. 11,10.

Sehr gern kombiniert man diesen Ausdruck mit 〈hier.〉:

〈hier.〉 „Sein Stab und seine Sandalen sowie auch seine Kleider und seine Waffen" d'Orb. 13,1.

〈hier.〉 „der Fürst von Joppe und alle seine Leute sowie auch seine Stadt" Joppegesch. 3,9; vgl. auch Ostr. Berlin III 32.

198. „Oder" wird nicht ausgedrückt, wo der Zusammenhang klar genug ist (vgl. Gr. § 212):

„es belästigen sie nicht 〈hier.〉 Fremde oder irgend welche Leute" Harr. 78,9.

„keiner zeigt mich an 〈hier.〉 wegen Brot oder Salbe" Sall. I 5,4.

aus der Interpunktion (vgl. § 56) ersieht man, dass man beim Sprechen der Worte eine Pause machte:

„ich bin drei Geschicken unterworfen 〈hier.〉 dem Krokodil – der Schlange – dem Hunde" Prinzengesch. 7,6.

direkter Genetiv § 199 — 201

199. Daneben existiert auch ein besonderes Wort für „oder" 𓂝𓏺𓅓 mit dem das vorhergehende Beispiel folgendermaassen lautet: p3 mśḥ · 𓂝𓏺𓅓 p3 ḥf3w p3 iw „das K. — oder die Schl. — und ebenso der H." ibd. 4,4.

Dies Wort steht zwischen den beiden zu scheidenden Worten:

𓎛𓏥 ⸗⸗⸗ 𓊃𓏤𓂝 „die 50 Deben Kupfer oder 100 Deben" An. III 6,12.

„wenn du gutes oder böses hörst" Amenemope 11,8; vgl. auch Apophismärchen Rs. 2,2; 3,3.

„etwas gutes oder etwas was u.s.w." d'Orb. 8,2.

k. der Genetiv

1. der direkte Genetiv

200. Von den beiden Arten des Genetivs ist der direkte offenbar schon sehr zurückgegangen, wenn auch noch nicht so weit wie im Koptischen. Überhaupt hat man den Eindruck, dass der Unterschied zwischen den beiden Arten des Genetivs in der Regel wenig bedeutet; was die Schreiber veranlasst, diesen oder jenen zu nehmen, wird oft nur die Rücksicht auf den Rhythmus des Satzes gewesen sein. Im Übrigen werden viele Beispiele des direkten Genetivs nur scheinbar sein, da das Genetivwörtchen n in der Schrift oft ausgelassen wird; vgl. unten § 206.

201. Sicher ist derjenige Fall, wo die beiden Substantiva eng mit einander verknüpft sind und eigentlich ein zusammengesetztes Wort bilden. Es ist der Fall, der in Gr. § 215 besprochen ist. Aus den im Koptischen erhaltenen Resten wie ⲚⲈⲂϨⲎⲦ, ⲒⲀϨⲀⲖⲞⲖⲒ, ϨⲞⲨⲘⲒⲤⲈ ersieht man, dass das erste Substantiv enttont und verkürzt war; dem wird im Neuägyptischen ebenso gewesen sein, wenn wir die Verkürzung auch nur einmal in einem syllabisch geschriebenen Worte nachweisen können:

„...... blume" (ḥr aus ϨⲢⲎⲢⲈ) Harr. 7,12.

§. 202 - 203   direkter Genetiv

202. Das zweite der so eng verbundenen Worte steht ohne Artikel, da es in einer solchen Zusammensetzung nicht ein bestimmtes Exemplar bezeichnet:

[hierogl.] „Salbengeruch" d'Orb. 10,10.

[hierogl.] „Peitschenknall" Lieb. Beatty 29,6.

[hierogl.] „Bierhaus, Gelage" Amenemope 24,22.

[hierogl.] „unzüchtige Rede" Lansing 14,8.

Vor das Ganze kann der Artikel treten:

[hierogl.] „sein Ackerteil" Mes N 11.

[hierogl.] „die Haarflechte" d'Orb. 10,9; vgl. auch Harr. 77,11; 77,13;

oder es kann auch ein Adjektiv erhalten:

[hierogl.] „die grossen Kupfergruben" Harr. 78,2.

Zu diesen engen Verbindungen gehören dann auch die alten Ausdrücke mit [hierogl.], [hierogl.], [hierogl.] (wie: [hierogl.] „Obergärtner" Lieb. Tur. 2,6; [hierogl.] „Harem" P. jur. Turin 4,2; 5,7) und diejenigen, die [hierogl.] und [hierogl.] enthalten. Man beachte auch:

[hierogl.] „die Zahl Leute" An. I 17,5.

[hierogl.] „ihre Zahl Ziegel" An. III Rs. 2,2.

[hierogl.] „die Sphinxstrasse" P. Bologna 10,10;

und die mit Infinitiv:

[hierogl.] „das Totenbett" P. Salt 1,5.

[hierogl.] „die Begräbnisstätte des Königs" Abbott 3,4. vgl. §. 417.

<u>Anm</u>. Erhalten ist uns die Aussprache eines solchen Genetivs in ⲠⲒⲀⲦⲒⲀⲦⲈ ([hierogl.]) Griffith, ä. Z. 46, 126. Dabei ist ⲒⲀⲦⲈ der Plural ⲈⲒⲞⲦⲈ, ⲒⲀⲦ die verkürzte Form von ⲈⲒⲰⲦ.

203. Neben diesem engen direkten Genetiv bestand in der alten Sprache noch ein loserer (Gr. §. 214). – Für diesen wird man diejenigen neuägyptischen Genitive in Anspruch nehmen, deren zweiter Bestandteil den Artikel hat oder sonst bestimmt ist. Wir treffen ihn in Ortsausdrücken, besonders bei [hierogl.] und [hierogl.]:

direkter Genetiv § 204

[hieroglyphs] „im Westen der Nekropole" P. Salt 1,1.
[hieroglyphs] „die Scheunenverwaltung des Pharao" Sall. I 9,9.
[hieroglyphs] „die Halle des Horus" Hor. u. Seth 3,6; vgl. auch ibd. 7,11; 14,4; P. jur. Turin 2,4; 4,1; P. Bologna 1,4; d'Orb. 10,8; Lansing 9,6; 11,3.

Nach Worten die Körperteile bedeuten:

[hieroglyphs] „in der Hand des Thoth" Hor. u. Seth 3,6.
[hieroglyphs] „die Arme seiner Mutter" Sall. I 3,7 = An. V 10,6.
[hieroglyphs] „seine Fusssohlen (?)" Hor. u. Seth 7,13.

In andern Fällen, die vereinzelt stehen, bleibt es zweifelhaft, ob es sich nicht nur um einen indirekten Genetiv mit ausgelassenem n handelt. So z. B. in:

[hieroglyphs] „das Wesen des Bauern" Lansing 5,8.
[hieroglyphs] „wessen Sohn" Prinzengesch. 6,8
[hieroglyphs] „die Blume der Ceder" d'Orb. 8,4; 10,3.
[hieroglyphs] „das Federntal" d'Orb. 7,2; 8,3; 8,7; 11,9; Kadesch 15.
[hieroglyphs] „die Stimme der Schwalbe" Lieb. Harr. 5,6.

204. Als direkte Genetive hat man wohl auch Fälle zu fassen, in denen das zweite Wort, entsprechend dem indirekten Genetiv des § 209, dem ersten Worte eine Erläuterung zufügt, die wir durch ein Adjektiv wiedergeben würden, so in:

[hieroglyphs] „sein menschlicher Bote" Unamun 2,56;

und besonders bei Ländernamen:

[hieroglyphs] „die Koptos-Wüste" An. VI, 69.
[hieroglyphs] „die Alaschija-Kinder" An. IV, 17,7.
[hieroglyphs] „seine syrische Mannschaft" Unamun IX+ 20.
[hieroglyphs] „sein syrischer Name" P. Bologna II 11.
[hieroglyphs] „Kedi-bier" An. III 8,5 = An. IV, 16,4.

Doch kommt auch in diesem Fall der indirekte Genetiv vor:

[hieroglyphs] „Kediarbeit" An. III 8,8, statt $b3 k\!w\ kdj$ An. IV, 16,7.

Anm. Auch $h3w$ im Sinne von „Zeit einer Person" wird mit direktem Genetiv gebraucht: [hieroglyphs] „Zur Zeit des Verbrechers

§. 205-207   indirekter Genetiv

von Amarna" Mes S.14, u.ä. ibd. N.11

2. der indirekte Genetiv

a. Allgemeines

205. Das Genetivwörtchen (Sn. §. 217) ist so wie im Koptischen schon zu einer unveränderlichen Partikel Ñ- geworden. So wie dort wird das n einem m, b und p als m̄- assimiliert worden sein. Vgl. z.B. den Schreibfehler: [hieroglyphs] „im Schoss seiner Mutter" Max. d'Anii 9,16.

206. Wie die Schreiber die kurzen alten Präpositionen oft in der Schrift auslassen, so tun sie dies offenbar auch mit der Genetivpartikel; dies geschieht einmal da, wo sie vor einem mit n oder m beginnenden Worte steht (ᵉm-, ᵉm̄- für ᵉnn-, ᵉmm-):

[hieroglyphs] „Tagebücher seiner Väter" (für N̄NEϥ-). Unamun. 2,8.

[hieroglyphs] „das Herz der Neschons" (Var. ⲙⲙ) P. Neschons 4,21.

[hieroglyphs] „irgend eine tötliche Sache" ibd. 4,11; 4,18.

Aber es geschieht auch sonst nur zu oft:

[hieroglyphs] „Schule" Ostr. Gardiner pl. XXA, wo die richtige Aussprache ⲦⲀⲚⲬⲂⲈ durch die Schreibung [hieroglyphs] Wahr. u. Lüge 5,1; 5,2 bezeugt ist (beide male ist in der Hs. [hieroglyph] nachträglich eingefügt).

[hieroglyphs] „die Tür seines Stalles" d'Orb. 5,6, aber ebenda 6,1 mit ⲙⲙ.

[hieroglyphs] „die Ortschaften des rechten Ufers" Harr. 79,1 aber 77,2 „die Stätte von G." mit ⲙⲙ; andere Beispiele §. 208; 210.

207. Bemerkenswert ist, dass man bei der Interpunktion die beiden Teile des indirekten Genetivs trennt:

[hieroglyphs] Ostr. Berlin 31 „wegen ihrer jährlichen Abgabe".

indirekter Genetiv §. 208 - 209

β. Besitz und Zugehörigkeit

208. Im Gebrauche des indirekten Genetivs sind zwei Fälle zu unterscheiden. In dem ersteren bezeichnet er den Besitz oder die Zugehörigkeit; das zweite Wort hat dabei den Artikel oder ist sonst bestimmt.

Beispiele für den Besitz oder Besitzer sind:

[hieroglyphs] „der Fürst von Naharina" Prinzengesch. 6,6.
[hieroglyphs] „die Kleider des Pharao" d'Orb. 10,9.
[hieroglyphs] „das Herz seines Herrn" Lansing 10,10; vgl. auch Mes N 2.

Die Zugehörigkeit zu einem Orte oder Amte o.ä. bezeichnen:

[hieroglyphs] „die Fürsten des Untersuchungshofes" P. jur. Turin 5,4.
[hieroglyphs] „die Pferde des grossen Stalles" P. Bologna 2,10.
[hieroglyphs] N.N. [hieroglyphs] „der Priester N.N. des Thothtempels" P. Bologna II 1.

Vgl. auch: [hieroglyphs] „die Stelle der Türhüter" P. Salt 2,1.

Gewiss gehören auch hierher die folgenden Beispiele, wo das n ausgelassen ist:

[hieroglyphs] „die Arbeiter der Nekropole" Ostr. Berlin III 32.
[hieroglyphs] N. [hieroglyphs] „N, der Hausvorsteher dieser Stadt" An. III Rs. 5,3.
[hieroglyphs] „Frauen von Torleuten des Harems" P. jur. Turin 5,1.

Anm. Ein Wort, das nach dem alten Sprachgebrauch (Gr. §. 215) den direkten Genetiv erforderte, kann daneben auch im indirekten Genetiv stehen:

[hieroglyphs] „der Herr des Himmels, der Herr der Erde, der Herr von Tell Amarna" Amarna VI, 27,1; IV, 32.
[hieroglyphs] „der Herr von Heliopolis" An. II 10,6.

γ. Erläuternd

209. Der zweite Fall des indirekten Genetivs ist der, wo dieser einen erläuternden Zusatz beifügt. Das zweite Wort bleibt dabei ohne Artikel, da es ja nicht ein einzelnes Exemplar bezeichnet (vgl. §. 160).

§ 210 — indirekter Genetiv

Wir geben diese Genetive oft durch ein Adjektiv oder ein zusammengesetztes Wort wieder.

210. Aus den sehr zahlreichen Fällen seines Gebrauches merke man:

Es gibt den <u>Stoff</u> an:

[hieroglyphs] „ein Berg aus Bronze" Kadesch 10.

[hieroglyphs] „ein goldener Siegelring" Hor. u. Seth 5,8; 6,1.

[hieroglyphs] „ein Schiff aus Cedernholz" ibd. 13,5.

[hieroglyphs] „die Waffen aus Bronze" Insc. hier. Char. pl. 18.

Es gibt <u>Inhalt</u> u. <u>Mass</u> an:

[hieroglyphs] „dieser Krug Mehl" Hor. u. Seth 5,9.

[hieroglyphs] „ein Krug Bier" d'Orb. 8,6.

[hieroglyphs] „die grosse Palme von 60 Ellen" Sall. I 8,4.

oder <u>Art</u> und <u>Herkunft</u>:

[hieroglyphs] „Menschenknochen" Lansing 7,8.

[hieroglyphs] „die Mittagsstunde" Lansing 6,1; vgl. auch Hor. u. Seth 8,2.

[hieroglyphs] „Himmelserz" (BENIPE) Kadesch 125.

[hieroglyphs] „seine gestrige Arbeit" Lansing 5,2.

[hieroglyphs] „das Wesen des Offiziers" An. III 5,6; aber An. IV 9,5 ohne nn. vgl. auch An. III 8,2 = An. IV 16,1.

Es drückt endlich allgemein <u>den Bezug auf</u> etwas aus und zwar in verschiedenster Art:

[hieroglyphs] „der Spruch dass der Schreiber es angenehm hat" An. IV 10,1.

[hieroglyphs] „briefliche Lehre" Sall. I 3,4.

[hieroglyphs] „das Aussentor" Lieb. Harr. 5,9.

[hieroglyphs] „ein Mädchen das an ihrem Leibe schön ist" Hor. u. Seth 6,5.

[hieroglyphs] „das Land Syrien" Lieb. Harr. 2,3; vgl. auch Hor. u. Seth 10,3.

Auch Beispiele, wie die folgenden, sind gewiss nichts anderes als solche Genetive mit fortgelassenem <u>n</u>:

indirekter Genetiv　　　　　　　　　　　　　　　　　§. 211 – 214

[hieroglyphs] „ihre tägliche Art" Prinzengesch. 5,7; 6,3.; [hieroglyphs] „fünf Monate an Tagen" Unamun 1x+16.; [hieroglyphs] „deine Trinkgenossen" Max. d'Anii 3,8.

211. Zu dieser Art des indirekten Genetivs gehören auch die Fälle, wo ein abstraktes Substantiv genetivisch angeknüpft ist:

[hieroglyphs] „mein wahrhaftiger Eid" Amarna Grenzstele S, 13.
[hieroglyphs] „ein neuer Bezirk" Lansing 12, 5.

Auf sie gehen die koptischen Adjektiva wie ⲘⲘⲈ zurück; vgl. auch §. 225.

212. Auch der Infinitiv kann in einem solchen Genetiv verwendet werden (vgl. §. 417) und hat dann oft wie in alter Sprache (Gr. §. 546) den Nebensinn der Möglichkeit:

[hieroglyphs] „ein Fürst auf den man vertrauen kann" Amarna V, 4 r.
[hieroglyphs] „ein Buch das mir Kraft und Stärke giebt" P. Lee 1,2.

Ohne Nebensinn:

[hieroglyphs] „der Tag des Kampfes" Kadesch 5.

G. mit nt, ntj und nw

213. Die alten Formen des Genetivwörtchens finden sich noch mehrfach, insbesondere in herkömmlichen Ausdrücken, so nt in:

[hieroglyphs] „das Haus von Millionen von Jahren" An. IV, 7,1.
[hieroglyphs] „die Kunst des Königs" Lansing 14,3.
[hieroglyphs] „der Baumgarten" Lieb. Tur. 1,2; 1,14; vgl. auch Lieb. Harr. 7,9; Prinzengesch. 8,6; Amarna VI, 38 ξ.

Wie wenig ernst diese Schreibungen gemeint sind, zeigt das folgende Beispiel, wo ein Pluralis das nt bekommt, weil es dem davorstehenden Femininum beigegeben ist:

[hieroglyphs] „jedes Wunder von ihrem Lande (und) viel Weihrauch aus Punt" Harr. 77, 11.

214. Neben diesem nt findet sich dann zuweilen ntj, das vielleicht nur eine Ent-

95

§ 215   indirekter Genetiv

artung von ihm ist. Sie steht statt des korrekten n̲t̲ in:

[hierogl.] „die Westseite von Theben" An. IV 4,4.

[hierogl.] „sein Vieh vom Hause meines Herrn" P. Leiden 348, 6,3;

und wechselt mit einem n̲t̲ in der merkwürdigen Phrase:

[hierogl.] d'Orb. 1,5; 4,8; 10,4.

[hierogl.] Hor. u. Seth 11,11 („seine tägliche Art").

215. Ebenso wie mit dem n̲t̲ steht es mit n̲w̲. Wir finden es korrekt in herkömmlichen Formeln:

[hierogl.] „die Grossen der Beduinen" An. III 1,10.

[hierogl.] „seine Himmelsfeste" An. III 2,11

[hierogl.] „die Waffen" Lansing 9,10; Prinzengesch. 5,1.

[hierogl.] „die Aussprüche meiner Lippe" An. I 7,5.

Dazu gehören auch die Ausdrücke für „Bewohner" auch wo es sich um einzelne Personen handelt:

[hierogl.] „alle Leute von Ägypten" Harr. 75,2.

[hierogl.] Abbott 4,1; Pap. Boul. 10; ([hierogl.] als Frauentitel Mes N, 35; 36; [hierogl.] ibd. N. 12).

[hierogl.] „ein Offizier von Ägypten" An. I 23,6.

Nicht zufällig wird es sein, dass man n̲w̲ nach singularischen Worten gebraucht, die eine Menge bezeichnen:

[hierogl.] „jede gute Sache vom Königshause" Prinzengesch. 4,6.

[hierogl.] Harr. 8,9 (im Sinne von: die Frauen).

Merke:

[hierogl.] „Sand des Ufers" Harr. 76,8; Amarna III, 3.

[hierogl.] „die Sterne des Himmels" An. II 6,2; An. IV 5,10: [hierogl.]

Ganz unerklärlich bleiben dann die Ausdrücke: „König von" [hierogl.] d'Orb 19,6; [hierogl.] Hor. u. Seth 2,12 – und das [hierogl.] „Ägypten gehörte den Fremden" (?) Apophismärchen 1,1, wo das n̲w̲ die Präposition m vertreten mag.

B. Adjektiva

a) Adjektiva verbalen Ursprungs

1. Allgemeines

216. Das Adjektiv (Gr. §. 219) richtet sich noch immer in Zahl und Geschlecht nach dem Substantiv, wenigstens in der Theorie:

[hieroglyphs] „schöne Möbel" d'Orb. 18,1.

[hieroglyphs] „seine schönen Pläne" Ostr. Berlin III 31.

[hieroglyphs] „der grosse Meissel" P. Salt 2,13.

[hieroglyphs] „ein schönes Mädchen" Lieb. Beatty 17,3.

vgl. auch Kadesch 102; Lieb. Harr. 7,9; Lieb. Beatty 25,2; An. III 8,7; Lansing 8,1.

Dabei beobachtet man denn auch noch den Gebrauch (Gr. §. 221), weiblichen Pluralen männliche Adjektiva beizugeben:

[hieroglyphs] „schöne Jahre" An. III 4,7.

[hieroglyphs] „schlechte Worte" P. jur. Turin 6,6.

[hieroglyphs] „die schönen Zeugnisse" ibd. 6,1.

Anm. 1. Die Schreibungen [hieroglyphs] P. Neschons 4,17; 4,22; [hieroglyphs] ibd. 5,2 zeigen, dass der betreffende Schreiber bei all seiner sonstigen Barbarei doch Gewicht darauf legte, dass der Leser die weibliche Adjektivendung beachtete.

Anm. 2. Ob das Adjektiv schon ebenso eng mit seinem Substantiv verbunden war, wie im Koptischen (ειερο, ϭ†ΝΟΥϥε u.s.w. Kopt. Gr. §. 170), ist nicht zu ersehen.

217. Dass manche Adjektiva noch lange veränderlich gewesen sind, zeigen noch Reste, die das Koptische in seinen Substantiven erhalten hat. So ꜥꜣ: m. –ο, f. –ω, pl. –οï; nfr: m. ΝΟΥϥε, f. –ΝΟΥϥρε; bjn: m. –ΒωωΝ,

§ 218 — Adjektiv. Allgemeines

ϥ.-ΒΟΟΝΕ. Aber man sieht ebenda auch, dass andere Adjektiva unveränderlich waren, so: ϢΙΡΕ, ϢΗΜ, ΝΟΥΤⲘ u.a.

Auch im Neuägyptischen stehen neben den in den folgenden Paragraphen besprochenen veränderlichen Adjektiva auch solche, die keine Veränderung zeigen; vgl. z.B.: [hierogl.] „die kleine Sykomore" Lieb. Tur. 1, 15.

Auffallend sind in Form und Schreibung die beiden sehr häufigen Worte für „viel": [hierogl.] und [hierogl.]; sie sehen wie Plurale aus und sind in allen Formen unveränderlich:

[hierogl.] „viele Jahre". Harr. 77, 2

[hierogl.] „die vielen Reste" Ostr. Berlin III 38.

[hierogl.] „viele Ziegen" Lansing 12, 9.

[hierogl.] „das viele Silber" P. Bologna 6, 4.

Man tut aber gut, diesen scheinbar pluralischen Formen nicht zu trauen; denn wenigstens bei [hierogl.] handelt es sich wohl nur um die äusserliche Übertragung der Schreibung von ꜥšꜣ.t ⲀϢΗ „die Menge" auf andere Worte desselben Stammes. Auch das Verbum (Lansing 3, 4) wird ebenso geschrieben und auch sein Kausativum und dessen Derivat „Wächter" schreibt man [hierogl.].

Anm. Die alte Schreibung von ꜥšꜣ findet sich noch in Tell Amarna in alten Phrasen: [hierogl.] „sehr viele Jubiläen" Amarna III 29; ähnlich I 30.

218. Das häufigste der neuägyptischen Adjektiva ist das jüngere Wort für „gross". Seine Formen sind:

Sing. masc. [hierogl.]   z.B. Hor. u. Seth 2, 1 u. oft (hierogl. [hierogl.] Amarna IV, 26).

Sing. fem. [hierogl.]   z.B. Hor. u. Seth 4, 2 u. oft.

Plur. [hierogl.]   Sall. I 4, 4; P. jur. Turin 4, 1; 4, 2; Lansing 14, 1; d'Orb. 17, 1; Anast. I 11, 1; wofür dann nach § 148 auch [hierogl.] eintritt (An. IV, 17, 5; P. Rollin 2; ibd. 4;

Adjektiv ⲟ   §. 219 - 221

Harr. 76,5 ; ibd. 77,5) . Für den Pluralis giebt es dann auch noch eine Schreibung [hiero] abbott 5,10 ; 6,11 ; Wahr. u. Lüge 5,2 u.ö.

<u>Anm</u> Dem Pluralis ꜥꜢj entsprechen wohl die Plurale ḫꜢj und ꜥḏꜢj in:
[hiero] „lange Stöcke" An. IV, 17, 3 ; „sie fanden sie (plur.)
[hiero] schuldig" P. jur. Turin 4,1.

219. Ebenfalls veränderlich sind die häufigen Worte für „gut" und „schlecht" ; vgl. die Beispiele in §. 216 und §. 223.

2. das Adjektiv ⲟ

220. Das Adjektiv ⲟ „jeder" kommt in zwei Formen vor, die beide für Masculinum, Femininum und Pluralis gebraucht werden. Die eine ist ⲟ :
[hiero] „jeder Gott und jede Göttin" Hor. u. Seth 14, 12.
[hiero] „alle seine Wege" Lansing 11, 4.
[hiero] „alle Fürsten" Prinzengesch. 5,5.

Die andere, häufigere, ist ⲟ :
[hiero] „jedes Haus" Lansing 4,10.
[hiero] „jeder König" Amarna V, 29,5.
[hiero] „alle Männer" Lieb. Beatty 22, 6.
[hiero] „alle deine Glieder" Lansing 8,1.

Dass dieses ⲟ wirklich so gesprochen wurde, ersieht man aus dem NIBI, das sich im Fayumischen als die herrschende Form erhalten hat. Dagegen wird man dem ⲟ nicht voll vertrauen, denn man sieht, dass die Schreiber sich oft nur dadurch leiten lassen es zu schreiben, weil sie unter ihm noch ein ≈ u.ä. anbringen können : [hiero] ...Lansing 2,7 ; [hiero] ...Prinzengesch. 5,5 ; vgl. auch 5,3 ; [hiero] ... Hor. u. Seth 13, 6.

<u>Anm</u>. Die alte Pluralform nbw findet sich nur vereinzelt, besonders in hergebrachten Phrasen: [hiero] An. IV 5,10 = An. II 6,2 ; [hiero] Amenemope 10,18 ; vgl. auch Amarna III 29 ; Med. Habu ⟨441⟩.

221. Die Bedeutung von ⲟ ist „jeder" und man braucht es (wenn man von den alten Ausdrücken in §. 220 Anm. absieht) nur bei singularischen Worten.

§. 222   Adjektiv ⲥ

Ein solcher Singularis gilt aber als eine Mehrheit:

[Hieroglyphen] „alle Orte (wörtlich: jeder Art), in welchen man ihre Stimme hören wird" P. Neschons 4,16; vgl. auch 5,13

[Hieroglyphen] „alle Bescheidenen vom Tempel, sie sagen" Amenemope 7,8; vgl. auch An. I 2,4.

Übrigens bedeutet ⲥ auch „irgend einer":

[Hieroglyphen] „er hatte irgend welches Silber in seinem Lande nicht gelassen" Kadesch 24;

und „allerlei":

1000 Deben [Hieroglyphen] „von allerlei Silber" Unamun 2,9.

<u>Anm.</u> Über das Fortlassen des Artikels bei Substantiven mit ⲥ und über die merkwürdigen Ausnahmen, die es dabei gibt, vgl. §. 161.

222. Bemerkenswert ist, das ⲥ niemals substantivisch gebraucht wird, denn das [Hieroglyphen] amarna III 16 ist doch gewiss nur ein Fehler für <u>bw nb</u>. Diese Zusammensetzung <u>bw</u> „Ort" steht für „alle" (Personen) und für „alle" (Sachen); für „alle" (Personen) braucht man ausserdem <u>hn-nb</u>: [Hieroglyphen] An. IV 6,3; [Hieroglyphen] An. II 1,3; Lansing 14,2; 14,3; [Hieroglyphen] („alles Gute") An. III 2,2; [Hieroglyphen] An. I 28,7.

Sehr häufig ist ferner die Verbindung von ⲥ mit dem Relativum [Hieroglyphen] in: [Hieroglyphen], [Hieroglyphen]; vgl. §. 837; 838.

Von diesen Ausdrücken gibt es nun in späten Texten eine seltsame Entstellung:

[Hieroglyphen] „alles was ihr gut ist" P. Neschons 6,9.

[Hieroglyphen] „alle Dinge u.s.w. welche geschehen" P. Neschons 5,10 (Var. [Hieroglyphen]).

[Hieroglyphen] „alles was man ihnen gibt" Tabl. Rogers Rs 3; ibd. Rs. 1; ähnlich ibd. Rs. 5.

gewiss ist sie nur eine graphische Entartung.

| Adjektiv . Verschiedenes | §. 223 - 224 |

3. Verschiedenes

223. Auch im Neuägyptischen werden die Adjektiva als Substantiva benutzt (Sr. §. 323); sie bezeichnen Personen:

[hierogl.] „eine Kleine" Lieb. Tur. 2,6;

[hierogl.] „der der älter als ich ist" d'Orb. 3,10.

[hierogl.] „der Grosse des Hauses" P. jur. Turin 4,2;

[hierogl.] „die Grossen" An. III 2,11

werden aber auch neutrisch gebraucht und zwar sowohl im <u>Singularis</u>:

[hierogl.] „das Süsse", [hierogl.] „das Bittere" Max. d'Anii 8,7.

[hierogl.] „mein Gutes u. mein Böses" An. IX, 17.

[hierogl.] „etwas Böses" d'Orb. 8,2.

[hierogl.] „alles Böses" An. VI, 12,

als auch im <u>Pluralis</u>:

[hierogl.] „die Guten (Taten)" P. Bologna 6,2; vgl. auch P. Rollin 3

[hierogl.] „grosse (Dinge)" Lieb. Beatty 24,7.

Auch ein anderes Adjektiv kann ihm beigefügt werden:

[hierogl.] „die vielen guten (Taten)" P. Bologna 6,2.

<u>Anm</u>. Über den Gebrauch mit bestimmendem Substantiv vgl. §. 187.

224. Die Steigerung des Adjektivs wird mit denselben einfachen Mitteln unvollkommen ausgedrückt, wie in der alten Sprache. Für den Komparativ benutzt man die Präposition r:

[hierogl.] „Einer der grösser ist als du" Amenemope 25,1.

„sie war schöner [hierogl.] als alle Frauen" d'Orb. 9,7.

Aber zuweilen muss der Leser ihn und den Superlativ sogar nur aus dem Zusammenhang selbst entnehmen. So in:

[hierogl.] „ein Kleiner, der einen Grösseren schmäht" Amenemope 26,1.

„er übertraf seine [hierogl.] älteren Mitschüler" Wahr. u. Lüge 5,2.

[hierogl.] „der kleinste seiner Kinder" Amenemope 2,13.

§ 225-226   Adjektiv auf =j= und =tj=

225. Einige Adjektiva werden nach § 211 durch eine Umschreibung mit n ersetzt.
So m³ꜥ „wahr" durch n m³ꜥ.t (ⲘⲘⲈ):

[hierogl.] „mein wahrhaftiger Eid" Amarna Grenzstele S. 13.
[hierogl.] „sein richtiger Name" Amenemope 3,4.
Ferner m³ꜣw „neu" durch n m³ꜣw.t (ⲘⲞⲨⲒ):
[hierogl.] (für n) [hierogl.] „ein neuer Brief" An. I 7,5.
[hierogl.] „ein neuer Bezirk" Lansing 12,5.
[hierogl.] „ein neues Schloss" ibd. 11,3.
š³w „wert zu" durch n š³w, m š³w (ϢⲞⲨ-):
„schöngebackene Brote [hierogl.] geeignet zur Speise der Fürsten" An. IV 17,5.
„schöne Neger [hierogl.] geeignet den Wedel zu tragen" An. IV 16,5 = An. III 8,6
[hierogl.] „eine prügelwerte Antwort" Amenemope 12,5.
Die ursprünglichen Formen sind wohl n mit einem weiblichen abstrakten Substantiv; doch zeigen die obigen Beispiele, dass die Femininalendung nicht immer geschrieben wurde und so mögen denn auch die folgenden Fälle hierher gehören:

[hierogl.] „falsche Eide" Amenemope 7,17.
[hierogl.] „ein eiliger Bote" Lieb. Beatty 29,1.

b. Adjektiva auf =j= und =tj=

226. Von den Adjektiven dieser Art sind im Neuägyptischen noch häufig im Gebrauch die, welche von Präpositionen abgeleitet sind wie: [hierogl.], [hierogl.], [hierogl.], [hierogl.]; diejenigen, welche die Himmelsrichtungen bezeichnen wie: [hierogl.], [hierogl.] und ausserdem einige andere wie: [hierogl.], [hierogl.] (An. II 8,6; Kadesch 77, kopt. ⲞⲨⲰⲦ) [hierogl.], [hierogl.], [hierogl.], [hierogl.] und das häufige [hierogl.] „das Gleiche" z. B. in: [hierogl.] „ohne Gleichen" Kadesch 5; im Sinne von „Abschrift" Mes S. 8. — Charakteristisch ist, dass man die meisten von ihnen nicht mehr attributiv gebraucht, sondern als Substantiva.

Adjektiv auf -j- und -tj- §. 227 - 229

Ein attributives 𓇋𓏤 findet sich im Geschäftsstil: 𓏴𓀀𓈖𓈐𓌉𓇋𓏤 mes S.7.
Anm. Übrigens erschwert uns auch hier die barbarische Orthographie oft die Erkenntnis. Man lässt nicht nur das " ungeschrieben, sondern unter Umständen auch noch mehr: 𓇋𓂧𓂋𓎡𓀁 für ⲱⲣⲱⲧϫ Lieb. Harr. 5,10;
𓂋𓏤𓊪𓎡𓏛 für cḥ₃wtj (ⲥⲟⲟⲩⲧ). Insc. hier. Char. pl. 14.

227. Bei den Adjektiven auf -j- wird das " meist ausgeschrieben: 𓏴𓀀 Hor. u. Seth 1,3;
𓋴𓅓 ibd. 2,3; 𓊪𓏤 ibd. 2,8; 𓇋"𓅱 Amarna, Grenzstelen passim; 𓋴𓏏𓏛 ibd. passim, und man schreibt es auch da, wo eigentlich die weibliche Endung stehen müsste: 𓂝𓀀𓏴𓀀𓏤 Hor. u. Seth 10,8; 𓂝𓀀𓇋𓏛𓏤 ibd. 10,9; vgl. auch ibd. 4,2; Lieb. Beatty 23,9.

Anm. Die koptischen Reste dieser Form haben das -j- verloren: ⲣⲏⲥ „Süden"; dass die Endung aber hier noch lange existiert hat, sieht man aus der griechischen Wiedergabe von 𓈖𓀀𓏏 mit φρι-.

228. Bei den Adjektiven auf -tj- scheinen Masculinum und Femininum zusammengefallen zu sein, denn sie werden unterschiedslos gebraucht, so auf den Grenzsteinen von Tell.Amarna: 𓏤" und 𓏤𓏏𓇋, 𓌉𓂝𓇋, 𓌉𓏤𓂝𓇋 und 𓏴𓂝𓇋, 𓇋𓂝𓇋 und 𓇋𓂝𓇋; und so auch: 𓈖𓀀𓏥𓋴𓇋𓂝𓇋𓈖 Hor. u. Seth 8,2; 𓌳𓇋𓇋𓏛𓀁𓆑 („die Geliebte") Lieb. Tur. 1,6; 2,6. — Man möchte glauben, dass hier die männlichen Formen die weiblichen verdrängt haben; die koptischen Worte ⲙ̅ϩⲓⲧ, ⲉⲓⲉⲃⲧ, ⲉⲙⲛ̅ⲧ sind ja in der Tat auch Masculina. Ein Femininum dieser Art ist nur in ⲁⲙⲛ̅ⲧⲉ „Unterwelt" erhalten.

229. Der Pluralis des Adjektivs auf -j- wird in herkömmlicher Weise mit 𓏛𓏫 geschrieben und nur in altertümlichen Texten kommen Schreibungen vor wie: 𓏴𓆑𓈙𓏥 Theb. Gr. (650); 𓏴𓀀𓏛𓏫 (Erman, Pluralbildg. S.25). — Dass das -j- aber nicht verloren war, sieht man aus 𓇋𓏤𓇋𓇋𓅱𓏥 Max. d'Anii 3,8. Nach kopt. ⲉⲣⲏⲩ wird man sich dieses als ereǧew zu denken haben.
In der Regel ist freilich nichts davon zu sehen:
𓊪𓏤𓇋𓏤𓅱𓏥𓀀 „der erste seiner Genossen" An. I, 1,3; vgl. auch Wahr. u. Lüge 5,2.
𓅱𓂋𓏥𓂝𓏥 „viele Obere" Sall. I 6,11;

§ 230 – 231   Adjektiv auf -j und -tj

[hieroglyphs] „Vorgesetzte" An. II 7,3; vgl. auch Amarna III, 13.

<u>Anm.</u> auch bei Fällen wie: [hieroglyphs] „syrische Riemen" An. IV 3,5; [hieroglyphs] „die Cederbalken" P. Tur. 5,4.3 würde man auf Plurale von Adjektiven raten; vgl. indessen die anscheinend genetivischen Beispiele in § 203.

230. Die Adjektiva auf -tj schreiben ihren Pluralis meist in herkömmlicher Weise mit [hieroglyph] oder [hieroglyph] : [hieroglyphs] „die Kupferarbeiter" Ostr. Berlin III 38; [hieroglyphs] „die Särge" Abbott 4,2; vgl. auch d'Orb. 11,1. – Wie diese Formen lauteten, zeigen die Schreibungen: [hieroglyphs] „die gerechten Könige" P. jur. Turin 3,4; [hieroglyphs] „die Vorfahren" Abbott 4,1; [hieroglyphs] „Barbaren" Max. d'Anii 9,6; vgl. auch Harr. 3,7; 25,4 – die man sich aber nicht nach der Analogie der Adjektiva auf -j, als têjew o.ä. denken darf, denn ihre Reste im Koptischen (ΜΕΡΑΤΕ, ΟΥΑϯ, vgl. § 149) führen auf <u>etjew</u>, <u>at'ew</u>, <u>atte</u>.

Dass man daneben diese Plurale auch wie die Singulare schreibt oder auch die Pluralschreibung für einen Singularis verwendet: [hieroglyphs] „Herzen" Amarna 1,41; [hieroglyphs] „die Ersten" Unamun 2,21, Harr. 77,5; [hieroglyphs] „die Boten" ibd. 78,1; [hieroglyphs] „der Wäscher" Lieb. Kairo 14 – beweist natürlich nichts.

231. Die Adjektiva auf -j und -tj, die von Präpositionen herstammen, werden oft noch mit einem folgenden Substantiv verbunden; so vor allem <u>hrj</u>, das man dann in Titeln zu [hieroglyph] kürzt: [hieroglyphs] „das Oberhaupt der Länder" An. III 7,11; [hieroglyphs] „Hülfstruppenoberst" P. jur. Turin 5,8; [hieroglyphs] „Oberpolizist" ibd. 6,5; [hieroglyphs] „Stalloberster" Sall. I 9,4. – Dass sie dabei unter Umständen mit dem Substantive zu einem Worte zusammengezogen werden, zeigt [hieroglyphs] d.h. <u>hribw</u> „in der Mitte befindlich" Unamun 2,18. Vgl. die Aussprache * <u>hrêbe</u>, die uns in S. ⲀⲦⲢⲎⲠⲈ B. ⲀⲐⲢⲎⲂⲒ überliefert ist. Auch die Schreibung [hieroglyphs] „die welche hinter ihm sind" Lieb. Beatty 23,9 für [hieroglyphs] zeigt, dass man [hieroglyphs] „in einer solchen Verbindung wie <u>m</u> sprach.

| Adjektiv „zugehörig zu" | § 232 – 233 |

232. Zu m3ꜥ.t „Wahrheit, Recht" braucht man neben dem normalen Adjektiv m3ꜥtj (z.B. P.jur.Turin 3,4) noch eine rätselhafte Form auf ꜥ:

[hierogl.] „der Gerechte" Hor u. Seth 4,13; Amenemope 26,22.

[hierogl.] Max.d'Anii 6,12; [hierogl.] „jeder Gerechte" Sall. I 8,9;

[hierogl.] „Du bist gerechter als ich" Corr. 68; [hierogl.] „gerecht befunden" (als Prädikat) Hor u. Seth 3,7; 13,1; 19,2; [hierogl.] „wahrhaft (?)" Unamun 1x+16; vgl. auch An. IV 4,2. — Die Art der Schreibung deutet darauf, dass man das Wort für etwas anderes hielt als für ein gewöhnliches Adjektiv; das ꜥ folgt dem Determinativ so wie etwa in einer Form des Pseudopartizips. Man denkt an das sonderbare MHT, das im Koptischen als altertümliches Wort vorkommt.

Anm. Das seltsam geschriebene [hierogl.] „ein Gerechter" An. I 2,2 scheint ein besonderes Wort zu sein.

c. Anhang zum Adjektiv

1. Ausdrücke für „zugehörig"

233. Der alte Ausdruck für „zugehörig zu" der auf nj und ein Pronomen absolutum zurückgeht (Sr. S. 234) existiert noch als ein Wort [hierogl.], [hierogl.], [hierogl.]. Es hat die Bedeutung („er", „sie", „es") gehört"; das ihm folgende Wort gibt dann die Person oder die Sache an, der es gehört. Da in dem ns schon ein Pronomen der 3. Person steckt, so braucht dieses nicht noch einmal ausgedrückt zu werden:

[hierogl.] „diese Kupferstücke die gehören dem Sem, sie gehören nicht der Nekropole" Berl. Hier. Pap. III 38.

[hierogl.] „diese Haarflechte, sie gehört einer Tochter des Re" d'Orb. 11,5.

„das Korn.... [hierogl.] es gehört meinem Gatten".
Ostr. Berlin III 37.

In der Regel fügt man aber dem ns noch ein sw, sj oder s.t bei, das für unser

§. 234 - 235   Adjektiv „ganz"

Gefühl das Subjekt von „gehört" ausdrückt:

〈hieroglyphs〉 „indem es keinem Gotte gehörte" Amarna, Grenzstele M.
„der Diel 〈hieroglyphs〉, 〈hieroglyphs〉 „gehört zu deinem Schiffe" Unamun 1,20,
vgl. auch ibd. 2,24. — Die Bedeutung geht übrigens öfter über das einfache
„gehört" hinaus, vgl. so in: 〈hieroglyphs〉 „er ist aus S. Stein" An. III
5,1 ; „ Aussagen 〈hieroglyphs〉 mit denen man
nicht schweigen kann" Abbott 6,12. — Wichtig ist es auch als Praefix
vor Personennamen: 〈hieroglyphs〉 „er gehört dem Bock von Mendes"
Unamun 1,15, griech. überliefert als Εσβενῆτις, assyrisch als iš (〈hieroglyphs〉)
überliefert; diese Umschreibungen und die ähnlichen wie 〈hieroglyphs〉 ⲌⲘⲒⲚⲒⲤ zeigen, dass man das Praefix bis zu eš kürzte.

Anm. In dem Satze: „ er gab die Diener dem Vezier 〈hieroglyphs〉
obgleich sie ihm doch nicht gehörten" wird das 〈hieroglyphs〉 auch wohl
nur eine irrtümliche Schreibung von 〈hieroglyphs〉 sein (P. Salt 1,4).

234. Der andere Ausdruck für „angehörig" (Sr. §. 237) findet sich nur noch in
der Stelle: 〈hieroglyphs〉 „die Diener von dir" Lieb. Tur. 2,9 gewiss
als eine gewählte Wendung.

2. Ausdrücke für „ganz" und „jeder"

235. Die häufige Wendung r dr·f „ganz" (Sr. §. 237a) wird schon meist wie
im Koptischen ⲦⲎⲢϤ ohne r geschrieben: 〈hieroglyphs〉 Wahr. u. Lüge 8,6;
〈hieroglyphs〉 d'Orb. 15,4, Harr. 75,8, u.o.; 〈hieroglyphs〉 Inscr. Hier.
Ch. pl. 26 ; „die Könige 〈hieroglyphs〉 P. Salt 1,5 ; 〈hieroglyphs〉 Lieb. Tur. 1,10.
Bemerkenswert ist, dass man dem Worte gern das Determinativ giebt:
〈hieroglyphs〉 Inscr. Hier. Ch. pl. 12 ; 〈hieroglyphs〉
Unamun 2, 33 — und dass man das Suffix der dritten Pluralis vor das Determinativ schreibt, als wäre es die Endung des Pluralis:
〈hieroglyphs〉 „er hatte sie alle getan" P. Rollin 4 ; P. Lee 1,6.
〈hieroglyphs〉 „ Du wirfst sie alle fort" Sall. I 7, 11.
„man nimmt sie nicht fort 〈hieroglyphs〉 im Ganzen" P. Neschons 6,8, ähnlich 5,14.

Adjektiv „jeder", „anderer" §. 236 - 237

Anm. Nur in gewählter Sprache kommt das alte 𓊪𓇋𓇋𓏏𓇳𓏺𓈖𓏥 vor (P. Lee 1,7; 2,3) in: „die Götter insgesammt".

236. Das alte *tnw* „die Zahl von" im Sinne von „jeder" (Gr. §. 238), das sich im Koptischen B. ⲧⲉⲛⲡⲟⲙⲡⲓ S. ⲧⲉⲣⲟⲙⲡⲉ erhalten hat, findet sich in doppeltem Gebrauch. Zunächst vor einem Substantiv, wo es meist ein Zeitausdruck ist:

„sie stahlen 𓈖𓊪𓏏𓍿𓇳𓏺 täglich" P. Salt 2,6; vgl. auch Prinzengesch. 5,7.
𓆑𓂝𓂋𓏤𓍿𓊪𓈖𓇳 „täglich" Am. S. d. H. 17.
(𓈖)𓏏𓍿𓊪𓏺 ⲧⲉⲛⲡⲟⲙⲡⲓ Harr. 76,9.
𓈖𓏏𓍿𓏺𓊪𓊪𓇳𓈖 „jeder zehnte Monatstag" Sall. I 4,11.
𓈖𓏏𓍿𓏺𓇋𓎛𓂝 „jeder Scheffel" An. I 6,7.

Sodann, wenigstens in gewählter Sprache, mit folgendem Verbum, das in der emphatischen Form steht:

𓈖𓏏𓍿𓏺𓊪𓇋𓁹𓀀𓈖𓏏𓇋 „jedesmal wenn du sein gedenkst" Lieb. Beatty 24,4; ähnlich 24,1.
𓈖𓏏𓏺𓍿𓏥𓅱𓇳𓏺𓇋 „jedesmal wenn er aufgeht" Amarna II 36.
𓏺𓍿𓂻𓇋 „jedesmal wenn er erscheint" ibd. I 34.

Anm. Merkwürdig sind 𓈖𓏏𓍿𓏏𓏺𓇳𓏺𓏤 An. VI, 66; 𓈖𓏏𓍿𓊪𓊪𓈖𓏤 Corr. 64, wo beide Mal noch 𓈖 „jeder" zugefügt ist.

3. Ausdrücke für „anderer", „irgend einer", „etwas"

237. Das Wort „anderer" (Gr. §. 239) hat folgende Formen:

masc. Sing. 𓇋𓇋𓀀 passim; spät 𓈖𓇋𓇋𓀀 (Max. d'Anii 2,9; 2,11); ⲕⲉ-
fem. " . 𓈖 (Amarna V, 29; Prinzengesch. 5,12) oder 𓈖𓇋𓇋 (d'Orb 11,5; Abbott 6,11; Unamun 1x+7).

Plur. für masc. und fem.: 𓈖𓏥𓏺 und 𓈖𓏥𓂝𓏺 passim.

Alle drei Formen stehen vor dem Substantiv und sind an und für sich unbestimmt. Wo ein Artikel oder ein Demonstrativ vor ihnen steht, haben sie oft die in §. 240 besprochene eigentümliche Bedeutung „auch" u. ä.

𓈖𓇋𓇋𓀀𓉐𓎛𓏏𓇳 „andere Zeit" Harr. 75,4; 𓈖𓎛𓁐 „eine andere Frau"

§. 238 – 240.   Adjektiv .. „anderer"

Prinzengesch. 5,12 ; 𓏭𓏤𓏤𓏤 „ein anderes Land" d'Orb. 11,5 ; 𓏭𓏤𓏤 „andere Dinge" Harr. 76,11 ; 𓏭𓏤𓏤 „sammt den anderen grossen Verbrechern" P. Lee 1,7 ; 𓏭𓏤𓏤 „die anderen Stätten" Mayer A 4,2. — Irrig für 𓏭 : 𓏭𓏤𓏤 abg. Justiz A. 8.

238. Oft werden sie auch allein substantivisch gebraucht : 𓏭𓏤𓏤 „ein Anderer" (scil. Sarg) Ostr. Berlin III 34 ; „ein Anderer" (Mann) Amenemope 6,17 ; 𓏭𓏤𓏤 „ein anderer (Napf) von Wein" d'Orb. 12,10 ; 𓏭𓏤 „eine Andere" P. Bologna 10,9 ; Corr. 68 ; 𓏭𓏤𓏤 „andere (Leute)" Amarna 2,8 ; vgl. auch Harr. 79,1 ; 78,2 ; d'Orb. 7,6 ; 𓏭𓏤𓏤 „die andern":(von Leuten) P. Lee 1,5 ; (von Sachen) Ostr. Berlin III 38 ; „der Wurm hat die Hälfte des Korns gefressen und das Nilpferd 𓏭𓏤𓏤 ! das „übrige" Sall. I 6,8 ; ähnlich P. Leiden 368 ; An. V 16,1.

239. Dabei braucht man für den Pluralis noch eine besondere Form, die dem alten <u>kwj</u> und dem koptischen ⲔⲞⲞⲨⲈ entspricht :

𓏭𓏤𓏤 im Sinne von „Fremde" Harr. 78,9 ;

𓏭𓏤𓏤 An. I 28,1,7 (𓏭𓏤𓏤) ; Amenemope 2,4 ; 11,1 ; 22,13 ;

𓏭𓏤𓏤 ibd. 1,11 (alles im Sinne : die Leute, die Menge).

Merkwürdig ist, dass im Amenemope dieses Wort wie ein weibliches Kollektivum 𓏭𓏤𓏤 „die Menge" gebraucht ist.

240. Ebenso wie in anderen Sprachen ist die Bedeutung „anderer" zuweilen verblasst und man braucht das Wort auch da, wo vorher noch gar kein erster genannt ist. So gibt es wie im Koptischen ein „auch" wieder (kopt. Gr. §. 174) :

„(mit seinem Zauber) erreichte er die Seite des Harems 𓏭𓏤𓏤 und auch diese grosse tiefe Stätte" P. Lee 1,4.

𓏭𓏤𓏤 „dieses Sidon zu welchem du auch fährst, da sind doch auch 10,000 Schiffe" Unamun 2,1.

„er nahm 𓏭𓏤𓏤 noch zwei Weiber" An. VI, 17.

Adjektiv „anderer" §. 241

Oder es ist wenigstens mit „auch der Andere" wiederzugeben:

„er hatte sich vereinigt mit P. und M. 〈hiero〉 und auch diesem (ungenannten) Verbrecher". P. jur. Turin 4,5.

„er trug 〈hiero〉 auch diesen andern (hier unterdrückten) Namen" ibd. 5,7.

Hierher gehört auch irgend wie der Satz:

„wer keinen eigenen Sohn hat hole sich 〈hiero〉 dafür einen Waisenknaben" Ostr. Berlin III 33.

Ganz unklar bleibt die Stelle:

„man meldet dem Re: 〈hiero〉 ein..... Junger hat einen Älteren geschmäht" Amenemope 25,20 — wo das andere sich vielleicht daraus erklärt, dass der Verfasser schon an den dazu gehörigen Älteren denkt.

<u>Anm.</u> Unklar ist auch die häufige Formel des Briefanfangs:

〈hiero〉 Sall. I 4,6 ; An. III 1,12. Unsere herkömmliche Übersetzung mit „ferner" wird wohl das Richtige treffen ; vgl. auch §. 415 Anm. 2.

241. Die Ausdrücke für „der Eine ... der Andere" und für „ein Anderer" sind:

1) <u>wꜥ</u> ..... <u>ky</u>: 〈hiero〉 „die eine Truppe" — Gegensatz: 〈hiero〉 „die anderen" P. Lee 1,5.

〈hiero〉 „die eine entstand (auf der einen Seite) 〈hiero〉 und die andere (war auf der anderen)" d'Orb. 16,9.10 ; ähnl. An. I 24,4 ; vgl. auch Kadesch 67.

〈hiero〉 und 〈hiero〉 „ihr eines Haus und ihr anderes" Unamun 2,76.

2) <u>wꜥ</u> ..... <u>wꜥ</u>: 〈hiero〉 „da umarmte einer den andern von ihnen" d'Orb. 14,3.

3) (<u>wꜥ</u>) ..... <u>sn.nw.f</u>: „ein Auge sieht nicht 〈hiero〉 das Andere" Amarna, Gr. Hymnus 8.

〈hiero〉 „er verdreht ein Auge zum anderen". Amenemope 12,19.

§. 242 - 243   Adjektiv „etwas"

4) wꜥ .... jn:... [hieroglyphs] „einer redete mit dem andern von ihnen" d'Orb. 14,4.

[hieroglyphs] „einer verbündete sich mit dem andern" Harr. 75,5.

242. Als Ausdruck für „irgendeiner" benutzt man das Zahlwort wꜥ „eins" als Substantiv, so in: [hieroglyphs] „einer von den Alten" An. I 9,8;
[hieroglyphs] „einer von ihnen sagte" Unamun 2,78; — und oft so in negierten Sätzen, wo wir es mit „keiner" wiedergeben:
[hieroglyphs] „nicht hat einer mit mir gesprochen" d'Orb. 4,10;
„du giebst nicht [hieroglyphs] irgend einem etwas" Ostr. Berlin III 33;
ähnlich auch Insc. hier. Char. pl. 18. — Dazu gehört auch der Ausdruck wꜥ nb „ein Jeder" eigentlich „jeder Einzelne":
[hieroglyphs] „ein Jeder der in Tell Amarna ist" Amarna II 21;
[hieroglyph] Kadesch 70; [hieroglyph] An. I 14,8; Sall. III 4,5.
Im Koptischen ist dieses substantivische wꜥ zu ⲞⲨⲞⲚ geworden.

Anm. 1. Ebenso wie hier wꜥ kann auch [hieroglyphs] „Mann" gebraucht werden:
[hieroglyphs] „keiner von euch stand still" Kadesch 91.

Anm. 2. Der alte Ausdruck [hieroglyphs] „irgend einer" findet sich in: [hieroglyphs] „vor irgend einem Schreiber" An. IX, 8, sowie in der alten Formel der Zaubertexte [hieroglyphs] die sich in ⲚⲒⲘ ⲈⲘⲈⲤⲒⲈ ⲚⲒⲘ erhalten hat.

243. Neben dem Substantiv [hieroglyphs] „irgend etwas" (z. B. Ostr. Berlin III 33) benutzt man für „etwas" noch das alte nkj und zwar meist in der Verbindung nkj n. Sie bedeutet eigentlich „etwas von" und wird für „einige" gebraucht:.
[hieroglyphs] „einige Rinder" Hor u. Seth 7,5 u. ö.
[hieroglyphs] „einige Sachen" Abbott 4,16 — vgl. auch Unamun 1,21; Hor u. Seth 13,3.
Doch ist die Bedeutung zuweilen schon abgeschwächt, etwa zu „gewisse", „allerle[i]
[hieroglyphs] „allerlei Worte" P. Lee 1,5.

[hieroglyphs] „gewisse (Wachs)götter" P. Rollin I.

Im Koptischen ist es dann zum Pluralis des unbestimmten Artikels geworden; vgl. §. 185. Ausserdem hat es sich selbständig als ϩⲟⲉⲓⲛⲉ „einige" erhalten, wo ihm das genetivische ⲛ ebenso angewachsen ist wie dem ⲱⲥ des §. 242 in ⲟⲩⲟⲛ.

C. die Zahlen

a. die Kardinalzahlen

1. Allgemeines

244. Die neuägyptischen Schreiber benutzen, wenn man von ⲱⲥ „eins" absieht, fast ausschliesslich die Ziffern. Und so kennen wir die Zahlen der jüngeren Sprache nur aus dem Koptischen und fast nur aus diesem ersehen wir, dass das Zahlwort auch eine weibliche Form gehabt hat. Nur sehr selten wird dem Zahlzeichen die weibliche Endung zugefügt:

[hieroglyphs] „die drei Mädchen" P. Leiden 365

[hieroglyphs] „drei Aussagen" Abbott 6,10.

[hieroglyphs] „zwei (Aus)sagen" ibd. 6,12.

Anm. 1. Unter diesen Umständen ist es für uns von Interesse, dass wir wenigstens Wortspiele haben, aus denen sich ungefähr auf den Lautwert der Zahlen schliessen lässt. Solche Wortspiele siehe Ä.Z. 42,12ff (aus dem Leidener Amonshymnus); Lieb. Beatty 22,1ff; Edfu (3863ff). Man vergleiche dazu die koptischen Formen, Kopt. Gr. 175 ff.

Anm. 2. Interessant ist, worauf auch ϣⲏⲧ „zwei Hundert" führt, dass die Hunderter weiblichen Geschlechts sind, während die Zehner männlich sind: [hieroglyphs] „andere 700 Stück Holz" P. Mallet 6,4; [hieroglyphs] „(und) andere 50 Scheffel Kohlen" ibd. 6,4.

§ 245 - 246   Kardinalzahl

245. Das Wort für „eins" wꜥ steht sowohl vor wie nach dem Substantiv; wo es nach ihm steht, bedeutet es „ein einziger", „ein und derselbe" u.ä.:

[hieroglyphs] „an einer Stelle" Harr. 76,1; Kadesch 73.

„sie sprachen [hieroglyphs] mit einem Munde" d'Orb. 9,9.

[hieroglyphs] „auf demselben Weg" An. II 3,1.

auch wo es <u>vor</u> dem Substantive steht, kann es diese Bedeutung haben; es ist dann gewiss mit besonderer Betonung gesprochen worden:

„zwei Brüder ⸺ [hieroglyphs] von einer einzigen (d.h. derselben) Mutter" d'Orb. 1,1.

[hieroglyphs] „ein einziger Herrscher" Abbott 6,3 (und nicht zehn, wie es geheissen hatte). — In der Regel aber bedeutet es, wenn es voran steht „irgend einer" und ist dann zum unbestimmten Artikel abgeschwächt worden; vgl. § 183 ff.

Wo wꜥ substantivisch gebraucht ist, bedeutet es zwar „irgend einer"; vgl. § 242; es wird aber auch allein oder mit entsprechenden Zusätzen für „einziger", „einer" gebraucht:

[hieroglyphs] „der Einzige" Kadesch 77.

[hieroglyphs] „o du Einziger" An. II 10,5.

[hieroglyphs] „Leute welche mit ihnen eins gewesen waren" P. jur. Turin 6,6.

<u>Anm</u>. Übrigens wird wꜥ auch als Verbum gebraucht; vgl. die Beispiele in § 299; 345.

246. Von den anderen Zahlworten gilt zunächst, dass sie sich im Geschlecht nach ihrem Substantive richteten, was sich aber nach § 244 nur ausnahmsweise in der Schrift sehen lässt. Über ihre Stellung gilt:

Das Zahlwort für „zwei" steht stets <u>hinter</u> dem Substantiv:

[hieroglyphs] „zwei Brüder" d'Orb. 1,1.

[hieroglyphs] „zwei andere Aussagen" Abbott 6,12.

[hieroglyphs] „zwei Mann" An. III 6,4.

In der Formel: „als es tagte [hieroglyphs] und ein zweiter Tag geworden

Kardinalzahl §. 247 - 248

war" d'Orb. 1,8 ; 7,2 enthält wohl die Ordinalzahl.

Von den anderen Zahlworten stehen die Einer *vor* dem Substantiv:

⟨hierogl.⟩ „dreimal" Sall. I 5,3.

⟨hierogl.⟩ „drei Leute" Kadesch 30.

⟨hierogl.⟩ „drei Eide" Ostr. Berlin III 37.

⟨hierogl.⟩ „vier Hölzer" Unamun 2,38.

⟨hierogl.⟩ „fünf Diener" P. Salt 1,3 ; vgl. auch P. Bologna 9,4.

Dabei steht das Substantiv im Singularis ; es kommt auch der Pluralis vor:

⟨hierogl.⟩ „vier schöne Ochsen" Sall. I 4,4.

⟨hierogl.⟩ „die drei grossen Tore" An. III Rs. 1,9 ; vgl. auch Hor u. Seth 8,10 ; d' Orb. 13,5 ; P. Turin 137,12 ⟨813⟩.

247. Selten bei kleineren, meist bei grösseren Zahlen knüpft man das Zahlwort durch *n* an das Substantiv, das wohl immer im Singularis steht:

⟨hierogl.⟩ „sieben Jahre" d'Orb. 8,5.

⟨hierogl.⟩ „zehn Mannschaften" Unamun 2,83 ; Abbott 6,4.

⟨hierogl.⟩ „meine achtzehn Rinder" An IX, 10.

⟨hierogl.⟩ „zwanzig M. Schiffe" Unamun 1X+ 23.

⟨hierogl.⟩ „diese dreissig Kapitel" Amenemope 27,7.

⟨hierogl.⟩ „Hundert Schläge" An. III 6,10 ; Sall. I 7,11.

⟨hierogl.⟩ „tausend Seringe" Amenemope 24,16.

⟨hierogl.⟩ „zehntausend Brüder u. Kinder" Kadesch 57.

Anm. Stellen mit höheren Zahlen ohne das *n* beruhen wohl nur auf unrichtiger Schreibung : „eine Palme ⟨hierogl.⟩ von sechzig Ellen" Sall. I 8,4 ; vgl. auch Hor u. Seth 2,13 ; 13,12 ; Kadesch 63.

2 in Angaben von Mass, Gewicht u.ä.

248. In Angaben von Massen, Gewichten, Zählungen u.ä. setzt man die Zahl hinter den gezählten Gegenstand : ⟨hierogl.⟩ ; ⟨hierogl.⟩ Unamun 1,12 ; ⟨hierogl.⟩ ibd. 2,43 ; ⟨hierogl.⟩ Harr. 77,7 ; ⟨hierogl.⟩ An. III 4,8.

Auch hier kommt indessen die normale Stellung vor:

§. 249 - 250   Kardinalzahl

[hierogl.] „dreissig Morgen Acker" Sall. I 9,2.

[hierogl.] „fünfzig Deben Kupfer oder auch hundert Deben" An. III 6,12.

Dieses Nachstellen der Zahl bei Angabe von Massen, Stückzahl stammt gewiss aus der Geschäftssprache; wie es gemeint war, sieht man noch daraus, dass man oft das Gezählte und das Zahlzeichen durch einen Punkt trennt: [hierogl.] „Krug, vier (Stück)" Unamun 1,11 ; [hierogl.] „vier Jahre" Mallet 1,3.

3. Mit Artikel oder Demonstrativ

249. Aus dem in den vorigen Paragraphen angeführten Beispielen ersieht man, dass der Artikel und das Demonstrativ, die vor einem gezählten Wort stehen, stets singularische Form haben. Offenbar gilt der Zahlausdruck als ein Ganzes; vgl. auch:

[hierogl.] „diese zwei B...." Inscr. hier. Ch. pl. 18.

[hierogl.] „die vier Grenzstelen" Amarna, Grenzstele N und S.

[hierogl.] „die sieben Hathoren" (gewiss Plur.) P. Turin 137,12.

[hierogl.] „einer von den beiden" Mes N 14.

4. Substantivisch gebraucht

250. Alle Zahlworte können auch substantivisch gebraucht werden; ihr Geschlecht richtet sich dabei nach dem Substantiv, an das der Sprechende denkt:

„ein Scheffel ([hierogl.]) [hierogl.] der zwei fasst" Amenemope 18,21.

[hierogl.] „die vier und die eine" P. Salt 1,9.

[hierogl.] „sieben (Tage) bis gestern" Lieb. Beatty 25,6.

Anm. Über den substant. Gebrauch von wʿ vgl. §. 245.

Ordinalzahl §. 251 - 252

b. die Ordinalzahlen

251. Die alte Bildung der Ordinalzahlen (Gr. §. 245) kommt nur noch in *sn.nw* vor: [hiero] „der Zweite" Lieb. Tur. 1,6; Lieb. Beatty 22,1; vgl. auch §. 241.

Für „der Erste" kommt noch das alte *tpj* vor, so in:

[hiero] „deine erste Schwester" Lieb. Harr. 7,7; vgl. auch Hor u. Seth 2,7.

[hiero] „das erste Heer" Kadesch 17

[hiero] „die erste K-Gruppe" Lieb. Beatty 23,9.

Oft steht dafür auch [hiero] (an. I 8,2; 27,1).

Das jüngere Wort ϨΟΥΙΤ „erster" tritt als [hiero] (eigtl. „am Anfang gehend") auf; so in:

[hiero] „der Führer (der Fremden)" an. I 27,1

[hiero] „die Leitkuh" d'Orb. 5,9.

[hiero] „der erste (vornehmste Baum)" Lieb. Tur. 1,5.

[hiero] „ihre Hauptleute" Harr. 77,5.

252. Das im Koptischen herrschende ΜΕϨ- ist im Neuägyptischen noch in der Bildung begriffen; es lautet zunächst *r mḥ* „um voll zu machen":

„König [hiero] [hiero] [hiero]. || um zwei Könige T. vollzumachen" = der zweite König T. abbott 3,10

„aufs Neue sagte dieser Fürst zu ihm [hiero] || um voll zu machen zwei Reden = eine zweite Rede" ibd. 6,9.

Doch kommt auch schon das blosse *mḥ* vor, so in:

„ich war unter diesen sechs Leuten [hiero] ich (als) 6ter." Mayer A 1,23; [hiero], [hiero] „das zweite u. dritte Kapitel" Lieb. Beatty 22,8; 23,4.

Eine Abkürzung dieses Ausdruckes, bei der *r mḥ* ausgelassen ist, findet sich mehrfach in dem Ausdruck „der welcher (vier)" im Sinne von: der erforderlich ist, um (vier) voll zu machen:

„er drang in die Feinde [hiero] bis zu dem 6. Male" Kadesch 109.

[hiero] „der sechste (nämlich: Schreiber)" an. I 6,3.

[hiero] „das vierte Jahr" d'Orb. 13,5.

§.253   Verbum. Allgemeines

Viertes Buch

das Verbum

A. Allgemeines

a. Schreibung des Stammes

1. Scheinbare Endungen

253. Wenn es bei der älteren Sprache im Ganzen noch möglich ist, die Formen der Verben mit ihren koptischen Abkömmlingen zusammen zu bringen, so ist das bei den neuägyptischen Formen, die doch zwischen beiden stehen müssen, nicht der Fall. Ein alter Infinitiv ḫpr passt zu ϣⲱⲡⲉ, ein wstn zu ⲟⲩⲟⲥⲧⲛ, ein Inf. sn·t zu ⲥⲓⲛⲉ, aber 𓂝 , 𓊪𓈖𓏤 und 𓏲𓏌 stimmen weder zu den alten, noch zu den koptischen Formen.

Bei der Regelung der Orthographie (§.8 ff.) sind eben für die einzelnen Verba Schreibungen eingeführt, die nach §.254 für alle Formen derselben gelten. Wie man auf die einzelnen Schreibungen gekommen ist, wissen wir nicht. Wir müssen uns daran genügen lassen, dass dieses Verbum so geschrieben wird und jenes so; zum Glück ist die Frage ja auch ohne praktischen Wert.

Insbesondere hängt man an viele Verben ein bedeutungsloses ⲉ an; vgl. §. 11; 12 und die dort gegebenen Beispiele. Übrigens ist der Gebrauch nicht bei allen Schreibern der Gleiche und es heisst z. B.: 𓂝𓏤 im d'Orb., Hor. u. Seth, Unamun aber 𓂝𓏤𓇋 im P. Salt; 𓂝𓏤 im d'Orb., Harr. 500, P. Bologna, Harr, Hor. u. Seth, Lansing, Unamun, aber 𓂝𓏤 Mar. d'Anii; u.s.w.

Verbum. Anlaut 𓇋𓇋 oder 𓇋   §. 254 - 255

Neben der bedeutungslosen Endung ‑w gibt es auch noch andere unsinnige Endungen vgl. §. 12, 13, 14. — Nicht mit diesen bedeutungslosen Endungen zu verwechseln sind jene noch wertloseren, die nur ein Teil des Determinativs sind (§. 28), wie das 𓏲 in 𓏺𓊡𓀁 oder das 𓈖 in 𓃭𓀁.

Anm. Hauptsächlich sind es dreikonsonantige Verben, die mit 𓇋 geschrieben werden, und weiter sieht man, dass sehr gewöhnliche Verben wie 𓂡𓀜, 𓏙𓎯, 𓇋𓃀𓀜 u.s.w. in der Regel ohne das 𓇋 bleiben, als hätte man sich vor einer Abänderung dieser allbekannten Formen gescheut. Kalligraphische Gründe, an die man auch denken könnte, spielen wohl nicht mit; denn die Formen mit 𓇋 sehen zum teil ungeschickter aus, als die alten.

254. Die für das einzelne Verbum übliche Schreibung behält man denn auch bei allen Formen desselben; es heisst 𓍱𓇋 im Infinitiv und es heisst 𓍱𓇋 und 𓍱𓇋𓏥; es heisst 𓂝𓃀𓀁 „sich freuen" im Infinitiv und auch 𓂝𓃀𓀜 „ich freue mich" (Lieb. Beatty 25,4) u.s.w. — auch das ein Zeichen dafür, dass die Schreiber sich bei diesen Endungen gar nichts dachten.

2. der Anlaut 𓇋𓇋 oder 𓇋

255. Angesichts der geschilderten Schwierigkeiten ist es von Wichtigkeit, dass sich verschiedene grammatische Formen durch einen Anlaut kennzeichnen. Es ist das die Gruppe 𓇋𓇋 in den emphatischen Formen, im Particip, in den Relativformen und im Imperativ; sie steht vor dem Stamm. Die (griechischen) Umschreibungen ⲉⲙⲉⲥⲓⲉ, ⲁⲙⲥⲓⲉ, ⲉⲕⲟⲙ (§. 368) sowie das koptische ⲡⲉϫⲁϥ führen auf ein ⲉ oder ⲁ. Auch die koptischen Imperativformen ⲁⲝⲓⲥ, ⲁⲣⲓ werden den Formen mit 𓇋𓇋 entsprechen.

Besonders im Imperativ ergibt es sich nun, dass dieses 𓇋𓇋 mit dem Vorschlagsvokal zusammenhängt, den man in alter Zeit am Anfang eines Wortes sprach, wenn dieses mit zwei Konsonanten begann. Indessen hatten sich, wie sich das besonders aus den koptischen Formen ergibt, diese Bildungen in der späteren Sprache soweit verschoben, dass sie

§. 256   Klassen der Verba

überhaupt nicht mehr mit zwei Konsonanten begannen; der alte Vorschlagsvokal stand also nun als ein selbständiges kurzes ĕ oder ă vor dem Verbum. Als eine solche selbständige Silbe schreibt man ihn nun nicht
mehr, so wie das früher geschah mit einem einfachen 𓇋 sondern mit 𓇋𓄿.
Diese Gruppe, die auch in der syllabischen Schrift (§.29) verwendet
wurde, war ursprünglich die Schreibung einer Interjektion.
Ehe diese Schreibung 𓇋𓄿 gebräuchlich wurde, hat man offenbar eine andere
benutzt, ein 𓂋. Sie kommt in Tell Amarna vor, aber auch später noch
und wird etwa ĕ gelautet haben, entsprechend der damaligen Aussprache
є der Präposition 𓂋; vgl. die Beispiele des §. 369; 392; 609. Bemerkenswert ist, dass der Anlaut 𓇋𓄿 mit dem Endvokal eines vorhergehenden
Wortes verschmolzen wird, so stets mit dem Artikel (§. 373; 394) und
ebenso mit der Negation 𓂜𓂝 (§. 553).

Anm. Gelegentlich treffen wir auf ein 𓂋 auch in Fällen, wo es nicht der
Anlaut und auch nicht die Präposition sein kann, so besonders bei
dem Schreiber des Sall. I u. Sall. III (Sall. I 9,6; Sall. III 2,3).

b. die Klassen der Verba

256. Die Art der einzelnen Verben ist nach dem oben §. 253 bemerkten in der
Regel nicht leicht zu erkennen. Hätten wir nicht die alten Formen auf
der einen Seite und die koptischen auf der anderen, so würden wir uns
durch diesen Wirrwar nicht hindurchfinden. Bei den 3. rad. Verben
hilft uns der §.255 besprochene Anlaut 𓇋𓄿, da er uns zeigt, welche von
ihnen nur noch zwei Konsonanten hatten. So sehen wir aus dem Particip
𓇋𓄿𓏏𓐍𓂝 (Lansing 12,6), dass das alte ḫpr so wie im Koptischen seinen
dritten Konsonanten verloren hat, und aus der Relativform 𓇋𓄿𓏏𓊪𓂝;
(Inscr. hier. Char. 29,7) sehen wir das Gleiche für das alte ẖpr, Kopt. ϣωπ.
Dass dabei das eine Verbum die Bildung der 3. rad. beibehielt (ϣωπε und
ϣοοπ), das andere aber ganz zu den 2.rad. überging (ϣωπ und ϣнπ),
sehen wir freilich nur aus dem Koptischen.

Klassen der Verba §.257 - 260

257. Auch von den 2rad. Verben sind einige sicher schon verstümmelt, so begegnen wir im Unamun 1,12 der Schreibung 〈hiero〉 für das alte *šm* 〈hiero〉, entsprechend dem kopt. ϣⲉ. — Bei 〈hiero〉 *dd* *sw* verrät sich der Verlust des zweiten Konsonanten in einzelnen Formen, wo man das *d* ausnahmsweise noch sprach, das bezeichnet man dann durch ein ihm zugefügtes ⲥⲉ, so im Particip 〈hiero〉 und im Infinitiv 〈hiero〉 d.h. *dotf.
Vgl. auch das über 〈hiero〉 §. 353 Bemerkte.

258. Die Verba II gem. und III gem. zeigen zumeist nur einen der gleichen Konsonanten und wir treffen beide Konsonanten fast nur in den Fällen, wo sie sich auch im Koptischen erhalten haben: 〈hiero〉 ⲟⲛⲟⲛ, 〈hiero〉 ⲥⲃⲧⲱⲧ. Auch von 〈hiero〉 „sein" kommt zuweilen noch die volle Form *wnn* vor; vgl. über dieses Verbum §. 505 f.f. — Andere volle Formen wie 〈hiero〉 „sehen" (neben 〈hiero〉) sind wohl nur herkömmliche Schreibungen.

259. Die 3rad. Verba, die als zweiten Konsonanten 〈hiero〉 enthalten, werden mit Ausname derer, die zugleich III. inf. sind, einfach wie im Koptischen als 2rad. gegolten haben, da sie ihr 〈hiero〉 verloren hatten: 〈hiero〉 ⲟⲩⲱϩ, 〈hiero〉 ⲕⲱ, 〈hiero〉 ϩⲱⲃ aber bei dem letzten Verbum kommt auch eine Form 〈hiero〉 (P. Turin 67,6) vor (§. 374) und zeigt, dass das 〈hiero〉 bei ihm sich in einzelnen Formen doch wenigstens als *j* erhalten hatte. Ebenso 〈hiero〉 + Subj. (Leiden 368). — Wo das 〈hiero〉 als dritter Radikal stand, ist es im Koptischen zum Teil nach Kopt. Gr. §. 221 zu *j* geworden; vgl. ⲥⲕⲁⲓ, ⲁϣⲁⲓ, ⲟⲩⲝⲁⲓ. Dem entspricht es denn auch, dass neben den herkömmlichen Schreibungen mit 〈hiero〉 wie 〈hiero〉, 〈hiero〉 auch solche auf 〈hiero〉 vorkommen: 〈hiero〉.

Aber jene Verben, bei denen nach Gr. §. 263 das 〈hiero〉 zwischen die beiden ersten Konsonanten getreten ist, behalten ihre seltsamen Schreibungen bei: 〈hiero〉, 〈hiero〉, 〈hiero〉. Was davon im Koptischen erhalten ist wie ⲟⲩⲱϣ macht es wahrscheinlich, dass diese Verba zweikonsonantig geworden waren.

260. Die III. inf. treten zumeist in zwei Formen auf, in der einen, wo der schwache

§ 261   Klassen der Verba

Radikal als 〳〳 geschrieben wird und in der andern, wo er sich nicht zeigt: [hierogl.] und [hierogl.], [hierogl.] und [hierogl.], [hierogl.] und [hierogl.]. Nur [hierogl.] „bringen", das auch schon in älterer Sprache sein Besonderes hat, schreibt man immer ohne 〳〳, abgesehen von dem alten passivischen Particip [hierogl.] „gebracht", das sich in der Geschäftssprache erhalten hat (§.375). Die geminierenden Formen, die in der alten Sprache für die III. inf. charakteristisch sind, kommen fast nur noch in Tell Amarna vor: [hierogl.], [hierogl.] u.ä. — Wie eine Reminiszenz an die geminierenden Formen sieht es aus, wenn man das alte *snj* „vorübergehen", ⲤⲒⲚⲈ stets [hierogl.] „ [hierogl.] schreibt; es ist aber wohl nur das häufige Wort [hierogl.] „ [hierogl.] „Offizier", das sich hier in die Schreibung hineinmischt.

Schon in Dynastie 18 treffen wir auf Verba III. inf. die so geschrieben sind, als hätten sie als dritten Radikal nicht ein *j* sondern ein [hierogl.]. So schreibt man denn auch Neuägyptisch: [hierogl.], [hierogl.], [hierogl.] 〳〳 [hierogl.] Formen, die so aussehen, als gehörten sie zu den im vorigen Paragraphen besprochenen 3 rad. Verben auf [hierogl.].

Anm. 1. Mit diesem Gebrauche hängt wohl auch zusammen die ständige Schreibung des häufigen Wortes für „wissen", das alt *ꜥmj*, kopt. ⲈⲒⲘⲈ lautet. Man wird es zunächst *ꜥmꜣ* geschrieben haben, und hat dann diese Schreibung weiter nach der Analogie *ḫmꜣ* und *smꜣ* behandelt: so schreibt man es denn stets [hierogl.], was man natürlich nur als *ꜥm* o.ä. zu lesen hat.

Anm. 2. Dass [hierogl.] wirklich III.inf. ist, zeigt sein weiblicher Infinitiv [hierogl.] Joppegesch. 3,10. Das Verbum wird nur die junge Schreibung des alten [hierogl.] sein, trotz des [hierogl.] das dieses später zu haben scheint.

261. Bei den III inf., die ein [hierogl.] als zweiten Radikal enthalten, sind die Schreibungen auf [hierogl.] 〳〳 (jüngere Handschriften [hierogl.]) häufiger als die auf [hierogl.]: [hierogl.], [hierogl.], [hierogl.].

Merkwürdig sind die Formen von *wꜣj* : [hierogl.], [hierogl.], wo das

Klassen der Verba   §.262-263

e, nach §. 35 ein konsonantisch gebrauchtes *w* sein wird. Man möchte vermuten, dass dieses Verbum als letzten Konsonanten ein *w* hatte.

Von den IV. inf. zeigt das häufigste Verbum [⌣𓏛] nie ein 𓏭𓏭, während von *rnpj* auch [𓂋𓈖𓊪𓏭𓏭𓏛] vorkommt.

262. Die 4 und 5 rad. Verben wie: [𓏛𓏛𓏴𓂻], [◯◯𓏴𓂻], [𓂝𓅱𓏛𓅱𓏛𓏴𓂻], [𓂋𓏛𓂝𓂻] u.s.w. haben sich zwar anscheinend um allerlei Neubildungen vermehrt, haben dafür aber auch eine Einbusse erlitten: man flektiert sie nicht mehr, sondern ersetzt ihre Flexion durch das Hilfsverbum [𓂋], vgl. §. 541.

263. Von den <u>unregelmässigen</u> Verben ist [𓂋] in §. 273; 304; 305; 318; 396; 375; 540 besprochen. Über [𓏛𓂝] vgl. §. 275; über [𓄿] vgl. §. 260.

Das Verbum <u>rdj</u> „geben" hat durchweg sein 𓂋 verloren; denn auch da, wo dies noch in einer Form geschrieben wird (§.290; 407), scheinen es nur herkömmliche Schreibungen zu sein und die Formen ohne 𓂋 die dem Koptischen †, ⲧⲟ entsprechen, stehen neben ihnen.

Ein besonderes Rätsel bietet bei diesem Verbum die Form [𓂞𓂞], die der alten geminierten Form (Sr. §. 265) gleicht. Diese alte Form möchte man als eine regelmässige geminierende Form von <u>rdj</u> ansprechen und sie demnach <u>rdd</u> oder <u>dd</u> lesen. Wenn man sie Neuägyptisch auch [𓂞𓂞𓂝] schreibt, so möchte man vermuten, dass das angehängte 𓂝 nach der gewöhnlichen Praxis andeuten soll, dass hier ein *t* zu sprechen ist; das würde dann für das [𓂞𓂞𓂝] auf eine Aussprache <u>dt</u> statt <u>dd</u> führen. Und in der Tat schreibt man neben dem [𓂞𓂞𓂝] auch oft [𓂞𓂝]. So schreibt man, wo dies aktive Verbum auf die Negation [𓇋𓅓𓂝] folgt (alt [𓇋𓅓𓂝 𓂞𓂞 𓂻]) neuäg.: [𓇋𓅓𓂝 𓂞𓂞 𓂝] Lansing 3,7; [𓇋𓅓𓂝 𓂞𓂞𓂝 𓂋] Pap. Kairo (ä.Z. 1881, 119); [𓇋𓅓𓂝 𓂞𓂝] + Subj. Prinzengesch. 7,11. Und man schreibt andererseits das Passiv auf 𓂝 nicht nur korrekt [𓂞𓂝] (Prinzengesch. 7,6), sondern auch [𓂞𓂞𓂝] (Hor. u. Seth 14,2; 14,3,4; 16,3; Mayer A 8).

Nur beim Pseudoparticip besteht eine Schwierigkeit. Dass man die 3. fem. [𓂞𓂞𓏏𓏭] <u>dd.tj</u> schreibt, statt [𓂞𓏏𓏭] ist verständlich. Aber auch die 3.masc.,

§ 264   Verba Kausativa

die [gl.] heissen müsste, schreibt man [gl.] (P. Bologna 12,2; Med. Habu ⟨50⟩), obgleich weder die alte Form [gl.] noch das Koptische TO dazu passen. Und doch wird die Schreibung [gl.] auch hier nicht ohne Grund sein, denn auch hier kommt neben ihr ein [gl.] vor (Mayer A, 2,3; Ostr. Berlin III 34). Man wird also das [gl.] im Neuägyptischen als *dt* zu lesen haben.

Anhang
Kausativa und Eigenschaftsverben

264. Die alten <u>Kausativa</u> mit dem Präfix [gl.] sind noch nicht erstorben und besonders in gewählter Sprache häufig. Was in gewöhnlicher Sprache von ihnen vorkommt, sind zum Teil dieselben Verba, die sich auch im Koptischen noch vorfinden:

So von <u>3 rad.</u>: [gl.], [gl.], [gl.].

von <u>2 rad.</u>: [gl.] (ϭⲙⲓⲛⲉ), [gl.], [gl.] und das verstümmelte [gl.], [gl.] (ⲱⲁⲝⲉ).

von <u>III. inf.</u>: [gl.] und [gl.], [gl.], [gl.] und [gl.], [gl.].

Von einem <u>4 rad.</u> [gl.] (An. I 7,1; 8,8).

Wir werden uns diese Formen so zu denken haben, wie es das Koptische und die alte Sprache uns angeben, insbesondere werden also die Kausativa der 2 rad. Verben wie die der III. inf. gebildet sein, obgleich das in der Schreibung nur selten sichtbar ist. ([gl.] als Infinitiv, Kadesch 7). — Das anlautende *w*, das in der alten Sprache nicht geschrieben wird, wird hier immer geschrieben: [gl.], [gl.]. — Wenn man von *rd* „wachsen" ein Kausativ [gl.] bildet (Harr. 78,8 u.ö.) so ist das vielleicht nur eine graphische Entstellung, vgl. § 22 Anm. — Bei dem Kausativ eines Verbums, das selbst mit *s* anlautet, fallen offenbar die beiden *s* zusammen [gl.] „sättigen" (Amarna VI, 25, ibd. VI, 32r.), aber in derselben Phrase auch [gl.] (ibd. VI, 24); [gl.] „in Ordnung bringen" Harr. 79,2. Wie die Kaus. 3. rad. im Koptischen als 4 rad. behandelt werden, so stehen jüngere Flexion. Allgemeines §. 265-267

sie auch im Neuägyptischen insofern diesen Verben nah, als sie auch nicht flektiert werden; man umschreibt auch ihre Flektion mit dem Hülfsverb ⟨hieroglyph⟩. Das gewährt uns ein Hülfsmittel einzelne Verben trotz ihrer Schreibung als Kausativa zu erkennen, z. B.: ⟨hieroglyphs⟩ Harr. 79,2

Anm. Für die Aussprache der Kausativa beachte man auch, dass An. VIII 9,2; ibd. Rs. 1,4 in ⟨hieroglyphs⟩ "entleeren" beide male das ⟨sign⟩ getilgt ist.

265. Die Eigenschaftsverben (Gr. S. 271) verstecken sich im Neuägyptischen noch mehr, als in der alten Sprache, und nur aus dem Koptischen sehen wir, dass sie überhaupt noch existiert haben. Von ihren charakteristischen Infinitiven können wir wenigstens einen sicher erkennen: ⟨hieroglyphs⟩ d'Orb. 8,1, seine Schreibung mit zwei n zeigt, dass er seinen Vokal nach dem zweiten Konsonanten hatte, dem ⲞⲚⲞⲚ entsprechend.

Sonst sehen wir nur, das ein und dasselbe Wort als Adjektiv und Verbum vorkommt: ⟨hieroglyphs⟩ Lansing 3,4; ⟨hieroglyphs⟩ ..... ⟨hieroglyphs⟩ Unamun 2,33.

B. die jüngere Flexion

a. Allgemeines

266. Die jüngere Flexion ist eigentlich nur auf ihre einfachste Form $śdm \cdot f$ beschränkt, die anderen, die $śdm \cdot n \cdot f$ und $śdm \cdot jn \cdot f$ sind fast verschwunden. Das $śdm \cdot n \cdot f$ ist vielleicht lautlich mit dem $śdm \cdot f$ zusammengefallen, das zuweilen da vorkommt, wo man jenes erwartet; vgl. §. 284; 315; 521 Anm.

267. Über die Personalsuffixe, die man als pronominales Subjekt gebraucht und ihre besonderen neuägyptischen Formen, vgl. §. 59-81.

Das nominale Subjekt scheint auch im Neuägyptischen nur lose hinter seinem Verbum zu stehen; denn auch hier können Objekt und Dativ, wenn sie Pro-

§. 268 — Jüngere Flexion. Allgemeines

nomina sind, zwischen beide treten:

[hieroglyphs] „es haben sie mir die Schreiber gesagt" Abbott 6,18.

Auch mehrere Substantiva können als Subjekt zu einem Verbum gehören:

„Seine Majestät veranlasste [hieroglyphs] dass viele Soldaten gingen sowie Wagenkämpfer" d'Orb. 11,10.

Dass es aber auch eine engere Verbindung des Verbs mit einem nominalen Subjekt gab, zeigen uns die Fälle, wo bei einem Verbum, das auf t ausgeht, dieses t vor dem Subjekt noch mit einem ꜣ versehen wird. Offenbar hatte das t, das für gewöhnlich verloren war, sich hier in der Verbindung mit dem Subjekt erhalten:

[hieroglyphs] „sie lassen sterben die welche sie sterben lassen" (eigtl. sie machen dass diejenigen sterben u.s.w.) P. jur. Turin 2,6.

[hieroglyphs] „und er liess den Arbeiter kommen" P. Salt 1,14

[hieroglyphs] „sie machen dass mir der Schlaf kommt" Apophgesch. 2,6.

Anm. Im Folgenden wird das nominale Subjekt eines Verbums durch „Subj." bezeichnet.

268. Der unpersönliche Gebrauch des aktivischen Verbums (Gr. §. 284, 285) findet sich sicher in der Formel ḫpr swt „es geschah aber", die als Einleitung einer längeren Erzählung selbständig vor derselben steht:

[hieroglyphs] „es geschah aber: das Land war...." Apophgesch. 1,1; vgl. auch: [hieroglyphs] „ich mache dass es geschieht" P. Neschons 4,10; 4,15. Ähnlich bei den Hilfsverben [hiero] „es ist" und [hiero] „es war"; vgl. §. 515 ff; 534 ff; [hiero] „es ist (keins) da" Sall. I 6,6; An. V 16,6. — Ausserdem braucht man [hiero] für „es ist schön": „er brachte mir diesen anderen Esel [hiero] es ist nicht schön" Ostr. Petrie 14; in den Briefformeln: [hiero] „es ist schön wenn du hörst" P. Leiden 361; [hiero] „es ist schön wenn du gesund bist" Corr. 19,15; vgl. auch Gr. §. 285 Anm.

Über den unpersönlichen Gebrauch des eigentlichen Passivs vgl. §. 325; über den der Form auf ꜣ siehe den folgenden Abschnitt.

Jüngere Flexion. Form auf *tw*   §. 269 - 270

Anm. Unpersönlich ist auch der alte Ausdruck [hieroglyphs] „das beträgt"; vgl. §. 325, 713.

269. Um das unbestimmte Subjekt „man" auszudrücken, benutzt man ausser der im folgenden besprochenen Form auf [hieroglyph] auch die dritte Pers. Plur.; besonders geschieht dies in späten Texten:

[hieroglyphs] „man sieht (noch) ihre Stelle (aber sie sind nicht mehr da)" Amenemope 9,19.

[hieroglyphs] „man nimmt seine Habe fort .... und seine Sachen werden einem andern gegeben" ibd. 8,7.

„diese Reisen [hieroglyphs] die man dich hat machen lassen" Unamun 2,22. — Wie schon in diesen Beispielen steht die Bedeutung oft der passivischen nahe und in den folgenden Beispielen ist diese Auffassung vollends die natürliche:

[hieroglyphs] „man giebt es dir" oder besser: „es wird dir gegeben" Unamun 2,49.

„der König schickte Schiffe mit Schätzen [hieroglyphs] und sie wurden ausgeladen (in ihre Speicher)" ibd. 2,7.

Eine solche Umschreibung des Passivs durch aktivische Ausdrücke, ist ja der Sprache auch sonst geläufig; vgl. das §. 272 über [hieroglyph] bemerkte und weiter das folgende Beispiel aus dem juristischen Stil:

„die Diebe [hieroglyphs] welche man folterte ?? u.s.w, damit sie sagten u.s.w. [hieroglyphs] N.N. durch den Vezier N.N." (für: welche gefoltert wurden) Mayer A 1,3. — Dies entspricht ganz dem Beispiel aus der koptischen Grammatik: ⲓⲥ ⲡⲉⲛⲧⲁⲩⲙⲁⲥⲧϥ ϩⲛ ⲃⲏⲑⲗⲉⲉⲙ ϩⲓⲧⲙ ⲙⲁⲣⲓⲁ „Jesus, den sie in Bethlehem gebaren durch Maria" für „Jesus, der in B. von M. geboren wurde".

b. die Form auf *tw*

270. Die Form mit der Endung *tw* (Gr. §. 278) ist noch in vollem Gebrauch:

[hieroglyphs] d'Orb. 19,4; [hieroglyphs] Sall. I 9,3; [hieroglyphs] P. Leiden 368,10.

125

§. 271   Jüngere Flexion. Form auf tw

[hieroglyphs] d'Orb. 18,7 ; [hieroglyphs] P. Leiden 368,10 ; [hieroglyphs] Sall. I 9,3 ; Sall. III 6,3 ; P. Salt 3,7 ; Mayer A. Vs. 3,13 ; 1,18 ; 1,21 ; [hieroglyphs] ibd. 3,23. An Stelle der korrekten Schreibung [hieroglyph] findet sich zuweilen auch]] : [hieroglyphs] „man steigt herab" d'Orb. 11,3 ; [hieroglyphs] „man sieht" Lieb. Beatty 22,7 ; [hieroglyphs] „man sagt" Mayer A. Vs. 1,13 ; 1,22 ; 2,18 ; [hieroglyphs] „mein Herz wird gesättigt" Lieb. Harr. 7,9 ; – vgl. auch Hor u. Seth 14,5. — In den späten Handschriften findet sich auch statt des [hieroglyph] ein [hieroglyph], das nach §. 22 in der Schrift daraus entartet ist : [hieroglyphs] „man kennt ihn nicht" P. Neschons 2,15 ; 2,16 ; [hieroglyphs] „man sieht" ibd. 2,15. — Das [hieroglyphs] Abbott 5,1 steht vereinzelt und ist wohl ohne Bedeutung. — Wo sich [hieroglyph] wirklich dem Zusammenhange nach auf den König bezieht, gibt man ihm das Determinativ [hieroglyph].

<u>Anm.</u> Die Formen auf [hieroglyph] sind im einzelnen bei dem śdm.f behandelt.
271. Der ursprüngliche unpersönliche Gebrauch dieser Form findet sich noch häufig : [hieroglyphs] „man stirbt" Amarna II 5 ; [hieroglyphs] „man kann nicht" Lansing 3,7 ; [hieroglyphs] „man wohnt" ibd. 12,8 ; [hieroglyphs] „er liess herabsteigen" (eigtl. : er veranlasste dass man herabstieg) d'Orb. 11,3.
Besonders oft findet sie sich bei den Hilfsverben, sowohl bei denen die wirklich „sein" bedeuten, als auch bei den jungen, die überhaupt nicht auf ein Verbum zurückgehen :

[hieroglyphs] „man (d.h. der König) befand sich in Amarna" Amarna, Grenzstele S.

[hieroglyphs] „man war ärgerlich" d'Orb. 10,9.

[hieroglyphs] „man brachte sie ihm" d'Orb. 11,3.

[hieroglyphs] „der dem man zujubelt" Amarna VI, 30.

[hieroglyphs] „der (Ort) in dem man (der König) sich befand" d'Orb. 15,2.

[hieroglyphs] „und man jauchzte" d'Orb. 14,8.

[hieroglyphs] „man redete" d'Orb. 12,3.

śdm·f. Bildung. §. 272 - 273

272. Den Übergang von der unpersönlichen zu der passiven Bedeutung (Gr. §. 278) zeigen gut die Fälle, wo dem Verbum ein Substantiv eigentlich als Objekt folgt:

[hieroglyphs] „man weiss seinen Namen nicht" Lansing 9,4.

[hieroglyphs] „dass man (der König) einen Mann des Pharao schicke" Abbott 6,14.

Wenn die passivische Übersetzung hier schon nahe liegt, so ist sie geboten wo das Subjekt ein Suffix ist:

[hieroglyphs] „du wirst ausgeschickt" Lansing 1,7.

[hieroglyphs] „er wird aufgeweckt" ibd. 9,7.

[hieroglyphs] „ihr werdet gerichtet" Hor u. Seth 15,12.

C. das gewöhnliche śdm·f

a. seine Bildung

273. Die Art wie wir das śdm·f in der alten Sprache einteilen, ist auch hier beibehalten. Wir sondern also die emphatische Form (§. 302) als etwas Eigentümliches aus, und stellen ihr alle übrigen Gebrauchsweisen als das gewöhnliche śdm·f gegenüber. Auch die Form für „indem er hört" ziehen wir aus praktischen Gründen hierzu. Wir teilen also das śdm·f so ein:

Gewöhnliche Form.
    in Aussagesätzen   §. 283 ff.
    im Subjunktiv   §. 287 ff.
    in Absichtssätzen   §. 294 ff.
    im Optativ   §. 297 ff.
    für „indem er hört"   §. 299 ff.
Emphatische Form   §. 302 ff

Es versteht sich von selbst, dass diese Einteilung auch nur ein Notbehelf ist, aber da es uns nicht vergönnt ist, die lebende Sprache zu hören, so

§. 274 - 275   *śdm·f* . Bildung

können wir nicht anders verfahren. Auf einzelne bedenkliche Punkte ist im Folgenden hingewiesen.

Übrigens überwiegt der Gebrauch als Subjunktiv durchaus und der scheidet sich ja auch sicherer aus, als die anderen. Ein Glück für uns ist, dass bei dem häufigsten aller Verben *irj* „machen", die Hauptformen konsequent in der Schrift geschieden werden. Sein [hierogl.] und sein [hierogl.] lehren uns die Formen der anderen Verba verstehen.

Bei der grossen Mehrzahl der Verba ist übrigens überhaupt keine Änderung des Stammes in den einzelnen Gebrauchsweisen zu bemerken und es heisst bei allen

        [hierogl.] , [hierogl.] + Subj.
        [hierogl.] , [hierogl.] + Subj.

wobei wie oben bemerkt Subj. das nominale Subjekt bezeichnet. Im Folgenden sind derartige Fälle überhaupt nicht aufgeführt und nur solche behandelt, bei denen die Schreibung wechselt.

274. **II. gem.** Subjunktive sind [hierogl.] + Subj. P. Rollin 1, aber [hierogl.] + Subj. Ä.Z. 44,6 (D.19). Sodann [hierogl.] an. IV 5,2 und [hierogl.] „er liess mich sehen" mit der alten Form *m³n* - für *m³³* (Sr. §. 404) am.V 4. Über das Verbum [hierogl.], das als Hilfsverbum so wichtig ist und seine Formen [hierogl.] , [hierogl.] , [hierogl.] ist in §. 505 ff. ausführlich gehandelt.

275. **2 rad. 3 rad. auf _t_ und _d_** verlieren im *śdm·f* zuweilen den letzten Konsonanten. So [hierogl.] „sagen" xw : [hierogl.] „man sagt" (Leidener Amonshymnus 4,13) , [hierogl.] am. S. d. H. 2 was gewiss *djtw* zu sprechen ist. Wenn Lansing 12,8 dafür nur [hierogl.] schreibt, so beweist das natürlich nichts dagegen.

Andere Formen des Verbums sind:

     in der <u>Aussage</u>: [hierogl.] Mayer A 1,14 ; [hierogl.] Harris 42,8 , Abbott 6,10
     [hierogl.] + Subj. Mayer A 1,16 ; Abbott 5,14 ; 5,16 ; 6,5 ; 6,8.
     im <u>Subjunktiv</u>: [hierogl.] d'Orb. 12,3 ; [hierogl.] + Subj. Lieb. Beatty 24,3 ;
     [hierogl.] + Subj. P. Neschons 5,23

| śdm·f Bildung | § 276 |

in der Form der Absicht : 〈hier.〉 „damit sie sagen" An. I 12,6. Dabei ist man versucht, in dem hier so häufigen 𓂝 einen vokalischen Auslaut zu sehen.

Ferner m‑w‑t „sterben" ⲘⲞⲨ : 〈hier.〉 Prinzengesch. 4,4 (Aussage); 〈hier.〉 P. jur. Turin 2,6 (Subjunktiv); 〈hier.〉 + Subj. P. jur. Turin 2,6. In den ersten Beispielen wird das t geschwunden sein, im 3. wurde es noch gesprochen, was das angehängte 𓂝 andeutet (vgl. § 14 Anm.).

Ebenso steht es bei 〈hier.〉 „kommen" (Sr. § 267). Bei diesem heisst es im Subjunktiv : 〈hier.〉 + Subj. Kadesch 142 ; Mes N 8 ; An. VI, 13,26. 〈hier.〉 + Subj. Mes N.17 ; N.4 ; 〈hier.〉 P. Turin 6,6 ; 〈hier.〉 P. Bologna 1,1 ; 6,2 ; 10,1 ; 〈hier.〉 Subj. Apophismärchen 2,6 ; 〈hier.〉 „dass man kommt" P. Kairo (ä.Z. 1881, S.119, berichtigt).

Diese Formen haben gewiss ein 𓏏 gehabt. Wo das 𓏏 nicht geschrieben ist, war es wohl auch fortgefallen wie es ja das koptische ⲦⲀⲨⲞⲨ zeigt. Solche Beispiele ohne 𓏏 sind 〈hier.〉 (d'Orb. 5,1 nach Konjunktion) und 〈hier.〉 (Lieb. Beatty 29,1 (Optativ)). Wie das 〈hier.〉 in späten Handschriften zu fassen ist, stehe dahin.

276. Von den III. inf. zeigt das unregelmässige irj „machen" gleichmässige Formen; über seine emphatische Form vgl. § 303. — Für das gewöhnliche śdm·f benutzt es die Form 〈hier.〉, die besonders in jüngeren Handschriften auch 〈hier.〉 und 〈hier.〉 geschrieben wird.

Bei der Aussage finden wir so: 〈hier.〉 Lieb. Harr. 7,3 ; Corr. 56; 〈hier.〉 P. jur. Turin 4,2. — Sodann: 〈hier.〉 Abbott 4,16 ; 〈hier.〉 ibd. 5,6; 〈hier.〉 Unamun 2,31 ; 〈hier.〉 + Subj. An. I 6,5; Lieb. Tur. 1,2 — und: 〈hier.〉 Insc. Hier. Chr. pl. 12 ; 〈hier.〉 + Subj. Lieb. Beatty 29,4.

Beim subjunktiven Gebrauch finden wir: 〈hier.〉 P. Rollin 2 ; 〈hier.〉 Hor. u. Seth 2,5 ; 〈hier.〉 Lieb. Tur. 2,7 ; 2,11 ; 〈hier.〉 + Subj. Tabl. Rogers Rs. 7 ; 〈hier.〉 + Subj. Unamun 2,26 ; P. Neschons 8,20 ; 〈hier.〉 P. Boulaq 10 ; 〈hier.〉 Ostr. Berlin III 39 ; 〈hier.〉 + Subj. Insc. Hier. Chr. pl. 13 ; P. Bologna 4,3; 4,4. — Subjunktivische Formen mit 𓏭 statt 𓇋𓇋 sind:

§. 277 - 278   *sḏm·f* Bildung

⊙ + Subj. P. Neschons 4,12 ; 4,16 ; ⊙ Amenemope 26,2 ; 26,3.
Im <u>Absichtssatze</u> treffen wir ein korrektes : ⊙ 𓇋𓇋𓂝 + Subj. Lieb. Tur. 1,7 neben
einem ⊙𓂝 ¦ Sall. I 9,3 .
Beim <u>Optativ</u> stossen wir auf : 𓇋𓅱 ⊙ 𓇋𓇋 Insc. Hier. Char. pl. 13 ; Hor. u.
Seth 2,8 .
Das merkwürdige ⊙ , das vor nominalem Subjekt steht, scheint eine Ver-
kürzung der emphatischen Form zu sein ; vgl. §. 556 ff., jedenfalls müssen
wir es uns ebenso wie diese ohne den schwachen Radikal denken.
<u>Anm. 1.</u> Nach dem Bemerkten hat man sich jedenfalls die subjunktive
Form von *i͗rj* als *erjof mit erhaltenem schwachen Radikal zu denken.
Desto merkwürdiger ist es, dass gerade bei diesem Verbum im Koptischen die Reste des Subjunktivs das *j* verloren haben: ⲧⲣⲟϥ (und
nicht * *terjof*).
<u>Anm. 2.</u> Es liegt verführerisch nahe, sich in den Schreibungen wie ⊙ 𓇋𓇋𓂝
das 𓂝 als das betonte kurze σ von *erjof zu denken .

277. Bei den anderen III. inf. sind die Schreibungen nicht so regelmässig wie bei
⊙ ; wir finden auch hier Schreibungen mit 𓇋𓇋 , so in der
<u>Aussage</u> : 𓈞 𓇋𓇋 𓂝 amarna V, 2,6 ; VI, 25,4 ; 𓅓𓊪𓇋𓇋𓂝 ibd. VI, 15 ; VI, 25,4 ;
𓂓 𓇋𓇋 𓏤 ibd. V, 2,3 ; 𓂓 𓇋𓇋 𓂻 An. IV, 3,4 ; 𓊪𓇋𓇋𓂝 Lieb. Tur. 2,13 ;
𓈗 " 𓇋𓇋 𓂻 Lieb. Beatty 23,6 ; 23,8 ; 𓅓𓊪𓇋𓇋𓂝 + Subj. d'Orb. 18,7 .
Im <u>Subjunktiv</u> : 𓂓 𓇋𓇋 𓂻 + Subj Prinzengesch. 7,11 ; An. II 9,1 ; 𓅓𓊪𓇋𓇋𓂝
(unpersönlich) Prinzengesch. 4,2 — wie das den koptischen Formen
ⲭⲡⲓⲟ= , ⲑⲙⲉⲥⲓⲟ= entspricht .

Aber daneben finden sich auch Formen ohne 𓇋𓇋 :
In der <u>Aussage</u> : 𓂞𓊪 P. Bologna II 10 ; 𓂞𓊪𓂝 + Subj. An. III 4,6.
Im <u>Subjunktiv</u> : 𓂓 𓂻 Prinzengesch. 7,8 ; 𓂝 + Subj. oft.
Im <u>Optativ</u> finden wir : 𓂝 P. Bologna 5,7 ; 𓂞𓊪 passim ; 𓂓 𓂻 +
Subj. passim ; 𓇋𓇋𓂻 + Subj. P. Bologna 6,2 ; 𓂝 + Subj. Lieb. Tur.
2,8.

278. Von 𓏏 ⲉⲓⲛⲉ „bringen" kommen nach dem oben §. 260 Bemerkten keinerlei

śdm.f Bildung   § 279

Formen mit 𓇋𓇋 vor. — So heisst es in der Aussage: [gl] [gl] Abbott 5,2; [gl] [gl] An. III 6,7; [gl] [gl] Harr. 77,4; [gl] (Passiv) P. jur. Turin 4,2; 4,3; [gl] + Subj. P. Bologna 1,4; 3,6; 4,2; — im Subjunktiv: [gl] Ostr. Petrie 62; [gl] + Subj. (Passiv) Joppegesch. 2,3; Prinzengesch. 4,9; Unamun 1,9; 2,68; im Optativ: [gl] Ostr. Berlin III 33.

Daneben findet sich bei diesem Verbum die merkwürdige Form auf -t, die wir auch in der alten Sprache kennen (Gr. § 288). So in der Aussage: [gl] „sie bringt dir ihren Geruch" Lieb. Beatty 16,12 — und im Optativ: [gl] „bringe mir" Ostr. Berlin III 35.

279. Bei den III. inf., die als zweiten Radikal einen [gl] haben, kommen fast nur Formen mit 𓇋𓇋 vor.

So in der Aussage: [gl] Lieb. Harr. 7,11; [gl] + Subj. An. IV 9,12 = An. III 6,1.

Im Optativ: [gl] Hor. u. Seth 5,2; [gl] passim; [gl] passim; [gl]; [gl] („hütet euch") Berlin 20377.

Im Subjunktiv: [gl] (ohne Suffix 1. Sing.) Mayer A 5,11; [gl] + Subj. Joppegesch. 2,5; [gl] (unpersönlich) d'Orb. 11,3.

Formen ohne 𓇋𓇋 sind selten, so z. B.: [gl] Ostr. Berlin III 38; [gl] + Subj. Ostr. Berlin III 32.

Hieran schliessen sich nun die Schreibungen derjenigen III. inf., die nach § 259 so geschrieben werden, als gingen sie auf [gl] aus.

So in der Aussage: [gl] + Subj. Abbott 3,18, im Abrichtssatz: [gl] P. Bologna II 18, im Subjunktiv: [gl] Hor. u. Seth; [gl] P. Bologna II 14, ibd. 15; [gl] P. Lee 1,4; [gl], [gl] Kadesch 66, Sall. III 4,1 aber [gl].

Spät schreibt man nach § 37 𓇋𓂝 statt 𓇋𓇋: [gl] P. Neschons 4,7.

Anm. Über [gl] „wissen" Kopt. ⲈⲒⲘⲈ, vgl. § 260 Anm. 1. Auch sein Subjunktiv wird so geschrieben: [gl] „dass sie wissen" d'Orb. 19,4. Ob es Zufall ist, dass der Rest dieses Subjunktivs ⲦⲀⲘⲞ auch

§. 280-282   sdm.f Gebrauch

hein‿j‿ hat ?

280. Von anderen Verben, die einen schwachen letzten Radikal haben, begegnen uns nur wenige Formen: 〈hiero〉 + Subj. Lieb. Beatty 26,1 und das Kausativ 〈hiero〉 ibd. 24,5.

281. Das unregelmässige Verbum „geben" tritt in den Formen 〈hiero〉, 〈hiero〉 〈hiero〉 auf; die letztere Form steht nach §. 263 anscheinend für dt.
So finden wir in der Aussage: 〈hiero〉 amarna I, 8 ; 〈hiero〉 Sall. I 6,1 u.ö.; 〈hiero〉 Prinzengesch. 8,5 ; Lieb. Harr. 5,10 ; P. Salt 2,6 ; Harr. 75, 2 ; Unamun 1x+18 ; stets Kadesch 〈hiero〉 oder 〈hiero〉 (auch Sall. III) 〈hiero〉 An. V 15,6 ; 〈hiero〉 Lieb. Tur. 1,13 ; 2,6 ; 〈hiero〉 Prinzengesch. 6,2 ; 〈hiero〉 Subj. Sall. I 9,2 ; Hor. u. Seth 14,2 u.ö. ; Mayer A 1,18 ; Amenemope 8,8.
Im Subjunktiv: 〈hiero〉 Ostr. Berlin III 35 ; 〈hiero〉 P. Neschons 4,8 ; 〈hiero〉 ibd. 6,17 ; 〈hiero〉 (unpersönlich) Prinzengesch. 7,6 ; 〈hiero〉 (Passiv) „dass (ich) gesetzt wurde" Lieb. Tur. 1,14 ; 〈hiero〉 + Subj (Passiv) Hor. u. Seth 12,2 u.ö.
Im Optativ : 〈hiero〉 amarna I 34 ; P. Bologna 4,2 ; 9,2 ; An. III 5,5 ; An. IV 15,1 ; Insc. Hier. Ch. pl. 13 , 〈hiero〉 Ostr. Berlin III 39 ; P. Bologna 1,2 ; Corr. 31. 〈hiero〉 „würde (ich) gesetzt" Lieb. Harr. 2,12 ; 〈hiero〉 + Subj. P. Bologna 1,2 ; 〈hiero〉 + Subj. Ostr. Berlin III 87.
Im Absichtssatz : 〈hiero〉 amarna VI 25,4.
Anm. Merkwürdig aber wohl ohne Bedeutung ist es, dass die Inschriften von Medinet Habu, die dies Wort sonst mit dem alten Zeichen △ schreiben (△〈hiero〉, △〈hiero〉, Part. △〈hiero〉, 〈hiero〉△〈hiero〉) das optativische „mögest du geben" 〈hiero〉 schreiben.

b. sein Gebrauch

1. Vorbemerkung

282. Wenn wir hier und weiterhin versuchen, die Bedeutung einzelner Formen und Verbindungen zu bestimmen, so müssen wir uns hüten dabei genauer zu

sḏm.f Aussage	§ 283

sein, als es die Sprachen selbst zu sein pflegen. Gewiss gibt es in jedem Falle einen Gebrauch, der alle Zweideutigkeit ausschliesst und den Sinn des Gesagten zweifellos erkennen lässt. Das ist dann derjenige, den die Grammatik aufführt. Aber überall gibt es daneben auch eine ungenaue Ausdrucksweise; man nimmt eine andere Form, die zwar an und für sich den gewollten Sinn nicht scharf ausdrückt, die aber im Zusammenhang der Sätze genügt. Gewiss ist ein „ich werde morgen kommen" ein klarer Ausdruck, der jeden Zweifel ausschliesst, aber wozu soll man ihn benutzen, wenn auch ein „ich komme morgen" im Zusammenhange genügt.

Wir sehen dies bei jeder lebenden und uns genau bekannten Sprache als etwas Selbstverständliches an, aber wir müssen auch da mit solchem ungenauen Gebrauche rechnen, wo wir eine tote und uns nur wenig bekannte Sprache untersuchen. Wenn wir also beispielsweise bei dem sḏm.f oft auch den perfektischen Gebrauch finden, der eigentlich der n- Form zusteht, so kann das auch nur der laxe Gebrauch der Umgangssprache sein, der die häufigere Form statt der selteneren benutzt, und wenn wir z.B. in der Frage einmal statt der emphatischen Form die gewöhnliche finden, so besagt auch das nichts; man konnte eben ungenau auch so sagen. Das hier gesagte gilt natürlich auch für alle zusammengesetzten Formen des Verbums; vgl. §. 447 f.f.

2. Gebrauch in der Aussage

283. Wie in der alten Sprache (Gr. §. 289) benutzt man das sḏm.f um etwas kurz auszusagen:

„höret! 〈hieroglyphs〉 ich lasse euch wissen" Harr. 75,2.

__Anm.__ Hierzu gehört auch der Gebrauch von „ich tue", seltener „wir tun", als Antwort auf einen Befehl. Wie die Schreibungen zeigen, muss es schon fast zu einer Partikel „ja" geworden sein: 〈hieroglyphs〉 Amarna VI,30; 〈hieroglyphs〉 Unamun 1,5; 〈hieroglyphs〉 Tabl. Rogers Rs. 6; 〈hieroglyphs〉 P.

§. 284-286   *śdm.f*   Aussage

Bologna II 22 , [hierogl.] Corr. 56.

284. Das so Ausgesagte ist oft eine <u>abgeschlossene</u> Handlung:

„man meldete ihm [hierogl.] ein Mann hat das Fenster erreicht" Prinzengesch. 6,7.

[hierogl.] „siehe, dein Gott hat (eines von deinen Schicksalen in deine Hand) gegeben" ibd. 8,5.

[hierogl.] „siehe, du hast mir geschrieben (in deinem Briefe)" P. Bologna 9,9.

(Frage: wo hast du die Briefe? Antwort:) [hierogl.] „ich habe sie (an Smendes) gegeben" Unamun IX+18.

In Fällen dieser Art vertritt das *śdm.f* die n-Form der alten Sprache; vgl. die Beispiele Gr. §. 306.

285. Zuweilen hat das *śdm.f* auch eine <u>futurische</u> Bedeutung:

„die Hathoren sagten: [hierogl.] er stirbt durch das Krokodil" Prinzengesch. 4,4.

„(wenn die Dunkelheit kommt) [hierogl.] so lade ich den Gott (in das Schiff)" Unamun IX+7.

In solchen Fällen könnte ja auch die emphatische Form nach §. 307 gemeint sein, doch liegt es näher, nach dem in §. 282 Bemerkten, an eine Vertretung derselben zu denken, und gewiss gilt dies von dem Fragesatze: [hierogl.] „was soll ich tun?" Max. d'Anii 4,17.

286. Im Ganzen ist der Gebrauch des *śdm.f* in der Aussage beschränkt und man gebraucht statt seiner lieber die zusammengesetzten Formen des Verbums. Wo man es dennoch braucht, geschieht dies mit besonderer Absicht. So in der Zeugenaussage P. Salt 2,2, und besonders deutlich in der Stelle Unamun 2,55 ff; hier wird angegeben, was der Fürst auf den künftig zu errichtenden Denkstein setzen soll und das geschieht abweichend von dem übrigen Texte in der Form *śdm.f*:

[hierogl.] „Amun sandte zu mir" --- [hierogl.] „ich fällte es" --- [hierogl.] „ich lud es ein" --- [hierogl.] „ich liess (es nach Ägypten

_s̱ḏm·f_ Subjunktiv   §. 287 – 288

bringen)". – Das ist altertümlich und feierlich.

3. Gebrauch als Subjunktiv

287. Am häufigsten treffen wir das s̱ḏm·f in dem Falle den wir Subjunktiv nennen, das heisst da, wo es von [rdi] und von dessen Imperativ [imi] abhängt (Gr. §. 291). Die Bedeutung beider Verbindungen ist im wesentlichen wie in der alten Sprache (Gr. §. 291a, 291b). Das [rdi] bedeutet besonders „veranlassen", „machen dass", sowie „zulassen, dass"; es dient zur Umschreibung der Kausativa, die es allmählich ganz verdrängt. Das [imi] dient besonders zur Umschreibung von Optativen. — Über die mancherlei Reste, die diese Formen im Koptischen hinterlassen haben, siehe in den folgenden Paragraphen und Ä.Z. 22 (1884), 28 ff.

288. Die gewöhnliche Verwendung von [rdi] zeigen Beispiele wie die Folgenden.

Man braucht es <u>aktivisch</u>:

[hierogl.] „er liess mich gehen" Unamun 2, 26.

[hierogl.] „du liesst diesen Gott (29 Tage) verbringen" ibd. 2, 26.

Besonders gern aber auch <u>passivisch</u>:

[hierogl.] „du machtest, dass ich getötet wurde" d'Orb. 17, 8.

[hierogl.] „er liess die 500 Säcke bringen" Joppegesch. 2, 3.

[hierogl.] „sie liess mich in ihren Baumgarten setzen" Lieb. Tur. 1, 14.

„Zulassen" bedeutet es in:

[hierogl.] „und lasse ich (den letzten Monatstag) herankommen (ohne zu zahlen)" Ostr. Berlin III 37.

Und besonders, wo es negiert ist:

[hierogl.] „sie lassen nicht zu, dass mir der Schlaf kommt" Apophismärchen 2, 6.

[hierogl.] „der Riese liess das Krokodil nicht (heraus)kommen" Prinzengesch. 7, 11.

§ 289-290   *sdm·f*   Subjunktiv

Anm. Auch kann ein Subjunktiv von einem andern abhängen:

[hieroglyphs] „und ich lasse nicht zu, dass sie mache, dass man (eigtl. sie) ihm antue (irgend etwas Böses)" P. Neschons 4,9.

289. Zuweilen hat ein [gl.] mit einem von ihm abhängigen Passiv geradezu die Bedeutung eines Aktivs; man braucht „machen, dass getötet wird" im Sinne von „töten":

[hieroglyphs] „er machte dass sein Speer geschärft wurde" – im Sinne von: „er schärfte seinen Speer" d'Orb. 5,5.

[hieroglyphs] „damit man sie (in den Palast) nähme" P. Lee 1,4.

[hieroglyphs] „sie (die Götter) befahlen, dass ihm geboren werde" wörtlich: „sie befahlen, dass man ihm geboren werden liesse" Prinzengesch. 4,2.

290. Wichtig ist die Verbindung [gl.] oder, wie man nach § 425 auch schreibt [gl.] „um zu machen dass". Sie ist der Ausdruck für „damit" und lebt im Koptischen in ⲉⲧⲣⲉϥ weiter:

[hieroglyphs] „damit sie fällen" Unamun 2,48.

[hieroglyphs] „damit man (d.h. der König) einen Mann des Pharao sende" Abbott 6,14.

Merke insbesondere die Briefformel:

[hieroglyphs] „dies ist geschrieben, damit mein Herr wisse" P. Bologna 2,7; 3,5; u. oft.

Und die Formel: [hieroglyphs] als Überschrift von Listen, z. B.:

[hieroglyphs] Ostr. Gardiner 56.

Negiert entspricht diesem Ausdruck: *r tm rdj·t* was etwa „um zu verhindern dass" bedeutet:

[hieroglyphs] „um zu verhindern, dass sie Anzeige machen könnten" P. Salt 2,5.

Anm. Übrigens ist nicht jedes [gl.] als „damit" aufzufassen; in einem

śdm·f Subjunktiv §. 291-292

Sätze wie 〈hierogl.〉 An. IV 15,1 hängt das 〈hierogl.〉 von „wende Dein Antlitz" ab.

291. Die ursprüngliche kausative Bedeutung des Imperativs 〈hierogl.〉 liegt noch vor in:

〈hierogl.〉 „lasse Boten gehen" d'Orb. 11,5.

„führe ihn dahin 〈hierogl.〉 und lasse ihn sich (ihr Grab) ansehen" Unamun 2,52.

Und ebenso die Bedeutung „lasse zu" in:

〈hierogl.〉 „lass dein Herz werden (wie einen Damm)" Ostrakon in Borchardts Besitz.

〈hierogl.〉 „lasse zu dass er dich schmäht, indem du schweigst" Amenemope 26,3.

In diesen Fällen wird wirklich eine andere Person beauftragt, etwas geschehen zu lassen, oder etwas zu erlauben. Aber in der Regel ist die Bedeutung dieser Verbindung abgeschwächt; sie wendet sich überhaupt nicht mehr an eine bestimmte Person, sondern drückt nur allgemein einen Wunsch aus — wer den Wunsch zu erfüllen hat, bleibt dabei offen. So vertritt denn diese Verbindung geradezu einen Optativ und als solcher lebt sie auch im Koptischen ⲙⲁⲣⲉϥ- fort.

Sehr beliebt sind Beispiele mit _passivem_ Verbum:

〈hierogl.〉 „man schicke einen Brief" Hor. u. Seth 2,5; 14,5.

〈hierogl.〉 „man werfe ihn" ibd. 1,10.

〈hierogl.〉 „man rufe den Horus" ibd. 10,11.

Unter den _aktivischen_ merke man die Formeln der Briefe:

〈hierogl.〉 „mögest du ein langes Leben haben" P. Turin 128,4.

〈hierogl.〉 „mögest du gesund sein, mögest du leben" P. Bologna 6,1; 9,8; 12,1.

〈hierogl.〉 „möge (ich) dich gesund sehen" P. Bologna 9,9; 11,4; 12,1.

292. Auch die Negation dieses Imperativs „mache nicht, dass" wird in gleicher Weise optativisch benutzt:

§. 293 - 294   <u>śdm·f</u>   Absicht

    [hieroglyphs] „mache nicht, dass wir tun" - für: „lasset uns nicht tun" Hor. u. Seth 2,5.

    [hieroglyphs] „lass die Leute nicht gegen mich sagen" = „mögen sie nicht sagen" Lieb. Beatty 24,3.

Vgl. auch den Ausdruck: [hieroglyphs] als Negation §. 790.

293. Zuweilen fehlt bei einem von [hieroglyph] abhängigen Verbum, das man sich als Passiv denken würde, die Endung [hieroglyph]:

    [hieroglyphs] Lieb. Tur. Rs. 2 statt der üblichen Form mit [hieroglyphs].

    [hieroglyphs] „ich werde meinen Hund nicht töten lassen" Prinzengesch. 7,6; vgl. auch Mayer A Rs. 2,21.

Wenn man bei diesen Beispielen noch an einen Irrtum denken könnte, so ist das kaum möglich in:

    [hieroglyphs] „und lasse (sie) töten und lasse sie (ins Wasser) werfen" abgek. Justiz P. 10489. Derselbe Auftrag, der hier der Königin gegenüber zurückhaltend ausgedrückt ist, wird in P. 10488 dem Beamten deutlicher so erteilt: [hieroglyphs] „und töte (sie) und wirf sie (ins Wasser)".

Ob man sich diese Verben ohne [hieroglyph] als eigentliche Passiva nach §. 318 ff. denken soll, stehe dahin; man könnte sich auch etwa denken, dass von dem [hieroglyph] hier Infinitive abhängen.

4. Gebrauch für Absicht u.ä.

294. So wie schon in der älteren Sprache (Gr. §. 292) wird die Absicht durch <u>śdm·f</u> ausgedrückt. Indessen ist dieser Ausdruck nur ein schwacher und als deutlicheren Ausdruck benutzt man [hieroglyph] des §. 425 mit Subjunktiv. Beispiele, in denen die Bedeutung der Absicht noch klar ist, sind

    „Mir sind 30 Acker gegeben worden [hieroglyphs] damit sie Futter liefern" Sall. I 9,3.

    „mein Herz fährt hinauf [hieroglyphs] dass es Memphis

__s̱dm.f__ Absicht   §. 295 – 296

schaue" An. IV 4,11.

„höre nicht auf mir zu schreiben [hierogl.] damit ich höre wie es dir geht" P. Bologna II,9 , – vgl. auch d'Orb. 19,4 ; Unamun 2,34.

aber in einem Satze wie:

„bleibe noch einige Tage hier [hierogl.] und so suche ich ihn ---" Unamun 1,21 – würde die Übersetzung „dass ich ihn suche" schon zu stark sein. Was ausgedrückt werden soll, ist nicht die Absicht, sondern nur die gewöhnliche Folge, die wir mit „und so" wiedergeben. So auch in: [hierogl.] „halte dich an den Schweigsamen, so findest du das Leben und dein Leib ist heil auf Erden" Amenemope 7, 9-10.

295. Zu diesem Gebrauche des __s̱dm.f__ gehören dann auch die Fälle, in denen es sich an ein Verbum der Bewegung anschliesst und zwar meist an den Imperativ. So noch mit der Bedeutung der Absicht in:

[hierogl.] „komme zu mir, dass ich deine Schönheit sehe" Lieb. Beatty 23,3.

Meist aber in abgeschwächter Bedeutung:

[hierogl.] „lasse mich dir sagen" An. I 9,4.

[hierogl.] „steh auf und gieb mir" d'Orb. 2,10.

[hierogl.] Hor. u. Seth 11,1 – hier wäre die wörtliche Übersetzung „komme damit wir uns vergnügen" zu steif, es entspricht viel mehr einem „komm wir wollen uns vergnügen".

296. Oft findet sich diese Ausdrucksweise bei __hn__ „gehen": ein __hn.f s̱dm.f__ bedeutet nicht „er geht, damit er höre", sondern nur: er beeilt sich zu hören, er hört sogleich:

„nicht sage ich: ich verlasse Tell Amarna [hierogl.] und mache nicht gleich (?) ein (neues) Tell Amarna (an einem andern Ort)" Amarna V 29,14. (Der Ausdruck besagt, dass er nicht leichtfertig, unüberlegt von seinem Werke abstehen will).

[hierogl.] „wir wollen ihn sofort be-

§. 297-298   *sdm.f* Optativ

strafen" Hor. u. Seth 10,1.

[hieroglyphs] „sieh dir doch mal (?) deine Genossen an" Unamun 2,54.

<u>Anm.</u> Wie sehr in diesen Verbindungen, die Bedeutung der Absicht geschwunden ist, zeigt das Beispiel:

[hieroglyphs] „besuche sie gleich" P. Bologna 5,4 wo der Konjunktiv steht (wörtlich: eile und besuche)

5. Gebrauch als Optativ

297. Der optativische Gebrauch von *sdm.f* (Gr. §. 293) ist da, wo ihn nicht wie in §. 298 die Partikel [hiero] vorgesetzt ist, schon sehr zurückgegangen. Mit einem nominalen Subjekt findet er sich besonders in feierlicher Rede:

[hieroglyphs] „möge Month dich belohnen" P. Bologna 6,2.

[hieroglyphs] „seid fröhlich" Sall. I 8,7.

[hieroglyphs] „und möge Re dich gesund sein lassen" P. Bologna 1,2; vgl. auch An. VIII, 3,4.

In der 1. plur. findet es sich in:

[hieroglyphs] „lasset uns schnell machen" Hor. u. Seth 10,1 (vgl. auch §. 296).

Auch die 2. Person, die nach [hiero] so häufig ist, kommt vereinzelt auch ohne dies vor:

[hieroglyphs] „bringe mir" Ostr. Berlin III 35.

[hieroglyphs] „fahret über" Hor. u. Seth 5,4.

[hieroglyphs] „esset und trinket" ibd. 10,12.

[hieroglyphs] „besieh gleich (?)" Unamun 2,54 (vgl. auch §. 296).

[hieroglyphs] „gehet und untersucht sie" P. jur. Turin 2,5.

298. Häufiger ist der einfache Optativ mit vorgesetztem [hiero], er kommt fast nur in der 2. Person vor:

[hieroglyphs] „möge man (der König) wissen". P. Kairo, W. B. Nr. D.

| ṣd̲m.f „indem...." | § 299 |

𓇋𓅓𓐍𓂝𓏤𓂡 Sall. I 3,11 dafür 𓇋𓅓𓐍𓏤𓂡 An. V, 11,1.

𓇋𓅓𓂸𓏤 Insc. Hier. Char. pl. 13.

𓇋𓅓𓋴𓏏𓎡 „wende dich darauf" P. Bologna 4,2; 9,2.

𓇋𓅓𓂻𓂝𓎡𓏤 „gehe (nach deinem Belieben)" Prinzengesch. 5,2.

𓇋𓅓𓂻𓂝𓎡 Mes N. 16.

Es ist wohl anzunehmen, dass dieses 𓇋𓅓 ursprünglich aus irgend einem Höflichkeitsausdruck wie unser „bitte" entstanden ist.

<u>Anm. 1</u>. Das 𓇋𓅓𓀁𓂻𓂝𓎡𓏤 „gehe" d'Orb. 8,2 ist nur eine wilde Schreibung für i͗f ṣm.k

<u>Anm. 2</u>. Auch der alten Wunschpartikel <u>ḥꜣ</u>, die neuägyptisch <u>ḥnr</u> (d.h. <u>ḥl</u>) lautet, dürfte der Optativ folgen:

𓉔𓄿𓏥𓏤𓈖𓂝𓎡𓏤𓂡𓏤𓇋𓅓𓉔𓂋𓂻𓎡 „ach würde ich doch zum Türhüter gemacht" Lieb. Harr. 2,12.

𓉔𓄿𓏥𓏤𓈖𓂝𓎡𓂻𓂝𓎡 „ach kämest du doch" Lieb. Beatty 29,1. auffällig ist, dass in dem zweiten Beispiele in scheinbar gleicher Bedeutung in den Varianten auch die <u>n</u>- Form steht: 𓂻𓂝𓎡𓈖 ibd. 30,1.

𓇋𓄿𓏥𓎡𓈖 ibd. 29,5.

6. als Ausdruck für „indem...."

299. Dass diese Form der begleitenden Umstände von dem gewöhnlichen ṣd̲m.f der vorigen Paragraphen unterschieden war, steht für die alte Sprache fest (Gr. §. 294). Im Neuägyptischen können wir diesen Unterschied nicht beobachten und über dies sind nur wenig Fälle vorhanden, in denen man ein ṣd̲m.f mit „indem er hört" übersetzen muss. So:

„er fand mich 𓎛𓐝𓋴𓀀𓏤𓂸𓏤𓀀 wie ich sass, indem ich allein war" d'Orb. 5,1.

„Er tat allerlei Böses dabei 𓂝𓎡𓏤𓆷𓏥𓂸𓏤𓀀 indem er drei Diener schickte" An. VI, 12.

Auch einfache Zeitsätze werden hierher gehören:

𓊃𓄿𓏥𓂝𓎡 𓄿𓁷𓂝𓏏𓀀 „wenn sie (die Dunkelheit) eintritt, so lade

§. 300 – 301   *śḏm·f* „indem ...."

ich ein" Unamun 1 x + 7.

〈Hierogl.〉 „geht die Sonne unter, so bin ich tot." Prinzengesch. 6, 15.

Auch das 〈Hierogl.〉 wird vielleicht so zu fassen sein, vgl. §. 512.

<u>Anm.</u> In Tell Amarna kommen in den dort üblichen Phrasen derartige Zeitsätze vor. Das 〈Hierogl.〉 „wenn er aufgeht" (z. B. Amarna VI, 14) wird für *ḫʕj·f* stehen und findet sich schon in älteren Texten (vgl. Gr. §. 93 c).

300. Was dieses *śḏm·f* „indem er hört" im Neuägyptischen verdrängt hat, ist die so häufige Zusammensetzung mit 〈Hierogl.〉 : *jw śḏm·f*. Sie existiert schon in der alten Sprache und hat auch dort schon zuweilen dieselbe Bedeutung wie im Neuägyptischen (Gr. §. 341 a). Im Koptischen entsprechen die Formen mit dem participialen ⲉ—.

Man kann sich nun fragen, ob etwa das *śḏm·f* in dieser Zusammensetzung unsere hier behandelte Form sei; es sieht aber aus, als habe man hier verschiedene Formen verwendet: 〈Hierogl.〉 und 〈Hierogl.〉 ; vgl. §. 495 f.f.

301. Dagegen wird man dasjenige *śḏm·f* heranziehen dürfen, das in einem Bedingungssatz nach der Partikel 〈j〉 steht; denn hier steht es auch in der alten Sprache (Gr. §. 296). So in:

〈Hierogl.〉 „wenn du sieben Jahre verbringst (mit Suchen, so lass es dich nicht verdriessen)" d'Orb. 8, 5.

〈Hierogl.〉 „wenn du ihn am Leben lässt (so sterbe ich)" ibd. 5, 3.

〈Hierogl.〉 „wenn ein anderer es findet ..." ibd. 10, 3.

Das 〈j〉 das hier vor dem Verbum steht, ist nicht eine Konjunktion, von der das Verbum abhängt, sondern es ist gewiss nur dasselbe hervorhebende Wörtchen, das man auch sonst vor Worte oder Sätze stellt, die zu ihrer Betonung an den Anfang gerückt sind; vgl. §. 705; 813. Somit liegt in dem ersten der obigen Beispiele die eigentliche Bedingung erst in dem Verbum: „indem du sieben Jahre verbringst, lasse es

emphatische Form. Bildung §. 302

dich nicht verdriessen".
Dem entspricht es denn auch, dass man Neuägyptisch in einem solchen Bedingungssatze nach 𓇋 auch den jungen Ausdruck für „indem er hört" verwenden kann:

[hieroglyphs] „wenn du es findest" d'Orb. 8,5.

D. die emphatische Form

a. ihre Bildung

302. Diese wichtige Bildung, die sich in der alten Sprache, wenigstens bei den III. inf., gut erkennen lässt (Sr. §. 297), kommt in ihrer überlieferten Schreibung fast nur noch in Tell Amarna vor. Wir finden sie hier ständig auf der Grenzstele (V, 29, 11 folg.), wo der König immer wieder versichert [hieroglyphs] „ich werde machen" (ibd. 29,11; ibd. 14-17). Für das Passiv: „man soll mir machen", „ich soll gebracht werden", „sie soll gebracht werden", steht dabei [hieroglyphs], [hieroglyphs], [hieroglyphs] wie das dem alten Gebrauche entspricht (Sr. §. 297 Anm.). Ebenso finden wir richtig die emphatische Form nach [hieroglyphs] „gleichwie": [hieroglyphs] Amarna III 29; [hieroglyphs] ibd. VI, 14; VI, 15,3. Demnach könnte man auch [hieroglyphs] ibd. VI, 15,3; [hieroglyphs] ibd. I, 41 für emphatische Formen halten, so wenig sie uns auch behagen; vgl. Sr. §. 297 A.

Was ausserhalb von Tell Amarna als emphatische Form älterer Schreibung gelten muss, ist nicht viel:

„ich weiss: [hieroglyphs] du liebst (den der das Rechte tut)" P. Tur. 73, II 9.

„Wer dagegen frevelt [hieroglyphs] er soll dem Gericht anheimfallen" am. S. d. H. 7.

auch die Verkündung:

[hieroglyphs] ... „dir ist ein Sohn geboren" d'Orb. 18, 7 – wird hierher gehören und ebenso die Drohung:

§. 303 - 304   emphatische Form. Bildung

[hieroglyphs] „man wird ihre Söhne nicht auf ihre Stellen setzen." Am. S. d. H. 9.

<u>Anm.</u> Statt des richtigen [hieroglyph] steht Amarna III 22 ein [hieroglyph].

303. Neben den hier besprochenen emphatischen Formen älterer Schreibung stehen nun andere, die eine ganz andere Gestalt haben, denn sie werden durch den Anlaut [hieroglyph] (§. 255) gekennzeichnet. Es sind häufige, kurze Verba, die diese Bildung zeigen. Für [hieroglyph] wird auch hier zuweilen ⌢ geschrieben (in Tell Amarna und bei dem Schreiber der Papyrus Sallier). Belegt sind folgende Formen:

Von <u>ỉrj</u> „machen". <u>Aktivisch</u>: [hieroglyphs] Harr. 79,8; [hieroglyphs] Unamun 2,72; [hieroglyphs] + Subj. ibd. 2,14; mit einem <u>t</u> am Ende: [hieroglyphs] Lieb. Beatty 17,3; d'Orb. 9,9; [hieroglyphs] + Subj. Prinzengesch. 4,13. — <u>Passivisch</u>: [hieroglyphs] Hor. u. Seth 14,11; [hieroglyphs] An. VI, 33; [hieroglyphs] + Subj. Unamun 2, 78/79; — mit ⌢ als Anlaut: [hieroglyphs] (für [hieroglyphs]) Amarna VI, 20.

Von [hieroglyph] „geben". <u>Aktivisch</u>: [hieroglyphs] An. III 4,5; Med. Habu (241); [hieroglyphs] An. I 26,2; [hieroglyphs] + Subj. Med. Habu (214).
<u>Passivisch</u>: [hieroglyphs] + Subj. P. Boulaq 10,10.

Von <u>ỉw</u> „kommen": [hieroglyphs] + Subj. Lieb. Beatty 17, 12.

Von <u>dd</u> „sagen" (ϫⲱ): [hieroglyphs] Abbott 6, 22; [hieroglyphs] Mes N. 21.

Von <u>šm</u> „gehen": [hieroglyphs] Israelstele 22; ibd. 24.

Von <u>mwt</u> „sterben" (ⲙⲟⲩ): [hieroglyphs] Sall. IV, 4,5; 4,7 u. ö. (neben [hieroglyphs] ibd. 4,3).

Von [hieroglyph] „bringen" (ⲉⲓⲛⲉ): [hieroglyphs] Sall. I 3,6; 5,5; 6,1; 9,2 u. ö.

<u>Anm.</u> Merkwürdig ist: [hieroglyphs] „man geht und kommt singend" Israelstele 24 wo bei dem zweiten Verbum das [hieroglyph] fehlt. Vgl. ähnliche Fälle in §. 349 532 559 701 Anm.

304. Auch von diesen im vorigen Paragraphen aufgeführten Formen macht die wirklich vulgäre Sprache nicht vollen Gebrauch. Eigentlich benutzt sie nur noch das [hieroglyphs] und umschreibt mit ihm die em-

| emphatische Form. Gebrauch | §. 305 - 306 |

phatische Formen der anderen Verba. Man sagt also z. B. statt 〈hiero〉 besser 〈hiero〉.

b. ihr Gebrauch.

305. Der Gebrauch der emphatischen Form ist im Ganzen wie in der alten Sprache; sie steht also da, wo man etwas mit Nachdruck ausspricht (Sn. §. 298):

„Bei Amun! 〈hiero〉 ich sage die Wahrheit" Mes N. 21.

〈hiero〉 „(so) sagt dieser grosse Gott" (als Schluss eines Dekrets) P. Neschons 6,17.

„(es ist einerlei was ich auch tue) 〈hiero〉 Gott tut (doch) was er will" Prinzengesch. 4,13.

„Wenn ich zum Libanon rufe 〈hiero〉 so öffnet sich der Himmel" Unamun 2,14.

Und so lautet denn auch die Anfangsformel der Briefe im Sall. I:

〈hiero〉 „gebracht wird dir dieser Brief" Sall. I 3,11; 5,5; 6,1 u.s.w.

Und ebenso die Formel in den Lehrerbriefen:

〈hiero〉 „man sagt mir" Sall. I 9,10.

Wenn die anderen Schreiber dafür nur 〈hiero〉 (z. B. An. III 5,5) und 〈hiero〉 (An. IV 2,4; An. IV 11,8; An. V, 6,1) setzen, so sind das die korrekten älteren Schreibungen.

306. Man benutzt die Form dann weiter auch in allgemeinen Sätzen.

So heisst es vom Könige:

〈hiero〉 „man sagt dir das Wesen jedes Landes" An. II 6,1 = An. IV 5,9.

Und dies geschieht auch da, wo eigentlich ohne Nachdruck etwas allgemein gültiges ausgesagt wird. So wenn von einem schädlichen Vogel gesagt wird:

〈hiero〉 „er verbringt den Sommer als

§. 307 - 309   emphatische Form. Gebrauch

Verderb für die Dattel..... [hiero] er verbringt seinen Rest vom Jahr (als Verderb der Saat)" Lansing 3,5-7. Und so auch in:

[hiero] „man tut Unrecht (in jeder Stadt) [hiero] man tut Recht (in Alaschija)" Unamun 2, 78. 79.

Im Koptischen würde man hier das ϣⲁϥⲥⲱⲧⲙ gebrauchen, und in der Tat geht dieses ja auf ein [hiero] zurück; vgl. Spiegelberg, Demot. Gr. §. 133; vgl. auch das Beispiel in §. 309 Anm. mit [hiero], aber _perfektischer_ Bedeutung.

307. Meist aber bezeichnet die emphatische Form etwas Zukünftiges. So in alter Schreibung in Tell. Amarna V, 29, 14-17, wo der König mit immer wiederholtem [hiero] „ich werde machen" erklärt, was er tun will. Lehrreich ist es, dass er dabei in einer ergänzenden Zwischenbemerkung, die gewöhnliche, nicht emphatische, Form verwendet: [hiero] „ich werde (es hier) machen" [hiero] „und ich mache (es) nicht (anderswo" (Amarna V, 29,11). Ebenso ähnlich (aber nicht futurisch):

[hiero] „ich sage die Wahrheit" [hiero] „und lüge nicht" Mes N. 21. — Andere Beispiele dieses Gebrauchs sind:

„die Göttinnen sagen: [hiero] sie wird sterben" d'Orb. 9,9; ähnlich auch (aber ohne Umschreibung) Sall. IV, 4,5; 4,7.

[hiero] „dies werde ich ihm tun" An. IV, 3,2; — vgl. auch Lieb. Harr. 5,7 u. An. III 4,5.

308. Dieser futurische Gebrauch führt dann dazu, dass man die emphatische Form auch in Befehlen benutzt:

[hiero] „gebet" An. I 26,2.

[hiero] sic [hiero] „Weiter: du sollst gehen (und mich hier besuchen)" P. Bologna 5,6.

[hiero] „du sollst machen" Amenemope 18,22.

[hiero] „du sollst (dich) beraten" ibd. 11,19.

309. Zuweilen, und zwar gerade in späten Texten, steht die emphatische Form

emphatische Form. Gebrauch §. 310 - 311

auch von der Vergangenheit; sie enthält dann eine perfektische Aussage. — Ihr koptischer Abkömmling ⲀϤⲤⲰⲦⲘ ist dann geradezu zur Form der Erzählung geworden:

⌬ 𓇋𓂝 𓏭𓈖𓉔𓌱 𓏤... „ich hatte abgeliefert .... ⌬ 𓇋𓄿𓇋 𓂝 𓎟 𓏤𓌱... und man hatte empfangen" An. VI, 20.

„er schwur: ich habe es nicht 𓇋𓄿𓇋 𓂝 𓏤 𓂋𓏭𓌱𓂋 𓂻 𓈎𓌱𓆑𓏲 𓎟... (und da) fand man es in seinem Hause" P. Salt 1, 12.

𓇋𓄿𓇋 𓂝 𓎟! 𓂋𓆑𓌱𓂝𓎟! „sie sind gestorben an dem Ort (wo sie waren)" Unamun 2, 52; vgl. auch ibd. 2,5; 2,6; 2,29.

Anm. Auf die Vergangenheit geht gewiss auch die Stelle Unamun 2, 19-22, die man des vorgesetzten ⌬ wegen nach §. 667 als Präsens consuetudinis erklären würde.

⌬ 𓇋𓄿𓇋 𓂝 𓇋𓈖𓏤𓌱𓈖𓌱.... „Amun hat (alle Länder) eingerichtet;
𓇋𓄿𓇋 𓂝𓎟 𓈖 𓌱𓎟... er hat sie eingerichtet .... ⌬ 𓇋𓄿𓇋 𓂝 𓎟 𓌱
𓈎𓏤 𓇋𓌱 𓎟... die Kunstfertigkeit ist aus ihm hervorgegangen....
⌬ 𓇋𓄿𓇋 𓂝 𓏭𓆮𓇋 𓂝 𓎡𓌱𓂋 𓎟 𓇋𓌱 𓎟 und die Lehre ist aus ihm gekommen". Unamun 2, 19-22.

310. Vereinzelt steht das 𓇋𓄿 𓂋 𓌱 𓎟 in der Stelle:

𓌱𓂝 𓎟 𓇋 𓈖𓇋 𓇋𓄿𓈖𓂝 𓌱 𓎟 .... 𓏤𓌱 𓎡𓊪𓄿𓏛 𓏏𓂋𓇋𓄿 𓇋 𓂧𓌱𓈖 𓎟 𓇋𓄿𓇋 𓂝 𓎟 𓏤 𓇋𓄿𓏲𓂋𓌱 𓇋𓄿𓆑 𓂧𓆑𓇋𓏛𓌱𓏲 𓎟... „er wurde herbeigebracht wegen der Verbrechen der Haremsfrauen. Er war unter ihnen gewesen, er hatte (sie) angehört und sie nicht angezeigt" P. jur. Turin 5, 8; ebenso 5, 9 und 5, 10. — Da eine emphatische Form bei diesem dreiradikaligen Verbum auffallend ist, so möchte man das 𓇋𓄿 in 𓇋𓂝 verändern, das man ohnehin hier erwarten würde; aber es fällt schwer zu glauben, dass ein sonst guter Schreiber sich drei mal hintereinander geirrt haben sollte.

311. Von dem weiteren Gebrauch der emphatischen Form merke man:
1) sie wird ebenso wie das gewöhnliche <u>sdm.f</u> mit dem unpersönlichen 𓇋𓂝 gebraucht: 𓇋𓂝 𓇋𓄿𓇋𓂝𓎟 ; vgl. das Nähere §. 519 ff.

§ 312 - 313   sḏm·n·f

2) sie wird in Fragesätzen gebraucht ; vgl. § 734.
3) sie dient zum Ausdruck der Bedingung ; vgl. § 812 ff.

anm. In der älteren Sprache (Gr. § 301) steht nach den Konjunktionen teils die emphatische Form, teils das gewöhnliche sḏm·f. Wie die Formen, die im Neuägyptischen nach Konjunktionen stehen, aufzufassen sind, bleibt unsicher. Vgl. die Beispiele in § 302 und § 726.

E. die n- Form
und
die ihr verwandten Formen

a. die n- Form

312. Die n- Form ist in den meisten neuägyptischen Texten schon verloren und auch in solchen, die sie noch kennen (wie Tell Amarna und die Liebeslieder) tritt oft schon sḏm·f an ihre Stelle. Charakteristisch ist wie Sall. III die n- Form des Kadeschgedichtes durch sḏm·f ersetzt:
[hieroglyphs] Kadesch 56 (Sall. III nur [hieroglyphs]); [hieroglyphs] Kadesch 59 (Sall. III 3,6 nur [hieroglyphs]).

anm. Die Schreibungen der einzelnen Verba sind die herkömmlichen: [hieroglyphs], [hieroglyphs], [hieroglyphs], [hieroglyphs], vgl. Gr. § 304. — Doch findet sich auch [hieroglyphs] (amarna Gr. Hymn. 4) und stets schreibt man [hieroglyphs], ohne das anlautende ⌒ (eine Ausnahme: [hieroglyphs] Kadesch 29). Bemerkenswert sind die Schreibfehler: [hieroglyphs]) [hieroglyphs] für ḫm·n·f „es verlöscht" Sall I 8,10 ; [hieroglyphs] für dj ẖbn·j „mache dass ich (mich) mische" Amarna I,38, (richtig II,7).

313. In einfachen Aussagen, die etwas Abgeschlossenes ausdrücken (Gr. § 306), ist sie wohl meistens dem sḏm·f gewichen. Wir treffen sie noch an in: „du hast sie geschaffen .... [hieroglyphs] sie sind aus deinem Munde hervorgegangen" Amarna III 28.

_sd̲m·n·f_ §. 314

„Schwalbe, wecke mich nicht 〈hierogl.〉 ich habe den Bruder gefunden" Lieb. Harr. 5,7.

〈hierogl.〉 „ich fand, dass der Herr der Götter mit Nordwind kam" Berlin 20377;

Und in den Formeln:

〈hierogl.〉 „er hat (es) verfasst im Jahre 3." An. III 7,11.

〈hierogl.〉 „der Schreiber E. hat (es) verfasst" d'Orb. 19,9.

vgl. auch die Beispiele in §. 555.

<u>Anm.</u> Wie man in der alten Sprache die Verba _rḫ_ „wissen" und _ḫm_ „nicht wissen", gern in der _n_-Form gebraucht (Gr. §. 303 Anm. 2), weil diese der ursprünglichen Bedeutung von _rḫ_ und _ḫm_ entspricht, so braucht man auch Neuägyptisch einzelne Verba mit Vorliebe in dieser Form, so: 〈hierogl.〉 „ich habe gefunden" im Sinne von: „ich habe" Amenemope 22,3; vgl. Lieb. Harr. 5,7; 〈hierogl.〉 „Gott liebt" Amenemope 26,13; vgl. auch An. II 4,11; 〈hierogl.〉 „du denkst" Lieb. Harr. 1,3; Sall. I 6,2 (dafür An. V, 15,7 〈hierogl.〉); aber das häufige 〈hierogl.〉 „wissen" scheint man nicht mehr so zu brauchen.

314. Der Gebrauch in Zeitsätzen allein oder nach einer Konjunktion ist noch am häufigsten zu belegen:

„die Schlafenden erwachen 〈hierogl.〉 nachdem du sie erhoben hast" Amarna. Gr. Hymn. 4.

〈hierogl.〉 „man lebt, wenn du dein Licht gespendet hast" ibd. IV, 33.

〈hierogl.〉 „nun aber, als er das vierte Jahr begonnen hatte, wünschte sein Herz (nach Ägypten zu gehen)" d'Orb. 13,5.

〈hierogl.〉 „wenn er das Haus seiner Schwester erreicht hat (so ist sein Herz voll Jubel)" Lieb. Beatty 29,4.

„er blickt nach mir 〈hierogl.〉 wenn ich bei ihm vorbeige-

§. 315 - 316   sḏm·jn·f

gangen bin " Lieb. Beatty 25, 2.

315. Dass die n- Form einem Satze eine diesen ausführende Angabe beifügt (Gr. §. 309, 310) finden wir in :

„ sie schlafen.... [hieroglyphs] und kein Auge sieht das andere" Amarna Gr. Hymn. 3..

„ gleich der Sonne [hieroglyphs] wenn sie aufgeht und die beiden Länder mit ihrer Liebe erfüllt". ibd. Grenzstele S. (Dafür hat Stele K. nur [hieroglyph])

„ es giebt keine Armut für den der dich liebt [hieroglyphs] und er sagt nicht : „ hätte ich doch" Amarna IV, 35.

[hieroglyphs] .... es kamen (die und die Beamten) [hieroglyphs] und sie trafen (den vorgeladenen Oberarbeiter)" Abbott 5, 13, - vgl. auch Kadesch 29 ; 43 ; 64.

Hier lebt scheinbar der alte Gebrauch noch weiter, aber doch nur scheinbar, denn in dem einen Beispiel hat ein zweites Exemplar der Stele schon [hieroglyph] und in der Stelle :

[hieroglyphs] „ er verbrachte drei Jahre es zu suchen aber er fand es nicht " d'Orb. 13, 5 - müsste es doch gewiss gm·n·f heissen.

b. die jn- Form und ḫr- Form

316. Noch seltener ist die jn- Form (Gr. §. 313 ff) ; sie findet sich nur noch in geschäftlichen Texten, wo ein wesentlicher Vorgang angegeben wird (vgl. aber wn-Inf des §. 533) :

[hieroglyphs] .... sie wurden herbeigeführt.... [hieroglyphs] „ sie lagen auf ihrem Bauch" Amarna V, 29, XVIII.

„(der Vezier liess die Diebe holen) [hieroglyphs] es sagte der Vezier (zu den Richtern u.s.w.)" Abbott 7, 8.

[hieroglyphs] „ so spricht König (Ramses)" Harr. 75, 1 (als Einleitung des langen Textes).

| das eigentliche Passiv | § 317 - 318 |

Anm. Dagegen werden Stellen wie: [hieroglyphs] Abbott 5,12 (nach dem Datum) nicht hierher gehören. Sie enthalten vielmehr einen absolut gebrauchten Infinitiv; vgl. §. 415.

317. Die ḫr- Form findet sich noch in [hieroglyphs] „du meinst (der Feind sei hinter dir)" An. I 24,8 ; vgl. auch §. 715.

F. das eigentliche Passiv

318. Das eigentliche Passiv (Gr. §. 321 ff) ist noch mehr zurückgegangen, als es schon in der alten Sprache der Fall war. Man trifft es besonders in herkömmlichen Formeln an und in Texten gewählter Sprache.

Die 2 rad. u. 3 rad. Verben zeigen keine Endung, denn Formen wie [hieroglyphs] + Subj. abgek. Justiz ; [hieroglyphs] An. II 6,7 ist ja nicht zu trauen.

Bei den III. inf. finden wir in Tell Amarna: [hieroglyphs] + Subj. Amarna I 38 ; und die Formel: [hieroglyphs] (Grenzstele S.).

In den anderen Texten kommen vor:

Von *gmj* „finden": [hieroglyphs] Abbott 2,12 ; [hieroglyphs] + Subj. d'Orb. 11,3 ; [hieroglyphs] + Subj. Abbott 3,6 ; 7,13 ; [hieroglyphs] + Subj. Harr. 78,3.

Von *wdj* „senden": [hieroglyphs] P. Tur. 66,7 ; [hieroglyphs] + Subj. ibd. 66,5.

Von *šdj* „nehmen": [hieroglyphs] „Lansing 10,9 ; [hieroglyphs] + Subj. Insc. Hier. Ch. pl. 18.

Von *jnj* „bringen": [hieroglyphs] Sall. I 8,1 ; [hieroglyphs] + Subj. Mayer A 1,13 ; [hieroglyphs] + Subj. Harr. 78,6 und das vereinzelte [hieroglyphs] + Subj. An. I 17,5.

Von *jrj* „machen": [hieroglyphs] + Subj. P. Salt 1,4 ; Abbott 7,13 ; Harr. 76,1 ; Mayer A 3,10 ; An. I 15,3 ; [hieroglyphs] + Subj. Mayer A 1,17 ; 1,21 ; — das [hieroglyphs] + Subj. Mayer A 2,19 steht vereinzelt und ist vielleicht irrig.

Von dem Verbum [hieroglyphs] „geben" lautet das Passiv: [hieroglyphs] ; [hieroglyphs] ; P. Bolog-

§. 319 - 321   Das eigentliche Passiv

na II 27 ; [gl] + Subj. Mayer A 1,18 ; 13,6 ; [gl] + Subj. An. III 6,4 ; An. IV 4,5 ;
[gl] (unpersönlich) An. I 17,1 ; [gl] + Subj. An. II 4,3.

Anm. Wie dieses [gl], das nicht zu der alten Form stimmt, zu erklären
ist, stehe dahin. — Die Formen [gl] und [gl], die
passivisch nach der Negation [gl] stehen, sind wie in §. 771 bemerkt, wohl als passive Participien zu fassen. Die andern dort
aufgeführten passivischen Formen, die ebenfalls nach [gl] stehen
und die zum Teil ein Suffix haben, sind vorläufig hier aufge-
nommen worden, da das Suffix die Erklärung als passive Participien nicht erlaubt.

319. Diejenigen Verba, die mehr als 3 Radikale haben, haben auch in diesem Falle ihre Flexion aufgegeben. Man umschreibt ihr Passiv durch
das Hilfsverb [gl] „gemacht wurde":

[gl] „man verhörte sie" Abbott 4,10.
[gl] N.N. „man verhörte N.N." Mayer A 1,17 ; 1,21.
[gl] „es ward begraben" P. Salt 1,4.

Übrigens hat dieser Gebrauch dann auch auf andere Verba übergegriffen: [gl] „mein Vater wurde
getötet" Mayer A, 2,19.

320. Gebraucht wird das eigentliche Passiv zunächst, wo man eine Tatsache
aussagt. Es handelt sich meist um die Vergangenheit:

[gl] „siehe, seine Frau ist getötet
worden" d'Orb. 9,5.

[gl] „sie wurden nicht noch einmal gesehen" Harr. 78,7.
Aber anscheinend auch um die Zukunft:

„dieser Feldarbeiter [gl] der dir zugeteilt ist [gl]
[gl] er wird dir in den Sommermonaten gegeben werden"
P. Bologna II,27.

321. Das eigentliche Passiv steht ferner in der Erzählung:

[gl] „die Gebräuche des Osiris wurden an ihm

| das eigentliche Passiv | §. 322 – 324 |

vollzogen" Harr. 76,1.

"ich schickte meine Leute aus.... [hierogl.] .... Silber und Gold wurden ihr dargebracht.... [hierogl.] .... Wunderdinge wurden mir gebracht" ibd. 78,7.

[hierogl.] "man befragte sie [hierogl.] man fand, dass die Leute keine Stelle kannten" Abbott 7,13.

[hierogl.] "sie wurde erbrochen gefunden" (statt des sonst stehenden [hierogl.] "sie ist gefunden") Abbott 2,17.

Und so steht es auch in Fällen, wo man im Aktiv die n- Form brauchen würde (Gr. §. 324):

"man brachte die Locke an [hierogl.] und man fand deren Geruch sehr angenehm" d'Orb. 11,3.

322. Das eigentliche Passiv steht weiter in Zeitsätzen, wo es etwa dem <u>śdm.f</u> des §. 299 entspricht:

[hierogl.] "als man bestattete" P. Salt 1,4.

[hierogl.] "als aber die Kupfersachen eingefordert wurden" Insc. Hier. Ch. pl. 18.

323. Das eigentliche Passiv kann auch von einer Konjunktion abhängen (Gr. §. 323a):

[hierogl.] "du wirst geboren wie die Sonne geboren wird" Amarna I 38.

"Er schrie laut [hierogl.] als der Brief vor ihm gelesen wurde" Hor. u. Seth 14,10.

<u>Anm</u>. das eigentliche Passiv findet sich nie als Subjunktiv. Über Fälle wie [hierogl.] vgl. §. 293.

324. Auch dem eigentlichen Passiv setzt man das unpersönliche [hierogl.] vor, das ihm die Bedeutung eines begleitenden Umstandes verleiht:

"als sie den Horus sahen [hierogl.] wie ihm das Amt (seines Vaters) übergeben wurde" Hor. u. Seth 16,8.

§. 325-326   das eigentliche Passiv

[hieroglyphs] „als die Ceder gefällt war(?) (wurde?)" d'Orb. 12,7. „Ich fand ihn sitzend [hieroglyphs] indem sein Rücken an ein Fenster gelehnt war" Unamun I x+13.

325. Endlich wird das eigentliche Passiv auch unpersönlich gebraucht (Gr. §. 324a) so in:

[hieroglyphs] „es (das Opfer) ist gnädig empfangen" Amarna, Grenzstele S.

[hieroglyphs] „man hat K. gefangen genommen" Israelstele 27.

[hieroglyphs] „man verhaftete sie" Abbott 3,10.

<u>Anm. 1.</u> Für diesen unpersönlichen Gebrauch des Passivs ist es interessant, dass P. Turin 66,5 in einem Schreiben der königlichen Kanzlei der Satz: „Ini ist abgeschickt worden", so geschrieben wird: [hieroglyphs]. Der Schreiber fühlt also das Passiv als „man hat abgeschickt" und deutet durch [sign] an, dass der König gemeint ist. Vgl. auch ebenda: [hieroglyphs] „dir (vom Könige) gesandt" P. Turin 67,6.

<u>Anm. 2.</u> Hierher gehört gewiss auch der Ausdruck [sign], [sign] der „beträgt an" (Gewicht, Mass) bedeuten muss; vgl. §. 268 Anm. „Tell Amarna gemessen von einem Grenzstein zum andern [hieroglyphs] das beträgt sechs Meilen" Amarna, Grenzstele N. u. S. - „Silber, vier Gefässe [hieroglyphs] das beträgt 20 Deben" Unamun 1,11; Harr. passim.

326. Einem Verbum, das im eigentlichen Passiv steht, fügt man öfter ein Zweites im Passiv auf [sign] bei. Das Zweite scheint dann das Erste in der gleichen Weise zu ergänzen, wie das im Aktiv die <u>n</u>- Form nach einem <u>sdm.f</u> tut; vgl. §. 315.

[sign] N.N „man brachte den N.N. herbei [hieroglyphs] ... und man sagte zu ihm... [hieroglyphs] und er sagte" u.s.w. Mayer A 1,13.

[hieroglyphs] N.N „man hat N.N. abgesandt [hieroglyphs] und hat ihn geschickt" P. Turin 66,5

| Pseudoparticip . Bildung | §. 327 - 328 |

𓀀𓏥 N.N. „man brachte den N.N. herbei 𓊃𓏤 𓂝 𓏥 𓏴 𓏥 𓅱𓏛𓀁 ...und man gab ihm den Eid auf.... 𓂧𓂝 𓏥 und man sagte zu ihm" Mayer A 1,8 ; vgl. auch ibd. 1,18 ; 1,21.

9. das Pseudoparticip

a. seine Bildung

327. Die Endungen des Pseudoparticips sind zwar umgestaltet und zum Teil auch verloren, aber die Bildung ist doch noch lebendig und die einzelnen Personen werden noch richtig auseinandergehalten. Dies ist es, was das Pseudoparticip von seinem Abkömmling, dem Qualitativ des Koptischen unterscheidet, das eine unveränderliche Form geworden ist. Aus diesem Grunde behalten wir auch für die neuägyptische Form den herkömmlichen Namen bei; er deutet an, dass sie sich in einem Übergangsstadium befindet, während das koptische Qualitativ wirklich zu einer Art Particip geworden ist.

328. Bei den einzelnen Endungen wird deren Auslaut schon reduziert gewesen sein; darauf deuten die Schreibungen ⌒ für 𓎡𓏤, ⌒ für 𓏏𓏤, die man sich als _kĕ_ oder _k_, _tĕ_ oder _t_ zu denken haben wird. Dafür sprechen auch einzelne Formen mit einer Endung, die im Koptischen erhalten sind wie ⲈⲈⲦ, ⲤⲢⲞⲨ̄Ⲧ, ⲦⲚ̄ⲦⲞⲚ̄Ⲧ. Sie zeigen zugleich auch, dass der Akzent auf der Silbe vor der Endung lag.

Im ganzen wird man sich in der wirklichen Vulgärsprache die Endungen etwa so zu denken haben:

1. sg.	_k_ , spät _t_	1. pl.	_n_ , spät _w_
2. m.	_t_	2 pl.	_t_
2. f.	_t_		
3. m.	ohne Endung	3. m.	ohne Endung
3. f.	_t_	3. f.	ohne Endung

§. 329 – 331   Pseudoparticip. Bildung

329. Die folgende Zusammenstellung der gebräuchlichen Schreibungen sondert die Handschriften in ältere und jüngere, doch ist auch hier wie bei allen Fragen der Orthographie eine scharfe Scheidung nicht durchzuführen und es kommt vor, dass ein späterer Schreiber ältere Formen mehr benutzt als der Frühere. Und umgekehrt kommt eine jüngere Form auch schon in einem älteren Texte vor, obgleich sie in dessen Zeit noch nicht allgemein gebräuchlich war. Zuweilen scheint es, als ob von zwei aufeinander folgenden Verben, das erste die volle Form hat, das zweite die gekürzte: 〈hieroglyphs〉 …. 〈hieroglyphs〉 …. Sall. I 8,4 ; 〈hieroglyphs〉 〈hieroglyphs〉 …. 〈hieroglyphs〉 …. An. I 11,5-6.

330. Bei der ersten Singularis herrscht in den älteren Texten die herkömmliche Schreibung 〈hieroglyphs〉 (in Tell Amarna auch 〈hieroglyphs〉 geschrieben) so z.B.: Kadesch 59, 124 ; Mes N. 28 ; S. 6 ; und sie kommt auch noch in Dyn. XX (Lieb Beatty) vor. Die jüngere Schreibung 〈hieroglyph〉 findet sich schon in Tell Amarna (V, 2,10 ; III 25,12), auch Sall. III ersetzt das 〈hieroglyphs〉 von Kadesch durch 〈hieroglyph〉; auch An. I benutzt es schon (4,6). Wie ganz man gewöhnt war, das 〈hieroglyphs〉 nur wie 〈hieroglyph〉 zu sprechen, ersieht man daraus, dass man nun auch das Suffix 2. masc. sing. sehr oft 〈hieroglyphs〉 statt 〈hieroglyph〉 schreibt; vgl. §. 65 ff. In den jüngsten Handschriften wird dann die Endung kwj, k durch eine neue 〈hieroglyph〉 verdrängt: 〈hieroglyphs〉 Unamun 2,66 ; 〈hieroglyphs〉 ibd. 2,64 ; 〈hieroglyphs〉 ibd. I,13 ; 〈hieroglyphs〉 ibd. I,22 ; und so auch Max. d'Anii 9,8 ; 〈hieroglyphs〉 Abg. Justiz C. – Hier hat also die Endung der 2. m. und 3. fem. weitergewuchert.

331. Bei der zweiten masc. schreiben die älteren Texte meist 〈hieroglyph〉, die jüngeren haben stets oder doch überwiegend 〈hieroglyph〉 (d.h. tĕ oder t, vgl. §.14 Anm.), auch Tell Amarna kennt dieses 〈hieroglyph〉 schon (V, 28 ; VI, 25,10) ; wenn es dann neben dem 〈hieroglyph〉 auch 〈hieroglyph〉 schreibt, so bedeutet das natürlich nichts, denn 〈hieroglyph〉 ist für Inschriften dieser Zeit nur eine graphische Variante des 〈hieroglyph〉. Die zweite fem. ist nur in: 〈hieroglyphs〉 P. Bologna 8,9 ; 10,7 ; 〈hieroglyphs〉 Lieb. Tur. 2,12 belegt.

Pseudoparticip. Bildung § 332

<u>Anm.</u> Merkwürdig ist, dass bei der 2. masc. vereinzelt auch Formen ohne Endung vorkommen, die man doch nicht gern für irrig halten möchte: 〈hiero〉 „dass du nicht allein sitzest" d'Orb. 9,7. 〈hiero〉 „du kommst betrunken heim" dieb. Harr. 7,12. 〈hiero〉 „du kennst mich" dieb. Beatty 25,5. 〈hiero〉 „du bist reich (?)" Ostr. Berlin III, 33 (aber 〈hiero〉 Lansing 3,4) ; „sie finden dich 〈hiero〉 müde" An. I 20,5.

332. Die <u>dritte masc.</u> zeigt in Tell Amarna noch öfter ihre Endung 〈hiero〉 und auch in anderen Texten kommt sie noch vereinzelt vor: 〈hiero〉 amarna IV, 3; 〈hiero〉 ibd. VI, 19, 21 ; 〈hiero〉 Kadesch 26 ; 〈hiero〉 An. IV, 3,10. — So auch bei den III. inf. 〈hiero〉 amarna VI, 14 ; 〈hiero〉, 〈hiero〉 ibd. I 39; II, 9; II 21; 〈hiero〉 ibd. II 9, I 39 ; 〈hiero〉 Prinzengesch. 6,4 ; An. I 10,6 ; 〈hiero〉 Amenemope 25,8. — Sonst gehen die III. inf. in dieser Form auf 〈hiero〉 aus: 〈hiero〉 dieb. Tur. 1,10 ; 〈hiero〉 P. Beatty I B 29 ; 〈hiero〉 Harr. 76,1. 〈hiero〉 dieb. Kairo passim ; 〈hiero〉 Kadesch 94 ; Prinzengesch. 4,7. Bei Verben, die auf <u>t</u> oder <u>w</u> enden, muss man das Gefühl gehabt haben, dass eine Form wie * ḥet ḥôte die Endung te der 2. masc. u. 3. fem. enthielt, denn man schreibt sie: 〈hiero〉 An. I 20,2 ; 〈hiero〉 Florenz, Ostrakon 2619 (man wird *3pt für 3tp gesprochen haben), 〈hiero〉 P. Salt 7,10 ; 〈hiero〉 Berlin 20377. — Hierzu gehört es auch, dass man bei 〈hiero〉 „sterben" (моч) die dritte masc. mit 〈hiero〉 (Lansing 10,8 ; 10,6) schreibt, das <u>t</u> des Stammes hatte sich hier, wie auch koptisch мооүт zeigt, hinter der Endung erhalten und wird nun mit 〈hiero〉 geschrieben

Die dritte masc. von 〈hiero〉 „geben" ist : 〈hiero〉 An. II 7,4 ; An. III 5,7 = An. IV, 9,6 ; An III 6,4 ; 〈hiero〉 P. Bologna II 10 , P. Bologna 12,2 ; Mayer A Rs. 1,18 ; 1,26; 2,18 ; Med. Habu 〈50〉 ; 〈hiero〉 Ostrakon Berlin III 34 ; Mayer A 2,4 — man wird das als <u>dt</u> zu fassen haben, was freilich zu dem koptischen то : тоı wenig passt. — Von 〈hiero〉 ist die dritte masc. 〈hiero〉 Kadesch 80.

<u>Anm.</u> Rätselhaft bleibt das : 〈hiero〉 An. III 6,10 (unmittelbar danach

§. 333-334   Pseudoparticip. Bildung

dafür nur 〈hierogl.〉 ; und ebenso das verdächtige 〈hierogl.〉 An. IV, 4, 11.

333. Die <u>dritte fem.</u> wird von den älteren Handschriften 〈hierogl.〉 und von den jüngeren 〈hierogl.〉 geschrieben, also in gleicher Weise wie bei der zweiten masc.; indessen macht der Schreiber des Lansing hier einen Unterschied, er schreibt bei der dritten fem. stets 〈hierogl.〉 (10 mal), während er bei der zweiten masc. fast nur 〈hierogl.〉 (11 mal in 13 Fällen) benutzt. Auch An. I benutzt bei der dritten fem. vorwiegend 〈hierogl.〉 An. I 11, 6 u. passim.

Bemerkenswert ist, dass man in Tell Amarna zwar für gewöhnlich 〈hierogl.〉 und 〈hierogl.〉 schreibt, aber in dem Namen der Königin 〈hierogl.〉 die Endung auch 〈hierogl.〉 und 〈hierogl.〉 schreibt. Das deutet darauf, dass die alte Endung in dem Namen noch <u>ti</u> lautete und nicht nur wie wohl sonst -<u>t</u>.

Von <u>rdj</u> lautet die 3. fem.: 〈hierogl.〉 (Lansing 10, 4).

Bei <u>rwd</u> lautet die Form 〈hierogl.〉 „sie ist tüchtig" Lansing 3, 2, wo das auslautende <u>d</u> mit der Endung <u>t</u> zusammengefallen sein dürfte. Auch in andern Fällen fehlt zuweilen die Endung, so in 〈hierogl.〉 d'Orb. 8, 7; 〈hierogl.〉 ibd. 9, 7; 〈hierogl.〉 ibd. 9, 9; 〈hierogl.〉 (neben 〈hierogl.〉) Insc. Hier. Ch. pl. 18; vgl. auch Amarna VI, 15, 4.

334. Bei der <u>1. plur.</u> finden wir:

〈hierogl.〉 „wir stehen allein" Kadesch 103.

〈hierogl.〉 „wir sind fertig mit..." An. VI, 54.

〈hierogl.〉 „wir sind umzingelt, wir sind gefangen" (Düm. H. J. 22/23. Z. 31).

〈hierogl.〉 d'Orb. 5, 1 - aber in demselben Satze steht (d'Orb. 3, 7) 〈hierogl.〉 also anscheinend eine gekürzte Endung -w. Ebenso ohne Endung 〈hierogl.〉 „wir sitzen" Corr. 74. Auch hier findet sich wieder eine Form auf 〈hierogl.〉: 〈hierogl.〉 „wir sind gefangen (?)" Corr. 74.

Auch das <u>tjwnj</u>, die Endung der <u>2. plur.</u> ist einer Form auf 〈hierogl.〉 gewichen:

〈hierogl.〉 „ihr seid gut" Harr. 79, 4.

〈hierogl.〉 „ihr sitzt hier (eigtl.: ihr seid hier, indem ihr sitzt)"

Pseudoparticip. Bildung §. 335-336

Hor. u. Seth 8,3. Ein 𓂝𓏤𓆑𓏺𓏺𓂝𓂋𓀀 deiden 365 sieht verdächtig aus.

335. Die **3. masc. plur.** zeigt in Tell Amarna noch ihr w : 𓅓𓂋𓀀𓏺𓏺 amarna VI, 19; 𓈖𓏺𓏤𓆑𓏺 , 𓀀𓂋𓏥𓏺 ibd. IV, 33; — vgl. auch Kadesch 7, 25; 32. Und auch in jüngeren Texten treffen wir auf eine solche Endung; so in: 𓀀𓏥𓏤 Harr. 76,8 ; 𓏤 ibd. 77,3 ; 77,6 u.ö. und in den merkwürdigen Schreibungen: 𓊪𓂝𓀀𓏛𓏥 ibd. 72,12 , 𓀀𓂋𓏤𓅱𓏥𓀀𓏤 amenemope 10,3. Andere Beispiele der 3. plur. sind : 𓐍𓀀𓏥𓏺 abbott 5,10 ; 𓊪𓏺𓏺𓏤 amenemope 10,3 — und das merkwürdige 𓊪𓂝𓀀𓀀𓏤 an. IV, 3,8 (für sft gemäss der in §. 332 angeführten Schreibung). Eine Endung 𓏤 findet sich auch in : 𓈎𓏤𓐍𓏺𓀀𓏤 Mayer a 5, 12 , vgl. auch P. Turin 112, 7 . Interessant ist 𓊪𓃀𓅯𓂋𓏺 Harr. 75,9 das dem Koptischen Qualitativ ⲥⲟⲧⲱⲧ entspricht. Es zeigt, dass der Akzent hier auf der Silbe vor der Endung lag.

Bei der **3. fem. plur.** finden sich nur noch Formen ohne Endung: 𓏥𓂋𓎡𓏛 an. I 4,8 ; 𓂋𓏤 Lieb. Harr. 4,5 ; An. III 2,4 ; 𓂋𓏺𓏺𓏺 Lansing 4,2 ; 𓏤 Harr. 77,6 ; 𓂝𓀀𓏤 abbott 7,12 ; 𓆑𓀀𓂋𓏤 P. Bologna 3,4 ; 𓌉𓏺𓀀 , 𓊖𓀀𓏺𓏺𓀀 Lansing 2,7.

Anm. Das merkwürdige 𓊪𓏥𓅓𓂋𓏛 an. IV, 6,4 (aber An. II,1,4 𓅓𓂋𓆑) das sich auf 𓀀𓂋𓏥 bezieht, erklärt sich vielleicht daraus, dass der eine Schreiber das „alle Leute" als ein singularisches, weibliches Kollektivum fasste, während der Andere es als einen Singularis der ursprünglichen Bedeutung nach behandelte.

336. Wie das Pseudoparticip abgesehen von seinen Endungen in seiner Bildungsweise gestaltet gewesen ist, können wir nur aus dem Koptischen erkennen, wo die 3. masc. sing. und einige wenige Formen auf-*t* erhalten sind. Im Neuägyptischen treffen wir an bemerkenswerten Formen :

Bei II. gem. u. III. gem. : 𓏥𓆸𓏺𓏺 (3.fem.) Berlin 20377 ; 𓊪𓂋𓏺𓏤𓏥𓏺𓂋𓏺𓏺 Lieb. Tur. 2,5 ; 𓊪𓃀𓅯𓂋𓏺 Harr. 75,9.

Bei III. inf. beachte man : ⲃⲉⲉ𓐍𓏺𓏺 abbott 3,4 (ⲙⲟⲩⲉⲓⲧ) ; ⲃⲉⲭ𓐍𓂋 Inscr. Hier. Chr. pl. 12.

Bei III. inf. II.3̠ : 𓂧𓄿𓂝𓈖𓀀 Prinzengesch. 6,4 (3. masc.) ; 𓂧𓄿𓂝𓇋𓇋𓈖 Max. d'Anii 2,14 ; 𓂧𓄿𓂝𓈖𓀀𓏏𓏭 Hor. u. Seth 6,4 – vgl. ⲞⲨⲎⲨ ; 𓂻𓄿𓇋𓇋𓂑 Prinzengesch. 4,7 ; 𓂻𓄿𓏏𓏭 Hor. u. Seth 3,8 ; 𓊃𓄿𓇋𓇋𓈖𓏏 (3. fem.) Unamun 2,46 ; 𓊃𓄿𓇋𓇋𓏏 ; 𓂝 Max. d'Anii 9,5 (3. fem.) ; 𓊃𓄿𓂻𓂝𓇋 Lieb. Kairo 7. — Ihnen schliesst sich in der Schreibung an :

𓇋𓄿𓇋𓇋𓈖 Hor. u. Seth 6,4 ; 6,10 ; 𓇋𓄿𓇋𓇋𓈖𓏏𓏭 ibd. 9,11 – aber 𓇋𓄿𓂻𓏏𓏭 ibd. 7,2.

Von i͗ri͗ „machen" ist nur 𓁹 belegt (z. B. Abbott 7,14), das dem koptischen ⲟ : ⲟⲓ entspricht. — Von rdj „geben" lautet die 3. masc. 𓂞 , 𓂞𓂝 , 𓂞𓂝 (oben § 332) ; die 3. fem. aber 𓂞𓏏𓏭 (Lansing 10,4).

b. sein Gebrauch

337. Das Pseudoparticip hat seine Bedeutung insofern bewahrt, als es noch immer das Abgeschlossene, Andauernde, im Gegensatz zum Beginnenden bezeichnet.
<u>Anm.</u> Für uns tritt dieser Unterschied weniger deutlich hervor, als in der alten Sprache, da beim Infinitiv sehr oft das 𓏏 ausgelassen wird, so dass er dann mit den endungslosen Formen des Pseudoparticips äusserlich zusammenfällt.

338. Im Gebrauche des Pseudoparticips überwiegen im Neuägyptischen die Fälle, in denen es im Prädikat steht. So im <u>Präsens I</u> :

𓂝𓈖𓐍𓍿 „ich lebe" d'Orb. 15,8.

𓅱𓁹𓄿𓂧𓇋𓄿𓂝𓍢𓏏 „er wurde dabei schuldig befunden" Abbott 7,14.

𓅱𓇋𓄿𓇋𓇋𓂻𓏏𓏭 „sie ist gekommen" Lieb. Beatty 24,6.

Im <u>Präsens II</u> :

𓇋𓂝𓄿𓏏𓇋𓇋𓏏 „indem ich da bin" Hor. u. Seth 8,7.

𓇋𓂝𓂞𓏏𓂝 „er wurde gegeben" P. Bologna II 10.

Auch nach dem wie ein Hilfsverbum gebrauchten <u>ḫpr</u> „werden" steht das Pseudoparticip, statt des Infinitivs mit 𓏏 , soweit der Sinn es fordert :

𓇋𓂝𓆣𓇋𓇋𓏥𓈇𓂋𓈖𓏺𓅱𓈙𓂋𓏌 „seine Stätten waren verlassen" Inscr. Hier. Ch. pl. 14.

Pseudoparticip. Gebrauch. §. 339 – 340

[hieroglyphs] „da sass ich da und weinte" Unamun 2,64.

<u>Anm.</u> Gehört zu einem Satze, dessen Prädikat ein Pseudoparticip ist, ein Ortsadverb, so stellt man das Pseudoparticip hinter dieses, so dass es als die Hauptsache im Satze erscheint (vgl. ein ähnliches Verfahren im folgenden Paragraphen):

[hieroglyphs] „ihr sitzt hier" Hor. u. Seth. 8,3.

[hieroglyphs] „ich bin hier verlassen" Unamun 2,66.

„der Sohn des Aton [hieroglyphs] der ewig lebt" (als Übersetzung von [hieroglyphs]) Sarg Amenophis' IV.

[hieroglyphs] „wie lange soll ich hier noch sitzen" Prinzengesch. 4,12.

339. Das Pseudoparticip kann noch nach alter Weise die Umstände angeben, unter denen etwas geschieht; doch ist dieser Gebrauch schon sehr zurückgegangen, da man das [hier.] des §. 519 und das Präsens II des §. 495 anstatt seiner gebraucht. Beispiele, wo es einem Verbum oder einem Satze so beigeordnet ist und sich an dessen Subjekt anschliesst, sind:

„ich bekomme 100 Schläge [hieroglyphs] und gehe (überdies) bei der Teilung leer aus" Inscr. Hier. Ch. pl. 12.

„ein Grab [hieroglyphs] welches offen lag" Abbott 5,3.

[hieroglyphs] „dahin wo die Hölzer lagen" Unamun 2,62.

„man soll das Schiff nicht fahren lassen [hieroglyphs] indem es leer ist" An. VIII, 3,5 (dafür Rs. 1,4: [hieroglyphs]); – vgl. auch Prinzengesch. 6,16; Lieb. Harr. 2,12; d'Orb. 12,7; Unamun 2,44.

Man beachte, dass das Pseudoparticip dabei gern an das Ende des Satzes gestellt wird, wodurch es als das Wesentliche des Satzes hervorgehoben wird. Es entspricht dies der im vorigen Paragraphen besprochenen Stellung.

340. In gewählter Sprache werden solche Pseudoparticipien auch in einer Erzählung verwendet, indem man die dem ersten Satze koordinierten weiteren Sätze als Begleitumstände desselben fasst:

„alle Gebräuche des Osiris wurden an ihm vollzogen [hieroglyphs] indem er gefah-

§. 341 - 343   Pseudoparticip. Gebrauch

ren wurde [hieroglyphs] und indem er zur Ruhe ging in seinem Grabe". Harr. 76,1.

341. Oft schliesst sich das Pseudoparticip an das Objekt eines Verbums wie: "sehen", "hören", "wissen", "finden" u.ä. an und gibt die Umstände an, in denen man dieses Objekt sieht u.s.w.:

"ich sehe die Schwester [hieroglyphs] wie sie kommt" Lieb. Kairo 9.

"er fand seine Frau [hieroglyphs] indem sie krank lag" d'Orb. 4,8.

[hieroglyphs] "er wurde unschuldig gefunden" Mayer A. 3,13; — vgl. auch Amarna II,7; Abbott 3,4; Lieb. Harr. 2,13; 24,9; P. Bologna II,5. Solche Konstruktionen ersetzen die abhängigen Sätze unserer Sprache: "Ich sehe die Schwester, indem sie kommt" für: "ich sehe, dass die Schwester kommt". Übrigens verwendet man auch hierbei das Präsens II lieber als das Pseudoparticip; vgl. §. 497.

342. Auch hier kommt es noch vor, wenn wohl auch nur in gewählter Sprache, dass man *rdj* "veranlassen" in dieser Weise konstruiert:

[hieroglyphs] "du gibst meinen Namen, indem er bleibt", für: du machst, dass mein Name bleibt" Amarna 75,13.

[hieroglyphs] "lass dein Herz meine Worte hören" An. III 4,1 = An. V, 8,6; ähnlich An. III 4,3; vgl. auch §. 435.

343. Scheinbar selbständig nach ältester Art steht das Pseudoparticip in:

[hieroglyphs] "Grosses ist es was mir geschieht (Particip) und so juble ich und bin fröhlich und bin gross (wenn man sagt...)" Lieb. Beatty 24,7 — wo aber doch dem Sinne nach eine Verknüpfung mit dem Vorhergehenden besteht.

Ebenso möchte man das folgende Beispiel fassen:

"dein Auge ist heller als die Sterne [hieroglyphs] du kannst besser sehen als die Sonne" An. IV, 5,11 = An. II 6,3.

Merkwürdig ist auch der Satz: [hieroglyphs] "Bringe ich die Zeit zu dich zu ermahnen, so hörst du

Pseudoparticip. Gebrauch §. 344 – 346

doch nicht " d'ansing 8,3 — wo man statt des Pseudoparticips ein mit diesem gebildetes Präsens I (𓂀𓏏𓏭𓏛 ...) erwarten würde.

344. Dass ein Pseudoparticip einem Substantiv attributiv wie ein Particip beigefügt ist, findet sich in:

𓏺𓏺 𓎯 𓏥 𓄿𓊪𓅓𓏲𓇳 𓎺 „ein Topf voller Salbe" Ostrakon Berlin III 36. und so auch in:

„mit weitem Ohr 𓄿𓏺𓂻𓈖𓊹𓄿 𓂝𓆱𓏏𓏭 an der geheimen Stätte" An. III 1,2 — wo man sogar ein Adjektiv erwarten würde.

Anm. Die Gr. §. 336 erwähnten Ausdrücke für „insgesammt" finden sich noch in: 𓊪𓏏𓏺𓅱 𓍘𓏺𓏥 Kadesch 153; 𓇌𓄿𓏭𓏺 ibd. 90.

345. Öfters wird es auch einem Suffix zu dessen näherer Bestimmung beigefügt: „ich mache die Liebe meines Bruders 𓄿𓊪𓎼𓂝𓏭𓈖𓊪𓄿𓏏𓆑𓂝𓊹 zu einer Sache von mir allein" Lieb. Harr. 5,10.

𓄿𓏏𓇼𓂝𓄿𓏭𓈖𓊪𓄿𓏏𓆑𓂝𓊹 „mit meiner eigenen Liebe" ibd. 4,11.

346. Zuweilen wird einem Pseudoparticip ein zweites zugefügt, das es näher bestimmt, z. B.: „liegend und krank", „sitzend und weinend":

𓇋𓂝𓊪𓀉𓂋𓆑𓏤𓊪𓄿𓆓 Berlin 20377.

„er fand seine Frau 𓊪𓀁𓂋𓆑𓏭𓆓 𓆑𓊪𓄿𓆑𓏭" d'Orb. 4,8.

𓇋𓂝𓊪𓀉𓂻𓂝𓂻𓀁𓂋𓎡𓊪𓄿 Unamun 2,64.

Wenn in dem letzten Beispiel bei dem zweiten Verbum die Endung fehlt, so möchte man darin nur einen Fehler sehen, aber die gleiche auffallende Erscheinung findet sich auch bei Pseudoparticipien zweier aufeinander folgender Sätze:

𓊪𓀁𓂋𓎡𓊪𓀉 „du sitzst (vor dem Mädchen) 𓊪𓀁𓂋𓄿𓊪𓂝𓏥 du bist (mit Öl) beschmiert" An. IV, 12,4.

𓊎𓂝 𓇋𓏲𓎡𓊪𓂝𓏏𓆑𓊪𓂝𓏺𓏺 𓇋𓏲𓎡𓊪𓄿𓏭𓊪𓂧𓏺𓂋 „er ist geschlagen auf dem Boden, geschlagen mit 100 Schlägen" An. III 6,10; — vgl. S. 303. Anm.

H. der Imperativ

a. seine Bildung

1. Allgemeines

347. An die Stelle des alten Imperativs ist im Koptischen meist der Infinitiv getreten: ⲢⲀϢⲈ „froh sein" wird auch für „seid froh" gebraucht. Daneben stehen aber noch eigene Imperative wie ⲀⲢⲒ, ⲀϪⲒⲤ, ⲀⲚⲒ u.a., die durch ein Präfix Ⲁ- gekennzeichnet sind und in denen man Reste des alten Imperativs erkennen darf. Dieses Präfix Ⲁ-, das mit dem Vorschlagsvokal der alten 2. rad. Imperative (Gr. §. 381) zusammenhängen könnte, hat dann aber auch auf Infinitive, die als Imperative gebraucht werden, übergegriffen: ⲀⲨⲰⲚ, ⲀϪⲰ, ⲀϪⲰϨⲘ.

Im Neuägyptischen kann man zunächst feststellen, dass auch hier schon ein Teil der als Imperativ gebrauchten Formen in Wirklichkeit Infinitive sind. Wir sehen das daran, dass sie als Objekt nicht das Pronomen absolutum, sondern die Suffixe gebrauchen, wie das ja bei Infinitiven stets der Fall ist; solche Fälle sind: 𓈖𓁷𓅓𓀜𓂝 „rette mich" Koller 5,4; 𓂝𓐍𓂝𓈙𓀜𓋴 „lasse ihn herrschen" Harr. 42,4; 𓄿𓏏𓊪𓋴 „belade es" An. VIII Rs. 1,5 (wo 3,9 𓄿𓏏𓊪𓏲𓊃 steht). Dies sind also sichere Infinitive, aber in den meisten Fällen versagt leider dies Kriterium und wir können nicht sagen, ob ein befehlendes Verbum ein Imperativ ist, oder ein Infinitiv, oder ob hier etwa schon wie im Koptischen ⲀⲨⲰⲚ eine Mischung beider Formen eingetreten war.

Anm. Einen Fall der Mischung beider Formen möchte man schon in: 𓈖𓁷𓂝𓀜𓅓 „sende mich" Unamun 2,26 sehen, wo der Anlaut für den Imperativ spricht, während das Suffix den Infinitiv erfordert.

348. Die mutmasslichen Imperative des Neuägyptischen haben, soweit sie 2. rad. sind, oder doch auf 2 Konsonanten reduziert sind, den Anlaut 𓇋𓏭 des

Imperativ. Bildung §. 349-351

§. 255. Er steht im Ganzen da, wo man in alter Orthographie [hier.] als Bezeichnung des Vorschlagsvokals setzen würde. Auch hier hat man, ehe die Schreibung [hier.] durchdrang, so wie in den anderen Fällen (§. 303; 369; 392) diese Vorsilbe zuerst mit ⌒ geschrieben: ⌒ [hier.] „sprenge Wasser" (ä.Z. 44,61; aus Dyn. 19). — Im Folgenden sind zunächst die singularischen Imperative dargestellt, sowohl diejenigen mit ausgeschriebenen [hier.] als auch die ohne dieses.

349. Bei alten 2. rad. Verben finden wir: [hier.] Hor. u. Seth 9,2; 9,5 (fem.); [hier.] Hor. u. Seth 10,8; 10,9; Ostr. Gardiner 65 ⲀⲨⲰⲚ; [hier.] d'Orb. 10,7; vgl. [hier.] des §. 359, (ⲀⲘⲀϪⲦⲈ??); [hier.] Joppegesch. 1,11, ⲀⲚⲀⲨ; [hier.] ibd. 2,11; d'Orb. 3,1; Max. d'Anii 5,13; [hier.] Prinzengesch. 7,2; Unamun 2,78; Amenemope 16,22; Mayer A 2,11 u.ö, ⲀⲬⲰ; [hier.] Hor. u. Seth 6,14.

Bei dreiradikaligen Verben, die verstümmelt sein werden: [hier.] Max. d'Anii 6,17; [hier.] ibd. 3,4; [hier.] Lieb. Beatty 23,1; [hier.] An. V, 20,5; Corr. 61; — aber: [hier.] Unamun 2,47; [hier.] Hor. u. Seth 3,1; [hier.] Unamun 2,70. — Bemerkenswert ist auch: [hier.] Ostr. Petrie 21; [hier.] Unamun 1x+3, x+9, vgl. ⲀⲖⲞⲔ

Anm. In dem Beispiel [hier.] „geh und sage" Joppegesch. 2,11 fehlt dem zweiten Imperativ der Anlaut; vgl. die ähnliche Erscheinung §.303 Anm. Doch in [hier.] [hier.] „geh und öffne" d'Orb. 3,1 hat auch der zweite Imperativ [hier.].

350. Bei den III. inf. findet sich das [hier.] nur selten: [hier.] P. Salt 1,21; [hier.] Ostr. Gardiner 54; [hier.] Unamun 2,26; Corr. 74. — Andere zeigen den schwachen Radikal als [hier.] oder „: [hier.] Hor. u. Seth 3,12; [hier.] Lansing 1,9; [hier.] Unamun 2,52; [hier.] ibd. 2,69. — Wenn es [hier.] „bringe" Unamun 1x+4 heisst, so entspricht das der Eigenschaft dieses Verbums (vgl. §. 260).

351. Von i͗rj „machen" ist die gewöhnliche Form, die dem ⲀⲢⲒ entspricht, das [hier.], dem man auch ein ⌒, „ oder ⌒ beifügt: [hier.] P. Lee 1,7; 2,5;

§. 352 - 353   Imperativ. Bildung.

⟨hiero⟩ P. Neschons 5,18 ; 6,7 ; abk. Justiz A.B ; Hor. u. Seth 14,6 ; Unamun 1,21 ; Amenemope 11,9 ; ⟨hiero⟩ „ ibd. 17,5 ; ⟨hiero⟩ P. Bologna 4,10. — Das ⟨hiero⟩ „mache sie" An. I 17,7 und das ⟨hiero⟩ Max. d'An 4,6 sind auffällig. — Neben dieser normalen neuägyptischen Form benutzt man aber noch die alte Form ⟨hiero⟩ (Gr. §. 381) und zwar anscheinend als besonderen gewählten Ausdruck : ⟨hiero⟩ „bereite dir (dies Amt)" An. V, 10,8 = Sall. I 3,10 ; ⟨hiero⟩ „werde Schreiber" Sall. I 6,10 = An. II 6,7 ; Ostr. Gardiner 2 — beides Ermahnungen des Lehrers, — und so auch in der Aufforderung zur Empörung : ⟨hiero⟩ „handle feindlich" P. jur. Turin 5,3

352. Bei den anderen Verben findet sich kein Anlaut. So bei den II gem. : ⟨hiero⟩ lieb. Beatty 24,3 ; ⟨hiero⟩ lieb. Harr. 4,2 ; ⟨hiero⟩ An. IV, 10,1. Bei den 3 rad. : ⟨hiero⟩ d'Orb. 17,9 (vgl. §. 356) ; ⟨hiero⟩ An. VI, 25 ; ⟨hiero⟩ d'Orb. 2,10 ; ⟨hiero⟩ Hor. u. Seth 11,5 (fem.) ; P. Bologna 2,3 (masc.) ; ⟨hiero⟩ Unamun 2,70 ; ⟨hiero⟩ ibd. 2,88 ; ⟨hiero⟩ Hor. u. Seth 14,6. Ebenso steht es mit mehrradikaligen Verben : ⟨hiero⟩ Lansing 2,2 ; ⟨hiero⟩ P. jur. Turin 2,5 — die aber wie die Beispiele in §. 347 Infinitive sein werden.

353. Was an weiblichen Imperativen vorkommt ⟨hiero⟩ Hor. u. Seth 9,2 ; 9,5 unterscheidet sich nicht von den männlichen und nur aus der in §. 354 angeführten Form ersieht man, dass es eine besondere weibliche Form gab.

Auch der Pluralis des Imperativs ist meist nur aus dem Zusammenhang zu erkennen ; sein altes Kennzeichen, das ⟨hiero⟩, findet sich noch in Tell Amarna : ⟨hiero⟩ und ⟨hiero⟩ (VI, 32 l) ; ⟨hiero⟩ (VI, 32 α). — Im Übrigen haben wir bei 2 rad. : ⟨hiero⟩ Hor. u. Seth 10,10 ; ⟨hiero⟩ ibd. 4,3 ; ⟨hiero⟩ Harr. 79,9. ; ⟨hiero⟩ ibd. 79,9. ; — Verkürzte 3 rad. : ⟨hiero⟩ Harr. 79,8 ; ⟨hiero⟩ Hor. u. Seth 3,4 ; ⟨hiero⟩ Harr. 79,10. — III. inf. : ⟨hiero⟩ ibd. 79,10 ; ⟨hiero⟩ An. III 5,3. — 3 rad. : ⟨hiero⟩ („erzählet") Berlin 20377 ; ⟨hiero⟩ Hor. u. Seth 2,3 ; ⟨hiero⟩ Harr. 79,10 ; ⟨hiero⟩ ibd. 79,9 ; ⟨hiero⟩ ibd. 79,7 ; ⟨hiero⟩ ibd. 79,9 ; ⟨hiero⟩ ibd. 79,9. — Mehrradikalige ⟨hiero⟩

Imperativ „komme" u. „gieb" §. 354 - 355

Harr. 79,8 ; [hieroglyphs] ibd. 79,9 ; [hieroglyphs] ibd. 79,9.
An diese Formen, aus denen nichts zu sehen ist, schliessen sich nun einige mit einer Endung [hieroglyphs], wie sie bei den alten Imperativen der III. inf. üblich sind (Gr. §. 381). So: [hieroglyphs] Harr. 79,11 (in Amarna VI, 32 ℓ [hieroglyphs]); [hieroglyphs] P. Bologna II 23, [hieroglyphs]; [hieroglyphs] Berlin 20377. Die letztere merkwürdige Form wird sich daraus erklären, dass śdd (nach §. 257) seinen letzten Konsonanten verloren hatte (vgl. ϢΑϪΕ)

2. „komme" und „gieb"

354. Das alte Wort, das den Imperativ des Verbums [hieroglyphs] „kommen" vertritt (Gr. §. 382) wird so geschrieben:

<u>masc.</u> [hieroglyphs] amarna VI, 30 ; [hieroglyphs] mes n 18 ; Hor. u. Seth 8,9 ; 12,1 ; an. III 6,3 u.o ; [hieroglyphs] an. I 27,5 ; Sall. I 8,4 ; Unamun 2,45.

<u>fem.</u> [hieroglyphs] d'Orb. 5,1 ; Lieb. Tur. 2,6 (ohne [hieroglyph] ibd. 2,11) ; [hieroglyphs] Hor. u. Seth 9,1 · 11,5 (ohne [hieroglyph] ibd. 12,9).

Wie man sieht, unterscheidet es in seiner Endung, abweichend von den anderen Imperativen, eine weibliche Form. Dass eine solche existierte, bestätigt das Koptische, das neben dem Masculinum ΑΜΟΥ ein Femininum ΑΜΗ besitzt.

Das Koptische hat auch Pluralformen wie ΑΜΗΙΤΝ und ΑΜѠΙΝΕ ; das ι, das diese enthalten und das sich auch in dem alten Pluralis [hieroglyphs] (Gr. §. 382) findet, zeigt sich auch in der neuägyptischen Schreibung [hieroglyphs] des §. 362.

<u>Anm.</u> Das Α der koptischen Form wird eine Analogiebildung zu den anderen Imperativen mit Α- sein, doch kommt ein [hieroglyph] im Neuägyptischen nicht vor ; im Demotischen tritt dagegen schon der Anlaut [hieroglyph]* auf.

355. Das Wort, das den Imperativ von [hieroglyph] „geben" vertritt (Gr. §. 383) wird stets [hieroglyphs] (d'Orb. 12,4 ; Hor. u. Seth 1,4 ; Max. d'Anii 9,11 u.s.w.) geschrieben, abgesehen natürlich von hieroglyphischen Inschriften, die:

§. 356 - 357   Imperativ „Komme" u. „gib"

[hierogl.] Amarna I 30 ; III 29 ; [hierogl.] ibd. I 30 schreiben. — Auch den Plural schreibt man [hierogl.] Hor. u. Seth 3,2.

Die Bedeutung ist: „gib", „lege", „setze": [hierogl.] „gib mir meine Schwester" Lieb. Beatty 20,7 ; [hierogl.] „lege mich" ibd. 16,11 ; [hierogl.] „lege deinen" Lieb. Kairo 12. — Über den so häufigen Gebrauch mit dem Subjunktiv, aus dem sich dann eine optativische Bedeutung entwickelt hat, vgl. §. 291.

Anm. Für die Aussprache der Form ergibt sich nichts. Die koptischen Formen B. ΜΟΙ, S. ΜΑ- haben den Anlaut verloren; die späten Schreibungen [hierogl.] Bentreschstele 20; 25 und [hierogl.] ibd. 9 kommen neuägyptisch noch nicht vor.

356. Aus dem Gebrauche des Subjunktivs nach [hierogl.] mögen sich die Fälle entwickelt haben, in denen [hierogl.] scheinbar vor einem anderen Imperativ steht:

[hierogl.] „mache den Topf auf" Insc. Hier. Ch. pl. 18.
[hierogl.] „schwöre mir" d'Orb. 16,3 ; 17,9.
[hierogl.] „bereite diese tausend Stück Holz" Mallet 5,7; — vgl. auch d'Orb. 2,2 ; 12,4.

Anm. Wie hier das [hierogl.] statt vor einem śdm·f vor einem Imperativ steht, so finden wir auch Imperative nach der Partikel [hierogl.], wo sonst immer ein optativisches śdm·f steht: [hierogl.] An. V, 17,3 (aber Sall. I 6,9 hat rh·k) „merke es (dir)"; [hierogl.] „nimm dir" Wahrheit u. Lüge 7,4.

357. Neben dem einfachen [hierogl.] findet sich auch sehr oft ein [hierogl.].
Es bedeutet „gib":

[hierogl.] „gib Korn" Sall. I 6,6; aber An. V, 16,6 ohne [hierogl.].
[hierogl.] „gib mir ein Buch" P. Lee 1,2.
[hierogl.] „gib den Siegelring her" Hor. u. Seth 6,1 (fem.); — vgl. auch Wahrheit u. Lüge 8,2; Unamun 2,14.

Aber es steht auch in der Bedeutung „veranlasse":

| Imperativ. Zusätze zu ihm | §. 358 - 359 |

[hieroglyphs] „lass mich ihn ausschicken" Unamun 2,73.
[hieroglyphs] „lass mich essen" d'Orb. 16,4.
[hieroglyphs] „lass uns sehen" Lieb. Beatty 18,5 ; 18,6.

Man möchte in diesem [hier] nichts sehen, als das alte Pronomen der 2. sing., das nach §. 359 dem Imperativ beigefügt ist, aber [hieroglyphs] „gib ihn her" (vorher [hieroglyphs] mm N.N.) P. Kairo (Ä.Z. 1881, 119) ; [hieroglyphs] „gib es (das Geld) her" P. Bologna 6,4 ; [hieroglyphs] „gib sie her" Mallet 2,3 passen schlecht zu dieser Erklärung. Ist es etwa eine Zusammenziehung von einer Verbindung wie: [hieroglyphs] „gib sie her" (Insc. Hier. Ch. pl. 18) ? — vgl. auch koptisch MHITϥ.

b. Zusätze zum Imperativ

358. Auch im Neuägyptischen geht einem Imperativ oft ein Anderer vorher, der die zur Ausführung des Befehls nötige Bewegung anordnet:
[hieroglyphs] „setze dich und schreibe einen Brief"
Hor. u. Seth 14,6.

Besonders beliebt ist [hieroglyphs] „gehe":
[hieroglyphs] „geh und sage" Joppegesch. 2,11.
[hieroglyphs] „geh und öffne" d'Orb. 3,1.

Anm. Anstatt des einen Imperativs kann auch ein Optativ stehen:
[hieroglyphs] „komm u. siehe mich" Lieb. Kairo 6.
[hieroglyphs] „komme zu mir u. rette mich" Sall. I 7,5.
[hieroglyphs] „gehet u. untersucht sie" P. jur. Turin 2,5.

359. Sehr oft erhält der Imperativ einen Zusatz, der dem Befehle gewiss eigentlich eine besondere Färbung gibt, die wir freilich nicht kennen. Der häufigste Fall ist der, wo das Pronomen der 2. sing. beigefügt ist:
[hieroglyphs] „gehe" Max. d'Anii 5,13 ; [hieroglyphs] „sei stark" An. III 4,3 (aber An. V, 9,1 ohne [hier]); vgl. auch [hieroglyphs] Amenemope 7,9 ; 28,13 vgl. auch das [hieroglyphs] des §. 357. — Merkwürdig ist: [hieroglyphs] „gehet und höret" Hor. u. Seth 10,12 wo [hier] statt des plu=

§. 360-362   Imperativ. Zusätze zu ihm

ralischen tm steht.

Anm. Zuweilen bleibt es zweifelhaft, ob das ⟨⟩ nicht etwa ein reflexives Objekt zu dem Imperative darstellt; so in den Ausdrücken „hüte dich" und „hebe dich weg" (ⲁⲗⲟⲕ):

[hieroglyphs] an. I 12,8 (var. [hieroglyphs]); [hieroglyphs] Kadesch 136; vgl. auch P. jur. Turin 2,8; Hor. u. Seth 2,4.

360. Ferner setzt man dem Imperativ sehr oft ein „dir"(als sogenannter ethischer Dativ) nach:

[hieroglyphs] „pass auf" Sall. I 4,3; P. Bologna 2,8; Ostr. Berlin III 38.
[hieroglyphs] „leg dich schlafen" Unamun 2,83.
[hieroglyphs] „lass ihn in Ruhe" ibd. 2,47.
[hieroglyphs] „setze dich" Amenemope 22,7; 23,10.

So auch bei einem negierten Imperativ:

[hieroglyphs] „freue dich nicht" Amenemope 10,6.

Anm. Der alte Zusatz ⟨⟩ findet sich in [hieroglyphs] an. I 27,5; [hieroglyphs] „werde" Ostr. Gardiner 2; [hieroglyphs] „sprechet" Hor. u. Seth 4,3; vgl. auch §. 707.

361. Das Wörtchen, das als [hieroglyphs] in älterer Sprache nach Imperativen steht, findet sich noch in dem häufigen [hieroglyphs] „sage doch"; z. B.:

[hieroglyphs] „sage doch den richtigen Zustand der Nekropole" P. Turin ⟨5037⟩ (zweites Tagebuch der Nekropole); vgl. auch Mayer A 2,18; 4,2; Cerr. 68; — vgl. auch §. 689 über einen mutmasslichen Rest im Koptischen. Demotisch kommt es auch als ı҆n3 vor, Ryl. IX 10/3.

362. Ein merkwürdiger Zusatz zu den Imperativen „höret" und „kommet" ist [hieroglyphs]: [hieroglyphs] Harr. 75,2; [hieroglyphs] Inscr. Hier. Ch. 29,3; [hieroglyphs] med. Habu ⟨1162⟩; [hieroglyphs] Pianchi 34; „o alle ihr Gerechten [hieroglyphs] kommet und sehet" Sall. I 8,9; [hieroglyphs] „kommet schnell" Kadesch 78; vgl. auch an. III, 2,11. Nach der Schreibung des Harris wird man bei dem -n an das Pronomen

Imperativ. „siehe" §. 363

absolutum der ersten Pluralis denken. Vielleicht entspricht dieser seltsame Gebrauch unseren feierlichen Ausdrücken wie: „lasset uns beten" u. ä., wo auch die Aufforderung an die Hörer so gefasst ist, dass der Sprechende sich selbst unter die Hörer rechnet, vgl. auch französisch „allons". Im Koptischen hat sich eine dieser Formen in ⲀⲘϨⲒⲚⲈ, ⲀⲘⲰⲒⲚⲈ erhalten.

c. Worte für „siehe"

363. Das Wort, das wir mit „siehe" übersetzen, m·k (Gr. §. 386) und das in der alten Sprache eine so grosse Rolle spielt, während es im Koptischen verschwunden ist, ist im Neuägyptischen noch vorhanden, wo man es meist 𓀀𓂝𓏤 (wie das Wort „schützen") oder auch 𓀀𓂝𓇋𓀀 (als hiesse es „siehe ich") schreibt. Die weibliche und die pluralische Form kommen nicht mehr vor; mk ist eine unveränderliche Partikel geworden, die ungefähr unserm „da" gleicht. Eigentlich weist es auf etwas hin, das man vor sich sieht, oder vor sich zu sehen glaubt. So in:

𓀀𓂝𓏤𓋴 „da ist sie" Lieb. Beatty 24,8; 25,9.

𓀀𓂝𓀀𓏤𓏥𓏇𓈖𓏌𓏌𓆑𓀀𓏤 „da steht dein Bruder" d'Orb. 5,8.

𓀀𓂝𓀀𓆑𓀀𓂝𓏤𓏤𓀀 „da (?) kommt mein Bruder zu mir" Lieb. Harr. 5,9.

Dann aber lenkt es nur die Aufmerksamkeit auf das, was man aussprechen will und bekräftigt es:

𓀀𓂝𓏤𓇋𓀀𓏥 „ich gehöre dir" Lieb. Beatty 23,8.

𓂜𓀀𓂝𓏤𓇋𓏤 „denn du bist..." (an eine Frau) d'Orb. 3,9.

𓏲𓅱𓀀𓏤𓋴 „ich setze dich ein" Amarna I,8.

𓂜𓏥𓀀𓂝𓏤𓏏𓏤 „ich tue" Sall. I 4,6.

𓀀𓂝𓏤𓂋𓀀𓏭𓄣𓀁 „mein Herz ist ärgerlich" Lieb. Beatty 23,1

𓀀𓂝𓏤𓂧𓃀𓀀𓏥 „du hast mir geschrieben" P. Bologna 9,9.

Wie man sieht, steht es so wie früher (Gr. §. 365, 469b) vor dem ersten Präsens, dem Nominalsatz u. ä., aber auch vor dem sdm·f. Merkwürdig ist der Fall: 𓀀𓂝𓏤𓇋𓏥𓏌𓏌𓀀𓀀 „siehe wenn ich (bei ihm) vorbeigehe, (so sage ich)" Lieb. Beatty 23,7 – wo es durch einen Zeitsatz von

§. 364 - 365   Imperativ. „siehe"

dem eigentlichen Satze getrennt ist

Anm. 1. Dass das Wort nicht mehr wirklich „siehe" bedeutet, zeigt das Beispiel: [hieroglyphs] „siehe nach mir wird man suchen" Unamun 2,81 ; [hieroglyphs] „siehe" An. IX, 16, wo ihm das deutliche Wort „siehe" beigefügt ist.

Anm. 2. Beispiele der Verbindung [hieroglyphs] siehe auch bei ⊙ §. 669; 671.

364. Das wirkliche Wort für „siehe" [hieroglyphs] wird in Tell Amarna noch als Imperativ gefühlt, denn man schreibt es im Pluralis [hieroglyphs] „sehet" Amarna VI, 20. Die späteren Texte brauchen auch für den Pluralis [hieroglyphs] (Harr. 76,11). Auch [hieroglyphs] fordert noch zum Hinsehen auf, aber auch zur Aufmerksamkeit auf das, was der Sprechende weiter sagen will. So ist auch hier unsere wörtliche Übersetzung „siehe" meist nicht recht passend:

[hieroglyphs] „sieh, (dies sind) die Worte" Ostr. Berlin III 38.

[hieroglyphs] „siehe seine Frau ist getötet worden" d'Orb. 9,5 (als Mitteilung von etwas Neuem).

[hieroglyphs] „siehe, ich habe sie vernichtet" Harr. 77,2 (als Mitteilung von etwas Wichtigem).

[hieroglyphs] „siehe, ich werde (zu einem Stier) werden" d'Orb. 14,5 (als Mitteilung von etwas Künftigem).

[hieroglyphs] „sieh, dies ist geschrieben" Sall. I, 5,4.

Bemerkenswert ist das [hieroglyphs] (Harr. 76,11) bei dem man nach dem ähnlichen Beispiel mit *mk wj* (Amarna I 8) des §. 363 vor (*w)dj.t* ein *hr* ergänzen möchte.

Anm. Beispiele der häufigen Verbindung ⊙ [hieroglyphs] , siehe bei der Konjunktion ⊙ §. 668.

365. Dem [hieroglyphs] „siehe zu", „pass auf" des §. 360 steht irgendwie nahe ein [hieroglyphs], das ebenso wie jenes am Schluss von Aufträgen steht, es begleitet das *ptr m.k*:

[hieroglyphs] „sieh gut zu, gieb Acht, merke es dir"

Particip. Bildung　　　　　　　　　　　　　　　　　§. 366 — 367

Sall. I 4, 5 ; — es steht aber auch allein:

[hieroglyphs] „gieb acht, nimm dich in acht" Ostr. Berlin III 32.
[hieroglyphs] „gieb gut acht" ibd. III 35.

Es ist, wie das [hieroglyph] wahrscheinlich macht, die Verkürzung eines Imperativs; man würde auf _ptr_ raten, stände dies in dem ersten Beispiel nicht daneben.

J. die Participien

a. Bildung der Participien

1. Einfache Participien

366. Die ältere Bildungsweise der Participien mit ihren imperfektischen und perfektischen Formen findet sich noch in den Amarnatexten und zwar im Ganzen noch ziemlich korrekt. An charakteristischen Formen treffen wir so im Aktiv, perfektisch (vgl. Gr. §. 389): II. gem. [h] VI, 16, 19, 20 ; III. inf. [h] VI, 19 ; [h] III, 29 ; [h] V, 15 ; 25, 7 ; [h] gr. Hymn. 4 ; _rdj_: [h] V, 2, 7 ; I, 38.

im Aktiv, imperfektisch (vgl. Gr. §. 390): III. inf.: [h] VI, 32 π ; [h] VI, 32 π.

im Passiv, perfektisch (vgl. Gr. §. 391): III. inf.: [h] I, 38; [h] VI, 16, 6 ; vgl. auch [h] I, 19 ; [h] I, 38 (Gr. §. 391 Anm.).

im Passiv, imperfektisch (vgl. Gr. §. 392): III. inf: [h] (fem.) IV, 29 ; [h] II, 7 ; [h] IV, 37 ; [h] VI, 32 (fem.) ; [h] II, 30 ; _dd_: [h] VI, 33.

Daneben kommen vereinzelt auch Formen der jüngeren Bildungsweise in Amarna vor, so solche mit dem Anlaut [h] ; vgl. §. 369.

367. Die jüngere Bildungsweise, die ausserhalb der Amarnatexte herrscht, hat als charakteristisches Zeichen den Anlaut [h] oder [h] ; er steht bei den 2 rad. Verben und bei solchen, die auf zwei Konsonanten reduziert sind. Bei dieser jüngeren Form der Participien werden anscheinend Geschlecht

und Zahl nicht mehr unterschieden und weiter ist auch der Unterschied zwischen dem perfektischen und imperfektischen Particip, soviel wir sehen können, verwischt. Demnach würden also im Neuägyptischen nur noch ein aktivisches und ein passivisches Particip existieren und jedes nur in einer unveränderlichen Form. Indessen stossen wir hier, wie die folgenden Paragraphen zeigen werden, auf einzelne auffällige Schreibungen, hinter denen sich doch möglicherweise noch besondere Formen verbergen könnten.

Auch einzelne ältere Schreibungen sind in bestimmten Fällen gebräuchlich geblieben, so in geschäftlichen Texten neben ⌯⌯ „eingeliefert" das ⌯⌯ „abgegeben".

Anm. Vielleicht ist die Entstehung der neuägyptischen Participien so vor sich gegangen, dass im Aktiv das imperfektische und im Passiv das perfektische Particip die Oberhand gewann (vgl. Sethe: Götti. Nachr. 1919. S.145), doch müssten dann noch weitere Verschiebungen der Formen eingetreten sein.

368. Über den Anlaut ⌯ und seine mutmassliche Entstehung vgl. §. 255. Auch bei den Participien muss man sagen, dass die Erklärung aus dem Vorschlagsvokal, so ansprechend sie ist, doch im Einzelnen auf Schwierigkeiten stösst.

Anm. 1. Auch die Umschreibungen einzelner Participien, die uns in späten Zaubertexten vorliegen ⲈⲘⲈⲤⲒⲈ (ä.Z. 1883, 104), ⲀⲘⲤⲒⲈ (d.h. amësjē) (ibd. 1900, 92), ⲈⲔⲰⲘ (ibd. 1900, 129) und ϨⲀⲤⲒⲈ (ibd. 1900, 132) beginnen nicht mit der Doppelkonsonanz, die man nach der Theorie erwarten müsste.

Anm. 2. Das ⌯ als Anlaut eines Particips (Gr. §. 390a) wie in ⌯⌯ für altes ⌯⌯ gehört gewiss auch hierher, doch ist diese Schreibung in den eigentlichen neuägyptischen Texten nicht üblich.

369. Die Schreibung des Anlauts mit ⌯ anstatt des ⌯ findet sich auch bei den Participien in etwas älterer Orthographie:

Particip. Bildung　　　　　　　　　　　　　　　§. 370 – 371

○𓂝𓏥, ○𓂝 „das von dir gesagte" Amarna I 34, 35.
○𓏲𓂝𓏲 „das von dir befohlene" ibd. VI, 1; vgl. auch ibd. VI, 19.
○𓏲𓂝𓏲 „der ihn sendet" Mar. Ab. II 54, 8.
○𓂋𓂝𓏲 „der mich ausschickt" Apophismärchen 2, 5.
○𓂝𓏲 „der empfängt" P. Bologna II, 13.
„Zeugen ○𓂝𓏲 welche kommen" Mes S. 11.
„meine Sebete ○𓂝𓏲 welche wachsen (in meinem Munde)" An. II 10, 5.
„Es war nicht einer von ihnen ○𓂝𓏲 welcher (hinter sich) blickte" Sall. III 4, 2.
„die Tochter ist es ○𓂝𓏲 die sie gestohlen hat" Ostr. Gardiner 4 (in der Hervorhebung des §. 386)
„Sie ist es ○𓂝𓏲 die sie gebracht hat" ibd. 55 (vgl. §. 386)
Ob auch: ○𓂝𓏲 An. I 21, 6 (??) (auch in der Hervorhebung).
So auch passivisch: ○𓂝𓏲 „gefunden" Soldminenkarte.

370. Beispiele der normalen Schreibung mit 𓆳 sind im <u>Aktiv</u> (das pf. und impf. weist auf perfektischen oder imperfektischen Sinn der Stelle):

<u>2 rad.</u>: 𓆳𓏲𓂝 d'Orb. 11, 8; Petrie Koptos 18, 1; 𓆳𓏲𓂝 (pf.) Harr. 77, 2; 𓆳𓏲𓂝 (pf.) Inscr. Hier. Ch. pl. 12; 𓆳𓏲𓂝 (pf.) Mayer A 4, 3; — <u>3 rad. verstümmelt</u>: 𓆳𓏲𓂝 Lansing 12, 6; P. Neschons 3, 7; 𓆳𓏲𓂝 (pf.) Hor. u. Seth 1, 1 (Plur.); 𓆳𓏲𓂝 Med. Habu ⟨237⟩; 𓆳𓏲𓂝 (pf.) P. jur. Turin 4, 2 (Plur.); 𓆳𓏲𓂝 P. Salt 2, 14; — <u>III. inf.</u>: 𓆳𓏲𓂝 Hor. u. Seth 7, 11; 𓆳𓏲𓂝 Lieb. Beatty 17, 1; Unamun IX+5; 𓆳𓏲𓂝 Dekret für Isis-em-cheb; — <u>dd</u>: 𓆳𓏲𓂝 An. VI, 87 (in der Hervorhebung des §. 386); — <u>Irj</u> „machen": 𓆳𓏲𓂝 (pf.) d'Orb. 4, 7; P. jur. Turin 3, 1; Unamun II, 5; 𓂝 (pf.) An. VI, 85; — <u>rdj</u> „geben": 𓆳𓏲𓂝 (impf.) Lieb. Kairo 8; 𓆳𓏲𓂝 (pf?) Unamun IX+5; 𓆳𓏲𓂝 Med. Habu ⟨13⟩.

371. Beispiele mit 𓆳 im <u>Passiv</u> sind: <u>3 rad. verstümmelt</u>: 𓆳𓏲𓂝 (pf.) P. Bologna 6, 9; Tabl. Rogers 16; — <u>III. inf.</u>: 𓆳𓏲𓂝 (pf.) Abbott 4, 14; 𓆳𓏲𓂝 (pf.) P. Mallet 1, 2; — <u>dd</u>: 𓆳𓏲𓂝 (pf.) Hor. u. Seth

§. 372 – 374   Particip. Bildung

3,10. (fem.), neutrisch „Gesagtes", auch für: „was jem. sagt, sagen wird". 〈hiero〉 an. III 4,1 ; an. V, 8,6 ; Ostr. Berlin III 38 ; Amenemope 3,9 ; 〈hiero〉 d'Orb. 16,4 ; 18,1 (vgl. §. 382). — *irj* „machen": 〈hiero〉 (pf.) P. Bologna 6,8 ; 〈hiero〉 (pf.) am. S. d. H. 3,12. — *rdj* „geben", 〈hiero〉 (pf.) P. Bologna II 26 ; an. VI, 10.

372. Stets ohne Anlaut steht das Verbum 〈hiero〉 „sein" (eine Ausnahme: 〈hiero〉 Mayer A 4,5 ; Corr. 15) ; dies wird wohl damit zusammenhängen, dass es ursprünglich ein Verbum II. gem. ist. — 〈hiero〉 , Sing. Abbott 4,6 ; P. jur. Turin 4,2 u. ö. ; Harr. 75,8 ; P. Salt 1,8 ; Sing. fem.: P. jur. Turin 5,1 ; plur.: P. jur. Turin 6,6 ; Harr. 75,8 (aber Harr. 75,9 : 〈hiero〉 falls dies Particip ist). — Die Bedeutung ist an den meisten Stellen perfektisch, aber Lieb. Tur. 1,9 ist sie sicher imperfektisch; vgl. die Beispiele in §. 377.

Ausserdem bleiben nach dem oben Bemerkten auch die 3 rad. Verben soweit sie nicht verstümmelt sind, ohne den Anlaut:

〈hiero〉 „jeder der sie umarmt" Lieb. Beatty 22,7.
〈hiero〉 „die Länder die mich sehen" Kadesch 97.

373. Der Anlaut verschwindet weiter nach dem Artikel oder dem Demonstrativ. Er wird eben mit deren vokalischem Auslaut in eins gesprochen sein (vgl. §. 255).

So im Aktiv : p3 〈hiero〉 Insc. Hier. Ch. pl. 26 ; p3 〈hiero〉 (impf.) Lieb. Harr. 4,6 ; n3 〈hiero〉 (pf.) d'Orb. 11,9 ; p3 〈hiero〉 (pf.) d'Orb. 7,7 ; Wahr. u Lüge 6,7 (mit p3j) ; p3 〈hiero〉 Unamun I,18 ; n3 〈hiero〉 Harr. 76,6 ; p3 〈hiero〉 (impf.) Lieb. Beatty 25,9 ; Amenemope 22,16 ; n3 〈hiero〉 ; P. Neschons 5,20 ; p3 〈hiero〉 (pf.) Unamun 2,13 ; p3 〈hiero〉 (pf.) Insc. Hier. Ch. pl. 26,9 ; p3 〈hiero〉 (impf.) Amenemope 3,11

Ebenso im Passiv : p3w 〈hiero〉 (pf.) P. jur. Turin 3,1 ; n3 〈hiero〉 ; ibd. 2,6 (impf.).

374. Neben den in den vorigen Paragraphen besprochenen regelmässigen Schreibungen der Participien, kommen nun oft genug solche vor, die, scheinbar ohne Grund, ohne Anlaut geschrieben sind. Zum Teil mögen es ältere Schreibungen sein, so besonders im Passiv die Formen auf 〈hiero〉

Particip. Bildung § 375 – 376

die den alten perfektischen Formen gleichen.

Beispiele des <u>Aktivs</u>: [hieroglyphs] (impf.) Berlin 20377 ; [hieroglyphs] (impf.; plur.) An. V, 8,3 = An. III, 3,11 ; [hieroglyphs] (pf.) Amenemope 1,6 ; [hieroglyphs] (impf.) Lieb. Beatty 25,9 ; [hieroglyphs] Lieb. Beatty 30,5 mit der Var. [hieroglyphs] ibd. 17,1 ; [hieroglyphs] (impf.) P. Neschons passim ; [hieroglyphs] (impf.) Berlin 20377 ; [hieroglyphs] (impf.) Wooden Tablett 3 ; [hieroglyphs] Lieb. Beatty 17,4.

Im <u>Passiv</u>: [hieroglyphs] P. Tur. 67,6 ; [hieroglyphs] (pf.) Lieb. Beatty 16,9 ; [hieroglyphs] (pf.) Ostr. Berlin III 40 ; [hieroglyphs] (pf.; plur.) P. jur. Turin 5,6 ; An. I 16,6 ; Ostr. Berlin III 38 ; III 40 ; [hieroglyphs] Ostr. Gardiner 50 ; [hieroglyphs] (pf.) (plur.) P. jur. Turin 6,1 ; [hieroglyphs], [hieroglyphs] (pf.) Am. S. d. H. 18 u. 13; [hieroglyphs] (pf.) P. jur. Turin 6,2 (als Singular) ; [hieroglyphs] (pf.) ibd. 6,1 (als Plural) ; [hieroglyphs] (pf.) Ostr. Berlin III 40 ; [hieroglyphs] (pf.; plur.) Inscr. Hier. Ch. pl. 18,11 ; [hieroglyphs] (pf.) P. jur. Turin 5,1 ; [hieroglyphs] (impf.) Kairo (W.B.Nr.D); [hieroglyphs] P. Turin 42,5.

375. Bei den oben (§. 371; 374) angeführten passiven Participien auf [hieroglyphs] fällt uns eine Reihe von Schreibungen auf, die auf [hieroglyphs] oder [hieroglyphs] ausgehen. Die Ersteren wie: [hieroglyphs], [hieroglyphs], [hieroglyphs], [hieroglyphs], [hieroglyphs], [hieroglyphs] werden ihre Schreibung den substantivisch gebrauchten weiblichen Participien wie „Gemachtes", „Gegebenes", „Gebrachtes" verdanken, die man irrig auch bei anderem Gebrauch verwendet. Sie wurden ja schon in Tell Amarna in der Tat wie diese gesprochen (vgl. §. 387).
Dagegen fehlt für die Formen auf [hieroglyphs] : [hieroglyphs] (plur.) P. jur. Turin 6,1 ; [hieroglyphs] ibd. 5,1 ; [hieroglyphs] P. Turin 42,5 (vgl. auch das aktivische: [hieroglyphs] Med. Habu ⟨137⟩) jede Erklärung.

376. Im Koptischen liegt eine Reihe von Substantiven vor, die wahrscheinlich auf Participien zurückgehen; teils sind sie ohne Objekt gebraucht, wie ΝΟΕΙΚ „Ehebrecher", ΟΕΙΚ „Brot" (eigtl.: „Einkünfte") ; ΝΟΕΙΤ „Mehl" (eigtl. „Gemahlnes"), teils sind sie eng mit einem Substantiv verbunden, das meist ihr Objekt ist. So: ΧΑΤ-ΟΥΑ „Lästerer" ; ΜΑΝΚ-ΝΟΥΒ „Goldarbeiter", ΠΑϹ-ϹΟϬΝ „Salbenkocher", ϬΑϹΙ-ϨΘΟ „Reiter", ΧΑϹΙ—ϨΗΤ

§. 377   Particip.   Bildung

„Hochmütiger" u. s. w. — Diese koptischen Formen gehören zu den alten Substantiven auf ϥ, die eine ständige Tätigkeit bezeichnen (Gr. §. 179) und zu den neuägyptischen Participien gleicher Bedeutung (vgl. §. 133): [hierogl.] „der Tätige" Kadesch 118 ; [hierogl.] „Wasserträger" ostr. Berlin III 35 ; ibd. III 37 (ohne ⲉ) ; [hierogl.] „Standartenträger" P. jur. Turin 2,4 ; [hierogl.] „Wedelträger" Mes N 2. Gewiss gehört hierzu auch das Wort für den Trompeter, eigentlich „der mit der Trompete redet": [hierogl.] Lyon 85 ; [hierogl.] Abbott 8,21. Mayer A 3,21 wo, wie die Schreibung mit ⲉ zeigt, das Verbum [hierogl.] sein ⲟ erhalten hatte, ganz wie in dem angeführten koptischen ϢⲀⲦ-.

2. Zusammengesetzte Participien

377. Neben den eigentlichen Participien verwendet man auch solche, die mit den Participien von Hülfsverben gebildet sind.

Das Particip von [hierogl.] „sein" (§. 372) hat selbst fast immer perfektische Bedeutung:

„die Frau [hierogl.] die (20 Jahre lang) im Hause gewesen war" Corr. 68.

„der Verbrecher P. [hierogl.] der (früher) Hausvorsteher gewesen war" P. jur. Turin 4,2 u. ö.

[hierogl.] „der Schreiber der mit ihnen gewesen war" Abbott 4,6 ; — vgl. auch Harr. 75,8 ; P. jur. Turin 6,6.

Diese perfektische Bedeutung hat es nun auch da, wo es mit einem Verbum verbunden ist ; das Verbum kann im Pseudoparticip oder im Infinitiv stehen:

„sie öffnen ihre Flügel [hierogl.] die geschlossen waren" Amarna VI,16.

„Frauen [hierogl.] die sich mit den Männern vereinigt hatten" P. jur. Turin 5,1.

„die Leute der Nekropole [hierogl.] welche Brot gegeben

Particip. Gebrauch   §. 378 - 379

haben" Corr. 15.

[hieroglyphs] „Fürsten welche (im Gericht) sassen" Abbott 7,2.
Auf diese Weise hat die Sprache ein neues perfektisches Particip gewonnen.

378. Das Particip des Hilfsverbs *irj-* „machen" wird als [hieroglyphs] mit dem Infinitiv verbunden und zwar in den vorliegenden Beispielen mit perfektischer Bedeutung:

„ich bin nicht ein Diener [hieroglyphs] dessen der dich gesendet hat" Unamun 2, 13.

„dein Bruder war es [hieroglyphs] der (mich) geschlagen hat" d'Orb. 4,7.

„Thoth [hieroglyphs] der diese (Dinge) zu machen erfunden hat" Amenemope 18,3.

[hieroglyphs] „der den Westen erreicht hat" ibd. 24,19.

Später greift diese Umschreibung dann weiter um sich; im Demotischen haben wir (Spiegelberg, Gramm. §. 242) Fälle wie: ⲧⲟϥⲭⲱ „die geschwiegen hat", ˣⲧⲁⲣⲛⲁⲉ „die die mitleidig war" und im Koptischen noch ⲉⲡⲭⲓ- „einer der nimmt", ⲉⲣⲥⲟⲩⲛ- „einer der weiss" (Pistis Sophia 190,18, 314,10). — Die Bildung liegt ferner in den späten Eigennamen vor: [hieroglyphs] Ἀμυρταῖος, [hieroglyphs] Θοτορταῖος, [hieroglyphs] „der Räucherer" (ⲧⲉⲣⲉ-) (neben [hieroglyphs], [hieroglyphs]), [hieroglyphs] „die Räucherin" (ⲧⲉⲣⲉ-).

b. Gebrauch der Participien

1. Attributiv und als Substantiv

379. Der gewöhnlichste Gebrauch ist der attributive, wo das Particip einem Substantiv wie ein Adjektiv angehängt ist. In Tell Amarna richtet es sich dabei in Zahl und Geschlecht nach dem Substantiv:

[hieroglyphs] „alle Wüstentiere, die auf ihren Füssen gehen" Amarna. Gr. Hymnus 10.

§. 380   Particip. Gebrauch

„die Königin 〈…〉 die von der lebenden Sonne geliebt wird" Amarna VI, 32.

In den rein neuägyptischen Texten bleibt es dagegen unverändert. Wir finden so im Aktiv:

〈…〉 „die Leute die gegangen waren" d'Orb. 11,8.

〈…〉 „diese Hälfte die ihm zusteht" Esetemcheb 13.

So auch im Passiv (wo die Endung 〈…〉 gewiss nur 〈…〉 zu lesen ist (§.375):

„dieser Acker 〈…〉 der dir gegeben ist" P. Bologna II 26.

„die Antwort 〈…〉 die ihm gesagt war" Hor. u. Seth 3,10.

„die Worte 〈…〉 die dir gesagt worden sind" Astr. Berlin III 38.

„die Schriftstücke 〈…〉 die (vor Amun) gelegt sind" Tabl. Rogers 16.

〈…〉 „Leute die gebracht waren 〈…〉 (und) gegeben waren (an den Ort des Verhörs)" P.jur.Turin 4,1; — vgl. auch An. VI, 8; Leiden 368; P.jur.Turin 5,1.

380. Sehr oft wird das Particip auch als Substantiv gebraucht. Es steht in alter Weise ohne den Artikel:

〈…〉 „an den der ihn auf seinen Thron gesetzt hat" Amarna V, 2,7.

〈…〉 „Menschentaten sind es nicht, was er tut" Kadesch 77.

〈…〉 „jeder der auf der Strasse geht" Lieb. Beatty 25,1

„was gemacht wird 〈…〉 einem Gelobten gleich dir" An. III, 4,9.

Häufiger aber steht es mit dem Artikel hinter dem dann (vgl. §. 373) der Anlaut 〈…〉 ausfällt:

〈…〉 „der zu mir sagt" Lieb. Beatty 25,9.

〈…〉 „der ein und ausgeht" ibd. 25,9.

〈…〉 „die sterben zu lassenden" P.jur.Turin 2,6.

〈…〉 „dieses alles was gemacht ist" ibd. 3,1.

〈…〉 „der (in dein Schiff) gestiegen ist" Unamun 1,18

Particip. Gebrauch §.381

Dabei kann nach §.161 das Particip gegen die Regel den Artikel haben, auch wenn ihm das Adjektiv ⌒ folgt:

[hieroglyphs] „alles was mit ihm geschehen war" d'Orb. 7,7;

[hieroglyphs] „alles was aus meinem Munde gekommen ist" Mayer a. 2,17 (dasselbe ohne Artikel An. I 1,7).

[hieroglyphs] „alle die geflohen sind" Med. Habu (1907

Anm. Dass ein imperfektisches Particip wie Gr. §. 393a die Bedeutung hat, dass etwas geschehen muss, kommt auch noch vor:

[hieroglyphs] „sie werden sterben lassen die die man sterben lassen muss" (eigtl.: die zu machenden dass sie sterben) P. jur. Turin 2,6.

„tut ihm [hieroglyphs] was eure Hände tun sollen" Harr. 79,11

Beide Beispiele gehören der gewählten Sprache an.

381. Bei dem substantivischen Gebrauch des Particips ist besonders der Fall zu beachten, wo es neutrische Bedeutung hat. In Tell Amarna steht dabei noch nach alter Weise das Femininum:

[hieroglyphs] „alles was ist" Amarna I 36 = III 29

[hieroglyphs] „das befohlene" Amarna II 17; — und so kommt es denn auch in gewählter Sprache vor:

[hieroglyphs] „was eure Hände tun sollen" Harr. 79,11.

[hieroglyphs] „das Getane des Osiris" d.h. was ihm angetan ist ibd. 76,1 — wobei sogar anscheinend noch zwischen perfektischem und imperfektischem Particip geschieden ist.

Ebenso findet sich die weibliche Form für das Neutrum auch in dem formelhaften: [hieroglyphs] N.N „das dem N.N. Gegebene", [hieroglyphs], [hieroglyphs] „ihm gegeben" — vor Listen, z. B.: Ostr. Berlin III 38; III, 36; Ostr. Gardiner 36; Ostr. Petrie 79; Insc. Hier. Ch. pl. 15;19 — und in dem Ausdruck: „was ..... sagt": [hieroglyphs] „was ich sage" (eigtl. „mein Gesagtes") An. III 4-1 = An. V 8,6 (ohne [hieroglyph]), [hieroglyphs] „das was er sagt" Lieb. Tur. 2,18; [hieroglyphs] „das was (ich) sage" Amenemope 3,10.

§. 382   Particip. Gebrauch

Der Ausdruck findet sich aber auch als 〈Hierogl.〉 d'Orb. 16,4 ; 18,1 und weiter als 〈Hierogl.〉 „das zu ihnen Gesagte" Inscr. Hier. Ch. pl. 29,3 ; 〈Hierogl.〉 „das Gesagte" Am. S. d. H. 18 ; 〈Hierogl.〉 „die oben stehenden Dekrete" ibd. 13 wo wie das letzte Beispiel zeigt, das Wort sogar als Pluralis gedacht ist. Ein sicheres Beispiel der neutrisch gebrauchten männlichen Form findet sich übrigens auch schon in Tell Amarna: „wir sehen 〈Hierogl.〉 das was dem Ai getan ist" Amarna VI, 30 ; vgl. auch das männliche 〈Hierogl.〉 P. jur. Turin 3,1 und das gewiss auch so zu fassende: 〈Hierogl.〉 Am. S. d. H. 14.

2. mit beigefügtem Substantiv oder Suffix

382. Der alte Gebrauch, dass man einem passiven Particip ein Substantiv oder ein Suffix beifügt, welches den Täter der betreffenden Handlung ausdrückt (Gr. §. 394), findet sich zunächst in dem Falle des §. 381, wo das Particip neutrisch gebraucht ist: „dein Getanes" für „das was du getan hast". Dass ein <u>Substantiv</u> so beigefügt, kommt nur noch selten vor:

〈Hierogl.〉 „der tat was sein Herr sagte" Amarna V, 33 W.

〈Hierogl.〉 „indem er tat was Amun wohlgefällt" An. VI, 16.

〈Hierogl.〉 „nach seinem Wunsche" P. Neschons 4,4 ; vgl. auch 4,1

Häufiger ist der Gebrauch mit <u>Suffixen</u>:

〈Hierogl.〉 „das was ich sehe" Lieb. Tur. 2,14

〈Hierogl.〉 „es giebt nichts was er nicht wüsste" An. I 2,5.

〈Hierogl.〉 „er sieht was du täglich tust" Amarna III 29 = I 36.

〈Hierogl.〉 „alles was du geschaffen hast" ibd. IV, 33 ; vgl. auch Gr. Hym

〈Hierogl.〉 „alles was er tut geschieht" (neben 〈Hierogl.〉) An. II 4,7.

〈Hierogl.〉 „ich werde sehen was er tut" Lieb. Harr. 3,12 ; vgl. auch ibd. 4,2.

Particip. Gebrauch §. 383 - 384

[hieroglyphs] „er hört alles was du sagst" Amarna VI, 33.

„noch hinzu [hieroglyphs] was du gesagt hast" An. I, 13,7.

„Wahrheit ist [hieroglyphs] was du sagst" ibd. 18,4; vgl. auch. An. III 1,3.

[hieroglyphs] „alles was sie sagt" d'Orb. 16,4 ; 18,1.

[hieroglyphs] „entsprechend dem was ich sagte" Lansing 1,4; – vgl. auch ibd. 14,10 ; Sall. I 7,10.

383. Dass bei einem Particip, das nicht neutrisch gebraucht ist, der Täter durch ein beigefügtes Substantiv oder Suffix ausgedrückt wird (Gr. §. 394) kommt fast nur in der Formel „geliebt von" vor: [hieroglyphs] „deine geliebte Schwester" Lieb. Harr. 4,1 ; [hieroglyphs] sic [hieroglyphs] „mein geliebter Bruder" ibd. 4,1. So auch im Namen Ramses II: [hieroglyphs], [hieroglyphs], [hieroglyphs] u.ä. der in Keilschrift mai Amana und griech. Μιαμμουν lautet.

Anm. Ausserdem finden sich noch Beispiele in geschäftlichen Texten, die man, da das Verbum „gegeben" noch andere Zusätze hat, auch zu den Relativformen des §. 387 ziehen könnte. Dagegen spricht aber die besondere Schreibung [hieroglyphs], [hieroglyphs] :

[hieroglyphs] „jeder Befehl den mein Herr mir gegeben hat" Lansing Rs. 9-10.

[hieroglyphs] B. [hieroglyphs] H. „die Tischlerarbeiten die der Arbeiter B. abgeliefert hat dem Schreiber H." Ostr. Berlin III 34.

„Kupfer [hieroglyphs] das mein Herr mir gegeben hat" ibd. III 37; – vgl. auch [hieroglyphs] „von dem was dir der König giebt" Lansing 9,2. – Das alles werden altertümliche Ausdrücke sein.

384. Zuweilen wird das Substantiv, das nach einem passiven Particip den Täter bezeichnet, auch durch das genetivische nn angeknüpft. So in Tell Amarna:

[hieroglyphs] „gelobt vom Könige" Amarna I 38.

§. 385 - 386   Particip. Gebrauch

[hierogl.] „auferzogen vom Könige"   Amarna I 41.

„die Prinzessin [hierogl.] geboren von der Königin" ibd. I, 19. — und in den Beispielen aus dem Harris in §. 381, wo sogar nach dem weiblichen Particip korrekt [hierogl.] geschrieben ist.

385. Verschieden von den bisher besprochenen Fällen ist derjenige, wo das beigefügte Substantiv nicht den Täter sondern „das Getane" bezeichnet (Gr. §. 395a):

[hierogl.] „der dem alle Worte gesagt werden" Amarna V, 48.
[hierogl.] „der dem Sieg verkündet wurde" Med. Habu ⟨2127.
[hierogl.] „dem alle Länder gegeben sind" An. II 3,1.

Hierzu gehört denn auch:

„der Verbrecher [hierogl.] an dem diese Strafe vollzogen war" P. jur. Turin 6,2; vgl. auch 6,1 ([hierogl.]). Das Ganze ist wohl altertümlicher Sprachgebrauch.

3. in der Hervorhebung

386. Sehr oft steht das Particip in Sätzen, wo das Subjekt eines Verbums hervorgehoben werden soll (Gr. §. 489 b). Das Subjekt steht voran und wird, wenn es ein Substantiv ist, mit [hierogl.] (seltener [hierogl.]) eingeleitet, was nichts weiter ist, als die alte Partikel [hierogl.]. Ist es ein Pronomen, so stehen die Pronomina des §. 98 ff.

[hierogl.] „ihre Liebe ist es die mich stark macht"   Lieb. Kairo 8.

[hierogl.] „die Stärke meines Vaters ist es, die mir sein Ansehen gegeben hat" Med. Habu ⟨13⟩

[hierogl.] „nicht ein Fürst war es der ging sie zu holen" Petrie, Koptos 18,1.

[hierogl.] „dein kleiner Bruder war es, der (mich) schlug"   d'Orb. 4,7.

[hierogl.] „die Goldene ist es die sie dir schickt"
                                                    Lieb. Beatty 17,1.

Relativformen § 387

Dasselbe in älterer Schreibung: [hieroglyphs] „die Goldene übergiebt sie dir" Lieb. Beatty 30,5.

[hieroglyphs] „Amun ist es, der ihn gesendet hat, er ist es, der ihn hat kommen lassen" Unamun 1x+5.

[hieroglyphs] N.N. [hieroglyphs] „N.N. ist es der ihn empfangen hat" P. Bologna II 13.

„Bei Amun! [hieroglyphs] ich bin es die zu dir kommt" Lieb. Beatty 17,4.

[hieroglyphs] „ich habe das Haus gebaut" Inscr. Hier. Ch. pl. 12.

[hieroglyphs] „du bist es, der dich selbst gerichtet hat" Hor. u. Seth 7,11.

[hieroglyphs] „da er es doch war, der ihn aufgezogen hatte" P. Salt 2,14.

[hieroglyphs] „sie haben es getan" Unamun 2,5.

[hieroglyphs] „sie waren es die die Städte verwüsteten." Harr. 77,2.

Zumeist liegt wirklich eine Betonung des Subjekts vor, die in dem pointierten Stil mancher Texte auch da erfolgt, wo wir sie nicht erwarten würden. Man wird aber annehmen dürfen, dass auch hier, so wie in ähnlichen Fällen, sich die betonende Bedeutung allmählich abgeschwächt hat. Ein Satz wie „N.N. war es, der es tat" wird gewiss zuweilen nicht viel mehr bedeuten als „N.N. tat es".

K. die Relativformen

a. Allgemeines

387. Die Relativformen sind nach Gr. § 422 aus dem passiven Particip entstanden, dem ein Substantiv oder ein Suffix beigefügt ist, das den Täter der Handlung bezeichnet: „die geliebte der Bruder" für „die welche der

§. 388 - 389   Relativformen

Bruder liebt", "seine Geliebte" für "die, welche er liebt"; vgl. auch oben §. 382; 383. Fügte man ein so ausgestattetes Particip einem Substantiv bei, wie in: "die Schwester, die Geliebte der Bruder" so kam das einem Relativsatz "die Schwester, die der Bruder liebt" gleich.

Man könnte daher dieser Theorie zu liebe wenigstens in der alten Sprache die Relativformen zu den Participien stellen, indessen wäre dies auch da kaum durchzuführen, und im Neuägyptischen wäre es vollends unmöglich. Hier sind die Relativformen zweifellos Verba finita und sie zum Particip zu stellen wäre um nichts besser, als wenn man im Koptischen das ⲈⲦⲀϤ von ⲠⲈϪⲀϤ seines vorhistorischen Ursprungs wegen als ein Particip auffassen wollte. Gewiss hat man also in Sätzen wie: [hieroglyphs] "die Sendung, die ihm seine Schwester machte" P. jur. Turin 5,8, [hieroglyphs] "das was er machte" P. Rollin 5 — das [hieroglyphs] einfach als ein Verbum finitum gefühlt. Bedürfte dies noch eines Beweises, so liegt er schon darin, dass man bei der Relativform auch das [hieroglyph] "man" als Subjekt der Relativform verwendet. So z. B. in:

"die Sachen [hieroglyphs] welche man fand" P. Salt 1,6.

"das erste Sehen [hieroglyphs] das ihm gemacht wurde" Ostr. Berlin III 33.

"die Worte [hieroglyphs] die man vor dir sagte" P. Neschons 6,11.

und ebenso auch schon in Tell Amarna; z. B.: [hieroglyphs] Amarna I 36; [hieroglyphs] ibd. II, 7.

388. Auch bei der perfektischen Relativform der alten Sprache ist die Deutung als ein Particip nicht unbedenklich, denn sie lässt es unerklärt, weshalb sie eine perfektische Bedeutung hat. Diese deutet vielmehr auf einen Zusammenhang mit der n- Form des Verbum finitums hin. Im Neuägyptischen sind von diesen perfektischen Relativformen überhaupt nur wenige erhalten; vgl. §. 397; 398.

389. Im Einzelnen kann man natürlich zweifeln, ob ein Particip oder eine Relativform vorliegt; vgl. so die Participien mit einem beigefügten Substan-

tiv oder Suffix (§. 382 ff.) und besonders die Beispiele von §. 383 Anm.

b. die älteren Formen

390. In Tell Amarna und auch sonst in gewählter Sprache haben sich die Relativformen noch besser bewahrt als in den späteren Texten. Vereinzelt kommen sogar noch Formen mit der Gemination (Gr. §. 424) vor: [Hierogl.] amarna I, 35; [Hierogl.] Israelstele 24. Aber ihre Veränderlichkeit haben sie auch hier schon aufgegeben; man braucht sie unterschiedslos beim Maskulinum und Femininum; eine Ausnahme ist nur [Hierogl.] "über die man jauchzt" (amarna V,26) wo die Variante das ⌒ auslässt.

391. Die älteren Relativformen, die so vorkommen, sind: [Hierogl.] (pl.) + Subj. Amarna V 21; [Hierogl.] (masc.) amarna, Grenzstele N. u. S; [Hierogl.] (masc.) An. VIII, Rs. 1,1; 3,2; [Hierogl.] (fem.) amarna I 38; Mes N16; [Hierogl.] (fem.) + Subj. Amarna V, 29,19; [Hierogl.] (plur.) [Hierogl.] Israelstele 24; [Hierogl.] (fem.) amarna V,2,12; [Hierogl.] (plur.) Harr. 77,12; [Hierogl.] (fem.) amarna I 37,10; IV,33; vgl. auch V, 29,14; [Hierogl.] (fem.) III, 27; [Hierogl.] (fem.) ibd. I, 35; [Hierogl.] (masc.) ibd. I 36; [Hierogl.] (masc.) ibd. I, 38; I, 35; [Hierogl.] (fem.) amarna V, 26 = Grenzstele S (u. ohne ⌒); [Hierogl.] (masc.) ibd. II, 7. Beispiele mit dem Artikel sind: [Hierogl.] + Subj. amarna VI, 20; [Hierogl.] + Subj. ibd. V, 30; vgl. auch V, 30, 20. — Der Anlaut mit dem die meisten Relativformen in den vulgären Texten auftreten, wird gewiss bei diesen älteren Formen schon existiert haben, und nur die Orthographie lässt sie ungeschrieben.

c. die jüngeren Formen

392. Die jüngere Bildung hat als Kennzeichen bei den kurzen oder gekürzten Verben den Anlaut [Hierogl.] der sich ja ebenso auch beim Particip findet. Die Formen haben die alten Eigenheiten, Gemination und Veränderlichkeit, verloren. Auch hier wird der Anlaut mit ⌒ geschrieben (vgl. §. 255). In Tell Amarna können wir diese Schreibung nicht nachweisen, aber wir finden sie

§ 393   Relativformen

vereinzelt an anderen Stellen:

„der Baum ⟨hiero⟩ den sie gepflanzt hat" Lieb. Tur. 1,15.

„All meine Sachen ⟨hiero⟩ die ich verkauft habe" Insc. Hier. Ch. pl. 16.

393. Beispiele der Schreibung mit ⟨hiero⟩ sind:

⟨hiero⟩ + Subj. P. Neschons 4,1 ; ⟨hiero⟩ + Subj. Mayer A 2,12 ; P. Salt 1,5; P. jur. Turin 5,9 ; Unamun 2,47 ; ⟨hiero⟩ + Subj. Abbott 4,15 ; ⟨hiero⟩ „ + Subj. Tabl. Rogers II ; ⟨hiero⟩ d'Orb. 6,8 ; P. Bologna 6,2 ; 10,1 ; ⟨hiero⟩ Prinzengesch. 7,7 ; Sall. I, 4,2. ⟨hiero⟩ Harr. 75,2 ; Unamun 1,3 ; ⟨hiero⟩ P. Bologna II, 6 ; Mayer A 1,22 ; ⟨hiero⟩ P. jur. Turin 4,2 u. ö. ; ⟨hiero⟩ Abbott 5,15. — ⟨hiero⟩ + Subj. d'Orb. 2,5 ; Mayer A 3,21 ; Amenemope 19,16 ; ⟨hiero⟩ + Subj. Mayer A 1,16 ; P. jur. Turin 2,5 ; P. Lee 1,7 ; ⟨hiero⟩ d'Orb. 15,1 ; Abbott 5,2 ; Unamun 1,18 ; 2,60 ; ⟨hiero⟩ Mayer A 4,18 ; ⟨hiero⟩ abg. Justiz C. ⟨hiero⟩ Prinzengesch. 6,14 ; ⟨hiero⟩ Insc. Hier. Ch. pl. 26 ; ⟨hiero⟩ Unamun 2,67 ; P. Neschons 5,18 ; 6,6 ; — ⟨hiero⟩ + Subj. Abbott 5,19 , Unamun 2,35 ; ⟨hiero⟩ Mayer A 2,21 ; Joppegesch. 2,4 ; Ostr. Berlin III, 35 ; ⟨hiero⟩ ibd. III, 34 ; ⟨hiero⟩ Ostr. Gardiner 55 ; ⟨hiero⟩ Unamun 2,22 ; — ⟨hiero⟩ Mayer A 5,11 ; — ⟨hiero⟩ Mayer A 4,17 ; ⟨hiero⟩ An. VI 22 ; — ⟨hiero⟩ + Subj. P. Lee 1,6 ; 2,7 ; P. Rollin 4 ; ⟨hiero⟩ Unamun 1x+10 ; ⟨hiero⟩ Mayer B. 2 ; — ⟨hiero⟩ + Subj. Essemcheb 13 ; ⟨hiero⟩ Unamun 2,15 ; — ⟨hiero⟩ Mayer A 4,2 ; — ⟨hiero⟩ Unamun 2,1 ; — ⟨hiero⟩ Abbott 5,6 ; — ⟨hiero⟩ P. Bologna 2,19 ; ⟨hiero⟩ abg. Justiz A. B. C. ; — ⟨hiero⟩ P. Bologna II, 18 ; ⟨hiero⟩ a. s. d. H. 7. ⟨hiero⟩ P. jur. Turin 4,7 , 4,8 ff ; ⟨hiero⟩ Abbott 6,24.

Wie man sieht ist die Form mit ⟨hiero⟩ nur bei denjenigen 3 rad. Verben zu belegen, die gewiss schon wie im Koptischen zu 2 rad. verstümmelt waren. desto merkwürdiger ist es, dass das Verbum ⟨hiero⟩, das noch im Koptischen seine 3 Konsonanten hat, die Relativform auch mit dem Anlaut gebildet hat. — Das Verbum ⟨hiero⟩ „sein" hat hier wieder, wie meist,

Relativformen §. 394 – 395

auch beim Particip keinen Anlaut: [hier.] Kadesch 63; [hier.] Abbott 5,4.

Anm. Merkwürdig ist [hier.] „die Aufträge des Pharao mit denen er reist" P. Turin 67,2. Es ist wohl eine amtliche Formel in diesem offiziellen Schreiben.

394. Ebenso wie beim Particip fällt auch bei den Relativformen der Anlaut nach dem Artikel fort. Der Fall kommt oft vor, da diese Verbindung das neutrische, passive Particip ersetzt; im Koptischen hat er sich in ⲠⲈⲬⲀϤ „das was er sagt" gleich „er sagte" erhalten. [hier.] + Subj. Amenemope 19,17; [hier.] An. IV, 3,7; [hier.] P. Salt 1,14; [hier.] Unamun 2,51; [hier.] Mayer A 1,18; [hier.] Insc. Hier. Ch. pl. 19; [hier.] + Subj. d'Orb. 5,9; [hier.] Mayer A 1,19; [hier.] d'Orb. 1,10, P. Bologna 10,1; [hier.] P. Neschons 5,20; [hier.] Berlin 20377; [hier.] Abbott 7,12.

Beispiele von Relativformen mit dem Artikel, die auch sonst den Anlaut nicht haben, sind: [hier.] + Subj. Unamun 2,48; [hier.] Mayer A 2,16; ibd. 2,14 (mit [hier.]). — Bemerkenswert sind nun die nicht seltenen Ausnahmen, bei denen der Anlaut auch nach dem Artikel geblieben ist. Sie erklären sich wohl dadurch, dass man in ihnen die Relativform nicht eng mit dem Artikel zusammen gesprochen hat; ein [hier.] wird etwa „seine Rede" sein, ein [hier.] etwa „das was er sagte". : [hier.] + Subj. Sall. I 3,6; [hier.] + Subj. An. V, 10,4; [hier.] P. Bologna 1,7; 2,1; [hier.] An. III 1,4; [hier.] P. jur. Turin 3,2; [hier.] Lieb. Beatty 17,6; [hier.] P. Rollin 5; [hier.] Insc. Hier. Ch. pl. 18; [hier.] d'Orb. 11,7; [hier.] Wahr. u. Lüge 10,3 (aber 10,2 [hier.] im gleichen Ausdruck).

Anm. Dieselbe Zusammenziehung wie beim Artikel findet sich auch mit der Negation [hier.]; vgl. §. 767.

395. Unter den hier in §. 393; 394 aufgeführten Relativformen sind einige von

§. 396 - 397   Relativformen

auffallender Form. Bei *irj* „machen" finden wir: 〈hiero〉 + Subj. abbott 4,15; 〈hiero〉 abbott 5,15; 〈hiero〉 Mayer A 1,18; 〈hiero〉 Inscr. Hier. Ch. pl. 19 — es sieht aus, als hätten hier die gewöhnlichen *śdm·f* - Formen mit ihrem doppelten 〈hiero〉 übergegriffen. Bei 〈hiero〉 „sprechen" haben wir: 〈hiero〉 (ΠΕΧΑΙ) Berlin 20377; 〈hiero〉 Inscr. Hier. Char. pl. 26; 〈hiero〉 abbott 7,12 — hier scheint das 〈hiero〉 in der ersten sing. geschwunden gewesen zu sein, in der 3. sing. hat es sich gehalten und diese Aussprache deutet man durch 〈hiero〉 an.

396. Auch bei den Relativformen haben sich die Hilfsverben 〈hiero〉 und 〈hiero〉 eingestellt, ebenso wie beim Particip (§. 377).

Das 〈hiero〉 finden wir in:

〈hiero〉 „dieser zu dem man auch (den anderen Namen) sagte" P. jur. Turin 5,7.

〈hiero〉 „das was deine Väter getan haben" Unamun 2,48.

Häufiger ist 〈hiero〉 :

„die Sachen 〈hiero〉 die man bei ihm fand" P. Salt 1,6.

〈hiero〉 „dieses was ich dir geschrieben habe" Sall. I 4,2.

〈hiero〉 „die Worte die die Leute beraten hatten" P. jur. Turin 4,6.

„die Dinge 〈hiero〉 die *T. wšbtj* machen". Tabl. Rogers 11.

d. die perfektischen Relativformen

397. Diese Form (Gr. §. 425) ist in Tell Amarna noch im häufigeren Gebrauch: 〈hiero〉 + Subj. (plur.) I, 30; 〈hiero〉 (fem.) II, 36; 〈hiero〉 (masc.) V, 2,5; — 〈hiero〉 + Subj. (masc.) Grenzstele S, 10; — 〈hiero〉 (fem.) V, 29,14;

Relativformen § 398

[⸻] (masc.) III 29 ; [⸻] (masc.) VI 25,11 ; VI, 33 E .

In anderen Texten finden wir :

[⸻] N.N „Lehre die der Schreiber N.N. gemacht hat" Sall. I 3,4.
[⸻] a. B. [⸻] „ a. zeigte den B. an" Ostr. Berlin III 37.
„die Sklaven [⸻] die der Festungsvorsteher gebracht
   hat" P. Bologna II 10.
„das Brot [⸻] das er genommen hat" Ostr. Berlin III 33.
„der Garten [⸻] den ich (mit Blumen) bepflanzt habe" Lieb.
   Harr. 7, 7 ; — vgl. auch An. III 3,3 ; Kadesch 45 ; Harr. 78,9 ; Lansing 14,2.

Daneben kommen noch Mischformen vor, die zwar den Anlaut haben, aber
daneben auch das ⸻ : [⸻] d'Orb. 4,1 ; vgl. auch 3,9 ; 4,6 ;
[⸻] P. Bologna 2,2 ; „dies dein Schloss [⸻]
[⸻] das du dir selbst gebaut hast" Ostr. Gardiner 28 (An. IV, 8,7 hat
einfach [⸻]). — Man fragt sich, ob sie überhaupt ernst
zu nehmen sind.

398. Von dem substantivischen Gebrauch der perfektischen Relativform, der in
alter Sprache so oft bei neutrischer Bedeutung vorkommt ([⸻] „das
was er gehört hat") finden sich noch Beispiele, wenn auch nur in
herkömmlichen Phrasen:

„sie sahen [⸻] das was ich tat" Kadesch 99 (Var. [⸻]).
   vgl. auch Amarna I 36 ; VI, 25 ; Wooden. Tabl. 1 ; ibd. 2.
[⸻] „was er will" Amarna IV, 32, (dafür [⸻] sic VI, 33) .
[⸻] N.N. „was N.N. sagte" (als Einleitung einer direkten Rede)
   Abbott 5,21 ; (eines Briefes): Ostr. Berlin III 35.

Wie man sieht, ist dabei die Femininalendung zuweilen noch geschrieben.
Wie fremd den Schreibern diese alten Formeln schon waren, zeigt gut
das [⸻] „was Amun gesagt hat" Inscr. Hier. Ch. pl. 26 für
[⸻] . — Die entsprechende alte imperfektische Form ([⸻] „das
was er hört") ist oben bei den Participien (§ 382 ff.) behandelt.

d. der Infinitiv

a. seine Bildung

1. Allgemeines

399. Wenn auch die Infinitive bei den meisten Verben äusserlich nicht von anderen Formen zu unterscheiden sind, so können wir sie doch sehr oft daran erkennen, dass das pronominale Objekt bei ihnen durch die Suffixe ausgedrückt wird und nicht durch das absolute Pronomen. Ein [hieroglyphs] „ihn kennen" ist Infinitiv, ein [hieroglyphs] ist es nicht.

400. Auch im Neuägyptischen hat der Infinitiv der III. inf. eine weibliche Form, die indessen ohne Einfluss auf sein grammatisches Geschlecht ist; es heisst [hieroglyphs] mit dem männlichen Artikel u.s.w., gerade so wie im Koptischen.

401. Die beiden Bildungsweisen des Infinitivs, die wir im Koptischen bei den Verben III. inf. antreffen, die gewöhnliche ⲘⲒⲤⲈ auf der einen Seite und die wie ⲢⲀϢⲈ und ⲦⲀϨⲢⲈ (a. ⲠⲈⲢⲒⲈ) auf der anderen (kopt. Gr. § 225 ff.) lassen sich im Neuägyptischen ungefähr noch nachweisen. Diejenigen Infinitive, die hier auf ⲁ enden, oder die gar keine Endung zeigen, gehören der gewöhnlichen Bildung an: [hieroglyphs] ⲈⲒⲢⲈ, [hieroglyphs] ϬⲒⲚⲈ, [hieroglyphs] ⲈⲒⲚⲈ. Diejenigen mit der Endung ⲉ entsprechen den Verben wie ϢⲀϤⲈ: [hieroglyphs], [hieroglyphs] ⲢⲀϢⲈ. Endlich die Infinitive auf ϳϳ geben Formen wie ⲦⲀϨⲢⲈ (a. ⲠⲈⲢⲒⲈ) wieder.

Auffällig ist es nun, dass neben diesen Formen auf ϳϳ auch solche desselben Verbums stehen, die dieses ϳϳ nicht haben: [hieroglyphs] und [hieroglyphs], [hieroglyphs] und [hieroglyphs], [hieroglyphs] und [hieroglyphs] — und so ist man versucht, hier an irrtümliche Schreibungen zu denken. Indessen finden sich bei dem einen dieser Verba _prj_ „herausgehen" auch im Koptischen in der Tat zwei Infinitivformen neben einander, die zu den beiden Formen

Infinitiv. Bildung   §. 402-403

des Neuägyptischen passen; es sind ⲧⲡⲉ das dem 𓏏𓊪 entspricht und ⲧⲡⲡⲉ a. ⲡⲉⲣⲓⲉ das zu 𓏏𓊪𓇋𓇋𓂻 gehört. So wird man denn auch die anderen Infinitive auf 𓇋𓇋 ernst zu nehmen haben, obgleich im Koptischen Nebenformen wie *remje und *mesje nicht erhalten sind. Auch das Verbum 𓍋𓇋𓇋𓂋 „lieben" gehört in diese Reihe; es wird *merje gelautet haben, wie es denn auch im Koptischen noch vor dem Objekt ⲙⲉⲣⲉ- und vor dem Suffix ⲙⲉⲣⲓⲧ= heisst. Diese letztere Form sollte neuägyptisch *mrjt lauten, es ist aber nur 𓍋𓂋𓏏𓂋 belegt (§. 408) was vielleicht eine ältere Form darstellt.

Anm. Man beachte, dass, wenn unsere Annahme richtig ist, die Formen auf 𓇋𓇋 nicht nur bei intransitiven Verben vorkommen, wie man das nach dem Koptischen denken würde.

402. Wie das Koptische zeigt, wurde der Infinitiv mit einem substantivischen Objekt, das ihm unmittelbar folgte, eng zusammengesprochen; der volle Ton lag dann auf dem Objekt und der Infinitiv wurde in der Aussprache verkürzt: ϩⲱⲧⲃ̄ und ϩⲉⲧⲃ̄-ⲡⲣⲱⲙⲉ; ⲙⲓⲥⲉ und ⲙ̄ⲥ-ⲡϣⲏⲣⲉ. Man möchte annehmen, dass es im Neuägyptischen ebenso gewesen sei, doch erlaubt uns die Schrift nicht sicher zu urteilen. Vgl. das Einzelne in den Beispielen des §. 408.

Anm. Bemerkenswert ist, dass der d'Orbiney den Infinitiv jr.t da, wo er als Hilfsverbum vor einem anderen Infinitiv steht 𓂋 (ohne 𓄿) schreibt: 𓂋𓏏𓏥 8,6; 12,9; 𓂋 𓇋𓃀𓀁𓂝𓈖𓏥 12,10 — eine Form, die er sonst kaum gebraucht (nur 18,5); in diesem Fall mag schon eine enge Verbindung wie in ⲣ̄-ⲡϣⲡⲏⲣⲉ bestanden haben.

403. Bei den Infinitiven, die eine weibliche Form haben, erhielt sich deren Endung -t, die sonst verloren war, da, wo ein Suffix auf sie folgte (vgl. ⲙⲓⲥⲉ, ⲙⲁⲥⲧϥ̄). Man verfuhr nun wie beim weiblichen Substantiv und schrieb hinter das Determinativ und vor das Suffix noch ein 𓇋 d.h. te: 𓏏𓇋𓂝 Amarna VI, 25, 25; 𓄿𓂋𓏏𓇋𓂝𓈖 Tabl. Rogers 13. Dabei ist aber doch ein Unterschied gegenüber dem Substantiv festzustellen; während man bei

§. 404 - 405   Infinitiv. Bildung

diesem sowohl das ⌂ des Substantivs als auch das ᵉ schreibt ([hiero]),
schreibt man beim Infinitiv fast immer nur das ᵉ : [hiero] ; ein [hiero]
(Tabl. Rogers Rs. 4) ist ungewöhnlich. Man möchte glauben, dass es eine
lautliche Ursache war, die diesen Unterschied gegenüber den weiblichen
Substantiven verursachte. Vielleicht stand bei einem Infinitiv das -t
im Anlaut einer Silbe und der Vokal der Femininalendung war vor ihm
geschwunden : * mas-tef.

Anm. 1. Seltne Schreibungen statt des ᵉ sind : [hiero] in [hiero] Lieb. Harr.
4,8 ; [hiero] Hor. u. Seth 6,5 ; ⊙ᵉᵉ in : [hiero] Abbott 5,6
und das ᵉ das nach §. 22 in späten Texten eintritt : [hiero]
P. Neschons 3,5 ; [hiero] ibd. 3,1.

Anm. 2. Man beachte, dass auch hier das Suffix der 1. Sing. oft nicht geschrieben wird : [hiero] d'Orb. 8,6 ; [hiero] Unamun
2,80. — So gewiss auch bei einem Infinitiv männlicher Form : „ du
gehst hinter mir her [hiero] um (mich) zu töten" d'Orb. 7,4.

404. Wenn dann neben diesen Formen mit ᵉ bei denselben Verben auch solche
ohne ᵉ vorkommen, so ist man zunächst geneigt darin nur die Lieder-
lichkeit der Schreiber zu sehen, so in [hiero] d'Orb. 6,3 wo
die richtige Schreibung mit ᵉ ebenda 13,1 ; 15,5 vorkommt. Aber wir
tun gut hier vorsichtig zu sein, denn bei einzelnen Verben gibt es
sicher auch Formen, die das -t vor dem Suffix verloren hatten wie das
denn auch die entsprechenden koptischen Formen bestätigen. So heisst
es bei [hiero] „ machen" fast immer [hiero] vgl. kopt. S. ⲀⲀ= ᵇ· Ⲁⲓ= . Ebenso finden wir bei i̭nj „ bringen" neben [hiero] auch [hiero] und bei
gmj „ finden" neben [hiero] auch [hiero] , was beides im Koptischen ᴬ· N̄T= ᴮ· ⲈⲚ= ; ᴬ· Ḡ N T= ᴮ· ⲬⲈⲘ= wiederkehrt.

405. Auch hier gibt es, wie bei den weiblichen Substantiven, Fälle, wo das ᵉ auch
bei einer männlichen Form vor dem Suffixe steht ; sie beruhen auf Missverständnissen. So schreibt man statt [hiero] „ ihn sagen" auch [hiero]
Unamun 2,80 ; Mayer A. Rs. 2,18 ; vgl. auch [hiero] Amarna, Grenzstele U.

Infinitiv. Bildung   § 406 - 408

Hier hat sich das 〈hieroglyph〉, das bei diesem Verbum entsprechend dem koptischen
ⲭⲱ geschwunden war, vor dem Suffixe erhalten und das ist es, was man
mit 〈hieroglyph〉 ausdrückt; vgl. kopt. B. ⲭⲟⲧ= in ⲭⲟⲧⲟⲩ. Hierher gehört wohl auch
〈hieroglyphs〉 ; an. VI, 23. Anders erklärt es sich, wenn man statt 〈hieroglyphs〉
„ihn töten" einmal 〈hieroglyphs〉 schreibt (Friedensvertrag 35); hier
wird man nach § 55 etwa *ḫobtef statt *ḫotbef gesprochen haben und
das hat den Schreiber zu seiner Schreibung verführt. Ähnlich erklärt
sich wohl auch 〈hieroglyphs〉 d'Orb. 4,4.

2. Besondere Formen

406. Merkwürdig verstümmelt wird der Infinitiv von šm „gehen". Neben der
herkömmlichen Schreibung 〈hieroglyphs〉 (auch 〈hieroglyphs〉 Pieb. Harr. 7,9;
〈hieroglyphs〉 P. Lee 2,1) findet sich in jüngeren Handschriften auch 〈hieroglyphs〉
Unamun 1x+10; 〈hieroglyphs〉 P. Neschons 6,10. Diese Form entspricht schon
dem kopt. ϣⲉ; ﾠ gibt hier ebenso das ⲉ wie in den Schreibungen:
〈hieroglyphs〉 Amenemope 10,6; 〈hieroglyphs〉 Unamun 2,42 die kopt. ⲣⲁϣⲉ
(alt ršw.t) wiedergeben.

407. Das Verbum „geben" lautet im Infinitiv 〈hieroglyph〉, wie das dem kopt. ϯ, ⲧⲁⲁ=
entspricht. Die alte Form 〈hieroglyph〉 hat sich nur in Formeln erhalten, wie z.B.
in dem 〈hieroglyph〉 des § 425 wo aber auch die Varianten zeigen, dass man
nur noch _ein_ 〈hieroglyph〉 sprach; vgl. auch die Beispiele in § 559.

408. Die hier folgende Liste gibt Belege für die Schreibungen, die bei den häufigsten Verben vorkommen, soweit diese verschiedene Formen zeigen; zumeist
sind es Verba III. inf.. Dabei sind unterschieden:

    1) der Gebrauch ohne Objekt oder Suffix, wo der Infinitiv also
        gewiss seine volle Form hatte (ⲙⲓⲥⲉ)

    2) mit Objekt, wobei der Infinitiv vermutlich schon ver-
        kürzt war (ⲙⲥ-)

    3) mit den Suffixen (ⲙⲁⲥⲧ=)

§. 408   Infinitiv - Bildung

ỉrj „ machen"
1) ohne Zusatz (ⲉⲓⲣⲉ) : 🝔 P. jur. Turin 4,4 ; 4,5 ; Hor. u. Seth 6,6 ; 7,12.
2) mit Objekt (ⲡ̄-) : 🝔 d'Orb. 6,8 u. öfter ; Prinzengesch. 7,14 ; P. Bologna 3,9 ; 4,2 ; 4,8 ; P. jur. Turin 4,2 ; 4,3 ; P. Salt 2,1 u. oft ; Hor. u. Seth 3,18 ; 6,18 ; 8,7 ; — 🝔 : Abbott 6,13 ; P. Neschons 4,3 ; — 🝔 : An. III 5,5 ; 7,5 ; d'Orb. 13,5 ; P. Turin 67,1 ; P. Rollin 1 ; vor Infinitiv : d'Orb. 8,6 ; 12,9 ; 12,10
3) mit Suffixen (ⲁⲁ= : ⲁⲓ= (ⲁⲓⲧ=)) : 🝔 lieb. Tur. 1,6 ; Lansing 2,9 ; Hor. u. Seth 16,3 ; 2,2 ; 2,6 ; 2,13 ; — 🝔 P. Neschons 4,16 ; 4,17 (Var. 🝔) ; — 🝔 d'Orb. 11,1 ; — 🝔 P. Turin 66,7 ; P. Rollin 4 ; P. Lee 1,6 u.ö ; P. Neschons 5,14 ; Sall. III 2,8 (Kadesch 🝔) ; — 🝔 Ostr. Petrie 5.

rdj_ „ geben"
1) ohne Zusatz (†) : 🝔 d'Orb. 5,6 ; P. Bologna 10,1 ; Hor. u. Seth 7,13 ; 11,5 ; 11,8 ; eine Ausnahme 🝔 An. VI, 48.
2) mit Objekt (†-) : 🝔 d'Orb. 4,9 ; Hor. u. Seth 3,6 ; 4,13 ; 5,12 ; 11,4 .
3) mit Suffixen (ⲧⲁⲁ= : ⲧⲏⲓ=) : 🝔 Petrie, Koptos 19,1 ; — 🝔 d'Orb. 5,5 u. oft ; P. jur. Turin 4,2 ; 4,3 ; 5,3 ; — 🝔 Corr. 61 ; 🝔 Mayer A 2,8.

dd „ sprechen
3) vor Suffix (ⲭⲟⲟ= : ⲭⲟ= (ⲭⲟⲧ=)) : 🝔 Kadesch 95 (Sall. III 6,9 🝔) ; — 🝔 Mayer A 2,18 ; — 🝔 d'Orb. 6,1.

gmj „ finden"
1) ohne Zusatz (ϭⲓⲛⲉ) : 🝔 P. jur. Turin 4,2
2) mit Objekt (ϭⲛ̄-) : 🝔 d'Orb. 4,8 ; Hor. u. Seth 10,7.
3) mit Suffixen (ϭⲛ̄ⲧ= : ⲭⲉⲙ=) : 🝔 d'Orb. 5,1 -; 🝔 ibd. 8,5 ; — 🝔 P. jur. Turin 4,3 ; 4,4 ; Hor. u. Seth 10,3 ; — 🝔 Unamun 2,76 ; — 🝔 P. Salt 1,6 ; P. jur. Turin 5,1 — aber 🝔 ibd 4,1 (ohne ▵).

ỉnj_ „ bringen"
1) ohne Zusatz (ⲉⲓⲛⲉ) 🝔 d'Orb. 7,5.

Infinitiv. Bildung §. 408

2) mit Objekt (N̄-): 𓀀 mes N 2 ; d'Orb. 4,4 ; 4,6 ; Hor. u. Seth 2,3 ; 7,13 ; 18,12 ; eine Ausnahme An IX, 15 𓀀𓏥

3) mit Suffixen (NT= : EN=) 𓀀𓏤𓏛 dansing 3,1 ; d'Orb. 18,8 u. oft ; Wahrh. u. Lüge 4,1 ; – 𓀀𓏛 ; Hor. u. Seth 10,12 ; – 𓀀𓏲 d'Orb. 10,8.

m͗sj „gebären" (MICE)

2) vor Objekt (M̄C-): 𓀀𓏥 Hor. u. Seth 6,9 ; 7,4 ; 𓀀𓏥𓏛 d'Orb. 18,7.

mr͗j „lieben"

1) ohne Zusatz (ME) : 𓌻𓏛 lieb. Beatty 24,4

2) vor Objekt ? (einem Infinitiv) 𓌻𓏛 P. Lee 1,4 ; vgl. MEPE- : MENPE-

3) vor Suffixen (MEPIT= : MENPIT=) : 𓌻𓏛 , 𓌻𓏛𓏲 d'Orb. 15,6 ; 𓌻𓏛𓏲 Hor. u. Seth 6,5.

ḥwj „schlagen"

3) mit Suffixen : 𓌂𓏛 P. jur. Turin 4,2 ; 4,3 ; 5,7 ; – 𓌂𓏛 ibd. 5,4.

ȝwj „ausstrecken"

2) mit Objekt : 𓄿𓏛 Hor. u. Seth 12 12 ; – 𓄿𓏛 Abbott 8,6.

f ȝj „tragen"

3) mit Suffixen : 𓆑𓏛 d'Orb. 13,1 u. ö ; – 𓆑𓏛 ibd. 6,3 ; – 𓆑𓏛 Apophismärchen 2,11.

ṯȝj „nehmen"

2) mit Objekt : 𓍿𓏛 Hor. u. Seth 13,10.

3) mit Suffix : 𓍿𓏛 ibd. 1,10.

dȝj „übersetzen"

3) mit Suffix : 𓂧𓏛 Prinzengesch. 5,1.

ḫȝj „messen"

2) mit Objekt : 𓐍𓏛 Mayer B 2.

i͗ṯȝ „nehmen"

1) ohne Zusatz: 𓇋𓍿𓏛 Hor. u. Seth 13,4.

2) mit Objekt: 𓇋𓍿𓏛 Mayer A 1,20 ; 1,23 ; – 𓇋𓍿𓏛 Mayer B 2.

3) mit Suffixen: 𓇋𓍿𓏛 d'Orb. 14,8 ; – 𓇋𓍿𓏛 Joppegesch. 3,10 ; – 𓇋𓍿𓏛 P. jur. Turin 4,1 ; Salt Rs. 1,3 ; – 𓇋𓍿𓏛 Inscr. Hier Ch. pl. 18.

§. 409   Infinitiv. Gebrauch

$3bj$ „wünschen"
   3) mit Suffix: 〈hierogl.〉 Wahrh. u. Lüge 4,3.
rmj „weinen"
   1) ohne Zusatz: 〈hierogl.〉 d'Orb. 8,1 ; — 〈hierogl.〉 Unamun 2,67.
prj „herausgehen"
   1) ohne Zusatz: 〈hierogl.〉 Lieb. Beatty 25,5 ; Lansing 9,6 ; P. Neschons 6,10 ; —
                   〈hierogl.〉 Hor. u. Seth 3,11 ; 9,8 ; 12,11.
tsj „aufsteigen"
   1) ohne Zusatz: 〈hierogl.〉 Hor. u. Seth 10,1 ; — 〈hierogl.〉 ibd. 9,9.
$msdj$ „hassen"
   3) mit Suffixen: 〈hierogl.〉 Prinzengesch. 5,12 ; — 〈hierogl.〉 ibd. 7,4.
$ssnj$ „atmen"
   2) mit Objekt: 〈hierogl.〉 Kadesch 125.

b. Gebrauch des Infinitivs

1. der bestimmte Infinitiv

409 Wo der Infinitiv durch den Artikel 〈hierogl.〉 oder durch ein Demonstrativ bestimmt ist, bezeichnet er einen einzelnen Fall. Er wird völlig wie ein Substantiv gebraucht; er steht also auch als Objekt eines Verbums oder hängt von einer Präposition ab. Er vertritt vielfach die abhängigen Sätze unserer Sprachen und ist von uns meist auch als abhängiger Satz zu übersetzen; vgl. die folg. §.§. — Dabei behält er selbst seine verbale Natur bei und ein anderer Satz oder ein Objekt kann von ihm abhängen:

„Was mir meine Schwester tut... 〈hierogl.〉 dass sie mich in der Tür ihres Hauses stehen liess" Lieb. Beatty 17,6.

„Der König sagte 〈hierogl.〉 bei dem Aufstellen der Stelen" Amarna, Grenzstele A.

〈hierogl.〉 „es ist gut sie zu sehen" Ostr. Gardiner 60

| Infinitiv. Gebrauch | §.410 - 411 |

„ich antworte um [hierogl.] auf das mich verletzen" d'Orb. 8,6 ;
vgl. auch P. Neschons 3,19 ; Abg. Justiz a. u. C und die Beispiele in den flg. Paragraphen.

410. Das logische Subjekt eines solchen Infinitivs wird durch einen Possessivartikel ausgedrückt :

(Was mir begegnen wird, ist) [hierogl.]
„dass ich mein Herz nehme und es (auf die Ceder) lege" d'Orb. 8,4.

[hierogl.] „was bedeutet, dass du hinter mir herkommst"? ibd. 7,4.

[hierogl.] „(was soll es) dass du es sagst" Unamun 2,80

„er wollte ihn töten [hierogl.] wenn er kommen würde" d'Orb. 5,6.

„schmücke ihn mit Gold [hierogl.] weil er die Lehre des Pharao gehört hat" Amarna I 30 ;

vgl. auch Lieb. Beatty 26,1 ; Abbott 6,21 ; P. Bologna II, 3 ; P. Salt Rs. 1,9.

Wie man sieht, überwiegt bei diesem Ausdruck des logischen Subjekts der imperfektische Gebrauch - präsentisch oder futurisch -, bei perfektischem Sinn dagegen drückt man das logische Subjekt meist in der Weise des folgenden Paragraphen aus.

411. Ebenso häufig ist es, dass man das logische Subjekt durch den Relativsatz
[hierogl.] „das er tut" ausdrückt. Wie die folgenden Beispiele zeigen, benutzt man diesen Ausdruck hauptsächlich da, wo es sich um die Vergangenheit handelt :

[hierogl.] „weil sie die schönen Zeugnisse verlassen hatten" P. jur. Turin 6,1

[hierogl.] „es geschah dass er „ beim Leben des Herrn" schwur " P. Salt 1,5.

[hierogl.] „weil er sich angeschlossen hatte" P. jur. Turin 4,2

[hierogl.] „weil du die Kleider genommen hattest" An. VI, 34 ; — vgl. auch P. Bologna 10,1 ; P. Neschons 6,2 ; P. jur. Turin 4,4 ; 4,5 ; 4,6 , 4,12 , Cav. 61.

§.412-414   Infinitiv. Gebrauch

Anm.1. Dass 𓇋𓀁𓂝𓏏 auf die Vergangenheit geht, bestätigt sich auch dadurch, dass vereinzelt 𓂝𓏏 dafür vorkommt: 𓄿𓇋𓏲𓂝𓏏 ..... Ostrk. Gardiner 64; vgl. auch Pianchi 27 und das 𓂝 beim unbestimmten Infinitiv §.415.

Anm. 2. Wie sehr dieser Ausdruck des logischen Subjekts durch 𓇋𓀁𓂝𓏏 den Schreibern geläufig war, zeigt das folgende Beispiel: 𓄿𓇋𓇋𓏏 𓊢𓇋𓀁𓂝𓏏 𓏥𓂋𓂧𓆱 .... 𓂧𓂝𓏛𓇋𓀁𓂝𓏏 𓏲𓏏𓅓 "dass er anfing die Leute zu prügeln .... und anfing zu gehen" P. Salt Rs. 1,4. Hier ist nicht nur dem ersten Infinitiv unnötigerweise ein 𓇋𓀁𓂝𓏏 hinzugefügt, sondern auch dem zweiten, der doch nur der Teil eines Konjunktivs ist. Nicht minder auffällig ist: 𓇋𓂝𓂋𓏛𓇋𓀁𓂝𓏏 𓏲𓉐𓏏𓈖𓀁𓂝𓇋 "da fing er an die Liste mir nachzusehen" (?).
An.VI 15.

412. Negiert wird der bestimmte Infinitiv mit <u>tm</u> (vgl. §. 793):

𓄿𓇋𓇋𓏏 𓂝𓏛𓇋𓏏𓃀𓅓𓂻𓐍𓏛 "dass er nicht fern ist von der Schwester" Lieb. Beatty 30,1.

𓏲 𓄿𓏛𓆱𓇋𓏛𓂝𓏛𓇋𓀁𓂝𓏏 "weil er ihn nicht getötet hatte" d'Orb. 6,8 ; — vgl. auch An. V, 21,7 ; Corr. 19 Rs. 13.

413. Bei den Verben des Sehens, bei denen man auch in der alten Sprache den Plural des Infinitivs gebraucht (Gr. §. 401) um das wiederholte Sehen zu bezeichnen, benutzt man auch im Neuägyptischen den pluralischen Artikel: 𓇋𓏤𓄿𓇋𓇋𓈖𓂋𓂧𓀁𓇋𓏌 "was soll euer fortwährendes Kommen?" Unamun 2,71 ; vgl. auch 𓄿𓏤𓂋𓃀𓂝𓏛𓊡 "das ständige Zanken" d'Orb. 11,2.

2. der unbestimmte Infinitiv

a. Selbständig und als Objekt

414. Der unbestimmte Infinitiv wird im Ganzen wie ein Substantiv gebraucht. So dient er denn auch zur Bestimmung eines Adjektivs; vgl. §. 187.

"die Residenz 𓉐𓇋𓏏𓈖𓉐 wo man angenehm lebt" An. III, 2,1.

"antworten 𓄿𓏲𓏛𓇋𓏭𓂧𓊛 die Prügel verdienen" Amenemope 12,5.

| Infinitiv. Gebrauch | §. 415 |

415 Der unbestimmte Infinitiv findet sich auch in alter Weise absolut gebraucht und zwar wird dabei, wie die folg. Beispiele zeigen, sein logisches Subjekt durch 〰 oder durch das noch altertümlichere 𓀁 ausgedrückt. So steht er am Anfang eines Schriftstückes oft nach dessen Datum:

𓏲𓏲𓏲 𓈖 𓇳 𓐝 𓂋 𓊃 𓊃 "18. Mesore fand die Untersuchung statt" Mayer A 3, 6.

𓇳 𓂋 𓈖 𓂻 N.N. "an diesem Tage kam N.N" Ostr. Berlin III 39.

𓇳 𓂋 𓈖 N.N. Ostr. Petrie 60 ; 𓂋 𓈖 𓂻 N.N. Ostr. Gardiner 4.

Hierzu gehört dann auch die Verwendung des absoluten Infinitivs nach Gr. §. 415, 416, die sich auch noch neuägyptisch in feierlich gehaltenen Texten findet. So steht auf der Grenzstele von Tell Amarna und zwar neben der Form śdm·t·f: "es geschah 𓉔𓂝𓏏𓂋 dass seine Majestät erschien (dass man) 𓈙𓂝𓏏 𓏲𓈐 den Weg begann 𓂋𓂝𓏏 𓏏 ein Opfer brachte 𓇋𓇋𓈖𓂻 südwärts ging 𓈖𓏴𓂋𓂝𓏏 und dass seine Majestät halt machte" Amarna, Grenzstele S.

Und so auch in: 𓊹𓉻𓅆𓇋𓐍𓂝𓏲𓀁 "der grosse Gott grüsste sehr" Eseem-cheb II.

Anm. 1. Rätselhaft bleibt auch der absolute Infinitiv 𓂋𓂝𓏏 nach dem Relativum 〰 in den Stellen: "er erfüllt die Erde mit seinen Strahlen 〰 𓂋𓂝𓏏 𓀁𓁹𓈖𓏤𓂻 möchten sich meine Augen an seinem Anblick sättigen" Amarna V, 29,11; vgl. auch ibd. Grenzstele S; — er drückt augenscheinlich einen Wunsch aus und wird auf irgend einer Ellipse beruhen: (mögen die Götter) geben, dass u.s.w.

Anm. 2. Absolut stehen auch die Formeln, die man im Briefe am Anfang eines Abschnittes gebraucht: 𓂋𓇋𓇋𓈖 Corr. 31 ; 𓂋𓇋𓇋𓈖𓐍𓏏 an. VI, 53; für das letztere schreibt man auch irrig (vgl. §. 486) 𓂋𓇋𓇋𓈖𓐍𓏏 an. IV, 6,10 ; vgl. §. 240 Anm.

Anm. 3. Ein sogenannter Komplementsinfinitiv (Gr. §. 417) findet sich noch in: 𓇋𓅱𓐍𓂋𓊃𓏏𓐝𓂝𓏏 "ich werde sie ganz füllen" an. VIII, 2, 15; vgl. auch §. 421.

§ 416-418   Infinitiv. Gebrauch

416. Als <u>Objekt</u> steht der unbestimmte Infinitiv zunächst nach dem Hilfsverb ꜣrj (vgl. § 540 ff); ferner nach den Verben des Wünschens:

〈hiero〉 „sein Herz wünschte (nach Ägypten) zu gehen" d'Orb. 13,5.

Und sehr oft nach 〈hiero〉 „können":

〈hiero〉 N.N. 〈hiero〉 „N.N. liess nicht zu dass (ich) in ihm wohnen konnte" Insc. Hier. Char. pl. 12.

〈hiero〉 „die Diebe hatten es nicht angreifen können" Abbott 2,15.

〈hiero〉 „ich kann mich nicht fortnehmen" Lieb. Beatly 23,6.
Wie das koptische ϣ- zeigt ist dieses Wort, wo es selbst im Infinitiv stand, besonders stark verkürzt worden.

<u>Anm.</u> Auch nach 〈hiero〉 „aufs neue tun", 〈hiero〉 „fertig tun", 〈hiero〉 „zuerst tun" steht der Infinitiv; vgl. An. I 15,7; An. VI, 19; An. II 6,5.

β. im Genetiv

417. Sehr oft steht der unbestimmte Infinitiv im Genetiv. Dabei tritt aber der direkte Genetiv im Gebrauch hinter dem indirekten zurück. Stets steht er nur nach dem Wort für 〈hiero〉: 〈hiero〉 „das Ruhebett" P. Salt Rs. 1,2; 〈hiero〉 „die Untersuchungsstelle" P. jur. Turin 4,1; 〈hiero〉 „ein Begräbnis" P. Boulaq 10; 〈hiero〉 „die Landungsstelle" An. III 7,6 — und öfters steht der direkte Genetiv auch nach 〈hiero〉 „die Art und Weise"; vgl. § 440, sowie nach 〈hiero〉 Kadesch 144 - wo Sall. III n hat.

418. Desto häufiger und wichtiger ist der indirekte Genetiv. Er gibt dem Substantiv eine nähere Bestimmung: 〈hiero〉 „ein Schlag der spaltet" An. III 5,7 = An. V, 9,6; 〈hiero〉 „dieser Brief des Sagens (?)" Sall. I 7,10 u.ö.; 〈hiero〉 „Zeit des Pflügens" d'Orb. 2,2; 〈hiero〉 „Geräte zum Ackerbau" Lansing 5,9.
Wie man sieht, müssen wir diesen Infinitive oft durch einen Relativsatz wiedergeben und besonders müssen wir das in dem Falle tun, wo er die

| Infinitiv . Gebrauch | §. 419- 420 |

Nüance des Möglichen oder des Notwendigen enthält:

[hieroglyphs] „ein Scheffel der zwei fassen kann" Amenemope 18,21.

[hieroglyphs] „ein Mann der sie deuten kann" ibd. 27,14.

„ein Buch [hieroglyphs] welches mir Stärke verleiht" P. Lee 1,2.

[hieroglyphs] „grosse Verbrechen.... um derentwillen man jede Strafe vollziehen muss" Abbott 6,12 ; — vgl. auch P. Rollin 1.

419. Besonders häufig sind Genetive, die den Tag, die Zeit, den Fall und Ähnliches bezeichnen, wo etwas geschieht:

[hieroglyphs] „der erste Tag wo man fährt" Lansing 13 b 7.

„er machte sieben Jahre [hieroglyphs] ihn zu suchen" d'Orb. 8,5; vgl. auch 6,8.

Das logische Subjekt wird in diesem Fall ebenso durch [hieroglyphs] ausgedrückt wie bei dem bestimmten Infinitiv:

[hieroglyphs] „der Tag wo ich nach (Tanis) kam" Unamun 1,3.

[hieroglyphs] N.N. „der Tag wo N.N. abreiste" ibd. 1,1.

[hieroglyphs] N.N. [hieroglyphs] „der Tag wo N.N. meinen Vater hineinbrachte" Insc. Hier. Ch. pl. 14. (nach einem Datum)

Anm. Beachtenswert ist, dass auch hier als älterer Ausdruck statt des [hieroglyphs] auch [hieroglyph] (§.411 Anm.1) und [hieroglyph] vorkommen:

[hieroglyphs] N.N. „Tag wo N.N. das Feld empfing" P. Beatty I D.

[hieroglyphs] „als S.M. zum ersten Male ihn fand" Amarna, Grenzstele S.

γ nach Präpositionen

dd. nach m und n

420. Der Infinitiv nach der Präposition [hieroglyph] bezeichnet einen Zustand. So bei Verben des Sehens (Gr. §. 410) :

„man ist trunken [hieroglyphs] wenn man zu dir eilt" Lieb. Tur. 2,9. — wo er denn ja auch als Prädikat des Präsens I und Präsens II steht (§.499 ff).

§. 421–424   Infinitiv. Gebrauch

Der Infinitiv mit 𓅓 bezeichnet weiter die Ursache, das Werkzeug:

„toll 𓐍𓂋𓏭𓏭𓅓 vor Liebe" Lieb. Beatty 24,4.

„bestraft 𓐍𓂋𓏏𓀜 𓅓 𓈙𓂝𓏏 durch Abschneiden ihrer Nase" P. jur. Turin 6,1.

𓇋𓅱𓐍𓈙𓂝𓅓𓐍𓅱𓈙𓂝𓏏𓏥 „er ist von Prügel zerschlagen" An. III 5,9.

421. Weiter fügt man einem Verbum auch seinen eigenen Infinitiv mit 𓅓 bei, um seine Bedeutung genauer zu bestimmen:

𓇋𓅱𓂋𓏏 ... 𓅓𓈙𓂝𓏏 „ich mache, dass die, welche in der Unterwelt sind, sie empfangen mit schönem Empfangen" P. Neschons 3,14.

𓅓 𓂝𓇋𓏏 „halte dich gar nicht auf" An. V, 22,3; vgl. auch Cov. 47.

𓇋𓅱 ... 𓅓 „er erkannte sie mit männlichem Erkennen" Wahr. u. Lüge 4,4; — vgl. auch Sall. I 4,2.

422. Der häufige Ausdruck 𓅓𓊃 führt eine direkte Rede ein:

𓈎𓂋𓄿𓀁 ... 𓅓𓊃 „da sandte er seinen jüngeren Bruder ab mit den Worten: „geh" d'Orb. 2,9; vgl. auch 16,5.

Dieser Ausdruck ist seltener als das 𓂋 𓊃 des §. 429 und ist auch nicht so zur Partikel geworden wie dieser.

423. ⲛ̄ mit dem Infinitiv gibt den Grund an (vgl. Gr. §. 419):

„die Augen leben ⲛ̄ 𓂋𓏏 weil (sie) seine Schönheit sehen" amarna II 36; vgl. auch ibd. III, 17.

𓂋𓐍𓏏 ⲛ̄ 𓐍𓏏𓏥 „er hört weil man ihn schlägt" An. III 3,13 = An. V, 8,6.

𓋹 ⲛ̄ 𓂋𓐍𓏏 𓐍 sic „ich lebe weil (ich) sie (die Stimme) höre" Lieb. Harr. 7,11; vgl. auch Lieb. Beatty 22,6.

<u>ββ. nach ⲣ</u>

424. 𓂋 mit dem Infinitiv bezeichnet meistens, ebenso wie in der alten Sprache und wie im Koptischen, den <u>Zweck</u> und entspricht unserm „um zu":

„Er setzte die Leute an 𓂋 𓈙𓂝𓏏 𓏐 um Stein zu schneiden" P. Salt 2,5; 𓂋 𓏏 𓏐 „um Korn zu bringen" d'Orb. 7,5.

| Infinitiv. Gebrauch | §. 425 - 426 |

Das logische Subjekt eines solchen Infinitivs entnimmt der Hörer dem Zusammenhange, doch gibt es auch Fälle, wo es nach alter Art ausdrücklich durch 𓇋𓆑 angefügt wird: „heute vor die Fürsten gebracht ⟨hiero⟩ um sie zu untersuchen durch den Schatzmeister" P. jur. Turin 4,1 (für: damit sie durch den Sch. untersucht würden).

425. Sehr häufig ist die Verbindung ⟨hiero⟩ oder ⟨hiero⟩ „um zu machen dass" mit folgendem Subjunktiv (§. 290); sie hat sich im Koptischen in dem ⲈⲦ- von ⲈⲦⲢⲈ- erhalten und entspricht etwa unserm „damit":

„Er hat ihn bekommen ⟨hiero⟩ um ihn fortbringen zu lassen" P. Bologna II 14; 15.

„Dies ist geschrieben ⟨hiero⟩ damit mein Herr wisse" An. III 1, 11.

„Dies ist geschrieben ⟨hiero⟩ damit mein Herr wisse" Sall. I 5,4; ähnlich auch mit zwei ⟨hiero⟩ Leiden 368; An.VI, 7; Corr. 61.

Dabei verblasst zuweilen dann die kausative Bedeutung von ⟨hiero⟩:

„Ich gebe den Uschebtifiguren den Auftrag ⟨hiero⟩ dass sie alles tun" (nicht: tun lassen) Tabl. Rogers Recto 9,10.

<u>Anm.</u> Wichtig ist der Ausdruck der Kanzleisprache: „um .... wissen zu lassen...."; er leitet selbständig wie eine Überschrift Listen u. ä. ein. Meist schreibt man ihn altertümlich ⟨hiero⟩ statt ⟨hiero⟩:

Ich habe mich nach dem Sklaven erkundigt ⟨hiero⟩ damit du seinen Namen wissest" d.h. folgendes ist sein Name u.s.w. P. Bologna II, 11.

⟨hiero⟩ „Angabe des Brotes...." Ostr. Berlin III 39.

⟨hiero⟩ „ihre Liste ist: (der gestohlenen Sachen)" P. Salt 1,5.

⟨hiero⟩ „Verzeichnis aller Diebstähle" Inscr. Hier. Ch. pl. 15.

426. Neben den bisher besprochenen Fällen, in denen ⟨hiero⟩ mit dem Infinitiv den Zweck bezeichnet, stehen nun aber auch solche, in denen es andere Bedeutung hat, entsprechend der Bedeutung des vorhergehenden Verbums. Es steht so in:

§. 427 — Infinitiv. Gebrauch

[hieroglyphs] "er schickte sich an zu gehen" d'Orb. 13,1.
[hieroglyphs] "ich eile zu sagen" P. Bologna 7,6.
[hieroglyphs] "Wende dein Antlitz den Schriften zu" An.V,10,3 aber Sall. I,3,6 ohne ⌒; vgl. auch Amenemope 3,9,10.

Und so auch in: [hieroglyphs] "mein Herz steht danach die Keule zu sehen" Joppegesch. 1,8.

So auch nach „lehren", „ausfindigmachen":
„Man lehrt die K3ỉrj- Tiere [hieroglyphs] tanzen" An. III 4,1 (An.V,8,7 ohne r);
„Alle Frevel [hieroglyphs] die sein Herz zu tun erfunden hatte" P. Lee 1,6; 2,2.

In der Bedeutung „ich bin nicht zu strafen", d.h. ich verdiene nicht gestraft zu werden: [hieroglyphs] „mein Herr braucht mich nicht zu strafen". Sall. I 4,6; An.VI,8; VI,19 u. oft.

Ferner in mḥ r „fleissig sein zu"; vgl. §. 574.

Die Bedeutung „bis hin zu" welche die Präposition r vor Substantiven hat, findet sich vor dem Infinitiv in: [hieroglyphs] „mein Herz springt bis zum herauskommen" Lieb. Beatty 25,5.

Auffallend ist der Gebrauch beim Inhalt eines Eides, wo r nicht nur die Versicherung, nicht zu lügen, einführt, sondern auch die dem Lügner gewünschte Strafe: „ihm wurde auferlegt (?) ein Eid [hieroglyphs] (Sinn: er wolle ..... werden, wenn er löge)" Mayer A 1,18; ebenso 1,22 (wo das r vor tm fehlt), vgl. auch ibd. 3,13 u.ö.

427. Aus den Beispielen des vorigen Paragraphen sieht man schon, dass die Schreiber das ⌒ vor dem Infinitiv oft genug auslassen; indessen geschieht dies anscheinend nur in solchen Fällen, wo die Bedeutung in der gebrauchten Redensart klar ist, während man das ⌒, wo es nach §. 424 „um zu" bedeutet, wohl regelmässig ausschreibt. Bei dem ⌒ [hier.] des folgenden Paragraphen wird ⌒ öfter fortgelassen; hier fiel es gewiss auch in der Sprache fort.

Anm. Dass ein ⌒ irrig vor einem Infinitiv gesetzt wird, findet sich in

Infinitiv. Gebrauch §. 428

dem Beispiel 〈hiero〉 „er kann nicht unterscheiden"
P. Sall. I 7,4 — hier hat der Schreiber an die Präposition ⲛ̄ ⟨r⟩ ⲟⲩⲧⲉ
gedacht und das hat ihn zu der falschen Schreibung verführt.

428. Der Ausdruck 〈hiero〉 „um zu sagen", der schon in der alten Sprache nur noch „indem er sagt", „mit den Worten" bedeutete (Gr. §. 411 Anm.), ist schliesslich im Koptischen zu einer Partikel ϪⲈ geworden. Auch im Neuägyptischen wird er sein ⟨r⟩ verloren haben, daher rührt es, dass manche Schreiber das ⟨r⟩ ganz fortlassen oder es nur durch einen Punkt bezeichnen 〈hiero〉 z. B. Sall. III 7,5; Amenemope 10,13; Max. d'Anii 3,9; 4,17; Abg. Justiz A.B. und eine weitere Folge ist, dass man dem Infinitiv 〈hiero〉 auch irrigerweise ein ⟨r⟩ vorsetzt: 〈hiero〉 „man sagte zu mir" Mallet 2,5; 〈hiero〉 „wiederholt sagen" An. I 8,7; 〈hiero〉 „wir sagen" Cov. 61. Das 〈hiero〉 steht vor jeder direkten Rede und nur da, wo wie in P. Salt 2,1, Amenemope 22,1 das Verbum 〈hiero〉 unmittelbar vor ihr steht, lässt man es aus. Wir treffen es so nach den Verben für: melden, schwören, erkennen, sehen, hören, wissen u.a.m. In der Regel würden wir dabei in unsern Sprachen die direkte Rede durch die indirekte oder einen abhängigen Satz ersetzen.

Beispiele für melden, sagen, schwören sind:

„Er kam 〈hiero〉 um seiner Herrin zu melden: „wir haben den Dehuti!" Joppegesch. 2,14.

〈hiero〉 „wegen der Botschaft die ihm seine Schwester geschickt hatte: „reize Leute auf!" P. jur. Turin 5,3.

〈hiero〉 „er schwur: „wenn der Esel tot ist, so..." Ostr. Berlin III, 35; vgl. auch P. Salt 1,6; 1,12; 2,1.

Beispiele für erkennen und wissen sind:

〈hiero〉 „ich weiss nicht: ist mein Junge zu dir gekommen" P. Bologna II 7.

〈hiero〉 „dass sie wissen: du kennst

§. 429 - 430   Infinitiv. Gebrauch

mich" Lieb. Beatty 25,5.

[hieroglyphs] „sie fanden dass er es getan hatte" P.jur.Turin 4,2.
Beispiele für hören und sehen sind:

[hieroglyphs] .... [hieroglyphs] .... „ich hatte gehört ...: „tut man
Unrecht (in jeder Stadt)?" Unamun 2,79

[hieroglyphs] „(ich) hörte, dass die Leute gingen"
Mayer a 1,14.

[hieroglyphs] „sieh zu: dieser grosse Jubel – wem
gilt es?" Amarna VI, 30 ; – vgl. auch Kadesch 101.

429. Sehr oft steht das [hieroglyph] auch nur, um die Worte anzugeben, mit denen
man eine beliebige Handlung begleitet:

[hieroglyphs] „die Kupferarbeiter sind ge-
kommen und haben gesagt: die Kupfergeräte (gehören dem u.s.w.)
Ostr. Berlin III 38.

„Ich siedelte meine Soldaten an [hieroglyph] und dachte u.s.w." Kadesch 90.

[hieroglyphs] „sie stehen auf und sagen" Max. d'Anii 3,9.

„Er findet seinen Mund [hieroglyphs] und sagt: „gieb mir Brot" ibd. 9,17;
vgl. auch Mes n.17 und An.VI, 27 (wo wie der Punkt (. [hieroglyph]) zeigt dass
ein dd zu der ihm folgenden Rede gehört).

Da diese Worte oft den Zweck oder Grund der Handlung angeben, so wird
sich hieraus die Verwendung von ϫⲉ als Konjunktion entwickelt haben:

„Ich gebe dir das Amt [hieroglyphs] damit du
die Speise des Pharao essest" (eigtl.: „mit den Worten: mögest du
essen"). Amarna I 8; vgl. auch Med. Habu ⟨999⟩.

430. Wie man koptisch ⲟⲩⲣⲱⲙⲉ ϫⲉ ⲁⲛⲁⲛⲓⲁⲥ „ein Mann namens Ananias" sagt,
wobei das ϫⲉ eine nähere Bestimmung zufügt, ähnlich wie unser „nämlich", so sagt man auch Neuägyptisch:

„übergeben [hieroglyphs] an den Ober-
arbeiter Chonsu – nämlich den jüngeren –" Ostr. Florenz 2625 =
ä.Z. 18,97; vgl. auch Mes N. 22.

208

Infinitiv. Gebrauch. §. 431–432

IV. nach ḥr

431. Mit der Präposition ḥr drückt der Infinitiv eine Handlung aus, die eine andere, die vorher erzählt ist, begleitet. Er entspricht also etwa dem Pseudoparticip, das aber im Neuägyptischen von Zuständen gebraucht wird, und nicht von Handlungen. So steht der Infinitiv mit ḥr auch in allen zusammengesetzten Verbalformen als ständiges Seitenstück zu jenem, aber auch sonst wird er im Neuägyptischen verwendet; vgl. das Folgende.

In allen Fällen wird dabei das ḥr besonders in den jüngeren Handschriften häufig ausgelassen; vgl. die Beispiele in den folgenden Paragraphen und das über die zusammengesetzten Formen Bemerkte (§. 475 ff.).

Charakteristisch ist auch, dass man irrigerweise ḥr auch vor einem Infinitiv schreibt, der als Objekt steht: [hierogl.] Lansing 8,3; [hierogl.] d'Orb. 14,6; vgl. auch Sall. III 3,10; ibd. 2,2 (Kadesch aber ohne ḥr); Apophismärchen 3,3 (ibd. 2,2 ohne ḥr). Ebenso unrichtig steht es vor dem Infinitiv, mit dem ein Konjunktiv gebildet ist: [hierogl.] „und ich lege es" d'Orb. 8,4; vgl. näheres §. 575.

432. Der Infinitiv mit ḥr folgt sehr oft auf ein Verbum der Bewegung; dabei ist dann der Infinitiv eigentlich das Wesentliche und das „kommen", „aufstehen", „sich setzen" u. s. w. wird nur erwähnt, weil der Sprechende den ganzen Vorgang lebhaft vor sich sieht:

[hierogl.] „man kam und meldete" Joppegesch. 1,7.

[hierogl.] „er trat vor (?) ihn hin u. sagte" ibd. 1,11.

[hierogl.] „der Jüngling setzte sich und beging einen frohen Tag" Prinzengesch. 7,14.

Beispiele ohne ḥr sind:

[hierogl.] „die 7 Hathoren kamen und besahen sie" d'Orb. 9,8.

[hierogl.] „er setzte sich und wusch sich die Hände" ibd. 12,9.

[hierogl.] „der dumme Mann steht da und arbeitet" Sall. I 5,9; vgl. auch Mayer A. Rs. 2,21; d'Orb. 18,3; Unamun 1×+10

§.433 - 436   Infinitiv. Gebrauch

433. Er steht weiter nach Worten für „die Zeit verbringen", besonders nach wrš:

[hieroglyphs] „Tags über jagte er das Wild und brachte und legte (es) vor sie hin" d'Orb. 10,1 (8,9 ohne ḥr).

[hieroglyphs] „ich unterrichte dich immerfort" Lansing 8,3.

auch hier fehlt oft das ḥr:

[hieroglyphs] „der Wäscher steigt immerfort herauf und herab" Lansing 4,2; vgl. auch ibd. 5,9-6,1; 3,10; An. II 11,1.

[hieroglyphs] „alle Tage kam er zu mir" Unamun 1x+9; vgl. auch ibd. 1x+2.

über ḫpr „werden" mit ḥr und dem Infinitiv, vgl. §. 569

Anm. Vgl. auch die Formel [hieroglyphs] „höret nicht auf, mir zu schreiben" Corr. 19,6; 19 Ro. 15.

434. Auch Verben mit beliebiger Bedeutung können von ḥr mit dem Infinitiv begleitet werden:

[hieroglyphs] „er opferte dem Gott und pries ihn und erhob seine Macht" Prinzengesch. 8,5

[hieroglyphs] „und schreibe [mir] alles was du tust, indem du mir jedes Geschäft berichtest" P. Bologna 1,7; — vgl. auch d'Orb. 10,6. — Auch hier kann das ḥr ausgelassen werden: [hieroglyphs] „er antwortete und sagte" Unamun 2,8; 2,47; [hieroglyphs] „so sagte Amon Re" ibd. 2,25.

435. So wie man nach §. 340 bei intransitiven Verben deren Objekt ein Pseudoparticip beifügt, kann man auch statt dessen ein ḥr mit dem Infinitiv beifügen:

[hieroglyphs] „und hörtest du nicht meinen Mund sagen" d'Orb. 7,4. — Sodann auch nach [hieroglyph]: [hieroglyphs] N.N. „und man liess Leute den N.N. bewachen" P. Salt 2,16; vgl. auch Berlin 20377.

436. Auch wo kein Verbum ihm vorhergeht, kann der Infinitiv mit ḥr im Anschluss an ein Substantiv oder ein Pronomen gebraucht werden. Sein logisches Subjekt, das sonst aus dem vorhergehenden Verbum zu ersehen ist, muss man hier aus dem allgemeinen Zusammenhang entneh-

Infinitiv. Gebrauch §. 437 – 438

men: „er gebe 〈...〉 ein schönes Leben, indem [man] seine Schönheit schaue" Amarna V, 11; vgl. auch ibd. V, 2, 13; VI, 25, 10

„seine Schwester 〈...〉 die im Harem ist, vom persönlichen Dienst" P. jur. Turin 5, 3 u. oft.

〈...〉 „du aufgehende Sonne" An. II, 5, 7 (An. IV, 5, 7 ohne 〈...〉) auch hier kann das 〈...〉 ausgelassen werden:

〈...〉 „mit schönen Augen beim Sehen" Lieb. Beatty 22, 2.
〈...〉 „süss ist ihre Lippe beim Reden" ibd. 22, 3.

anm. Auffällig ist das Beispiel: 〈...〉 die Königin (d'Orb. 18, 3), wobei dem Infinitiv scheinbar noch ein besonderes Subjekt beigefügt ist.

δ.δ. nach ḥn‛

437. Der alte Gebrauch, einen Infinitiv mit 〈...〉 an ein vorhergehendes Verbum beliebiger Form anzuhängen (Gr. §. 414), lebt (wenn man von dem Konjunktiv absieht) nur noch in der Briefformel 〈...〉 fort. Man hat sie als Fortführung der Eingangsformel „A. sagt zu B." anzusehen und zu übersetzen: „und er sagt weiter". Offenbar aber ist diese Formel bedeutungslos geworden und man braucht sie auch da, wo sie nicht zu dem Eingang des Briefes passt:

„Schreiber A. sagt zu Schreiber B.: gebracht wird dir 〈...〉 dieses Schreiben des Sagens (?) und weiter sage ich" An. III, 5, 5; 6, 2; Sall. I 9, 4; 6, 1 (wo An. V, 15, 6 nur 〈...〉 hat). – Ohne dass eine Einleitungsformel vorhergeht: abg. Justiz A. B. –

Über die Formel 〈...〉 vgl. §. 415 Anm. 2.

ε.ε. nach anderen Präpositionen

438. Ausser den hier aufgeführten gewöhnlichen Präpositionen werden nun auch andere noch mit dem Infinitiv verbunden. So die beiden Ausdrücke für „in der Absicht zu":

§. 439-440   Anhang zum Infinitiv

〈hierogl.〉 „damit man sie (in den Palast) nähme"
P. Lee 1,4.

„er baute ein Haus um 〈hierogl.〉 um sich einen Hausstand
zu gründen" d'Orb. 9,2 ; vgl. auch ibd. 4,6.

So steht der Infinitiv auch nach 〈hierogl.〉 : 〈hierogl.〉
„nach dem Zeugenverhör (?)" Max. d'Anii 7,18 ; 〈hierogl.〉 (var.
〈hierogl.〉) „nach dem Alter" Amarna I 39 ; ähnlich An. I 3,1 ; An. III,
3,11 u.ö.; — und nach 〈hierogl.〉 : 〈hierogl.〉 „nun aber nach
der Revision" An. VI, 24.

c. Anhang zum Infinitiv.

439. Neben dem einfachen Infinitiv benutzt man auch drei Erweiterungen desselben und zwar sowohl bestimmt als unbestimmt ; die älteste ist die
mit dem Präfix 〈hierogl.〉 (Gr. §. 187b ; kopt. pa-, pan-). Der Gebrauch ist
der gleiche, auch in der Art wie man das logische Subjekt ausdrückt:
„die Pyramide wurde gefunden 〈hierogl.〉 erbrochen" (eigtl. in
Erbrochenheit) Abbott 2,12.

〈hierogl.〉 „im Sterben, tot" d'Orb. 13,3 ; Berlin 20377 ; 〈hierogl.〉
Sall. IV, 21 Rs ; „sie arbeiteten fleissig 〈hierogl.〉 in
ihrer Arbeit" d'Orb. 2,7 ; 4,3 ; ähnlich Ostr. Gardiner 59 ; „das Denkmal ist fertig 〈hierogl.〉 zu seiner Verladung" Dansing 2,4.

440. Jünger ist die Umschreibung mit 〈hierogl.〉 „Art von", dem der Infinitiv
meist im indirekten Genetiv folgt:

〈hierogl.〉 „sie sagten zu ihm gesprächsweise" Prinzengesch. 5,10.

„Man fand 〈hierogl.〉
〈hierogl.〉 „wie sich die Diebe gegen sie (die Gräber) vergangen hatten"
Abbott 3,6.

〈hierogl.〉 „wie bist du gegangen?"
Mayer A, 1,23 (ebenso aber ohne um ibd 1,9 ; 2,12) ; vgl. auch ibd. Vs. 1,18

die Form s'dm·t·f   §.441 – 443

441. Die Verbindung mit 𓂝𓄿𓇋𓂋𓎡𓏏𓏤, 𓂝𓄿𓂋𓏏𓏤 „die Art und Weise", „wie" – hat sich in ⲋⲓⲛ (ⲥⲱⲧⲙ̄) u. ä. erhalten: „Sie sollen nicht gw∫ sein um 𓂝𓄿𓂋𓏏𓏤 𓏺 ⲉ𓄿𓂋𓎡𓅱𓄿 in irgend einem gw∫." P. Neschons 4,22. 𓏥𓄿 𓂝𓄿𓂋𓇋𓏏𓏤 ⲉ𓄿𓂋𓂋𓏥𓄿 𓂝𓄿𓂋𓎡𓏏𓏤𓇋𓏏𓈗𓏺𓂋𓄿 „das Essen, das Trinken" ibd. 3,20.

M. die Formen s'dm·t·f und s'dm·tj·fj

a. s'dm·t·f

442. Da in der neuägyptischen Orthographie ein 𓏺 am Ende des Wortes nicht viel besagt, so würde man über diese Form leicht hinwegsehen, wenn nicht vorsichtige Schreiber ihr ·t oft mit 𓏏𓏺 schrieben. Wie in allen ähnlichen Fällen bezweckt dieses 𓏺 natürlich, dass man das 𓏺 noch lesen soll. In den Tell Amarnatexten ist die Form noch bei allen Verben im Gebrauch, und sie kommt auch sonst noch in gewählter Sprache vor. In den rein vulgären Texten wird sie dagegen durchweg mit 𓏏𓏺 umschrieben.

443. Der Gebrauch dieser Form nach Präpositionen (Gr. §.419) findet sich abgesehen von dem vereinzelten 𓅓𓇋𓏺𓂋𓄿𓂋𓇋𓂋𓅮 „wie der Falke stösst" Kadesch 107 noch oft bei der Präposition 𓂋 „bis":
𓂋𓇋𓏏𓏺𓂋𓄿𓇋𓅱 „so weit die Sonne leuchtet" Amarna III, 29.
„Er soll hier bleiben 𓂋 𓇳𓅓𓏺𓅓𓋴𓏺 bis der Schwan (?) schwarz wird, 𓂋𓇋𓅱𓏺+𓇋𓏏𓏺𓂋𓅅 und der Rabe (?) weiss wird 𓂋𓏺𓆑𓏺𓂋𓏥𓂻𓈅𓈅𓈅 und bis die Berge aufstehen" ibd. III 29; vgl. auch ibd. VI, 31
𓂋𓂝𓏺𓂋 „bis er (die Ehrwürdigkeit) erreicht" ibd. IV, 35 und so öfter ähnlich z. B.: Turin 173; Louvre. Holzfigur ohne Nr.; München, Antiquarium 42; An. IV, 3,4
Anstatt dieser alten Formen sagen die vulgären Texte dann wie oben bemerkt: „bis ich hören tue", das würde in älterer Schreibung 𓂋 𓇳𓏺𓋴𓏺𓂋𓅓𓄿

§ 443 die Form $sḏm.t.f$

heissen, aber im Neuägyptischen schreibt man dafür [hieroglyphs], man gibt also das ⌒ mit [hier.] wieder, so dass die Schreibung aussieht wie die neuägyptische emphatische Form; auch diese hatte man ja ursprünglich ⌒ [hier.] geschrieben (§. 303) und das dann in das gewöhnliche [hier.] geändert. So z. B.:

„Ich gebe euch Korn zum Lebensunterhalt [hieroglyphs] bis der König euch Proviant gibt" P. Turin 46, 17;

„Diebe welche eingesperrt sind [hieroglyphs] bis der König ihre Strafe bestimmen wird" Amherst 4, 2.

[hieroglyphs] „bis der Gott tut was er will" Prinzengesch. 4, 13.

„Gieb es ihr [hieroglyphs] bis ich komme und (dann) sehe ich was zu tun ist und tue es" P. Turin 16, 17.

„Bewahre mir den Ochsen [hieroglyphs] bis ich aus der Stadt komme" Wahr. u. Lüge 7, 6;

„Ich werde bei ihnen sein [hieroglyphs] bis sie die Schreiber ausschicken" P. Bologna II 24.

Die Form mit ̂ „man" würde dabei [hier.] heissen, aber wenn man statt dessen [hier.] schreibt: „Man wird ihm nicht das Amt geben [hieroglyphs] bis man ihn (mit mir)....." Hor u. Seth 13, 3; vgl. auch P. Brit. Mus. 10052, 15, 8, — so mag das von dem Einfluss der häufigen Formen ̂ und [hier.] herrühren.

Ebenso wie hier das einfache ⌒ „bis" als [hier.] erscheint, so finden wir auch die Präposition [hier.] ⌒ „bis", die in D. 18 noch gebräuchlich war (§. 656) in gleicher Schreibung:

[hieroglyphs] „bis ich komme" Unamun 2, 86.

[hieroglyphs] „bis ihr finden werdet" ibd. 3, 9.

In dem letzteren Beispiel sind die beiden ⌒ zusammengefallen. Hierzu möchte man dann auch noch die Beispiele ziehen:

die Form $sḏm.t.f$	§. 444 – 445

„ich würde dir das Geld ersetzen [hierogl.] bis sie (deinen Dieb) fänden" Unamun I, 19.

[hierogl.] „bis wann?" (eigtl. bis was kommt?) ibd. 2, 66. Bei diesen scheint das $h\underline{3}^c$ $\underline{i}rt.f$ zu einem *šattef zusammengezogen zu sein, dem ein koptisches *ϣⲁⲧϥ entsprechen würde; vgl. die gleiche Zusammenziehung §. 445 Anm.

444. So wie der Infinitiv (§. 415) kommt auch das $sḏm.t.f$ absolut in einer Erzählung vor: „Es geschah [hierogl.] dass der König erschien" (dann weiter in Infinitiven) Amarna Grenzstele S (eine Var. in J. hat [hierogl.]) — und so scheint es auch als Zusatz zu einem anderen Verbum zu stehen, da, wo wir einen Satz mit „indem" oder einen Zeitsatz verwenden würden: „die guten Taten die mein Herz mir tat [hierogl.] indem er mir Gold gab als Belohnung" Amarna II 21.

445. Wichtig ist der Fall, wo ein solches $sḏm.t.f$ mit [hierogl.] negiert wird und nun „indem nicht" bedeutet. Diese Verbindung drückt dann oft auch die Nuance „indem noch nicht" aus:

[hierogl.] „als ihre Offiziere noch nicht aus dem Walde gekommen waren" L.D. III 187e (L.D. III 155 mit [hierogl.] davor).

„Bin ich nicht nach deinem Befehl gegangen [hierogl.] indem ich nicht übertrat (den Plan u.s.w.)?" Kadesch 45 (Sall. III 2,4 giebt vulgärer [hierogl.]).

„Erschrecke dich nicht vor Morgen [hierogl.] ehe er noch gekommen ist" Astr. Petrie 11.

In der Regel aber setzt man noch das participiale [hierogl.] des §. 519 ff vor diese Verbindung, so dass die Bedeutung „indem" doppelt ausgedrückt ist:

„Du machst schon die zweite Reise [hierogl.] ohne dass du mir schreibst" Corr. 65, 16.

[hierogl.] .... [hierogl.] „ich habe geschrieben

§.446   die Form s̱dm·tj·fj

.... bevor du mir geschrieben hattest " An. IX, 6.

[hieroglyphs] „ ehe das Heer das Lager fertig aufgeschlagen hatte " L.D. III 187 ; L.D. III 155.

Anm. Auf das [hieroglyphs] „ indem er noch nicht tut " geht nun auch das koptische ⲘⲠⲀⲦϤ „ er hat noch nicht"..." zurück. Man beachte, dass das [hieroglyphs] hier ebenso zu ⲀⲦϤ zusammengezogen ist, wie in dem ϢⲀⲦϤ in §. 443.

b. s̱dm·tj·fj

446. Das adjektivische s̱dm·tj·fj ist neuägyptisch nur in gewählter Sprache zu belegen:

[hieroglyphs] „ der deinen Namen nennt, der ist Herr der neun Bogen" Karnak ⟨953⟩ (Tempel Ramses III).

[hieroglyphs] „ es giebt keinen Jungen... der sich mit mir vergleichen könnte " An. I 12,5.

Fünftes Buch

Der Bau des Satzes und die von ihm hergeleiteten Verbalformen

A. Vorbemerkungen

a. Einleitung

447. Ehe wir daran gehen, die Sätze und die zusammengesetzten Formen des Verbums zu besprechen, wird es gut sein, einige grundsätzliche Punkte zu erörtern, die für sie in Betracht kommen. Sie gelten auch – mutatis mutandis – für die einfachen Formen des Verbums (vgl. §. 282 ff.), doch treten sie uns hier bei den zusammengesetzten Formen des Neuägyptischen klarer entgegen als dort bei den absterbenden einfachen Formen.

448. Auch das Neuägyptische legt ähnlich wie die alte Sprache wenig Gewicht auf die Bezeichnung der Zeit. Es besitzt zwar ähnlich wie jene und wie das Koptische Formen, mit denen es Vergangenheit und Zukunft ausdrücken kann, aber man macht von diesen nur da Gebrauch, wo man jedes Missverständnis ausschliessen will. Wo das nicht so nötig ist, nimmt man eine der indifferenten Formen und überlässt es dem Leser, aus dem Zusammenhange zu erkennen, ob von Gegenwart, Vergangenheit oder Zukunft die Rede ist.

449. Dagegen bringt man zum Ausdruck, ob es sich handelt um einen neuen Vorgang (er tötet, er setzt sich), oder um einen bestehenden Zustand (er ist getötet, er sitzt); vgl. §. 475 ff.

450. Sehr wesentlich für die Grammatik ist der Gebrauch der sogenannten

§. 451-452   der Nominalsatz

"Zustandssätze". Man schliesst einem Satze oder einem Worte einen Satz oder ein Verbum an, die die Umstände angeben, unter denen das Gesagte stattfindet. Wir können derartige begleitende Sätze mit „indem" anfangen lassen; in andern Fällen enthalten sie nach unserer Auffassung eine Zeitbestimmung (als, während) oder einen relativischen Zusatz.

451. Schliesslich sei zum Verständnis der Satzbildung noch darauf hingewiesen, dass die ägyptische Sprache dasjenige Wort, auf das der Sprechende Wert legt, möglichst an den Anfang des Satzes stellt. Ist es ein Pronomen, so wählt man dann die sogenannten jüngeren Pronomina absoluta (Gr. §. 152) anstatt der gewöhnlichen älteren. Dies gilt für die alte Sprache (Gr. §. 489 b), aber ebenso auch noch für das Neuägyptische (§. 700). — Überhaupt spielt das Betonen und Hervorheben einzelner Worte im Ägyptischen eine grosse Rolle und dient dazu, Nuancen auszudrücken, für die es der Sprache sonst an Ausdrucksmitteln fehlen würde.

b. zum Nominalsatz
und
seinen Abkömmlingen

452. Je mehr im Neuägyptischen die alte Flexion zurücktritt, desto mehr treten mancherlei Zusammensetzungen und Satzarten hervor. Wir kennen sie zum Teil schon aus der alten Sprache, aber sie spielen dort noch nicht die grosse Rolle wie später.

Abgesehen von den mit ⊂⊃ gebildeten Formen und von dem Konjunktiv (§. 540 ff; 575 ff) gehen sie sämmtlich in letzter Linie auf den alten Nominalsatz zurück; es wird in ihnen von einem Subjekt gesagt, dass es etwas ist:

1) es ist eine Sache.   4) es ist bei einer Tätigkeit o. ä.
2) es ist beschaffen.
3) es ist in etwas, mit etw. u.s.w.   5) es ist getan.

der Nominalsatz §. 453

Das Prädikat ist also:
1) ein Substantiv
2) ein Adjektiv
3) eine Präp. mit Substantiv oder Suffix.
4) eine Präp. mit einem Infinitiv
5) ein Pseudoparticip.

Dabei wird das ist entweder nach alter Weise gar nicht ausgedrückt, oder es wird durch eines der Hülfsverben 𓂋 und 𓐍 bezeichnet. — Ist das Subjekt ein Pronomen, so benutzt man ein Pronomen absolutum, wenn es ohne Hülfsverbum steht; bei einem Hülfsverbum wird es durch das entsprechende Suffix ausgedrückt. — Ist das Prädikat ein Verbum, so steht dieses im Infinitiv mit 𓂋 oder im Pseudoparticip; das Erstere steht entsprechend §. 449 bei einem eintretenden Vorgang, das Zweite bei einem andauernden Zustand; vgl. auch §. 475; 488.

Die Stellung der einzelnen Teile des Satzes regelt sich nach §. 451; das Subjekt steht also voran, solange nicht dem Sprechenden das Prädikat als das wesentlichere erscheint.

453. Von den beiden Hülfsverben 𓂋 und 𓐍 ist das zweite ein vollständiges Verbum, das keine besonderen Schwierigkeiten bietet. Anders steht es mit dem 𓂋, das eine so grosse Rolle in der Sprache spielt. In allen Fällen, wo wir es antreffen, sieht es gleich aus, und doch scheidet sich sein Gebrauch deutlich in zwei verschiedene Weisen; es ist:
1) ein selbständiges Verbum, das in einfachen Aussagen steht und oft futurische Bedeutung hat.
2) ein nur begleitendes, d.h. es bildet die Einleitung eines Zustandssatzes in der Art von §. 450; vgl. auch §. 495.

Ob hier etwa wirklich zwei verschiedene Formen vorliegen, die nur in der Schrift zusammenfallen, stehe dahin. Dass aber unsere Unterscheidung der beiden Arten des 𓂋 nicht willkürlich ist, sieht man auch daraus, dass es nur bei der ersteren nach §. 557 durch die Umschreibung mit 𓅓 ersetzt wird. — Wir wollen sie als selbständiges

§. 454   der Nominalsatz

ⲉ und als <u>begleitendes</u> ⲉ bezeichnen. Die Sonderung beider findet sich:

   1) bei adverbialem Prädikat
       selbständig   §. 470
       begleitend   §. 471 ff.
   2) bei Präsens II
       selbständig   §. 492 ff.
       begleitend   §. 495 ff.
   3) bei unpersönlichem ⲉ
       selbständig   §. 517; 518
       begleitend   §. 519 ff.

Auch bei ḥꜣ mit Infinitiv kommen beide Gebrauchsweisen vor (§. 500).

<u>Anm.</u> Im Koptischen hat das ⲉ, wo es beschreibend gebraucht ist, die Form ⲉ. Das ⲁ des bohairischen Präsens II geht nicht darauf zurück (vgl. §. 486), sondern ist die emphatische Form des Hülfsverbs ⲁⲩ, wenn es auch ebenfalls im Sahidischen zu ⲉ geworden ist.

<u>B. der Nominalsatz mit nominalem Praedikat</u>

<u>a. mit substantivischem Praedikat</u>

454. Die einfachste Form des Nominalsatzes, diejenige, in welcher das Praedikat ein Substantiv ist, scheint auch in der <u>alten</u> Sprache nur theoretisch zu existieren, denn wir können sie nur in den folgenden beiden Ausnahmefällen belegen (Gr. §. 470):

1) da, wo der Sprechende mehr Gewicht auf das Praedikat legt, als auf das Subjekt:

        „deine <u>Schwester</u> ist die Sothis" (Pyr. 1707)
        „dein <u>Verwandter</u> ist der Morgenstern"(ibd.)
        „Jaa ist sein Name" (Sinuhe 84)

der Nominalsatz §. 455

Das Praedikat steht wegen seiner Betonung dabei voran.
Wo man einen solchen Satz ohne Betonung des Praedikats geben will, greift man nach Gr. §. 445,11 zu der Präposition 𓅓: $spd.t$ m $sn.t.k$ „Sothis ist (als) deine Schwester".

2) da, wo das Subjekt ein betontes Pronomen ist, das man dann nach §. 104 durch das jüngere Pronomen ausdrückt:

 „du bist mein Ka".

455. Der Gebrauch des Neuägyptischen ist der Gleiche:

1) Das Praedikat ist ein betontes Substantiv und steht daher voran:

 „Lapislazuli ist ihr Haar" Lieb. Beatty 22,4.

 „Most ist es, wenn ich deine Stimme höre" Lieb. Harr. 7,10.

 „Ptah ist ihr Schilf (?)" ibd. 2,7; vgl. auch d'Orb. 1,1.

auch das 𓊪 des §. 705 kann noch vor dem ersten betonten Substantiv stehen:

 „das was du für mich tun sollst ist dein Kommen" d'Orb. 8,3.

 „H. ist ein Sohn des W." Mes N.22; andere Beispiele vgl. §. 705 Anm.

Auch hier verwendet man, wo das Praedikat nicht betont sein soll, die Präposition 𓅓; vgl. §. 467

2) wo das Subjekt ein betontes Pronomen absolutum ist, nimmt man das jüngere Pronomen. Ein unbetontes Pronomen kommt nicht als Subjekt vor:

 „Ich bin der Sohn (des N.N.)" P. Salt 1,1.

 „ich bin dein Bruder" Hor. u. Seth 9,3.

 „du bist mein Geschick" Lieb. Beatty 17,8.

 „Du bist kein Mensch" Ostr. Berlin III 33.

 „Wessen Sohn bist du"? Wahr. u. Lüge 5,3.

<u>Anm. 1.</u> Ganz vereinzelt steht der Satz „denn ich bin ein

§. 456 – 457   der Nominalsatz

Weib (wie du)" d'Orb. 10,2. Vielleicht fehlt vor s.t - ḥm.t ein 𓀀 ;
vgl. §. 467 ; 468.

Anm. 2. Auffällig ist die Voranstellung von 𓈖𓂋𓎛 in den Sätzen:

𓈖𓂋𓎛 ... d'Orb. 8,3 ; 𓈖𓂋𓎛 ...
... Kadesch 76 — wo nach unserm Gefühl „Dein Kommen"
und „Suteḫ" das Wesentliche ist.

b. mit adjektivischem Praedikat

456. Ist das Praedikat ein Adjektiv, so ist dieses ja für den Sprechenden immer
etwas Wesentliches und so stellt man es denn in der alten Sprache und
ebenso im Neuägyptischen immer voran:

𓍱... „das Kraut ist gut" d'Orb. 1,10

𓍱... „alles was du tust ist sehr gut"
Hor. u. Seth 15,4 ; — vgl. auch An. V, 11,1 = Sall. I 3,10.

𓍱... „süss sind Prügel (in der Schule)" Ostr. Gardiner pl XX A.

𓍱... „nützlicher für mich ist mein Bruder (als alle Medizin)"
dieb. Beatty 25,10. — Ausnahmen von diesem Gebrauch sind selten
und gewiss nicht ohne Grund:

„Der Baum grünt vor seinem Herrn 𓍱...
𓍱 seine Früchte sind süss, sein Schatten ist angenehm"
Amenemope 6,11.

𓍱... „die Tage sind
lang, die Nächte haben Stunden" Sall. I 8,11 — hier sollen die verschiedenen Subjekte der parallelen Sätze zu bemerken sein und stehen
deshalb voran.

Anm. An und für sich ist es natürlich möglich, dass man auch ein Adjektiv, das nicht betont ist, als Praedikat verwendet. Das scheint aber
nicht gebräuchlich zu sein.

457. Ist das Subjekt ein Pronomen absolutum, so nimmt man die älteren, unbetonten Formen des Pronomens, die dann hinter dem Adjektiv stehen:

| der Nominalsatz | §. 458 – 460 |

[Hierogl.] „du bist schlechter als der S. Vogel" Lansing 3,5.

[Hierogl.] „es (das Schreiben) ist angenehmer als der Schedehu-trank" ibd. 2,2.

[Hierogl.] (sic) „er ist kleiner als eine Katze und grösser als ein Affe" An. I 10,1.

Anm. Vereinzelt steht: [Hierogl.] „du bist sehr reich" Ostr. Berlin III 33.; vgl. auch Lansing 3,4.

458. Ebenso wie die Adjektiva wird zuweilen auch eine Form des Verbums – vermutlich ist es ein Particip – als betontes Praedikat vorangestellt:

[Hierogl.] „es ist dir verdreht" d'Orb. 7,6.

[Hierogl.] „mein Herz schlägt schnell" Lieb. Beatty 23,9.

Anm. Ob das _ḥsj šw_ in [Hierogl.] (d'Orb. 8,1) hierher gehört oder nur eine irrige Schreibung ist, stehe dahin. Vielleicht könnte auch das rätselhafte [Hierogl.] An. III 7,6; 4,12 im Sinne von: „preis dir" hierhergehören. – Vgl. auch das ähnlich gebrauchte [Hierogl.] Amarna IV, 35(?).

C. mit einem Demonstrativ als Subjekt.

459. Der Gebrauch des alten Demonstrativs [Hierogl.] „es ist" (Gr. §. 477) ist so gut wie verschwunden; es findet sich fast nur noch in der Briefformel: [Hierogl.] „dies ist geschrieben damit mein Herr wisse" An. III 1,11 und sonst oft. – Wo es sich sonst noch findet, wie in [Hierogl.] (Wood. Tabl. 4) ist es wohl nur eine altertümelnde Schreibung für das neuägyptische [Hierogl.].

460. Der neuägyptische Ausdruck für „es ist" [Hierogl.], [Hierogl.], [Hierogl.], der dem Koptischen ⲡⲉ, ⲧⲉ, ⲛⲉ entspricht, wird, da er fast immer unbetont ist, hinter das Praedikat gestellt. Er richtet sich in Geschlecht und Zahl nach diesem und unterscheidet sich dadurch vom altägyptischen [Hierogl.], das immer

§. 461 - 462   der Nominalsatz

unverändert bleibt :

〈hierogl.〉 „es ist ein Hund"   Prinzengesch. 4,9.

〈hierogl.〉 „da war das das Herz seines Bruders" d'Orb. 13,8.

〈hierogl.〉 das Innere der vier Stelen 〈hierogl.〉 „das ist das eigentliche Tell Amarna"   Amarna. Grenzstele N.

Auch die jüngeren Pronomina absoluta können wie im Koptischen (ⲚⲦⲞϤ ⲠⲈ ⲠⲰϤ) das Praedikat eines solchen Satzes bilden :

〈hierogl.〉 „sie ist es" Amarna V, 29,12.

〈hierogl.〉 ..... 〈hierogl.〉 „die südliche Stele ..... sie ist die Stele von Amarna". Amarna Grenzstele S und U. Dabei bei der Wiederholung hat U nur 〈hierogl.〉 - lässt also p3j als unnütz aus.

461. Will man, was nicht oft vorkommt, das als Subjekt stehende Demonstrativ betonen, so setzt man es voran :

〈hierogl.〉 „das Schreiben, das ist sehr angenehm" Lansing 3,10 . — Dabei nimmt man dann auch statt des einfachen Demonstrativs dessen vollere Form p3w :

〈hierogl.〉 „das ist ein Verbrechen" Abbott 6,16 ; 6,20.

462. Sehr gern fügt man dann einem Satze mit dem unbetonten p3j „es ist" noch einen Zusatz bei, der eigentlich zu dem Prädikate gehört, der aber in der Wortstellung natürlich auf p3j folgt. Dieser Zusatz kann ein Pseudoparticip sein :

〈hierogl.〉 „ein grosses Wunder ist es, das geschehen ist" d'Orb. 15,4 ; vgl. auch Unamun 1,18.

Zumeist aber ist es ein Relativsatz :

〈hierogl.〉 „es ist eine grosse Lehre die du mir sagst" Unamun 2,60 ; vgl. auch. ibd. 2,12.

〈hierogl.〉 „Sieh, es ist der Bruder meiner Mutter, den du gefasst hast" Hor. u. Seth 9,7.

| der adverbiale Nominalsatz | §.463 – 464 |

Und besonders gern ein Relativsatz mit _ntj_:

[hieroglyphs] „Dein Kuss ist es, der mein Herz belebt" Lieb. Harr. 5,2 ; vgl. auch Lieb. Beatty 25,10

[hieroglyphs] „aegyptische Mannschaften sind es, die rudern". Unamun 1x+22.

[hieroglyphs] „wer mir sagt: „da ist sie", der ist es der mich belebt" Lieb. Beatty 25,9 ,- vgl. auch Kadesch 136.

463. Merkwürdig ist nun, dass, wie man aus den obigen Beispielen ersieht, p3j, t3j, n3j vor einem solchen Zusatze nur selten vorkommt; man schreibt anstatt ihrer meist nur p3, t3, n3. Was diese kürzere Schreibung zu bedeuten hat, ersieht man aus dem Koptischen. Dieses zieht sein aus p3j entstandenes ⲡⲉ mit dem ihm folgenden Relativsatz in eins zusammen: ⲡⲣⲣⲟ ⲡⲉⲧⲭⲱ ⲙⲙⲟⲥ „der König ist es der sagt" (mit ⲡⲉⲧⲭⲱ für ˣⲡⲉ ⲉⲧⲭⲱ). So wird man denn auch ein p3j ntj im Neuägyptischen wie _pent_ gesprochen haben und das ist es, was diese Schreibungen ausdrücken werden. Danach wird man es denn auch zu beurteilen haben, wenn für das theoretisch richtige p3j ꜣdd·k „das ist es was du sagst" p3 dd·k geschrieben ist. Das wird auch in eins zusammengezogen sein.

D. der adverbiale Nominalsatz

a. Allgemeines

464. Den in §. 454 f, 456 ff. besprochenen Arten des Nominalsatzes stehen nun andere gegenüber, bei denen das Praedikat entweder ein Verbum oder ein adverbieller Ausdruck ist. Diese beiden Arten sind in ihren Formen einander sehr ähnlich, und wenn wir die Art mit verbalem Praedikat als Praesens I und Praesens II bezeichnen, so wäre es eigentlich angebracht, dieselben Namen auch für die Art mit adverbiellem Praedikat zu verwenden. Hier wie dort haben wir:

§. 465-467 　　　　　　　　　　　　　　　　　der adverbiale Nominalsatz

1) Formen mit 𓇋𓂝 oder ohne Hilfsverb (Praesens I)
2) Formen mit 𓇋𓅱𓂝 (Praesens II)

b. Ohne Hilfsverb

465. Das Praedikat besteht aus einer Praeposition mit dem von ihr abhängigen Worte, oder gelegentlich auch aus einem Adverb des Ortes. Das Subjekt steht natürlich immer voran. Beispiele mit nominalem Subjekt sind:

𓂋𓏤𓏥𓂜𓈖𓎡𓏤𓂝𓏥 „Salbengeruch ist in den Kleidern" d'Orb. 10,10.

𓆼𓏥𓂋𓏥𓊪𓏥𓏛𓆳𓏥𓈐𓏥 „ihre Blätter sind wie Malachit" Lieb. Tur. 2,3.

𓃀𓏺𓂋𓂋𓏥𓐍𓏥 „Ich wünsche zu gehen" Lieb. Harr. 3,2; vgl. auch ibd. 7,11.

𓏥𓏥𓀀𓋴𓏥 „er hat Pferde" Lieb. Beatty 2,9; vgl. auch ibd. 24,9.

466. Ist das Subjekt ein Pronomen, so drückt man es durch die beim Praesens I. üblichen Praefixe (§. 479) aus. Ein Pronomen absolutum kann man hier nicht benutzen und so heisst es z. B. Lieb. Harr. 7,7 zwar 𓇋𓂝𓈖𓊃𓈖𓏏 „ich bin deine Schwester" – aber es geht dann weiter 𓂝𓏥𓈖𓎡𓂝 „ich bin mit dir". – Beispiele sind:

𓂝𓏥𓐍𓏥𓈖 𓂋𓏥𓈐 „ich bin hinter N.N. her" P. Bologna II 17.

𓅓𓎡𓈖𓉐𓏤 „du gehörst zum Hof" mes N. 16.

𓇋𓇓𓈖𓉐𓏤 „er hatte ein Haus" d'Orb. 1,1 ; vgl. auch An. IV, 6,1 = An. II,1,2.

Ein Beispiel mit einem Adverb ist:

𓇾𓏤𓈖𓈖𓏏𓂝𓏥 „das Land wo ich bin" Hor. u. Seth 15,5.

<u>Anm.</u> Eine Ausnahme ist: 𓇋𓇓𓈖𓎡𓐍𓏥𓏤𓊃𓏏𓀁𓏛𓈐 „ich bin bei ihm wie eine Witwe" An. VI, 33 – vielleicht wegen der weiten Trennung von Subjekt u. Praedikat.

467. Wichtig ist der häufige Fall, wo die Praeposition 𓅓 benutzt wird, um die Gleichheit von Subjekt und Praedikat zu bezeichnen: „a ist B", eigentlich: „a ist als B":

𓊪𓇋𓋴𓂋𓋴𓈖𓅓𓊪𓏥𓏏𓏥 „Das was er tut sind nicht Menschentaten" Kadesch 77.

𓂝𓏥𓎡𓇓𓏏𓈖𓇓 „du bist ein guter König" Hor. u. Seth 16,2.

der adverbiale Nominalsatz §. 468

[hieroglyphs] „Du bist kein Schreiber, du bist kein Offizier" An. I, 11, 8.

[hieroglyphs] „Du bist ein Nachbar" Lieb. Beatty 22, 8. – vgl. §. 455.

Anm. Hierzu gehören auch späte Beispiele, in denen m für [glyph] steht oder in denen die Praeposition ganz weggefallen ist:

[hieroglyphs] „sie sind das erste aller Bücher" Amenemope 27, 9. – [hieroglyphs] „sie sind ein grosser Eid" ibd. 21, 11.

468. Der Gebrauch dieser Verbindung deckt sich mit der des Praesens I, natürlich nur so weit sich dieses auf Zustände und nicht auf Handlungen bezieht. Sie steht also, wie die obigen Beispiele zeigen, in Aussagen und Behauptungen. — Sie steht weiter in der Frage:

[hieroglyphs] „Ich bin wie was?" P. Bologna 10, 6. –

und nach den Worten für „siehe":

[hieroglyphs] „S.M. war ein jugendlicher Herr" Kadesch 3.

[hieroglyphs] „der Esel ist bei mir" Ä.Z. 1881, 119.

[hieroglyphs] „er ist töricht" Lieb. Beatty 23, 1.

[hieroglyphs] „ich stehe vor den Fürsten" P. Boulaq 10; vgl. auch Prinzengesch. 7, 2.

Sie steht weiter in Relativsätzen mit [glyph]:

[hieroglyphs] „der Ort wo ich bin" P. Lee 1, 1.

[hieroglyphs] „das Land wo ich bin" Hor. u. Seth 15, 5.

Und endlich steht sie auch in Zeitsätzen, wenn auch nur selten:

[hieroglyphs] „ich tue dir was es (das Herz) wünscht, wenn ich in deinen Armen bin" Lieb. Harr. 7, 4.

Auch nach „finden":

„ich fand [hieroglyphs]: „dass sie nicht zu loben sind" An. I 4, 7.

§. 469 - 471   der adverbiale Nominalsatz

c. Mit dem Hilfsverb 𓇋𓅱

469. Die in §. 464 erwähnte Verbindung mit 𓇋𓅱 entspricht in Bildung und Gebrauch dem Praesens II, soweit dieses Zustände bezeichnet und nicht Handlungen. Über das Praedikat ist zu bemerken, dass hier so wie oben in §. 467 die Praeposition 𓅓 die Gleichheit bezeichnet: „Ich lebe noch 𓇋𓍢𓅓𓃒 indem ich ein Ochse bin" d'Orb. 16,1. — Und entsprechend §. 467 kommt auch hier ein Ortsadverb als Praedikat vor, das Beispiel mit 𓇾𓏤 im folgenden Paragraphen.

1. mit selbständigem 𓇋𓅱

470. Wie das Praesens II nur selten als einfache Aussage vorkommt, so wird auch unsere Verbindung nur selten so gebraucht; man benutzt in diesem Fall die dem Praesens I entsprechende Form ohne 𓇋𓅱. Die Ausnahmen sind wohl nur scheinbar und das 𓇋𓅱 gibt, da wo es doch steht, dem Satze irgend eine besondere Nuance:

𓇋𓅱𓆑 ⸗⸗⸗ N.N. „Er (der Brief) gehört dem N.N." Corr. 31 (als Adresse (aussen))

So hat ein 𓇋𓅱 vor einer einfachen Aussage wie beim Praesens II (§.494) anscheinend futurische Bedeutung:

𓇋𓅱𓈖𓏥 𓅓𓏤 — 𓏤𓇋𓇋 𓅓 𓉐 „wir werden da sein wo meine Frau ist" d'Orb. 14,6.

𓇋𓅱 ⸗ 𓏤𓇾 — 𓇳 𓐍 „Du wirst bis in Ewigkeit hier sein" Amarna I, 38.

„Wenn ich bis dann und dann nicht zahle 𓇋𓍢𓅓𓏤 „ 𓂝 𓏤𓉐𓐍 so werde ich hundert Schläge bekommen" Ostr. Petrie 60.

2. mit begleitendem 𓇋𓅱

471. In der Regel aber steht sie dem §. 495 entsprechend als sogenannter Zustandssatz (§.450) in dessen verschiedenen Bedeutungen:

„Ich werde nicht von dir weichen 𓇋𓍢𓂝𓏤𓅓𓂝𓏤 indem meine Hand in deiner liegt" Lieb. Harr. 5,7 ; vgl. auch Lieb. Beatty 17,4.

der verbale Nominalsatz §. 472 - 475

„Sein Marschiren auf den Bergen 〈hiero〉 indem er sein Brot auf seiner Schulter hat" An. IV, 9,8 = An. III, 5,10 (aber ohne 〈hiero〉).

„Ich führte die Herrschaft 〈hiero〉 indem ihr Diener wart" Harr 79,3 (mit m der Gleichheit §. 467) ; — vgl. auch d'Orb. 3,3 ; Lieb. Harr. 5,8 ; Amenemope 3,17 ; 5,18 ; 7,15 ; 26,2 ; Ostr. Berlin III, 39.

Und so auch mit besonderer Nuance in:

„Wer eine andere Stelle vorschlägt auf den werde ich nicht hören 〈hiero〉 mag sie nun zum Norden (oder) zum Süden gehören" Amarna V, 30,13.

〈hiero〉 „ob sie am Himmel oder auf Erden ist, so sieht sie jedes Auge" ibd. V, 29,10.

472. Als Zeitsatz steht die Verbindung entsprechend §. 496 in:

„Was ich getan habe 〈hiero〉 als ich König war" Harr. 75,2.

„Sie verwüsteten die Städte 〈hiero〉 als sie in Ägypten waren" ibd. 77,2.

„Sie berichteten dem Vezier 〈hiero〉 wenn er im Süden war" Abbott 6,22 ; — vgl. auch P. Neschons 4,14 ; 4,15.

473. Nach „finden" steht sie (vgl. §. 497) in : „Sie fanden...... 〈hiero〉 indem (?) Wahrheit in ihnen war" P. Rollin 4 ; P. Lee 1,6.

474. Wie ein Relativsatz (vgl. §. 498) ist sie angeknüpft in:

(Er beschlief die Frau T.) 〈hiero〉 des K. „welche die Frau des K. war", (er beschlief die Frau H.) 〈hiero〉 P. „die mit P. lebte" P. Salt 2,2.

E. die verbalen Nominalsätze

Allgemeines

475. Wo das Praedikat ein Verbum ist, gilt die in §. 431, 449 bemerkte grundsätzliche Scheidung: Ein eintretender Vorgang wird durch 〈hiero〉 mit dem

§. 476   Der verbale Nominalsatz

Infinitiv ausgedrückt, ein bestehender Zustand mit dem Pseudoparticip. Indessen wird es mit dieser theoretischen Scheidung nicht allzu ernst genommen und wenn jemand von seinen Ochsen sagt: [⸺] „sie fressen (täglich ihr Futter)", so denkt er sich dieses Fressen gewiss nicht als einen neu eintretenden Vorgang, und wenn erzählt wird [⸺] der Fürst legte (die Namen der Diebe) vor [⸺] man verhaftete sie [⸺] sie wurden eingesperrt [⸺] man verhörte sie [⸺] sie sagten (was geschehen war)" (abbott 4,10) – so ist das [⸺] zwar eben so gut ein neuer Vorgang wie die vier anderen Verben, aber man erlaubt sich das Pseudoparticip zu setzen als sollte es heissen „sie waren eingesperrt"; vgl. auch das Beispiel Kadesch 35 aus §. 565.

<u>Anm.</u> Die Verbindungen mit [⸺] statt des [⸺] vor dem Infinitiv siehe in §. 499, die mit [⸺] vor dem Infinitiv in §. 501.

476. Dem oben Bemerkten müssen nun auch unsere Übertragungen der einzelnen Verba Rechnung tragen:

1) das Pseudoparticip eines transitiven Verbums müssen wir als passivisch und als andauernden Zustand übersetzen: [⸺] „beladen <u>sein</u>", ([⸺] „anbefohlen sein", [⸺] „gegeben sein") – also nicht beladen <u>werden</u> u.s.w.

2) ein Verbum, das einen Zustand bezeichnet, muss im Infinitiv als ein „werden", im Pseudoparticip als ein „sein" wiedergegeben werden. Also im <u>Infinitiv</u>: [⸺] „sterben" (ΜΟΥ), [⸺] „froh werden", [⸺] „wütend werden"; – aber im <u>Pseudoparticip</u>: [⸺] „tot sein" (ΜΟΟΥΤ), [⸺] „lebendig sein".

3) ein Verbum der Bewegung muss im <u>Infinitiv</u> als beginnende Bewegung gefasst werden: [⸺] „kommen", [⸺] „hintreten", [⸺] „landen", [⸺] „herabsteigen", [⸺] „gehen", [⸺] „gehen", [⸺] „hinaufsteigen", [⸺] „auffliegen"; – Dagegen im <u>Pseudoparticip</u> als eine Bewegung, die zum Abschluss gekommen ist: [⸺] „gekommen sein", [⸺] „gekommen sein")

| der verbale Nominalsatz | §. 477 |

[hieroglyphs] „dastehen", [hieroglyphs] „herausgekommen sein"

4) die Verba des Schreiens stehen nach alter Weise im Infinitiv: [hieroglyphs] „rufen", [hieroglyphs] „schreien", [hieroglyphs] „jubeln".

<u>Anm.</u> Merkwürdig ist, dass [hieroglyphs] auch da vorkommt, wo man das Pseudoparticip erwarten sollte: „Er sah einen Hund [hieroglyphs] [hieroglyphs] der hinter einem Manne war, der auf der Strasse ging" Prinzengesch. 4,8 — und ebenda heisst der Hund: [hieroglyphs] „der welcher hinter dem Manne geht"; „Er begegnete den Göttern [hieroglyphs] als sie gingen" d'Orb. 9,3

477. Wichtig ist nun, dass in allen Verbindungen, die ḥr mit dem Infinitiv benutzen, dieses ḥr sehr oft fehlt, so dass ein [hieroglyphs] sowohl für „er ist gekommen" als auch für „er kommt" ([hieroglyphs]) stehen kann. — Es handelt sich dabei um einen lautlichen Vorgang; das ḥr ist in seiner tonlosen Stellung stark verkürzt worden und ist dann wie das koptische ϥⲥⲱⲧⲙ̅, ⲉϥⲥⲱⲧⲙ̅ zeigt, schliesslich ganz verschwunden.

Dieses Verschwinden spielt sich nun in den neuägyptischen Handschriften vor unseren Augen ab. Die älteren Handschriften wie d'Orbiney, die Märchen des Harris 500 oder der Salt, schreiben es noch, wenn es auch gelegentlich in ihnen einmal fehlt; dagegen schreiben die guten Handschriften aus Dyn. 20 u. 21, wie der grosse Harris, der Pap. jur. Turin, der Unamun und der Neschons das ḥr überhaupt nicht mehr, die gelegentlichen Ausnahmen wie: [hieroglyphs] P. jur. Turin 5,6 (statt des gewöhnlichen [hieroglyphs]) zeigen nur, dass das ḥr den Schreibern noch etwas Bekanntes war. — Dazwischen stehen dann Handschriften mit wechselndem Gebrauch und in einer von diesen, der Geschichte von Horus und Seth, sieht man nun, dass ihr Schreiber seltsamer Weise bei den einzelnen Verben verschieden verfährt. Er schreibt:

		mit ḥr	ohne ḥr
[hieroglyphs]	„sagen"	73	5
[hieroglyphs]	„geben"	2	26
[hieroglyphs]	„rufen"	1	20

§ 478 — Praesens I. Bildung.

— einen Grund für diese so verschiedene Behandlung kann man sich schwer denken. — Über Fälle, bei denen das Setzen oder Fortlassung des 𓏤 anscheinend nicht willkürlich ist, sondern auch die Bedeutung ändert, siehe unten § 489.

<u>Anm. 1.</u> Das unrichtige Einsetzen eines 𓏤 bei nicht infinitivischen Formen des Verbums wie in [hieroglyphs] an. IV, 5,1 ; [hieroglyphs] ibd. 6,10 zeigt uns, dass die Schreiber schliesslich das 𓏤 als etwas gleichgültiges ansahen, das man vor das Verbum schrieb, aber nicht aussprach.

<u>Anm. 2.</u> Im Achmimischen hat sich dieses 𓏤 vor dem Infinitiv nach der Relativpartikel ⲉⲧ als ⲁϩ- erhalten, wird aber hier ebenso launenhaft bald gesetzt und bald fortgelassen; vgl. Ä.Z 44, 113 und § 843 Anm.

F. der verbale Nominalsatz ohne Hilfsverb
oder
das Praesens I

a. seine Bildung

478. So wie in der koptischen Grammatik bezeichnen wir als Praesens I diejenigen Sätze mit verbalem Praedikat, die ohne eigentliches Hilfsverbum gebildet sind:

hieroglyphs		Koptisch
[hieroglyphs]	vgl. Kopt.	ⲧⲉϣⲉⲉⲣⲉ ⲥⲱⲧⲙ̄
[hieroglyphs]		ⲧⲉϣⲉⲉⲣⲉ ⲛⲏⲩ
[hieroglyphs]		ⲕⲥⲱⲧⲙ̄
[hieroglyphs]		ⲕⲛⲏⲩ

Dass die Praefixe, die man dabei als pronominales Subjekt gebraucht, auf die Pronomina absoluta zurückgehen und kein Hilfsverbum enthalten, ist für uns klar; die Ägypter selbst aber werden das ⲉ, mit dem die meisten beginnen, doch gewiss als ein Hilfsverbum, ein Seitenstück zu ⲓⲉ gefühlt

| Praesens I. Bildung | § 479 – 480 |

haben, dessen Flexion es sich anschliesst. Entstanden ist dies ꜥ gewiss aus dem Gebrauch, bei 𓈖𓈖 und 𓈖𓈖 die alten Pronomina absoluta als Subjekt zu benutzen; vgl. die Schreibung 𓈖𓈖𓂝𓀀 für 𓈖𓈖𓀀 (Gr. § 531). Indessen entzieht sich das Einzelne unserer Kenntnis. Im Koptischen ist das te- dann meist wieder verloren (Kopt. Gr. § 276). – Dagegen hat die 3. masc. sing., neuägyptisch ꜣf, sich im Koptischen den Suffixen angeschlossen und lautet f. Wie das Demotische zeigt, geht dies f auf ein tef- zurück, das dort im Anschluss an (ϥ-) die Reihe ꜥ𓀀, ꜥ weiterführte.

479. Die **Praefixe** werden so geschrieben:

1. sing.   ꜥ𓀀   P. Bologna II, 18; Lieb. Tur. 1,2 u. oft.
          ꜥ𓁐   bei einem Femininum (z. B. Lieb. Beatty 23,3) ist wohl keine besondere Form

2. sing. m.   ꜥk   An. II, 6,2; Hor. u. Seth 3,8 u. oft.

2. sing. f.   ꜥ𓁐   d'Orb. 15,9; 17,7.

3. sing. m.   ꜣf   An. I, 16,6; An. II 6,6; P. Bologna 10,4; P. Lee 2,4; Unamun 1x+3 u. oft.

3. sing. f.   ꜣs   Sall. I, 8,6; Lieb. Beatty 24,6; Lieb. Harr. 5,6; Lansing 2,6; An. II, 3,2

1. plur.   ꜥn𓏥   Carnarvon Tabl. (D.18)
           n𓏥   Lieb. Beatty 18,2.

2. plur.   ꜥtn𓏥   Hor. u. Seth 8,3.

3. plur.   𓊃𓏥   Joppegesch. 1,3; Prinzengesch. 4,4; Harr. 77,12; An. VI, 51; Hor. u. Seth 16,5 u. oft.

"man"   ꜥꜥ   P. Salt Rs. 1,3; An. III Rs. 6,9; An. V, 10, 4-5; Lieb. Beatty 17,9 u. oft.

Anm. Das † Amarna VI, 30 für die 3. plur. ist nur ein Schreibfehler für †𓏥.

480. Über das Setzen und Fortlassen des ꜣ beim Infinitiv ist oben (S. 477) gehandelt. Hier sei noch bemerkt, dass im Praesens I sich der Gebrauch

§ 481 — Praesens I. Gebrauch

von ꜥ zuweilen nach dem Subjekt des Verbums zu richten scheint. Handschriften, die das ꜥ oft fortlassen, setzen es gern da, wo das Subjekt ein Nomen ist, daher lauten die Formeln am Anfang der Briefe:

a. [hieroglyphs] ── B. Sall. I 4,5; An. VI, 7; P. Bologna 2,7; 4,10; 9,1; 10,4.
a. [hieroglyphs] ── B. P. Bologna 5,9; 7,1; 7,11.
a. [hieroglyphs] ── B. P. Bologna 1,3 u. o. — Bei dieser letzteren Formel schreibt man aber auch nur: a. [hieroglyphs] ── B. P. Bologna 1,9; 3,3; 4,3; 7,10; Sall I, 7,9; 8,7; An. VIII, 1,1. — Und ebenso schreibt man das ꜥ nach [hieroglyphs] „man":

[hieroglyphs] ..... [hieroglyphs] ..... [hieroglyphs] ..... [hieroglyphs]

An. III 4,1-2. Ebenso An. V, 8,7 wo aber das letzte Verbum ohne ꜥ steht; vgl. auch ibd. 10,4-5 u. Sall. I, 3,7; 8,1. — Man möchte annehmen, dass in beiden Fällen das ꜥ in der Aussprache von dem Subjekt getrennt war, mehr als in den anderen Formen; in einem *p̆ĕre ᵉḥsŏtem war das ᵉḥ noch eher hörbar als in einem schon ganz als eines gesprochenen *tekᵉḥsŏtem.

b. sein Gebrauch

481. Das Praesens I steht in Aussagen und Behauptungen, die auf die Gegenwart gehen oder die zeitlich unbestimmt sind. Beispiele solchen Gebrauches mit dem Infinitiv sind:

[hieroglyphs] „mein Ohr hört" Lieb. Harr. 5,9.
[hieroglyphs] „Ich dauere zwölf Monate" Lieb. Tur. 1,4.
[hieroglyphs] „er tötet diese Leute" P. Salt Rs. 2,4.
[hieroglyphs] „Wahrlich er ist unversehrt" ibd. 2,2.
[hieroglyphs] „man schlachtet" Lieb. Beatty 17,4. (hier ohne ꜥ)

Beispiele dieses Gebrauchs mit dem Pseudoparticip sind:

[hieroglyphs] „der Acker ist herausgekommen" d'Orb. 2,3.
[hieroglyphs] „dieses Amt ist grösser als du" (d.h. zu gross für dich) Hor. u. Seth 3,8.
[hieroglyphs] „ich bin am Leben" d'Orb. 15,8; ähnlich P. Bologna 7,5.

Praesens I. Gebrauch §. 482 – 483

[hierogl.] „ich bin anbefohlen"   Lieb. Beatty 23,3.
[hierogl.] „du bist arm"   Hor. u. Seth 3,8.
[hierogl.] „er ist am Leben"   P. Bologna 7,8.
[hierogl.] „sie (die Pyramide) wurde unverletzt befunden" Abbott 2,11 u. oft.
[hierogl.] „sie ist gekommen"   Lieb. Beatty 24,6.

Ein Beispiel, das sicher auf die Vergangenheit geht, ist: „Als man mich früher geprüft hat [hierogl.] bin ich auf der Liste gefunden worden"   Mes N. 10.

482. An diesen gewöhnlichen Gebrauch des Praesens I schliessen sich andere an.
Es steht in der Frage: [hierogl.] „mit welcher Beschäftigung sitzt ihr hier?"   Hor. u. Seth 8,3; – „Schreibe mir deinen Zustand [hierogl.] ob du lebst?"   Corr. 61
Es steht nach der Interjektion h̲3n „o dass doch"

[hierogl.] „o dass doch (meine?) Mutter mein Herz kennte"   Lieb. Beatty 25,3.
[hierogl.] „ach dass du wüsstest"   An. IV, 12,1

Ständig steht es so nach den Ausdrücken für „siehe" u. ä.

[hierogl.] „die Frau hatte aber Furcht"   d'Orb. 4,5.
[hierogl.] „er ist gekommen"   P. Bologna 10,4; vgl. Lieb. Beatty 23,1
[hierogl.] „siehe, die Kupferarbeiter sind gekommen" Ostr. Berlin III, 38; vgl. auch P. Boulaq 10,13.

Anm. Dabei kommt es in gewählter Sprache vor, dass bei der 1. sing. statt des [hierogl.] noch das Pron. absolutum auf ptr „siehe" folgt:

[hierogl.] „Sehet, ich lasse euch wissen" Hnr. 76,11.

483. Das Praesens I steht weiter in Relativsätzen mit [hierogl.] (vgl. §. 843)

[hierogl.] „die Pflanzen, welche er isst" Hor. u. Seth 11,12.
„Die Sachen [hierogl.] die man (einem Toten) beigibt" P. Salt 1,3.

Sehr häufig steht es auch nach dem [hierogl.], das einen Abschnitt einleitet, ein Gebrauch, der ja, wie oben bemerkt, zu der Entstehung des Praefixes [hierogl.] bei-

§. 484-486.   Praesens II. Bildung

getragen hat : [hiero] „ich habe gemacht" An.VI,52; vgl. auch Con.19,3

484. Das Praesens I steht auch als ein Zustandssatz im Sinne des §. 450. Man benutzt es in den verschiedenen Verwendungen dieser Satzart. Es drückt also die Umstände aus, die einen Vorgang begleiten:

[hiero] „ich umarme sie, indem ihre Arme ausgebreitet sind" dieb. Kairo 10.

„Die Frau ging [hiero] wohin sie wollte" Harr. 78,9; vgl.ibd. 75,3 Hierzu gehört auch der Gebrauch nach ḫpr „werden":

[hiero] d.h. „meine Glieder sind schwer geworden" Lieb. Beatty 25,7. vgl. §. 570

485. Als Zustandssatz bildet dann das Praesens I auch sehr oft einen Zeitsatz, besonders nach Ausdrücken wie „nun als", „nun nachdem":

[hiero] „nun aber nach einer Stunde, als sie trunken waren, sagte D." Joppegesch. 1,3.

[hiero] „als er aber nun seinen Sarg machte" Ostr. Petrie 37; - vgl. auch Unamun 1x+3.

[hiero] „als nun die Nacht gekommen war" d'Orb. 13,9; vgl. auch Prinzengesch. 4,6.

g. der verbale Nominalsatz mit [hiero]
oder
das Praesens II

a. seine Bildung

486. Wenn wir hier die Formen [hiero] und [hiero] als Praesens II bezeichnen, so geschieht dies nur, weil sie ja im Koptischen ⲉϥⲥⲱⲧⲙ und ⲉϥⲥⲟⲧⲙ ergeben haben müssen. Zu beachten ist aber, dass nicht alle Formen, die die kopt. Grammatik als Praesens II bezeichnet, auf unser iw.f ḫr sḏm bez. iw.f sḏm zurückgehen. Sie gehen vielmehr zum

Praesens II. Bildung § 487–488

grossen Teil auf die Umschreibung mit 𓂋 zurück, vgl. § 545.

487. Das Hilfsverb 𓇋𓅱 mit dem diese wichtige Form gebildet ist, tritt in folgenden Formen auf:

1. sing.	𓇋𓅱𓀀	ⲉⲓ-	1. Plur.	𓇋𓅱𓏥	ⲉⲛ-	
	𓇋𓅱𓁐	bei einem Femininum, wohl keine besondere Form		𓇋𓅱𓏥		
			2. Plur.	𓇋𓅱𓏺	Sall. I 9,8	
			3. Plur.	𓇋𓅱𓏥	d'Orb. 11,1	
2. sing. m.	𓇋𓅱	ⲉⲕ-		𓇋𓅱	Harr. 77,10;	ⲉϥ-
2. sing. f.	𓇋𓅱𓁐					
3. sing. m.	𓇋𓅱	ⲉϥ-	„man"	𓇋𓅱	d'Orb. 14,7.	
3. sing. f.	𓇋𓅱𓊃	Wahr. u. Lüge 4,2				

vor nominalem Subjekt: 𓇋𓅱

Über die Suffixe der dritten Pluralis vgl. § 75–81.

Anm. 1. die hieroglyphischen Texte benutzen statt des 𓇋𓅱 die alte Schreibung 𓇋𓅱𓏴; in den Handschriften ist diese verdrängt, doch kommt vereinzelt noch 𓇋𓅱𓏴 vor, so besonders in der zweiten Person, wo das 𓂋 sich im Hieratischen dem 𓏴 gut anschliessen lässt (z. B. d'Orb. 8,3; An. IV, 3,11 u. a. m.) aber auch vor nominalem Subjekt (d'Orb. 19,7) und sonst. Dieses 𓇋𓅱𓏴 entartet dann in späten Handschriften zu 𓇋𓅱𓀀 z. B. 𓇋𓅱𓀀𓂋 P. Neschons 5,2; 5,11.

Anm. 2. Das Hilfsverb und das Verbum können weit von einander getrennt sein: 𓇋𓅱 ... N.N. ... „der Diener N.N., der welcher mr pr war, nahm mein Haus" Mayer. a, 4,5.

488. Auch bei dem Praesens II scheidet man entsprechend § 447 ff.; 475 ff. zwischen der einsetzenden Handlung und dem andauernden Zustand: die erstere gibt man durch 𓇳 mit dem Infinitiv wieder:

𓇋𓅱 𓇳 𓋴𓍑𓅓 ⲉⲕⲥⲱⲧⲙ

𓇋𓅱 𓇳 𓂻 ⲉⲕⲉⲓ

den letzteren durch das Pseudoparticip:

𓇋𓅱 𓋴𓍑𓅓 ⲉⲕⲥⲟⲧⲙ

𓇋𓅱 𓂻 vgl. ⲉⲕⲛⲏⲩ

§. 489-490   Praesens II. Bildung

auch hier geht, wie das in §. 477 dargelegt ist, das 𓇋 vor dem Infinitiv allmählich verloren. Man tut also auch bei dem Praesens II gut, nicht zu viel Gewicht auf das Schreiben und das Nichtschreiben des 𓇋 zu legen. In den Handschriften, die es überhaupt noch kennen, hängt es gewiss oft von der zufälligen Gewohnheit des Schreibers ab, ob er es im einzelnen Falle setzt oder nicht.

489. Indessen gibt es bei dem Praesens II doch einzelne Fälle, wo man in dem Auslassen des 𓇋 doch mehr zu sehen hat. Es sind das Fälle, in denen eine Form mit 𓇋 einen wesentlichen Vorgang erzählt, während eine andere ohne 𓇋 etwas weniger wesentliches berichtet. So heisst es:

[Hieroglyphen] .... [Hieroglyphen]   P. Salt Rs 1, 2-3. In beiden Sätzen steht in der wesentlichen Handlung 𓇋: „er stieg in das Grab", „er holte die Sachen". Beide Sätze werden durch solche ohne 𓇋 ergänzt, die wir durch „und" anknüpfen würden: „er stieg hinab in das Grab und stahl die Bahre", „er holte die Sachen fort und stahl sie". Da die Handschrift sonst 𓇋 gebraucht (auch vor [Hieroglyphen] 2,5) so wird das kein Zufall sein. — An anderen Stellen steht ein Praesens II ohne 𓇋 anscheinend als einleitender Vorgang vor einem solchen mit 𓇋, das den Hauptvorgang erzählt:

[Hieroglyphen] „als sein Herz das Wasser ausgetrunken hatte, erzitterte Bata" d'Orb. 14,1, vgl. auch ibd. 5,1.

[Hieroglyphen] „als er sich (mit Korn) beladen hatte, kam er" ibd. 5,7; - vgl. auch An. VI 10-11; Prinzengesch. 4,9.

Man möchte glauben, dass hier in den geringwertigen Sätzen das 𓇋 schwächer gesprochen und daher eher ausgelassen wurde, als in denen, die den Hauptvorgang enthalten.

490. Zu beachten ist noch, dass von zwei Verben mit gleichem Subjekt, die sich inhaltlich nahe stehen, zuweilen nur das erste das Hilfsverb [Hieroglyphe] bekommt:

| Praesens II. Gebrauch | § 491 – 493 |

⟨hierogl.⟩ „sie macht ihn trunken und folgt seinen Worten" Lieb. Tur. 2,13.

⟨hierogl.⟩ „sein Bote ging nach Aegypten und kam zu mir nach Phoenicien zurück" Unamun 2,39 ; vgl. auch Kadesch 107 ; Insc. Hier. Ch. pl. 18.

b. sein Gebrauch

1. Allgemeines

491. aus den im folgenden gegebenen Beispielen ersieht man, das der Name Praesens II für diese Verbindung eigentlich unrichtig ist. Sie bezeichnet nicht nur die Gegenwart, sondern meistens die Vergangenheit und wird auch nach § 494 von der Zukunft gebraucht. Sie ist also eine zeitlich indifferente Form. Trotzdem empfiehlt es sich, den Namen Praesens II beizubehalten, der uns aus dem Koptischen und Demotischen gewohnt ist.

2. Selbständig

492. Das Praesens II ist die gewöhnliche Form der Erzählung. Nach einem Zeitsatze, oder nach einem Satze mit ⟨hierogl.⟩ jw oder ⟨hierogl.⟩ (§ 518; 563), der den Abschnitt der Erzählung einleitet, folgt eine Reihe von Verben in Praesens II:

„Da verwandelte sich Isis in einen Vogel ⟨hierogl.⟩... sie flog auf... ⟨hierogl.⟩.... sie setzte sich.... ⟨hierogl.⟩.... sie rief.... ⟨hierogl.⟩ ⟨hierogl.⟩.... sie sagte...." Hor. u. Seth 6, 13-14.

„Nun als das Kind gross geworden war ⟨hierogl.⟩.... stieg es auf (das Dach) ⟨hierogl.⟩.... es erblickte.... ⟨hierogl.⟩.... es sagte...." Prinzengesch. 4, 7-8 ; – vgl. auch P. Rollin 5.

493. Seltener als in der Erzählung braucht man das Praesens II in allgemeinen

§.494 — Praesens II. Gebrauch

Aussagen und Behauptungen, wo man nach §. 481 gewöhnlich das Praesens I benutzt. So in:

[hieroglyphs] „in der Nacht unterrichtet man dich, während des Tages belehrt man dich" P. Bologna 3,7. — Anscheinend giebt das [gl], wo es so eine allgemeine Behauptung einführt, dieser irgend eine besondere Färbung. Doch kann dieser Unterschied nur gering sein, da beide Formen von Handschrift zu Handschrift mit einander wechseln.

Bemerkenswert sind zwei negierte Beispiele:

[hieroglyphs] „Ich kann dich nicht retten" d'Orb. 10,2.
[hieroglyphs] „ich kann (den Gesandten des Amun) nicht verhaften" Unamun 2,73. — Das Erstere von ihnen könnte man gemäss dem folgenden Paragraphen als futurisch erklären.

494. Desto häufiger steht das Praesens II in Behauptungen, die sich auf die Zukunft beziehen. Es steht so von künftigen Handlungen

„Er sagte: [hieroglyphs] ich werde morgen fortgehen" d'Orb. 13,6; vgl. auch ibd. 14,5.

[hieroglyphs] „du wirst (am Ende deines Lebens) eintreten vor die Götter" An. IV, 4,1.

„Iss und trink [hieroglyphs] du wirst (morgen) hören [hieroglyphs] alles was ich sagen werde" Unamun 2,70; vgl. auch ibd. 2,59.

Aber auch von künftigen Zuständen:

„Wenn die Sonne untergeht [hieroglyphs] so werde ich tot sein" Prinzengesch. 6,15.

„Besorge du nun selbst dein Vieh [hieroglyphs] ich werde nicht sein an einem Ort (wo du sein wirst)" d'Orb. 8,3.

„Wenn du tust was Amun sagt [hieroglyphs] wirst du leben" Unamun 2,33; vgl. auch Harr. 79,4.

Auch in einem Relativsatz mit [hieroglyph] kann das Praesens II die Zukunft bezeichnen: „Sie wussten nicht [hieroglyphs] was sie tun

Praesens II. Gebrauch § 495

sollten " d'Orb. 11,1 ; vgl. § 844.

Endlich steht es auch so in <u>Befehlen</u>:

„Wenn man sie dir bringt 〈hierogl.〉 sollst du sie fassen" Ostr. Berlin III, 38. ; vgl. auch Joppegesch. 2,8.

„Wenn mein Brief zu dir kommt 〈hierogl.〉 so wirst du gehen" P. Bologna 10,3 ; 6,3.

<u>Anm. 1.</u> Bemerkenswert ist die Stelle: „Ach wenn meine Mutter mein Herz kennte 〈hierogl.〉 so würde sie zu ihr gegangen sein" Lieb. Beatty 25,3 – wo man vor 〈hierogl.〉 das 〈hierogl.〉 des § 537 erwarten würde.

<u>Anm. 2.</u> An und für sich könnte man sich ja dieses futurische 〈hierogl.〉 auch als eine Verstümmelung von 〈hierogl.〉 denken ; ein futurisches 〈hierogl.〉 hätte man dann als unrichtig ergänzt zu deuten. Aber dieser Erklärung widerspricht die Stelle Prinzengesch. 6,15 wo 〈hierogl.〉 als eine sicher futurische Form im Pseudoparticip steht, und erst recht spricht dagegen, dass im Koptischen die Form ЄЧЄСѠТṁ (also 〈hierogl.〉) noch völlig lebendig ist ; man kann sich doch schlecht denken, dass sie vorher schon im Verlöschen gewesen wäre. Vielmehr wird man an das denken, was im § 448 ausgeführt ist und was uns in unserer eigenen Sprache als selbstverständlich erscheint. Auch wir würden es kaum für nötig halten in Sätzen wie den oben aufgeführten unser schwerfälliges Futurum zu verwenden ; „ich komme morgen", „wenn die Sonne aufgeht, bin ich tot", „der Vezier, der nach mir kommt" – das versteht ein jeder, auch ohne, dass das Futurum ausgedrückt ist.

3. begleitend

495. Der häufigste Fall ist der, wo das Praesens II unsern Sätzen mit „indem" entspricht, wo es also angibt, dass etwas gleichzeitig mit etwas Anderem geschieht. So bei einer <u>Handlung</u>:

„Er ist arm 〈hierogl.〉 indem das Gericht ihn bedrückt" An. II, 8, 6.

„die Worte die er gehört hatte 〈hierogl.〉 indem er sie verbarg" P. jur. Turin 4,7 ; 4,8 ; 4,9 ; 4,10 ; 4,11.

„Sie verbrachten ihr Leben 〈hierogl.〉 indem sie dem Amun opferten" Unamun 2, 31.

Oder bei einem Zustand:

„Ich will dich lieben 〈hierogl.〉 indem dein Arm (auf meinem Arme) liegt" Lieb. Harr. 5,3 ; vgl. auch ibd. 4,9.

„Ich verbrachte 9 Tage 〈hierogl.〉 indem ich (in seinem Hafen) lag" Unamun 1, 22.

„Er soll die Teilung ihr vornehmen 〈hierogl.〉 obschon (?) sie tot ist" Ostr. Petrie 16 ; — vgl. auch An. VI, 11 ; An. VIII. Rs. 1,4.

So braucht man es auch negiert, wo wir es dann mit „ohne zu" wiedergeben:

„Die Worte die er gehört hatte 〈hierogl.〉 indem er sie nicht offenbarte" P. jur. Turin 4,6 ; vgl. auch 4,14 ; 4,15 ; 4,13.

496. Hieran schliesst sich dann der Gebrauch als Zeitsatz oder Bedingungssatz, sowohl im nachstehenden Satz:

〈hierogl.〉 „du hörst nicht wenn ich rede" Lansing 2,4

„Ich nehme deine Kränze 〈hierogl.〉 wenn du betrunken kommst" Lieb. Harr. 7,11

als auch im vorangestellten Satze:

〈hierogl.〉 ...„ aber wenn du erfährst „(so......)" d'Orb. 8,6.

〈hierogl.〉 .... „ als es Morgen geworden war (liess er mich rufen)" Unamun 2,70 ; ähnlich ibd. 1x+12 ; vgl. auch Lieb. Beatty 26,2.

So auch oft, wenn die Partikel 〈hierogl.〉 davorsteht:

〈hierogl.〉 „aber wenn du ihn findest" d'Orb. 8,5.

〈hierogl.〉 „ Wenn du sagst " Unamun 2,32 ; — vgl. im Einzelnen §. 803 ; 814.

497. Häufig schliesst sich das begleitende Praesens II auch an das Objekt eines der

Verbindungen mit 𓀉 §. 498 - 499

Verben wie: erblicken, finden, antreffen u.ä. an und gibt an, in welchem Zustand man etwas findet:

„Er <u>fand</u> seinen Bruder daliegen 𓇋𓅱𓀉𓀐 indem er tot war" d'Orb. 6,2;
vgl. auch P. Bologna II 9; abb 3,16.

„Sie <u>sahen</u> die Steinmetze 𓇋𓅱𓏥𓉐𓂋 wie sie dastanden" P. Salt 2,7;
vgl. auch Prinzengesch. 4,7-8; d'Orb. 6,2.

„Er <u>begegnete</u> den Göttern 𓇋𓅱𓏥𓀀𓀉 wie sie gingen" d'Orb. 9,3.

498. Wichtig sind dann die Fälle, wo sich das Praesens II an ein beliebiges Substantiv wie ein Relativsatz anschliesst, sowohl bei einer <u>Handlung</u>:

„Es ist doch wohl einer hier 𓇋𓅱𓂋𓀉𓏏𓊪𓏏𓀁𓐪𓀉𓊖 der aegyptisch versteht?" Unamun 2,77

als auch bei einem <u>Zustand</u>:

𓏏𓀀𓇋𓅱𓀉𓀐 „ein Toter" P. Salt Rs. 1,3.
𓏏𓀀𓇋𓏤𓊨 „ein Lebender" P. Neschons 4,8; 4,9.
„ein Haus 𓇋𓅱𓉐𓀉𓏏𓀏 das mit Leuten u.s.w. versehen ist" Prinzeng. 4,6.
𓂋𓏤𓏏𓏏𓏏𓊪𓂻𓀉𓏥; 𓇋𓂝𓂋𓀀𓂻𓏤𓍿𓀀 „befreunde dich nicht mit dem Sklaven eines Andern, dessen Name stinkt" Max d'Anii 4,15.

vgl. auch §. 833.

H. Verbindungen mit 𓂻

499. Bei den Verben des Sehens steht neben den gewöhnlichen Verbindungen, die wir Praesens I und Praesens II nennen, noch eine andere mit 𓂻 und dem Infinitiv. Sie bezeichnet nicht den Beginn des Sehens, sondern dessen Andauern: „im Gange sein", „unterwegs sein" u.ä. Dem Praesens I entsprechen die Beispiele:

𓂝𓀀𓀉𓂻𓀁 „ich fahre herab" Lieb. Harr. 3,1.
𓇋𓊃𓀀𓂻𓏏𓈙𓏥 „als sie (unter den Bäumen) ging" Hor. u. Seth 6,2.
𓇋𓇋𓂝𓀀𓀏𓏏𓈙𓂻𓅱𓏤 „und wenn ich südwärts fahre" P. Mallet 6,6

§. 500 – 503   futurische Formen

500. Dem Praesens II entsprechen die Beispiele:

     [hierogl.] „wenn er vorbeigeht" An. I, 10,4; 10,5.

     [hierogl.] P. „er ist unterwegs nach Palästina" An. V, 13,6.

     [hierogl.] „die Leute laufen vor dir" An. IV, 11,12.

     [hierogl.] „(Ich traf sie) wie sie in (ihr Haus) ging" Unamun 2,76

     (mit n statt m nach §.603); vgl. auch ibd. 2,73.

Anm. Nach Gardiners Vermutung (ä. Z. 48, 97) ist aus dem m n‵j r „to be going to" das koptische Futurum I (†NA-) und Futurum II (EINA-) entstanden.

I. die futurischen Formen

501. Im allgemeinen behilft sich die Sprache ohne einen Ausdruck für die Zukunft. Ob von der Zukunft die Rede ist, kann man ja aus dem Zusammenhang erkennen. — Futurische Bedeutung hat oft die emphatische Form (§.307) und das Praesens II (§.494); für Ausnahmefälle, wo man das Futurum unzweideutig bezeichnen will, benutzt man die alten Verbindungen von ⌒ mit dem Infinitiv.

502. Dasjenige Futurum, das dem Praesens I entspricht (Gr. §.377), ist nur einmal nachzuweisen, und zwar steht es in einem der ältesten neuägyptischen Texte, dem Carnarvontablett:

     [hierogl.] „ich werde mit ihm kämpfen".

503. Dagegen ist das Futurum mit dem Hilfsverbum [hierogl.] (Gr. §.378; Kopt. Gr. §. 289) in vollem Gebrauch. Es steht, ebenso wie in alter Zeit und wie im Koptischen da, wo man in nachdrücklicher Rede etwas verheisst, androht, verbietet, fragt u.s.w. — So z. B.:

„Wenn diese Stele umfällt [hierogl.] so werde ich sie erneuern" Amarna, Grenzstele N. u. S.

     [hierogl.] „ich werde sagen" Lieb. Harr. 2,6; vgl. auch ibd. 2,9.

Verbindungen mit 𓂋 §. 504-505

𓇋𓏤𓂋𓆑 𓂝 𓈖𓏌𓏌𓏌 „man wird ihm geben" Hor. u. Seth 13,3.

So steht es denn auch in der Frage:

𓇋𓏤𓂋𓀀 𓂝 𓏠𓏭𓏭 𓎛𓂝 „wohin soll ich gehen"? Hor. u. Seth 12,9.

Die negierten Formen dieses Futurums, die sich im Koptischen als ⲚⲚⲈϤⲤⲰⲦⲘ̄ erhalten haben (Kopt. Gr. §. 311) liegen uns vor in:

𓂜 𓇋𓏤𓂋 𓏌𓏌𓏌 𓂝 𓈗 „wir werden nicht wissen" Hor. u. Seth 1,11.

𓂜 𓇋𓏤𓂋𓀀 𓂝 𓏏𓏴𓂝𓀁 „ich werde nicht (mehr) essen" Prinzengesch. 6,13 (als Drohung); vgl. auch d'Orb. 4,1.

<u>Anm.</u> Andere Verbindungen mit r śdm und futurischer Bedeutung sind:

1) 𓇋𓀁𓂝𓀀 𓂋𓈙𓀁 vgl. §. 559.

2) Das dem Konjunktiv entsprechende

<u>mtw.f r śdm</u> vgl. §. 581 Anm.

3) Die Form <u>wn.f r śdm</u> in der unklaren Stelle:

𓆱𓂋𓇋𓀁𓏛𓂋𓂝𓏌𓏌 „(die Briefe) die ich dir schicken werde (?)" An. I, 16, 4.

504. In substantivisch gebrauchten Relativsätzen mit <u>p3 ntj</u> „das was" benutzt man auch das Futurum zum Ausdruck der Zukunft; es geschieht dies, weil ein solcher Satz für sich steht, so dass sich die Bedeutung des Verbums hier nicht sicher aus dem Zusammenhange erschliessen lässt:

𓊪𓏏𓏤𓏌𓏌𓂝𓏏𓏤𓀁𓂝𓀁 „alles was sie tun werden" P. Bologna 4,10.

𓊪𓏏𓏤𓏌𓏌𓇋𓏤𓏌𓏌𓂝𓈗𓀁 „alles was wir tun werden" Hor. u. Seth 2,13; 14,9 – aber 3,1 ohne 𓂝.

K. Verbindungen mit 𓂋

a. Allgemeines

505. Auch wenn man annimmt, dass das Hilfsverb 𓇋𓏤 zwei Formen gehabt hätte, die den beiden Arten seines Gebrauchs entsprochen hätten (vgl. §. 453), so würde es auch so doch nur ein sehr unvollkommenes Ausdrucksmittel ge-

§. 506   Verbindungen mit 𓅱

wesen sein. In der Tat hat man es da, wo man sich genauer ausdrücken wollte, durch 𓅱 ersetzt, das ja ein vollständiges Verbum war (Gr.§.338a). So ist es denn auch für das Neuägyptische ein bequemes Hilfsverb geworden. Es tritt hier in den Schreibungen 𓅱, 𓅱𓀀 (selten 𓅱"), und 𓅱 auf, die im Ganzen noch auseinandergehalten werden. Dabei ist 𓅱 die emphatische Form des §. 302ff. Die nichtemphatischen Formen entsprechen, wo sie selbständig stehen, meist dem Koptischen NE- und haben wie dieses perfektische Bedeutung. Diese besondere Bedeutung lässt vermuten, dass sie zum Teil ein Rest der alten n- Form des §.312 sind. Ausserdem kann 𓅱 auch von 𓂋 abhängen, wo es dann natürlich Subjunktiv ist (§.287). Weiter tritt das Hilfsverb auch als 𓅱 𓏛 des §316,513 auf, sowie als Particip.

Anm. auch wo es nicht als Hilfsverb steht, hat 𓅱𓀀 die perfektische Bedeutung: 𓂋𓏤𓈖𓏏𓅱𓀀 "wahrlich er ist (noch) der, der er gewesen ist" Unamun 2, 28 ; vgl. auch P. Bologna 7,8.

b. mit adverbialem Praedikat

506. Diese Verbindung die der des §. 464; 469 bei dem Hilfsverb 𓇋𓅱 entspricht, wird häufig gebraucht. Sie spricht eine Tatsache aus und kommt auch mit praesentischer Bedeutung vor:

𓅱 𓈖𓏏𓎟 "es ist Kraft in dir" d'Orb. 3,5.

𓅱𓀀 𓅓𓏏 "es gibt Dinge (die du nicht weisst)" An. I 14,7 ; vgl. auch Lieb. Beatty 29,7.

Aber sie hat auch perfektische Bedeutung:

" Er sagte 𓅱𓀀 𓇋𓏏𓆑 𓊪𓄿𓇋 mein Vater ist darin gewesen (als ich noch ein Knabe war)" Mayer. A 2,12.

Und dazu gehört auch gewiss der Gebrauch in der Frage:

𓇋𓇋 𓅱𓀀 𓎟𓏏 "hat es (je) eine Dame wie mich gegeben?" Lieb. Tur. 1,12.

Und in einem Relativsatz: 𓊪𓉔𓅱𓏥 𓅱𓀀 𓀀 "die Orte in denen

Verbindungen mit 𓃻   §. 507-509

ich gewesen bin " Abbott 5,5 . In diesem letzteren Fall haben wir in
dem 𓃻 𓂝 wohl an die perfektische Relativform des §. 397 zu denken.

507. Auffallend sind Fälle, wo in solchen Sätzen bei nicht perfektischer Bedeutung die emphatische Form 𓃻 steht :

„Du grosse Palme an der Nüsse sind! 𓃻 [hiero]
[hiero] Kerne sind in den Nüssen indem Wasser
in den Kernen ist " Sall. I, 8, 4-5.

[hiero]
„sein Kopf steckt im Ofen indem sein Sohn seine Füsse hält "
Sall. I, 7,8 . — Hier gibt 𓃻 mit Nachdruck an, dass dies oder jenes
sei, und ein schwächerer Satz mit 𓇋𓅱 fügt dem eine Erweiterung an.
Das letztere Beispiel lautet anderswo : 𓇋𓅱 [hiero] u.s.w. [hiero]
u.s.w. — Hier ist das 𓃻 durch das schlichtere 𓇋𓅱 ersetzt und dem
entspricht auch die einfache Form des zweiten Verbums.

508. Wichtig ist der mit der Praeposition 𓐠𓂋 gebildete Ausdruck <u>wn-mdj</u>
„es ist bei ihm" = „er hat es", der dem Koptischen ογͷΤΑϥ (Kopt. Gr. §.
366) entspricht . Bei ihm stellt man - gegen die Wortstellung - das
Subjekt meist hinter das 𓐠𓂋 und zieht <u>wn</u> und <u>mdj</u> dann in ein
Wort zusammen :

[hiero] „mein Grossvater hat ein Haus"
Max. d'Anii 5,7.

[hiero] „hätten sie Leben gehabt (so...)" Unamun 2,29.
Und so auch negiert :

[hiero] „er hat keine (syrische) Mannschaft" ibd. 1x+23.
[hiero] „das Glück ist nicht bei ihm" Sall. I, 6,9
(an. V mit 𓐠𓂋) ; vgl. auch Max. d'Anii 6,6.

Die eigentliche Verneinung dieses Ausdrucks ist aber das [hiero] (§.782ff).

509. Häufig ist dann der Gebrauch von 𓃻 als Particip mit adverbialem Praedikat.
Es kann praesentisch sein ;

„Blumen .... Öl .... Getränke .... [hiero] die von jeder Art sind"

§. 510   Verbindungen mit 𓃀

(nicht: waren) Lieb. Tur. 1,9. — Aber auch perfektisch, wo es dann oft die Bedeutung „der Frühere" hat:

„P. 〈〈hiero〉〉 der (vor seiner Verurteilung) Vorsteher der Rinder war" P. Lee 1, 2 ; vgl. auch Inscr. Hier. Ch. pl. 18.

Ob die Sprache hier wirklich nach §. 366 (vgl. §. 372) noch zwei Formen des Particips unterschied, stehe dahin.

c. mit verbalem Praedikat

510. Das Praedikat steht im Infinitiv mit 𓂋, oder im Pseudoparticip, wobei denn alles oben (§. 475 ff.) über deren Gebrauch Bemerkte gilt.

Das Hilfsverb tritt hier zunächst in der einfachen Form 𓃀 auf mit perfektischer Bedeutung, es ist dabei gewiss der Nachkomme der alten n-Form. Im Koptischen ist es in dem Imperfektum ΝЄ- erhalten.

„Du erfährst: 〈〈hiero〉〉 „etwas ist mit mir geschehen" d'Orb. 8, 4.

〈〈hiero〉〉 „du hast gesessen" Mayer A. 5, 17.

„Ich brachte wieder das Land in Ordnung 〈〈hiero〉〉 nachdem es zu Grunde gerichtet war" Harr. 79, 2 ; vgl. auch ibd. 75, 2 ; 76, 11.

〈〈hiero〉〉 „ich hatte (früher) gehört" Unamun 2, 78.

Dabei schliesst es sich dann ganz wie die alte n-Form an ein vorhergehendes Verbum an ; es gibt an, was vor diesem geschehen ist, und wir übersetzen es durch einen Satz mit „nachdem":

„Ich brachte den heiligen Baum wieder zum Grünen 〈〈hiero〉〉 nachdem er früher am Ausgehen gewesen war" Harr. 29, 3 ; vgl. auch 75, 9.

〈〈hiero〉〉 „du liessest mich reich werden, nachdem ich arm gewesen war" Amarna 2, 7.

So steht es denn auch nach einer Konjunktion:

„Er hatte sich der Teje zugesellt 〈〈hiero〉〉 als sie (die Verschwörung) beraten hatte" P. jur. Turin 5, 7.

Verbindungen mit 〖hieroglyph〗 | § 511-513

Relativisch findet es sich in:

P. 〖hieroglyphs〗 „dieser P., den man (früher) auch (anders) genannt hatte" P. jur. Turin 5,7 ; vgl. auch Unamun 2,48 ; - auch das mag die alte perfektische Relativform gewesen sein.

511. Als Subjunktiv findet sich unsere Verbindung in:

〖hieroglyphs〗 „du lässt meinen Ka bleiben und wachsen" Amarna VI, 24.

〖hieroglyphs〗 „du lässt die Hälse aller Männer umgedreht sein bei ihrem Anblick" Lieb. Beatty 22, 6.

Die Bedeutung ist hier natürlich nicht die perfektische.

512. In der emphatischen Form 〖hieroglyph〗 hat unsere Verbindung zuweilen noch die Bedeutung einer entschiedenen Aussage:

„Wird etwas Verborgenes getan 〖hieroglyphs〗 so sieht es dein Auge" An. II, 6,3 = An. IV, 5,12.

Viel häufiger hat sie aber futurische Bedeutung. So in:

〖hieroglyphs〗 „alles was er getan hat wird bleiben und gedeihen" Amarna VI, 25.

Und besonders oft in Zeitsätzen:

〖hieroglyphs〗 „wenn mein Brief zu dir kommen wird (so wirst du gehen)" P. Bologna 6,3.

〖hieroglyphs〗 „aber wenn er im Delta war (so fuhren sie dahin)" Abbott 6,22 ; vgl. auch d'Orb. 6,9 ; Joppegesch. 2,8.

513. Die Verbindung mit der jn- Form des Hilfsverbums (〖hieroglyphs〗) kommt schon in der älteren Sprache vor (Gr. § 374), zu ihrer Wichtigkeit ist sie aber erst im Neuägyptischen gekommen, wo sie ein notwendiges Hilfsmittel der einfachen Erzählung ist, denn mit ihr beginnen die kleinen Abschnitte, in die diese zerfällt, und die man den Perioden unserer Sprache vergleichen kann. Die Erzählung geht dann meist im Praesens II weiter, so z. B.:

§. 514   Verbindungen mit 〜

[hieroglyphs]
[hieroglyphs]
[hieroglyphs]
[hieroglyphs]
[hieroglyphs]
[hieroglyphs]
[hieroglyphs]

"u.s.w., es folgen noch vier weitere Praesens II. „Hathor ging und fand den Horus (wie er weinend da lag). Sie griff (eine Gazelle) und melkte sie und sagte zu Horus: („öffne dein Auge, dass ich Milch hineintue"). Er öffnete (sein Auge) und sie tat (Milch hinein)" Hor. u. Seth 10, 6-9.

Übrigens kann diese Verbindung auch allein einen Satz bilden:

[hieroglyphs]

„da brachte man die Schreiber u. die Gelehrten des Pharao; da sagten sie" d'Orb. 11,4, vgl. auch Wahr. u. Lüge 8,1.

Auch kann man eine Zeitbestimmung noch vor sie setzen:

„Nun aber, als er viele Jahre als Kronprinz verbracht hatte [hieroglyphs] [hieroglyphs] flog S. M. zum Himmel" d'Orb. 19,3 - vgl. auch bei den erzählenden Sätzen § 722.

Anm. Für die Aussprache dieser Verbindung ist es von Interesse, dass Hor. u. Seth 12,4; 13,8; 15,10 [hieroglyphs] statt des normalen [hieroglyphs] (ibd. 4,6) steht. Das n wird also dem ʃ assimilirt sein.

514. Auch bei verbalem Praedikat kann 〜 im Particip stehen:

[hieroglyphs] „du rettest den gefangen seienden" Berlin 20377.

„Ich brachte den reinen Baum wieder in Ordnung [hieroglyphs] sic [hieroglyphs] der zu Grunde gerichtet war" Harr. 29,4.

„Frauen der Leute vom Tor [hieroglyphs] die sich den Leuten angeschlossen hatten" P. jur. Turin 5,1.

d. das unpersönliche jw

a. Allgemeines

515. Die alte Sprache setzt ein unpersönliches jw "es ist" gern vor Verben und Sätze, die am Anfang eines Abschnittes stehen (Gr. §. 839). Daneben kommt es auch in der alten Sprache, wenn auch selten (Gr. §. 341a) vor, dass ein solches jw eine Verknüpfung mit dem Vorhergehenden herstellt, die den sogenannten Zustandssätzen entspricht. Es sind dies die beiden Gebrauchsweisen des jw, die in §. 459 besprochen sind; hier wie dort ist ein äusserer Unterschied zwischen den beiden jw nicht zu erkennen.

Im Neuägyptischen ist die erste selbständige Gebrauchsweise sehr zurückgegangen; desto häufiger ist die zweite begleitende geworden, die dem participialen ε des Koptischen entspricht (kopt. Gr. §. 322 ff).

516. In allen Fällen, wo ein nominales Subjekt am Beginn eines Satzes steht, der mit jw eingeleitet ist, wie z. B.:

    [Hieroglyphen] amarna VI, 33 w
    [Hieroglyphen] an. III, 4,9

kann man natürlich zweifeln, ob es sich um einen Satz mit vorgesetztem unpersönlichen jw handelt oder um einen Satz in der Art des Praesens II. Die letztere Erklärung ist ja die natürliche. Für die Praxis ist diese Frage gleichgültig, da die Bedeutung bei beiden Auffassungen die gleiche bleibt.

b. selbständig

517. Der selbständige Gebrauch findet sich noch nach alter Weise am Anfang eines Textes:

    [Hieroglyphen] "Ich habe das Leben gut vollendet"
    amarna III, 28.

    [Hieroglyphen] "der Feigenbaum öffnete seinen Mund"

§. 518 - 519   das unpersönliche 𝑖𝑤

(als Anfang eines neuen Liedes)   Lieb. Tur. I, 11.
So auch am Anfang einer Frage:
𝑖𝑤 [hieroglyphs] „zu wem habe ich deiner (mit bösen Worten) gedacht?"   An. I, 8, 6 (nach Varr.).

<u>Anm.</u> Auch das 𝑖𝑛 am Anfang der Fragesätze 𝑖 𝑖𝑛 (Gr. §. 505 a) gehört hierher; da es aber im Neuägyptischen schon so wie im Koptischen ⲈⲚⲈ zur Partikel geworden ist, behandeln wir es erst in §. 739.

518. Von den Sätzen, bei denen die Partikel ⲟ vor dem 𝑖𝑤 steht, werden einige gewiss hierher gehören, denn sie sind offenbar selbständige Sätze, die dem vorhergehenden Satze gleich stehen:

„Mach dir keine Sorge um ihn ⲟ 𝑖𝑤 [hieroglyphs] es ist doch schön, dass Du mir ihn schickst"   P. Bologna II 20.

„Der Fürst hat Böses geredet u.s.w. ⲟ 𝑖𝑤 [hieroglyphs] aber ich bin dort gewesen (und u.s.w.)"   Abbott 7, 10.

„Tausendmal bin ich gegen ihn gerechtfertigt worden ⲟ 𝑖𝑤 [hieroglyphs] aber er sieht nicht (auf das was die Götter gesagt haben)"   Hor. u. Seth 14, 1; — vgl. auch An. VI, 30 und das Beispiel in §. 532.

c. begleitend

519. Viel häufiger und wichtiger als der selbständige Gebrauch ist die Verwendung als sogenannter Zustandssatz, die im Koptischen in den verschiedenen Zusammensetzungen mit Ⲉ erhalten ist (kopt. Gr. §. 322 ff.). Eine solche Zusatzbemerkung kann <u>farblos</u> sein: „der Eine hiess a, während der Andere B. hiess" (§. 520). Sie kann aber auch eine <u>Begründung</u> enthalten: „die Leute kamen nicht zurück, da B. sie getötet hatte" (§. 521). Auch ein <u>Gegensatz</u> kann darin liegen: „Ich habe dies getan, obgleich du es mir nicht getan hast" (§.522). Auch eine Zeitangabe und eine Bedingung können so gefasst werden. Weiter knüpft ein solcher Satz sich relativisch an ein Substantiv an: „Schiffe, welche nicht dem Amun gehören" (§. 528), oder er folgt auch einem Verbum wie: „werden

das unpersönliche 𓇋𓅱 §. 520 – 522

und „antreffen": „er fand ihn, wie er dalag".

520. In <u>Nominalsätzen</u> finden wir das 𓇋𓅱 vor dem betont voranstehenden Praedikat: [hieroglyphs] „A. war der Name des älteren während B. der Name des jüngeren war" d'Orb. 1,1.

„Schöne Wagen [hieroglyphs] die glänzender sind als Lapislazuli" An. IV, 16,8.

Oft auch steht es vor einem betonten Pronomen absolutum:

„Er verfolgte ihn [hieroglyphs] da er es doch war der ihn aufgezogen hatte" P. Salt 2,14.

„Du wirst mich nicht töten lassen [hieroglyphs] da ich doch ein Bote des Amun bin" Unamun 2,81.

521. Vor der Verbalform <u>sdm·f</u> ist 𓇋𓅱 sehr gebräuchlich, zunächst in den gewöhnlichen Fällen wie:

„Er zog durch die Wüste [hieroglyphs] indem er (von Wild) lebte" Prinzengesch. 5,2.

„Er war Herrscher der Südstadt [hieroglyphs] indem das ganze Land ihm Gaben brachte" Apophismärchen 1,1.

„Bist du allein? [hieroglyphs] nachdem du deine Stadt verlassen hast" d'Orb. 9,4.

„die Leute kamen nicht wieder" [hieroglyphs] Bata „da Bata sie getötet hatte" ibd. 11,9 ; vgl. auch P. Lee 1,6 ; Unamun 2,6.

<u>Anm.</u> Wie man schon aus den obigen Beispielen sieht, hat das [hieroglyphs] zum Teil perfektische Bedeutung und wird einem älteren [hieroglyphs] entsprechen; die <u>n</u>-Form ist ja nach §. 266; 312 meist verloren. Ein Beispiel mit der <u>n</u>-Form liegt aber anscheinend einmal noch in gewählter Sprache vor: „Gemacht von N.N für den Amun [hieroglyphs] indem er Lieder auf seinen Namen verfasste" Berlin 20377.

522. Das 𓇋𓅱 steht auch vor dem [hieroglyph] das einen Satz mit adverbialem Praedikat (§. 506) einleitet: „Sage nicht lügnerisch: sei gegrüsst [hieroglyphs]

§. 523-524   das unpersönliche 𓇋𓅱

[𓏥𓈖𓂧𓅓] indem Schrecken doch in deinem Innern ist" Amenemope 13,14.
vgl. kopt. Gr. §. 371. Die Negierung dieser Verbindung siehe S. 527.
Selbst vor das 𓇋𓅱 des Praesens II kann noch ein 𓇋𓅱 treten:
𓇋𓅱 [hierogl.] „der Schreiber P. wird mit dir sein, indem er nach dir sehen wird und du wirst sie hineinbringen" P. Leiden 370, 14 ; vgl. im selben Brief 𓇋𓅱 [hierogl.] „indem du sie finden wirst"
„Stelle sie für ihn fest 𓇋𓅱 [hierogl.] indem sie festgestellt sein sollen für den Sohn seines Sohnes ...... 𓇋𓅱 [hierogl.]
[hierogl.] ..... 𓇋𓅱 [hierogl.] ohne dass es einen Anderen gibt ..... der an ihnen Anteil haben soll (ausser N.N.)" Dachelstele 14 u. 15.
vgl. auch 𓇋𓅱 [hierogl.] P. Turin 33, 21.
Es scheint sich in allen Fällen um ein futurisch gebrauchtes Praesens II zu handeln.

523. In **Zeitangaben** steht es in dem Beispiel:
„Danach aber [hierogl.] als er vollendet hatte viele Jahre" d'Orb. 19, 2 ; vgl. auch Unamun 1x+5 ff.

Eine **Bedingung** drückt es aus in:
„Ich werde ihm das alles tun 𓇋𓅱 [hierogl.] wenn er (seinem) Amte den Rücken kehrt" An. IV, 3, 2.
„Ich werde diese Stele machen u.s.w. [hierogl.] N.N. wenn du mir den Schreiber N.N. errettest" Berlin 20377.
und hierher gehört es auch, wenn einem Bedingungssatze mit 𓇋 ein 𓇋𓅱 vorgesetzt ist; man wird dies als „wenn es ist" zu fassen haben:
𓇋𓅱 𓇋 𓇋𓅱 [hierogl.] .... „wenn man Lüge in ihnen findet, (so soll u.s.w.)" Mayer A. Rs. 1, 14.

524. **Relativisch** ist es gebraucht in:
„eine Sache 𓇋𓅱 [hierogl.] die ich für dich tat" d'Orb. 8, 2.
„Wie getan wird einem gleich dir 𓇋𓅱 [hierogl.] den sein Gott lobt" An. III 4, 9 , — vgl. auch Amenemope 8, 9.

das unpersönliche ἰϲ   §. 525 – 527

525. Es steht auch nach Verben wie „finden" und „werden" (vgl. §. 570):

⟨hierogl.⟩ „sie wurden gefunden, indem die Diebe sie erbrochen hatten" Abbott 3,2 ; 3,18.

⟨hierogl.⟩ „man fand ihn nicht, indem er irgend eine Stelle darin kannte" ibd. 5,6.

⟨hierogl.⟩ a. ⟨…⟩ B. ⟨hierogl.⟩ „ich fand, dass a. und B. 6 Leute geholt hatte" P. Leiden 368.

526. Bemerkenswert ist, dass dieses ἰϲ auch vor einer <u>emphatischen Form</u> vorkommt; das wird nicht ohne Grund sein. In den folgenden Beispielen glaubt man diesen Grund zu sehen:

„Man erzieht dich unablässig ⟨hierogl.⟩ und du hörst auf keine Ermahnung, sondern du tust nach deinem Belieben". P. Bologna 3,8.

⟨hierogl.⟩ ihre Väter haben ihm nicht berichtet, sondern dem Vezier berichtet" Abbott 6,22 ; vgl. auch Amarna VI, 20; — in ihnen liegt überall ein Gegensatz gegen das Vorhergehende vor. Aber in anderen Fällen wie:

„Der Fürst sprach zu den Aufsehern u.s.w. ⟨hierogl.⟩ indem er schmähte" Abbott 7,10.

„Ich fand ihn wie er am Fenster lehnte ⟨hierogl.⟩ .... indem die Wellen des (Meeres) an (seinen Hinterkopf) schlugen" Unamun 1x+14 ; vgl. auch Sall. I, 7, 6 = An. II, 7, 6 (aber ohne ἰϲ) ; Ostr. Petrie 16 — hat man (wie in §. 551 bemerkt ist) den Eindruck, dass dieses ἰϲ ⟨hierogl.⟩ schon ganz farblos ist; es scheint die Verbindung zu sein, der das koptische ⲉⲣⲉ- entstammt.

d. vor negierten Sätzen

527. Besondere Beachtung verdienen die sehr häufigen Fälle, in denen die durch ἰϲ eingeleiteten Sätze <u>negiert</u> sind und in denen wir das ἰϲ mit

§. 528-529   das unpersönliche [hierogl.]

"ohne dass" u.ä. zu übersetzen haben. Wir finden dies [hierogl.] zunächst
vor den Ausdrücken "es ist nicht":
  "ein Mann [hierogl.] ohne Erziehung" P. Bologna 3,7.
  "er war in dem Tal [hierogl.] indem keiner mit ihm war"
      d'Orb. 8,9.
  "ein Knabe [hierogl.] ohne seines Gleichen" Wahr. u. Lüge 4,6.
  "seine Tochter sollte erben [hierogl.] da er kei-
      nen Sohn hatte" Insc. Hier. Ch. pl. 14.
Dahin gehören auch die Ausdrücke [hierogl.] (Amarna VI, 15; VI, 25,9)
und [hierogl.] (ibd. III, 19; VI, 19) für "unaufhörlich",
wörtlich: "indem es kein Aufhören (kein Aufhören machen) giebt".

528. Es steht weiter vor negierten Nominalsätzen:
  "Aussagen [hierogl.] über die man gar nicht
      schweigen kann" Abbott 6,12; - vgl. auch Kadesch 69.
  "er sagte: gieb mir einen Jungen [hierogl.]
      [hierogl.] und ich hatte ihn doch nicht und er hütete
      das Vieh" An. VI, 28; - vgl. auch Unamun 2,24.
Und so auch vor negierten Sätzen, die mit der Hervorhebungspartikel
[hierogl.] gebildet sind:
  "die Fürsten mussten selbst ihre Schätze herbeischaffen [hierogl.]
      [hierogl.] und es war kein Fürst der sie zu holen
      ging [hierogl.] und es war kein Heer das sie
      holte" Petrie, Koptos 18,1.

529. Sehr oft wird natürlich auch ein negiertes [hierogl.] mit [hierogl.] angeknüpft.
So bei der Negation [hierogl.]
  "Was verfolgst du mich [hierogl.] ohne zu hören (was ich
      sage)" d'Orb. 7,4.
  "ein Stier [hierogl.] dessen Art man nicht
      kannte" d'Orb. 14,5.
Weiter bei der Negation [hierogl.]:

das unpersönliche 𓇋𓊡 §. 530 – 531

„du bist wie ein zerbrochenes Ruder 𓇋𓊡𓂋𓏥... welches nach keiner Seite hin gehorcht" An. IV, 11, 11.

𓂋... 𓇋𓊡... „ein Tauber der nicht hört" An. IV, 2, 7.

„mein Herz ist bekümmert 𓇋𓊡... (sic) und ich kann dir nicht schreiben" P. Bologna 5, 7 ; — vgl. auch P. jur. Turin 2, 7 ; Ostr. Berlin III, 33 ; Max. d'Anii 9, 7.

530. Auch die Negation 𓇋𓊡𓂋𓏥 wird oft mit 𓇋𓊡 an das Vorhergehende angeknüpft:

„ein Grab 𓇋𓊡... in welchem man nicht begraben hatte" Abbott 5, 3

„ich habe dir dies getan 𓇋𓊡... obgleich du mir nicht getan hast" Unamun 2, 48.

„lasse ich den letzten des Monats kommen 𓇋𓊡... ohne dass ich 20 Pfund Kupfer gezahlt habe, so werde ich u.s.w." Ostr. Berlin III, 37.

531. Auch vor den zusammengesetzten Verbalformen, die mit 𓂝 negiert werden, ist 𓇋𓊡 gebräuchlich. — So beim Praesens I:

„Sie bewachte ihren Gatten 𓇋𓊡 𓂝 ... und liess ihn nicht herausgehen" Prinzengesch. 7, 8.

„Boten 𓅱... 𓂝 ... die sich nicht fürchten" Hor. u. Seth 15, 5.

Und so auch beim Praesens II:

„Möchtest du lange leben 𓇋𓊡 𓂝 𓇋𓊡... indem ich nicht von dir verwaist bin" Ostr. Berlin III, 39.

„Ich wende das Herz der Neschons 𓇋𓊡 𓂝 𓇋𓊡... so dass sie nichts Böses tut" P. Neschons 4, 6 ; ähnlich 4, 11.

Anm. Ist schon dieses 𓇋𓊡 𓂝 𓇋𓊡 auffallend, so wird das Aussehen eines solchen Satzes noch verwirrter, wenn ein Teil aus ihm hervorgehoben und vorangestellt wird; dabei wird nach Gr. §. 492 sein Hilfsverbum vor das Hervorgehobene gesetzt: 𓇋𓊡... „ich veranlasse" 𓇋𓊡... „das was gut ist (für Neschons)" 𓇋𓊡 𓂝 ... „dass ihr Herz sich nicht davon abwende (?)" P. Neschons 4, 21

§ 532-533   das unpersönliche ꜥḥꜥ

e. Anhang

532. Folgen zwei Sätze, die beide mit ꜥḥꜥ eingeleitet sind, aufeinander, so lässt man sich zuweilen genügen, das ꜥḥꜥ nur vor den ersten zu setzen: „die Libyer sassen in Aegypten ꜥḥꜥ 〈〈〈 indem sie (die Städte) eroberten 〈〈〈 und (den grossen Strom) erreichten" Harr. 77,1; vgl. auch Kadesch 95; 69; d'Orb. 8,9.

Wo man doch in beiden Sätzen das ꜥḥꜥ benutzt, liegt darin anscheinend eine besondere Nuance; der zweite Satz steht im Gegensatz zum ersten. vgl. die Beispiele in § 526. — Und so wird man es auch zu verstehen haben, wenn vor dem zweiten Satz noch die Partikel ◯ steht: „Warum quält ihr meinen Sohn ꜥḥꜥ 〈〈〈 ꜥḥꜥ 〈〈〈 da ich es doch bin, der euch stark macht; denn ich bin es doch, der Schöpfer des Korns" Hor. u. Seth 14, 11-12.

533. Besondere Beachtung verdienen Fälle, in denen mehrere mit ꜥḥꜥ beginnende Sätze aufeinander folgen, so in der Stelle: „Ich sage dir seinen Marsch auf den Gebirgen ꜥḥꜥ (Var. ohne ꜥḥꜥ) 〈〈〈 ..... ꜥḥꜥ 〈〈 (Var. 〈〈〈) 〈〈〈 ..... An. IV, 9,8 ff. = An. III 5,10 ff. — Hier wird das Marschieren durch Sätze mit ꜥḥꜥ im Einzelnen beschrieben, man wird am besten so übersetzen: „<u>wie</u> er sein Brot und sein Wasser über der Schulter trägt, (als wäre es eine Eselslast), und <u>wie</u> sie seinen Nacken wie den eines Esels machen, indem die Wirbel seines Rückens gebrochen sind, <u>und wie</u> er faules Wasser trinkt".

Ähnlich folgen in breiter Erzählung mehrere Zeitsätze mit ꜥḥꜥ aufeinander: ꜥḥꜥ 〈〈〈 ..... ꜥḥꜥ 〈〈〈 ..... ꜥḥꜥ 〈〈〈 ..... ꜥḥꜥ 〈〈〈 Unamun 1x+5-6. Übersetze etwa: „Als der Verzückte in dieser Nacht verzückt war ..... und ich hatte gerade (ein Schiff) gefunden (und hatte einiges hineingeladen) ... und ich blickte (nach der Sonne), da kam der Hafenvorsteher zu mir."

| das unpersönliche 𓋴𓏏 | §. 534 - 536 |

Vergleiche auch Petrie, Koptos 18,1 : „Die Fürsten der Länder haben ihre Schätze selbst herbeigebracht

[hieroglyphs]
[hieroglyphs]
[hieroglyphs]
[hieroglyphs]

und kein Fürst zog aus sie zu holen, und kein Heer zog aus sie zu holen, und keine Wagentruppe zog aus sie zu holen und keine Schiffsleute zogen aus sie zu holen".

M. das unpersönliche 𓋴𓏏

534. Die Ersetzung des Hilfsverbs 𓇋𓅱 durch 𓋴𓏏, von der wir §. 505 gesprochen haben, findet sich auch bei dem unpersönlichen Gebrauch. Neben dem unpersönlichen 𓇋𓅱 (kopt. ⲉ) findet sich auch ein 𓋴𓏏 (𓋴𓏏𓅱) (kopt. ⲛⲉ). Die Form ist übrigens seltener als ihr koptischer Abkömmling.

535. Vereinzelt kommt ein 𓋴𓏏 vor einem Nominalsatz vor und zwar vor einem solchen, dessen Subjekt ein betontes Pronomen absolutum ist. Wie man nach §. 520 sagt: [hieroglyphs] „da er es doch war, der ihn aufgezogen hatte" P. Salt 2,14 — so sagt man auch: [hieroglyphs] „indem er es war, der uns erzählte" Mayer a. Rs. 4,10 — hier mag das 𓋴𓏏𓅱 dem Satze perfektische Bedeutung geben sollen.

536. Das 𓋴𓏏 vor dem śḏm.f oder vor dem 𓇋𓅱𓂋𓏏, das die emphatische Form umschreibt, steht im Vordersatze so wie im Nachsatze von Bedingungssätzen; es dient dazu, die irreale Bedingung anzudeuten: „Wenn er hätte ..... so hätte er". So in :

[hieroglyphs]
„wenn sie Leben u. Gesundheit geschickt hätten, so hätten sie nicht

§. 537 – 539   das unpersönliche [hiero]

   die Sachen geschickt " Unamun 2, 29 ; vgl. auch ibd. 1, x+21.

[hieroglyphs] „ wenn der Herrscher von Aegypten (der Herr meines Eigentumes wäre), so hätte er nicht Silber u. Gold geschickt " ibd. 2, 10-11.

537. Die gleiche Bedeutung hat [hiero] vor einem Praesens II :

 „ Wenn es ein Dieb aus meinem Lande wäre [hieroglyphs] so hätte ich es ersetzt " Unamun 1, 18-19 ; vgl. auch das Beispiel Unamun 2, 29 im vorigen Paragraphen.

538. Man setzt das [hiero] endlich auch vor ein Futurum, das damit die Bedeutung des Imperfektum futuri erhält : „ er war im Begriffe zu ", „ er hatte gewollt " : „ Ich weiss nicht ob mein Junge zu dir gekommen ist [hieroglyphs] ich hatte ihn abgeschickt und hatte dir einen Brief durch ihn bringen lassen wollen ". P. Bologna II, 8.

 „ Er nahm die Fäden mit [hieroglyphs] welche ich hatte vor den Schatzmeister bringen wollen " An. VI, 22.

So wird man auch die Stelle d'Orb. 5,4 zu fassen haben : [hieroglyphs] „ wenn ich diese böse Anzeige ausspreche, so wird er sie weiss gemacht haben " – die aufgeregte Frau sieht ihre Anzeige schon als missglückt an.

539. In der emphatischen Form [hiero] steht es vor einem Praesens II. Diese Verbindung entspricht dem oben (§. 512) erwähnten wnn.f (ḥr) śdm und drückt einen Zeitsatz oder Bedingungssatz aus :

 „ Sieh nicht auf den Schrecken des Meeres [hieroglyphs] ...... [hieroglyphs] (aber) wenn du (auf den Schrecken des Meeres) siehst, so sieh auch auf meinen " Unamun 2, 50.

 [hieroglyphs] „ aber als man die vier fand und er die eine stahl .... " P. Salt 1, 9 ; ähnlich ibd. 5, 9.

das Hilfsverb 𓂝 § 540 – 542

n. das Hilfsverb 𓂝

a. Allgemeines

540. Bei dem Verbum jrj hat sich mehr als bei anderen Verben die Flexion erhalten (vgl. § 276). Wir kennen so:

das gewöhnliche sdm·f 𓂝𓏭𓏭𓀁

die emphatische Form 𓇋𓂋𓂝𓏭𓀁

die Relativform 𓇋𓂋𓂝𓏭𓀁

die Form vor der Negation bw (§ 767) 𓂝𓇋𓏭𓀁 .

Zu diesen Formen tritt dann noch das 𓂝 + Subj., das besonders in älterer Orthographie der emphatischen Form bei nominalem Subjekt entspricht. Dieses 𓂝 + Subj. ist gewiss nur eine Form, die vor dem nominalen Subjekt enttont und daher verkürzt ist – ein Vorgang, den wir ja auch aus dem Koptischen kennen (vgl. ⲠⲈⲬⲈ-, ⲚⲈⲤⲈ- u.s.w.). – Dass dieses 𓂝 + Subj. auf die emphatische Form (das 𓂝 der alten Sprache) zurückgeht, ergibt sich aus seinem Gebrauch (§ 546 ff.). Wie sehr die Form verkürzt war, ersieht man aus ihrer Schreibung und sieht es erst recht aus dem was in § 782 über ihr Verschwinden gesagt ist.

541. In diesem Verbum jrj besass die Sprache ein gutes Ausdrucksmittel für die Defekte, die die Flexion der anderen Verba erlitten hatte. So hat man es in einzelnen Fällen schon in der älteren Sprache benutzt und im Neuägyptischen hat sich diese Verwendung dann sehr ausgebreitet. Das Koptische kann man sich vollends nicht mehr ohne die Praefixe Ⲁ-, ⲀⲢⲈ- ⲈⲢⲈ-, -ⲢⲈϤ u.s.w. denken.

542. Das Verbum bildet natürlich das Objekt zu 𓂝 und steht deshalb im Infinitiv. Wenn statt dieser natürlichen Konstruktion manche Schreiber ϯ mit dem Infinitiv setzen, so möchte man dies nicht ernst nehmen, (vgl. § 481). Beispiele für irriges ϯ sind:

𓇋𓂋𓂝𓏭𓀁 – ϯ 𓇋𓂋𓏏𓄿𓀀𓏥 ..... „er nahm (die Weber) fort" An. VI, 16.

§.543-544   das Hilfsverb 🐍

[hieroglyphs] „ich will sie nicht empfangen" An. VI, 36; vgl. auch Sall. III 2,2 ; 3,5 (Kadesch 42; 58 aber ohne [gl.]) ; An. V, 11, 5-6 ; ibd. 21,3 ; mes n. 29.

b. vor mehrkonsonantigen Verben

543. Schon in der älteren Sprache kommt es vor, dass Verba, die mehr als drei Stammkonsonanten haben, ihre Flexion durch jrj ersetzen (Gr.§.357). Im Neuägyptischen geschieht dies stets:

[hieroglyphs] „er hat mich geschlagen" P. Salt 2,17.
[hieroglyphs] „indem sie (die Gräber) zerstört hatten" Abbott 4,2 ; — vgl. auch d'Orb. 15,10

auch die Kausativa der 3 konsonantigen Verben werden meist so behandelt:

[hieroglyphs] „er verhörte sie mit den Worten ....." Mayer A. Rs. 2,11 ; ähnlich Abbott 3,5 ; 5,5.
[hieroglyphs] „ich ernährte das ganze Land" Harr. 78,13 ; 79,1.
[hieroglyphs] „ich bete (zu meiner Göttin)" Chb. Beatty 24,8.

auch solche Kausativa, die gewiss schon einen ihrer Konsonanten verloren hatten, werden dabei noch weiter behandelt als hätten sie mehr als 3 Konsonanten. So heisst es bei śpd für śśpd: [hieroglyphs] „ich machte das Land (aufs neue) richtig" Harr. 79,2.

544. Alter Gebrauch (Gr.§.357) ist es auch, dass man die Verba des Gehens mit jrj umschreibt:

[hieroglyphs] „er kommt (jetzt) aus Palästina" P. Bologna 9,4 (wohl emphat.) ; vgl. auch Hor. u. Seth. 5, 8-9.

merkwürdig ist, dass man auch ḫnj „rudern" so behandelt:

[hieroglyphs] „und lasse sie (Holz u. Kohle) fahren" P. Leiden 370, vs. 17 ; ähnlich ibd. vs. 12.
[hieroglyphs] „man fuhr sie" P. Turin 52,8.

das Hilfsverb ⟨⟩　　　　　　　　　　　　　　　§. 545

c. Zum Ersatz bestimmter Verbalformen

1. bei emphatischer Form

545. Wichtiger als die bisher betrachtete Verwendung von ⟨⟩ ist es aber, dass es bei Verben aller Art bestimmte Formen ersetzt, die die Sprache verloren hat oder doch zu verlieren beginnt.

Die emphatische Form, die ein so wichtiges Besitztum der ägyptischen Sprache ist, wird, wie wir §. 302 ff. gesehen haben, nur noch bei wenigen häufigen Verben wie ⟨⟩, ⟨⟩, ⟨⟩, ⟨⟩, ⟨⟩ gebildet, bei allen anderen aber, und oft auch bei den eben angeführten selbst, ersetzt man es durch ⟨⟩ mit folgendem Infinitiv. Es ist diese emphatische Form, die sich im Koptischen ⲀϤⲤⲰⲦⲘ erhalten hat und zwar

1) als Perfektum I in beiden Dialekten; es ist dabei zur einfachen Form der Erzählung abgeschwächt.

2) vielleicht auch als Praesens II im Bohairischen. Doch müsste man annehmen, dass hier eine Vermischung von ⟨⟩ u. ϤⲈ stattgefunden hätte, da man hier nicht nur den Infinitiv, sondern auch das Qualitativ gebraucht; z. B: ⲀϤⲬⲎ statt ⲀⲈϤⲬⲎ.

Bemerkenswert ist dabei, dass man diese emphatische Form da, wo sie ein nominales Subjekt hat, und infolgedessen enttont ist, auch in der kürzesten Form ⟨⟩ schreibt und zwar geschieht dies gerade in älteren Texten, während jüngere Texte das gewöhnliche ⟨⟩ haben. Diese Schreibung ⟨⟩ gehört offenbar der älteren Stufe der neuägyptischen Orthographie an. Eine noch stärkere Kürzung zu ⟨⟩ siehe in §. 558.

Anm. Beachte, dass man sogar die emphatische Form von ⟨⟩ in dieser Weise umschreibt:

⟨hieroglyphs⟩ „der Gott tut was er will"
Prinzengesch. 4,13.

⟨hieroglyphs⟩ „man tut" Unamun 2,79; vorher nur: ⟨hieroglyphs⟩

§. 546 - 548   das Hilfsverb 𓂝𓏤

546. Beispiele der emphatischen Form in einer nachdrücklichen Aussage, die auf die Zukunft geht, sind:

𓇋𓃀𓂝𓂧𓐎𓀐 „sie wird sterben" d'Orb. 9,9.

𓇋𓃀𓂝𓇯𓅱𓈖𓊪 „der Himmel öffnet sich" Unamun 2,14.

𓂜𓏤𓂋𓐍𓈎𓇋𓊪𓏏𓏥 𓂜𓀁𓏤𓀀𓂝 𓅓 𓎡𓏤𓏏𓏪𓂝 „keiner von ihnen wird mich meinem Herrn anzeigen" Sall. I 5,3.

Und so steht sie auch in einem Zeitsatz:

𓇋𓃀𓂝𓂋𓇳𓏤𓂝𓅱𓏏𓋹𓈖𓂓 „wenn die Sonne aufgehen wird" d'Orb. 14,6.

Zu diesem futurischen Gebrauch der emphatischen Form gehört nun auch die Formel, in der man einem Höhergestellten etwas vorschlägt: „mein Herr wird tun" (scil. wenn es ihm gefällt) im Sinne von: möchte mein Herr es tun. Da es sich um eine Formel handelt, behält man meist die ältere Schreibung 𓂝 + Subj. bei:

                                                sic
𓂝𓇳𓏤𓀀𓂝𓂝𓐎 „möge mein (Herr) ihnen tun" Ostr. Berlin III, 37.

𓂝𓇳𓏤𓀀𓂝𓏤𓂋𓉐𓏤𓏤 „möge mein Herr zu [n] dem Hausvorsteher schicken" An. VI, 80; - vgl. auch Abbott 6,19.- (vgl. §. 559).

547. Negiert wird diese futurisch gebrauchte Umschreibung meist mit 𓂜:

𓇋𓅱𓂜𓏤𓏏𓊃𓆳[𓏭]𓏏𓊃𓇋𓁹𓂝𓏏𓀁𓅱 „indem kein Sohn oder Tochter reden wird (gegen das was ich bestimmt habe)" P. Turin 20213, 13-14 (= Journ. XIII pl. 14.15).

𓇋𓅱𓂜𓏤(𓆼𓇳𓏤)𓄿𓐍𓏏𓂝𓅆𓂝𓏤𓐍𓈎𓏏𓊪𓇳𓏤𓀀𓂝 Pinotem 𓇋𓅱𓂜𓏤𓀀𓂝𓏥 𓐍𓈎𓏏𓊪𓏪𓊃𓂋𓏪𓈉 „nichts Böses geschehe an P. und es geschehe nicht an seinen Frauen." P. Neschons 5,3-4; ähnlich ibd. 5,16.

548. Häufiger aber steht die Umschreibung bei _perfektischer Bedeutung_, ganz wie das dem koptischen Gebrauch von ⲁⲩⲥⲱⲧⲙ̄ entspricht:

𓇋𓃀𓂝𓂝𓈖𓐎 „sie sind gestorben" Unamun 2,52, vgl. auch 2,22.

𓇋𓃀𓂝𓂋𓂧𓏏𓊪𓅱 „man hat es dir gesagt" Hor. u. Seth 5,11.

𓇋𓃀𓂝𓂝𓂝𓐎𓏪 „man fand es" P. Salt Ro. 1,12.

𓇋𓃀𓂝𓂝𓈖𓄿𓐎𓂝 „sie haben bringen lassen" Unamun 2,30; vgl. auch ibd. 2,19 ff.

das Hilfsverb 𓁹 §. 549 - 551

549. Weiter umschreibt 𓁹 dann auch die emphatische Form in den Fragesätzen, ganz entsprechend dem Gebrauch von ⲀϤⲤⲰⲦⲘ im Bohairischen:

[hieroglyphs] „warum bist du wütend?" Hor.u.Seth 8,5; ähnlich 7,12; 15,12.

[hieroglyphs] „Soll ich etwa herauskommen?" ibd. 12,10.

Vgl. auch die negierten Fragen:

[hieroglyphs] „Denkst du nicht"? d'Orb. 8,2.

[hieroglyphs] „freust du dich nicht"! Unamun 2,54

[hieroglyphs] „er hat dich doch nicht übergeben?" ibd. 1x+20.

550. Des Weiteren findet sich die Umschreibung mit [gl] und 𓁹 + Subj. in Relativsätzen mit [gl].

[hieroglyphs] „der täglich zu mir gekommen ist" Unamun 1x+8.

„die Diebe [gl] N.N. [hieroglyphs] welche N.N. angezeigt hatte" Mayer A, 1,3, vgl. auch ibd. 1,5 (Rs.)

Man beachte das Beispiel aus der Zeit Sethos' I:

[hieroglyphs] sic [hieroglyphs] .... [hieroglyphs]

Nauri 115 wo statt des 𓁹 ein 𓂋 steht, gerade so wie in den ganz späten Beispielen (§.558).

Diese Verbindung hat sich im Koptischen als ⲈⲚⲦⲀϤⲤⲰⲦⲘ erhalten (Kopt. Gr. §. 512); auch im Neuägyptischen hat sie, wie man sieht, zum Teil perfektische Bedeutung.

551. Auch wo das unpersönliche [gl] vor einem Verbum steht, wird die Flexion dieses Verbums oft durch [gl] umschrieben:

„er sagte dies u.s.w. [hieroglyphs] indem er schmähte..." Abbott 7,10, - vgl. auch das Beispiel:

„er bestellte seine Äcker Jahr für Jahr [hieroglyphs] indem er sie bestellte mit den Worten: ich bin ein Sohn u.s.w." Mes N.29 — wo das Hilfsverb in alter Weise geschrieben ist, und wo

§. 552 – 553   das Hilfsverb 𓂝

der Infinitiv ein überflüssiges 𓊪 erhalten hat.

In dieser Verbindung ist die emphatische Bedeutung ganz verloren und das 𓇋𓂝𓏭𓀁𓂝𓂡 entspricht dem koptischen Zustandssatze ⲥ̅-ⲉϥⲥⲱⲧⲙ̅, ⲉⲣⲉ ⲡⲣⲱⲙⲉ ⲥⲱⲧⲙ̅ (Kopt. Gr. §. 323). Man möchte annehmen, dass er aus dieser Verbindung entstanden ist.

2. als Ersatz der Relativform
und
der Form nach 𓇋𓂝

552. Auch die Relativform wird mit 𓂝 umschrieben. So in Tell Amarna:

𓊾𓇋𓊌....𓊾"𓂝𓂧𓇋𓄤—𓂝𓂡 „diese Stele neben die ich trete" Amarna, Grenzstele U (Varr. A: 𓂝𓇋𓏛, B. giebt in der Wiederholung die Umschreibung auf: 𓊾𓇋𓄤𓏛), vgl. auch V, 29, 12.

aber auch sonst:

„die Sachen 𓇋𓄿𓂝𓂡 𓂋𓏥𓇋𓄿𓃀 𓏏𓊽 die man bei ihm fand" P. Salt 1,6.

553. Da die Form, die man nach der Negation 𓇋𓂝 gebraucht, auf die Relativform zurückgeht, so wird nun auch diese in gleicher Weise durch 𓇋𓂝 𓂝 𓂡 (§. 768) ersetzt:

„Du bist sehr reich 𓇋𓂝 𓂝 𓂡 𓂞𓂝 du giebst (niemand) etwas" Ostr. Berlin III, 33.

𓇋𓂝 𓂝 𓂧 𓂋𓏥𓄿𓏛 „ich weiss nicht" Unamun 1,17.
𓇋𓂝 𓂝 𓂡 𓏏𓄿"𓏛 „er isst nicht" Hor. u. Seth II, 10.

„Du bist doch nicht ein Tauber 𓇋𓂝𓇋𓂝 𓂝 𓂡 𓂋𓏥𓃀 der nicht hört" An. IV, 2, 7.

auch bei 𓂝 selbst benutzt man diese Umschreibung:

𓇋𓂝 𓂝𓏤 𓂝"𓇯𓊖𓏤 „sie bleiben nicht einen Tag" Amenemope 9,1.

In dieser Form liegt uns nun offenbar diejenige vor, auf die das sahidische ⲙⲉⲡⲉ-, ⲙⲉ= (ᵃⲙⲁ=) (Kopt. Gr. 317) zurückgeht.

das Hilfsverb 𓇋𓅱 §. 554-555

3. Ersatz des Particips

554. Auch das Particip kann man so umschreiben:

〈hierogl.〉 „der dich gesandt hat" Unamun 2,13.

„die Vögel 〈hierogl.〉 die zum zweiten Male (nach Aegypten herabziehen) tun" ibd. 2,65.

Ein Rest dieser Umschreibung hat sich in ⲉⲡ-ⲭⲓ u.ä. bewahrt; vgl. §. 378. — Insbesondere benutzt man diese Umschreibung des Particips, da wo man einem hervorgehobenen Worte ein Particip als Praedikat beifügt: „N.N. ist es, der....."

„Dein Bruder war es 〈hierogl.〉 der (mich) geschlagen hat" d'Orb. 4,7.

〈hierogl.〉 „dein Auftrag ist es, der dir etwas herbeischaffen wird" Unamun 2,61.

anm. Passive Participien werden nicht so umschrieben; rätselhaft bleibt das Beispiel: „ich bin dein Geschick 〈hierogl.〉 das dich verfolgt" Prinzengesch. 8,11 — man erwartet 〈hierogl.〉; vgl. §. 555 anm.

4. Ersatz anderer Formen

555. Andere Fälle der Umschreibung durch 𓇋𓅱 sind noch:

1) bei der śdm.t.f Form; hier wird das Hilfsverbum *ar.t.ef zu einem *at.ef das sich in kopt. ϢⲀⲦⲈϤ- und ⲘⲠⲀⲦⲈϤ- erhalten hat; vgl. §. 443 und 445.

2) die n-Form, die ja im Aussterben ist (vgl. §. 313):

„Du hörst nicht wenn ich rede 〈hierogl.〉 du hast dein Herz fester gestellt (als ein grosses Denkmal)" Lansing 2,4.

3) das eigentliche Passiv:

〈hierogl.〉 „mein Vater ist getötet worden als ich ein Kind war" Mayer A. Rs. 2,19.

〈hierogl.〉 N.N „man untersuchte den N.N." ibd. 1,17; — vgl. auch Mes N 30; 21

§. 556   das Hilfsverb ⟨hieroglyph⟩

4) der negierte Imperativ, wo das einfache ⟨hieroglyph⟩ ganz durch ⟨hieroglyph⟩ verdrängt ist:

⟨hieroglyphs⟩ „sage es mir nicht noch einmal" d'Orb. 4,1.
⟨hieroglyphs⟩ „tue es nicht" Lansing 8,7.
⟨hieroglyphs⟩ „komme nicht" Unamun 2,50.

Anm. Es gibt vereinzelte Fälle, in denen man glauben möchte, das das Verbum ⟨hieroglyph⟩ vor einem Verbum nicht ein Hilfsverbum ist, sondern eine kausative Bedeutung hat, so dass es, so wie ⟨hieroglyph⟩ „veranlassen dass" bedeutet: ⟨hieroglyphs⟩ „er macht nicht, dass sein Schiff kentert" Amenemope 25,15; ⟨hieroglyphs⟩ „man macht nicht, dass ein Mann arm wird" ibd. 25,12 — und so könnte man auch das Beispiel in §. 554 Anm. auffassen: „das Geschick, das hinter mich gesendet wird".

d. als Ersatz des Verbums ⟨hieroglyph⟩ „sein"

556. Neben der natürlichen Verwendung von ⟨hieroglyph⟩ steht nun aber noch eine andere. Wie sich in vielen Sprachen in das gewöhnliche Verbum für „sein" andere Verben hineinmischen, so mischt sich auch im Neuägyptischen das ⟨hieroglyph⟩ in das ⟨hieroglyph⟩ hinein. So wo das ⟨hieroglyph⟩ futurisch sein sollte:

⟨hieroglyphs⟩ : „ich werde vom ..... bis ..... dort (in Memphis) sein". An. VIII, 2,9.

Und so denn auch, wo man eine emphatische Form von ⟨hieroglyph⟩ gebrauchen würde; vgl. die folg. Paragraphen.

Die Stelle, wo das ⟨hieroglyph⟩ in die Flexion von ⟨hieroglyph⟩ eindringt, ist dieselbe, wo dies auch im Koptischen (ⲉⲣⲉ : ⲁⲣⲉ) geschieht, es steht bei nominalem Subjekt: Dabei hat es nach dem oben (§. 540) Bemerkten die kurze Schreibung ⟨hieroglyph⟩.

Anm. Man beachte, dass ı̓n auch sonst für „sein" gebraucht wird:
⟨hieroglyphs⟩ „ja ich bin Offizier, ja ich bin Schreiber" An. I, 12,4.

das Hilfsverb 𓇋𓅱 §. 557 - 559

557. Deutlich liegt der Gebrauch von 𓇋𓅱 + Subj. für 𓇋𓅱 + Subj. vor in Nominal-
sätzen mit praepositionellem Praedikat in der Art von §. 469.
So in den Flüchen:
„Wer immer u.s.w. 𓇋𓅱 ... Osiris soll hinter ihm u. seiner Frau sein" Nauri 113 ; vgl. auch Israelstele 9 ; L.D. III 229, 19.
„Wer über dieses Buch redet 𓇋𓅱 ... möchte Thoth ihm ein böser Genosse sein" d'Orb. 19,9 ; vgl. auch Sall. IV Rs. 21 ; L.D. III 140c, 17-19 ; Rec. IV, 149 = a.Z. 29, 49-50.

558. Anstatt des 𓇋𓅱 findet sich in einem sehr späten Text eine noch kürzere Schreibung, ein 𓇋:
„den Hitzigen überlasse sich selbst 𓇋 ... Gott wird ihm antworten können" Amenemope 5,17 ; ähnlich 5,19 ; 17, 16 ; 22, 8 ; 23, 11 ; — vgl. auch Nauri 115 wo aber 109 𓇋𓅱 hat in §. 550.

559. Aus diesem Gebrauch von 𓇋𓅱 𓇋𓅱 und 𓇋𓅱 + Subj. erklärt sich nun auch die merkwürdige Vermischung mit der futurischen Form von 𓇋𓅱 𓇋𓅱. Sie liegt sicher vor in dem Friedensvertrage :

𓏤 ... „der Fürst von Chatti wird sie nicht aufnehmen" Friedensvertrag 22.

„Der der sie nicht hüten wird 𓇋𓅱 ... tausend Götter des C.-landes werden sein Haus vernichten" Friedensvertrag 31 ; vgl. auch ibd 32 ; Kadesch 97 (Sallier III ohne 𓇋𓅱).

Und auch in der Stelle d'Orb. 17, 10 , wo das 𓇋𓅱 mit 𓇋𓅱 geschrieben ist :

... was mir die Dame sagen wird, werde ich ihr erhören", wo die Parallelstelle (16,4) ... hat.

Dagegen ist kein Verlass auf die Fälle, wo ein 𓇋𓅱 steht, da sie ebenso gut auch nur die vollständige ältere Form des Infinitivs enthalten können. Besonders wird dies bei der Formel „mein Herr wird tun" (§.546)

§. 560 - 561   das Hilfsverb 〜

gelten: 〜𓀀𓂋𓏥𓊪𓏺𓇳𓏏𓈖 „möge mein Herr mir geben"
Inscr. Hier. Ch. pl. 15 ; ähnlich an. VI, 48 ; Ostr. Petrie 16.

Anm. Der Verdacht, dass das 〜 in dieser Verbindung 〜 + Subj. 〜𓊪𓏺 nur irrig von den Schreibern eingesetzt sei, so wie sie ja das 𓏺 unrichtig einsetzen, liegt nahe, ist aber doch nicht zulässig, denn in der zweimal wiederholten Stelle des Friedensvertrages (22 u. 24) 𓏺〜 𓀀𓏺𓏤𓇳𓏏〜𓍢𓏥 〜𓀀𓏺𓏤𓇳𓏏𓊪𓏥 ist deutlich ein Unterschied zwischen 〜 + Subj. 〜 und 〜 + Subj. gemacht. Da der erste Satz mit seinem 〜 den Sinn deutlich ausgedrückt hatte, nahm der Schreiber das zweite Mal die gewöhnlichere, einfache Form; vgl. ähnliche Erscheinungen in §. 303 ; 349 ; 490

e. die Verbindung s'ḏm pw jr.n.f u.ä.

560. Die Verbindung 𓊪𓏺𓇳𓏏𓈖 „Hören ist es, was er tat", die in den Erzählungen als Seitenstück zu 𓏺𓇳𓏏𓊪𓏺𓈖 dient (Gr. §. 359), ist schon selten geworden. Sie findet sich noch in bestimmten Texten, wie dem d'Orbiney und dem Märchen vom verwunschenen Prinzen ; in anderen Märchen fehlt sie, auch wenn diese, wie die Geschichte von Horus und Seth, das 𓏺𓇳𓏏 viel gebrauchen. Es werden das rein stilistische Unterschiede zwischen den einzelnen Erzählern sein.

561. Man braucht diese Verbindung bei Verben des Gehens, wenn mit diesen ein kleiner Abschnitt der Erzählung beginnt, etwa in Fällen, wo wir dem Satze ein „da" vorausschicken:

〜𓂋𓇳𓏏𓈖 ...... 𓏺𓉐𓊪𓀀𓂋𓊪 ...... „da kam er (zu seinem Hause) und er tötete (seine Frau)"   d'Orb. 8,7.

𓍢𓏥„𓊪𓈖𓂋𓀀𓂋𓏺𓊪𓀀 ...... 𓉐𓏺𓏥𓏤𓊪𓇳𓏏 ... „da kam der Knabe vorbei ..... sie führten ihn (zu ihrem Hause)" Prinzengesch. 5,6.

𓇳𓏏 𓇋𓏏𓏥𓏏𓈖𓏤𓊪𓂝𓏺𓈖𓏥𓏺𓏪𓏏𓉐𓇳𓊪𓏤𓇳𓀀𓁹𓏺 [𓏥] .... „da gebar (sie) einen Sohn. Da kamen die Hathoren ... und sie sagten ...."   ibd. 4,9 ; vgl. auch d'Orb. 9,2 ; Sall. III,1,8 (𓊪𓀀𓇳𓏏𓈖)

Verschiedene Hilfsverben §. 562 – 564

wo Kadesch (38) richtig 〈hier.〉 hat.

562. Nur als Archaismus werden wir es aufzufassen haben, wenn vereinzelt die seltenen Formen benutzt werden, die Gr. §. 360 besprochen sind. Wir treffen sie in einem Gebete: 〈hier.〉 „ich habe gefunden" an. II, 8, 7; vgl. auch das 〈hier.〉 ibd. 11, 2.°

O. Verschiedene Hilfsverben

a. 〈hier.〉

563. Die Verbindung 〈hier.〉 die in der älteren Sprache eine wesentliche Form der Erzählung ist (Gr. §. 350), hat diese Rolle auch im Neuägyptischen sich bewahrt; freilich ist sie nicht in allen Texten gleich häufig. Ebenso wie die Verbindung 〈hier.〉 (§. 513) steht auch 〈hier.〉 am Anfang eines kleinen Abschnittes, in dem es dann durch das Praesens II fortgesetzt wird. Der Unterschied zwischen beiden Verbindungen liegt darin, dass 〈hier.〉 einen wesentlichen Fortschritt in der Erzählung bedeutet: sie wird dadurch lebhafter, während sie bei 〈hier.〉 ruhig weiter läuft. Gross kann indessen der Unterschied nicht sein.

564. Die alte Konstruktion 〈hier.〉 findet sich nur noch in Tell Amarna und im Kadeschgedicht:

〈hier.〉 „da streckte S. M. seinen Arm zum Himmel (und schwur)" Amarna V, 29, 8.

〈hier.〉 „da sagte er" Kadesch 102, wobei Sall. III. das n weglässt nach §. 312.

Wie die n-Form auch sonst durch 〈hier.〉 ersetzt wird, so geschieht dies auch hier:

〈hier.〉 „da erblickte sie das Meer" d'Orb. 10, 5; vgl. auch ibd. 11, 7.

〈hier.〉 „da liess der Stadtvorsteher ...." Abbott 7, 6.

§. 565 – 567   Verschiedene Hilfsverben

Indessen ist auch diese Konstruktion selten. Dabei ist der Satz zuweilen auch so gestaltet:

   [hierogl.] „da rief Thoth" Hor. u. Seth 3,6; – anscheinend da, wo das Subjekt betont werden soll.

565. In der Regel folgt aber auf [hierogl.] das <u>Praesens I</u>:

   [hierogl.] apophis [hierogl.] .... „da machte König a. ihm...." Apophismärchen 1,2.

   [hierogl.] „da sagte Seth zu ihr" Hor. u. Seth 6,12; vgl. auch 13,10.

   [hierogl.] „da erschien der König" Kadesch 35 („über das Pseudoparticip vgl. §. 475).

Ist das Subjekt ein Pronomen, so hängt man dieses als ein Suffix an das [hierogl.] : [hierogl.] „da schwiegen sie" Apophismärchen Rs. 2,2.

   [hierogl.] „da schrie er" Hor. u. Seth 14,10; vgl. 12,10.

   [hierogl.] „da kam man" Kadesch 34.

Wenn man dann dabei auch Schreibungen antrifft, wie:

   [hierogl.] „da liebte er sie" Hor. u. Seth 6,5.

   [hierogl.] „da holte man (ihm einen Hund)" Prinzengesch. 4,10 – so deutet das darauf, dass das <u>n</u> von <u>ꜥḥꜥn</u> für gewöhnlich verschliffen war, und sich nur noch vorm Suffix erhalten hatte. Dazu passen denn auch gelegentliche Schreibungen wie: [hierogl.] „da sagte sie zu ihm" d'Orb. 4,10; vgl. auch ibd. 6,5 – die also mit dem <u>ꜥḥꜥ</u> der alten Sprache (Gr. §. 353) nichts zu tun haben.

566. Nur selten findet sich auch das <u>Praesens II</u>:

   [hierogl.] „da las man ihn (den Brief) vor" Hor. u. Seth 15,1.

   [hierogl.] „da kam man" Sall. III, 1,5 (Kadesch, hierogl. aber [hierogl.])

b. Seltnere Hilfsverben u. ä.

567. Von den im Folgenden aufgeführten Verben hat eigentlich nur das Erste <u>p3j</u> den Anspruch darauf, als Hilfsverbum zu gelten, und auch das nur da, wo es negiert ist. Bei den anderen Verben ist der Gebrauch

Verschiedene Hilfsverben §. 568 - 570

nicht so gefestigt und es sind mehr Ansätze, aus denen sich Hilfsverben hätten entwickeln können. Zumeist drücken sie nur eine Bewegung aus, die die erzählte Handlung einleitet.

568. Das alte Hilfsverb p₃j, das ein starker Ausdruck der Vergangenheit war (Gr. §. 361), lebt fast nur noch in der Negation [⋯] des §. 776 fort. Ein Beispiel aus einem poetischen Text ist:

[hieroglyphs] „hat denn ein Vater seines Sohnes vergessen?" Kadesch 44 — und auch da schreibt eine Variante schon [⋯].

569. Zu den Hilfsverben muss man auch das [⋯] „werden" rechnen, das einem anderen Verbum vorhergeht. Es bedeutet ursprünglich, dass ein Zustand eintritt, eine Handlung beginnt. Es ist aber ein so schwacher Ausdruck geworden, dass wir ihm oft genug Ehre antun, wenn wir das „er wurde, indem er hörte" mit „da hörte er" wiedergeben.

570. In der Regel folgt auf ḫpr das Verbum in einem der Ausdrücke, die „indem" bedeuten. So mit dem participialen [⋯]:

[hieroglyphs] „da wusste er nicht zu antworten" Apophismärchen 2,6.

Oder im Pseudoparticip oder im Nominalsatz:

[hieroglyphs] „wenn seine Stätten verlassen sein würden" Inscr. Hier. Ch. pl. 14.

[hieroglyphs] „ich setzte mich hin und weinte" Unamun 2, 64.

[hieroglyphs] wörtlich: „ich bin geworden, indem meine Glieder schwer sind" d.h. „meine Glieder sind schwer geworden" Lieb. Beatty 25, 7.

[hieroglyphs] „er wurde elend" d'Orb. 8,1.

Da wo man nach §. 476 statt des Pseudoparticips ḥr mit dem Infinitiv verwendet, gebraucht man dieses:

[hieroglyphs] „da blickte er" d'Orb. 14,1.

§. 571-572   Verschiedene Hilfsverben

[hierogl.] „und da rief er die Stadt an" P. Salt 1,14
Dabei wird auch hier nach §. 477 das 𖤓 oft ausgelassen:

[hierogl.] „da freute er sich" d'Orb. 15,3.

[hierogl.] „da weinte der Fürst" Unamun 2, 67.

<u>anm</u> Entsprechend §. 499 kommt auch hier bei einem Verbum des Sehens [hierogl.] vor dem Infinitiv vor: [hierogl.] „da ging ich" Mayer A 2,4.

571. Merkwürdig sind die Fälle, wo <u>ḫpr</u> unpersönlich steht und ihm ein <u>sdm.f</u> folgt: „sie schlafen [hierogl.] bis es geschieht dass du aufgehst" Amarna IV, 33; ähnlich IV, 4.

„die Dinge [hierogl.], welche Re es nicht gelingen liess dass er damit Erfolg hatte" P. Rollin 3.

Und vollends auffällig sind die Sätze:

[hierogl.] „Anzeige darüber, dass er die Leute geprügelt hat und gegangen ist" P. Salt 1,4.

[hierogl.] „er sah mir die Liste nach" An. VI, 15; (vgl. auch die richtige Konstruktion ibd. 13) – wo dem <u>ḫpr</u> sein logisches Subjekt das zweite Mal nach §. 411 durch „das er tat" zugefügt ist – sogar in einem Konjunktiv.

572. [hierogl.] „stehen", das das oben besprochene [hierogl.] geliefert hat, tritt nun auch im Neuägyptischen in Fällen auf, wo man kaum an ein wirkliches Stehen gedacht hat:

„Er beschlief sie [hierogl.] und sie wurde schwanger" Wahr. u. Lüge 4,5; ähnlich Hor. u. Seth 11,12.

[hierogl.] „da stellte er sich beschämt hin" = er wurde beschämt Hor. u. Seth 7,1.

Und so gewiss auch, ganz wie unser vulgäres „da steht er da und ...." in:

[hierogl.] Unamun 2, 28 im Sinne von: „du erlaubst dir Geschäfte zu machen".

[hierogl.] „der Bäcker backt" Sall. I 7,7 = An II 8,3 (mit [hierogl.]).

Konjunktiv §.573 – 575

573. Hierher gehören ferner:

1) 〈hierogl.〉, das bei den Bedingungssätzen (§. 820) besprochen ist.

2) 〈hierogl.〉 „hingelangen zu", das dem Satze eine futurische Bedeutung verleiht: 〈hierogl.〉 „wenn er dann ein Mann geworden ist" An. V, 10,7 = Sall. I, 3,9 — ganz wie unser „wenn er dazukommt, ein Mann zu werden".

574. Endlich sei hier noch des häufigen 〈hierogl.〉 gedacht, das mit 𓐍 und dem Infinitiv diesem die Bedeutung der unablässigen Tätigkeit verleiht:

〈hierogl.〉 „sie arbeiten fleissig" d'Orb. 4,2.

〈hierogl.〉 „indem er sie immerfort zerstampft" An. III, 6,6

〈hierogl.〉 „sie sind eifrig es zu tun" An. IX, 19.

Anm. Über den Gebrauch des Verbums 〈hierogl.〉 „kommen zu" im Sinne von „etwas tun werden" vgl. §. 500 Anm. Auch: 〈hierogl. N.N. ...〉 (Ostr. Petrie 16) könnte ebenso aufzufassen sein.

B. der Konjunktiv

a. seine Bildung

575. Diese merkwürdige Form, die sich im Koptischen als ⲛ̄ⲧⲉ- erhalten hat (Kopt. Gr. §. 280 ff.), tritt zuerst im Neuägyptischen auf und spielt hier eine grosse Rolle.

Wie Gardiner gesehen hat, geht sie auf die Verbindung von 〈hierogl.〉 mit dem Infinitiv zurück (Gr. §. 414), wobei dann noch vor dem Infinitiv das jüngere Pronomen absolutum als Subjekt eingeschaltet ist (Gr. §. 416 Anm.). So steht es z. B. in:

„Sieh Acht, dass die Ernte voll gemacht wird.... 〈hierogl.〉 ... und nimm 50 Säcke Korn..." P. Boulaq 15 (wohl aus D. 18) — aber gleich nachher geht es in demselben Texte so weiter:

〈hierogl.〉 „und weiter belade..." — so dass also hier der Kon-

§. 576   Konjunktiv

junktiv neben seiner mutmasslichen Urform gebraucht ist.
Der Konjunktiv gehört also nicht in die Reihe der Verbindungen, die vom
Nominalsatz abgeleitet sind, und sein Praefix ist auch kein Hilfsverb. Was dem Praefixe folgt ist immer nur ein einfacher Infinitiv
z. B.: 𓀀𓂝 𓂻𓂝 (Ostr. Gardiner 34); trotzdem finden sich vereinzelt Beispiele, wo dem Infinitiv irrig ein 𓏲 zugefügt ist: 𓅓𓊪𓏴
P. Bologna 5,4 (5,7 ohne), 𓂋𓀀𓂧 d'Orb. 14,8; 𓂋𓏭𓀀𓂻 ibd. 1,10;
𓊃 ibd. 8,6; 𓏏 ibd. 8,6; An. V, 22,2. — als hätte man die Verbindung
als eine Abart des Praesens I gefühlt. Dass man die Form so gefühlt
hat, zeigt sich auch in den Praefixen 𓀀𓂝𓏤, 𓀀𓂝𓂝 und 𓀀𓂝 + Subj.,
die als Praefixe des Konjunktivs gebraucht werden und die z.T. denen des
Praesens I (𓂝𓏤, 𓂝𓂝) entnommen sind.

576. Die Praefixe des Konjunktivs sind:

1. Sing.	𓀀𓂝𓏤		1. Plur. 𓀀𓂝𓏥	Hor. u. Seth 8,10; 13, 3-4
2. Sing. m.	𓀀𓂝			(die korrekte Form, die dem
2. Sing. f.	𓀀𓂝𓏭	Ostr. Petrie 37, 62.		NTN- entspricht, ist nicht
3. Sing. m.	𓀀𓂝𓂝			nachzuweisen).
3. Sing. f.	𓀀𓂝𓊪𓏤		2. Plur. 𓀀𓂝𓏥	Hor. u. Seth 5,4
			𓀀𓂝𓏦	Mallet 3,6; 4,5; 4,6
„man"	𓀀𓂝𓂝		3. Plur. 𓀀𓂝𓊪𓏥	Hor. u. Seth 15,5-6; (ÑCE-
			𓀀𓂝𓏤	Hor. u. Seth 7,7 (ÑTOY-)

Vor nominalem Subjekt: 𓀀𓂝

Wie man sieht, ist bei der ersten Singularis und bei der Form für „man"
und bei 𓀀𓂝 mit nominalem Subjekt die Herkunft aus dem Pronomen
absolutum schon ganz verloren; sie sind nach der Analogie des Hilfsverbs 𓇋𓂝 gebildet.

Anm. 1. Die spätesten Handschriften schreiben nach §. 22 statt 𓀀𓂝 auch
𓀀𓂝𓂋 so z. B.: 𓀀𓂝𓏤! Neschons 3,17-18; 𓀀𓂝𓅱 ibd. 4,2.

Anm. 2. Wenn auch das Praefix stets mit 𓀀 geschrieben wird, so wird man
doch nach seiner mutmaasslichen Herkunft aus dem Pronomen absolu-

Konjunktiv §.577 – 578

tum 〰 annehmen müssen, dass es neuägyptisch mit ın gesprochen wurde.

577. Ein Verbum, das im Konjunktiv steht, schliesst sich an ein ihm vorhergehendes Verbum an, und erhält dessen grammatische Bedeutung. Es ist also je nachdem als Futurum, als Imperativ, als Infinitiv u.s.w. aufzufassen. Wir übersetzen es in der Regel durch ein mit „und" angeknüpftes Verbum. Indessen beachte man, dass es sich vielfach nicht um eine einfache Koordination handelt, sondern, dass der Konjunktiv ein besonderes Verhältnis des zweiten Verbums zum ersten ausdrückt; er entspricht also etwa unserm „und da", „und dann", „und so" (vgl. die Beispiele in den folg. Paragraphen).

Anm. Die Bedeutung des Konjunktivs kann auch auf ein „oder" herauskommen vgl. das Beispiel in §.584 (Astr. Berlin III, 35). In einem solchen Fall kann man dann auch 𓂋𓏤𓏤 vor den Konjunktiv stellen; vgl. An. VIII, 3, 5.

578. Diesem Gebrauche des Konjunktivs entspricht es, dass sein Subjekt meist ein Suffix ist, das das Subjekt des Hauptverbums aufnimmt. So ist es auch meist im Koptischen (Kopt. Gr. §. 280 ff); im neuägyptischen aber wechselt man auch, wie das auch die folgenden Paragraphen zeigen, oft mit dem Subjekt. So z. B.: „Ich werde dich prügeln 𓂋𓏤𓏤𓂋𓏤𓏤𓂋𓏤𓏤 und nehme die Rinder und sie werden bei mir sein" Hor. u. Seth 7, 7, vgl. auch ibd. 3, 3. Noch mehr verwirrt es uns dann, wenn das Hauptverbum als selbstverständlich nur gedacht und nicht ausgesprochen ist, so dass der Satz dann scheinbar mit „und" beginnt.

Bemerkenswert ist, dass man vor einen Konjunktiv dann auch zuweilen ein Adverb oder eine Konjunktion setzt, die ihn von dem Vorhergehenden sondert. So z. B.: 𓂋𓏤𓏤 ... „eile und gehe heran ... und schreibe mir. Ferner:

§. 579-580   Konjunktiv

und suche nach dem ẖ. und siehe ...... Ferner: du sollst (herkommen)"
P. Bologna 5, 5-6 (von drei verschiedenen Angelegenheiten); vgl. auch
das Beispiel mit 〰 in §. 583.

b. Gebrauch des Konjunktivs

579. Seinem Ursprung entsprechend setzt der Konjunktiv sehr oft einen Infinitiv fort, so in:

[hieroglyphs] „dass ich mein Herz nehme und es lege" d'Orb. 8,4.

[hieroglyphs] „dass er den Meissel nahm und ihn zerbrach" P. Salt 2, 19.

Dabei kann im Geschäftsstil ein ganzer Bericht nach dem ersten Infinitiv
durch lauter Konjunktive mit wechselnden Subjekten ausgedrückt werden:
„Anzeige über [hieroglyphs] ... sein Laufen (hinter dem Oberarbeiter her)
[hieroglyphs] und dass er (der Oberarbeiter) schloss seine Tür zu
[hieroglyphs] und dass er (der Verbrecher) einen Stein nahm [hieroglyphs]
und dass er seine Türe zerbrach [hieroglyphs] und dass man
Leute hinsetzte (die den Oberarbeiter bewachten) [hieroglyphs] und dass
er (der Verbrecher) (9 Leute) prügelte [hieroglyphs] und dass der Oberarbeiter (ihn dem Vezier) anzeigte [hieroglyphs] und dass er (der Vezier)
ihn bestrafte [hieroglyphs] und dass er (der Verbrecher) den
Vezier dem m'j anzeigte [hieroglyphs] und dass er (m'j) den
Vezier absetzte" P. Salt 2, 14-17. — Wie man sieht, werden hier
schliesslich Dinge im Konjunktiv berichtet, die eigentlich gar nicht zu
dem ursprünglich Erzählten passen.

580. Sehr oft führt der Konjunktiv auch einen Wunsch oder einen Befehl weiter, den das vorhergehende Verbum in irgend einer Form ausgesprochen
hatte: [hieroglyphs, sic] „möchte
ich dich gesund wiedersehen und dich umarmen" P. Bologna 9,9 u. oft.
[hieroglyphs, sic] „möge man (diese beiden

| Konjunktiv | §. 581–583 |

Bäume) abhauen und möge man (sie zu schönen Möbeln) machen"
  d'Orb. 18,1.

[hieroglyphs] „lasst mir einen Zeugen bringen
  damit er mich anklage" Mayer A. Rs. 1,18 (mit wechselndem Subjekt).

581. Sehr oft wird auch ein futurisches Verbum fortgesetzt:

[hieroglyphs] „ich werde
  die Stele machen und dir diese Verehrung festsetzen" Berlin 20377.

„Wenn du das tust [hieroglyphs] wirst du leben
  wohlauf u. gesund" Unamun 2, 32.

So auch mit wechselndem Subjekt:

[hieroglyphs] sic „ich werde
  ein grosser Stier werden ..... und du wirst dich dann auf meinen
  Rücken setzen" d'Orb. 14, 6.

[hieroglyphs] „ich werde sie hinnehmen....
  und so lasst ihr mich frei" Insc. Hier. Ch. pl. 18

Anm. Interessant ist, dass ein Konjunktiv, der ein Verbum mit futurischer
Bedeutung fortsetzt und daher selbst futurische Bedeutung hat, zu-
weilen die Form mtw.f r śdm zeigt als wäre er mit dem Futurum
iw.f r śdm vermischt: [hier.] Mallet 3,6; [hier.]
P. Turin 16, 4-7, und so mit [hier.] statt [hier.] in [hier.] d'Orb. 18,1
Beachte dass es sich durchweg um das Verbum [hier.] handelt.

582. Dass der Konjunktiv eine Erzählung fortsetzt, ist nur selten der Fall und
geschieht wohl nur da, wo es sich nicht um einfache Koordination
handelt: [hier.] „sie sagten ihm (das Kraut ist an dem und
dem Orte gut) [hier.] und da hörte er denn (was sie sagten) [hier.] sic
[hier.] und brachte sie (an diesen Ort)" d'Orb. 1,10.

[hier.] „sie nahmen (Steine zu seinem Grabe) [hier.] und
er stellte (vier Säulen) auf" P. Salt 2, 6. — Wir würden in diesen Beispielen nicht einfach „und" setzen, sondern ein „und so", „und dann".

583. Selten setzt man einen Relativsatz mit [hier.] mit dem Konjunktiv fort;

§.584   Konjunktiv

so in der schwerfälligen Ausdrucksweise der Erlasse:

„alle Worte 〰〰〰 welche gut sind (für die Neschons) 〰〰〰 und sie göttlich machen und machen (dass sie Wasser empfange" P. Neschons 5,13 ; ähnlich ibd. 5,7.

„der General 〰〰〰 welcher nach mir kommen wird und finden wird (dass das Grab verfällt und Leute von ihm fortnimmt ....)" Am. S. d. H. 5 ff.

Merkwürdig ist nun, wie dieses letztere Beispiel dann weitergeführt wird: 〰〰〰 „und ein anderer übertritt sie und tritt nicht ein für sie, der wird ein Schlachtopfer für Amun sein" — ohne Rücksicht auf das Vorhergehende, als ginge vorher ein Bedingungssatz mit „wenn".

<u>Anm.</u> In dem Satze: „Du Fackel in der Finsternis vor dem Heer 〰〰〰 und sie leuchtet vor ihnen" An. I 17,3 erklärt sich der Konjunktiv daraus, dass dem Sprechenden vorschwebt „Du Fackel [welche leuchtet] vor dem Heere.

584. Weiter führt der Konjunktiv das Verbum eines Zeit- oder Bedingungssatzes fort: 〰〰〰 „wenn die Zeder gefällt wird und sie fällt zu Boden und du kommst ...." d'Orb. 8, 4-5

〰〰〰 „wenn du es findest und legst es (in einen Napf)" d'Orb. 8, 5

〰〰〰 .... 〰〰〰 „wenn ich hinkomme (zum Wohnort des Hohenpriesters) und er sieht ... (so u.s.w.)" Unamun 2,61 ; vgl. ibd. 2,80

Hieran schliesst sich der Gebrauch des Konjunktivs im Schwur: bei diesem lässt man den Anfang des Schwurs: „wenn es geschieht, dass (o.ä.) als selbstverständlich aus und fängt gleich mit dem Konjunktiv an, der den eigentlichen Inhalt des Schwurs angibt;

„Er schwur 〰〰〰 wenn der Esel stirbt, bin ich ihm schuldig, und wenn er lebt, bin ich ihn

| Konjunktiv | § 585 - 587 |

schuldig" Ostr. Berlin III, 35 ; vgl. auch ibd. III, 37.

„Eid des N.N. Bei Amun 〈hierogl.〉 ....." „wenn ich nicht zahle, bekomme ich (100 Schläge)" Ostr. Petrie 60.

585. Auffällig ist dann, dass auch der Nachsatz eines Zeitsatzes oder Bedingungssatzes mit einem Konjunktiv beginnt, der sich an kein anderes Verbum anschliesst ; man möchte sich dies durch eine Ellipse erklären etwa von „so geschieht es" o.ä. :

〈hierogl.〉 ...... 〈hierogl.〉 „wenn ich dich auf dem ...... treffe „und" so töte ich dich" P. Salt 2, 21.

〈hierogl.〉 „aber als man (sagte : „es ist nicht da") 〈hierogl.〉 und (einen Monat) verbrachte (es zu suchen) 〈hierogl.〉 „und" da brachte er es und legte es (hinter einen Stein)" P. Salt Rs. 1, 9 ; vgl. auch Unamun 2, 83.

586. Da die Praeposition ϣⲁ „bis" im Sahidischen anscheinend mit dem Konjunktiv verbunden ist : ϣⲁⲛⲧⲉ-, so könnte man das neuägyptische 〈hierogl.〉 auch als eine Zusammenziehung von š3ʿ- mtw erklären. Indessen lautet die Form bohairisch ϣⲁⲧⲉ- und diese Form, die zu 〈hierogl.〉 so gut passt, dürfte wohl die ursprüngliche Form *šatte- darstellen, die dann im Sahidischen irrig aufgelöst wäre ; vgl. § 448.

587. Wie es dem infinitivischen Ursprung des Konjunktivs entspricht, negiert man ihn mit 〈hierogl.〉 :

„iss nicht Brot 〈hierogl.〉 wenn ein anderer dasteht und du (ihm) nicht deine Hand ausstreckst"" Max. d'Anii 7, 2.

„Denn niemand weiss es 〈hierogl.〉 und du (wirst) es (deinen Vater) auch nicht wissen lassen" Insc. Hier. Ch. pl. 18.

Ist schon das vorhergehende Verbum negiert, so nimmt man in der Regel an, dass dessen Verneinung auch für den Konjunktiv ausreicht :

〈hierogl.〉 „er weiss nicht meine Wünsche, ihn zu umarmen und so schreibt

er (nicht) an meine Mutter" Lieb. Beatty 23, 2.
Besonders häufig ist das bei der Verneinung von Imperativen:

[hieroglyphs] „mache nicht, dass sie dich tadele und dass sie ihre Hände nicht zu Gott erhebe und dass er ihr Geschrei (nicht) höre" Max. d'Anii 7, 2.

[hieroglyphs] „lache nicht über einen Blinden und verhöhne (?) (nicht) einen Zwerg und schädige (nicht) das Wesen eines Verstümmelten" Amenemope 24, 9 ; vgl. auch ibd. 10, 6.

auch wo man eine negierte Frage fortsetzt, kann man vor dem Konjunktiv die Negation fortlassen:

[hieroglyphs] „freust du dich nicht? und lässt dir (einen Denkstein) machen? und sagst auf ihm ....."? Unamun 2, 55 ; ähnlich P. Bologna 10, 2.

<u>Anm.</u> Merkwürdig ist der Fall [hieroglyphs] ..... [hieroglyphs] Amarna V, 29, 13 ; er wird nach §. 585 so zu fassen sein : „aber nicht (geschieht es, dass) wenn irgend welche Fürsten mir sagen, (eine andere Stelle sei besser), ich auf sie höre". Hier steht der Konjunktiv als Nachsatz des Bedingungssatzes und das [hieroglyph] ist die Negation des ganzen Satzes.

Adverbien   § 588

Sechstes Buch

Partikeln

a. Adverbien

α. Allgemeines

588. Die verschiedenen als Adverb gebrauchten Ausdrücke haben das Gemeinsame, dass sie am Ende des Satzes stehen; nur wo sie ein einzelnes Wort bestimmen, schliessen sie sich unmittelbar an dieses an: [hierogl.] [hierogl.] „ganz schlechte Worte" P. jur. Turin 6,6. — Man gefällt sich darin, sie durch Wiederholung zu verstärken (§ 717 ff.): [hierogl.] An. III, 7,2; [hierogl.] Hor. u. Seth 14,11 — oder braucht auch mehrere gleichbedeutende Adverbien hinter einander: [hierogl.] „gut vorzüglich, fest (?) wie Erz" Sall. I 4,6; P. Bologna 1,4; 4,3; An. V,5,3; vgl. auch An. IV, 15,1. — Wie im Koptischen manche Adverbien zu einem ständigen Zubehör eines Verbums geworden sind, so braucht man auch im Neuägyptischen meist nicht mehr [hierogl.] für „herausgehen" sondern sagt: [hierogl.] Prinzengesch. 7,8; 8,12; d'Orb. 10,2 (die Joppegesch. sagt freilich noch [hierogl.]).

Wie die einzelnen Adverbien grammatisch zu fassen sind, ist nicht immer klar. Wir sehen oft nicht, ob sie ursprünglich mit einer Praeposition begonnen haben und sehen nicht, ob sie ein Adjektiv, ein Substantiv oder einen Infinitiv enthalten. Die Art, wie sie hier eingeteilt sind, ist daher nur ein Notbehelf.

§. 589 – 591   Adverbien

b. Bildung aus Adjektiven oder Substantiven

589. Die adverbielle Verwendung eines Adjektivs ohne Praeposition findet sich noch in gewählter Sprache: 〈hierogl.〉 „du gehst schön auf" Amarna, I, 36 (Var. 〈hierogl.〉 III, 29); 〈hierogl.〉 „du erscheinst schön" ibd. V, 2, 3; 〈hierogl.〉 „du siehst schön und du hörst angenehm" An. V, 15, 2. — Auch das alte 〈hierogl.〉 „sehr" kommt noch vor: 〈hierogl.〉 „sehr viele Jubiläen" Amarna III, 29; vgl. auch Kadesch 47.

590. Der Gebrauch eines Adjektivs mit ⌒ (Gr. §. 438a) findet sich noch in dem häufigen 〈hierogl.〉 „sehr":
(sich fürchten, lieben, Mitleid haben) 〈hierogl.〉 d'Orb. 3, 9; 9, 6; 9, 9;
(sich ärgern) 〈hierogl.〉 Unamun IX + 18; vgl. auch Kadesch 23; Nur 〈hierogl.〉 vgl. §. 588.

Sowie in: 〈hierogl.〉 : „traurig 〈hierogl.〉 Prinzengesch. 4, 5; 6, 10; 〈hierogl.〉 Ostr. Gardiner 2; 〈hierogl.〉 „sehr missgestimmt" Hor. u. Seth 3, 1; 8, 5. — Wie man sieht, fällt das ⌒ hier schon fort und so mögen auch andere der in §588 aufgeführten Adverbien entstanden sein.

591. Sehr häufig bildet man einen adverbialen Ausdruck aus einem Substantiv oder Infinitiv mit einer Praeposition wie 𓈖 und ⌒:
〈hierogl.〉 „schnell"; 〈hierogl.〉 (ⲚⲦⲈⲨⲚⲞⲨ) „sogleich" Sall. 1, 9, 5. 〈hierogl.〉 „heraus" ⲈⲂⲞⲖ; 〈hierogl.〉 mes n, 6; 〈hierogl.〉 Unamun 2, 65; 〈hierogl.〉 P. Lee 1, 5.

m bnr „von draussen" ⲘⲂⲞⲖ: 〈hierogl.〉 „von draussen hereinkommen" Lieb. Beatty 26, 1; Abbott 2, 14; auch für „draussen" Hor. u. Seth 15, 6.

〈hierogl.〉 „in gleicher Weise", „ebenso", „desgleichen": Amarna, Gr. Hymnus 9; Joppegesch 1, 10; P. Salt Rs. 1, 7; 〈hierogl.〉 mes n, 36; 〈hierogl.〉 Tabl. Rogers Rs. 4; 〈hierogl.〉 Insc. Hier. Ch. pl. 13. — Man braucht es auch zur Koordination (§. 197) von Worten und ebenso von Sätzen, wo es dann vor demselben steht: „bereite alles zum pflügen 〈hierogl.〉

| Adverbien | § 592 |

[hieroglyphs] „und komme auch aufs Feld" d'Orb. 2,3. — So steht es dann auch in den Briefen, da wo ein neuer Gegenstand behandelt wird: [hieroglyphs] An. III Rs. 2,1; P. Bologna II, 8; 19, 20 u. oft; [hieroglyphs] P. Bologna 7,8; 6,10; [hieroglyphs] N.N. [hieroglyphs] „weiter an die Sängerin NN.: wie geht es dir" P. Bologna 10,6.

[hieroglyphs] „früher" Mayer A. Rs. 2,17; 1,3.

[hieroglyphs] „herauf" Unamun 1x+4; 1x+12; „von heute an [hieroglyphs] weiter" P. Neschons 5,19; 22.

[hieroglyphs] (mit n für m) „darin" Mayer A. Rs. 2,6; Amherst 2,6.

[hieroglyphs] „hinein" P. Lee 1,5.

[hieroglyphs] „herunter" Insc. Hier. Ch. pl. 14.

[hieroglyphs] „gut": „wir arbeiten [hieroglyphs] „sehr gut" Ostr. Gardiner 59; vgl. auch An. VI, 8.

[hieroglyphs] (zur Bekräftigung): [hieroglyphs] „wahrlich" P. jur. Turin 2,9; [hieroglyphs] „du sollst auch weiter (?) so tun" Corr. 17; vgl. auch P. Bologna II, 8. ⲚⲦⲞⲞⲨⲚ.

[hieroglyphs] „heimlich" An. I, 17, 7. ⲚⲬⲒⲞⲨⲈ

Während in den hier aufgeführten Beispielen mit ⲙⲙ dieses nur eine falsche Schreibung für [hieroglyph] sein wird, ist in den folgenden Adverbien das ⲙⲙ wirklich am Platze. Man beachte, dass es sich meist um Eigenschaften handelt:

[hieroglyphs] „zusammen" Lieb. Harr. 4,5; Kadesch 112 (ⲚⲤⲞⲠ); — [hieroglyphs] „lügnerisch" d'Orb. 4,6; 4,8; Hor. u. Seth 10,5; — [hieroglyphs] „wirklich" Mayer A. Rs. 2,12; — [hieroglyphs] „richtig" Sall. I, 8, 11.

c. Praepositionen als Adverbien

592. Die Verwendung einer einfachen Praeposition als Adverb liegt noch in dem Wort für „dort", „darin" vor, das auch kopt. noch als ⲘⲘⲀⲨ weiterlebt. Neben der alten Schreibung [hieroglyphs] schreibt man häufiger [hieroglyphs] u.ä.:

§. 593 – 594   Adverbien

[hierogl.] mes n, 16; Insc. Hier. Ch. pl. 14; [hierogl.] apophismärchen Rs. 2,1; [hierogl.] Inscr. Hier. Ch. pl. 18; Ostr. Gardiner 13; P. Neschons 3,18 (Var. [hierogl.]). Zuweilen scheint ein Unterschied zwischen beiden Schreibungen zu sein: „Schiffe sind [hierogl.] dort" Unamun 2,1 – aber: [hierogl.] „da wo ich bin" ibd. 2,21; 2,22.

<u>Anm. 1.</u> Das [hierogl.] für „ich" (Petrie, Koptos 19,1) ist nur überlieferte Formel.

<u>Anm. 2.</u> Dass man die Praeposition [hierogl.] auch als Adverb (vgl. Gr. §. 440) gebraucht, findet sich nur noch in: [hierogl.] „schicke viele Leute mit, sie zu holen" d'Orb. 11,7

593. Von zusammengesetzten Praepositionen braucht man als Adverbien: [hierogl.] „früher" mes n, 10; [hierogl.] Unamun 2,48. Sodann [hierogl.] und [hierogl.] zwei wichtige Ausdrücke, die aus „nach diesem" verkürzt sein werden. Sie stehen am Anfang des Satzes und man setzt nach §. 705 gern das betonende Wörtchen [hierogl.] vor sie: [hierogl.] Inscr. Hier. Ch. pl 14; [hierogl.] d'Orb. 16,8; Ostr. Petrie 37; [hierogl.] d'Orb. 4,3; [hierogl.] Hor. u. Seth 14,9; 15,9.

<u>Anm.</u> Auch die Praeposition [hierogl.] kommt wie ein Adverb vor in: „du wirst gerichtet [hierogl.] vor" (d.h. vor Osiris) An. IV, 4,7.

d. Verschiedene Bildungen

594. Rätselhaft bleibt das wichtige Wort für „hier". Die ältere Sprache kennt ein [hierogl.] „hier" und dieses findet sich auch noch in Schriftstücken, die meist noch in die 18te Dynastie gehören:

„Keiner ist [hierogl.] hier mit mir" Kairo Wb. Nr. 5 (D. 18).
vgl. auch [hierogl.] „du bist hier" An. VIII, 1,1.

Aber sonst ist an seine Stelle ein [hierogl.] getreten das sich im Koptischen TAI „hier", TH „dort" erhalten hat. Es bedeutet „hier" in: [hierogl.] „Wahrlich hier sind zwanzig Schiffe" Unamun 1x+ 23; vgl. auch ibd. 2,66.

Adverbien § 595

[⸗] „bleibe hier stehen" d'Orb. 6,9 ; vgl. auch Unamun 1,21.
„Hier her" bedeutet es in:

„jeder Bote der [⸗] hierher kommt" P. Bologna 5,8 ; vgl. auch Leiden 364.
und „dort" in: [⸗] „die Götter welche dort (in der Unterwelt) sind" Unamun 2,60. — Daran schliesst sich dann zuweilen ein Gebrauch wie in: [⸗] (A.Z. 55,4). In dieser neuägyptischen Übersetzung des Königstitels giebt das [⸗] das alte 𓋹 „der lebt" wieder und das scheinbar eingeschaltete „hier" gibt keinen Sinn; man muss also annehmen, dass das [⸗] hier nur ein müssiger Zusatz zu „er ist" ist, etwa wie das französische y in il'y a; — vgl. auch: „Der Einzige! Du Harmachis [⸗] keiner gleicht ihm" An. II, 10,6.

595. Andere Adverbien, die sich keiner der hier angeführten Bildungsweisen zuweisen lassen, sind sodann:

[⸗] „schnell" Hor. u. Seth 14,11 ; An. I, 15,8 ; [⸗] An. III, 7,1 ; ([⸗]?) Sall. I, 9,5.

[⸗] „wiederum" ON Amarna, Grenzstele N.u.S; Prinzengesch. 6,11 ; d'Orb. 4,1 ; Lieb. Tur. 1,6 ; Amenemope 15,18. — Auch einmal ein [⸗] (P. Neschons 6,8), das „auch" zu bedeuten scheint.

[⸗] „gerade, genau" Amarna, Grenzstele N.u.S; Mayer A 2,14.

[⸗] „fernhin" (sehen) An. IV, 3,4

[⸗] bedeutet wohl eigentlich „wie dieses" und so steht es wohl auch noch in [⸗] „also sprach er" Hor. u. Seth 6,10. In der Regel aber bedeutet es „hier" wie das koptische ⲘⲚⲀⲒ z.B. Prinzengesch. 4,12 ; [⸗] „hierher" An. V, 26,6 ; π ⲚⲀⲒ ᶜ
[⸗] „hierher" P. Bologna 10,2 ; 10,5.

[⸗] , [⸗] Cov. 15,4 u.ö. entspricht wohl ⲘⲎⲢ „jenseits".

[⸗] „sehr" nur in gewählter Sprache: [⸗] „er weiss es sehr gut" An. I, 17,2.

§. 596 - 598   Praepositionen

⟨hierogl.⟩ „tüchtig" (züchtigen) An. III, 3,9 = An. V, 8,2.
⟨hierogl.⟩ „insgesamt" (vgl. auch §. 588) ; ⟨hierogl.⟩ P. Bologna 1, 4 ;
4, 3 ; Sall. I, 3,7 = An. V, 10,4 (ohne ⟨hierogl.⟩) ; es kommt auch mit
⟨hierogl.⟩ davor vor : ⟨hierogl.⟩ „du bist sehr, sehr
reich"(?) Ostr. Berlin III, 33.

596. Hinter <u>whm</u> „aufs neue" stecken wohl verschiedene Formen. In Sätzen
wie : ⟨hierogl.⟩ Mayer a Rs. 1,9 ; ⟨hierogl.⟩ Mayer a, 3,12
u. oft ist es gewiss nichts als das Verbum für „wiederholen": „sein Verhör wurde wiederholt", „er wurde wiederholt". Aber in anderen Fällen
ist es gewiss ein Adverb und zwar eines, das im Anfang steht :
⟨hierogl.⟩ „wieder wurde ihm gegeben" P. Boulaq 10,1 ; ⟨hierogl.⟩
(scil. ihm gegeben) sehr oft in Listen z. B. Ostr. Berlin III, 37 ; Ostr.
Gardiner 29 ; Ostr. Petrie 46.

B. Praepositionen

a. Allgemeines

597. Der praepositionelle Ausdruck d.h. die Praeposition mit dem von ihr abhängigen Substantiv oder Suffix, wird oft einem Substantive beigefügt und
bildet mit diesem dann zusammen <u>ein</u> Wort.
⟨hierogl.⟩ „ein ihm gleicher" Prinzengesch. 4,9.
⟨hierogl.⟩ „das Küken im Ei redet" Amarna, Gr. Hymn. 7
⟨hierogl.⟩ „Keiner von ihnen wird mich anzeigen"
Sall. I 5,3.
„lasse nicht ⟨hierogl.⟩ ein Schiff von ihm (nach Aegypten)"
Unamun 2, 64.
Genauer würde es sein, wenn man in diesen Fällen das Relativum ⟨hierogl.⟩
vor die Praeposition setzte.

598. Es gehört zu den Besonderheiten des Neuägyptischen, dass es die alten

Praepositionen § 599

einfachen Praepositionen wie ⟨um⟩, 𓈖, 𓂋, ⟨ḥr⟩ vor einem Substantiv oder Infinitiv als etwas Geringfügiges behandelt, das man ohne grossen Schaden in der Schrift fortlassen kann. Auch das kommt vor, dass man eine solche Praeposition an eine Stelle schreibt, wo sie nichts zu suchen hat (vgl. Beispiele bei den einzelnen Praepositionen). — Diese Geringachtung der Praepositionen erklärt sich daraus, dass sie ja stets unbetont und daher stark verkürzt waren; die weitere Folge ist dann gewesen, dass sie in einzelnen Fällen auch *in der Sprache* fortgefallen sind, so sicher ḥr im Falle des Praesens II wo man gewiss das 𓇋𓅱𓁷𓂋𓌃𓀁 meist schon wie ⲉϥⲥⲱⲧⲙ̄ (also ohne ḥr) gesprochen hat. Und ebenso sind sie in der Sprache fortgefallen, wo sie das erste Glied einer zusammengesetzten Praeposition bilden, vgl. ϨⲚ- aus *m ẖnw*, ⲌⲎⲦ⸗ aus *r ḥ3·t*, ϢⲀ- aus *r šɜꜥ*

Anm. Mit dem ähnlichen Fortlassen solcher Wörtchen in den ganz alten Texten hat die neuägyptische Erscheinung nichts zu tun; jene stammt aus der Bilderschrift der Urzeit, die in ihren Hieroglyphen nur Wesentliches schrieb und fortliess, was der Leser sich selbst denken konnte.

b. die Praepositionen
n, *m*, *r*, *ḥr*

1. die Praeposition *n*

599. Diese Praeposition, die sich in der Hauptsache mit unserm Dativ deckt, wird im Wesentlichen so gebraucht wie in der alten Sprache. — Im Koptischen ist sie mit 𓅓 zusammengefallen und nur vor Suffixen von diesem zu scheiden; sie lautet also Ⲛ- oder vor Labialen Ⲙ̄-. Dass es im Neuägyptischen ebenso stand, zeigen Schreibungen wie: „Sage es nicht 𓂋 𓂝𓇋𓇋𓀀 zu einem Andern" Max. d'Anii 2,11; „gib die Sachen 𓈖 𓅓 𓇋𓇋𓏥 𓈖𓏌𓏥 𓀀𓏥 seinen Besitzern" Amenemope 21,17; vgl. auch P. Neschons 3,5;

§. 600   Praepositionen

Amarna I, 35 ([hieroglyphs]).

Hierher gehören auch: „entleere nicht deinen Leib [hieroglyphs] vor den Leuten" Amenemope 22,11 ; „der Brunnen ist süss [hieroglyphs] für einen Durstigen in der Wüste" Sall. I, 8, 5.

<u>Anm. 1.</u> Vor Suffixen findet natürlich nie eine Verwechslung von [hieroglyph] und [hieroglyph] statt.

<u>Anm. 2.</u> Der Unterschied, den die guten älteren Handschriften zwischen [hieroglyph] vor einem Substantiv und [hieroglyph] mit einem Suffix machen, ([hieroglyph] und [hieroglyph]) beobachten die Schreiber nicht mehr, obgleich, wie das Koptische zeigt, der lautliche Unterschied zwischen beiden Formen weiterbestand.

600. Die Bedeutung ist im Einzelnen die folgende:

1) <u>für jem. etwas tun</u>, zum Nutzen für jem., angenehm für jem.

[hieroglyphs] „man tut dir alle schönen Sachen" d'Orb. 14,7.
[hieroglyphs] „ich werde ihr es erhören" ibd. 16,4 ; 17,10.
[hieroglyphs] „gut für seine Stadt" Lansing 15,3 ; — vgl. auch d'Orb. 10,7 ; 15,5 ; P. Salt 2,9.

2) <u>jemandem geben</u>

„er gab den Esel [hieroglyph] N.N. dem N.N." Ostr. Petrie 78.
[hieroglyphs] „man gab ihm einen Krug (Bier)" d'Orb. 12,9 ; vgl. auch P. Boulaq 10.

3) <u>zu jem. sagen</u> ([hieroglyph] aber nicht [hieroglyph]), an jem. schreiben (auch ohne Verbum als Angabe der Adresse)

[hieroglyphs] „er sagte zu ihnen" Hor. u. Seth 2,4.
[hieroglyphs] „um seiner Majestät zu melden" d'Orb. 11,8.
[hieroglyphs] „man rufe den Bock" Hor. u. Seth 2,2.
[hieroglyphs] A. [hieroglyph] B. [hieroglyph] Cov. 15 ; vgl. auch Ostr. Berlin III, 33 ; P. Bologna II. pag.

4) <u>zu jem. kommen</u>, zu jem. bringen.

[hieroglyphs] „ich komme zu dir" Hor. u. Seth 5,8.
[hieroglyphs] „komme zu mir" Sall. I, 7,5.

Praepositionen §. 601

⸻ „man holte sie ihm" d'Orb. 11,3.

5) <u>in feindlichem Sinne</u>, wo man sonst r gebraucht.

⸻ „man vollzog an ihm die Strafen" P. Lee 1,7.

6) <u>jemandem gehörig</u>.

⸻ „ich habe elf Leute" An. VI, 78.

⸻ „ich bin dein" Lieb. Beatty 23,8.

⸻ „sie haben nicht" Harr. 75,3.

„die Sachen ⸻ die meiner Frau gehören" Astr. Gardiner 55.

7) <u>wegen etw.</u>, über etw. sich freuen, trauern, gemäss etw.

„sie fürchtete sich ⸻ wegen der Rede" d'Orb. 16,2, vgl. 6,8.

⸻ „er freute sich über ihn" ibd. 15,3; vgl. auch 12,2.

⸻ „ich tue nach meinem Herzen" Prinzengesch. 4,13

(ebenso mit <u>m</u>, vgl. S. 605).

8) <u>als Dativus ethicus</u> bei gehen und sterben; das Letztere im Sinne von „sich das Leben nehmen".

⸻ „sie geht hinein" Lieb. Beatty 17,7.

⸻ „ich werde morgen gehen" d'Orb. 13,6; vgl. 8,7.

⸻ „sie nahmen sich das Leben" P. jur. Turin 5,4 u. ö.

9) dazu kommen dann noch <u>vereinzelte Stellen</u> in denen zum Teil das ⸻ für 𓈖 stehen mag:

⸻ „als er aus dem Leben schied (?)" d'Orb. 19,7.

„schwöre mir ⸻ bei Gott" ibd. 17,10; vgl. auch Amenemope 15,14.

601. Wie oben §. 598 bemerkt, bleibt das ⸻ auch ungeschrieben; es geschieht dies gern bei Worten, die selbst mit ⸻ anfangen.

„du giebst Luft ⸻ dem der elend ist" Berlin 20377.

„Ich sagte ⸻ zu den Leuten" Unamun 2,77; ähnlich 1×3; II,30; II,71.

„Mein Herr ⸻ „schreibe dem Hausvorsteher" An. VI, 80.

⸻ „angenehm für seinen Herrn" Lansing 11,3, aber ibd. 15,3 mit ⸻.

§. 602 - 604   Praepositionen

aber auch sonst : „Ich gebe [hieroglyphs] täglich allen Menschen (Brot)" Sall. I, 5, 2 ; – „freue dich nicht [hieroglyphs] über Reichtum, traure nicht [hieroglyphs] über Armut" Amenemope 10, 6-7; – [hieroglyphs] „bitter für das Herz" P. Neschons 4, 9; vgl. auch ibd. 4, 6. [hieroglyph] „für deinen Ka" Amarna V pg 9; 11 und auch sonst öfter in Gräbern der Zeit statt des herkömmlichen [hieroglyphs].

602. Wichtig ist der Gebrauch mit dem unbestimmten Infinitiv, vgl. §. 423. Als Konjunktion ist es nur selten zu belegen :
„die Herzen werden gesund [hieroglyphs] [hieroglyphs] wenn er ihnen strahlt" Amarna II, 36.

2. die Praeposition m

603. [hieroglyph] „in" hat im Koptischen die Form ⲛ̄ angenommen und hat nur vor Labialen noch ihren ursprünglichen Lautwert behalten. Im Neuägyptischen muss es ähnlich gewesen sein. Zwar schreibt man meist das überlieferte [hieroglyph], aber man schreibt so oft auch hier [hieroglyph], dass man nicht zweifeln kann, dass dies schon die Aussprache der Praeposition war. Es sind besonders die späten Handschriften (Unamun, Neschons, Amenemope) die [hieroglyph] für [hieroglyph] schreiben, aber auch ältere sind nicht frei davon und fügen das bequeme kleine Zeichen [hieroglyph] beim Korrigieren ruhig da ein, wo sie ein [hieroglyph] ausgelassen hatten (Sall. I, 7, 8; Lansing 12, 1). Übrigens schreibt man auch vor [hieroglyphs], wo doch gewiss wie noch im Koptischen ⲙ̄ gesprochen wurde, ruhig auch [hieroglyph] (An. I, 10, 4; Unamun 2, 52; 1x+15; P. Neschons 5, 10; An. III Rs. 1, 7; Amenemope 10, 3).

604. Vor Suffixen braucht man die alte Form [hieroglyphs] und manche Texte, die altertümlicher gehalten sind, benutzen sogar nur diese, so z. B. Harris, Harris 500 und auch der sonst vulgäre Hor. u. Seth.
Daneben aber besteht eine jüngere Form [hieroglyphs], die dem koptischen ⲘⲘⲞϤ entspricht. Sie findet sich vereinzelt schon in Tell Amarna ([hieroglyphs] VI, 14) und in dem d'Orbiney ([hieroglyphs] 15, 3); dann greift sie

Praepositionen § 605

weiter um sich, ohne jedoch das 𓇋𓅓𓏌𓏴 ganz zu verdrängen. So z. B.: 𓇋𓅓𓊪 Hor. u. Seth 4,3; 5,3; 𓅓𓇋𓅓𓊪 Goldminenkarte; 𓇋𓅓𓊪𓏥 Hor. u. Seth 12,4; d'Orb. 6,7; 14,4; 17,1; 19,5; Kadesch: 𓇋𓅓𓊪𓏥 (Sallier III durchweg 𓅓𓇋𓅓𓊪𓏥); 𓅓𓇋𓅓𓊪𓏥 max. d'Anii 5,4; 𓅓𓇋𓅓𓏌 Mayer A. 2,8; P. Neschons 4,16; 𓅓𓇋𓅓𓏴 Conv. 64. — Dieses 𓅓𓇋𓅓𓏴, dessen Aussprache wir uns ja ungefähr nach dem Koptischen als ĕmmof denken können, wird nichts anderes sein, als eine lautliche Entartung der alten Form ĕmof. Die Schreiber werden sich freilich gedacht haben, dass das m noch einmal vor die Praeposition gesetzt ist — vgl. auch das Adverb 𓅓𓇋𓅓 gleich ⲘⲘⲀⲨ (§. 592). — Wie man gewöhnt ist, statt des 𓅓 auch ⲛ zu schreiben, so schreibt man nun auch statt des 𓅓𓇋𓅓𓏴 ein ⲛ𓇋𓅓𓏴, was dann wieder auch im Koptischen als ⲚⲘⲞⲨ vorkommt. Es sind besonders wieder die jüngeren Handschriften, die diese Schreibung bieten: ⲛ𓇋𓅓𓏴 P. Neschons 6,3 u. ö.; ⲛ𓇋𓅓𓎡𓂝 Unamun 2,22; ⲛ𓇋𓅓𓏌𓏥 ibd. 2,77; ⲛ𓇋𓅓𓏌𓏥 ibd. 2,78; ⲛ𓇋𓅓𓊪 Senf D. 52.

Anm. Daneben kommen einzelne auffällige Schreibungen vor, die zwar verdächtig aussehen, aber doch Beachtung verdienen. So:

1) 𓅓𓇋𓊪𓏥 d'Orb. 14,4 was an das 𓈖 𓇋𓊪𓏥 statt 𓈖 𓇋 𓊪𓏥 (§.513) erinnert.

2) 𓅓𓇋𓏌 Insc. Hier. Ch. pl. 26; vgl. S. 38.

3) das 𓏴 in ⲛ𓇋𓅓𓏴 Unamun 2,22; vgl. S. 84; 69.

605. Während unsere Praeposition im Koptischen vieles von ihrem alten Gebrauche an jüngere Praepositionen abgegeben hat, ist ihr Gebrauch im Neuägyptischen noch etwa der gleiche wie in der alten Sprache.

Sie steht im Einzelnen für:

1) <u>in etwas drin</u>.

„sie wohnte 𓅓𓉐𓇋𓊪𓏴 𓉐 in seinem Hause" d'Orb. 9,9.

„man jauchzte 𓅓𓇾𓇾𓏤 𓊹𓏴 im ganzen Lande" ibd. 12,2.

„Salbengeruch 𓅓 𓎛𓃀𓋴𓈞 in den Kleidern" ibd. 10,10.

„die Flechte ⲛ𓈖 𓅓𓉐𓅓𓏥 die im Wasser lag" ibd. 11,2.

§. 605 — Praepositionen

[hieroglyphs] „das was in seinem Herzen ist" Prinzengesch. 4,13.

2) <u>in etw. hinein</u>.

„setze mich [hieroglyphs] nach Schmun" Sall. I, 8,3.

„die Rede dringt [hieroglyphs] in dein Ohr" Ostr. Berlin III, 33.

vgl. auch Hor. u. Seth 13,9 ; d'Orb. 18,4 ; Amenemope 27,13.

3) <u>aus etw. heraus</u>.

„er ging heraus [hieroglyphs] aus seinem Schloss" d'Orb. 9,2.

„er ist gekommen [hieroglyphs] aus Ägypten" Prinzengesch 6,7.

vgl. auch d'Orb. 2,9 ; Hor. u. Seth 10,4.

4) <u>in einem Zeitpunkt</u> , zum ...... mal .

[hieroglyphs] „morgen" d'Orb. 13,6.

[hieroglyphs] „abends" ibd. 13,7.

[hieroglyphs] „bei Tag u. bei Nacht" Sall. I, 3,6.

[hieroglyphs] „täglich" Hor. u. Seth 5,2.

[hieroglyphs] „im Jahre 3" P. Bologna II, 10.

[hieroglyphs] „zum ersten Mal" Hor. u. Seth 2,7.

„Sie war im Hause [hieroglyphs] 20 Jahre lang" Corr. 68.

5) <u>unter einer Menge</u>

[hieroglyphs] „einer von ihnen" Wahr. u. Lüge 8,4.

„eine Frau war [hieroglyphs] unter ihnen" d'Orb. 12,1.

„der Mann [hieroglyphs] welcher unter ihnen ist" An. III, 8,4 = An. IV, 16,3.

[hieroglyphs] „der erste von den Soldaten" dieb. Beatty 29,7.

6) <u>ein Teil von</u>

„eine Flechte [hieroglyphs] von ihrem Haare" d'Orb. 10,7.

7) <u>versehen mit</u> , voll sein voll, leer von u.a.

„beladen [hieroglyphs] mit Silber u. Gold" d'Orb. 14,8.

„das Schloss war [hieroglyphs] mit allem Guten voll" ibd. 9,2.

[hieroglyphs] „ein Haus ohne Brot" An. IV, 11,11.

vgl. auch Joppegesch. 2,12 ; Wahr. u. Lüge 4,5.

8) <u>zu etw. werden</u> , machen, aus etw. herstellen :

Praepositionen   § 605

„ein Fell [hier.] zum Panzer verarbeitet" P. Mallet 1, 5.
[hier.] „ich werde ein grosses Wunder werden" d'Orb. 14, 8.
„mache sie (die Bäume) [hier.] zu schönen Möbeln" ibd. 18, 1.

9) <u>etw. ergreifen, es los lassen</u>.

[hier.] „und ihr packt alle Leute" Joppegesch. 2, 9.
[hier.] „er fasste ihn" Hor. u. Seth 10, 3.
[hier.] „lass mich los" ibd. 9, 2.
vgl. auch Prinzengesch. 7, 15 ; Hor. u. Seth 9, 1.

10) <u>etw. trinken, erfahren</u>.

[hier.] „und er trinkt von (faulem) Wasser" An. III, 5, 11.
[hier.] „man liess es S. M. wissen"
     d'Orb. 15, 3 ; vgl. auch ibd. 19, 4.

11) <u>mittels einer Sache</u>.

„schreibe [hier.] mit deiner Hand, lies [hier.] mit deinem Munde"
     An. V, 8, 3 = An. III, 3, 10.
„prügeln [hier.] mit Stöcken" dieb. Harr. 2, 3.
„abgeweisst [hier.] mit Gips" Hor. u. Seth 13, 5.

12) <u>über etw. reden, lachen</u>.

„er lachte [hier.] über sie" Hor. u. Seth 4, 3.
[hier.] „gegen dieses Buch reden" d'Orb. 19, 9.

13) <u>am Leibe schön u.ä</u>.

„schön [hier.] an ihrem Leibe" d'Orb. 9, 7.
„du bist (zu) jämmerlich [hier.] an deinem Leibe" Hor. u. Seth 3, 8.

14) <u>gemäss einem Befehl u.ä</u>.

[hier.] „nach dem was Atum sagt" Hor. u. Seth 8, 6
(ebenso mit <u>n</u> ; vgl. §. 600 Nr. 7).

15) <u>hinblicken auf etw</u>.

[hier.] „sieh her auf mich" Joppegesch. 1, 11.

16) <u>in einem Zustand, in einer Gestalt</u>.

[hier.] „der Himmel war in Freude" Hor. u. Seth 16, 6.

§.605   Praepositionen

[hierogl.] • (sollst du den Brief lesen), als Briefanfang Ostr. Berlin III, 31.

"Bohnen [hierogl.] in Haufen" An. III, 8,2 = An. IV, 16,1.

"ein Stier [hierogl.] der alle guten Abzeichen (Farben) hat" d'Orb. 14,5.

[hierogl.] "er wurde unschuldig befunden" Mayer A. Rs. 5,20.

17) <u>in der Eigenschaft als</u>, als ......

"sie kam heraus [hierogl.] als eine goldene Scheibe" Hor. u. S. 12,11.

"ich wünsche dich zu (lieben o.ä.) [hierogl.] als deine Hausfrau" Lieb. Harr. 5,3.

"sie teilen das Geld [hierogl.] "als die zwei Leute" d.h. "wir beide" Inscr. Hier. Ch. pl. 18 ; ähnlich für "sie beide" Hor. u. Seth 3,1.

18) <u>zusammen mit</u> etw. sein, kommen, schicken

"der Tempel soll bestehen [hierogl.] mit den Sklaven und Sklavinnen" Am. S. d. H. 4.

"abgesendet [hierogl.] mit den Befehlen des Pharao" P. Turin 66,6 ; - vgl. auch Amenemope 4,8

"der See kommt zu ihnen [hierogl.] mit Papyrus" An. III, 2,12.

19) <u>etw. sein</u>, etw. werden, der in §. 467 besprochene wichtige Gebrauch, der auch im Koptischen besteht (Kopt. Gr. §. 379,4):

[hierogl.] "S.M. war ein jugendlicher Herr" Kadesch 2.

[hierogl.] "sie ist ein Geschenk für dich" d'Orb. 11,5.

"N.N. [hierogl.] welcher Beamter des Gerichts war" Mes N. 3.

[hierogl.] "du bist ein Mensch" Lansing 2,9.

[hierogl.] "ich bin ein Rind" d'Orb. 16,1.

[hierogl.] "der Vezier gewesen war" P. Salt 1,3.

[hierogl.] "Ihr seid Bürger" Kadesch 85 (Sall. III ohne <u>m</u>).

<u>Anm</u>. Wie man sieht, ist unter allen diesen hier aufgeführten Fällen kaum einer, der schon auf den im Koptischen herrschenden Gebrauch führte,

Praepositionen § 606

bei dem unsere Praeposition schon einfach das Objekt eines beliebigen Verbums bezeichnet.

606. Beispiele in denen m für 𓂝 steht, sind (in der Anordnung des vorigen Paragraphen):

1) m 𓉐𓏤𓏥 "an jedem Ort" P. Neschons 4,17.
   m 𓊖𓂝𓏤𓈇 "in diesem Lande" Unamun 2,52.
   m 𓂧𓏏𓏤 "in deiner Hand" ibd. 1x+19; vgl. auch ibd II, 79; 1,13; An. III Rs. 1,7; Lansing 12,1 (m ist nachher eingefügt); P. Bologna 11,2.

2) "sie ertrinken m 𓊖𓂝𓉐 im Speicher" Amenemope 10,3.

3) "du kommst m 𓊖𓂝𓏤𓉐𓇋𓏶𓏤𓄿 aus dem Wohnort des Amun" Unamun 1x+15.

4) "du wirst es hören m ⭑𓂝𓅓𓇳 Morgen" ibd. 2,70.
   m 𓇳𓏤𓅓𓉐 "im ersten Wintermonat" ibd. 2,39.

6) "es gebührt ihm m 𓂝𓏤 aus der Habe (seiner Mutter)" Eseemhel 9,13.

7) "beladen m 𓂝𓅓𓏥 mit Sachen" Unamun 2,7.
   "satt m 𓊪𓏏𓏤 von Bier" Amenemope 25,8.

8) 𓇋𓀁 m 𓈙𓏏𓅆𓏥 "es ist Blei" ibd. 18,3.

9) 𓇋𓅓𓈙𓂝 m 𓈙𓂝𓀀 "halte dich an den Bescheidenen" ibd. 7,9.
   "sein Sohn fasst (𓂝) 𓂝𓇋𓍿𓂋 seine Füsse" An. II, 8,4 – Sall. 1,7,8 hatte nur 𓇋𓍿𓂋 dann ist m hineinkorrigiert).

10) "lass mich essen m 𓂝𓏏𓏥 m 𓊖𓂝𓄿 von der Leber (?) dieses Stieres" d'Orb. 16,4.
    𓀀𓂝𓈖𓂋𓄿𓅓𓏥 m 𓂝𓏤𓅓𓆑𓀁 "ich verstehe nichts von dieser Rede" Unamun 1,18.

11) 𓇋𓀁𓋴𓏏𓏥 m 𓂝𓏏𓏤 "er war mit Staub beschmiert" d'Orb. 8,7.

12) 𓂝𓂋𓂻𓅓 m 𓂝𓏤𓂓 "Lache nicht über einen Blinden" Amenemope 24,9.

16) 𓇋𓀁 m 𓊖𓂝𓏤𓇋𓏏𓏥 "er ist so wie..." P. Neschons 5,10.

17) "er schickte sie m 𓇋𓊪𓏲𓄿𓂻 als Bote" Unamun 2,53.

Anm. Charakteristisch ist, wie die Schreibung ohne Grund hin und her schwankt

§. 607 - 608   Praepositionen

„sie ging heraus ⟨gl⟩ aus ihrem einen Haus und ging hinein ⟨gl⟩ in ihr anderes" Unamun 2,76 ; ⟨gl⟩ „im Westen, in der Unterwelt" P. Neschons 3,9 ; 3,11. Auffallend sind die Schreibungen : ⟨gl⟩ für ⲚⲦⲞⲞⲨⲈ „Morgen" Amenemope 26,4 ; 20,16 ; 6,18 (vgl. §. 621) und das ⟨gl⟩ „durch die Nacht (des Mondes)" Amenemope 7,19 ; 8,11 ; 18,5.

607. Wie oben (§. 598) ausgeführt ist , gehört auch ⟨gl⟩ zu den Praepositionen, die man oft ungeschrieben lässt . Beispiele sind :

1) „begraben ⟨gl⟩ in Tell Amarna" Amarna I,35 ; I,34.

„ich liege ⟨gl⟩ in seinem Hafen" Unamun 1,22 ; vgl. auch ibd. 1x+13 ; 2,52 ; Amenemope 9,1 ; An. VI, 54.

3) „ihn fortnehmen ⟨gl⟩ aus den Armen seiner Mutter" An. V, 10,6 (Sall. I, 3,8 ohne ⟨gl⟩).

„mache dass du fortkommst ⟨gl⟩ aus meinem Hafen" Unamun 1x+9 ;

5) ⟨gl⟩ „ich mische mich unter die Götter" Harr. 3,4.

7) ⟨gl⟩ „er belud sich mit Kraut" d'Orb. 5,7. ⟨gl⟩ „voll von Nahrung" An. II, 1,2 ; ohne ⟨gl⟩ An. IV, 6,2. vgl. auch Amenemope 12,8 ; 14,17 ; 15,10 ; Max. d'Anii 6,9 ; 5,2.

16) ⟨gl⟩ „der Himmel hat Wind u. Wasser" An. II, 7,7 (Sall. I, 7,7 ohne ⟨gl⟩).

17) ⟨gl⟩ „als Gott" An. II 1,6 (An. IV, 6,6 ohne ⟨gl⟩).

19) ⟨gl⟩ „indem ich das grosse Oberhaupt war" Harr. 75,10 „der grosse Verbrecher ⟨gl⟩ der früher Schatzmeister war" P. jur Turin 5,2 ; ähnlich Mes N.18.

608. über den Gebrauch von ⟨gl⟩ mit dem Infinitiv vgl. §. 420 , auch hier wird gelegentlich m für n geschrieben:

„man erwidert Schmeicheln ⟨gl⟩ mit Fluchen, und Verneigen ⟨gl⟩ mit Prügel" Amenemope 14, 15-16.

über ⟨gl⟩ für ⟨gl⟩ vgl. §. 701 ff.

3. die Praeposition 𓈖

609. Dass die Praeposition 𓈖 ihren Konsonanten verloren hatte und nur noch wie im Koptischen aus einem kurzen Vokal bestand, sieht man schon daraus, dass der Anlaut mancher Verbalformen 𓇋𓇌 oft mit 𓈖 geschrieben wird; auch sonst wird die Praeposition 𓈖 zuweilen 𓇋𓇌 geschrieben; vgl. Anm. Dieser Verlust des 𓈖 trat aber nur da ein, wo die Praeposition tonlos vor dem Substantiv stand. Mit einem Suffix blieb das 𓈖 erhalten, das zeigt das koptische ⲉⲣⲟϥ und das zeigt die Art, wie man es in diesem Falle auch schreibt. Denn neben der herkömmlichen Schreibung 𓈖𓏤 Unamun 2,75; 𓈖 ibd. 2,46; 𓈖𓏤 P. Tur. 2,9; Lieb. Beatty 24,3; 𓈖 d'Orb. 13,9; 𓈖𓊪 Lieb. Harr. 4,8; 𓈖𓏤𓈖 Abbott 7,14 — steht eine andere: 𓈖𓏤 Ostr. Berlin III, 35; 𓈖𓈖 Lieb. Harr. 4,5; P. Bologna II 27; 𓈖𓈖 Harr. 79,1; 𓈖𓏤𓈖 an. V, 14,1; 𓈖𓏤𓈖𓏥 P. jur. Turin 2,3; Abbott 5,17; Mallet 3,5; Sall. I, 9,6; 𓈖𓊪𓏥 an. IV, 5,5; ibd. 5,8; an. III, 3,12; Sall. I, 5,9; Sall. III, 3,4; 𓈖𓏤𓈖𓏥 P. jur. Turin 5,4; Mallet 3,7; Abbott 3,5; Coв. 52,7. Sie ist augenscheinlich halb lautlich zu deuten. Man fasste das ⲉ, mit dem die Form ⲉⲣⲟⲕ begann, als die Praeposition 𓈖, die man ja vor Substantiven so sprach, und sah nun in dem ⲣⲟⲕ ein von ihr abhängiges Wort, ein Substantiv mit einem Suffix, wie man bei den zusammengesetzten Praepositionen gewöhnt war. Wo aber das ⲣ in offener Silbe stand (ⲉⲣⲱⲧⲛ, ⲉⲣⲟⲟⲩ) wird man an das Substantiv ро Mund gedacht haben; denn man schreibt in diesem Falle 𓈖𓂋.

Ungewöhnliche Formen sind: 𓈖𓂋𓈖 Amarna I, 38 = I, 34; 𓈖𓊪𓏥 Joppegesch. 2,5; 𓈖𓈖𓊪𓏥 Sall. III 4,7.

Anm. Ausnahmsweise kommen auch Schreibungen vor, in denen die Praeposition mit 𓇋𓇌 geschrieben ist, sowohl vor dem Substantiv als mit einem Suffix: 𓇋𓇌 𓂋 𓊪 abk. Justiz B.C., wo A. 𓈖 × 𓇋𓇌 "𓂋" hat; 𓇋𓇌𓏤 mes n,10 (gleich nachher 𓈖𓊪); 𓇋𓈖; 𓇋𓇌𓂋𓈖; max. d'Anii 5,11; 𓇋𓇌𓂋𓈖 Amenemope 24,12; 𓇋𓇌𓈖 ibd. 25,17.

610. Der Gebrauch von 𓈖 ist im Wesentlichen noch der alte (Gr. §. 446):

§. 610   Praepositionen

1) <u>an etw. befindlich</u>

"dein Kranz ist 〈hiero〉 an deinem Hals" An. IV, 12, 4; vgl. auch d'Orb. 17, 4.

"ein Ring war 〈hiero〉 auf ihrer Hand" Hor. u. Seth 5, 8.

"Wasser sprengen 〈hiero〉 an der Tür deines Grabes" Amarna II, 21

Hierzu gehört auch:

"etwas steht 〈hiero〉 in seinem Buche" Unamun 2, 9.

"die grossen Betrügereien 〈hiero〉 die nicht an ihrem
       Platze sind" Hor. u. Seth 3, 3.

2) <u>hin auf etw. werfen, setzen u. ä.</u>

〈hiero〉 "er warf es in ihn (den Napf)" d'Orb. 13, 9.

"sie warf die Harpune 〈hiero〉 in das Wasser an die
       Stelle (wo sie untergetaucht waren)" Hor. u. Seth 8, 13.

"Setze Horus 〈hiero〉 an die Stelle (seines Vaters)" ibd. 3, 5; 16, 1.

3) <u>hin zu einem Orte</u> gehen, treten, schicken

〈hiero〉 "die Frau kam nach Aegypten"
       d'Orb. 12, 1; vgl. auch ibd. 13, 2; 15, 7; An. I, 3, 3.

〈hiero〉 "als sein Herz an seiner Stelle stand"
       d'Orb. 14, 3; vgl. auch ibd. 19, 7.

〈hiero〉 "landen an den Damm" Lansing 12, 6.

"schicke Leute 〈hiero〉 in jedes Land" d'Orb. 11, 6.

Seltener bedeutet es "hin zu einer Person", wo man gewöhnlich nn gebraucht:

〈hiero〉 "dann gelangte er zu seinem Bruder"
       d'Orb. 4, 2; vgl. auch Hor. u. Seth 3, 5; 8, 4.

"Ich weiss nicht, ob mein Junge 〈hiero〉 dich getroffen hat"
       P. Bologna II, 7

4) <u>hinblicken auf</u>

〈hiero〉 "auf seinen Bruder blicken" d'Orb. 14, 2;
       vgl. auch Amarna VI, 30; Amenemope 23, 17 u. kopt. ΝΑΥ ε- .

〈hiero〉 "er sieht nach mir" Lieb. Beatty 25, 2.

| Praepositionen | § 610 |

5) *bis hin zu einem Zeitpunkt*.

𓊗𓇳𓏥𓐪𓇼𓈖 „zwei Monate bis zu diesem, d.h. vor zwei Monaten" An. 9,5

𓎇𓎆𓆳𓏤𓐪𓂝𓏏𓈖 „seit 80 Jahren" Hor. u. Seth 13,12.

𓏼𓐪𓇳𓏥𓈖𓏤𓂝𓇳𓏤 „fünf Tage bis heut" ibd. 5,10.

𓆼𓏤𓇳𓏥𓐪𓇳𓈖 „tausend mal bis zu diesem" ibd. 14,1.

Und so auch in dem alten:

„er bleibt 𓐪𓇳𓊗𓇳𓊗 bis in Ewigkeit" Hor. u. Seth 2,13.

Vgl. auch die Beispiele in § 656.

6) *gegen jem.*, im feindlichen Sinn.

„Böses tun 𓐪 𓂝𓊪 gegen irgend einen" P. Neschons 4,18.

𓇋𓊪𓂝𓏥𓈖𓏏𓂝 „alles was gegen dich gefehlt worden ist" d'Orb. 9,5.

𓇋𓂝𓊪𓏭𓂋𓊪𓂝𓏯 „ich habe Recht gegen ihn" Hor. u. Seth 14,1.

an diesen Gebrauch schliesst sich auch die Redensart „etwas ist 𓂝" d.h. er schuldet es:

𓇋𓂝𓊪𓆼𓊪𓂝𓏯 „ich schulde es doppelt" Ostr. Petrie 73 u. s.

7) *von etw. entfernt*, frei von.

„wende dich nicht fort 𓐪𓊪 von mir" Ostr. Berlin III, 35.

„ohne zu weichen 𓂝 von ihr" An. III, 3,8.

𓇋𓂝𓊪𓐪𓏭𓊖𓈖𓈖𓀁𓏥 „du bist frei von Schrecken" Amenemope 10,15.

8) *zu (wiederholten) Malen u. ä.*

𓐪𓏺𓎡𓏥𓂝𓊪𓏏𓇳 „an jedem Abend" d'Orb. 1,5.

𓐪𓏺𓎡𓏥𓂝𓇳𓏤 „an jedem Tag" P. Salt 2,6.

𓏼𓐪𓇳𓏥𓈖𓊪𓂝𓇳𓏤 „drei mal monatlich" Sall. I, 5,3.

𓐪𓇳𓏽 „vier mal" Lieb. Beatty 30,4.

𓐪𓏏𓏏𓇳𓏥𓎛 „wiederum" Amenemope 15,18; vgl. auch Kadesch 109.

9) *mit Bezug auf etw.*

„was du gesagt hast 𓐪𓊪𓊪𓏥 in Betreff der Kupfersachen" Ostr. Berl. III,38.

𓂝𓂝𓊪𓇋𓏏𓂝 „du sagst: „Vogel" von ihm" An. I, 10,4.

10) *über etw. hinaus*, mehr als, der Gebrauch mit dem die Steigerung des

§. 611   Praepositionen

adjektivs umschrieben wird (§. 224).

„der König liebte ihn ⌇⌇ mehr als jeden Menschen" d'Orb. 15,6.

„sie war ⌇⌇ schöner an ihrem Leibe als jede Frau" d'Orb. 9,7.

⌇⌇ „grösser als du" Amenemope 25,17.

11) zu etw. bestimmt sein, zu etw. machen, ernennen.

„Brote ⌇⌇ bestimmt zum Unterhalt der Soldaten" An. IV, 17,6.

⌇⌇ „sie soll ihm Frau sein" Prinzengesch. 5,6.

⌇⌇ „und man machte ihn zum Türhüter" Wahr. u. Lüge 2,3.

⌇⌇ „man erhob (?) sie zur grossen Favoritin" d'Orb. 12,3.

12) Vereinzelte Gebrauchsweisen.

⌇⌇ N.N. „man rief den N.N." Mes N, 17.

⌇⌇ „hungern nach seinem Brote" Amenemope 14,6.

„das Zelt ⌇⌇ dessen Name ist: die Sonne ist zufrieden" Amarna, Grenzstele S. 5.

Über den Gebrauch von ⌇ zur Bildung von Adverbien (⌇⌇ u.ä.) siehe §. 590.

611. Der Gebrauch von ⌇ mit dem Infinitiv, der in der Sprache eine so grosse Rolle spielt, ist §. 424 ff. ausführlich behandelt worden. Über das Futurum, das sich ihm anschliesst vgl. §. 501 ff.

Als Konjunktion bedeutet ⌇ meist „bis dass":

⌇⌇ „bis die Berge aufstehen um fortzugehen" Amarna II, 3

„sie schlafen ⌇⌇ bis es geschieht, dass du aufgehst" ibd. IV, 4 ; ähnlich IV, 33.

„Bleib stehen ⌇⌇ bis die Erde hell wird" d'Orb. 6,9.

Eine andere Bedeutung hat es in:

„du gehst aus u. ein ⌇⌇ so viel dein Herz es eingiebt u.ä." Amarna VI, 33

Praepositionen §. 612

„ich tötete unter ihnen 〈hiero〉 wen ich wollte" Kadesch 67.

Eine dritte „mehr als" in:

„es ist besser für mich 〈hiero〉 als ich esse u. trinke" Lieb. Harr. 7,11.

„so dass" bedeutet es in:

„werde so wie dein Vater 〈hiero〉 so dass du sehr reich wirst" Astr. Gardiner 2.

612. auch ⌢ wird nach §. 598 oft ausgelassen und zwar besonders von flüchtigen Schreibern und in späten Handschriften; Beispiele in der obigen Reihenfolge sind:

2.) 〈hiero〉 „und du wirfst sie in dieses Wasser" abgek. Justiz a.B.C.; vgl. auch Lansing 6,8.

„du wendest dein Gesicht 〈hiero〉 zum Arbeiten und den Hinterkopf 〈hiero〉 den heiligen Büchern zu" An. V, 15, 6-7 (aber Sall. I, 6, 1-2 beidemal ohne ⌢).

„der der Wasser bringt 〈hiero〉 an fernen Orten" Sall. I, 8,5; vgl. auch Harr. 79,9; Unamun 2,44; 2,62

3.) 〈hiero〉 „du steigst in die Neschmetbarke" An. IV, 4,6. 〈hiero〉 „du gelangst zu deiner Burg" An. IV, 3,7; — vgl. auch An. III Rs. 5,5; Lansing 12,5.

7.) „sie ist fern 〈hiero〉 von ihrem Mann" Max. d'Anii 2,15.

10.) 〈hiero〉 „der Schreiber hat es besser als der Offizier" An. IV, 10,1.

〈hiero〉 „der ist härter daran als jeder Beruf" Lansing 5,9.

11.) 〈hiero〉 „wozu nützt es?" Lansing 8,7.

〈hiero〉 „man ernannte ihn Statthalter (von Äthiopien)" d'Orb. 19,1; vgl. auch ebd. 19,6; 19,2.

Vergleiche auch die Fälle, wo in zusammengesetzten Praepositionen (§.632ff) und in Adverbien (§. 590) das 𓈖 fortgelassen wird. Sie zeigen, dass das

§. 613   Praepositionen

r schliesslich nicht nur in der Schrift, sondern auch in der Sprache fortblieb. — Über die Fortlassung des ⌒ vor dem Infinitiv vgl. §. 427.

4. die Praeposition ḥr

613. Bei der Praeposition 𓁷 war das auslautende r vor einem Substantiv früh zu j geworden, während es vor Suffixen ein r geblieben war (Gr. §. 447). Die entsprechenden hieratischen Schreibungen und sind dann in N.R. zu einem oder zusammengefallen. Dieses , gilt aber den Schreibern nur noch als 𓁷, und wird auch hieroglyphisch stets so wiedergegeben. Es ist die Form, die man vor den Substantiven gebraucht, das Koptische ϩⲓ-. Wo die Praeposition aber ein Suffix hatte und ihr r bewahrte, fügt man ihr noch ein r hinzu, hieratisch hieroglyphisch 𓁷⌒ : 𓁷⌒ Prinzengesch. 6,16 ; P. Bologna II, 9 ; 𓁷⌒𓂋 d'Orb. 12,6 ; 𓁷𓏤 Amarna I, 8 ; 𓁷⌒ ibd. VI, 32 ; 𓁷 ibd. VI, 25. Des Weiteren sieht man dann, dass bei 𓁷 derselbe Unterschied bestanden hat, den wir oben bei der Praeposition r gefunden haben: Wo das auslautende r und das Suffix zusammen eine Silbe mit kurzem Vokal bildeten, schrieb man nur 𓁷⌒ d.h. etwa *ḥrof. Wo das nicht der Fall war, und der Vokal vor dem Suffix in offener Silbe stand und daher gedehnt wurde, fügte man dem r noch ein ⌒ zu und deutete damit eine Aussprache wie *ḥrôu an. Warum man dabei nicht nur ⌒ sondern ⌒⌒ hinzufügte, das können wir nicht erraten; vielleicht deutete man mit diesem doppelten r eine besondere Aussprache des r an (vgl. §. 50). Beispiele dieser Schreibungen sind : 𓁷⌒ Mes N, 25 ; 𓁷⌒ Petrie, Koptos 18, 2 ; 𓁷⌒ An. I 1,5 ; Amenemope 8,16 ; 27,12 ; 𓁷⌒ P. jur. Turin 4,6 ; Abbott 5,6 u. oft ; P. Bologna 2,2 ; Ostr. Petrie 16 ; Unamun 2,44. — Auch hier kommt in den späten Handschriften allerlei Barbarisches vor : 𓁷⌒ am. S. d. H. 7 ; 𓁷⌒ Max. d'Ani 8,19 ; — Über eine andere bei Suffixen gebrauchte Form siehe unten §. 614.

Anm. Bei besonders starker Enttonung in zusammengesetzten Worten scheint

| Praepositionen | §. 614 – 615 |

das ḥr vor einem Substantiv noch stärker verkürzt zu sein als sonst. So wird k3 ḥr k3 babylonisch mit kuiḫku, koptisch mit ϧοιϩκ wiedergegeben; hier giebt kui und ϧοι das k3 wieder und das ḥr ist zu ᵉḫ oder ᵃḫ reduzirt.

614. Neben dieser mit Suffixen gebräuchlichen Form existiert nun noch eine zweite, die man zunächst für eine zusammengesetzte Praeposition ḥr ḥr halten würde. Sie ist aber augenscheinlich nichts als eine wilde Schreibung von ḥr, die man vor Suffixen braucht; ihre Bedeutung ist ganz die gleiche wie die des einfachen ḥr:

<u>auf etw. setzen</u>, "über jem. sitzen".

„ich setze dieses Gebet 𓎛𓂋𓂋𓀀 auf ihn (den Denkstein)" Berlin 20377.
„die Fürsten ⸗⸗⸗ 𓎛𓂋𓂋𓀀 die über ihm (zu Gericht) sassen" P. Lee 2,4.

<u>betreffs</u>, „wegen etw."

𓂋𓏤𓏏𓍿𓈖𓂝𓍯𓏛𓏤𓊪𓍿𓎛𓂋𓂋𓏛𓏥 „alle Worte über die du geschrieben hast" abg. Justiz a.B.C.

𓎛𓂝𓊪𓍿𓍿𓏛𓏥𓂋𓂋𓏛𓏥 „ich schreibe ihretwegen" Abbott 5,18; vgl. auch ibd. 6,13; Cour. 47; P. Lee 1,6.

<u>bei etw. vorbei</u>. (vgl. §. 615 Nr. 2).

„die Götter ⸗⸗⸗ 𓂝𓊪 ═ 𓊃𓍿𓂋𓂋𓏛 bei denen ich vorbeikomme" abg. Justiz C; P. Turin 114,3 u. ö.; Leiden 370,3.

Dass dieses ḥr ḥr wirklich nur für ḥr steht, sieht man übrigens auch daraus, dass man in der zusammengesetzten Praeposition ḫrw ḫr „ausser" nicht nur 𓎛𓂝𓊪𓂋 (P. Bologna 8,10) sondern auch 𓎛𓂝𓊪𓂋𓂋𓊃 (An. IV, 11, 4) schreibt. Wie diese Schreibung entstanden sein kann bleibt unklar; vielleicht hat den Schreibern das *ᵉḫraf wie ein *ᵉḫḫraf geklungen.

615. Der Gebrauch von ḥr ist im Ganzen der gleiche wie in der alten Sprache (Gr. §. 447). Im Koptischen (Kopt. Gr. §. 380) hat ḫr meist den zusammengesetzten Praepositionen Platz gemacht.

Die Bedeutungen sind:

§. 615   Praepositionen

1) <u>auf etw. liegen, legen, setzen u. ä., über etw. setzen u. ä.</u>

„er lag 〈hierogl.〉 auf seinem Rücken" Hor. u. Seth 3,11.

„man setzte die Krone 〈hierogl.〉 auf seinen Kopf" ibd. 1,8.

„du setzt Befehlshaber 〈hierogl.〉 über sie" P. Turin 4,5.

„er schlug ihn 〈hierogl.〉 auf seinen Rücken" Hor. u. Seth 10,4.

vgl. auch d'Orb. 8,7; 14,6; Hor. u. Seth 12,7.

2) <u>von etw. herab; an etw. vorbei</u>

〈hierogl.〉 „man wird die Krone von dem Haupt des Horus nehmen" Hor. u. Seth 8,8.

〈hierogl.〉 „an mir vorbei" Mallet 5,5 (vgl. §. 614)

3) <u>auf einem Orte, in einem Lande u. ä.</u>

〈hierogl.〉 „auf dem Wege" Prinzengesch. 4,8.

„sie fallen 〈hierogl.〉 ins Wasser" Kadesch 66 (Sall. III: 〈hierogl.〉 d.h. m 〈hierogl.〉):

„der Schreiber landet 〈hierogl.〉 an dem Ufer" An. V, 16,5; Sall. I, 6,5.

„die Libyer waren 〈hierogl.〉 in Ägypten" Harr. 77,1; 77,2.

vgl. auch d'Orb. 11,2; Hor. u. Seth 15,6.

4) <u>aus einem Lande heraus.</u>

„das Tier wird gebracht 〈hierogl.〉 aus "Äthiopien" P. Bologna 3,9.

„das Schiff kommt 〈hierogl.〉 aus Syrien" An. IV, 3,10.

5) <u>zur Zeit von.</u>

〈hierogl.〉 „zur Abendzeit" Abbott 5,12; An. V, 19,17.

〈hierogl.〉 „zur Zeit des Pflügens" d'Orb. 2,2.

6) <u>zu ...... malen.</u>

〈hierogl.〉 „vier mal sprechen" Ostr. Berlin III, 24 (Zauber)

7) <u>mit etw. vereinigt</u>, der Gebrauch, der auch zur Koordination von Substantiven (§.193) dient.

„er hatte sich angeschlossen 〈hierogl.〉 der T." P. jur. Turin 4,2.

8) <u>mit dem Namen des ...., im Namen des .....</u>

„eine Königsstatue 〈hierogl.〉 Sethos mit dem Namen des S." P. Salt 1,13.

Praepositionen §. 616 - 617

[hier.] „in meinem Namen" An. I, 12, 4.

„schreibe einen Brief [hier.] im Namen des Herrn des alles" Hor. u. Seth 2, 8.

9) <u>feindlich gegen</u>.

[hier.] „feindliches zu tun gegen deinen Herrn" P. jur. Turin 5, 3.

10) <u>betreffs etw.</u>

„schreibe mir [hier.] wie es dir geht" P. Leiden 364, 7 ; 363, 4 u. ö.

„der Syrer [hier.] über den du mir geschrieben hast" P. Bologna II, 9, — vgl. auch Amarna I, 30 ; Abbott 6, 13; Mayer A 3, 17 (ibd. 3, 12 u. 5, 20 ohne [hier.]).

11) <u>wegen etw.</u>

„sie zankten [hier.] (sich) über ein Silberstück" Mayer A. Rs. 2, 21.

„du wirst wütend [hier.] über was?" Hor. u. Seth 8, 5 ; vgl. auch 7, 13.

12) <u>um einen Preis</u>.

„er kauft die Deichsel [hier.] für drei <u>dbn</u> und den Wagen [hier.] für fünf <u>dbn</u>" An. III, 6, 7.

616. Der Gebrauch mit dem <u>Infinitiv</u> ist §. 431 - 36 ausführlich besprochen. Über die Auslassung des [hier.] vor dem Infinitiv vgl. ibd. und §. 477. Über unrichtige Einfügung eines [hier.] vor dem Infinitiv vgl. §. 431.

Als <u>Konjunktion</u> ist er wohl nicht zu belegen (ob: An. I, 11, 4 ?) ; denn Fälle wie: [hier.] „gehe doch" d'Orb. 8, 2 ; [hier.] „es ist gut, wenn du gesund bist" Ostr. Berlin III, 39 (ebenda auch richtig ohne [hier.]) - sind augenscheinlich irrig und zeigen nur wieder, dass die Schreiber ein [hier.] auch da einfügten, wo es nichts zu suchen hat.

617. Das Fortlassen des [hier.], das uns, wo es vor dem Infinitiv steht, so viele Schwierigkeiten bereitet, findet sich natürlich auch oft bei den Substantiven. So oft in Dyn. XX, aber auch in älteren, flüchtig geschriebenen Handschriften.

Die Beispiele sind wie oben geordnet:

1) [hier.] „die Sonne geht über ihm auf" Lansing 4,8.

3) „ihr ruht [hier.] im Westen" Hor. u. Seth 15,8 ; vgl. auch Lansing 11,3.
„er durstet [hier.] in der Wüste" Sall. I, 8,6 ;
vgl. auch Harr. 76,2 ; 77,13 ; Unamun 2,14.

7) „er hatte sich angeschlossen [hier.] der [hier.]" P. jur. Turin 4,3 ; 5,7
(ibd. 4,2 mit [hier.]) ; - vgl. auch P. Beatty I B. 7 ; Abbott 1,10 b.

Interessant sind dann auch die Fälle, wo der Schreiber von Sall. I und Sallier III das [hier.] ebenso vor Substantiven irrig einfügt, wie er es vor Infinitiven tut: [hier.] Apophismärchen 2,3 ; 2,4 u.ö. ; [hier.] Sallier III, 2,3 (Kadesch, hierogl. ohne [hier.]) ; vgl. auch ibd. 1,4 ; 3,5 u. öfter.

c. andere einfache Praepositionen

618. Die folgenden einfachen Praepositionen unterscheiden sich von den im vorigen Abschnitt besprochenen dadurch, dass man sie nie in der Schrift fortlässt. Der Grund hierfür liegt wohl nur darin, dass sie nicht ganz so stark enttont sind wie jene.

619. Das alte [hier.], das mit Suffixen nicht mehr vorkommt, bezeichnet so wie in der alten Sprache (Gr. §. 453) den Täter einer Handlung.

So beim Infinitiv:

[hier.] N.N. „den Tag wo der Schreiber das Silber empfangen hat" P. Beatty I, Rs. D 1.

Und so auch beim passiven Verbum, besonders beim Particip:

„die Pyramiden [hier.], die an diesem Tage von den Beamten revidiert wurden" Abbott 5,8 u.ö.

[hier.] a. [hier.] B. „von A. an B. Gegebenes" Inscr. Hier. Ch. pl. 24.

[hier.] „ich bin dir von der Goldenen zugewiesen" Lieb. Beatty 23,3.

So auch wo das Verbum als selbstverständlich ausgelassen ist:

[hier.] N.N. „seitens des N.N." (verfasst o.ä.) An. III, 4,11 ; 7,10.

Praepositionen §. 620 – 621

Man beachte, dass das 𓈖 hier sein *n* verloren hat; wir kennen dies auch bei 〈hiero〉 für 〈hiero〉 (§. 513). Über die Schreibung 𓄿 für 𓈖 vgl. §. 701.

620. Die Praeposition 〈hiero〉, die im Koptischen ⁵ MN- ᵇ NEM- mit Suffixen ⁵ NMMA= ᵇ NEMA= lautet, erscheint immer in dieser syllabischen Schreibung; sie wird also eine junge Bildung sein. Über ihre mutmassliche Herkunft vgl. §. 636 Anm.

An abweichenden Formen finden sich nur: 〈hiero〉 Hor. u. Seth 8,8; 〈hiero〉 Wahrh. u. Lüge 4,4; 〈hiero〉 Isemechel 13,15; 〈hiero〉 Amenemope 19,6; 15,1; 13,15. Mit dem Suffixe 〈hiero〉 schreibt man 〈hiero〉 (mit nur _einem_ 〈hiero〉) P. jur. Turin 4,2; — andere Formen mit Suffixen sind: 〈hiero〉 Hor. u. Seth 1,10; 〈hiero〉 d'Orb. 12,2; und das bedenkliche 〈hiero〉 Mayer B.1.

Es bedeutet „zusammen mit" einer Person; so steht es bei „_sich zusammen tun_"

„er war eins 〈hiero〉 mit ihnen" P. jur. Turin 4,2.

〈hiero〉 N.N. „tue dich zusammen mit N.N." Abg. Justiz a.B.C.

bei reden mit jem:

„wenn du redest 〈hiero〉 mit deinem Herzen" Bibl. Beatty 17,4.

〈hiero〉 „rede nicht heuchlerisch mit einem Manne" Amenemope 13,15.

Aber auch bei anderen Tätigkeiten:

„die Frau kam 〈hiero〉 zusammen mit ihr" d'Orb. 12.

„er schlief 〈hiero〉 mit ihr." Wahr. u. Lüge 4,4.

„er verhielt sich taub 〈hiero〉 zusammen mit seinen Schreibern" P. Bologna II 15, — vgl. auch Amenemope 15,13.

Wichtig ist die Verwendung zur Koordination; vgl. die Beispiele in §. 196, insbesondere das aus Unamun 2,38, wo unser Wort auch von Sachen gebraucht wird: 〈hiero〉

621. 〈hiero〉 „gleich wie". Dass diese Praeposition schliesslich so wie *m* gesprochen

§.621   Praepositionen

worden ist, sieht man aus dem einzigen Rest, den sie im Koptischen hinterlassen hat, dem Adverb ⲘⲚⲀⲒ (§. 595). So kommt denn auch die Schreibung 𓐍𓇋𓇋 (Sall. I, 8, 8; An. IV, 2, 5; An. VI, 64) für 𓇋𓇋 vor und andererseits spät auch um 𓇋𓇋 (Amenemope 12, 7) oder nur 𓇋𓇋 (Amenemope 20, 16; 26, 4) für 𓐍 „in" (vgl. §. 606) und für das dativische um (Sall. I, 8, 5). Daher schreibt man auch für 𓇋𓇋 einfach 𓐍: „er ist wie Baal" Kadesch 46; Sall. III 1, 6 aber mit 𓐍; vgl. auch Kadesch 30 (Sall. III, 1, 1). — Mit Suffixen wird 𓇋𓇋 überhaupt nicht mehr gebraucht und auch sonst ziehen die meisten Texte vor, anstatt seiner die Umschreibungen mit [gl.], [gl.], [gl.] zu gebrauchen.
Nur Texte gewählter Sprache benutzen noch das einfache 𓇋𓇋:
[gl.] „du bist wie ein Vogel" An. IV, 2, 5; vgl. auch ibd. II, 10.
„meine Gestalt ist 𓇋𓇋 [gl.] gleich ihren Brüsten" Lieb. Tur. 1, 1.
Über die Ellipsen, die in solchen Vergleichungen üblich sind, vgl. §. 708.
Man beachte auch, dass man gern die verglichene Eigenschaft als ein Substantiv hinter dem 𓇋𓇋 anbringt: „Der ist wie die Grösse des....." für: „er ist so gross wie..." : [gl.] „du bist wie die Gestalt deines Vaters" An. II, 5-8 = An. IV, 5, 8 ; „welcher Gott ist 𓇋𓇋 [gl.] wie die Grösse des Thoth" d.h. „so gross wie Thoth" Amenemope 18, 2, vgl. auch Wahr. u. Lüge 9, 5; P. Bologna 4, 9. — Rätselhaft bleibt das doppelte 𓇋𓇋 in: [gl.] („je mehr ..... um so mehr .....") (?) Amenemope 23, 19

Als Konjunktion braucht man es in seiner eigentlichen Bedeutung: „so wie":
[gl.] „er wurde (wieder so) wie er (vordem) gewesen war" d'Orb. 14, 3.
„sie fallen 𓇋𓇋 [gl.] wie Krokodile fallen" Sall. III, 4, 1.
„du wirst gerichtet 𓇋𓇋 [gl.] wie es am grossen Tore geschieht" (?) An. IV, 4, 7.
Andrerseits geht die Bedeutung auch in „da ja", „denn" über:
„du Sohn der Sonne, du wirst ewig sein [gl.] denn

Praepositionen § 623

er hat dich ja gebildet" An. VI, 25,10.

„lasse ihn immer mit dir sein 〈hier.〉 da er ja dich zu sehen liebt" Amarna III, 24.

„Ich öffne dir den Befehl deines Herrn 〈hier.〉 denn du bist ja sein königlicher Schreiber" An. I, 14,1.

622. Das alte 𓐍 „von weg" ist in dieser Schreibung nur noch selten anzutreffen:

„er erbat (ihn) 𓐍 𓏼 von den Göttern" Prinzengesch. 4,1 (aber 6,1 𓐍).

„Ich errettete ihn 𓐍 ... von dem Starken" Harr. 79,1.

In der Regel schreibt man dafür 𓐍 , also scheinbar das Wort des folgenden Paragraphen, das „mit" bedeutet (vgl. Gr. § 451 Anm.):

„Man fordert die Abgabe 𓐍 𓀀 „von mir" Ä.Z. 1881, 119 (P. Kairo). vgl. auch Prinzengesch. 6,13.

„nimm das Kupfer in Empfang 𓐍 N.N. von dem Schreiber N.N." An. III, 6,12; — vgl. auch Sall. I, 9,3.

Mit etwas abweichender Bedeutung steht es in:

„Boten welche kommen 𓐍 hierher von dir" P. Bologna 5,8.

623. 𓐍 „mit" das im Neuägyptischen eine so grosse Rolle spielt, ist auch im Koptischen als ⲚⲦⲈ-, ⲚⲦⲀ= erhalten. Seine Herkunft ist unklar. Die normale Schreibung ist auch vor Suffixen 𓐍 : 𓐍 d'Orb. 9,10; Sall. I, 7,11 ; 𓐍 P. Bologna 5,8 ; 𓐍 An. III Rs. 6,2. Daneben finden sich aber allerlei auffallende Schreibungen, die an solche des Verbums 𓐍 erinnern. Dem negierten Imperativ des § 790 gleichen: 𓐍 ... „bei einem Rinderhirten" Hor. u. Seth 6,8. 𓐍 ... „mit dem Vater" Max d'Ani 5,7. An den Infinitiv lehnen sich an: 𓐍 d'Orb. 11,2 ; 𓐍 Lieb. Harr. 3,8. — Die späten Handschriften haben 𓐍 : 𓐍 Unamun 2, 83 ; 𓐍 Amenemope 5,5 ; 9,17. — Schreibungen aller Art bietet Neschons: 𓐍 4,1 ; 𓐍 5,1 ; 𓐍 5,1 (Var.); 𓐍 4,23 ; 𓐍 3,16 ; 𓐍 4,21 ; 𓐍 4,22.

§ 624 　　　　　　　　　　　　　　　　　　Praepositionen

Anm. Über die Schreibung 𓂝𓏤 für das alte 𓂝, „von weg" vgl. oben §. 622. Umgekehrt schreibt man gelegentlich auch 𓂝 für 𓂝𓏤 „mit" (Mayer a 4, 9.).

624. Die Bedeutung von 𓂝𓏤 ist „zusammen mit" und zwar meist mit einer Person:

1) jem. ist bei jem.

„mögest du lange leben 𓇋𓅱𓂝𓏤 „indem du bei mir bist" Ostr. Berlin III, 39

𓇋𓊪𓏤𓂝𓏤 N.N. „sie lebt mit N.N." P. Salt 2,2; 2,3.

𓂜𓇋𓆑𓂝𓐍𓂝𓏤 „ich werde nicht mehr mit dir zusammen sein" d'Orb. 7,1.

2) man tut etw. zusammen mit jem.

„er hatte die Worte gehört 𓂝𓏤 𓉐𓂝 𓏤 𓂝 mit dem Hausvorsteher" P. jur. Turin 4,12.

𓇋𓅱𓏤𓏏𓏤𓊪𓂝𓏤 „man hatte mit ihm gezankt" ibd. 6,6.

3) er ist etw. „im Verhältnis zu jem.", „gegenüber jem.", „wegen etw."

𓅓𓂝𓇋𓏏𓃘𓏏 „du bist zu mir wie ein Esel" Sall. I, 7,11, vgl. auch d'Orb. 3,10.

„man hatte keinen Ort hinzutreten 𓂝𓏤 𓂝𓏪 𓏲 wegen ihrer Menge" Kadesch 115.

4) eine Sache ist „bei jem.", „er hat sie", „trägt sie".

𓈖𓇋𓇋𓊪𓂝𓏤𓂝 „ich habe ihn (den Stein) nicht" P. Salt Rs. 1,12.

„das Geld 𓏤 𓂝𓏤 das sie hat" Insc. Hier. Ch. pl. 16.

𓎉𓇋𓏠𓈖𓂝𓏤𓂝 „10 Mannschaften die dir gehören" Unamun 2,83.

So auch in barbarischer Schreibung: 𓇳𓏤𓏤𓏤 𓂝 𓏤𓏤 „Sachen die uns gehören" D. 22 (W.B. 75, nach Sethe).

5) Hierzu gehört auch die wichtige Redensart: 𓂝..... 𓂝𓏤. In ihrer vollen Form haben wir sie in:

𓂝𓅱𓏏𓂝𓏤𓂝𓇋𓇋𓂋𓇋𓈖𓉐𓂝 „der Vater meiner Mutter hat ein Haus" Max. d'Anii 5,7.

Praepositionen　　　　　　　　　　　　　　　　　§. 625 – 627

[hieroglyphs] „das Glück ist nicht bei ihm" An. V, 17, 2.
„eine Frau [hieroglyphs] die keinen Kopf hat"
Hor. u. Seth 9,10.
Gewöhnlich aber wird das *nn* des Verbums mit dem [gl] von [gl], das *nn* gesprochen wurde, zusammengezogen, ebenso wie im Koptischen ⲞⲨⲚⲦⲀϤ (Kopt. Gr. §. 366):

[hieroglyphs] „wenn sie Leben gehabt hätten" Unamun 2, 29; vgl. 1x+23.
„das Amt [hieroglyphs] es hat keinen Sohn" Max.d'Anii 6,6.
Über die Wortstellung in diesem Ausdruck vgl. §. 508; über seine negierte Form [hieroglyphs] MNTAY vgl. §. 784; über den Gebrauch von [gl] zur Koordination vgl. §. 196.

625. Das [gl], das als Konjunktion vorkommt, ist wohl immer nur eine unrichtige Schreibung für [gl] „als, weil" des §. 664 ff :
„Seth wurde sehr wütend und schrie laut [hieroglyphs]; als (weil?) sie sagten...." Hor. u. Seth 13,1 (wo ibd. 5,1; 14,10 wirklich [gl] steht); vgl. auch Lieb. Beatty 17,3.
„die Götter jubeln [hieroglyphs] weil sie den König sehen" P. Beatty I B. 28; – ebenso wird auch der Infinitiv nach [gl] zu erklären sein: „die Stätte die ihm gegeben wurde [hieroglyphs] als man ihn begrub" P. Boulaq 10 (ebenda auch [hieroglyphs] „als man sie begrub")

626. Die alte Praeposition [gl] „hinter" (Gr. §. 453) findet sich nur noch in gewählter Sprache: „sie waren versteckt [hieroglyphs] hinter Kadesch" Kadesch 31 (var. *nn* [gl]); [hieroglyphs] „hinter mir" An. I 8,3; vgl. auch §. 644.

627. [gl] „mit", das schon durch [gl] und [gl] zurückgedrängt ist, kommt in zwei verschiedenen Formen vor, in der einfachen [gl] und in einer jüngeren [gl].
Manche Texte benutzen nur die erstere Form, sowohl für „mit": „kein Heer war [gl] mit mir" Sall. III, 6,10; „zusammen [gl] mit dir" Lieb. Harr. 4,5; [hieroglyphs] „mit ihrem Bruder" Lieb. Tur. 1,2.

— als auch für „und" in der Koordination : [hieroglyphs] „mein Heer und meine Wagentruppe" Sall. III, 6,9.
Andere dagegen benutzen für „und" das einfache [hieroglyph] : [hieroglyphs] „Horus und Seth" Hor. u. Seth 4,3 ; [hieroglyphs] ibd. 2,3 u.ö. ähnlich ; — für „mit" gebrauchen sie [hieroglyphs] : „sie werden hier sein [hieroglyphs] mit mir" Hor. u. Seth 15,6. vgl. auch Sall. III 1,10 ; 5,2 (Kadesch ohne [hieroglyph]) ; „er setzte sich [hieroglyphs] mit den Göttern" Hor. u. Seth 4,3 ; 6,6 ; vgl. auch ibd. 12,1 ; Lieb. Beatty 25,1 ; „alle Kämpfer des Chattilandes [hieroglyphs] und der vielen Länder die <u>mit</u> ihm waren" Sall. III,1,10. [hieroglyph] mit Infinitiv in der Formel [hieroglyphs] vgl. §. 437. Eine späte Schreibung dafür ist [hieroglyphs] abgek. Justiz A.B.C.. Dieses [hieroglyph] gehört schon zu den vielen wunderlichen Schreibungen, die die späten Texte für dieses Wort verwenden ([hieroglyphs] Ostr. Gardiner 38).

<u>Anm.</u> Das [hieroglyphs] für „mit dir" Inscr. Hier. Ch. pl. 19 ist nur ein Fehler.

628. [hieroglyph] kommt als <u>Konjunktion</u> noch mit der Bedeutung „wann" vor :
[hieroglyphs] „wann mein Brief zu dir kommt, so u.s.w." An. III, 6,12 ; P. Bologna 10,3 ; P. Boulaq 16 ; vgl. auch §. 809.
als <u>Praeposition</u> findet es sich noch in der Formel :
[hieroglyphs] Abbott Rs. 1 u. 19, sowie in : „bleibe bis Morgen [hieroglyphs] zur Verfügung des Fürsten" Unamun 1x+8 ; 1x+11.
So auch vor einem Infinitiv : „denkst du nicht daran wie es dem Ackerer geht [hieroglyphs] beim Aufschreiben der Ernte" An. V, 15,9 wo Sall. I, 6,2 [hieroglyphs] hat. Sonst ist es durch zusammengesetzte Formen verdrängt.

629. [hieroglyph] (Gr. §. 449) findet sich noch in gewählter Sprache :
[hieroglyphs] „ich bin dir zugewiesen von der Goldenen" Lieb. Beatty 23,3 ; vgl. auch die alten Formeln Gr. 449.

630. [hieroglyphs] „unter" Kapt. 2A- . Die alte Schreibung [hieroglyph] kommt nur noch vereinzelt vor (Harr. 79,3 ; Amenemope 9,8) ; mit Suffixen schreibt man :

| Praepositionen | §. 631 |

⟨hieroglyphs⟩ d'Orb. 13,4 ; ⟨hieroglyphs⟩ ibd. 3,4 u.s.w. ; ⟨hieroglyphs⟩ Harr. 78,2.
Dass aber auch hier das ⟨o⟩, das sonst verloren war, sich vor dem Suffix gehalten hatte, zeigen: ⟨hieroglyphs⟩ Unamun 1x+4 ; ⟨hieroglyphs⟩ Wahrh. u. Lüge 2,8 ; 3,2.

Die Bedeutung ist:

1) <u>unter etw. befindlich</u>

⟨hieroglyphs⟩ „unter der Ceder" Hor. u. Seth 6,2.

⟨hieroglyphs⟩ „unter meine Füsse" Harr. 79,3.

vgl. auch P. Salt Rs. 1,3.

2) <u>unter etw. hinlegen</u>.

„er legte einen Schemel ⟨hieroglyphs⟩ unter seine Füsse" Wahr. u. Lüge 6,4.

3) <u>mit etw. beladen, etw. haben</u>

„die Schiffe sind ⟨hieroglyphs⟩ mit ihnen (dem Erz) beladen" Harr. 78,2.

„Reichtum ⟨hieroglyphs⟩ mit Kummer" Amenemope 9,8.

„das Gespann ⟨hieroglyphs⟩ welches der König hatte" Kadesch 36.

Vereinzelt stehen die Ausdrücke:

„ich bin ⟨hieroglyphs⟩ bei den (gerechten) Königen" P. jur. Turin 3,4

und das: „man sagte es dir ⟨hieroglyphs⟩ mit Bezug auf die Isis" Hor. u. Seth 5,11.

631. ⟨hieroglyph⟩ „seit" ist als Praeposition nur noch in dem Ausdruck „seit der Herrschaft" belegt: „sie sehen es nicht wieder ⟨hieroglyphs⟩ seit meiner Herrschaft" Harr. 78,8. — Mit dem Infinitiv steht es in: „mein Herr ist froh ⟨hieroglyphs⟩ wenn (er) mich sieht" Lieb. Beatty 25,3 ; „ich bin froh ⟨hieroglyphs⟩ wenn man sagt: da kommt sie" ibd. 24,7.

Als Konjunktion bedeutet es „wann", „als": „sie begehrte ihn sehr ⟨hieroglyphs⟩ als (seit?) sie (ihn) gesehen hatte" Wahr. u. Lüge 4,3. „mein Herz pocht ⟨hieroglyphs⟩ wenn ich an deine Liebe denke" Lieb. Beatty 23,10 ; vgl. auch ibd. 7,6 ; An. III, 5,3.

§. 632 - 633   Praepositionen

Im Übrigen ist es durch das 𓐍 *dr* des §. 664 verdrängt.

d. zusammengesetzte Praepositionen

632. Schon in der älteren Sprache verwendet man vielfach neben den einfachen Praepositionen Erweiterungen derselben, bei denen diesen meist ein Substantiv oder Infinitiv beigefügt ist. Ursprünglich soll diese Erweiterung ihre Bedeutung näher bestimmen: „auf den Kopf" für „oben auf", „im Innern" für „innen in"; aber im Lauf der Zeit verwischen sich diese Nuancen mehr und im Koptischen bedeutet ein ϨΙΧΝ̄- nur noch „auf" und ein ϨΝ̄- nur noch „in". Im Neuägyptischen ist diese Entwicklung noch im Gange.

Ein weiteres Schicksal der zusammengesetzten Praepositionen ist, dass sie zum Teil denjenigen Bestandteil verlieren, auf dem doch ihre Bedeutung beruht, das heisst, die alten Praepositionen 𓐍, 𓈖, 𓂋 und 𓂝. Dieser Verlust, der dem in §. 598 dargelegten entspricht, ist im Koptischen weiter gediehen (ϨΝ̄-, ΟΥΤΕ-, ϨΗΤ=, ϢΑ- u.a.); dass er aber im Neuägyptischen auch schon im Gange war, zeigen die Schreibungen der einzelnen Praepositionen.

Im Folgenden sind alle zusammengesetzten Praepositionen alphabetisch nach den Worten geordnet, mit denen sie gebildet sind; eine Scheidung der verschiedenen Arten, wie sie Grammatik §. 454-456 versucht ist, lässt sich im Neuägyptischen noch schwerer durchführen als in der alten Sprache.

633. Hier seien nur herausgenommen die in Gr. §. 454b besprochenen Verbindungen von 𓈖 und einem Substantiv, die besonders auch als Konjunktionen gebraucht werden. Hierher gehören 𓈖 𓊪 𓂝 𓐍 und 𓈖 𓌥 𓇋𓇋 𓐍 „in der Absicht zu", die in §. 438 besprochen sind. Sodann das alte *n* `3.t *n* „wegen der Grösse des" = „weil so sehr". Es steht mit dem Infinitiv oder mit einem abhängigen Verbum: „die Götter neigen sich 𓈖 𓊪 𓐍 𓂝 𓌞 𓈖 𓊪 𓇋𓇋 𓐍 𓂝 𓌞 weil sein An-

| Praepositionen | § 634 – 638 |

sehen so gross ist " P. Neschons 2,14 ; vgl. auch Lieb. Beatty 24, 8.

〰 [gl] 〰 [gl] [gl] weil ich seine Lehre so sehr befolge" Amarna V, 15,10 ; vgl. auch VI, 32 l.

634. ○ [gl] „zwischen" ⲞⲨⲦⲈ-, ⲞⲨⲦⲰ= wird später auch schon ohne ○ geschrieben ([gl] „zwischen ihnen" Unamun 2,75).

○ [gl] „zwischen seinen Füssen" Abbott 2,10.

○ [gl] „zwischen den Schenkeln" Hor. u. Seth 11, 3.

Doppelt gesetzt: „zwischen ...... und ....."

○ [gl] ○ [gl] sic „zwischen ihm und seinem älteren (Bruder)" d'Orb. 6,6 (über das [gl] vgl. §. 84) ; — oder kürzer:

○ [gl] ○ [gl] „zwischen Phönizien und Ägypten" An. IV, 6,2 ; vgl. auch Amarna, Grenzstele.

Bemerkenswert ist auch : „jeder Auftrag 〰 ○ [gl] der mir obliegt" Corr. 17 ; vgl. auch Bologna 6,7.

<u>Anm.</u> Dass man auch ein ausgeschriebenes ○ [gl] ohne weiteres auch nur <u>ỉwd</u> las, sieht man daraus, dass man gelegentlich das Verbum <u>ỉwd</u> „trennen" auch irrigerweise mit einem ○ davor schreibt.

635. Aus altem <u>m ẖr ỉb</u> „in der Mitte von" (so noch Kadesch 29) wird verkürzt sein der Ausdruck <u>ẖnb</u> für „inmitten" : „du stirbst [gl] [gl] inmitten des Meeres". Unamun 2,10 ; vgl. auch Corr. 64.

636. ○ [gl] das nach Sethe ä.Z. 64,9 vermutlich <u>r ỉm</u> zu lesen ist, wird vereinzelt ○ [gl] (Lieb. Beatty 24,9) und einmal spät auch nur [gl] (Amenemope 24,6) geschrieben und bedeutet :

1) „neben" einer Person.

„er steht ○ [gl] neben seiner Mutter" Lieb. Beatty 24,9.

„ihre Kinder sind ○ [gl] neben ihnen" Harr. 78,12.

2) „neben" einer Sache.

„der Baum steht ○ [gl] neben ihrem Hause" d'Orb 10,5.

„der Affe (d.h. Thoth) sitzt ○ [gl] neben der Wage" Amenemope 17, 22.

§. 637 - 640   Praepositionen

mit dem Nebenbegriff der Richtung:

" ich komme ⸺ [Hier.] ⸺ [Hier.] ⸺ [Hier.] um darüber zu berichten im Palaste " An. IV, 4, 10.

Anm. Dass dieses ⸺ [Hier.] wirklich auf ein *r im* zurückgeht, das sich im Neuägyptischen auch als [Hier.] erhalten hat, scheint die Stelle Amarna V, 29, 35 zu bestätigen. Hier finden sich mehrfach Angaben wie [Hier.] oder [Hier.].

637. Das alte *ỉmjwtj* (Gr. §. 453-454) "zwischen" findet sich noch einmal in " lege feines Leinen ⸺ [Hier.] zwischen ihre Glieder " (beim Bereiten des Bettes) Lieb. Kairo 12.

638. mit [Hier.], [Hier.] gebildet ist:

1) *r ꜥḳꜣ* " gegenüber "

" die Stele soll stehen ⸺ [Hier.] ihr gegenüber " Amarna, Grenzstele U.T.S. (Var. ⸺ [Hier.]; auch: ⸺ [Hier.] [Hier.] "ihr gerade gegenüber", vgl. §. 589); — vgl. auch d'Orb. 11,2.

2) *m ꜥḳꜣ* " auf (jem. schiessen) [Hier.] Kadesch 100 und in abgeschwächter Bedeutung: [Hier.] " ich werde auf sie achtgeben " P. Bologna II, 24.

639. Aus einem Verbum entstanden ist der Ausdruck für: " ausser " z. B. in: " ich setze alle Leute an das Ährenlesen [Hier.] mit Ausnahme der ...... " Sall. I, 5, 2.

Häufiger ist [Hier.] z. B. An. VIII, 3, 11, das vielleicht umgekehrt "eingerechnet" bedeutet: " das gibt 5000 Mann [Hier.] eingerechnet ihre Offiziere " An. I, 17, 5; " er wiegt 20 Deben [Hier.] mit den alten Kleidern " ibd. 10, 5.

640. Der alte Ausdruck *wp-ḥr* findet sich noch als [Hier.] in: " ich kenne keine Stelle [Hier.] ausser den zwei Stellen " Abbott 5, 6; [Hier.] " nur der Schreiber leitet " An. II, 8, 5. Als Konjunktion bedeutet es "sondern": " man nimmt ihr die Dinge nicht fort [Hier.] sondern sie empfängt sie " P. Neschons 6, 9.

Praepositionen §. 641 – 646

641. 𓀀𓏤 „vor" hat nur den beschränkten Gebrauch, mit dem es auch im Koptischen ⲘⲘⲀϨ- noch vorkommt (Gr. §. 454a; kopt. Gr. §. 388); es steht also immer bei Personen:

„du nahmst die Kleider [hieroglyphs] vor den Schatzvorsteher hin" An. VI, 34.

[hieroglyphs] „vor den Pharao senden" Abbott 5,18 u. o. vgl. auch Wahr. u. Lüge 6,4; Ostr. Berlin III, 37.

642. Das [hieroglyphs], das mit und ohne [hieroglyph] so oft adverbiell gebraucht wird (§. 621), findet sich auch mit und ohne [hieroglyph] und mit ⲙⲙ ([hieroglyph]) als Praeposition:

[hieroglyphs] „gemäss dem was ich dir gesagt habe" P. Mallet 5, 7.

„Dinge [hieroglyphs] (zahlreich) wie der Sand" Harr 78,7; vgl. auch Lieb. Tur. 11.

Und so auch: „Brot, Bier, Fleisch, Kuchen ⲙⲙ [hieroglyphs] und gleich ihnen (auch) Weihrauch" An. IV, 15, 2.

643. [hieroglyphs] „bis zu" (Gr. §. 455) findet sich noch in:

„von der südlichen Stele an [hieroglyphs] bis zu der nördlichen Stele" Amarna, Grenzstele N.

„von da an, wo ich geschrieben habe [hieroglyphs] bis zu dem heutigen Tag" Ostr. Petrie 92.

644. Das ⲙⲙ [hieroglyphs] „hinter" (Gr. §. 454) findet sich in:

„er blickte ⲙⲙ [hieroglyphs] hinter sich" Kadesch 39 (Sall. III: ⲙⲙ [hieroglyphs]).

„er stand ⲙⲙ [hieroglyphs] hinter einer Sykomore" Hor. u. Seth 6,7.

„er legte es ⲙⲙ [hieroglyphs] hinter einen Stein" P. Salt 1, 10.

Das m ḥꜣ in: „ach wäre Thoth [hieroglyphs] (d.h. als Beistand)" Sall. I, 8,3 ist wohl nur eine unkorrekte Schreibung.

645. Das alte m ḥꜣw r „mehr als" findet sich (ohne r) in:

„ich verstehe die Zügel zu fassen [hieroglyphs] besser als du es verstehst" An. I, 28, 2; vgl. auch das [hieroglyphs] An. VI, 21.

646. Von den in der Gr. §. 454,4 aufgeführten Verbindungen mit [hieroglyph] kommt eigentlich nur noch [hieroglyphs] vor; denn [hieroglyphs] findet sich nur noch:

§. 647   Praepositionen

„der Hund [hierogl.] welcher vor dir steht" Prinzengesch 7,7.
[hierogl.] „er kommt ihm zuvor" Lieb. Beatty 29,7.
Das [hierogl.], das koptisch ϩΗΤ= lautet, wird im Amenemope ohne ⌒
geschrieben, während die älteren Handschriften das ⌒ immer bewahren.
Die Bedeutung ist:

1) <u>an die Spitze von etwas setzen</u>:
   „er setzte Aufseher [hierogl.] vor sie" Unamun 2,43
   „ausgeschickt [hierogl.] vor dem Heere" An. I, 17, 3.
   Auch im Sinne von: „jemand unterstellt":
   „der Mann der pflügt [hierogl.] unter mir" An. VI, 44.

2) <u>vor etw. her sich bewegen</u>.
   „die Ochsen sind [hierogl.] vor (ihrem Hirten)" An IX, 2
   „flattern wie Blätter [hierogl.] vor dem Winde" Sall. I, 5,6.
   „sie laufen [hierogl.] vor dir her (als Diener)" An. IV, 3,1.
   vgl. auch Harr. 77,11; Amenemope 13,2.

3) <u>vor einem Verfolger</u> „fliehen", „Angst haben vor" u.ä.
   „sie laufen [hierogl.] vor dir (fort, aus Angst)" An. IV, 11, 12.
   „du hast die Stadt verlassen [hierogl.] (aus Angst) vor der
        Frau" d'Orb. 9,4.

4) <u>zeitlich vor jem</u>. d.h. ehe jem. etw. tut u.ä.
   „etw. zurüsten [hierogl.] (d.h. ehe er kommt)" An. IV, 15,1.
   „er hat den Re gesehen [hierogl.] vor dir" Amenemope 25,18; vgl. auch 5,12.
Mit dem <u>Infinitiv</u> bedeutet es „bevor":
   „schlafe [hierogl.] vor dem Reden" Amenemope 5,13, vgl. auch 5,8.
<u>Anm</u>. Das alte [hierogl.] findet sich noch Kadesch 33 und Sall. III, 9,8
   (wo Kadesch [hierogl.] hat).

647. Von den Zusammensetzungen mit [hierogl.] „Gesicht" kommen vor:
1) das alte <u>m ḥr</u> „angesichts"
   „Ich bin wie Baal [hierogl.] vor ihnen" Kadesch 63 (Sall. III [hierogl.]);
   [hierogl.] „ich schwöre vor Amun" Mayer A. Rs. 2,7.

| Praepositionen | §. 648 - 650 |

2) das alte *n ḥr*

„eintreten 𓈖 𓊪𓏏𓏤 vor ihn" Amenemope 22, 22.

„er ging 𓈖 𓊪𓍯 vorwärts" Kadesch 17 (Raifet 𓂝 𓏏𓍯).

3) *r ḥr* in seiner ursprünglichen Bedeutung in:

„sie spien ⏤ 𓊪 𓎼 𓈖𓈖 𓂋 𓎼 in das Gesicht des H." Hor. u. Seth 12, 4;

und im Sinne von „angesichts von"

„sie entblösste ihre Scham ⏤ 𓊪𓎼 𓍯 vor ihm" Hor. u. Seth 4, 2 ;
vgl. auch ibd. 2, 1 ; 3, 12 ; 7, 3.

4) das alte *ḫft ḥr* ist als *m ḫft ḥr n* erhalten in:

𓈖𓈖 𓂝 sic 𓊪 𓏏𓏤 𓏤 𓎼𓍯 „seinem Herrn gegenüber" Amenemope 6, 10.
vgl. auch Kadesch 138 (⏤ 𓂝 𓊪 𓏏𓍯).

Über 𓊪 𓊪 𓍯 als Schreibung von 𓊪 𓍯 vgl. §. 614.

648. 𓊪 𓇋 𓋴𓏏 ⏤ „ausser u. ä." hat vor Substantiven das *r* verloren:

„er isst kein Kraut 𓊪 𓋴𓏏 ⏤𓂋 𓍯𓏛 ausser *c*- Kraut" Hor. u. Seth 11, 11.

„niemand hat mit mir geredet 𓊪 𓇋 𓋴𓏏 𓅱𓎼𓏦⏤ 𓆑𓎼 ausser deinem
Bruder" d'Orb. 4, 10.

Mit Suffixen hat es das *r* bewahrt:

„alle Bäume verblühen (o. ä.) 𓊪 𓇋 𓋴𓏏 𓎼 ausser mir" Lieb. Tur. 1, 4.

„niemand sah sie 𓊪 𓂝 sic 𓊪𓏤 ⏤ ausser ihm" Hor. u. Seth 6, 7.

Statt des *r* steht auch *ḥr*:

„man bändigt die Pferde u. s. w. 𓊪 𓇋 𓋴𓏏 𓊪 𓍯 Sinn: nur du, etwas wie
dich kennt man nicht" P. Bologna 3, 10 ; vgl. auch. An. IV, 11, 4.

Als Konjunktion steht es in: „Ich hebe diesen Eid nicht auf 𓊪 𓊃 𓋴𓏏 𓇋𓏛𓎼
𓏤 𓇋𓏛 sondern er wird bleiben" Amarna, Grenzstele N. u. S.

649. 𓆑 𓂝𓏤 𓏴 „ohne" findet sich : 𓆑 𓂝𓏛 ⏤ „ohne dich" Kadesch 45 ;
„niemand handelt 𓆑 𓂝𓏤 𓏴⏤𓎼𓆑 ohne dich" An. II, 10, 2.

650. 𓆑 𓏭𓂝𓏭 „nach" kommt zwar in den Zeitsätzen als Adverb oder als Konjunktion noch oft vor (vgl. §. 808) ; in seinem übrigen Gebrauch ist
es aber durch 𓆑 𓂝, 𓊪 𓂝 beschränkt . Man trifft es in : 𓆑 𓂝𓏭 𓌳 𓉻 ⏤𓂝𓏤
𓍿𓂝𓐍 𓏏 𓏤𓏤𓏤 „nach langer Zeit" d'Orb. 1, 4 u. oft. In einer Stelle wie :

§. 651-652   Praepositionen

⸺ 𓐛𓏤 𓁷𓏤 am. S. d. H. 4 ist es nur eine alte Phrase und auch das „sie gebar dich 𓀀 ⸺ 𓏤 ⸻ 𓐛𓏤 𓁷𓏤 nach diesen Monaten" Max. d'Anii 6,18 mag ein herkömmlicher Ausdruck sein. — Über den Infinitiv nach m ḫt vgl. §. 438.

651. ⸺ bezeichnet die Abhängigkeit einer Person von einem Herrn, wie das seiner eigentlichen Bedeutung „an dem Stocke des" entspricht:

„der Schmied P. ⸺ 𓏤𓏤 𓀀 𓁷 " abbott 4,14.

„der Hirt ⸺ 𓀀 ⸺ 𓁷 B." Mayer A 1,17.

„er ist zum Ackerer gemacht ⸺ " P. Bologna II,10.

Seltener bezeichnet es die Unterstellung einer Sache:

„das Grundstück 𓈖 𓏤 𓀀 𓏤𓏤𓏤 𓁷 " Sall. I, 4,11.

„der Stall 𓈖 ⸺ 𓀀 " ibd. 4,4. — Wie das letzte Beispiel zeigt, wird auch hier das n nicht immer geschrieben.

652. 𓏤𓏤𓏤 𓐛 ẖn- hat zumeist noch die richtige Schreibung des ẖnw, doch finden sich daneben auch 𓏤𓏤 𓐛 Wahr. u. Lüge 8,7 ; 𓏤𓏤 𓐛 Hor. u. Seth 7,4 ; 𓏤𓏤 𓐛 amenemope 11,2. — Späten Texten gehört die spielende Schreibung 𓏤𓏤 𓐛 Unamun 2,71 ; P. Neschons 2,16, an. Selten findet sich für das m ein n geschrieben (vgl. An. I, 9,9 mit 𓈖 𓏤) , oder das m ist, so wie im Koptischen, unterdrückt : 𓈖 𓏤𓏤 𓐛 Mayer A, 2,6 ; 𓏤𓏤 𓐛 Hor. u. Seth 15,7. — Während im Koptischen die Form mit Suffixen verloren ist, ist sie Neuägyptisch noch gebräuchlich: 𓏤𓏤 𓐛 𓏤𓏤𓏤 P. jur. Turin 5,8 ; 𓏤𓏤 𓐛 𓈖𓈖𓈖 An. II, 4,3. Das 𓀀 ⸺ ⲛ̄ϩⲏⲧϥ das sie im Koptischen verdrängt hat, bedeutet im Neuägyptischen noch „in seinem Leibe" (amenemope 11,11 ; 13,14). Die ursprüngliche Nuance, die unserem „innen in etw." entspricht, liegt noch klar vor in: „Er war 𓈖 𓏤𓏤 𓐛 𓀀 ⸺ " in diesem Orte drin" Mayer A, 2,13 ; „sein Kopf ist 𓏤𓏤 𓐛 ⸺ 𓀀 𓏤𓏤 𓂋𓏤 innen im Ofen" Sall. I, 7,8 = An. II, 8,6.

Für gewöhnlich bedeutet es nur „in einem Orte":

„jeder Gott 𓈖 𓏤𓏤 𓐛 ⸺ 𓀀 𓉐𓉐 der im Tempel ist" Inscr. Hier. Ch. pl. 13.

Praepositionen §. 653–654

〈hierogl.〉 „in der Nekropole" Ostr. Berlin III, 31.

„die Sterne 〈hierogl.〉 die in ihm sind" Hor. u. Seth 15, 7.

Oft auch „unter" einer Anzahl von Personen u. ä.

„man kennt nicht deines Gleichen 〈hierogl.〉 unter den Leuten" P. Bologna 4, 1.

„ich sehe meinen Ochsen nicht 〈hierogl.〉 unter deinen Ochsen" Wahr. u. Lüge 8, 7.

Das Werkzeug scheint es, so wie im Koptischen zu bezeichnen in:

„man sieht 〈hierogl.〉 durch sein Auge" P. Neschons 2, 16.

653. 〈hierogl.〉 „um einer Sache (Person) Willen"

„Du fluchst auf mich 〈hierogl.〉 um dieser Rede willen" Corr. 68; vgl. d'Orb. 〈hierogl.〉 7, 8.

654. Von den Ausdrücken mit ı͗s͗ „Rücken" lebt im Neuägyptischen noch:

1) 〈hierogl.〉, spät 〈hierogl.〉 (Max. d'Anii 8, 6; Amenemope 9, 10), Kopt. ⲛⲥⲁ-; es bedeutet: „hinter etw. her":

„ihre Hirten 〈hierogl.〉 welche hinter ihnen sind" An. IX, 4.

„er ist 〈hierogl.〉 (d. h. er hütet sie) Hor. u. Seth 5, 10; 6, 9.

So auch bildlich:

〈hierogl.〉 Sinn: „ich bin täglich hinter ihm her .... und sage" P. Bologna II, 17.

„setze dein Herz nicht 〈hierogl.〉 hinter mich" d. h. mache dir keine Sorge um mich An. IV, 4, 10; vgl. auch Sall. I, 5, 6; ähnlich auch Amenemope 9, 10.

Vom Gesang, der ein Instrument begleitet steht es in:

„singen 〈hierogl.〉 zur Flöte o. ä." An. IV, 12, 2 (viermal ähnlich).

Von der Zeit steht es anstatt 〈hierogl.〉 in:

„viele Tage 〈hierogl.〉 nach diesem" Wahr. u. Lüge 7, 7.

Und etwa „trotz" wird es bedeuten in:

„keine Rede eines Menschen dringt in dein Ohr 〈hierogl.〉

§. 655   Praepositionen

[hierogl.] „trotz der grossen Verwunderung über dich" Ostr. Berlin III, 33. Und etwa „gemäss", „entsprechend" in:

„so schmähte er [hierogl.] entsprechend seinem schlechten Wesen" An. VI, 37.

2) [hierogl.] bedeutet „nach einer Zeit"

[hierogl.] Hor. u. Seth 7, 6; vgl. 14, 9.

[hierogl.] „nach mir" (zeitlich) Am. S. d. H. 5.

So auch mit einem Infinitiv:

„man fand es bei ihm [hierogl.] nach der Beerdigung" P. Salt 1, 6.

Die Bedeutung „ausser" liegt vielleicht vor in:

„Ihr (die Sterne) sollt im Westen ruhen [hierogl.] aber ausser (?) den Göttern werden auch die Menschen (darin) ruhen" Hor. u. Seth 15, 8.

3) eine gekürzte Form [hierogl.] koptisch ca- wird auch zu [hierogl.] gehören, da sie wie dieses zeitliche Bedeutung hat:

[hierogl.] „nach langer Zeit" Hor. u. Seth 4, 1.

[hierogl.] „Morgen für Morgen" P. Tur. 2, 12.

655. Mit [hierogl.] „Art und Weise" bildet man [hierogl.] und [hierogl.]; beide wechseln mit einander:

„sie schlafen [hierogl.] wie Tote" Amarna IV, 33 (lies [hierogl.] ?)

„die Erde ist im Dunkel [hierogl.] als wäre sie tot" ibd. Gr. Hymnus 3.

Und ebenso: „sein Bruder war ihm gegenüber [hierogl.] wie ein Sohn" d'Orb. 1, 2; „du bist mir gegenüber [hierogl.] wie eine Mutter" ibd. 3, 10; ähnlich 7, 5.

Das können zwei verschiedene Formen sein („nach der Art" und „in der Art"), aber das m kann auch nur eine ungenaue Schreibung für mj- sein.

Die Bedeutung ist nicht einfach „so wie" sondern „so als wäre er". - Auch

Praepositionen §. 656

wo es mit einem Infinitiv vorkommt, wird es eine solche Nuance ausdrücken: „sie sagten zu ihm 〈hiero〉 so als ob sie sich unterhielten, gesprächsweise" Prinzengesch. 5,10.

656. Die Verbindungen von š3ꜥ „anfangend" liegen vor in:

1) r š3ꜥ m meist nur š3ꜥ m „von an", das sowohl vom Ort als von der Zeit gebraucht wird.

〈hiero〉 ..... 〈hiero〉 ..... P. Mallet 1,2; ähnlich An. II, 7,5.
〈hiero〉 „von Zaru bis Opa" An. III, 1,10
vgl. auch Harr. 77,1 ; An. VI, 69

noch stärker ist diese Praeposition gekürzt in:

〈hiero〉 „vom 6ten bis zum 10ten" An. VIII, 2,9.

Zu diesem š3ꜥ m gehört offenbar auch als Konjunktion:

〈hiero〉 „von da an dass ich geschrieben habe bis heute" Ostr. Petrie 92. — wobei 〈hiero〉 nach §. 625 dem 〈hiero〉 entsprechen wird.

2) r š3ꜥ „bis", das in D. 20 u. 21 schon wie im Koptischen ϣⲁ- das r aufgegeben hat

Es steht vom Ort:

〈hiero〉 „bis zu den fernsten Ländern" Kadesch 98.
〈hiero〉 „bis nach „Theben"" Unamun 2,78.

Dabei ist aber in der Regel die Bedeutung zu „zu", „hin nach" abgeschwächt; ebenso im Koptischen (Kopt. Gr. §. 388)

„sie schicken 〈hiero〉 nach der Stadt" Abbott 5,11.
„du lässt ihn kommen 〈hiero〉 hierher" P. Bologna 10,1; 10,5.

Von der Zeit:

〈hiero〉 „bis in Ewigkeit" Abbott 6,7; ohne r Harr. 77,6.
〈hiero〉 „bis heute" Mes N. 12.
〈hiero〉 „bis heute" Coor. 74.

Die Praeposition š3ꜥ r, die noch in D. 18 belegt ist, findet sich in der Schreibung š3ꜥ 〈hiero〉 noch im Neuägyptischen; vgl. §. 443.

§. 657 – 659   Praepositionen

657. ⟨hierogl.⟩ mit folgender Praeposition ⟨mn⟩ bedeutet „bei einer Person". Man schreibt es auch gelegentlich ⟨hierogl.⟩ (P. Turin 129, 7) – und in der späten Sprache fällt das r fort. Auch das mn fehlt einmal (Dachelstele 6).

⟨hierogl.⟩ „er war bei ihm gewesen" P. jur. Turin 4, 12. „die Leute welche standen ⟨hierogl.⟩ bei ihr" Unamun 2, 77; vgl. auch ibd. 1, 21.

„Zu einer Person hin" bedeutet es in:

⟨hierogl.⟩ „ich ging zu ihm" Unamun 2, 22; ähnlich 2, 45.

658. ⟨hierogl.⟩ ist der gewöhnliche Ausdruck für „gleich wie"; das kd wird auch altertümlich ⟨hierogl.⟩ amarna VI, 33; Abbott 6, 16; Max. d'Anii 9, 6; ⟨hierogl.⟩ P. Lee 1, 7; P. Rollin 4 geschrieben und barbarisch: ⟨hierogl.⟩ P. Neschons 6, 10, ⟨hierogl.⟩ ibd. 5, 27. In: ⟨hierogl.⟩ Unamun 2, 59 ist das mn nur eine falsche Schreibung für ⟨hierogl.⟩.

Beispiele mit einem Substantiv sind:

⟨hierogl.⟩ „so wie jeder Gott" P. Neschons 3, 14

⟨hierogl.⟩ „Morgen wird wie Heute sein" Max. d'Anii 7, 15; vgl. auch Harr. 75, 6; Astr. Berlin III, 33.

Besonders häufig wird es mit Suffixen gebraucht, wo das einfache ⟨hierogl.⟩ ja verpönt ist (vgl. §. 621).

⟨hierogl.⟩ „der welcher wie ich ist" (d.h. von meinem Range) Abbott 6, 16.

„giebt es eine Dame ⟨hierogl.⟩ gleich mir" Lieb. Tur. 1, 12. vgl. auch Lieb. Beatty 23, 2. (⟨hierogl.⟩)

Dabei wird das „wie er" nach §. 597 auch als ein Wort behandelt:

⟨hierogl.⟩ „einer wie er" (d.h. ein Hund) Prinzengesch. 4, 9; vgl. auch Wahr. u. Lüge 4, 6.

659. ⟨hierogl.⟩ „ohne" findet sich nur: „sie sind alle versammelt ⟨hierogl.⟩ ohne dass einer von ihnen (etwas) weiss"

Praepositionen §. 660 – 662

an. I, 14, 5 ; ähnlich 18, 2.

⟨hierogl.⟩ siehe §. 636.

660. ⟨hierogl.⟩ kommt vereinzelt vor:

„mache dir nicht eine Fähre ⟨hierogl.⟩ auf dem Fluss" Amenemope 27, 2.

⟨hierogl.⟩ „ ⟨hierogl.⟩ „auf den Pfahl gesteckt" Abbott 5, 7.

und in dem alten: ⟨hierogl.⟩ „auf Erden" Amenemope 7, 10 ; P. Neschons 4, 14 ; 4, 15. — Charakteristisch ist, dass dieser letztere Ausdruck auch irrig ḥr tp tꜣ für ⟨hierogl.⟩ geschrieben wird:

„setzte die gute Rede ⟨hierogl.⟩ auf deine Zunge" Amenemope 11, 10.

Das alte tp m findet sich noch einmal in:

„man liess einen königlichen Truchsess ⟨hierogl.⟩ „ ⟨hierogl.⟩ vor seine Majestät (kommen)" d'Orb. 16, 7.

Zuweilen hat ⟨hierogl.⟩ den Sinn „ich allein" vgl. an. I 7, 6 mit und ohne ⟨hierogl.⟩.

661. Das ḥr ḏꜣḏꜣ n das kopt. als ϩⲓϫⲛ-, ϩⲓϫⲱ= das gewöhnliche Wort für „auf" geworden ist, findet sich in:

„er warf sie hin ⟨hierogl.⟩ oben auf die Mauer" P. Salt 1, 19 ; vgl. auch 2, 5.

„ich lege das Herz ⟨hierogl.⟩ oben auf die Blume" d'Orb. 8, 4.

<u>Anm.</u> Nur als Kuriosum sei die Stelle ⟨hierogl.⟩ an. I 21, 1 erwähnt, bei der man wirklich an eine phonetische Schreibung von ϩⲓϫⲛ- denken könnte.

662. ⟨hierogl.⟩, ⟨hierogl.⟩ ⲉⲧⲃⲉ-, zeigt vor Suffixen eine weibliche Endung: ⟨hierogl.⟩ ⲉⲧⲃⲏⲏⲧⲟⲩ. Wie man aus dem Koptischen sieht, hat sich das ⟨hierogl.⟩ (kopt. ⲉ) bei dieser Praeposition erhalten, da es sich in die folgende Doppelkonsonnanz einfügte. Daher wird es auch im Neuägyptischen noch regelmässig geschrieben und eine Ausnahme wie Unamun 2, 30, ist vereinzelt.

§ 663   Praepositionen

Die Bedeutung ist meist „zur Bezahlung von":

„ihm gegeben ⸻ [gl.] für das Bett" Insc. Hier. Ch. pl. 24.

[gl.] „ihm gegeben für ihn (den Esel)" Ostr. Petrie 3.

„er gab mir Korn ⸻ [gl.] für sie (die verkauften Dinge)" Mayer a, 2, 8.

„Anstatt einer Sache" bedeutet es in:

„sie schicken dir Sachen [gl.] statt des Lebens und der Gesundheit" Unamun 2, 30.

663. Die Verbindungen mit [gl.] zeigen im Koptischen vor dem Substantiv ein genetivisches ⲛ̄ (ϩⲓⲧⲛ̄-, ϩⲁⲧⲛ̄-, ⲛ̄ⲧⲛ̄-). Im Neuägyptischen findet sich dieses n fast nie, und ein: „sie giebt den Brief [gl.] an ein Mädchen" lieb. Tur. 2, 6 ist ungewöhnlich, auch das [gl.] „durch euren Sohn" Grabstein Turin Nr. 169 statt [gl.], wie eben-da richtig steht, ist wohl nur ein beliebiger Schreibfehler.

Mit Suffixen schreibt man es fast immer in alter Weise: [gl.] Hor. u. Seth 9, 8; [gl.] dieb. Tur. 1, 15; [gl.] P. jur. Turin 2, 6.; [gl.] P. Bologna II, 8; [gl.] Sall. I, 9, 3 und ein [gl.] Unamun 1x+17 steht vereinzelt.

Man beachte, dass man diese Verbindungen mit [gl.] noch durchweg bei Personen verwendet, wie das ja ihrer Grundbedeutung entspricht.

1) [gl.] bedeutet „etw. ist in der Hand", jem. hat etw.

„seine Waffe war [gl.] in seiner Hand" Hor. u. Seth 9, 8.

„das Gespann des Königs [gl.] welches in meiner Hand ist" Sall. I, 9, 3.

So auch übertragen in:

„er ist [gl.] in der Hand Gottes" (d. h. von ihm gequält) Amenemope 24, 11.

„in die Hand geben", „etw. jemandem geben"

„er legte seinen Brief [gl.] in die Hand seines Boten" Unamun 2, 37; ähnlich Hor. u. Seth 3, 6.

| Praepositionen | § 664 |

„aus der Hand nehmen", „von jem. empfangen":
„man nimmt seine Habe 𓂝𓏤 𓏌𓏌𓏌𓈖𓏌𓏏𓏤 von seinen Kindern" Amenemope 8,7.

𓈘𓎡𓂝𓏤 N.N. „empfangen von N.N." Ostr. Berlin III, 40.

„durch die Hand jemandes", „durch jem.":
„ich lasse den Brief bringen 𓂝𓏤 durch ihn" P. Bologna II, 8.
vgl. auch P. Bologna 5,7 ; P. Leiden 364 ; Corr. 61 ; P. Lee 1,5.
„sie pflanzte den Baum 𓂝𓏤𓈖 mit ihrer Hand" Lieb. Tur. 1,15.
„erbrochen 𓂝𓏤 𓏌𓈖𓏏 durch die Diebe" Abbott 2,13; 2,14.

Man beachte, dass es sich in diesen Beispielen noch meistens um Gegenstände handelt, die man wirklich in der Hand halten kann, oder um Tätigkeiten, die man mit der Hand verrichtet. — Ein 𓂝𓏤 kommt nur An. VIII, 1,12 vor.

2) Viel seltener ist das dem Koptischen ϨΑΤΝ- „bei" entsprechende 𓂝𓏤 , es findet sich in:

„die Königin soll lange leben, indem sie 𓂝𓏤𓊪 bei dem Pharao ist und die Prinzessinnen sollen lange leben, indem sie 𓂝𓏤𓈖𓀀𓁐 bei der Königin sind" Amarna, Grenzstele S, 12.

664. Das 𓂝𓏤 , das man seltener auch 𓏌𓏌𓏌 (An. I, 9,5) oder 𓂝𓏌𓏌𓏌 (Leiden 368; ostrk. Gardiner 55) schreibt, muss eine Form gehabt haben, die ähnlich dem Verbum 𓂞 gelautet hat, denn man schreibt es, wo es als Konjunktion steht, spät auch 𓂝𓂞 (§. 625) und ebenso schreiben späte Texte für 𓂝𓂞𓏤𓏤𓅱 „gib nicht" auch 𓂝𓂞𓏤 (§. 790).

Als Praeposition bedeutet es „wegen"
„er konnte nicht über das Wasser 𓂝𓏤 𓈖 𓂝 𓂝 𓅂 wegen der Krokodile" d'Orb. 8,1.

„er weinte 𓂝𓏤 𓈖 𓂝𓏤 𓀀 wegen der Worte" Unamun 2,67.
Und es steht weiter auch bei „erbitten von", wo man eigentlich das für 𓂝 stehende 𓂝𓂞 erwarten würde:

„erbitten 𓂝𓏤 𓅓 𓈖 𓇋 𓊃 von Re" P. Tur. 19,9; vgl. Unamun 2,28.

§ 665   Praepositionen

[hierogl.] „bei wem?"   Unamun 1x+21.

"seit" bedeutet es in:

[hierogl.] „seit deiner Geburt" An. I, 27,6 ; vgl. auch 9,5.

mit dem Infinitiv bedeutet es "als"

„er schrie laut [hierogl.] als man den Brief vor ihm las" Hor. u. Seth 14,10 (ob irrig?).

als Konjunktion (vgl. kopt. ⲚⲦⲈⲢⲈ-) bedeutet es „als", „wann":

„Seth wurde wütend [hierogl.] als sie die Worte sagten" Hor. u. Seth 5,1.

„er hatte sich der Tii zugewendet [hierogl.] als sie beraten hatte" P. jur. Turin 5,7.

„er blickt nach mir [hierogl.] wenn ich vorübergegangen bin" Lieb. Beatty 25,2. — vgl. auch andere Beispiele in §. 810.

"Seit" bedeutet es ebenso wie das einfache [hierogl.] in:

„wie lange ist es her [hierogl.] seit du aus (Theben) gegangen bist" Unamun 1x+15.

665. Neben [hierogl.] kommt nun auch noch eine Schreibung [hierogl.] vor, und zwar in dem sehr späten Amenemope. Was sie diesem Schreiber bedeutet, kann man daraus schliessen, dass er dieses [hierogl.] auch für [hierogl.], [hierogl.] „gib nicht" verwendet; vgl. §. 791. Man würde also gar nichts auf diese Schreibung geben, wenn sie nicht auch in einer älteren und guten Handschrift, im d'Orbiney, vorkäme und zwar neben dem normalen [hierogl.] (d'Orb. 7,3).

mit dem Infinitiv steht es wohl in:

„sei nicht gierig nach der Habe eines Fürsten [hierogl.] wenn du den Mund frei (?) mit vielem Brote füllst" Amenemope 15,10 ; vgl. auch ibd. 12,1

als Konjunktion steht es in:

„er weinte [hierogl.] weil er sah" d'Orb. 13,3

[hierogl.] „als er kam" ibd. 5,1.

| Konjunktionen | § 666 - 667 |

„du weisst 𓂀𓏥𓂋𓎼𓏥 als (?) du machtest u.s.w." d'Orb. 15,9 (ibd. 17,7 hat er: „du weisst 𓂀𓏥𓂋𓎼𓏥 dass du machtest").

Auffallend sind die Stellen:

𓂀𓏥𓂋𓎼𓏥 „aber wenn es (das Maass) leer ist in seinem Innern" Amenemope 18,18.

„missachte nicht den Gerechten 𓂀𓏥𓂋𓎼𓏥 wenn (? weil ?) du ein weisses Kleid anhast" ibd. 21,11 ; vgl. 11,17.

C. Konjunktionen

a. nicht enklitische

1. die Konjunktion 𓇋

666. Als Konjunktionen, von denen Verben und Sätzen abhängen, werden vielfach Praepositionen benutzt, sowohl einfache wie zusammengesetzte. Die Sprache hat dadurch Ausdrücke für:

„weil"	§ 602.	„weil so sehr"	§ 633.
„bis dass", „so dass"	§ 611.	„sondern"	§ 648
„so wie" u.ä.	§ 621.	„nach"	§ 650
„als"	§ 631	„bis"	§ 656
„als", „weil"	§ 625	„als"	§ 664

vgl. auch das 𓇋 Kopt. ⲭⲉ (§ 429) und das 𓇋𓏏𓏛 (§ 680).

667. Weitaus die häufigste unter den Konjunktionen ist 𓇋. Dass dieses neuägyptische 𓇋 identisch ist mit dem 𓇋𓂋 der älteren Sprache (Gr. § 465) liegt auf der Hand, und auch in hieroglyphisch geschriebenen neuägyptischen Texten kommt diese Schreibung noch vor (Kadesch 15). Ebenso wie das 𓇋 in 𓇋𓂋 „sagte er" (§ 715), scheint auch unser 𓇋 zuweilen 𓇋𓏭𓀀 geschrieben zu werden. So in dem

§ 668   Konjunktionen

〔𓂝𓇋𓇋𓀁𓏛〕 neben 〔𓂝𓏛〕 des § 683. — Der Schreibfehler 〔𓂝𓏤〕 (Insc. Hier. Ch. pl. 18) lehrt nichts. Im Koptischen möchte man in dem Anlaut von ϣⲁϥⲥⲱⲧⲙ unser 〔𓂝〕 wiederfinden, doch hat 〔𓂝〕 unter seinen vielen Bedeutungen keine, die zwingend hierzu passte, auch nicht in den Beispielen des § 309. — Im Allgemeinen dient 〔𓂝〕 dazu, auf das ihm folgende aufmerksam zu machen, wie ihm ja auch gern eines der Worte für „siehe" hinzugefügt wird. Diese einfache Bedeutung ist dann aber vielfach nuanciert worden, so dass wir das Wort in sehr verschiedenen Weisen übersetzen müssen.

668. Einen Gegensatz zu dem vorhergehenden bezeichnet 〔𓂝〕 in den folgenden Beispielen, wo wir es geradezu mit „aber" übersetzen können:

〔𓉐𓂋𓏤𓈖𓋴𓈖𓏤𓉐𓏥𓂝𓏛𓈖𓏌𓏤𓉐𓏥〕 „man sieht ihre Stelle, aber sie sind nicht da" Amenemope 9,19.

„Tausendmal bin ich gerechtfertigt worden 〔𓂝𓇋𓇋𓀁𓂋𓈖𓏏𓅱𓂋〕 aber er sieht nicht (auf das was die Götter gesagt haben)" Hor. u. Seth 14,1; vgl. auch Abbott 7,10.

Gern fügt man noch ein 〔𓈖𓏤𓇋𓇋𓂋〕 „siehe" hinzu:

„(So und so ist die Sache gewesen) 〔𓂝𓈖𓏤𓇋𓇋𓂋〕 aber (sie hat es verdreht)" d'Orb. 7,6.

„Amun selbst hat mich mit seinem Bilde ausgesendet 〔𓂝𓈖𓏤𓇋𓇋𓂋𓏏𓇋〕 „du liesst aber (diesen Gott 26 Tage warten)" Unamun 2,26.

vgl. auch Sall. I, 9,3; Insc. Hier. Ch. pl. 12;

Dabei ist das, wozu 〔𓂝〕 den Gegensatz bildet, zuweilen nicht ausgesprochen, wir können es dann mit unserm allgemeinen Ausdruck „indessen" übersetzen:

„sage mir dies nicht noch einmal 〔𓂝𓅓𓏏𓇋𓇋𓀁𓂋𓆓𓏏𓅱𓈖𓏤〕 〔𓂝𓏤𓇋𓇋𓀁𓂋𓉐𓂋𓂋〕 indessen werde ich es keinem sagen und werde es nicht herauskommen lassen" d'Orb. 4,1.

Oft steht ein 〔𓂝〕 „aber" auch vor einem Bedingungssatze (vgl. § 815) „sie berichteten dem Vezier wenn er in Oberägypten war 〔𓂝𓆑𓂋〕

| Konjunktionen | §. 669 – 671 |

"aber wenn er (in Unteraeg.) war, so u.s.w." Abbott 6,22.

[hieroglyphs] "aber wenn du ihn leben lässt, so werde ich mir das Leben nehmen" d'Orb. 5,3 ; vgl. auch 10,3.

669. Unserm „also", „und nun" entspricht es in:

"ich tat dies Gelübde und du erhörtest mich [hieroglyphs] nun tue ich was ich gesagt habe" Berlin 20377.

"sie sagte: „es ist kein Erbe unter ihnen [hieroglyphs] also bist du eine Lügnerin (sagte der Vezier zu ihr)" Mes N.15.

vgl. auch Unamun 1x+18 ; P. Bologna 3,3.

670. Es steht weiter vor dem Nachsatze eines Bedingungssatzes und bekräftigt ihn wohl:

[hieroglyphs] "wenn du ihn siehst ... dann sagest du" An. I, 10,4.

[hieroglyphs] "Umarme ich sie ... so bin ich wie einer der in Punt ist" Lieb. Kairo 10 (wohl irrig für [hieroglyphs]).

[hieroglyphs] "aber siehe ... so bin ich da" P. Mallet 3,8.

Auch wo ein Wort mit oder ohne [glyph] dem Satze zur Hervorhebung vorangestellt ist, beginnt dieser zuweilen mit [glyph] als wäre er der Nachsatz eines Bedingungssatzes:

"wer keinen Jungen hat ([hieroglyphs] u.s.w.) [hieroglyphs] der soll sich ein anderes Waisenkind holen" Ostr. Berlin III, 33.

[hieroglyphs] "wer da betrügerisch misst, gegen den wird sein Auge gerichtet (?)" Amenemope 19,2,

vgl. auch Kadesch 100 ; Amenemope 22,10.

671. Den Grund des Gesagten gibt es an und kann dann unserm „denn" entsprechen:

"(ihm geschieht nichts) [hieroglyphs] denn er tötete diese Leute (dass sie nicht anzeigen können)" P. Salt Rs. 2,4.

"meine Schwester wird die Ärzte zu Schanden machen [hieroglyphs]

§.672   Konjunktionen

[hieroglyphs] „denn sie kennt meine Krankheit" Lieb. Harr. 2,11.
Etwa unserm „doch", das auf den Grund nur hindeutet, da er sich von
selbst versteht, entspricht es in den vorwurfsvollen Sätzen:
„ich bin in deinem Hafen bestohlen worden [hieroglyphs] du
bist aber doch der Fürst (dieses Landes) [hieroglyphs] du bist aber doch
(sein Richter, so suche mein Geld)" Unamun 1,13.
„Er sagte zu ihr [hieroglyphs] du bist doch zu mir (wie eine
Mutter) [hieroglyphs] und dein Gatte ist zu mir (wie
ein Vater)" d'Orb. 3,9; vgl. auch ibd. 7,4; Amenemope 22,5.

672. Oft knüpft es nur locker an das Vorhergehende an in der Art unseres
„ferner", „und auch", dabei kann das [hieroglyph] dem ihm folgenden etwas
Gewicht verleihen:
„mein Herr ist es der mich gemacht hat [hieroglyphs] und auch
nach ihm sehnte sich mein Herz" An. III, 5,4.
„es waren Menschen die er schickte [hieroglyphs] und er selbst
war auch ein Mensch" Unamun 2,53.
[hieroglyphs] H. [hieroglyphs] W. [hieroglyphs] W. [hieroglyphs] N. „H. ist Sohn der W., W. aber
ist Tochter des N." Mes N.31; vgl. auch d'Orb. 11,5; Amenemope
19,23.
Häufig ist dies aber nicht der Fall und wir können das [hieroglyph] einfach als
ein koordinierendes „und" fassen. Oft steht es vor negierten Sätzen:
[hieroglyphs] „man gab doch keine Brote
noch gab man Rationen P. Mallet 2,7.
[hieroglyphs]
[hieroglyphs] „du schreibst mir weder Gutes noch
Schlechtes und niemand von denen, die du ausschickst, kommt
zu mir heran" An. V, 21,3; vgl. auch An. IV, 6,5 (aber An. II hat
statt [hieroglyph] ein [hieroglyphs]); Sall. I, 9, 8; 4,9; Mayer A 5,18; d'Orb. 5,2.
Unamun 2,24; 1×+22.
Dieses [hieroglyph] „ferner" dient denn auch in der Verbindung mit [hieroglyphs] als eine

Konjunktionen §. 673 – 674

umständliche Art der Koordination (vgl. §. 196):

„die Worte die sie (geheim) sagen 〈hiero〉 sowie die, die sie (laut) sagen" P. Nechons 5,14; ähnlich 5,16.

„ich kenne keine Stelle ausser diesem Grabe 〈hiero〉 sowie ferner dieses Haus" Abbott 5,7.

673 Auch wo überhaupt nicht an Vorhergehendes angeknüpft wird, am Anfang eines neuen Gedankens, benutzt man 〈hiero〉. Es entspricht dann etwa unserm nachgesetzten „<u>aber</u>":

„Mach dir keine Sorge um ihn 〈hiero〉 es ist doch schön, dass du ihn mir schickst" P. Bologna II, 20.

„(die Brüder hiessen A. u. B.) 〈hiero〉 A. aber besass ein Haus u.s.w." d'Orb. 1,1 (Eröffnung eines neuen Themas).

Besonders geschieht dies in der Erzählung, wo dann auf das 〈hiero〉 eine Zeitangabe folgt, die man gern mit dem betonenden 〈hiero〉 des §. 807 einleitet:

〈hiero〉 „danach aber" Insc. Hier. Ch. pl. 14.

〈hiero〉 Kadesch 15.

〈hiero〉 Wahr. u. Lüge 2,4.

〈hiero〉 Joppegesch. 1,3.

Meist benutzt man dabei einen Zeitsatz:

〈hiero〉 „aber als man u.s.w." P. Salt 1,9.

〈hiero〉 „wenn du aber erfährst" d'Orb. 8,6.

„drei Jahre fand er nichts 〈hiero〉 (das vierte Jahr) da fand er" ibd. 13,5.

„er verlangte, dass ich abreiste 〈hiero〉 als er nun aber (einmal) opferte, da u.s.w." Unamun 1x+3.

Vgl. auch P. Rollin 3; P. Lee 1,2; 1,5; Ostr. Berlin III, 38; P. Salt 2,3.

674. Damit ist der Gebrauch von 〈hiero〉 noch nicht erschöpft. Ein Lied beginnt:

〈hiero〉 „bringe es zum Hause meiner Schwester"

§. 675   Konjunktionen

Lieb. Beatty 16,9. — Die Beischrift zu einem Bilde lautet:
„die Berge in denen man Gold wäscht 〈hieroglyphs〉
sie haben diese rote Farbe"   Goldminenkarte.
Man gefällt sich auch offenbar darin, mehrere ⊙ hintereinander zu
brauchen (vgl. P. Bologna 6,6 ff; Amenemope 12,11; Lansing 2,8;
Unamun 2,30). Dabei hat sich anscheinend eine besondere Bedeutung
des wiederholten ⊙ herausgebildet; es bedeutet: „so wie..... so auch":
〈hieroglyphs〉
〈hieroglyphs〉 „aber wie sie (einst) ihren Vater nicht
begraben hat so haben (nun) ihre Kinder auch sie nicht begraben"
P. Boulaq 10,7; vgl. auch Berlin 20377.

2. andere nicht enklitische Konjunktionen

675. 〈hieroglyphs〉 (in Amarna auch 〈hieroglyphs〉) steht am Anfang eines Satzes und bedeutet wie unser „__dann__", dass etw. eintritt oder eintreten wird:
„wohl dem der deine Lehre getan hat 〈hieroglyphs〉 der wird
das Land der Gelobten erreichen" Amarna VI, 33 w; vgl. ibd. VI, 31; V, 2, 12.
„das ist gut für dich 〈hieroglyphs〉 da mache
ich dir schöne Kleider" d'Orb. 3,7; — vgl. auch Lieb. Harr. 3,5;
An. V, 9, 8; Amarna II, 8.
Auch doppelt kann es so stehen:
„ich werde mich in mein Zimmer legen 〈hieroglyphs〉
〈hieroglyphs〉 da bin ich dann lügnerisch
krank und da kommen meine Nachbarn" Lieb. Harr. 2,10.
Im Nachsatze eines Wunschsatzes steht es in:
„ach würde ich doch ihr Türhüter .... 〈hieroglyphs〉 dann
hörte ich ihre Stimme" Lieb. Harr. 2,13; vgl. auch Lieb. Kairo 13.
Es steht dann auch wie unser „so" im Nachsatze eines Bedingungssatzes:
„redet sie 〈hieroglyphs〉 so gedeihe ich" Lieb. Beatty 26,2
„wenn du das Herz in Wasser legst 〈hieroglyphs〉 so lebe ich

| Konjunktionen | §. 676 |

wieder" d'Orb. 8,5.

So auch nach einem hervorgehobenen Worte entsprechend dem 〇 in §. 670 [hieroglyphs] alle die auf mich schiessen - da fallen (ihre Pfeile) hin" Sall. III, 7,4 (Kadesch 100: ḫr).

Übrigens kann [hier] nur ein schwacher Ausdruck sein; denn man kann ihn nach Belieben setzen oder fortlassen:

 "Bereite dir das Amt des Schreibers [hier] dann wirst du ihn finden (nach dem Alter)" An. V, 8,3 ; aber An. III, 3,11 ohne [hier]) ; ähnlich An. III, 3,12 = An. V, 8,5 (auch ohne [hier]).

<u>Anm</u>. Das [hier] „dann sagt" muss eine besondere Bedeutung entwickelt haben : [hier] „er sagte als Vertröstung (??)" P. Bologna II, 15 ; ganz unklar in Lieb. Harr. 5,11 ; vgl. auch Leiden 367,5.

676. Die Konjunktion [hier], die nur im Neuägyptischen vorkommt, ist, wie ihr Gebrauch in den Fragesätzen zeigt, von dem gewöhnlichen [hier] zu unterscheiden. Man sagt hier [hier] aber [hier] (§. 737) und scheint weiter [hier] in unwilligen Fragen zu gebrauchen, [hier] in gewöhnlichen (§. 736). Wenn gelegentlich ein [hier] vorkommt, so beruht dies nur auf der Vertauschung der beiden Negationen (§. 766 Anm.).

Abgesehen von den Fragesätzen finden wir [hier] nur selten. So in:

 „er fand eine Blume [hier]" d'Orb. 13,8 – wo es auf das Entscheidende des folgenden Satzes hinweist: „<u>und da war das das Herz seines Bruders</u>".

Als <u>aber</u> steht es in:

 „ich habe den Esel [hier] wenn du aber schickst ihn zu holen (so gebe ich ihn nicht her)" P. Kairo (ä. Z. 1881, 119).

Vor einem Satze, der das Erzählte ergänzt und damit das Folgende begründet, steht es so wie sonst [hier] in:

 „abends kehrte er zurück [hier]

§. 677 - 678   Konjunktionen

die Frau aber hatte Furcht u.s.w. 〈hierogl.〉 ...sie nahm u.s.w. "
d'Orb. 4,5.

677. 〈hierogl.〉 , das dem alten 〈hierogl.〉 (Sr. §. 464) entspricht, hat sich Koptisch in
ᴀECTE erhalten. Sehr oft folgt ihm auch noch im Neuägyptischen 〈hierogl.〉
(Sr. §. 464 a). — Einen Hinweis auf das Folgende als etwas Unerwartetes
enthält es in :
„ ich hatte gehört : in Alaschija tut man kein Unrecht 〈hierogl.〉
〈hierogl.〉 und nun tut man auch hier täglich Unrecht " Unamun 2,79.

Am häufigsten benutzt man es in der Erzählung, wo man einen Satz
einfügt, der das Erzählte ergänzt und damit das Folgende begründet:
„ er ging spazieren u.s.w. 〈hierogl.〉 sein Hund
aber war mit ihm "   Prinzengesch. 8,8.
„ eine Schlange kam ihn zu stechen 〈hierogl.〉
seine Frau sass aber neben ihm "   ibd. 8,2
vgl. auch d'Orb. 1,3 ; Apophismärchen 1,1.

Als eine stilistische Eigenheit muss man es ansehen, wenn mehrere solche
Sätze aufeinander folgen:
„ er kam zum Fürsten von Naharina 〈hierogl.〉 (der Fürst hatte) aber (eine
Tochter) 〈hierogl.〉 (er hatte ihr) aber (ein Haus gebaut)" Prinzengesch. 5, 3-4 ; vgl. auch ibd. 7,9.

Über den Gebrauch von 〈hierogl.〉 in Fragesätzen vgl. §. 736 ; 737.

Rätselhaft bleibt das 〈hierogl.〉 in :
„ er sagte zu ihm : 〈hierogl.〉
〈hierogl.〉 (im Sinne von:) warum dachtest du an
etwas Schlechtes und nicht an etw. Gutes "   d'Orb. 8,2.

678. Über 〈hierogl.〉 „oder" und seinen Gebrauch zur Koordination von Substantiven vgl. §. 199 . Es wird aber auch zwischen Sätzen verwendet, wo
es dann vor dem zweiten Satze steht. Dabei bedeutet es „im andern
Falle , sonst " :

| Konjunktionen | §. 679 – 680 |

„setze dein Herz nicht auf Vergnügen 〈Hierogl.〉 sonst wirst du zu Grunde gehen" An. III, 3, 10 = An. V, 8, 3.

„bringe keinen Tag müssig zu 〈Hierogl.〉 sonst wird man dich schlagen" An. V, 8, 4 = An. III, 3, 13.

„im anderen Fall" An. VI, 83 ; – vgl. auch Astr. Berlin III, 39.

679. 〈Hierogl.〉 oder seltener 〈Hierogl.〉 bedeutet „denn":

„bereite die Ochsen zum Pflügen 〈Hierogl.〉 denn das Feld ist hervorgekommen" d'Orb. 2, 3 ; ähnlich 2, 4.

„besorge nun selbst dein Vieh 〈Hierogl.〉 denn ich werde nicht sein (wo du sein wirst)" d'Orb. 8, 3 ; ähnlich neben 〈Hierogl.〉 ibd. 10, 2-3.

„wir wollen (das Gefundene) teilen 〈Hierogl.〉 denn keiner weiss es" Insc. Hier. Ch. pl. 18, vgl. auch P. Kairo, W.B. Nr. D

Es ist wohl ein schwerfälliger Ausdruck, den man ohne Schaden auch fortlassen kann:

„lies und schreibe fleissig 〈Hierogl.〉 denn du weisst (was der König mit den Leuten tut)" Sall. I, 3, 6 ; aber An. V, 10, 3 ohne das p3-wn.

680 Als eine Konjunktion kann man im Neuägyptischen das 〈Hierogl.〉 ansehen, das dem alten 〈Hierogl.〉 (Gr. §. 532 b) entspricht und am Anfang einer Mitteilung steht, so in einer Beschwerdeschrift:

〈Hierogl.〉 „ich bin (der Sohn u.s.w.)" P. Salt 1, 1.

und ständig so in den Briefen, da, wo deren eigentlicher Inhalt oder auch ein neuer Abschnitt beginnt:

„andere Mitteilung an meinen Herrn 〈Hierogl.〉 ..... 〈Hierogl.〉 : das Haus.... ist in Ordnung" Sall. I, 4, 7 ;

〈Hierogl.〉 P. Bologna 8, 9 ; vgl. auch ibd. 3, 6.

(als Anfang des Briefes:) 〈Hierogl.〉 – (dann bei einem neuen Gegenstand:)

〈Hierogl.〉 P. Bologna II, 5-9 ,

vgl. auch An III, 1, 12 ; An IV, 4, 8 ; P. Tur 67, 1.

§ 681-682   Konjunktionen

Dass das 〈glyph〉 etwa *ĭntĕ gelautet hat, wird man aus § 839 erschliessen, wo es als vollere Schreibung für das stärker verkürzte 〈glyph〉 steht. Im Koptischen tritt es anscheinend noch als N̄T- des Perfektum II auf (Kopt. Gr. § 298).

Anm. Die alte Schwesterbildung 〈glyph〉 führt im Neuägyptischen als 〈glyph〉 noch ein bescheidenes Dasein; vgl. Beispiele von 〈glyph〉 in § 707, die aber nicht aus rein vulgären Texten stammen.

681. Von den beiden Wörtchen 〈glyph〉, 〈glyph〉 findet sich das eine, welches „als" bedeutet in: „ein Diener des Königs 〈glyph〉 als er noch Prinz war" Amarna VI, 3.

Das Andere, das alt auch als Bejahung dient, haben wir in:
〈glyphs〉 „das Land Ă., das Land C. sie sind wahrlich (?) deine Diener" Kadesch 147 (Sall. III 10,4: 〈glyph〉).

b. enklitische Konjunktionen

682. 〈glyph〉 „auch" (Gr. § 460, 461) steht am Ende des Satzes und das Wort, auf das es sich bezieht, wird hinter ihm durch ein jüngeres Pronomen absolutum vertreten:

〈glyphs〉 „und so tötet er auch sie" Unamun 2,83. „was meine Väter vordem getan haben, habe ich getan 〈glyphs〉 obgleich du deinerseits mir nicht getan hast, was deine Väter mir getan haben" Unamun 2,48; vgl. auch ibd. 2,8.

„wie sie ihren Vater nicht begraben hat 〈glyphs〉 so haben ihre Kinder auch nicht sie begraben..." P. Boulaq 10,7; vgl. auch P. Salt 2,4.

Merkwürdig ist die folgende Stelle, die durch Hervorhebung verschoben ist: 〈glyphs〉 „auch ich, ich bin kein Diener (deines Herrn)" Unamun II, 12.

Konjunktionen   §. 683 - 684

683. Die Partikel 𓅓𓏥, kommt in 1) 𓅓𓏛𓅓𓏥 vor, das, wie koptisch ϩⲱ zeigt,
später sein m verloren haben muss. — Es bedeutet „auch", „ebenfalls"
und steht, wo es auf ein einzelnes Wort geht, hinter diesem:
„deine Väter dienten dem Amun [hiero.] und auch du, du bist ein Diener des Amun" Unamun 2,32.
„hätte man dich ins Meer geworfen, wo hätte man dann den Gott
gesucht? [hiero.] und
auch du, bei wem hätte man auch dich gesucht?" Unamun 1x+21.
Wo es aber auf den ganzen Satz geht, steht es am Schlusse desselben:
„ich bin nicht dein Diener [hiero.]
𓅓𓏥 und ich bin auch nicht der Diener dessen, der dich ausgeschickt hat" Unamun 2,13 ; vgl. auch ibd. 2,37.
„ich verstehe die Zügel zu fassen besser als du [hiero.] An.I, 28, 2.
mit „wieder", „aufs neue" haben wir es zu übersetzen in:
[hiero.] „siehe ich lebe wieder" d'Orb. 15,8 ; 16,1.
Noch anders muss die Bedeutung sein in:
„was willst du mich töten [hiero.] denn
ich bin doch wirklich (?) dein kleiner Bruder" d'Orb. 7,4.
2) Das ḥr rꜥ, ḥj rꜥ enthält eine Begründung in:
„bleibe nicht stehen, wenn dies geschieht [hiero.] denn
wahrlich es geht dich an (?) " d'Orb. 8,6.
[hiero.] „denn wahrlich du kennst nicht die
Pläne Gottes" Amenemope 22,5.
Ganz unklar bleiben die Stellen: L.D.III 140c (Redesijeh) ; An. VIII, 2,5 ;
An. IV, 10,10 (mit der Schreibung [hiero.]).

684. Über die betonende Partikel 𓄿, 𓇋 siehe §. 707. — Das andere betonende
Wörtchen „j" (Gr. §. 462b) hat in gewählter Sprache noch ganz seinen
alten Gebrauch:
[hiero.] „wie schön gehst du auf" Amarna I, 41.
[hiero.] „wie froh ist mein Herz" Lieb. Beatty 25,2.

§. 685   Konjunktionen

[hierogl.] „wie wohl geht es dem von dir Gelobten" Amarna II, 25,15;
vgl. auch ibd. I, 14 ; Kadesch 161.

Aber es wird dann Sitte, das durch wj zu betonende Wort durch ein Pronomen vorweg zu nehmen; und so sagt man: „wie gross ist er, der Herr"
[hierogl.] „wie schön sind sie, deine Pläne" Amarna VI, 20.
[hierogl.] „wie gross ist er der grosse Herr ("Ägyptens")" Kadesch 46.
vgl. auch Israelstele 22 ; Amarna, Gr. Hymnus 10 ; ibd. 7.

Aus diesem jw und den mit s beginnenden Pronomina entsteht nun eine neue Partikel [hierogl.] : so lautet das zweite Beispiel in dem vulgär geschriebenen Texte so:

[hierogl.]   Sall. III, 2,5.

Vgl. ferner:

[hierogl.] „sehr schön ist meine Stunde"
Lieb. Harr. 7,5 ; vgl. auch Lieb. Beatty 24,7 ; P. jur. Turin 5,6.

[hierogl.] „wie gross ist dein Herz" Lansing 2,4.

Dabei kommt diese Schreibung auch da vor, wo das s noch als Pronomen gefühlt wird ; so steht am Anfang eines Liedes:

[hierogl.] „wie gut versteht sie ...." Lieb. Beatty 17,2.

Anm. Für die Beurteilung des jw ist interessant die Stelle, wo es sich wiederholt [hierogl.] „gerade so (?)" P. Surob III 1,24 (= P. Kahun 39)

685. Andere enklitische Wörtchen, die im Neuägyptischen nur vereinzelt vorkommen, sind:

1) [hierogl.] (Gr. §. 459) in der alten Redewendung:
   [hierogl.] ..... „es geschah aber...." Apophismärchen 1,1.
   „er ist ein Tor [hierogl.] und ich bin auch einer"
   Lieb. Beatty 23,2.

2) [hierogl.] (Gr. §. 462a)
   [hierogl.] „du (o Gott) bist (doch) der welcher richtet" d'Orb. 6,5.
   [hierogl.] „wer bist du denn ?" d'Orb. 15,9.

| Interjektionen | §. 686 - 687 |

3) 𓄿 (Gr. §. 462 a.b) das nur noch in 𓄿𓏏𓄿 vorkommt. Die Bedeutung scheint „denn" u.ä zu sein; sie muss aber sehr schwach sein, da das Wörtchen in Varianten auch fehlen kann (Kadesch 78):

„wir stehen allein 𓊃𓈖𓄿𓀀𓂝𓏪𓌰𓂡! denn das Heer hat uns verlassen" Kadesch 104.

„schicke mir das Schriftstück .... 𓄿𓏏𓄿𓍿𓏭𓀁 ich habe es (bei diesem Manne) gefunden" Ostr. Berlin III, 39.

D. Interjektionen

a. Eigentliche Interjektionen

686. Über die wie Interjektionen gebrauchten „Imperative" 𓂸𓇋𓏲, 𓄿𓏏𓄿 und das rätselhafte 𓂝𓏤 siehe §. 363 - 365. sowie an anderen Stellen. Von den alten Worten der Anrede und des Anrufs lebt nur noch ḥꜣ:

𓈖𓄿𓇋𓄿𓏏𓅱 „o du Lügnerin" d'Orb. 17,6; vgl. auch ibd. 9,4. Verschieden von diesem ist gewiss das 𓈖𓄿𓇋𓇋𓄿, das nach der angeredeten Person steht:

𓈖𓏏𓈖𓄿𓇋𓇋𓄿𓇋𓄿𓍿𓏭𓀁𓏤 „Goldene, ach setze es in ihr Herz" Lieb. Beatty 25,3; vgl. auch ibd. 23,3.

Ein Beifallsruf ist:

𓈖𓄿𓂝𓄿𓇋𓇋𓄿𓏺𓏺 „so ist es recht" An. V, 12,4. — Er wird auf 𓈖𓄿𓂝𓄿 „Jubel" zurückgehen.

687. 𓇋𓇋𓄿, auch 𓇋𓇋𓏏𓄿 und 𓇋𓄿𓇋𓇋𓄿 ist im Koptischen als ˢ·ⲉⲉⲓⲉ, ⲉⲓⲉ, ᵇⲓⲉ, ᵃⲉⲓⲁ erhalten und dient zur Bekräftigung des Folgenden. Zuweilen scheint es auch einen Gegensatz auszudrücken:

𓇋𓇋𓄿 „ja (meine Väter haben es getan)" Unamun 2,6.

„wäre der Dieb aus meinem Lande, so hätte ich es ersetzt 𓇋𓇋𓄿𓏏𓌰𓂡 𓇋𓎡𓄿𓇋𓇋𓏤 der Dieb ... (gehört) doch aber (zu dir)" ibd. 1,20.

𓇋𓆑𓇋𓇋𓄿𓍿𓏤𓊃𓂝𓏤𓏏𓀁𓄿 „und doch geht es ihm gut" P. Salt Ro. 2,2.

§ 688   Interjektionen

Oft steht es so vor einer Frage und zwar in der unwilligen Redensart
〈hierogl.〉, die „was soll es heissen" bedeutet (§ 740):
〈hierogl.〉 „ach was soll das was du sagst" An. IV, 9, 4.
〈hierogl.〉 „ach was soll das, dass du nicht giebst" Sall. I, 4, 1.
vgl. auch P. Bologna 10, 7; Ostr. Berlin III, 33.
So auch verkürzt zu blossem 〈hierogl.〉 „was fällt euch ein?" (Abbott 6, 1).
Ebenso steht es vor Negationen:
„sie schmähten ihn 〈hierogl.〉 wahrlich du hast keinen Vater" Wahr. u. Lüge 5, 4.
〈hierogl.〉 „wahrlich du hast deine Frau nicht schwanger gemacht" Ostr. Berlin III, 33

Merkwürdig ist:
„wie ist der Name meines Vaters, dass ich ihn meinen Genossen sage"
〈hierogl.〉 — der Sinn lässt: „denn sie sagen zu mir" erwarten. Wahr. u. Lüge 5, 6.

688. 〈hierogl.〉 das einmal als Pron. abs. 1 plur. vorkommt (§ 102), kommt auch als Interjektion vor und zwar in den verständlichen Stellen als Ausruf des Tadels oder des Zweifels; so am Anfang eines Mahnbriefes:
〈hierogl.〉 „du hast nicht geschrieben" Ostr. Berlin III, 39;
und ebenso in:
„was jauchzt ihr (d.h. macht euch lustig) über mich? 〈hierogl.〉 ... jauchzt doch (lieber) über das was euch angeht" Abbott 6, 2.

Vgl. ferner die Beispiele: An. I, 11, 7; 17, 8; 18, 4; P. Mallet 5, 9; An. VIII, 1, 5 Rs. 2; Cov. 68; 74; Mayer A Rs. 1, 8.

<u>Anm.</u> Als ein Wörtchen der Bewunderung finden wir ein 〈hierogl.〉 vor einem Nomen in:
〈hierogl.〉 „wie schön ist das Wesen" Kadesch 93 (Sall. III 〈hierogl.〉!).
〈hierogl.〉 „wie schön ist der Kämpfer" ibd. 117.
(Sall. III: 〈hierogl.〉!).

| Interjektionen | §. 689 – 690 |

b. Partikeln des Wunsches

689. Die Partikel [hierogl.] steht vor dem Praesens I:

[hierogl.] „ach wäre ich doch in Aegypten" Sall. III, 6,7 (die hieroglyphischen Texte Kadesch 91 haben [hierogl.]).

[hierogl.] „ach dass meine Mutter doch mein Herz kennte" Lieb. Beatty 25,3; vgl. auch An. IV, 11, 12.

Das koptische ᵃ ϨΑΜΟΙ ᵇ ΑΜΟΙ besteht aus ihm und dem [hierogl.] des §. 361.

[hierogl.] „lass mich dich erinnern" An. I, 27,4.

[hierogl.] „lass mich (dir sagen u.ä.)" ibd. 19,6.

690. [hierogl.] kommt nur noch in gewählter Sprache vor (vgl. das Beispiel im vorigen Paragraphen, Kadesch 91).

Verdrängt ist dieses Wort durch eine jüngere Form desselben, die man [hierogl.] schreibt als sei sie ḥl zu lesen (vgl. §. 29).

Gewöhnlich folgt diesem [hierogl.] „mir".

Eigentlich bedeutet dies gewiss: „o, dass doch mir geschähe", „zu teil würde". So in:

[hierogl.] „o hättest du doch" An. I, 25,1.

[hierogl.] „ach hätte ich doch Thoth hinter mir" Sall. I, 8,3; ähnlich Ostr. Gardiner pl. XI.

Oder mit einem Verbum (in der n-Form):

[hierogl.] „ach kämest du doch zu der Schwester" Lieb. Beatty 29,1; 30,1; vgl. auch ibd. 29,5 ([hierogl.]).

In anderen Fällen bedeutet es dagegen „o, dass ich wäre":

[hierogl.] „o wäre ich doch ihr kleiner Ring" Lieb. Kairo 16; vgl. auch ibd. 13; 14.

Ohne das [hierogl.] steht es in:

[hierogl.] „ach würde ich doch zum Türhüter gemacht" Lieb. Harr. 2,12.

Siebentes Buch

die Sätze

A. die Teile des Satzes

a. Wortstellung

691. Da die Ausdrucksmittel der Sprache sehr beschränkt sind, kann sie sich den Luxus einer schwankenden Wortstellung nicht erlauben, und Fälle wie die im §. 696 sind nur selten. — Die alte normale Stellung: <u>Subjekt</u>, <u>Objekt</u>, <u>Dativ</u> findet sich noch da, wo es sich nur um Substantiva handelt:

[hieroglyphs] N. "P. gab dem N. fünf Sklaven" P. Salt 1,3.
[hieroglyphs] "dieser Fürst.... hat Worte gesagt zu dem R." Abbott 7,8.

<u>Anm</u>. Von den wesentlichen Teilen des Satzes entbehren auch im Neuägyptischen das Subjekt und das Objekt eines äusseren Kennzeichens; man kann sich nur an ihrer Stellung im Satze erkennen. Für das dativische Verhältnis hat die Sprache die Praeposition ⲙ beibehalten. Man könnte erwarten, dass sie sich auch einen deutlicheren Ausdruck für das Objektsverhältnis in einer Praeposition geschaffen hätte, wie dies ja das Koptische dann in der Tat mit seinem ⲛ- und ⲉ- getan hat. Das ist aber nicht geschehen und auch bei einem Fall wie ⲛⲁⲩ ⲉ- ist man über den Ansatz §. 610 (Nr.4) nicht herausgekommen. Über das pronominale Objekt, das man beim Infinitiv durch die Suffixe, bei den anderen Verbalformen durch die alten Pronomina absoluta ausdrückt, siehe §. 82 ff; §. 87 ff.

Wortstellung § 692 – 693

692. Auch die gewöhnlichen Sätze, die ungleichmässige Bestandteile haben, werden in gewählter Sprache noch richtig behandelt, d.h. alle Pronomina haben den Vortritt vor den Substantiven und unter den Pronomina stehen wieder die Suffixe vor dem Pronomen absolutum:

[hieroglyphs] „er baute sich ein Schloss" d'Orb. 9,1.
[hieroglyphs] „ich werde ihm dies tun" An. IV, 3, 2.
[hieroglyphs] „er bringt sie dir dar" Amarna I, 41.
[hieroglyphs] N.N. [hieroglyphs] „der Hausvorsteher N.N. hat sich die zwei Frauen genommen" An. VI, 43.

vgl. auch Joppegesch. 3,7 ; An. IV, 11, 12 ; Cav. 19,5.

693. Aber in der Regel wird diese Stellung dadurch gestört, dass man das dativische Suffix, wie das ja vereinzelt auch schon früher vorkommt (Sn. § 484), hinter das Objekt setzt. Sowohl hinter ein nominales Objekt:

[hieroglyphs] „(und) ich werde das Geld dieses Mannes ihm geben" Ostr. Berlin III, 37.
[hieroglyphs] „gib ihm seine Kraft" Med. Habu (1ter Hof).

Als auch hinter das [hieroglyphs], [hieroglyphs] u.s.w.

[hieroglyphs] „Re gibt sie dir" Kadesch 148.
[hieroglyphs] „die Schreiber haben sie mir gesagt" Abbott 6,18.
[hieroglyphs] „gib es ihm" P. Kairo W. B. Nr. D
[hieroglyphs] „die möge er mir geben" Ostr. Berlin III, 35.
„er ist es [hieroglyphs] der sie uns gegeben hat" An V, 26,1.

vgl. auch Unamun 2,47 ; Lieb. Beatty 17,1 ; Lansing 2,9 ; d'Orb. 8,2.

Hieran schliessen sich dann auch Beispiele, in denen ein dativisches Suffix hinter ein nominales Subjekt gesetzt ist, das am Ende des Satzes steht:

[hieroglyphs] „lass es die Kinder des Veziers ihm sagen" P. Turin 45, 8.
[hieroglyphs] „während andere sie sich genommen hatten" Harr. 49,5 ; vgl. auch Amarna V, 29.

§ 694 - 696   Wortstellung

Hierher gehört auch:

[hieroglyphs] „es ist gut für dich" An. I, 9, 9.

694. Am Schluss des Satzes stehen in der Regel die Ausdrücke des Ortes, der Zeit, der Art und Weise u. ä. — alles das, was den Adverbien unserer Sprachen entspricht. Dabei sind sie oft so weit von dem Verbum getrennt, dass wir Gefahr laufen, sie zu einem dazwischen stehenden Satzteile zu ziehen:

[hieroglyphs] „und nun kommst du wieder und sagst: beeile dich" Unamun 1x+10, vgl. ibd. 2, 21; 2, 77.

[hieroglyphs] „wir sind heute hier und kommen Morgen dahin wo der Vezier ist" Corr. 74.

695. Dass eine Zeitangabe einen Satz beginnt, findet sich zunächst bei dem Datum (vgl. §. 186) und dann auch in einer Angabe, die das Datum vertritt:

[hieroglyphs] .... „an dem Tage wo ich (nach Tanis) kam (wo Smendes und Tentamon wohnen) [hieroglyphs] gab ich ihnen (die Briefe)" Unamun 1, 8; vgl. auch §. 598.

696. Die hier besprochene Art der Wortstellung wird nun verschiedentlich durchkreuzt. Vgl. die Fälle, die bei der Hervorhebung und der Ellipse in §. 699 ff.; 708 ff. besprochen sind.

Des Weiteren fügt man dann auch kurze oder lange Ausdrücke parenthetisch in den Satz ein:

[hieroglyphs] „Re gibt dir — jedesmal wenn du aufgehst — 100.000 Jubiläen" Amarna II, 36.

[hieroglyphs] „ich lasse sie — sowie jeden Gott — alle Dinge empfangen" P. Neschons 5, 27.

[hieroglyphs] „ich bin — in dem was ihn betrifft — wie eine Witwe" An. VI, 32; vgl. auch Kadesch 75.

Anrede. Hervorhebung §. 697-699

b. die Anrede

697. Die Anrede ist natürlich immer bestimmt, sei es, dass sie einen Namen enthält, oder sei es, dass ihr der Artikel oder ein Demonstrativ vorgesetzt ist.

Wo sie nachdrücklich zum Anhören des Gesagten auffordert, steht sie dem Satze voran, so in Gebeten, Ermahnungen u.ä.:

[hieroglyphs] .... „O Thoth setze mich (nach Schmun)" Sall. I, 8,3.

[hieroglyphs] „Schreiber E. wende dich um" An. IV, 10,1.

[hieroglyphs] „mein Herz poche nicht" Lieb. Beatty 24,4.

Dass man die Interjektion [hieroglyphs] vor eine solche nachdrückliche Anrede setzt (Gr. 488 a) ist nicht mehr üblich.

698. Wo die Anrede nicht nachdrücklich ist, setzt man sie dem Satze nach:

[hieroglyphs] „ich werde dich zu einem Menschen machen, du schlechter Junge" Sall. I, 8, 2.

[hieroglyphs] „Blicke auf mich, du Fürst von Joppe" Joppegesch. 1,11.

Oder man fügt sie auch in ihn ein:

[hieroglyphs] „sei nicht töricht, mein Herz" Lieb. Beatty 24, 2.

[hieroglyphs] „ein jeder, der dich in sein Herz schliesst, o Amun, siehe dessen Sonne ist aufgegangen" Insc. Hier. Ch. pl. 26.

c. Hervorhebung

1. Allgemeines

699. Hervorhebung und Betonung spielen im Neuägyptischen dieselbe Rolle wie in der alten Sprache, vgl. Gr. §. 489 ff und oben §. 447 ff.

Die alte Art, das <u>Subjekt</u> eines Satzes dadurch zu betonen, dass man es ohne eine Einführung, allein im Sinne von „er ist es" hinstellt

§. 700 – 701   Hervorhebung

und ihm dann sein Praedikat wie einen Relativsatz beifügt, ist, so
weit es sich um Substantiva handelt, selten geworden. So finden
wir als Antwort auf die Frage: „ wer hat dich geblendet ? " (W.u.d.6,6)
[hieroglyphs] „ mein Bruder hat mich geblendet "
und auch die Briefformel „ a sagt zu B ", a. [hieroglyphs] B. Insc. Hier.
Ch. pl. 13 ; a. [hieroglyphs] B. Sall. I, 3, 11 ; a. [hieroglyphs] B. An. III, 5, 5 ;
Sall. I, 3, 5 ; an. III, 6, 2 – wird ursprünglich bedeuten : „ a. ist es, der
zu B. sagt ".

<u>Anm.</u> auch das unpersönliche [hieroglyph] kann vor einem solchen Satze stehen :
„ sie sagte : ich habe dir 2 Stück Kupfer gegeben ... [hieroglyphs]
[hieroglyph] während es doch der Schreiber P. war, der sie mir gegeben
hat " Ostr. Berlin III, 37.

700. Desto häufiger ist der Gebrauch einer solchen Hervorhebung, wenn das
Subjekt ein Pronomen ist. Man benutzt dabei stets das jüngere Pronomen, das ja an und für sich die betonte Form ist ; das Verbum
steht im Particip :

[hieroglyphs] „ ich bin es gewesen, der (das Haus) baute "
Insc. Hier. Ch. pl. 12.

[hieroglyphs] „ du hast dich selbst gerichtet " Hor. u. Seth 7, 11
[hieroglyphs] „ sie haben es wirklich getan " Unamun 2, 5.
Wo das Verbum im <u>sdm.f</u> steht hat es vielleicht futurische Bedeutung :
[hieroglyphs] „ ich bin es, der sie ..... lassen
werde " An. V, 19, 2.

<u>Anm.</u> Auch hier kann ein unpersönliches [hieroglyph] vor den Satz treten :
[hieroglyphs] „ indem er es war, der ihn erzogen hatte "
P. Salt 2, 14 ; vgl. auch d'Orb. 1, 2-3 ; Kadesch 51 (= Sall. III 2, 9).

701. Die im §. 699 besprochene Art der Hervorhebung, die, wie bemerkt, bei
Substantiven fast ausgestorben ist, hat dieses Schicksal gehabt, weil
man es vorgezogen hat, in diesem Falle dem Subjekt die Partikel [hieroglyph],
neuägyptisch [hieroglyph] vorzusetzen (vgl. Sr. §. 489 b). Man beachte, dass man

Hervorhebung § 702

die alte Schreibung 𓇋 gern vor Götternamen verwendet.

Auch hier steht das Verbum meist im Particip. So mit 𓄿:

𓄿𓂝𓏥𓏤 ... "die Liebe zu ihr ist es, die mich stark macht" Lieb. Kairo 8.

𓄿 ... "dein kleiner Bruder ist es, der (mich) geschlagen hat" d'Orb. 4,7.

mit 𓇋:

𓇋 ... "a. hat berichtet" Ostr. Berlin III, 86.

... "Amun schickte ihn fort und er lässt ihn (jetzt) gehen" Unamun 1×+5.

vgl. auch Amarna II, 30; V, 33 E; P. Rainer; Leiden 361 (aber mit m).

Wo *śdm.f* folgt ist die Bedeutung zum teil sicher futurisch:

... "die Goldene wird sie dir geben" Lieb. Beatty 30, 6; vgl. auch ibd. 17,1.

... "der Nil wird dir Wasser geben" Rec. de Trav. II, 125, vgl. auch Bologna II, 6.

Anm. Auch hier kann dem Satze das unpersönliche 𓇋𓂝 vorangehen:

𓇋𓂝 ... "indem H. es war der mir sagte" Corr. 68.

vgl. auch P. Boulaq 10; An. VI, 85.

Beachtenswert ist das Beispiel Petrie, Koptos 18,1 (§ 533; Seite 259) wo das hervorhebende *m* im dritten und vierten Satze fortgelassen ist.

702. Dieses selbe 𓄿 wird nun auch zuweilen <u>hinter</u> einem Verbum verwendet, um dessen Subjekt anzugeben, das vorher nur durch das Suffix ausgedrückt ist. Vermutlich ist dies nichts weiter als die alte Praeposition 𓇋 des § 619:

... "so sagte er, dieser Fürst" Abbott 1,14; vgl. auch Mes n. 15.

"die zwei Teile ... die meine Mutter mir gegeben hat" Ostr. Berlin III, 37.

... "so sagte er, sein Sohn" P. Salt 2,3.

§.703   Hervorhebung

Anm. Vgl. auch die Stellen:

[hieroglyphs] „was sind sie denn für dein Herz, diese Asiaten" Sall. III, 6,8 (Kadesch ohne m).

[hieroglyphs] „was soll es, dass du es sagst?" Unamun 2,79.

2. Mit Voranstellung des Hervorgehobenen

703. Die gewöhnlichste Art der Hervorhebung ist diejenige, bei der das zu betonende Wort vor den Satz gestellt und in ihm durch ein Pronomen ersetzt wird.

So bei einem Subjekt, das man dann durch [gl], [gl] ersetzt:

[hieroglyphs] „mein Herz ist nicht in meinem Leibe" An. IV, 5,3; vgl. auch ibd. 3,11

„der šdḥw, der süss war in meinem Munde [hieroglyphs] der ist (bitter) wie die Vogelgalle" Lieb. Harr. 5,2; vgl. ibd. 2,7

[hieroglyphs] „alle Vögel von Punt flattern nach Aegypten" ibd 4,3-4; vgl. auch Harr. 76, 7-8

Ebenso mit Ersetzung durch ein Suffix:

[hieroglyphs] „deine Strahlen, die umarmen die Länder" Amarna V, 2, 4.

Bei einem Objekt:

[hieroglyphs] „siehe den Auftrag (den meine Väter gemacht haben) [hieroglyphs] den habe ich (auch) ausgeführt" Unamun 2,47

[hieroglyphs] „mich wird man suchen" ibd. 2,81.

[hieroglyphs] „den Knaben, den zieht man auf" An V, 10,6 ebenso Sall. I, 3,8 aber: [hieroglyphs] u.s.w.

Andere Fälle sind:

[hieroglyphs] „ein jeder, der dich in sein Herz schliesst, o Amun, siehe dessen Sonne ist aufgegangen" Insc. Hier. Ch. pl. 26.

Hervorhebung §. 704-705

[Hieroglyphen] „alle fernen Länder, deren Lebensunterhalt bereitest du" Amarna, Gr. Hymnus 9.

<u>Anm.</u> Zuweilen fehlt das ersetzende Pronomen als selbstverständlich.

[Hieroglyphen] „die Länder Syrien u. Äthiopien, und das Land Ägypten, (da) setzt du einen Jeden auf seinen Platz" ibd. 8

[Hieroglyphen] „Schreiben u. Briefe hast du nicht" Unamun 1x + 19.

704. Wird bei einer Hervorhebung dieser Art zum Ersatz des vorangestellten Wortes nicht das gewöhnliche [Zeichen] genommen, sondern das Pronomen [Zeichen], so ist die Betonung eine noch stärkere. Einen Satz wie den folgenden müssen wir im Deutschen so wiedergeben: „Denn <u>der</u>, der älter ist als ich, <u>der</u> ist es, der mich erzogen hat":

[Hieroglyphen] d'Orb. 3,10.

[Hieroglyphen] „mein Herr, <u>der</u> ist mein Schöpfer" An. III, 5, 4.

[Hieroglyphen] „auch <u>du</u> bist ein Diener des Amun" Unamun 2, 32.

vgl. auch Sall. I, 6, 8 = An. V, 17, 1 ; Sall. I, 5, 12.

705. Vor das Wort, das nach §. 703 vor den Satz gestellt wird, setzt man auch im Neuägyptischen noch gern die Partikel [Zeichen] sowohl vor einem Substantiv als vor einem Pronomen absolutum.

So bei einem Subjekt:

[Hieroglyphen] „Horus schlief (unter einen Baum" Hor. u. Seth 10, 2 (als Zusatzbemerkung).

[Hieroglyphen] „ich bin ein Sohn (des...)" Mes N 2 ; vgl. auch S. 13.

[Hieroglyphen] „der Genosse (des B.) nahm (einen Ochsen)" Mayer A. 3, 23.

vgl. auch P. Bologna II, 6 ; Ostr. Berlin III, 33 ; Amenemope 21, 7.

Aber auch in anderen Fällen:

§ 706   Hervorhebung

[hieroglyphs] „die Worte (die die Leute gesagt haben) [hieroglyphs] kenne ich nicht" P. jur. Turin 2,5 ; vgl. auch ibd. 3,1.

[hieroglyphs] N.N. [hieroglyphs] „meinen Esel hat N.N. gestohlen" Ostrk. Gardiner 53 ; vgl. auch Ostr. Berlin III, 35.

[hieroglyphs] „was vordem aus meinem Munde gekommen ist, das ist das was ich (jetzt auch) sagen werde" Mayer A. Rs. 2,17.

So hebt man auch Zeitbestimmungen hervor:

[hieroglyphs] „nun zur Zeit des Pflügens" d'Orb. 2,2

[hieroglyphs] „nun viele Tage danach" ibd. 2,7 ; vgl. auch § 593.

<u>Anm. 1.</u> In dem Stil Amenemope fehlt dabei oft [sign] :

[hieroglyphs] „der Scheffel ist das Auge des Re" 18,23.

[hieroglyphs] „der Mensch ist Lehm und Stroh und Gott ist sein Baumeister" 24,13—14 ; vgl. auch 21,5 ; 17,7.

<u>Anm. 2.</u> auch zwei Teile des Satzes können zugleich hervorgehoben werden: [hieroglyphs] „alles dies was getan ist, sie welche es getan haben — möge dies was sie getan haben auf ihr Haupt fallen" P. jur. Turin 3,1.

3. mit Hintenanstellung des Hervorgehobenen.

706. Seltener wird ein Wort dadurch betont, dass man es dem Satze hinten anfügt:

[hieroglyphs] „es ist gut, das was du getan hast" Corr. 17.

[hieroglyphs] „wo ist denn das Schreiben des Amun?" Unamun 1x+16, ähnlich ibd. 1x+17.

[hieroglyphs] „und so tötet auch <u>er</u> sie" ibd. 2,83. Hierher gehört auch der in § 338 Anm. und in § 339 besprochene Gebrauch eines Pseudoparticips am Schluss eines Satzes:

⟨hieroglyphs⟩ „sie blieben den Winter da liegen" Unamun 2,44.

⟨hieroglyphs⟩ „bis dahin wo die Balken lagen" ibd. 2,62.

4. Verschiedenes

707. Das alte betonende r ist selten geworden; als ⟨hier⟩ findet es sich:

⟨hieroglyphs⟩ á.J. 55,85 (D.18); vgl. auch §. 684, ähnlich Insc. Hier. Ch. pl. 26. — Das ⟨hier⟩ kommt vereinzelt noch nach Imperativen vor; vgl. §. 360 Anm. sowie: ⟨hieroglyphs⟩ „wünsche" Amenemope 8,13; vgl. doch auch Amarna VI, 30; Ostr. Berlin III, 32 — und so auch in ⟨hieroglyphs⟩ „passe auf auf (meine) Leute" Corr. 64.

Über das ⟨hier⟩ in Fällen wie ⟨hier⟩ u.s.w. An. III, 7,3 und seine Entstehung vgl. §. 684.

d. Ellipsen

708. Der in der alten Sprache so häufige Fall, dass man im zweiten von zwei parallelen Sätzen die Bestandteile fortlässt, die schon im ersten vorkamen, findet sich nur noch im gewählten Stil:

⟨hieroglyphs⟩ „du bist wie eine Kapelle (ohne Gott)

⟨hieroglyphs⟩ wie ein Haus (ohne Brot)" An. IV, 11,11; vgl. auch Sall. I, 8,6.

auch die Ellipse im Vergleiche kommt nur noch ausnahmsweise vor:

⟨hieroglyphs⟩ „sie ansehen ist wie einen Stern (ansehen)" Lieb. Beatty 22,1.

⟨hieroglyphs⟩ „seine Lebensdauer ist wie (die Lebensdauer von) Memphis" An. II, 1,2 = An. IV, 6,3.

„seine Rede ist trefflich ⟨hieroglyphs⟩ wie die des Thoth" An. II, 4,7; vgl. 3,3.

709. Zur lebendigen Sprache gehören dagegen die Fälle, in denen der Sprechende ebenfalls einen Teil des Gedankens unausgesprochen lässt, da er sich von selbst versteht; so ist das Verbum ausgelassen in:

§. 710-712   Ellipsen

〈hiero〉 (scil. sollst du den Brief lesen) P. Bologna II, 2.
〈hiero〉 „(neige) mir dein Antlitz" An. IV, 5, 7 = An. II, 5, 7.
〈hiero〉 „ gebt Acht" P. jur. Turin 2, 8.
In anderer Weise sind verstümmelt:
„er sagte: 〈hiero〉 (das ist) Lüge" Mayer A, 3, 22.
〈hiero〉 „nach seinem Belieben" eigtl. „nach allem dem (wonach) sein Herz (steht)" Mes N. 32.
〈hiero〉 im Sinne von: „weisst du nicht wie mein Herz sich nach dir sehnt?" statt s͗w n ỉb·k. Corr. 68.

710. Zu den ständigen Ellipsen gehört das auch schon alt belegte (Gr. 446, 2)
〈hiero〉 „er ist nach", für: „er geht nach".
„wenn ich lüge 〈hiero〉 so (will) ich nach Nubien (geschickt werden)" Mes N, 28; ähnlich N, 35.
〈hiero〉 „ich will nach Memphis" Lieb. Harr. 2, 6.

711. Die Ellipse des Verbums „sagen", die schon in der alten Sprache vorkommt (Gr. §. 498) findet sich in verschiedenen Fällen; man sagt „sie sind" für „sie sagen" und „dir" für „ich sage dir"
〈hiero〉 „sie (sagen): gieb Korn her" Sall. I, 6, 6 = An. V, 16, 6.
〈hiero〉 „komme (dass ich) dir (sage) wie er geht" An. IV, 9, 7 = An. III 5, 9; ähnlich An. I, 9, 9.
〈hiero〉 „der welcher in Syrien ist (sagt) komme, hole mich nach Aegypten" Ostr. Gardiner pl. II.
Auch das 〈hiero〉 Mayer A 4, 4 im Sinne von „sage mir" wird hierher gehören; vgl. auch Corr. 68.
Über die elliptischen Formen ỉn·f, ḫr·f, k͗ꜣ·f siehe unten §. 714 ff.

712. Über die Ellipsen in Zeit und Bedingungssätzen und besonders beim Schwur vgl. §. 817, sowie §. 584 ff. Es handelt sich meistens darum, dass man einen Ausdruck wie „es geschieht" fortlässt, und dann an dieses nur gedachte Verbum ein zweites im Konjunktiv an-

Ellipsen §. 713 – 714

knüpft. „Als man es vermisste und da brachte er es". „Er schwur: und ich zahle nicht, so bekomme ich 100 Schläge".

713. In geschäftlichen Schriftstücken lässt man natürlich gern Alles fort, was für den Kundigen selbstverständlich ist, so wird z. B. in der Formel 👁︎ „das beträgt" (§. 268 Anm.) die vollständige Angabe: 👁︎ 〇 ⚊ ⎮ „beträgt Kupfer 10 Pfund" verkürzt zu 👁︎ ⚊ ⎮ „beträgt 10 Pfund" und das weiter zu: 👁︎ ⎮ „beträgt 10", vgl. z. B. Ostr. Berlin III, 38; ibd. 34; Insc. Hier. Ch. pl. 16. und oft

Anm. Gewiss sind aber nicht alle Fälle, wo Worte in einem geschäftlichen Texte fehlen, als sprachliche Ellipsen zu fassen. Bei eiligem Schreiben lässt man auch Worte ungeschrieben, die man in der Reinschrift oder beim Lesen ergänzen würde. So gibt ein Schreiber die Formel „nun viele Tage danach" nur mit 👁︎ ⎮ ▢ ⦾ ⫶ (Mayer B 3; ibd. 6) wieder und derselbe schreibt für „ich habe ihn nicht gesehen": ⌇ 〇 ⎮⎮ ⎮ ⎔ (Mayer A, 4,17; ähnlich 4,19) und schreibt ⤴ für ⤴ ⤵ (Mayer A, 1,24).

714. Die alten Ellipsen, bei denen man ⤴ fortlässt und nur das ⎮, 👁︎ und ⤳ ⤴ ihrer Formen dd-ỉn·f, dd-ḫr·f, dd-k3·f (Sr. §. 501) gebraucht, haben sich lebendig erhalten. Zwar das ⎮ vor nominalem Subjekt findet sich nur noch in Tell Amarna am Anfang einer Inschrift zur Angabe der Person, die sie spricht (Amarna I, 8; II, 23). Aber desto häufiger ist die Form mit Suffixen, die man so zu schreiben pflegt.

    1. sing. ⎮⤴ ⫶   3. fem. ⎮⤴ ⤳ ⎮ ∘
    2. masc. ⎮⤴ ⤳   3. plur. ⎮⤴ ⦾ ⫶⫶⫶
    3. masc. ⎮⤴ ⤵   „man" ⎮⤴ ∘ ⦾

Wo ein nominales Subjekt stehen soll, nimmt man die dritte Person und fügt ihr mit dem ⤴ des §. 702 das Substantiv bei:

⎮⤴ ⤳ ⤳ ⤴ 𓀀 ⤴ ⫶ „der Vezier sagte zu ihr" Mes N.15; vgl. Abbott 6,14.

Statt des ⤴ schreibt man auch hier vor einem Götternamen ⎮ :

357

§. 715   Ellipsen

[hieroglyphs] „wahrlich so hat Amon Re gesprochen" Unamun 2, 25.

Dass man diesen Ausdruck beliebig verwendet, ist selten, so in dem eben zitierten Beispiel Unamun 2,25 und so in dem Relativsatz:

[hieroglyphs] „das was sie sagte" d'Orb. 16,5. — Sonst braucht man den Ausdruck stets nach einer direkten Rede und zwar nicht nur als einen zwecklosen Zusatz „sagte er", wie er überall in volkstümlicher Rede üblich ist. Vielmehr braucht man ihn auch dazu, um die Umstände der Rede klar zu machen: „er sagte: Morgen gehe ich [hieroglyphs] sagte er in seinem Herzen" d'Orb. 13,6.

Vor allem macht man es so deutlich, an wen sich die Rede richtet; und zwar geschieht dies in bestimmten Formen. Die vollständige lautet: „so sagte er, indem er zu ihm sagte:

[hieroglyphs] d'Orb. 5,5 ; [hieroglyphs] ibd. 16,5

Dabei wird nach §. 617 das [sign] oft nicht geschrieben:

[hieroglyphs] d'Orb. 5,16 ; [hieroglyphs] ibd. 2,4.

Und noch kürzer sagt man:

[hieroglyphs] Unamun 2,5 ; [hieroglyphs] ibd. 1x+22 ; [hieroglyphs] Berlin 20377 ; [hieroglyphs] P. Bologna II, 24.

715. Während das vollständige ḏd-ẖr.f im Neuägyptischen kaum noch vorkommt, ist dessen Kürzung [hieroglyphs] noch im Gebrauch, wenn sie auch nicht so häufig wie das [hieroglyphs] ist.

Wie einzelne Schreibungen zeigen, muss das [sign] schon verloren gegangen sein: [hieroglyphs] für [hieroglyphs] Mayer A 3,23 ; 3,25 ; 4,17 ; [hieroglyphs] für [hieroglyphs] Sall. III,6,2 ; [hieroglyphs] für [hieroglyphs] im Grab des Hui (Theb. Gr ⟨112⟩).

Auch hier ist der gewöhnliche Gebrauch ein „sagte er", das einer direkten Rede angehängt oder in sie eingeschaltet wird (An. VI, 39).

Während aber das ẖn.f anscheinend immer perfektisch gebraucht wird, braucht man das [hieroglyphs] auch praesentisch oder zeitlos:

(nach der Anrede des Königs an die Richter) [hieroglyphs] „(also) sage

| Ellipsen | §. 716 |

ich zu ihnen " P. jur. Turin 2, 9.

" wer ist denn dein Vater [gloss] sagen sie zu mir " Wahr. u. Lüge 5, 7; vgl. auch die Schreibung Corr. 68: [gloss].

Doch kommt es auch perfektisch vor, so [gloss] P. Salt Ro. 1, 16; [gloss] Ostr. Berlin III, 38 und mit Anfügung eines nominalen Subjektes durch [gloss] (wie in §. 702) in:

[gloss] " so sagte sein Sohn " P. Salt 2, 3 (vorher ein langer Schwur des Sohnes).

Ausser dem gewöhnlichen Gebrauch für „sagte er", findet es sich in der merkwürdigen Formel $\underline{jḫ}$ $\underline{ḫr \cdot k}$ „ was sagst du ? "

[gloss] N.N. „ was sagst du zu dem was N.N. (von dir) sagt " Mayer A. Ro. 1, 23 ; vgl. auch ibd. 4, 17 u. öfter.

Und ferner findet es sich in:

[gloss] „ man sagt " z. B. An. IV, 9, 4.

[gloss] „ es waren einmal – sagt man – zwei Brüder " d'Orb. 1, 1.

Es ist dieser Gebrauch von [gloss], der dann den Ausdruck [gloss], [gloss] für „Ausspruch, Orakel" ergeben hat.

Anm. 1. Als selbständiges Verbum findet sich [gloss] in:

„ er setzte sich in meine Hürde [gloss] er sagte also " Hor. u. Seth 6, 10.

Anm. 2. Falls kein Fehler vorliegt, gab es auch ein $\underline{ḫr \cdot f}$ „ er ist " als Kürzung eines [gloss] oder eines ähnlichen Verbums:

[gloss] „ Umarme ich sie indem ihre Arme ausgebreitet (?) sind so (bin) ich wie einer der in Punt ist " Lieb. Kairo 10.

716. Der dritte derartige Ausdruck $\underline{k3 \cdot f}$ hat an drei Stellen wie in alter Zeit futurischen Sinn:

[gloss] „ was wird man sagen, wenn man es hören wird " Kadesch 126.

§. 717 - 718   Wiederholung

[hieroglyphs] „was werde ich meiner Mutter (sagen)?"
dieb. Harr. 4,8.

„bring uns die Sachen [hieroglyphs] sollst du zu ihnen (sagen)"
Ostr. Berlin III, 38.

e. Wiederholung

717. Der Gebrauch der Wiederholung ist der Gleiche wie in der alten Sprache. Sie dient zur Verstärkung des wiederholten Wortes:

[hieroglyphs] „sehr grosse todeswürdige Worte" abbott 5,17.

[hieroglyphs] „die vielen zerschlagenen Schiffe" Unamun 2,72.

[hieroglyphs]   Ostr. Petrie 65.

[hieroglyphs] „sie sind ganz voll" An. VIII, 2,11.

[hieroglyphs] „ich tue es gewiss" Berlin 3047, 36

[hieroglyphs] „gieb ja acht" An. V, 22,3.

Man beachte auch die häufige Wiederholung von ⌒:

„möget ihr leben [hier.] alle Tage" Corr. 19,4.

[hieroglyphs] „ein jeder" Corr. 68 , vgl. auch Unamun 2,87.

Besonders beliebt ist die Wiederholung der Adverbien (§. 588).

<u>Anm.</u> Dass das [hier.] wirklich ernst zu nehmen ist, zeigt der demotische, magische Papyrus (Griffith, ä. 7. 46, 130) wo <u>hrw</u> [hier.] mit γογγογ wiedergegeben ist, auch ⊂ȝ⊂ȝ „sehr gross" ist dort (S.129) ωω. Unklar bleibt, wie weit sich die Wirkung des Wiederholungszeichens erstreckt; wie soll man die folgenden Namen lesen: [hier.] An.IV, 10,1 ; [hieroglyphs] P. Bologna 5,7.

718. Die andere Bedeutung: „ein jeder", „irgend einer" haben wir in:

„du gehst [hieroglyphs] aus einer Gasse zur anderen" An. IV, 11,9 (Sall. I, 9,10 hat dafür [hieroglyphs] „in jeder Gasse"); - vgl. auch Berlin 20877.

| Selbständige Sätze | §. 719 - 720 |

„ sie kommen an 𓄿𓂧 einzeln " Kadesch 113.

„ geh hin und sprich 𓂋𓂧𓏭 mit diesem (andern) und jenem " P. Bologna 6,9.

In anderen Stellen bleibt der Zweck der Wiederholung unklar und ist wohl nur eine rhetorische Wendung. So in:

𓅱𓂋𓏏 „ wie geht es dir " P. Bologna 10,1; ähnlich Leiden 364, 65 — und so wohl auch, wenn in Tell Amarna der König seine Getreuen rühmt „ weil sie gehört haben 𓂧𓏭 „ die Lehre, die Lehre " Amarna I, 8 ; VI, 19.

B. Selbständige Sätze

719. Wie sich die Sätze in ihrem Bau unterscheiden, ist oben ausgeführt worden: Verbale Sätze §. 266 ff ; Nominalsätze und deren Derivate §. 447 ff.

Neben diesem äusseren Unterschied der Sätze geht nun auch eine andere Unterscheidung einher, die auf deren Bedeutung beruht. Unter den unabhängigen, selbständigen Sätzen unterscheiden wir zunächst zwei Hauptarten, diejenigen, die eine Tatsache aussagen und diejenigen, die einen Vorgang erzählen.

Von den anderen Sätzen sind diejenigen, die begleitende Umstände angeben in §. 720 ff. behandelt, die abhängigen Sätze in §. 723 ff. Über die Fragesätze vgl. §. 734 ff ; die Negativsätze §. 747 ff ; die Zeitsätze §. 800 ff ; die Bedingungssätze §. 811 ff ; die Relativsätze §. 821 ff.

720. Der Unterschied zwischen den Aussagesätzen und den erzählenden Sätzen ist ein einfacher und natürlicher. Die Aussage gibt einen Zustand, etwas fertiges an und hat dazu im Nominalsatz und in dessen Ableger dem Praesens I einen angemessenen Ausdruck; daneben

§. 721   Selbständige Sätze

benutzt sie dann noch die einfachen, alten Formen wie śdm·f.
Die Erzählung dagegen soll die einzelnen Ereignisse anschaulich vorführen und hat dazu in den zusammengesetzten Verbalformen brauchbare Hilfsmittel. Das Praesens II, das [hiero] śdm und das [hiero] śdm·f erlauben ihr verschiedene und abweichende Färbung; die alten Formen wie śdm·f benutzt sie nur noch ausnahmsweise. Über das Einzelne siehe die folg. Paragraphen.

a. Aussagesätze

721. Die Sätze, die eine Tatsache aussprechen, treten in verschiedenen Gestalten auf.

1) geben sie nur einen Zustand an, so braucht man den Nominalsatz mit substantivischem, adjektivischem oder praepositionellem Praedikat (§. 454 ff)

Hat ein solcher Nominalsatz mit praepositionellem Praedikat perfektische Bedeutung, so setzt man ihm das Hilfsverb [hiero] vor (§.506ff); hat er futurische Bedeutung, so geht ihm [hiero] voran (§. 469 ff.)
Weiter benutzt man in der Aussage die Sätze mit [hiero] „es ist" (§.459), sowie die Ausdrücke für „es ist nicht" (§. 747ff; 759ff.)

2) berichtet ein Aussagesatz aber einen Vorgang, so braucht man entweder:

   a) die älteren, einfachen Verbalformen und zwar

   praesentisch oder zeitlos:

   śdm·f (§. 283); negiert mit [hiero] (§.770); emphatische Form (§. 305ff.).

   perfektisch:

   die n- Form (§. 319), für die aber meist śdm·f steht (§.284)
   Passiv (§. 320); negiert mit [hiero] (§.769); mit [hiero]
   (§. 778- 779).

   futurisch:

| Selbständige Sätze | § 722 |

die emphatische Form (§ 307)   oder das gewöhnliche
$\mathrm{sdm \cdot f}$ (§ 285)

b) man verwendet die zusammengesetzten Verbalformen
praesentisch oder zeitlos:

Praesens I (§ 481) ; negiert (§ 763).

Nur selten und nicht ohne Grund auch Praesens II (§ 493).

Mit 𓇋𓂋 und Infinitiv (§ 499; 500).

perfektisch:

𓇋𓅱𓂞𓈖 sdm (§ 309; 548) ; negiert mit 𓂜𓈖 (§ 769);
mit 𓂜𓈖𓇋𓏺 (§ 779).

futurisch:

Praesens II (§ 494)

Futurum (§ 502; 503) ; negiert (§ 764).

𓐍𓂋𓆑 sdm (§ 512)

𓇋𓅱𓂞𓈖 sdm (§ 545; 546)

𓂝 + Subj. sdm (§ 557; 559).

b. erzählende Sätze

722. Dass man die alten Verbalformen noch in der Erzählung verwendet, kommt nur in gewählter Sprache und in den altertümlich gehaltenen Gerichtsprotokollen vor; besonders geschieht dies auch beim Passiv (§ 321) : 𓂧𓆑 „er sagte: (das ist nicht wahr) 𓇋𓈖 N.N. es wurde N.N. herbeigebracht 𓂧𓂝𓈖 ihm wurde gesagt u.s.w. 𓂧𓇋𓊃𓀀𓏥 die Richter sagten .... 𓇋𓈖 X.X XX. wurde herbeigebracht 𓂧𓏏𓈖 ihm wurde gesagt 𓂧𓆑 (und) er sagte" Mayer A,3, 22-24 Eigentlich handelt es sich dabei nicht um eine lebendige Erzählung, sondern um die Aussage eines Vorgangs. Daher steht dann auch zuweilen nur das erste Verbum im $\mathrm{sdm \cdot f}$ und die wirkliche Erzählung folgt lebhafter im Praesens II: „er sagte: 𓅓𓎛𓏺𓏏𓄿 „ich fasste den.... 𓂜𓂝𓆓𓈖 ich füllte (einen Beutel) 𓂜𓂝𓆓𓋴𓈖𓆓𓏥𓊃 dann

§ 723   Abhängige Sätze

ging ich herunter [⸗] und hörte .... [⸗] und wandte mein Auge .... [⸗] und ich erblickte ..." Mayer A, 2, 2-3. Auch das kommt vor – im gerichtlichen Stil – dass ein Praesens I zwischen den sḏm·f Formen steht eben, weil es sich mehr um eine Aussage als um eine Erzählung handelt: [⸗] „die Fürsten sagten: (er ist unschuldig) [⸗] er wurde entlassen [⸗] man gab ihm das Leben" Mayer A, 9, 9 ; vgl. auch ibd. 9, 8.

Der normale Ausdruck für die Erzählung ist aber das Praesens II (§. 492), negiert mit [⸗] (§. 794).

Daneben braucht man die Formen [⸗] sḏm und [⸗] sḏm·f, doch haben diese ihren besonderen Gebrauch. Die Eintönigkeit, die durch das Aneinanderreihen erzählender Sätze von gleicher Art entsteht – man denke nur an Erzählungen in semitischen Sprachen – wird durch diese Formen behoben. Man fasst nämlich mehrere Sätze in einen Abschnitt zusammen, der mit [⸗] sḏm beginnt und im Praesens II fortgeführt wird (vgl. die Beispiele in §. 513). Seltener und in lebhafter Erzählung braucht man als Anfang das [⸗] sḏm·f des §. 563. Auch dessen alter Ersatz, das sḏm [⸗], kommt vor (§. 560). – Das [⸗] sḏm·n·f (§. 517) am Anfang eines grösseren Abschnittes ist nur ein altertümlicher Ausdruck.

Anm. Über das Rubrum am Anfang der kleinen Abschnitte vgl. §. 58.

C. Abhängige Sätze

a. wirklich abhängig

723. Die Abhängigkeit eines Satzes von einem Verbum oder einer Partikel ist auch im Neuägyptischen wenig entwickelt. Was die ältere Sprache

abhängige Sätze §. 724

an solchen Ausdrucksweisen ausgebildet hatte, ist zum Teil wieder verloren, das 𓏞 , mit dem man einen Satz zu einem Substantiv machte (Gr. §. 581) ist auf die beiden Fälle des §. 680 beschränkt. – Das *sḏm.t.f* (§. 442; 555) spielt nur noch eine beschränkte Rolle; es kommt besonders nach der Praeposition 𓂋 vor, und zwar in der Umschreibung mit 𓇋𓇋 .

Dafür benutzt man den Infinitiv, als Objekt §. 416, nach einer Praeposition §. 420 ff.

Anm. Auch die alte Sprache hatte eine Scheu vor abhängigen Sätzen und zog es daher vor, den Verben, die eine Wahrnehmung bezeichnen, ein Substantiv oder ein Pronomen als Objekt zu geben, und diesem Objekt das weitere als Zustandssatz beizufügen; man sagte also nicht: „du findest, dass seine Seite heiss ist", sondern: „du findest seine Seite, indem sie heiss ist" (Gr. §. 333-34) Ganz ebenso im Neuägyptischen, so mit dem Pseudoparticip (§.341), und Infinitiv mit 𓏭 (§. 491 ff): „Er liess jeden mich wissen, indem ich erhoben war", für: „er liess jeden wissen, dass ich erhoben war"; „ich sehe die Schwester, indem sie gekommen ist," für: „ich sehe, dass die Schwester gekommen ist". So auch beim Praesens II (§. 497) „ich habe ihn gefunden, indem er gegeben ist", für: „ich habe gefunden, dass er gegeben ist" Und ebenso bei dem unpersönlichen 𓇋𓆱 (§.525) „man fand ihn, indem er nichts wusste", für: „man fand, dass er nichts wusste."

724. Von abhängigen Sätzen ist nur der Fall des Subjunktivs lebendig geblieben, wo ein Verbum nach §. 287 ff. von 𓂋𓂧𓀜 „machen dass" oder seinem Imperativ 𓇋𓐍𓂋 abhängt. Er hat sich ja auch im Koptischen erhalten, wo er dessen Kausativen zu Grunde liegt. Neben dem normalen Gebrauch steht übrigens auch hier ein seltnerer, wo das Subjekt als Objekt von 𓂋𓂧 abhängt, und das Verbum

§. 725 - 726   Abhängige Sätze

diesem im Pseudoparticip oder im Infinitiv mit 𓂋 beigefügt ist (vgl. §. 342; 435); es ist dieselbe Konstruktion, die man nach §. 723 Anm. nach den Verben der Wahrnehmung verwendet, und mit der man, hier wie da, einen abhängigen Satz vermeidet.

725. Der alte Fall (Gr. §. 300), wo das abhängige Verbum nach den Verben des Wollens, Sagens, Sehens, Wissens steht und zwar meist in der emphatischen Form, ist kaum nachzuweisen. Ein Beispiel ist: 𓏶𓏶𓏶𓏶𓏶 „ich weiss, dass er von ihr lebt" amarna VI,5,7. — Was diesen Gebrauch verdrängt hat, wird das 𓂧𓏏 des §. 428 sein, das ja gerade nach solchen Verben gebraucht wird. Das Verbum, das dem 𓂧𓏏 folgt, hat übrigens zum Teil wirklich die emphatische Form: „ich weiss 𓂧𓏏 𓏶𓏶𓏶 dass du liebst" P. Tur. 73, II, 9. Doch kommt auch eine nicht emphatische Form vor: „sie fanden 𓂧𓏏 𓏶𓏶𓏶 dass er es getan hatte" P. jur. Turin 4, 2.

726. Auch dass ein Verbum von einer der Praepositionen abhängt, die man als Konjunktionen verwendet, kommt nur noch in beschränktem Masse vor. Hier ist zum Teil das <u>śḏm·t·f</u> besonders in seiner Umschreibung mit 𓂋 an die Stelle getreten (§. 443). Gar nicht mehr findet man einen abhängigen Satz nach 𓂋 und 𓐍. Bei ꜥn kommt er einmal in Tell Amarna vor (§. 602). Öfter findet er sich bei 𓂋 (§. 611) und bei 𓇋𓇋 (§. 621). Sodann bei den Ausdrücken für „als" 𓏶𓏶, 𓏶𓏶 (§. 625; 664; 810). — Dabei treten nun in Tell Amarna vereinzelt nach altem Gebrauch (Gr. §. 301) emphatische Formen auf: 𓇋𓇋𓏶𓏶 III, 24; 𓇋𓇋𓏶𓏶 VI, 14; ähnlich VI, 15, 3; 𓂋𓏶𓏶 („so weit du willst") VI, 3; — und ebenso kommt in der gewählten Sprache des Harris vor: „preiset ihn 𓇋𓇋𓏶𓏶𓏶 „wie ihr es dem Re tut" Harr. 79, 8. Weiter steht eine emphatische Form nach dem in §. 633 erwähnten <u>n ꜥꜣw n</u> „weil so sehr": 𓏶𓏶𓏶𓏶 amarna VI, 15, 10.

Abhängige Sätze § 727 – 728

Über die anscheinend emphatische Form [⟨hierogl.⟩] „bisher findet" Unamun 3,9 vergleiche man § 443.

Auch ⟨hierogl.⟩ P. Beatty I B. 28 mag eine emphatische Form sein. — Was sonst hier vorkommt, wie z. B.: ⟨hierogl.⟩ d'Orb. 6,9 ; ⟨hierogl.⟩ Hor. u. Seth 13,1 braucht nicht emphatisch zu sein.

Eine *n*- Form liegt gewiss vor in : „(er wurde wieder) ⟨hierogl.⟩ wie er gewesen war" d'Orb. 14,3

Ob man in den Fällen, wo die Konjunktionen des § 667; 679; 680 vor einem Satze stehen, an ein Abhängigkeitsverhältnis zu denken hat, stehe dahin. ⟨hierogl.⟩, ⟨hierogl.⟩, ⟨hierogl.⟩ u.s.w. stehen gewiss nur lose vor dem Satze, und das Gleiche wird von den Worten für „sondern" (⟨hierogl.⟩, ⟨hierogl.⟩) gelten.

b. indirekte Rede

727. Wo man eine Rede oder einen Gedanken anführt, geschieht dies so wie in der alten Sprache in einem selbständigen Satze, also als direkte Rede (Gr. § 593) :

„der Mensch weiss nicht ⟨hierogl.⟩ wie morgen ist" Amenemope 19,13.

„ich hörte ⟨hierogl.⟩ : du seist ärgerlich" Corr. 68.

„sie sagen zu mir ⟨hierogl.⟩ es gehe dir gut" ibd. 64.

728. Hier stellt sich nun eine merkwürdige Verwirrung ein; die Pronomina, die auf den Sprechenden und auf den, zu dem man spricht, sich beziehen, werden mit einander verwechselt – etwa so, wie es in unserer indirekten Rede geschieht : „Sage nicht : ich habe jetzt einen starken Patron, und nun verletze ich (ungestraft) ⟨hierogl.⟩ einen Mann in deiner Stadt" Amenemope 22,2 (gemeint ist : in meiner Stadt); der Satz ist als indirekte Rede gedacht : sage nicht, du habest jetzt einen starken Patron und du könntest nun in deiner Stadt verletzen;

§. 729   Abhängige Sätze

"der Arbeiter M. liess mich nicht in meinem Hause wohnen u. sagte: der Gott hat zu mir gesagt, teile es mit dir [hieroglyphs] Insc. Hier. Ch. pl. 12 (es müsste heissen: "teile es mit ihm" oder: "ich solle es mit dir teilen"). — "Ich sagte zu ihm [hieroglyphs] tue dir den Gefallen und gib dir ein Bund Gemüse" P. Mallet 6,8 (gemeint ist: "er solle es dir geben" oder "gib es ihm"). — "Ich sage zu den Göttern [hieroglyphs] " P. Bologna II,3 ; P. Mallet 6,8 ; u. oft (gemeint: "gebt ihm", oder: "sie mögen dir geben"). — [hieroglyphs] "was du sagen wirst, werde ich ihr (gemeint ist: dir) erhören" d'Orb. 16,4. So auch in einer Inschrift D.19 : "o ihr Hohenpriester des Ptah, hütet euch zu sagen [hieroglyphs] wir entfernen meine Statue" Leiden D. 45 (gemeint ist: "wir entfernen seine Statue", oder "dass ihr meine Statue entfernt").

729. Die indirekten Fragen unserer Sprachen werden auch durch direkte Fragen ersetzt. Wir treffen sie nach Verben wie: "wissen", "sehen" u.ä.

"siehe zu [hieroglyphs] ob er gekommen ist" P. Bologna 5,6.

"ich weiss nicht [hieroglyphs] ob mein Junge zu dir kommen wird" P. Bologna II, 7; - vgl. auch Leiden 368.

Dabei beachte man die Doppelfragen, die wir mit "ob ..... oder ..." wiedergeben:

"man wird sehen [hieroglyphs] N.N. [hieroglyphs] ob ich der Sohn des N.N. bin oder nicht (eigtl.: bin ich der Sohn? (oder) nein?)" Mes n.9

"du weisst nicht [hieroglyphs] ob du leben oder sterben wirst (eigtl.: du weisst nicht: sterben? leben?)" Koller 5,3.

vgl. auch §. 739.

D. Zustandssätze

730. Die sogenannten Zustandssätze der älteren Sprache (Gr.§534) spielen auch im Neuägyptischen eine grosse Rolle. Und zwar braucht man sie sowohl in ihrem gewöhnlichen allgemeinen Gebrauche, um die Umstände anzugeben, unter denen etwas geschieht, als auch in dem besonderen Gebrauch als Zeitsätze (§. 800 ff) und als Relativsätze (§. 890 ff.).

Die alten Ausdrucksmittel dieses Verhältnisses sind zum Teil selten geworden, aber dafür sind neue aufgetreten; es war eben den Ägyptern naturgemäss, ihren Gedanken diese Form zu geben.

Allgemein sind die Zustandssätze schon in §. 450 besprochen; hier stellen wir noch die einzelnen Formen zusammen, die man in ihnen benutzt.

731. Die besondere Form des śdm.f, die die alte Sprache für diesen Zweck benutzt, findet sich fast nur noch in einzelnen Zeitsätzen (§. 299). Ebenso ist die entsprechende Verwendung des Pseudoparticips zurückgegangen (§. 339 ff.).

Altem Gebrauch entspricht es auch, wenn man den Nominalsatz mit verbalem Praedikat (Praesens I) als Zustandssatz oder Zeitsatz benutzt (§.484 ff.).

Endlich gehört hierher der Gebrauch von ‿ „es ist nicht" mit einem Substantiv oder Infinitiv, wo dieses „ohne" bedeutet (§.749-50). Er gehört der gewählten Sprache an. Dasselbe mit ‿ ⌇ (§. 756). Das jüngere ⌇ „es ist nicht" kommt nur selten so vor (§. 760).

732. Was die im vorigen Paragraphen aufgeführten alten Arten der Zustandssätze verdrängt, ist das Hilfsverbum ⌇ in der Art, die wir in §. 453 als das begleitende ⌇ bezeichnet haben.

Offenbar waren die alten Ausdrucksweisen nicht mehr deutlich genug, und so hat man sie fast durchweg dadurch verständlicher gemacht, dass man ihnen jenes ⌇ „indem..... ist" beigefügt hat.

§. 733   Zustandssätze

Hatte man früher das Pseudoparticip oder den verbalen Nominalsatz (Praesens I) als Zustandssatz verwendet, so braucht man jetzt anstatt ihrer eine Verbindung mit dem Hilfsverb jw, d. h. das Praesens II nach Art des §. 495 ff.

Ebenso verfährt man bei den Nominalsätzen mit praepositionellem Praedikat, auch diese erhalten jetzt das Hilfsverb jw (§. 471 ff.).

Vor allem benutzt man aber das <u>unpersönliche</u> jw zu diesem Zweck; es gibt kaum eine Satzform, die nicht durch jw in einen Zustandssatz verwandelt würde.

So steht es vor dem reinen Nominalsatz mit substantivischem oder adjektivischem Praedikat (§. 520).

Man braucht es vor den Ausdrücken für „es gibt" (§. 522) und „es gibt nicht" (§. 527).

Man braucht es vor dem <u>śdm.f</u> (§. 521) und vor der emphatischen Form (§. 526; 551).

Besonders häufig steht das jw auch vor negierten Verben. — So steht jw n bei dem Praesens I und Praesens II (§. 531; 763). Wir haben ferner jw jw vor śdm.f (§. 773) und jw jw n (§. 530; 781) u. a. m.

733. Ähnlich den hier behandelten Zustandssätzen sind dann noch diejenigen Sätze, die dem vorhergehenden Satze eine Ergänzung zufügen; sie soll das in ihm gesagte näher ausführen. — Die n-Form, die man in der alten Sprache dazu benutzt, findet sich vereinzelt noch in gewählter Sprache (§. 315). Dabei hat sie ihr n zuweilen schon verloren.

Auch negiert kommt die n-Form oder das <u>śdm.f</u> in gewählter Sprache so vor, mit nn §. 754, mit jw §. 772.

Fragesätze § 734 – 736

E. Fragesätze

a. Allgemeines

734. Da das Verbum eines Fragesatzes mit Nachdruck ausgesprochen wird, so steht es auch in der emphatischen Form:

[hieroglyphs] „warum hast du sie übersetzt?" Hor. u. Seth 7,13.

[hieroglyphs] „soll ich herausgehen (aus dem Ohr)?" ibd. 12,10.

Vereinzelt kommt auch die nicht emphatische Form vor:

[hieroglyphs] „was habe ich getan?" Max. d'Anii 4,17.

[hieroglyphs] „bete ich nicht (am Ende der Länder)?" Sall. III, 3,5 (Kadesch 58: [hieroglyphs]).

735. Dass eine Frage nur durch den Ton ausgedrückt wird, ist selten:

[hieroglyphs] „sieh, bist du wahrhaft?" (Sinn: ist denn das auch wahr, was du eben gesagt hast?) Unamun 1x+16

[hieroglyphs] „soll man denn (die Rinder dem fremden Manne) geben?" Hor. u. Seth 6,12. Ebenso 7,9 wo aber noch [hieroglyphs] davor steht.

Die beiden Beispiele sind unwillige Fragen, deren Verneinung man erwartet.

736. Sehr oft werden die Fragesätze durch die Partikeln [hieroglyphs] und [hieroglyphs] eingeleitet, die an und für sich keinen fragenden Sinn haben; sie mögen etwa die Frage zu dem Vorhergehenden in Beziehung setzen:

[hieroglyphs] „giebt es einen Ochsen so gross wie meinen Ochsen?" Wahr. u. Lüge 9,2.

[hieroglyphs] „soll man geben?" Hor. u. Seth 7,9; vgl. auch 12,10.

Die obigen Beispiele mit [hieroglyphs] sind unwillige Fragen, die folgenden mit [hieroglyphs] sind dies nicht:

[hieroglyphs] „giebt es eine Dame wie ich?" Lieb. Tur. 1,12.

§. 737   Fragesätze

〈hieroglyphs〉 „hat denn ein Vater je seines Sohnes vergessen?" Kadesch 44.

Am häufigsten stehen sie vor den negierten Fragen der folgenden Paragraphen und zwar steht 〈hiero〉 vor 〈hiero〉 und 〈hiero〉 vor 〈hiero〉.

737. Einer Frage, die der Angeredete bejahen soll, setzt man gern eine der Negativen vor:

〈hieroglyphs〉 „bist du nicht gegangen?" An. I, 18,7.

auch hier ist die Frage nur durch den Ton gekennzeichnet.

In der Regel aber setzt man noch 〈hiero〉 oder 〈hiero〉 davor.

Am häufigsten ist 〈hiero〉:

〈hieroglyphs〉 „denkst du nicht?" Sall. I, 6,2 (An. V, 15,7: 〈hieroglyphs〉); vgl. auch d'Orb. 8,2.

〈hieroglyphs〉 „freust du dich denn nicht?" Unamun 2,54

Die Negation 〈hiero〉 steht vor Nominalsätzen:

〈hieroglyphs〉 „bin ich (denn) nicht eine Frau?" P. Bologna 10,1

〈hieroglyphs〉 „bin ich denn nicht deine Mutter?" d'Orb. 5,2

〈hieroglyphs〉 „denn bist du nicht die Gesundheit und das Leben" Lieb. Harr. 5,4.

Nur zuweilen steht sie vor einem Verbum statt 〈hiero〉:

〈hieroglyphs〉 „hat er denn nicht gesagt?" Hor. u. Seth 15,7; vgl. ibd 8,5

〈hieroglyphs〉 „bin ich denn nicht gegangen?" Kadesch 45;

〈hieroglyphs〉 „habe ich dir nicht Denkmäler gemacht?" ibd. 47.

Eine elliptische Kürzung solcher Sätze findet sich in: „deine Frau ist doch mir gegenüber wie eine Mutter 〈hiero〉 ist es nicht so?" d. Orb. 7,5; vgl. auch An IX 5; 7.

Die alte Negation 〈hiero〉 findet sich in den Fragen:

〈hieroglyphs〉 „bist du nicht der, der (mir immer gesagt hat)?" Unamun 1x+8.

〈hieroglyphs〉 „er hat dich doch nicht (diesem Kapitän) überwiesen?" ibd. 1x+20.

Fragesätze §.738-739

738. Von den Partikeln, die, ohne selbst fragende Bedeutung zu haben, in Fragesätzen gebraucht werden (Gr. §. 504) lebt noch das alte *tr*, das an. VIII, 3,12 wohl auch ⟨hier.⟩ geschrieben ist:

⟨hier.⟩ „wer bist du denn?" d'Orb. 15,9;
vgl. auch Kadesch 44 (⟨hier.⟩).

739. Die alte Fragepartikel ⟨hier.⟩ (Gr. §. 505, 505a) wird meist vor dem Hilfsverb ⟨hier.⟩ gebraucht. So beim Praesens II:

⟨hier.⟩ „bist du allein?" d'Orb. 9,4.

In der Regel aber steht sie vor dem unpersönlichen ⟨hier.⟩ des §. 517 Anm. und bildet mit ihm eine fragende Einleitung zu Verben und Sätzen. Koptisch hat sie sich als die Fragepartikel ⲈⲚⲈ erhalten; ihre volle betonte Aussprache wird *enō*, *nō* gewesen sein, denn gewiss stammt die Benutzung von ⟨hier.⟩ zur Schreibung von *nō* (§. 38) von ihr her. Beispiele sind:

⟨hier.⟩ „ist es gut, dass du (deine Diener) tötest?" Kadesch 149.

⟨hier.⟩ „gehst du weg?" Lieb. Harr. 1,3.

⟨hier.⟩ „bist du ein Siegreicher?" ibd. 1,3.

Wo das ⟨hier.⟩ nicht vor ⟨hier.⟩ steht, ist es offenbar stark verkürzt gewesen, denn man schreibt es ⟨hier.⟩ oder ⟨hier.⟩:

⟨hier.⟩ Sall. III, 10,6 (Variante des oben erwähnten Beispiels Kadesch 149).

⟨hier.⟩ „(sieh zu) ob er gekommen ist?" P. Bologna 5,6

⟨hier.⟩ „du weisst nicht, ob sterben oder leben?" Koller 5,3.

⟨hier.⟩ (etwa:) „gibt es denn keine Arbeit?" An. VIII, 3,3

vgl. auch Kadesch 45; Corr. 68; Mes 29; Lieb. Beatty 17,9; Unamun 1,17.

Vgl. auch die indirekten Fragen des §. 729.

<u>anm</u>. Elliptisch verkürzt ist die Frage: „ich habe ferner gehört, dass N.N gestorben ist .... ⟨hier.⟩ ist das wahr oder unwahr?" An. VIII, 1,8.

b. Frageworte

740. Von den Frageworten, die meist wie Substantiva behandelt werden, ist 𓇋𓁹 kopt. ⲁⲩ das Häufigste.

Es steht als betontes Praedikat eines Nominalsatzes:

𓇋𓁹𓏥𓂝𓏛𓏤𓆓𓂋𓏭 "was ist das, was da (auf der Strasse) geht?" Prinzengesch. 4,8.

𓇋𓁹𓏥𓂧𓈖𓂋 𓂻𓏤 𓇋𓁹𓂻𓏛 "wie bist du gegangen" Mayer a 1,22 (ähnlich a 1,9 ohne ⲙⲛ).

vgl. auch ibd. 1,13 ; mes n 16 ;

Bemerkenswert ist auch:

𓇋𓁹𓏤𓏛𓂻 𓏥𓏥𓈖𓀀𓏥𓏪𓂋𓎡 "was sind diese Asiaten für dich?" Kadesch 47 ; ähnlich 107.

Besonders auch, wenn man entrüstet nach einem Vorgange fragt, wobei man dann gern noch die Interjektion 𓇋𓏭 vor das 𓇋𓁹 setzt:

𓇋𓁹𓏥𓂋𓂻 N.N. "was wird N.N. nun tun?" An. VIII, 1,8; ähnlich 1,11

𓇋𓁹𓂋𓏥𓀁𓏭𓂝𓏛𓏤𓇋𓏭 "was soll das, das Herz eines anderen kränken?" Lieb. Harr. 5,11.

𓇋𓏭𓏥𓇋𓁹𓏥𓏭𓂋𓏛 "was soll das, dass du sprichst" An. IV, 9,4.

𓇋𓏭𓏥𓇋𓁹𓏥𓂋𓏛𓀁𓏭 "was ist es, dass man so tut" An. VI, 86.

vgl auch d'Orb. 3,10 ; P. Bologna 10,7 ; Sall. I, 4,1 ; Ostr. Berlin III, 33 und das auffällige 𓇋𓏭𓏥𓇋𓁹𓏥𓂋𓏥𓏭𓂋𓏛𓏤 "was sagst du da?" Unamun 2,79 mit seinem 𓏥 und das altertümliche 𓇋𓁹𓏛 P. Kairo, W. B. Nr. 77.

Elliptisch für „was ist es?" steht 𓇋𓁹 in:

𓇋𓁹𓏛𓂋 "was sagst du"? (§. 715)

𓇋𓁹𓂋𓏥𓏭𓈖𓅓𓏏𓀗 "was soll ich meiner Mutter (sagen)" (§. 716) Lieb. Harr. 4,8.

und in 𓇋𓁹𓅓 (An. I, 18,1 ;. Kadesch 44), das kopt. in ⲁϩⲣⲟⲕ weiterlebt. Unamun 2,65 entspricht es unserm „was ist dir geschehen",

| Fragesätze | § 741 – 743 |

während es Kadesch 44 besagen soll „wo bleibst du?" (d.h. warum hilfst du uns nicht?).

auch als Subjekt eines Verbums kommt 〔𓅓𓏏〕 vor in:

〔hierogl.〕 „bis dass was kommt?" (§ 443) im Sinne von „wie lange?" Unamun 2,66. — Eine Redensart, mit der gewiss auch das Folgende zusammenhängt:

〔hierogl.〕 „wie lange soll es währen, dass ich hier sitze?" Prinzengesch. 4,12.

Als Objekt steht es in dem Ausruf:

〔hierogl.〕 „was habe ich getan?" Max. d'Anii 4,17.

741. Merke ferner die Verbindungen von 〔𓅓𓏏〕 mit Praepositionen.

1) mit ḥr „wozu":

〔hierogl.〕 „wozu dient er?" Amenemope 18,10.

2) mit r „weshalb?":

〔hierogl.〕 „warum bist du so töricht?" Lieb. Beatty 24,3.

〔hierogl.〕 „warum bist du wütend?" Hor. u. Seth 8,5.

3) mit mj „wie":

〔hierogl.〕 „wie bist du?" d.h. „wie geht es dir?" P. Bologna 10,6.

〔hierogl.〕 „wie sieht es aus?" An. I, 18,8; 20,7

〔hierogl.〕 Amenemope 4,17; ähnlich (𓏇𓅓𓏏) 19,12 — wobei die merkwürdigen Schreibungen auf eine besondere Aussprache dieses Ausdrucks deuten.

742. Endlich kann man das 〔𓅓𓏏〕 durch einen genitivischen Zusatz näher bestimmen:

〔hierogl.〕 „wegen welches Auftrages?" Unamun 2,3

〔hierogl.〕 „was von Gewicht ist es, was (du trägst)?" für „wie viel wiegt?" d'Orb. 9,4.

743. Das aus jn-m (Gr. § 506) entstandene Fragewort für „wer?", wird in Tell Amarna noch 〔hierogl.〕 geschrieben, während man es sonst 〔hierogl.〕

§. 744 — Fragesätze

schreibt, eine „syllabische" Schreibung, in der das ⸗ wohl schon das *i* von koptisch NIM bezeichnet.

Es steht als betontes Praedikat eines reinen Nominalsatzes:

〈hierogl.〉 „wer ist der, welchem man zujubelt?" Amarna VI, 30.

〈hierogl.〉 „wer ist dein Erbe?" Mes N. 15.

〈hierogl.〉 „was ist der Name meines Vaters?" Wahr. u. Lüge 5,5.

So auch mit hervorgehobenem Subjekt:

〈hierogl.〉 „du, wer bist du denn?" d'Orb. 15,9.

vgl. auch elliptisch in: „sieh nach diesem Jubel 〈hierogl.〉 wer ist es?" im Sinne von: „wem gilt er?" Amarna VI, 30.

Ein Verbum ist ihm im Particip angeschlossen in:

〈hierogl.〉 „wer ist es, der mit mir geredet hat?" d'Orb. 4,10.

〈hierogl.〉 „wer hat dich geblendet?" Wahr. u. L. 6,5.

Und ein sdm.f in:

〈hierogl.〉 „wer wird dich ..... (am Tage wo du wütest)?" Kadesch 156.

Im Genetiv steht es in:

„(die u. die Sachen) 〈hierogl.〉 in wessen Ladung sind sie gegeben?" An. VIII, 1, 11.

〈hierogl.〉 „wessen Sohn bist du?" Wahrh. u. Lüge 5,3 ; vgl. auch Prinzengesch. 6,8.

Mit einer Praeposition steht es in:

〈hierogl.〉 „für wen jubelt man?" Amarna VI, 30.

〈hierogl.〉 „bei wem?" Unamun 1x+21.

744. Das merkwürdig geschriebene 〈hierogl.〉 findet sich nur in Texten gewählter Sprache. Es steht unmittelbar vor dem Substantiv, das es in Frage stellt und gibt ungefähr unser „welcher?", „was für einer?"

| Fragesätze | §. 745-746 |

wieder. Es bildet mit seinem Substantiv eine Einheit und kann sogar mit ihm zusammen einen Artikel haben:

[hieroglyphs] „welche Seite von ihm?" an. I, 18, 8

[hieroglyphs] „welcher Gott ist so gross wie Thoth?" Amenemope 18, 2; vgl. auch ibd. 15, 3.

„Wo ist der Weg nach A [hieroglyphs] neben welcher Stadt?" an. I, 21, 5; vgl. auch ibd. 11, 2; an. V, 20, 4.

Hierher gehört auch:

[hieroglyphs] „welcher Ort ist, den du nicht sähest?" Kubanstele 15 (in den parallelen Sätzen stehen [hieroglyphs] und [hieroglyphs]) — wo wir geneigt sind „gibt es einen Ort?" zu übersetzen.

Ohne folgendes Substantiv, wie ein Wort für „wer?" steht es scheinbar in: [hieroglyphs] „wer ist der, der deiner Majestät gleich käme?" mar. ab. II 59 (Stele Ramses IV).

745. Das Wort für „wo?" (kopt. ⲦⲰⲚ) findet sich in:

[hieroglyphs] „wo ist er?" Max. d'Anii 8, 14 (Unamun 1x+16; 1x+19: [hieroglyphs]). (vgl. Gr. §. 509).

Dafür findet sich auch die seltsame Schreibung:

„Hast du die Orte nicht gesehen [hieroglyphs] wo sind sie?" an. I, 27, 7.

[hieroglyphs] „wo ist er, mein Ochse?" Wahr. u. Lüge 8, 6. Offenbar denkt der Schreiber an das ebenso geschriebene häufige Verbum „unterscheiden".

Weiter findet sich das Wort auch allein für „wohin" u. „woher?" ohne Praepositionen: „du wendest dein Herz [hieroglyphs] wohin?" Lieb. Harr. 1, 1; [hieroglyphs] „woher kommst du?" Prinzengesch. 5, 10 — doch setzt man auch die Praeposition davor:

[hieroglyphs] „wohin ist das Gesicht gerichtet?" an. I, 22, 1

746. Das seltene Fragewort [hieroglyph] (Gr. §. 508) Kopt. ⲞⲨⲎⲢ findet sich in den Stellen:

[hieroglyphs] „wie viel Mann brechen ihn ab?" an. I, 17, 1.

§. 747 - 748   Negativsätze

[hieroglyphs] „wie viel Meilen beträgt er?"
an. I, 27, 8.

[hieroglyphs] „wie viel Leute?"   an. V, 20, 5.

[hieroglyphs] „wie lange (ist es her) bis heute?" Unamun 1x + 15.

F. Negativsätze

a. die Negation [hier.]

747. Die einfache Schreibung [hier.] mit dem Negationszeichen ohne das auslautende *n* ist im Neuägyptischen so gut wie verschwunden. Die vereinzelten Stellen, wo sie vorkommt (z. B. Medinet Habu, Zettel 50) sind wohl fehlerhaft. Desto auffallender ist es, dass das Kadeschgedicht durchweg in seinen 7 hieroglyphischen Texten die Negation stets ohne *n* schreibt, und zwar in allen Bedeutungen des Wortes. Die Abschrift eines dieser Texte im Sallier III macht diese Seltsamkeit nicht mit und schreibt die normale Form [hier.]. In diesem neuägyptischen [hier.] steckt das alte [hier.] mit der Bedeutung „es ist nicht" und vielleicht auch das alte [hier.], das man vor Verben gebraucht.

Über das Verhältnis des [hier.] zur Negation [hier.] siehe unten §. 757.

<u>Anm.</u> Für die Aussprache des [hier.] beachte man den Schreibfehler:
[hieroglyphs] „es giebt keine Schreiber" an. VII, 7,3 statt des richtigen [hieroglyphs] Sall. II 11,3.

1. [hier.] „es ist nicht"

748. Sehr häufig ist das [hier.] noch in seiner alten Bedeutung, die das Nichtvorhandensein einer Sache bezeichnet, und unserm „es gibt nicht" oder im Arabischen <u>mafîsh</u> entspricht:

[hieroglyphs] „kein Ort ist ohne deine Schönheit"

Negativsätze §. 749-750

An. IV, 5, 9 = An. II, 6, 1.

„ihr lasst mich allein 〈hierogl.〉 ohne einen anderen bei mir"
Kadesch 125 ; vgl. auch ibd. 118 (Sall. III 〈hierogl.〉).

〈hierogl.〉 „es gibt nichts, was er nicht wüsste (Relativform)
An. I, 2, 5 ; vgl. auch ibd. 6, 8.

Wie das grammatische Verhältnis zu dem verneinende Worte aufzufassen ist, wissen wir nicht ; der Kürze halber wollen wir das verneinte Wort als das „Subjekt" des 〈hierogl.〉 bezeichnen.

Diesem Subjekt wird nun häufig noch <u>eine Praeposition</u> mit einem Suffix beigefügt, so dass ein Satz von der Art der in §. 465 besprochenen Sätze entsteht :

〈hierogl.〉 „keiner ist mit mir" An. I, 7, 6 ;
vgl. auch Kadesch 54 ; 38 (〈hierogl.〉; Sallier III : 〈hierogl.〉).

〈hierogl.〉 „keiner ist hier mit mir" P. Kairo, W. B. Nr. 5.

Bemerkenswert ist dabei der Gebrauch von 〈hierogl.〉 im Sinne von :
„er hat nicht" : 〈hierogl.〉 „sie hatten kein Oberhaupt" Harr. 75, 3.

749. Auch ein Infinitiv kann das Subjekt eines solchen Satzes bilden (Gr. §. 515a). Die Bedeutung ist dann „ohne zu". Die Beispiele gehören der gewählten Sprache an :

〈hierogl.〉 „unaufhörlich" Amarna IV, 33 ; V, 4x ; VI, 24.
(ungenau auch : 〈hierogl.〉 u. ä. ibd. I, 39 ; VI, 33).
„Stelen.... 〈hierogl.〉 unvergänglich" Harr. 26, 10 ; vgl. ibd. 29, 10
„die Schiffe fahren 〈hierogl.〉 unermüdlich" ibd. 5, 1.

750 Besonders gern gebraucht man dieses 〈hierogl.〉 „es ist nicht" um einem vorhergehenden Worte eine nähere Bestimmung beizufügen. Am einfachsten in Fällen wie :

„der Gott zürnt (nur) einen Augenblick 〈hierogl.〉 ohne Rest"
Berlin 20377.

§. 751 - 752   Negativsätze

[hiero] „alle Tage, unaufhörlich"   Amarna III, 28.
[hiero] „du allein ohne einen andern"   Lieb. Beatty 16, 11.
[hiero] „indem ich fröhlich bin ohne Bier" Lieb. Kairo 11.
wo wir „ohne" gebrauchen würden.

In der Regel ist dem Satze noch ein Suffix eingefügt, das, wie im Relativsatz, auf das betreffende Wort zurückweist:
„ein Jüngling [hiero] der nicht seines Gleichen hat" Lieb. Beatty 25, 1.
[hiero] „viele Haufen ohne Zahl" Lansing 12, 7.
vgl. auch Harr. 27, 3 ; Amarna I, 36 ; VI, 32 π.

Anm. Noch genauer wird ein solcher Satz nach §. 527 mit [hiero] angeknüpft: „er war allein [hiero] indem niemand mit
ihm war" d'Orb. 8, 9.

751. Ist das Subjekt von [hiero] „es ist nicht" ein Pronomen, so drückt man es
durch die beim Praesens I üblichen Praefixe aus:
[hiero] „ich befinde mich nicht wohl" Astr. Berlin III, 35.
[hiero] „er (der Schlaf) ist nicht bei mir" Lansing 11, 2.
„mein Herz [hiero] ist nicht in meinem Leibe" An. IV, 5, 3.
Wo das Pronomen aber betont ist, nimmt man das jüngere Pronomen
absolutum: [hiero] „du bist doch nicht ein Tauber" An. IV, 2, 17.

2. [hiero]
vor
Hilfsverben und Verben

752. Ob das [hiero], das vor Verben steht, im einzelnen Falle dem alten [hiero] oder
[hiero] entspricht, ist, wie oben bemerkt, nicht zu ersehen.
Wichtig ist die Verwendung von [hiero] bei dem Futurum und dem futurisch
gebrauchten Praesens II, wo man ja die gewöhnliche Negation [hiero]
nicht gebrauchen kann:
[hiero] „ich werde nicht essen" Prinzengesch. 6, 13.
[hiero] „man wird ihm nicht (das Amt) geben" Hor. u. Seth 8, 10.

Negativsätze §. 753

[hieroglyphs] „ich werde nicht an einem Orte sein (wo du bist)" d'Orb. 8,3 ; vgl. auch ibd. 10,2 ; 16,5 ; Hor u. Seth 1,11.

Es liegt auf der Hand, dass diese Verbindung im Koptischen N̄N̄Є- (Kopt. Gr. §. 311) erhalten ist.

753. Steht [hiero] vor dem ṡdm·f, so deutet dies in gewählter Sprache zuweilen auf die Zukunft (s.§. 513)

[hieroglyphs] „dein Name wird nie vergessen werden" Amarna II, 21.

In der Regel aber hat es nur praesentische Bedeutung und steht in allgemeinen Aussagen :

[hieroglyphs] „ich kann nicht zu ihm gehen" Lieb. Beatty 22,9.

„ein Teich im Garten [hieroglyphs] man wird nicht überdrüssig, ihn zu sehen" Lansing 12,2.

„ein Greuel ist ihm arbeiten [hieroglyphs] er kennt es nicht" An. I, 9,5. vgl. auch Amenemope 9,7 ; 17,14 ; Lansing 7,4.

Perfektisch als Erzählung steht es in :

[hieroglyphs] „ich habe nicht bedrückt [hieroglyphs] .... ich habe nicht beraubt .... [hieroglyphs] ich habe (deinen Befehl) nicht überschritten" Harr. 3, 9-10 ; vgl. auch ibd. 23,4.

Auch Bemerkungen, die einen vorhergehenden Satz ergänzen (vgl. §. 315), werden durch [hiero] ṡdm·f ausgedrückt, vermutlich ersetzt das ṡdm·f die n- Form, die in den Beispielen des folgenden Paragraphen richtig steht :

„sie schwiegen alle [hieroglyphs] und konnten ihm nicht antworten" Apophismärchen Rs. 2,2 ; 3,3 ; vgl. auch Harr. 77,10.

Wie ein Relativsatz ist [hiero] ṡdm·f angeknüpft :

„fremde Völker [hieroglyphs] die ich nicht kenne" Kadesch 54 (Sallier III : [hiero]) ; vgl. auch ibd. 98 (Sall. III : [hiero]).

Deutlicher ist dies Verhältnis durch ein vorgesetztes [hiero] ausgedrückt in :

„ein Stier [hieroglyphs] dessen Wesen man nicht

§. 754 - 756   Negativsätze

kennt " d'Orb. 14, 5.

auch sonst setzt man 𓂜 vor 𓄔 *śdm.f* und es hat dies die Bedeutung
„indem nicht" :

„er warf ihn ins Wasser 𓂜𓄔 [hierogl.] ohne dass es
jemand sah" Hor. u. Seth 13, 6 ; — vgl. auch Prinzengesch. 4, 6

<u>Anm</u>. Die alte Verbindung 𓄔𓂜 findet sich einmal in:
[hierogl.] „nie ist Gleiches getan worden" Kubanstele 27 –
vielleicht nur als herkömmliche Formel.

754. Die Beispiele, in denen 𓂜 vor der *n*- Form steht, gehören alle der gewählten Sprache an:

„sie zogen sich zurück 𓂜 [hierogl.] und keiner von
ihnen hielt Stand " Kadesch 43

„ich töte unter ihnen 𓂜 [hierogl.] und fehle nicht " ebd. 110

„sie starben vor Durst 𓂜 [hierogl.] und fanden nicht (ihren
Wasserbedarf)" Kubanstele 11

Wie man sieht, sind es durchweg Fälle, wo die *n*- Form nach §. 915 eine
ergänzende Bemerkung enthält. In gewöhnlichen Texten benutzt man
statt ihrer, wie die Beispiele des vorigen Paragraphen zeigen 𓂜
śdm.f.

755. In einer Frage, deren Bejahung man erwartet, steht 𓂜 in:
𓂜 [hierogl.] .... „bist du denn nicht der, welcher .... Unamun 1x + 8.
𓂜 [hierogl.] „er hat dich doch nicht (dem Kapitän)
übergeben, (dass er dich töte)" ? Unamun 1x + 20.

Man beachte, dass es beide Male entrüstete Fragen sind.

3. die Verbindung 𓂜 [hierogl.]

756. Anstatt des einfachen 𓂜 „es ist nicht" braucht man auch 𓂜 [hierogl.]
(vgl. Gr. §. 516), eine Verbindung die sich im Bohairischen als ⲘⲘⲞⲚ
erhalten hat :

𓂜 [hierogl.] „es ist keiner da" Lansing 10, 8 ; P. Bologna 3, 4.

Negativsätze § 757

𓈖𓊪 ... „es giebt keinen anderen, der dich kennte"
Amarna, Gr. Hymnus 12.

vgl. auch Kadesch 84 (Frage?); 155; Harr. 46,4.

Mit Ellipse eines selbstverständlichen Subjektes in:

„gieb Korn her! 𓈖𓊪 es ist keines da" Lansing 7,3; ähnlich
An. V, 16,6; Sall. I, 6,6.

Auch hier sind Ausdrücke für „ich habe nicht" mit dativischem n oder mit 𓈖𓊪 „mit" gebräuchlich:

𓈖𓊪 ... „er hat keine Ochsen" P. Boulaq 16.
𓈖𓊪 ... „ich habe keinen Acker" P. Kairo W.B. Nr. D.
(mit Zusammenziehung von ...).

Mit Zusammenziehung von wn und $\overline{n\cdot t\partial}$ wie § 508 und § 784 in:

𓈖𓊪 ... „er hat nicht" Unamun 1 x + 23.

Auch 𓈖𓊪 wird durch vorgesetztes 𓏺𓊪 angeknüpft:

„ein Mädchen 𓏺𓊪 𓈖𓊪 ... die nicht ihres Gleichen hatte" Hor. u. Seth 6,5.

„eine Figur 𓏺𓊪 𓈖𓊪 ... die keinen Kopf hatte" ibd. 9,6; ähnlich An VI, 39.

<u>Anm.</u> Ebenso wie in der älteren Sprache wird 𓈖𓊪 als einfache Negation verwendet: „ich machte dir eine Wage 𓈖𓊪 ... nie wurde eine ihr gleiche gemacht" Harr. 26,11.

b. die Negation 𓂜

757. Die Negation 𓂜, die nicht vor Ende D. 18 vorkommt, ist ihrem Ursprung nach ein Rätsel.

Da ihr Gebrauch in allem Wesentlichen mit dem des 𓈖𓊪 übereinstimmt, so liegt der Verdacht nahe, dass 𓂜 nichts weiter ist, als eine jüngere Schreibung von 𓈖𓊪. Diese Annahme kann aber <u>so</u> nicht richtig sein, denn

1) werden beide Worte nebeneinander in dem selben Satze gebraucht:

§. 758   Negativsätze

"aber ich werde es niemand sagen und werde es nicht herausgehen lassen" d'Orb. 4,1,

und in der Verbindung des §. 796:

"es ist wahrlich ein ägyptisches Schiff" Unamun 1x+22.

2) ein so sorgfältiger Text wie das Kadeschgedicht macht zwischen beiden einen deutlichen Unterschied; seine einfache Negation ist gewöhnlich ⸗ (d.h. ⸗) Kadesch 43 u.ö; aber er schreibt ⸗ und ⸗ (42; 69; 89).

Wir müssen also das ⸗ als ein besonderes Wort ansehen; es mag mit ⸗ verwandt sein, aber seine lautliche Gestalt kann nicht eine ganz gleiche gewesen sein. Dass es eine jüngere Erscheinung ist als das ⸗, sieht man schon aus seiner Häufigkeit in den rein vulgären Texten, während solche in gewählter Sprache (wie der Harris) es überhaupt vermeiden. Lehrreich ist auch das besonders häufige Vorkommen von ⸗ vor ⸗ (unten §. 761), denn die Anknüpfung mit ⸗ gehört ja auch zu den jüngeren Ausdrucksweisen. Und ebenso ist es gewiss nicht zufällig, dass man gewöhnlich ⸗ vor dem Praesens I braucht und nicht ⸗; auch das Praesens I ist ja ein junges Produkt der Sprache, das ebenso wie das ⸗ nicht in den höheren Stil passt, zu dem das ⸗ gehört.

Im Folgenden ist bei den einzelnen Formen bemerkt, wie sich der Gebrauch von ⸗ zu ⸗ verhält.

Über ⸗ "es ist nicht" vgl. unten §. 782. Über die gelegentliche Verwechslung von ⸗ und ⸗ siehe §. 765; 766.

1. ⸗ "es ist nicht"

758. Zuweilen folgt dem ⸗ nur ein "Subjekt":

| Negativsätze | § 759 – 760 |

[hieroglyphs] „die Arbeit vieler Menschen ist nichts"
Kadesch 57.

In der Regel aber folgt auch bei [hieroglyph] ebenso wie bei [hieroglyph] (§ 748) dem Subjekt noch ein praepositioneller Ausdruck zur näheren Bestimmung:

[hieroglyphs] „es giebt keinen Weg (d.h. Hilfe) bei ihnen" Lieb. Beatty 25,8.

„geht die Sonne auf [hieroglyphs] sind sie nicht (mehr) in deinem Hause" Amenemope 9,18.

[hieroglyphs] „du bist kein Schreiber" An. I, 12,8.

Und zwar ist auch hier [hieroglyph] [hieroglyph] im Sinne von „er hat nicht", beliebt:

[hieroglyphs] „er hat keine Speise" Max. d'Anii 8,12

[hieroglyphs] „(ich?) habe kein Korn" (lies: [hieroglyphs]?) dansing 7,5.

vgl. auch im folgenden § 759. – Eine elliptische Kürzung: vgl. An. II, 9,2.

Auch hier setzt man vor den Satz noch ein [hieroglyph] (vgl. § 527)

[hieroglyphs] „wenn du keinen Diener hast" Lieb. Tur. 1,12; vgl. auch Kadesch 69.

759. Auch hier kann das Subjekt ein Infinitiv sein, ebenso wie bei [hieroglyph] (§ 749):

[hieroglyphs] „es giebt keine Armut für den, der dich liebt" Amarna IV, 35.

„(er hat Pferde u. Wagen bereit) [hieroglyphs] und er hat unterwegs kein Ausruhen" Lieb. Beatty 29,4.

760. An den hier besprochenen Gebrauch „es ist nicht", „es gibt nicht", schliessen sich dann wohl andere Fälle an:

Vor einem Nominalsatz steht es in:

[hieroglyphs] „er ist kein Mensch" Kadesch 76.

[hieroglyphs] „Menschentaten sind es nicht, was er tut" ibd. 77.

Und so wohl auch in:

„(die Worte) [hieroglyphs] die nicht wert zu hören sind" Hor. u. Seth 4,9; vgl. auch P. Salt Rs. 2,1.

Merkwürdig sind die Ausdrücke:

Erman, Neuägypt. Gramm. 2. Aufl.

§. 761 - 762   Negativsätze

„(die und die Dinge) 𓏺𓏺𓏺𓏺𓏺𓏺 die gehören nicht der Nekropole" Ostr. Berlin III, 38.

𓏺𓏺𓏺𓏺𓏺 „aber (er) taugt nichts" Ostr. Petrie 14.

761. auch die Ausdrücke mit 𓏺 dienen, ebenso wie die mit 𓏺 (§. 750) als Zusätze, die Vorhergehendes erläutern. Während man aber diejenigen mit 𓏺 ohne weiteres anfügt, (ein 𓏺 𓏺 ist selten, §. 750 Anm.) setzt man bei dem jüngeren Ausdruck 𓏺 ein 𓏺𓏺 davor, wie dies dem vulgären Gebrauche entspricht.

Beispiele ohne 𓏺𓏺 sind:

𓏺𓏺𓏺𓏺 „unaufhörlich" Amarna VI, 13 u. ö.

𓏺𓏺𓏺𓏺𓏺 „unaufhörlich" ibd. VI, 15.

„gieb mir ein Alter 𓏺𓏺𓏺𓏺𓏺 ohne dass ich von dir fern bin" ibd. I, 34; I, 38.

Um so häufiger sind solche mit 𓏺𓏺, sowohl in Sätzen ohne Praeposition:

𓏺𓏺𓏺𓏺𓏺𓏺𓏺𓏺𓏺 „ohne Stock und ohne Sandalen" Sall. I, 7,4; vgl. auch ibd. 5,8.

𓏺𓏺𓏺𓏺𓏺𓏺𓏺𓏺 „ohne Heer u. ohne Wagenkämpfer" Kadesch 95 (Sall. III, 6,10 hat auch im zweiten Glied 𓏺𓏺).

als auch in Sätzen mit Praeposition:

„er kämpft allein (o.ä.) 𓏺𓏺𓏺𓏺𓏺𓏺 ohne ein Heer zu haben" Kadesch 77, vgl. auch ibd. 69; 97.

762. Ist das Subjekt ein Pronomen, so drückt man es, ebenso wie bei 𓏺 (§. 751) durch die Praefixe des Praesens I aus:

𓏺𓏺𓏺𓏺𓏺 „ich bin nicht mit...." Lieb. Harr. 1,1.

𓏺𓏺𓏺𓏺 „ich habe ihn nicht" P. Salt 1,12; vgl. auch An VI, 28.

𓏺𓏺𓏺𓏺 „mir gehört er nicht" Wahr. u. Lüge. 8, 2.

𓏺𓏺 „er (der Brief, fem.) ist nicht (da)" P. Boulaq 14. vgl. An. IV, 3, 11

Aber wo man Gewicht auf das Pronomen legt, nimmt man auch hier die jüngeren Pronomina absoluta:

𓏺𓏺𓏺𓏺𓏺𓏺𓏺 „du bist (gar) kein Mensch" Ostr. Berlin III, 33.

Negativsätze §. 763 – 764

[hierogl.] „bin ich nicht eine Frau?" P. Bologna 10,1.

<u>Anm.</u> Hier kann vor das [hierogl.] und sein pronominales Subjekt auch [hierogl.] gesetzt werden, was bei [hierogl.] nicht belegt ist: „ich tue ihr alle Dinge [hierogl.] indem sie wahrlich nichts Geringes sind" P. Neschons 6,8; ähnlich 6,5.

2. [hierogl.]
vor
Hilfsverben und Verben

763. [hierogl.] steht vor dem Praesens I, was bei [hierogl.] nicht vorkommt:

[hierogl.] „keiner wandte sich um" Kadesch 67

„die Vergnügungen [hierogl.] (Sinn:) sie bringen (dem Menschen) nichts ein" Sall. I, 5,6.

[hierogl.] „sie lassen mir keinen Schlaf kommen" Apophismärchen 2,5.

[hierogl.] „du gehorchst nicht" Lansing 2,8.

vgl. auch P. Bologna 2,4 ; P. Mallet 2,6 ; An. II, 7,7 ; Hor. u. Seth 3,1 ; 14,1

auch hier kann man [hierogl.] vor das [hierogl.] setzen:

„wilde Boten [hierogl.] die keine Furcht haben" Hor. u. Seth 15,5.

[hierogl.] „und sie (die Frau) liess ihn nicht ausgehen" Prinzengesch. 7,8.

764. Ebenso wie [hierogl.] (§. 752) steht auch [hierogl.] vor dem Futurum und dem futurisch gebrauchten Praesens II:

[hierogl.] „ich werde nicht schweigen" Lieb. Tur. 1,6.

„er schwur: [hierogl.] man wird ihm (das Amt) nicht geben" Hor. u. Seth 18,3.

„diejenigen Fürsten [hierogl.] welche meine Anordnung nicht befolgen werden" Am. S. d. H. 17.

Auch vor einen solchen Satz kann man noch einmal [hierogl.] setzen und ebenso auch das unpersönliche [hierogl.]:

§ 765   Negativsätze

〈hierogl.〉 „man wird (ihre Seele) nicht zerstören" P. Neschons 5,11; vgl. auch ibd. 3,12.

„wenn sie Leben geschickt hätten 〈hierogl.〉 so hätten sie die Sachen nicht geschickt." Unamun 2,29.

Beides kommt bei 〈hierogl.〉 mit seinem altertümlicheren Wesen nicht vor.

765. Wo 〈hierogl.〉 vor śḏm·f steht, hat dieses oft entsprechend §. 753 eine futurische Bedeutung und steht besonders in Versicherungen:

〈hierogl.〉 „er (der aufgeschriebene Eid) soll nicht verwischt und nicht abgewaschen werden" Amarna, Grenzstele N. u. S; vgl. auch Amarna V, 29, 14.

„er liess mich schwören 〈hierogl.〉 ich werde (nicht) hineingehen" P. Salt 1,18.

Des Weiteren steht es auch in nachdrücklichen Aussagen, die sich nicht auf die Zukunft beziehen. So praesentisch:

〈hierogl.〉 „ich handle nicht wie du" An. I, 8, 2; vgl. auch. Sall. I, 5, 6; Amenemope 25, 11.

Und so von der Vergangenheit, wenn anders das 〈hierogl.〉 kein Fehler für 〈hierogl.〉 ist:

„er sagte: 〈hierogl.〉 „ich habe keinen Stein umgewendet (an der Stelle der Stätte des Pharao)" (er hatte aber da ein Loch gemacht) P. Salt 1,16.

Dass das Verbum meistens in diesen Sätzen nicht, wie man nach seinem Gebrauch annehmen müsste, eine emphatische Form ist, sieht man aus den folgenden Beispielen; in ihnen folgt auf das erste, sicher emphatische, Verbum das zweite negierte in gewöhnlicher Form (vgl. §. 307):

„ich werde Tell Amarna an dieser Stelle machen (〈hierogl.〉) 〈hierogl.〉 und nicht mache ich (es an einer anderen Stelle) 〈hierogl.〉 und nicht gehe ich über (die Grenzsteine) hinaus" Amarna V, 29, 11.

Negativsätze §. 766 - 767

[hieroglyphs] „ich sage die Wahrheit und lüge nicht" Mes N. 21.

auch hier wird dem [gl] sdm·f zuweilen ein [gl] vorgesetzt:

„das Haus gehört ihm [hieroglyphs] indem niemand es mit ihm teilen soll" Insc. Hier. Ch. pl. 12.

[hieroglyphs] „wenn du nicht siehst" Amenemope 23,1.

Die emphatische Form des ersten Beispiels steht dabei nach §. 559.

766. Während [gl] in der Frage selten vorkommt (§.755) ist [gl] in diesem Falle um so häufiger; es bedeutet ebenfalls, dass man die Bejahung der Frage erwartet:

[hieroglyphs] „bin ich nicht eine Frau?" P. Bologna 10,1.

[hieroglyphs] „denn bist du nicht die Gesundheit und das Leben?" Lieb. Harr. 5,5.

In der Regel steht die Partikel [gl] vor dem [gl]:

[hieroglyphs] „bin ich denn nicht deine Mutter?" d'Orb. 5,2.

[hieroglyphs] „bin ich nicht gegangen?" Kadesch 45.

[hieroglyphs] „habe ich dir nicht Denkmäler gemacht" Sall. III, 2,6 (so auch die hierogl. Texte mit [gl]). ähnlich auch ibd. 3,5.

Hierher gehört dann wohl auch als elliptischer Ausdruck:

„du bist doch mein Vater [gl] ist es nicht so?" d'Orb. 7,5.

<u>Anm.</u> Bei Fragen, in denen [gl] vor [gl] steht, liegt der Verdacht nahe, dass [gl] ein Irrtum für [gl] ist, vor dem ja nach §.774 [gl] zu stehen hat:

[hieroglyphs] „hat er nicht gesagt" Hor. u. Seth 15,7; vgl. auch 8,5.

c. die Negation [gl]

767. Die Negation [gl], die schon vor dem neuen Reiche als [gl] auftaucht (im Namen [hieroglyphs]), wird noch mit einer Form verbunden, die im

§. 768   Negativsätze

Aktiv die Relativform zu sein scheint, im Passiv das perfektische passive Particip. Beides entspricht der von Sethe gegebenen Deutung:

„(es gibt keinen) 𓂜 𓍿𓏤 Ort, wo du tust"
„(es gibt keinen) 𓂜 𓍿𓏏𓏤 Ort, wo getan wird".

Freilich gleichen die Relativformen, die nach 𓂜 gebraucht werden, zum Teil mehr den älteren Formen (Gr. §. 424) als den gewöhnlichen Formen des Neuägyptischen; man sagt 𓍿𓏤 und nicht 𓇋𓂋𓍿𓏤, 𓍿𓏤 und nicht 𓇋𓂋𓍿 (§. 394).

An charakteristischen Formen sind zu belegen:

Im Aktiv (Relativform): 𓍿𓏤 Kadesch 124; 𓍿𓏤 Amarna VI, 15; P. Salt 5,1; 𓍿𓏤 d'Orb 8, 2 u.ö.; 𓍿 + Subj. Insc. Hier. Ch. pl. 12; 𓍿 + Subj. Abbott 6,18; 𓍿 + Subj. Ostr. Berlin III, 33. — 𓍿𓏤 Lieb. Beatty 23,10; 𓍿𓏤 Lansing 3,7; 𓍿𓏤 ä.Z. 1881, 119; Prinzengesch. 7,11; 𓇋𓂋𓍿 ä.Z. 1881, 119; 𓇋𓂋𓍿 Lansing 3,9.

Im Passiv (Particip): 𓍿𓏏𓏤 + Subj. P. jur. Turin 5,4; 6,6. — 𓍿𓏏𓏤 + Subj. Ostr. Berlin III, 36; 𓍿𓏏𓏤 + Subj. An. VI, 42.

Bei anderen Verben sind keine besonderen Formen zu belegen.

Anm. Die Schreibungen 𓍿𓏤, 𓍿𓏤, 𓍿𓏤 erklären sich am einfachsten aus einer Form dd·f, die vulgär dt·f gesprochen wurden (vgl. §. 263).

768. Im übrigen gehen auch diese Formen augenscheinlich schon zurück, und man gebraucht statt ihrer gern schon die Umschreibung mit 𓇋𓁹 (§. 553). Bei manchen Verben (𓍿𓏤, 𓇋𓂋, 𓍿, 𓏏𓏏𓏏 u.s.w.) schwankt der Gebrauch. Das sehr häufige 𓂋𓐍 „wissen, können" braucht anscheinend nie das Hilfsverbum, es lebt ja mit 𓂜 verbunden noch im Koptischen als ⲘⲈϢⲀⲔ fort.

Die Verbindung mit 𓇋𓁹: 𓂜 𓍿𓏤 𓇋𓂋 hat im Koptischen die Verbindung ⲘⲈϤⲤⲰⲦⲘ ergeben (Kopt. Gr. §. 917); bei dieser haben wir also, wie das auch das Demotische 𓇋𓂋 bezeugt, in dem ⲉ einen letzten Rest der Relativform 𓍿𓏤 zu erkennen.

Negativsätze §. 769 – 771

<u>Anm.</u> In dem einmal belegten 𓂜𓏤𓂝𓍲𓆑𓂡𓏤 „du bist nicht gehorsam" Lansing 8,3 ist das 𓆑 wohl irrig gesetzt (vgl. §. 481).

769. 𓂜 ist im Neuägyptischen die gewöhnliche, vor den Verben übliche Negation; nur in futurischen Sätzen verwendet man es nicht. Es steht in Aussagesätzen, die auf die Vergangenheit gehen und so denn auch in der Erzählung:

„du schwurst: ich werde den Esel bringen 𓂝𓏤𓈖𓂋 𓂜 𓋴𓂧𓐍𓂋 𓃘𓏤 sieh du hast ihn noch nicht bringen lassen" P. Kairo, Ä.Z. 1881, 119.

𓂜 𓂝𓏤𓂡𓏤 𓏏𓆑 „du hast ihn nicht gegeben" (mit Nachdruck) ibd.

„meine Väter 𓂜 𓂝𓏤𓈖𓂋(𓂡𓂧); 𓐍𓂋𓏴𓏤)𓃘! haben nicht Syrien gesehen" Kadesch 92; vgl. auch ibd. 24; 65; 115.

vgl. auch Prinzengesch. 7,11; Ostr. Berlin III, 33.

770. Sehr oft steht 𓂜 in einer praesentischen Aussage:

„er schwur: 𓂜 𓁹𓆑𓂋𓉐𓂋 ich kenne keine Stelle" Abbott 5,7.

„mein Herz pocht, wenn ich an dich denke 𓂜 𓊃𓊪𓏲 𓏤𓅱𓏏𓏲𓀁 𓅓𓏏𓏲𓏤 ..... 𓂜 𓊃𓊪(sic)𓍲𓂝𓃀:::𓂋𓂝𓊹 es lässt nicht zu, dass ich mein Kleid nehme ..... ich lege nicht Schminke auf mein Auge" Lieb. Beatty 23,10.

Und zwar steht es gern in solchen Sätzen, die so, wie sein koptischer Nachkomme ⲘⲈⲨⲤⲰⲦⲘ etwas Dauerndes, Gewohnheitsmässiges ausdrücken, etwas „nicht zu tun pflegen":

„du bist sehr reich 𓂜 𓂝𓏤𓂋 𓋴𓂧𓍲 𓐍𓏴𓏤𓏥 𓅓𓅓 𓏴𓏤 aber keinem giebst du etwas" Ostr. Berlin III, 33.

𓂜 𓊃𓊪𓂝 𓏏𓃀𓂋𓂧𓂝 𓈖𓍘𓂓::: 𓂋 𓍲𓏥(sic) „er lässt nicht zu, dass etwas auf den Boden fällt" Lansing 3,7.

„du bist sehr stolz 𓂜 𓍲𓃘𓂝𓏤 𓂜 𓂝𓂡𓏤𓇋𓂋𓍲𓀁! du hörst nicht, wenn ich sage" ibd. 2,4.

vgl. auch Kadesch 7; 99; Harr. 57,5.

771. Die passiven Beispiele sind, wie oben bemerkt, zum Teil mit dem Particip gebildet:

§ 772   Negativsätze

[hierogl.] „es wurde uns kein Proviant gegeben" Ostr. Berlin III, 36.

[hierogl.] „die Strafe wurde nicht an ihm vollzogen" P. jur. Turin 6,6 (ibd. 5,4 mit [hierogl.]).

Daneben braucht man aber anscheinend die alte Passivform:

[hierogl.] „meine Krankheit wird nicht erkannt" Lieb. Beatty 25,8.

„ich klopfe [hierogl.] man öffnet mir nicht" ibd. 17,8.

[hierogl.] „es ist (früher) nicht gehört" Harr. 78,3; vgl. auch 78,7.

Auch das Passiv auf [hierogl.] kommt hier vor, so sicher in:

„man kann diesen Vogel nicht in Fallen fangen [hierogl.] er wird nicht in den Tempel geopfert" Lansing 3,7.

[hierogl.] „dein Wesen kennt man nicht" P. Bologna 3,10.

772. Neben der hier angeführten normalen Konstruktion finden sich vereinzelt auch ungewöhnliche. So steht [hierogl.] vor der n-Form, wo diese nach § 315 einen ergänzenden Zusatz enthält:

„Morgens geht er heraus [hierogl.] und er findet es nicht" Lansing 6,5; ähnlich 6,6.

„sie wurden niedergemetzelt vor meinen Pferden [hierogl.] und keiner fand seine Hand (zum Kämpfen)" Kadesch 64;

vgl. auch Amarna IV, 35, Kadesch 67 (vgl. dazu Sall. III 4,2). Andere Fälle dieser Art werden uns entgehen, weil die n-Form nach der gewöhnlichen Sitte durch sḏm·f ersetzt ist. So wohl:

„ich küsse ihn vor seinen Genossen [hierogl.] und schäme mich nicht vor den Leuten" Lieb. Beatty 25,4.

<u>Anm. 1.</u> In einem Relativsatz steht [hierogl.] vor der n-Form in:

„eine Mutter [hierogl.] deren Herz sich nicht ekelt" Lansing 3,2.

<u>Anm. 2.</u> Vor dem Pseudoparticip steht [hierogl.] in dem folgenden Ausdruck eines unerfüllbaren Wunsches:

| Negativsätze | §. 773 – 775 |

[Hieroglyphen] „ach wäre ich nie geworden, ach wäre ich nie geboren" Hor. u. Seth 15,k.

773. Unter den Beispielen, die in den vorhergehenden Paragraphen aufgeführt sind, sind manche, die man als eine Zusatzbemerkung zu dem Vorhergehenden auffassen wird, oder bei denen eine solche Auffassung nahe liegt. Deutlicher ist ein solches Verhältnis ausgedrückt, wenn man vor das [Zeichen] noch das [Zeichen] des §. 529 setzt:

„man erzieht dich [Hieroglyphen] aber du hörst keine Ermahnung" P. Bologna 3,8.

[Hieroglyphen] indem keine Rede irgendwelcher Leute in dein Ohr dringt" Ostr. Berlin III, 33.

„man ist trunken [Hieroglyphen] ohne dass man trinkt" Lieb. Tur. 2,9.

vgl. auch Lansing 3,7; Corr. 19,6; Kadesch 125 (= Sall. III, 8,6).

Anm. Nicht um eine Anknüpfung durch [Zeichen] handelt es sich, sondern um das [Zeichen], das nach §. 517 selbständig am Anfang eines Abschnittes steht, in folgender Stelle:

[Hieroglyphen] „keiner von euch (den Soldaten) ist gekommen,(um u. s. w.) Kadesch 92.

774. In Fragesätzen, deren Bejahung man erwartet, wird [Zeichen] ebenso wie [Zeichen] und [Zeichen] gebraucht. Nur setzt man hier die Partikel [Zeichen] vor das [Zeichen] und nicht das [Zeichen], wie es bei [Zeichen] gebräuchlich ist:

[Hieroglyphen] „hast du nicht gedacht?" d'Orb. 8,2.

[Hieroglyphen] „freust du dich denn nicht?" Unamun 2,54.

vgl. auch An. I, 27,3 (ohne [Zeichen]).

775. Mit der anderen jungen Negation [Zeichen] wird [Zeichen] zuweilen verwechselt. So sicher in: „80 Jahre richtet man schon [Hieroglyphen] aber man hat ihn nicht über mich obsiegen lassen" Hor. u. Seth 14,1. — Das kommt auch schon in Tell Amarna vor, allerdings in einem Beispiel, wo das folgende Wort mit einem n be-

§. 776 - 777   Negativsätze

ginnt:

[hieroglyphs] „ der, welcher deine Gedanken hört, ist nicht arm" Amarna I, 35.

(richtig: [hieroglyphs] ibd. IV, 35).

d. die Negation [hieroglyphs]

776. Die vierte der neuägyptischen Negationen, die dem Koptischen ⲘⲠⲈϤⲤⲰⲦⲘ entspricht, geht zurück auf die Negation [hier.] und das Hilfsverbum [hier.]; wie dieses hat es perfektische Bedeutung (Gr. §. 361). Dass die Negation, die in [hier.] steckt, das alte [hier.] gewesen ist, ist schon durch das Vorkommen des alten [hier.] wahrscheinlich; und auch in einem neuägyptischen Text der Dynastie 21 findet sich noch ein [hier.] „man hat sie nicht gesehen" Louvre, Stele der Verbannten. — Das [hier.] ist dann aber vor dem [hier.], wie das Koptische zeigt, zu [hier.] geworden, und daher schreibt man das Wort gelegentlich auch [hier.] (Ostr. Berlin III, 37; ibd. 39). Die gewöhnliche Schreibung [hier.] (P. Mayer A: [hier.]) erklärt sich wohl daraus, dass die Schreiber irrigerweise bei dem [hier.] an die Negation [hier.] dachten, die man ja wie Kopt. ⲘⲈⲨ- zeigt *mě oder ähnlich sprach. Eine Mischung beider Schreibungen [hier.] findet sich P. Boulaq 10; Insc. Hier. Ch. pl. 12.

777. Da das alte Hilfsverbum [hier.] ein Verbum III. inf. gewesen ist, so hat auch unsere Negation dementsprechende Formen:

[hier.] + Subj. Kadesch 87; [hier.] + Subj. d'Orb. 4, 10; [hier.] + Subj. Abbott 2, 15; [hier.] + Subj. Sall. III, 6, 3; [hier.] + Subj. P. Rollin 2; [hier.] + Subj. P. Boulaq 10.

1. sing. [hier.]	Mayer A 5, 19	2. masc. [hier.]	Unamun 1, 22
[hier.]	Ostr. Berlin III, 37	3. masc. [hier.]	Mayer A. 4, 1
[hier.]	Unamun 2, 51	3. fem. [hier.]	P. Boulaq 10
2. masc. [hier.]	Ostr. Berlin III, 39	1. plur. [hier.]	P. Bologna II, 16

Negativsätze   §. 778 – 781

3. plur. 𓀀𓂝𓂜𓏥 P. Boulag 10. | „man" 𓂝𓂜 abbott 5,5.
Die alte Schreibung mit 𓐍 findet sich in dem in §. 776 angeführten Beispiel aus D. 21 und sicher in:

𓈖 𓐍 " 𓄿 𓏛 𓇋𓇋 𓏛 𓄖 kein Fürst hatte mich über es (Tell Amarna)
   unterrichtet "   Amarna V, 29 xx.

Auch das 𓈖 𓐍 𓇋𓇋 𓂝 (P. Neschons 6,3 ; 6,13) mag hierher gehören.
Übrigens wird es richtig sein, wenn man sich die mit 𓇋𓇋 geschriebenen Formen etwa als *emp-ᵃ-jef denkt; die Verkürzung zu m̄pe-
m̄peƒ- ist dann durch das folgende Subjekt resp. den folgenden
Infinitiv bewirkt.

778. Ebenso wie das alte Hilfsverb _p3j_ wird nun auch unsere Negation
mit dem Infinitiv verbunden; man sieht dies aus dem Gebrauch
der Objektssuffixe:

𓈖 𓂝 𓏥 𓇋𓀁 𓄿 𓏛𓏛𓏛 „kein Herr hat sie gemacht"   Kadesch 87.
𓂝 𓂝 𓇋𓇋 𓏥 𓈖 𓂝 𓇋 𓏛   „wir haben es nicht gesehen"   P. Bologna II, 16.

779. Man braucht die Negation 𓂝 𓂜 in verneinenden Aussagen, die sich
auf die Vergangenheit beziehen, nicht aber in der Erzählung:

𓂝 𓂜 𓏥 𓇋 𓂝 𓀀 𓀁 𓄿 „niemand hat mit mir geredet" d'Orb. 4,10
𓂝 𓂜 𓇋 𓂝 𓏛 𓀀 𓇋 𓂝 𓏛 „man fand ihn nicht"   Abbott 5, 6.
vgl. auch ibd. 2,15 ; P. Rollin 2 ; 3 ; P. Bologna II, 16 ; Unamun 1, 22.

780. Wenn vereinzelt dem Infinitiv ein 𓇋 vorgesetzt ist, so hat das wohl
nicht mehr zu sagen, als in den ähnlichen Fällen:

𓈖 𓇋𓇋 𓂜 𓇋 𓉔 𓂝 𓏛 „du hast nicht geschrieben" Ostr. Berlin III, 39.

Merkwürdig sind die Fälle mit anscheinend passivem Verbum:
„es war einmal ein König 𓂝 𓂜 𓇋𓇋 𓏥 𓏠 𓇋𓇋 𓏌𓏥 𓂝 𓐍 𓄿 𓇋𓇋 𓄖
„dem war kein Sohn geboren" Prinzengesch. 4,1; ähnlich
ibd. 5,3. – Vielleicht ist es das _p3j_, das hier die passive Bedeutung ausdrückt, und das m3j ist nur ein Infinitiv.

781. Mit vorgesetztem 𓂝𓂜 bedeutet es „indem nicht", „ohne dass" mit
starker Betonung der Vergangenheit:

§. 782 - 783   Negativsätze

„diese Schreiber haben dem Fürsten der Stadt berichtet [gly] da doch ihre Väter ihm nicht berichtet haben" Abbott 6,21; vgl. auch ibd. 7,14.

„lasse ich den Monat zu Ende gehen [gly] N.N ohne dass ich dem N.N. 20 Pfund (Kupfer) gegeben habe" Ostr. Berlin III, 37.

Relativisch steht es in:

„ein Grab [gly] in welchem man nicht begraben hatte" Abbott 5,3.

e. die Negation [gly]

782. Dass dieses Wort, das koptisch ⲘⲚ- lautet, jungen Ursprungs ist, zeigt schon seine syllabische Schreibung [gly], [gly]. Seine ursprüngliche Form muss noch das Hilfsverbum [gly] enthalten haben, das man wie §. 784 zeigt, zwar nicht mehr sprach, das sich aber in der Schrift zunächst noch erhalten hatte, erst in D. 20 lässt man das [gly] fort und schreibt statt dessen [gly]. Dieses mn wird nichts anderes sein als die vor dem [gly] stark verkürzte Form des [gly], das in der Volkssprache etwa ⲘⲘⲞⲚ lautete.

783. Der elliptische Gebrauch, bei dem der Hörer aus dem Zusammenhange das ergänzen soll, was es „nicht mehr gibt", findet sich in:

[gly] „Schreiben und Briefe — (die) hast du nicht bei dir" Unamun 1x+19.

„du hättest doch sagen sollen [gly] (es) ist nichts da" An. V, 11,6.

Gewöhnlich fügt man aber dem mn nicht nur ein solches Subjekt bei, sondern auch eine Praeposition, die Näheres über dies „nicht Vorhandensein" angibt, gerade so, wie wir dies bei [gly] und [gly] finden:

Negativsätze § 784–785

[hierogl.] „es gibt nichts Mangelhaftes vor ihm" Amenemope 19,23.

[hierogl.] „es sind keine Menschenknochen in dir" Lansing 7,8; — vgl. auch Unamun 2,23.

784. Auch hier braucht man so wie bei dem gleichbedeutenden [hierogl.] den Zusatz [hierogl.] „bei ihm" im Sinne von „er hat nicht". Und dieser Zusatz tritt dann (gegen die gewöhnliche Wortstellung) unmittelbar hinter das mn:

[hierogl.] „ich habe kein Holz" P. Mallet 5,8.
[hierogl.] „du hast keinen Vater" Wahr. u. Lüge 5,3.
[hierogl.] „ich habe keine Leute" P. Bologna 6,6.

Diese Stellung hat dann dazu geführt, dass man das n des mn und das n, mit dem (nach Ausweis von ⲚⲦⲈ-) das [hierogl.] begann, in eins zusammenzog (mntf für mn-ntf). Man schreibt dann das [hierogl.] ohne das [hierogl.]:

[hierogl.] „ich habe keine Sünde" Amenemope 19,18.

Es ist dieselbe Erscheinung, die wir bei [hierogl.] (§ 508) und bei [hierogl.] (§ 756) finden, und die sich auch im Koptischen ⲞⲨⲚⲦⲀϤ, ⲘⲚⲦⲀϤ erhalten hat.

<u>Anm.</u> Es ist zu beachten, dass bei [hierogl.] und [hierogl.] das [hierogl.] nicht vorkommt; man braucht bei ihnen statt dessen [hierogl.].

[hierogl.] Mar. Karn. 54,52 während es ebenda 54 heisst: [hierogl.]

785. Mit vorgesetztem [hierogl.] haben wir es in:

[hierogl.] „der, der keinen Jungen hat" Ostr. Berlin III, 33, vgl. auch Insc. Hier. Ch. pl. 14.

<u>Anm.</u> Über die Verbindung [hierogl.] siehe unten § 796.

§. 786 - 788   Negativsätze

f. Umschreibung der Negation

1. [hieroglyphs] und [hieroglyph]

786. Das alte Negativverbum [hieroglyphs] kommt noch im Optativ vereinzelt vor in gewählter Sprache:

„o mein Herz [hieroglyphs] klopfe nicht" Lieb. Beatty 24, 4.

[hieroglyphs] „die Schriften – (davor) ekele dich nicht" An. III, 4, 3 = An. V, 9, 1 ; vgl. auch An. I, 15, 8.

Und so auch einmal, wo das Objekt als selbstverständlich ausgelassen ist, ganz so, wie man z. B. im Englischen don't gebraucht:

[hieroglyphs] „lass (das), du Vogel" Lieb. Harr. 5, 6.

787. Der Imperativ [hieroglyph] (Gr. §. 521), der in der alten Sprache zum Ausdruck des Verbotes dient, kommt so nur noch ausnahmsweise vor, da er durch die Umschreibungen der §. 789; 790 ersetzt wird:

„lege Byssus zwischen ihre Glieder [hieroglyphs] bette ihr nicht mit Königsleinen" Lieb. Kairo 12.

Weiter so auch in den Fällen, wo die Ausdrücke „tue nicht" und „gib nicht" noch nicht als Umschreibung, sondern noch in ihrem ursprünglichen Sinne stehen:

[hieroglyphs] „sei nicht töricht". P. Bologna 3, 6.

[hieroglyphs] „setze dein Herz nicht ...." An. III, 3, 10 = An V, 8, 2;

[hieroglyphs] „mache dir keine Sorge um mich" An. IV, 4, 10;

vgl. auch Sall. I, 5, 6 ; Lansing 2, 1 ; Lieb. Beatty 24, 2; und das unverständliche [hieroglyphs] Lieb. Beatty 17, 9.

788. In der alten Sprache steht nach [hieroglyphs] und [hieroglyph] eine besondere Form, die sich nicht näher bestimmen lässt. Im Neuägyptischen hat sie bei [hieroglyph] „geben" ein charakteristisches Aussehen. Man schreibt sie [hieroglyphs] oder in D. 20 auch [hieroglyphs]. Altertümlich sieht die Schreibung [hieroglyph] aus, während [hieroglyph] bei Amenemope eine späte Barbarei ist, die auf der Verwechslung der Worte [hieroglyph] und [hieroglyph] beruht.

Negativsätze §. 789

Bei 〈hiero〉 schreibt man 〈hiero〉; aus dem enttonten ⲘⲠⲢ- des Koptischen ist nichts zu ersehen. Aber die nicht enttonte Form ⲘⲠⲰⲢ führt auf eine Aussprache *ôr.

789. Bei der Umschreibung mit 〈hiero〉 hängt von 〈hiero〉 ein Infinitiv ab. Auch im Koptischen, wo 〈hiero〉 durch die Analogie von ⲘⲠⲈ- zu ⲘⲠⲢ- geworden ist, folgt ihm der Infinitiv. Beispiele, in denen die Auffassung als Infinitiv durch die Verwendung eines Objektsuffixes gesichert ist, sind:

〈hiero〉 „schlage ihn nicht" Hor. u. Seth 13,11.
〈hiero〉 „höre nicht auf, mir zu schreiben" P. Bologna II, 8.
〈hiero〉 „sage es mir nicht noch einmal" d'Orb. 4,1.
〈hiero〉 „erzähle es nicht" Max. d'Anii 2,11.

Bemerkenswert sind weiter:

〈hiero〉 „höre nicht auf sie" Ostr. Berlin III, 38.
〈hiero〉 „bleibe nicht stehen" d'Orb. 8,6.
〈hiero〉 „sei nicht müssig" An. V, 8,2; vgl. auch An. III, 3,13; Amenemope 10,6; Unamun 2,50; Amarna VI, 30.

Wie sehr diese Umschreibung umsich gegriffen hat, sieht man daraus, dass selbst die Imperative „tue nicht" und „gib nicht" neben der direkten Verneinung durch 〈hiero〉, die wir oben belegt haben, auch mit 〈hiero〉 verneint werden:

〈hiero〉 „tue sie nicht" Lansing 8,7; vgl. auch Hor. u. Seth 3,3.
〈hiero〉 „zeige es mir nicht" Unamun 2,53.
〈hiero〉 „lasse nicht zu, dass etwas mangele" Ostr. Berlin III, 32.

Anm. 1. Merkwürdig ist: 〈hiero〉 „gehe nicht herauf und herab" Amenemope 20,10, wo das nachgesetzte 〈hiero〉 anzeigt, dass man das Ganze (entsprechend §. 359) als Imperativ fasste.

Anm. 2. Auf der Vermischung mit 〈hiero〉 werden die Fälle beruhen, wo nach 〈hiero〉 ein Subjunktiv steht: 〈hiero〉 „gehet

§. 790 - 791   Negativsätze

　　　　　nicht "　P. Mallet 3,8 ; 4,3.

790. Neben dem 𓂜𓅓 steht dann die andere Umschreibung 𓂜𓅓𓏛𓏭𓏭𓂝 (oder nach spätester Schreibung 𓂜𓂓𓂝𓏛), die eigentlich bedeutet „lasse nicht zu, dass". Das Verbum, das dem 𓂜𓅓𓏭𓏭𓂝 folgt, muss ja nach §. 287 ein Subjunktiv sein, und so wird man auch das folgende Beispiel aufzufassen haben:

　　𓂜𓅓𓏭𓏭𓂝 𓂝𓂓 𓀁𓂓𓏛𓅱　„lass dein Herz nicht ekeln"　d'Orb. 8,5.

<u>Anm.</u> Auf der Vermischung mit 𓂜𓅓 wird es beruhen, wenn man auch zuweilen einen Infinitiv nach 𓂜𓅓𓏭𓏭𓂝 setzt:

　　𓂜𓅓𓏭𓏭𓂝 𓂝𓏤𓏛𓅱　„sei nicht böse"　An. I, 17,8.
　　𓂜𓅓𓏭𓏭𓂝 𓂝𓆓𓀁𓏥　„sei nicht müssig"　d'Orb. 3,1
　　𓂜𓅓𓏭𓏭𓂝 𓂝𓏛𓏥　„sage uns nicht"　An. V, 27,2

791. So wie das positive „gib, dass er tue", zu einem „möge er tun" geworden ist (vgl. §. 291), so ist auch bei dem negierten „gib nicht, dass er tue" die Bedeutung verflacht worden. Es drückt nur noch den Wunsch aus, dass etwas nicht geschehen möge:

　„iss und trink 𓂜𓅓𓏭𓏭𓂝𓏛𓏛𓏭𓏭𓂝𓂝𓂓𓏤𓂝𓏥 und mache dir keine Gedanken"　Unamun 2,69.

　　𓂜𓂓𓂝𓏥𓂓𓂝𓅱𓏛𓂝　„die Leute sollen nicht von mir sagen"　Lieb. Beatty 24,3; vgl. auch Max. d'Anii 3,1.

So steht es denn auch am Anfang eines Satzes:

　　𓂜𓂓𓏭𓏭𓂝𓂝𓏭𓏭𓏥　„lass uns nicht tun"　Hor. u. Seth 2,5.
　　𓂜𓂓𓂝𓂓𓏥𓂝𓂓𓂝𓂓𓂝𓀁　„möge deine Rede nicht herausgetragen werden"　Amenemope 24,2; vgl. ibd. 25,19.

Zuweilen stellt sich dabei dann der Nebenbegriff der Absicht ein, und wir können das 𓂜𓅓𓏭𓏭𓂝 geradezu mit „damit nicht" übersetzen:

　„gehe nicht hinter einer Frau her 𓂜𓅓𓂓𓏭𓂝𓏛𓂝𓂓𓏭𓏭𓂓𓏤𓂝𓀁𓂝! damit sie nicht dein Herz nehme"　Max. d'Anii 8,6; vgl. auch d'Orb. 3,2.

Negativsätze   §. 792 – 794

792. Auch vor dieses 𓀁𓂝𓏭𓏭𓏛 setzt man das unpersönliche 𓇋𓂝:
„töte sie und wirf sie ins Wasser 𓇋𓂝 𓀁 𓏤𓏤𓏤𓏰 ...... (abg. Justiz a – und drückt auch hier damit einen begleitenden Neben-umstand aus: „und lasse es niemand wissen". Wie sich das freilich mit einem Imperativ vereinigen lässt, bleibt ein Rätsel.

2. 𓏏𓅓𓀁

793. Das Hilfsverb 𓏏𓅓𓀁, das im Unterschied von 𓇋𓅓𓏲 alle seine Formen bewahrt hat, wird, so viel wir sehen können, mit dem Infinitiv verbunden:

𓏏𓅓𓀁 𓏏𓏭𓏭𓆰 𓈖𓏏𓏭𓅓 „damit dich der Schrecken nicht hole"
Amenemope 8,10; 13,7.

Dafür spricht auch, dass vor dem abhängigen Verbum öfters ein 𓂋 steht, was ja so oft vor Infinitiven irrigerweise vorkommt:

𓀁𓊃𓀁𓂋𓏏𓏭𓊪𓌙𓀀𓇋𓊪𓅓 „man liess sie nicht ackern" Mes N 6.
„gehe nicht aus 𓏏𓅓𓀁𓈖𓈙𓏏𓏭𓏭𓈖𓇋𓈘𓈇 𓏏𓏭𓇋𓂧𓅱𓀁𓈖𓏏𓂧𓀁 damit das Meer dich nicht fasse" d'Orb. 10,1.

794. Man braucht tm in der Form śdm.f und zwar meist mit finaler Bedeutung:
„werde Schreiber 𓏏𓅓𓀁𓇋𓏏𓎼𓏤𓏰𓂝𓈖𓏏𓎡 damit du nicht viele Herren habest." Sall. I, 6, 11.
„schaffe ihm eine Frau 𓏏𓅓𓀁𓄿𓀭𓏤𓂋𓏏𓈖 damit er nicht allein sei" d'Orb. 9, 6.

Aber in anderen Beispielen liegt eine andere Auffassung näher:
„deine Hand wird lässig 𓏏𓅓𓀁𓇋𓂝𓇯𓏏𓀁 und du brennst nicht (wie die Lampe)" Lansing 7,7.
„werde Schreiber ... dann gehst du frei auf dem Wege 𓏏𓅓𓀁𓎼𓏤𓇋 𓇋𓊪𓈖𓀁𓏤𓀁𓏏 und du wirst nicht wie ein ...... Ochse" ibd. 8, 2.

Man braucht tm weiter im Praesens II vor dessen Infinitiv:

§. 795   Negativsätze

[hierogl.] „ich hörte nicht auf ihn" d'Orb. 5,2

[hierogl.] „sie goss (ihm) nicht Wasser auf seine Hand" ibd. 4,9.

[hierogl.] „er diente nicht irgend einem anderen Gotte" Apophismärchen 1,3.

Sehr oft steht es im Konjunktiv (wie im Koptischen), der ja eine infinitivische Form ist:

[hierogl.] „und du streckst nicht deine Hand aus" Max. d'Anii 9,2.

[hierogl.] „und du lässt nicht" Insc. Hier. Ch. pl. 18.

[hierogl.] „und er tritt nicht ein für sie" Am.S.d.H. 7.

795. Endlich steht tm im Infinitiv in den verschiedenen Arten seines Gebrauches. Es ist das der im Kopt. TM- erhaltene Gebrauch.

So im bestimmten Infinitiv:

„er schlug auf seine Hand [hierogl.] weil er ihn nicht getötet hatte" d'Orb. 6,8.

[hierogl.] „sein nicht fern sein" Lieb. Beatty 29,7.

„was soll es [hierogl.] dass du kein Geschenk hast bringen lassen" Sall. I, 4,1.

Und so auch im unbestimmten nach ⌒:

[hierogl.] „um nicht zu kommen" P. Bologna 1,8.

Wichtig ist dabei die Verneinung von [hierogl.] „damit" (§. 425):

[hierogl.] „damit sie keine Anzeige erstatten können" P. Salt Rs. 2,5; vgl. auch d'Orb. 5,3.

[hierogl.] „damit kein anderes Auge ihn sähe" Unamun 1x+7.

Interessant ist die Verneinung von [hierogl.]:

„ich bin verschwiegen [hierogl.] und sage nicht (was ich sehe)" Lieb. Tur. 2,14 — die gerade so wie dieses ir dd selbst die finale Bedeutung verloren hat und nur „und sage nicht" bedeutet.

Negativsätze   §. 796 – 798

g. Verdoppelung der Negation

796. Wird die Negation [hierogl.] vor eine andere Negation gesetzt, so ergibt dies eine starke Bejahung:

[hierogl.] „gewiss hörtest du" An. I, 9,7.

[hierogl.] „du siehst doch die Vögel" Unamun 2,65; ähnlich 2,66.

[hierogl.] „wahrlich er (Amun) ist noch der, der er gewesen ist" ibd. 2,27.

[hierogl.] „es gibt doch gewiss einen unter euch, (der Aegyptisch versteht)" ibd. 2,77;

vgl. auch ibd. 1x+22; 1x+23; 2,1; 2,49.

Und so auch, wo ein verneinter Satz von einem anderen verneinten abhängt:

[hierogl.] „indem du nicht wusstest, dass er nicht hier ist" im Sinne von: „obgleich du wohl wusstest, dass er hier ist" Unamun 2,27.

<u>Anm.</u> Man beachte, dass fast alle Beispiele aus demselben Texte stammen. Das zeigt natürlich nur, dass Unamun, sein Verfasser, der ja überhaupt einen persönlichen Stil schreibt, besonderes Gefallen an dieser Wendung hatte.

h. Verstärkung der Negation

797. Verstärkt wird die Verneinung durch das Adverbium <u>m kfʒw</u>, dessen genaue Bedeutung wir nicht kennen:

[hierogl.] „ich salbe mich gar nicht" Lieb. Beatty 24,1.

„die Faulen sagen [hierogl.] die Bücher sind gar nichts" An. V, 17,7.

vgl. auch An. IV, 13,5; An. I, 27,3; Amenemope 25,10.

798. Die andere Verstärkung der Verneinung durch [hierogl.] kopt. ⲁⲛ finden wir bei der Negation [hierogl.]; sie ist wie diese ein junges Erzeugnis der Sprache, dessen eigentliche Bedeutung unbekannt ist.

§. 799   Negativsätze

Sie steht zunächst da, wo 𓂜 „es ist nicht", „es gibt nicht" bedeutet:
𓂜𓏤𓏤𓏤 ⸗ 𓂋𓏤 𓊪 𓈖 𓅓𓍑𓏤 „das ist gar kein Mensch" Sall. III, 4,9.
   (Kadesch 71: 𓂜 ⸗ 𓂋𓏤 𓊪𓏤 𓅓𓍑).
𓂜 𓇋𓂋 𓇋𓋴𓍘 𓈖 𓅓𓍑𓏤 „es ist überhaupt keine Botschaft" Abbott 5,15
𓏺𓂝 𓂜 𓏠𓏥 𓏭𓏭 𓊪 𓇋𓏤𓂝𓏭𓏭 𓇋𓏭 𓈖 𓅓𓍑𓏤 „es ist gar nicht meine Steuer"
   P. Bologna 6,5.
Und so steht der Ausdruck auch als Negierung eines Nominalsatzes:
𓂜 𓇋𓂋 𓊪 𓇋𓏭 𓈖 𓅓𓍑𓏤 „es ist nicht gut" Mayer B 1.
𓏺 𓂜 𓏏𓏤 𓈖 𓅓𓍑𓏤 „aber er (der neue Esel) war nicht gut"
   Ostr. Petrie 14.
𓏺𓂝 𓂜 𓏌𓏤𓏥 𓈖𓏥 𓅓 𓊪𓊪𓏭 𓈖 𓅓𓍑𓏤 „(Sachen) über die man überhaupt nicht schweigen kann" Abbott 6,12; vgl. auch 6,8.
Dass der Ausdruck bei einem Verbum gebraucht wird, findet sich nur in:
𓂜 𓅓𓍑 𓎛𓂝 𓇋𓊪𓈖𓏭 𓏥𓏤 𓈖 𓅓𓍑𓏤 „er ist nicht mit mir gewesen"
   Mayer A 3, 25.
Die koptische Verbindung Ⲛ...... ⲀⲚ, die ja gerade bei den Verben gebräuchlich ist, muss sich also erst später entwickelt haben.

i. das negative Adjektiv

799. Wie in der alten Sprache (Sr. §. 526) und wie im Koptischen ⲀⲦ- (Kopt. Gr. §. 130) bedeutet 𓂜𓅓 𓅓, das man spät auch 𓅓𓂜𓍑 𓅓 (amenemope 16,19; Ostr. Gardiner pl. 20 A.: 𓅓𓂜𓍑𓍑) und sogar 𓈖𓈖 𓂜𓅓 𓅓 (amenemope 16,8; 27,5) schreibt, „einer, der etwas nicht hat":
„ich war ein 𓂜𓅓 𓅓 𓊌 𓅓𓏥 Armer"   Amarna V, 4.
𓈖𓈖 𓂜𓅓 𓈖𓈖 𓂝 𓅓 𓍼𓏥 „einer, der nichts hat" amenemope 16,3.
In der Regel erhält das Substantiv, das mit ihm verbunden ist, noch ein Suffix, das auf das 𓂜𓅓 𓅓 wie in einem Relativsatz zurückweist:
𓂜𓅓 𓅓 𓉐𓏤𓏤 „ein Tor"   Lieb. Beatty 23, 2.

| Zeitsätze | §. 800 – 801 |

[hieroglyphs] „sei kein törichter Mann" P. Bologna 3,6.
[hieroglyphs] „der törichte Mann" Sall. I, 5,9.

Beispiele mit folgendem Infinitiv liegen nicht vor, gewiß nur aus Zufall, da sie in alter Sprache und im Koptischen vorkommen.

Ganz ohne ein ihm folgendes Wort steht [hieroglyphs] in:

[hieroglyphs] „der nichts hat" Amenemope 27,5.

G. Zeitsätze

a. Allgemeines

800. Unter Zeitsatz verstehen wir hier jeden Satz, der einem anderen, dem Hauptsatze, beigefügt ist, um ihn zeitlich zu bestimmen. Dieser Hauptsatz kann jede Gestalt haben, und auch ein Adjektiv oder Particip kann als solcher fungieren.

Wesentlich ist die Stellung des Zeitsatzes. In der älteren Sprache steht er meist <u>hinter</u> dem Hauptsatze. Im Neuägyptischen steht er meist <u>vor</u> demselben, eine Stellung, die ihm natürlich besonderen Nachdruck verlieh.

b. ohne Konjunktion

801. Die schlichteste Form des Zeitsatzes ist die, wo das Verbum in der Form ś'dm·f hinter dem Hauptsatze steht:

[hieroglyphs] „um die Sonne zu sehen, wenn sie aufgeht" Amarna VI, 14 ; vgl. auch ibd. VI, 32 r u.ö. ; VI, 25,18

„mit ..... Schritt (?) [hieroglyphs] wenn sie auf die Erde tritt" Lieb. Beatty 22,5.

Viel häufiger steht ś'dm·f voran; zum Teil ist es dann sicher emphatisch:

[hieroglyphs] „wenn die Sonne aufgeht" d'Orb 14,6.

§. 802 – 803   Zeitsätze

In anderen Fällen wohl gewiss nicht:

[hieroglyphs] „kommt der Mensch (aus dem Leibe seiner Mutter, so ist er u.s.w.)" Sall. I, 7, 1 = An. II, 7, 3.

[hieroglyphs] „kommt er vor den Feind, so ist er wie ein .... Vogel" An. IV, 9, 10 = An. III, 5, 12.

vgl. auch Amarna V, 11 ; II, 21 ; Amenemope 9, 18 ; ähnlich P. Beatty 16, 8.

Anm. Über die Form des Verbums solcher einfachen Zeitsätze siehe § 299 Anm.

802. Viel seltener ist die n-Form mit ihrer perfektischen Bedeutung, die wir oft mit „nachdem" übersetzen können. Auch sie steht hinter oder vor dem Hauptsatze:

[hieroglyphs] „man lebt, nachdem du deine Strahlen gegeben hast" Amarna VI, 33.

[hieroglyphs] „wenn er zum Hause seiner Schwester gekommen ist, so jauchzt sein Herz" diel. Beatty 29, 4.

803. Man gebraucht weiter im Zeitsatze das begleitende Praesens II und stellt dies meist hinter den Hauptsatz:

„bete zu der Sonne [hieroglyphs] wenn sie aufgeht" Amenemope 10, 12.

„gemacht für N.N. [hieroglyphs] als er krank lag" Berlin 20377.

[hieroglyphs] „du hörst nicht, wenn ich rede" Lansing 2, 4.

Ebenso braucht man auch die dem Praesens II entsprechende Form mit adverbialem Praedikat:

„sie berichteten dem Vezier [hieroglyphs] wenn er im Süden war" Abbott 6, 22.

„mein Vater ist getötet worden [hieroglyphs] als ich ein Kind war" Mayer A 2, 19.

vgl. auch Sall. I, 3, 4 ; An. III Rs. 8 ; Harr. 77, 2 , 75, 2

Seltener werden diese Formen mit [hieroglyphs] vorangestellt:

| Zeitsätze | §. 804 - 805 |

[hieroglyphs] „als es Morgen geworden war, sandte er" Unamun 1x+12; ähnlich 2,70; vgl. auch Sall. I, 9,6.

804. [hieroglyphs] ḫr sḏm wird als Vertreter der emphatischen Form des Praesens II gern im Zeitsatze gebraucht, und steht vor dem Hauptsatze:

[hieroglyphs] .... „wenn mein Brief zu dir kommt, so wirst du schicken ..." Sall. I, 4,2; ibd. 9,4.

[hieroglyphs] „aber wenn er im Delta war" Abbott 6,22.

[hieroglyphs] „wenn die Sonne aufgeht (werde ich u.s.w)" d'Orb. 6,9; — vgl. auch Unamun 1x+7; Joppegesch. 2,8; Salt Rs. 1,17.

Dagegen hat [hieroglyphs] ḫr sḏm, und was sonst mit [hieroglyphs] gebildet ist, perfektische Bedeutung, und wir müssen es oft mit „nachdem" wiedergeben:

„ich brachte das Land in Ordnung [hieroglyphs] nachdem es verwüstet war" Harr. 79,2; vgl. auch ibd. 29,3; Amarna II,7.

805. Das Praesens I und die ihm entsprechende Form mit adverbialem Praedikat wird sehr oft im Zeitsatze gebraucht und steht stets voran:

[hieroglyphs] ... „wenn ich nach A. gekommen bin, so war ich eifrig (bei meinem Auftrag)" An. IV, 4,8.

[hieroglyphs] „wenn man kommt" An. III, 6,10; vgl. auch d'Orb. 5,4.

Mit dem in §. 807 besprochenen [hieroglyphs]:

[hieroglyphs] .... „aber als er opferte ... (ergriff der Gott einen seiner Knaben)" Unamun 1x+3.

[hieroglyphs] „aber als die Sonne unterging" d'Orb. 5,7.

[hieroglyphs] „als aber die Fürsten erfahren hatten (dass er tot war)" P. Lee 2,4.

Mit [hieroglyph] und dem Infinitiv:

[hieroglyphs] „aber als sie heraufstiegen (da sagte u.s.w.)" Wahr. u. Lüge 2,8.

Mit adverbialem Praedikat:

§. 806 - 807   Zeitsätze

      [hieroglyphs] „aber als er auf dem Arm der Leute lag (da schnitt er ....)"   d'Orb. 16,8.

806. Die hier aufgeführten Ausdrücke können dann noch durch unpersönliche Hilfsverben erweitert werden; sie bedeuten eigentlich: „wenn es ist", „als es war".

So steht [gl.] vor s'ḏm·f :

  [hieroglyphs] „als der Rasende raste (in dieser Nacht) [gl.] [hieroglyphs] und ich hatte (ein Schiff) gefunden [gl.] [hieroglyphs] und lud (meine Habe in es) ein [gl.] [hieroglyphs] und als ich (nach der Dunkelheit) sah [gl.] [hieroglyphs] da kam der Hafenvorsteher"   Unamun 1x+5 ff.

[gl.] steht dagegen vor Praesens I und Praesens II :

  [hieroglyphs] „als man sagte: er ist nicht da ,(da ....)"
    P. Salt Rs. 1,9.

  [hieroglyphs] „aber wenn man sie dir bringt,(so...)"
    Ostr. Berlin III, 38.

807. Vor Zeitsätze, die vor dem Hauptsatze stehen, setzt man gern die Partikel [gl.], allein oder in der Verbindung [gl.].

[gl.] bezeichnet zuweilen noch einen leichten Gegensatz zum Vorhergehenden: „Sie berichteten dem Vezier, wenn er in Oberägypten war, [hieroglyphs] aber, wenn er (in Unterägypten) war, so u.s.w." Abbott 6,22. — In der Regel aber ist diese Bedeutung ganz verloren, und [gl.] dient nur dazu, den Abschnitt, der mit den Zeitsätzen beginnt, lose an das Vorhergehende anzuknüpfen ; es entspricht etwa unserm „nun", „nun aber", „aber", die wir ebenso gerade in Zeitsätzen gebrauchen.

[gl.] steht häufig vor den mit [gl.] gebildeten Zeitsätzen (§. 804; 806); vereinzelt steht es auch beim Praesens II und beim Passiv:

  [hieroglyphs] „aber wenn du erfährst... (so bleibe nicht stehen") d'Orb. 8,6.

Zeitsätze §. 808

[hieroglyphs] „als aber die Beerdigung gemacht wurde" P. Salt 1,4

[hieroglyphs] steht dagegen sehr oft vor Praesens I (vgl. die Beispiele in §. 805) und vereinzelt auch vor der n-Form, im Passiv und im Praesens II :

[hieroglyphs] „als er aber das vierte Jahr begonnen hatte" d'Orb. 13,5.

[hieroglyphs] „als aber die Kupfersachen eingefordert wurden" Inscr. Hier. Ch. pl. 18.

[hieroglyphs] „wenn du es aber gefunden hast" d'Orb. 8,5.

Merkwürdig ist, dass man hinter das [gl] noch eine besondere Zeitangabe setzen kann:

[hieroglyphs] „aber zur Mittagszeit, wenn das Korn heiss ist" Sall. I, 5,1.

[hieroglyphs] „danach, als ich dastand" Inscr. Hier. Ch. pl. 14.

vgl. auch Joppegesch. 1,3 und §. 813 Anm. 1.

c. mit Konjunktionen

808. Dass das häufige m ḫt wirklich als eine Konjunktion mit einem von ihr abhängigen Verbum zu denken ist, sieht man aus einem Beispiel, wo es einmal hinter dem Hauptsatze steht:

„es kam der Vezier u. s. w. [hieroglyphs] „nachdem ihnen der Arbeiter N.N. gesagt hatte" Abbott 4,13.

Bei seinem gewöhnlichen Gebrauch, wo es mit [gl] oder [gl] voransteht, ist man geneigt, das m ḫt eher für ein Zeitadverb „nachher" zu halten, das in der in §. 807 besprochenen Weise hinter [gl] eingeschaltet ist:

[hieroglyphs] „danach aber, als die Tage darüber vorbeigegangen waren" Kadesch 15.

[hieroglyphs] „danach aber, als die Nacht kam" Prinzengesch. 7,14.

vgl. auch d'Orb. 7,2; Prinzengesch. 4,7.

§. 809 - 811   Bedingungssätze

809. Das alte ḫft steht sowohl nach dem Hauptsatze

　　[hieroglyphs] „sie schlafen, wenn du untergehst" Amarna I, 36.

als auch vor ihm, und zwar dieses in der herkömmlichen Briefformel:

　　[hieroglyphs] „wenn mein Brief zu dir kommt
　　(wirst du u.s.w.)" An. III, 6, 12 ; P. Bologna 10, 3 ; P. Boulaq 16

810. [hieroglyphs] , das sich in Kopt. ⲚⲦⲈⲢⲈ- erhalten hat, wird zuweilen auch
　　[hieroglyphs] und [hieroglyphs] geschrieben.

Es wird mit śdm·f gebraucht und steht in der Regel nach dem
Hauptsatze:

　　[hieroglyphs] „(man liess ihn wieder sehen) als er zu ihnen
　　gekommen war"　Abbott 5, 1.

　　„sie begehrte ihn sehr [hieroglyphs] als sie (ihn) sah" Wahr u.
　　Lüge 4, 3.

　　„ich traf sie [hieroglyphs] als sie herausging" Unamun 2, 76.

Wo m dr einmal vor dem Hauptsatze steht, setzt man noch ein
[hieroglyph] davor:

　　[hieroglyphs] „als er kam" d'Orb. 5, 1 ; vgl. auch ibd. 7, 3

Mit der n-Form steht es in:

　　„er blickt nach mir [hieroglyphs] „ [hieroglyphs] wenn ich vorbeigegangen
　　bin." Lieb. Beatty 25, 2.

Und ebenso hat es perfektische Bedeutung, wo ihm [hieroglyphs] folgt:
　　„er hatte sich der T. angeschlossen [hieroglyphs] als
　　sie beraten hatte" P. jur. Turin 5, 7.

H. Bedingungssätze

a. ohne Konjunktionen oder mit [hieroglyph]

811. Wie in anderen Sprachen berühren sich auch im Ägyptischen die Bedingungssätze mit den Zeitsätzen, und man kann oft zweifeln, wie

Bedingungssätze § 812 — 813

ein Satz der Art 𓀀𓏺𓇳𓈗𓏤 𓋴𓇳𓏏𓇳𓏏 (Amarna V, 11) aufzufassen ist, ob als „falls die Sonne aufgeht" oder ob „zur Zeit, wo die Sonne aufgeht". In der gesprochenen Sprache wird das schon durch den Ton kenntlich gewesen sein.

812. Die Bedingung steht oft in $śḏm\cdot f$ ohne Einleitung. Das Verbum ist zum Teil sicher emphatisch. Es steht stets *vor* dem Hauptsatze im Unterschied von dem Zeitsatze des § 801, der auch hinter dem Hauptsatze steht:

[hieroglyphs] „zu welcher Zeit der Bruder auch kommt, so findet er ihr Haus offen" Lieb. Beatty 17, 12.

[hieroglyphs] „wenn der Schweigende kommt, findet er den Brunnen" Sall. I, 8, 6.

[hieroglyphs] „rufe ich zu dir (wenn ich betrübt bin) so kommst du" Berlin 20377.

vgl. auch Amarna II, 8; ibd. Gr. Hymnus 3; Lieb. Beatty 26, 1.

Negirt lautet ein solcher Satz so:

[hieroglyphs] „wenn der Gott nicht sein Opfer annimmt, so sieht es (das Land) keinen Regen" An. II, 2, 4 = An. IV, 6, 4.

Dem Hauptsatze wird zuweilen noch das [hieroglyphs] (§ 675) vorgesetzt:

[hieroglyphs] „redet sie, so gedeihe ich" Lieb. Beatty 26, 2.

[hieroglyphs] „sehe (ich) sie, so werde (ich) gesund" ibd. 26, 1.

Wie man sieht, handelt es sich bei dieser Art des Bedingungssatzes um einfache Behauptungen: „wenn dies ist ..., so ist auch das".

813. Meist wird aber vor das voranstehende $śḏm\cdot f$ noch die Partikel 𓇋𓂋 gesetzt; das Verbum steht alsdann nicht in der emphatischen Form sondern in der des § 301; (vgl. Gr. § 599).

§. 813   Bedingungssätze

Der Hauptsatz eines solchen Bedingungssatzes kann jede Gestalt haben;
sehr oft ist er futurisch gedacht:

[hieroglyphs] „wenn die Stele hinfallen wird, so werde ich sie erneuern" Amarna, Grenzstele N. u. S.

[hieroglyphs] „wenn man etwas tut, das verborgen ist, so wird dein Auge es sehen" An. IV, 5,12 = An. II, 6,3.

Ein Befehl oder Wunsch bildet den Hauptsatz:

[hieroglyphs] „wenn du einen (grossen) Restant (bei einem Armen) findest, so teile ihn in drei Teile" Amenemope 16,5; — vgl. auch Unamun 1x+1.

Um eine einfache Behauptung handelt es sich in:

[hieroglyphs] „wenn es (das Pferd) den Knall der Peitsche hört, so kennt es kein „Halt" mehr." Lieb. Beatty 29,7; vgl. auch Lieb. Harr. 7,10.

Die Partikel [hieroglyph] des §. 667 steht vor dem Hauptsatze in:

[hieroglyphs] „wenn sie (vor dem Unwissenden) gelesen werden, dann wird er...." Amenemope 27,11.

Nur ausnahmsweise kommt es vor, dass der Satz mit [hieroglyph] hinter dem Hauptsatze steht:

„wir werden dann in Memphis sein und werden nach Ramses reisen [hieroglyphs] wenn wir leben" An. VIII, 2,10.

Die Bedingung ist dabei nachgetragen wie in unsrem „vorausgesetzt dass" wir leben.

Anm. 1. Über die mutmassliche Natur des [hieroglyph] vgl. §. 301. Der ihm folgende Satz ist demnach eigentlich ein selbständiger. Zu dieser Auffassung des [hieroglyph] passt es denn auch, dass man ihm noch eine Zeitangabe anfügen kann, so in den Zeitsätzen (§. 807) und in dem Bedingungssatze:

[hieroglyphs] „wenn du morgen vor ihm betest

| Bedingungssätze | §. 814 |

(so gibt er dir Brot u.s.w.)" Amenemope 26,4.

Anm. 2. Für gewöhnlich wird ein weiterer Bedingungssatz, der einem ersten folgt, durch den Konjunktiv ersetzt. Wo der Sprechende dann doch wieder zu einem Satze mit 𓇋 zurückkehrt, hat dieses gewiss besondere Bedeutung: [hieroglyphs] ..... [hieroglyphs] ..... „aber wenn die Ceder gefällt wird und sie..... und du..... und wenn du auch (acht Jahre suchen) musst, (so u.s.w.)" d'Orb. 8, 4-5.

Anm. 3. Bemerkenswert ist es, dass in Sall. IV, 4,7; 5,3 [hieroglyphs] statt des richtigen [hieroglyphs] (ibd. 4,2; 5,6) geschrieben ist.

814. Auch das begleitende Praesens II kann, wenn es voransteht, eine Bedingung ausdrücken und ebenso die ihm entsprechende Form mit praepositionellem Praedikat:

[hieroglyphs] „wenn ich sie umarme, vertreibt sie das Böse von mir" Lieb. Beatty 26, 2.

„alle Gebete [hieroglyphs] wenn sie gut sind (will ich erhören)" P. Neschons 5, 19.

[hieroglyphs] „wenn du keine Diener hast, so bin ich der Diener" Lieb. Tur. 1, 12.

auch hiervor steht 𓇋:

[hieroglyphs] ..... [hieroglyphs] ..... „wenn er sicht....., so nimmt er....." Amenemope 17, 11.

[hieroglyphs] ..... [hieroglyphs] „wenn du sagst: (ich tue es), so wirst du leben" Unamun 2, 32, vgl. auch ibd. 2, 60; 2, 80.

Bemerkenswert sind Stellen mit 𓇋𓂝 oder 𓇋 𓇋𓂝, die offenbar die Bedeutung „mag es nun so, oder mag es so sein", haben:

„(die vorgeschlagene Stelle) [hieroglyphs sic] [hieroglyphs] [hieroglyphs] ob sie nun im Norden, im Süden oder in Westen ist" Amarna V, 30, 13

„verbinde dich nicht mit einem, der grösser ist als du [hieroglyphs] ..... [hieroglyphs] ..... ob er nun ein Kleiner (von höherem

§. 815 - 816   Bedingungssätze

Amte) ist oder ein Älterer (von Geburt)" Amenemope 25,3.
Anm. Vereinzelt ist der Fall: 〈hiero〉 ..... 〈hiero〉 „ wenn du auch ..... bist (vor deinem Vorgesetzten) , so bist du doch ein Verbrecher" Amenemope 15,4 - wo _wnn.f_ (_hr_) _śdm_ statt des Praesens II gebraucht ist.

815. Gerade so wie die Zeitsätze (§. 807) werden auch Bedingungssätze durch 〈hiero〉 zu dem Vorhergehenden in Beziehung gesetzt. Es kann sich dabei um einen wirklichen Gegensatz handeln:

〈hiero〉 ..... 〈hiero〉 ..... „aber wenn sie sorgen (für den Tempel), so tut man ihnen (alles Gute)" Am.S.d.H. 13.
aber auch nur um eine Anknüpfung wie die unseres nachgesetzten „aber":

〈hiero〉 „wenn es (das Herz) aber jemand findet, so werde ich mit ihm kämpfen (?)" d'Orb. 10,3 ; ähnlich ibd. 5,3 ; 8,5.

Das 〈hiero〉, das sich so ergibt, ist dem der Zeitsätze (§. 807; 808) gleich. — Bemerkenswert ist, dass, wo ein 〈hiero〉 vor dem Bedingungssatze steht, ein zweites zuweilen auch vor dem Hauptsatze (vgl. §. 813) steht :

〈hiero〉 „aber wenn ich dich auch (mit jedem Stocke) schlage, so hörst du doch nicht" Lansing 2,8 ; vgl. auch Berlin 20377.

Anm. Auch ein 〈hiero〉, das vor einem Bedingungssatze steht, hat wohl mit diesem nichts zu tun : 〈hiero〉 „wenn du aber schickst, so gebe ich ihn nicht her" P.Kairo, ä.Z. 1881 , 169.

816. Auch bei den Bedingungssätzen braucht man die unpersönlichen Hilfsverben im Sinne von : „wenn es geschieht".
So 〈hiero〉 vor einem _śdm.f_ :

〈hiero〉 N.N. „ich werde diese

Bedingungssätze §. 817

Stele machen, wenn du mir den Schreiber N.N. rettest" Berlin 20377.

[hieroglyphs] .... [hieroglyphs] „ich werde ihm (dies alles) tun, wenn er seinem Amte nicht den Rücken kehrt" An. IV, 3, 2.

Und ebenso auch vor [hieroglyph] mit dem Praesens II:

[hieroglyphs] „und wenn man Falsches darin findet (so u.s.w.)" Mayer a. Rs. 1, 16.

Man beachte, dass der Bedingungssatz zuweilen hier auch nachsteht, wo die Bedingung wie in unserem „falls", „vorausgesetzt" als etwas Wesentliches gelten soll.

Ebenso wird auch das unpersönliche [hieroglyph] vor ein Praesens II gesetzt:

[hieroglyphs] .... [hieroglyphs] „wenn du siehst (auf den Schrecken des Meeres) so sieh (auch auf den von mir)"
Unamun 2, 50

817. Merkwürdig sind die Ellipsen in den Bedingungssätzen. Teils ist ein „wenn es geschieht" ausgefallen, und der Satz beginnt wunderlich genug mit einem Konjunktiv, vgl. §. 584 und das folgende Beispiel:

[hieroglyphs] .... [hieroglyphs] „wenn dann zu anderer Zeit ein Bote kommt, und er liest .... so wirst du (im Westen) Wasser empfangen"
Unamun 2, 58; vgl. auch P. Salt Rs. 1, 6 (unklar).

Teils wird aber auch der Hauptsatz fortgelassen oder doch verstümmelt:

[hieroglyphs] „wenn er zürnt (so ist es nur) in einem Augenblick, und es bleibt nichts zurück"
Berlin 20377

[hieroglyphs] „wahrlich wenn ihr Herr 10 Mannschaften von dir (Königin) antrifft, so tötet er sie auch." Unamun 2, 82-83.

<u>Anm.</u> Durch Ellipsen werden sich auch erklären der anscheinende

§. 818 - 820   Bedingungssätze

Nominalsatz [hier.] "wenn der Fürst von Ägypten der Herr meines Eigentums wäre, so hätte er nicht Silber u. Gold bringen lassen" Unamun 2, 10-11.

Und weiter der merkwürdige Gebrauch von *sp* in:

[hier.] ... im Sinne von: "falls es geschieht, dass er aus der Hand seines Sohnes entgleitet, so fällt er u. s. w." Sall. I, 7, 8 = An. II, 8, 4 (nur [hier.] ohne ‖‖).

b. Ungewöhnliches

818. Die alte Fragepartikel [hier.] (§. 739) wird ebenso wie in der alten Sprache (Gr. §. 540) zuweilen zum Ausdruck der Bedingungen benutzt:

[hier.] "wenn du deine Lebenszeit verbringst (mit diesem im Herzen, so werden deine Kinder u. s. w)" Amenemope 5, 18.

[hier.] "bist du ein Esel, so wird man dich leiten" An. V, 10, 7 = Sall. I, 8, 9.

819. Der Gebrauch von [hier.] für "wenn" (Gr. §. 541) findet sich wenigstens in hergebrachten Phrasen: [hier.] (Harr. 79, 4) - eigentlich wird das [hier.] auch hier "so wie" bedeuten.

820. Der Gebrauch der Wunschpartikel "o dass doch" für eine unerfüllbare Bedingung (Gr. §. 539) liegt vor in:

[hier.] "wenn meine Mutter mein Herz kennte, wäre sie zu ihr hineingegangen" Lieb. Beatty 25, 3.

[hier.] "wenn sie Leben u. Gesundheit geschickt hätten, so hätten sie nicht die Sachen geschickt" Unamun 2, 29; vgl. auch ibd. 1, 18.

Und eine ähnliche Bedeutung treffen wir bei dem Verbum [hier.] in:

[hier.] "wenn ich doch nur eine Weise (die sich tun ließe) wüsste" Lansing 2, 8.

Vgl. auch die unklaren Stellen: An. I, 7, 2; An. IV, 5, 1; Sall. I, 7, 10.

I. Relativsätze

a. Allgemeines
und
die Bildung mit Relativformen

821. Wir verstehen hier unter Relativsätzen alle die Sätze, die einem Substantiv oder einem Pronomen eng angefügt sind, um dieses näher zu bestimmen. Von den Participien und Adjektiven unterscheidet sich der Relativsatz dadurch, dass er ein eigenes Subjekt hat. Den einfachsten Fall stellen Sätze dar wie: „die Frau, ich liebe sie", „die Frau, ich komme zu ihr" – oder solche ohne Verbum wie: „das Haus, sein Tor aus Holz".

In allen Fällen wird in dem Relativsatz durch ein Pronomen auf das Wort hingewiesen, zu dem er gehört. – Diese Anforderungen der Theorie sind im aegyptischen verschiedentlich durchkreuzt, vor allem durch die Existenz der Relativformen, die ihrem Ursprung gemäss (Gr. §. 422) noch wie Participien behandelt werden. Im Neuägyptischen hat sich ja nun freilich der participiale Charakter der Relativformen verloren und die Relativformen sind Formen der gewöhnlichen Flexion geworden, aber ihre ursprüngliche Natur zeigt sich noch in ihrem Gebrauch. Man gibt ihnen kein zurückweisendes Pronomen, wo dieses ihr _Objekt_ sein würde, es heisst: „die Frau, ich liebe", da dies ja aus dem participialen „die Frau, die geliebte, ich" entstanden ist.

822. Die wichtigste Art des Relativsatzes ist die mit den alten Relativformen, die freilich wie eben bemerkt im Neuägyptischen ihre alte Beschaffenheit längst verloren haben. Sie sind hier weiter nichts, als eine besondere Art des _śdm.f_ und der _n_- Form, die man in Relativsätzen verwendet.

Über die Relativformen, die noch die ältere Bildung haben wie ⌒⌢,

§. 823   Relativsätze

[hierogl.] siehe §. 391; diejenigen der jüngeren Art wie [hierogl.], [hierogl.], [hierogl.] siehe §. 392 ff. Neben diesen trifft man auf allerlei Formen, die man, ständen sie nicht im Relativsatze, überhaupt nicht hierher ziehen würde, so bei den 3 rad. Verben und bei den Formen ohne [hierogl.], die nach dem Artikel stehen (§. 394). — Über den Ersatz von Relativformen durch [hierogl.] vgl. §. 552; auch das Hilfsverbum [hierogl.] kommt als starker Ausdruck der Vergangenheit vor (§. 510).

Anm. Das Kennzeichen der alten Relativform, die Veränderung des Stammes nach dem Geschlecht, die sie von den Participien ererbt hatte, ist im Neuägyptischen verschwunden. Eine vereinzelte Ausnahme ist: [hierogl.] "über die man jauchzt" Amarna V, 26.

823. Das Substantiv, an das sich der gewöhnliche Relativsatz anschliesst, ist zumeist, wenn nicht immer, ein bestimmtes. Dass das Verbum des Relativsatzes imperfektische Bedeutung hat, kommt nicht oft vor:

„dieser Eid [hierogl.] den ich für die Sonne leiste" Amarna, Grenzstele N. u. S; vgl. auch ibd. III, 27; Harr. 77, 12. In weitaus den meisten Fällen hat das Verbum perfektische Bedeutung und steht da, wo man in der älteren Form die n-Form erwarten würde:

[hierogl.] „meine Taten, die ich getan habe (als ich König war)" Harr. 75, 2.

[hierogl.] „das Schriftstück, das der Fürst (vor den Vezier) gelegt hat" Abbott 5, 19.

„wir wogen [hierogl.] das Silber, das wir gefunden hatten" Mayer B. 2.

[hierogl.] „die kleine Sykomore, die sie mit ihrer Hand gepflanzt hat" Lieb. Tur. 1, 15.

Relativsätze §. 824 – 825

Offenbar hat die n-Form hier, wie auch sonst (§. 312) einer Form ohne n Platz gemacht. Dass dem wirklich so ist, sieht man gut aus der Berliner Schreibtafel (Ä.Z. 32, 127), wo das 〈hiero〉 〈hiero〉 mit 〈hiero〉 übersetzt wird.

824. Perfektische Beispiele mit der n-Form finden sich besonders in gewählter Sprache. Das Substantiv, dem der Relativsatz angefügt ist, ist anscheinend unbestimmt in:

〈hiero〉 „ein Günstling, den er aufgezogen hat" Amarna VI, 33; ähnlich ibd. VI, 25, 11.

Für gewöhnlich aber ist es bestimmt:

〈hiero〉 „die Anzeige, die sie gesagt hat" d'Orb. 4,6.
„der Garten 〈hiero〉 den ich mit Blumen bepflanzte" Lieb. Harr. 7,7.

〈hiero〉 „jeder Auftrag, den mein Herr mir aufgegeben hat" An. VI, 63 (ibd. 53 hat er das übliche 〈hiero〉).

Wohl nicht zufällig ist es, dass man bei mrj „lieben" die n-Form braucht:

〈hiero〉 „alle Leute, die du liebst" Lansing 14,2; ähnlich Harr. 78,9 – das mag mit der ursprünglichen Bedeutung des Verbums zusammenhängen.

Anm. Fälle wie 〈hiero〉, 〈hiero〉 pflegen wir als passive Participien zu dem sicheren 〈hiero〉 (§. 384) zu stellen, und so müsste man das häufige 〈hiero〉 auch so fassen: 〈hiero〉 N. (Sall. I, 3,4) „eine Lehre gemacht von ...". Dass man aber dies 〈hiero〉 wie ein Verbum finitum gefühlt hat, zeigt die oben §. 823 angeführte Übersetzung.

825. Das zurückweisende Pronomen (vgl. oben §. 821) findet sich regelmässig da, wo es von einer Praeposition abhängig ist:

〈hiero〉 „die Stätten, wo ich gewesen bin" Abbott 5,4.

§. 825   Relativsätze

[hieroglyphs] „die Glasperlen, wegen derer du geschrieben hast" P. Bologna 2,2.

Eine Ausnahme ist das [hieroglyphs] in:

[hieroglyphs] „dies Land Ägypten, woraus du gekommen bist" Unamun 2,20; vgl. dazu Gr. §. 542,3.

Wo das zurückweisende Suffix dagegen Objekt ist, lässt man es, wie alle die obigen Beispiele zeigen, fort. Scheinbare Ausnahmen von dieser natürlichen Regel sind:

1) wo die Relativform durch [hieroglyph] umschrieben ist, bekommt das von diesem abhängige Verbum das Objektssuffix, denn es selbst ist ja keine Relativform:

„die Sachen [hieroglyphs] die man bei ihm gefunden hat" P. Salt 1,6.

„die Worte [hieroglyphs] die die Leute beraten hatten" P. jur. Turin 4,6.

Hierher gehört auch:

„der Mann [hieroglyphs] .... [hieroglyphs] den der Stadtvorsteher verhörte" Abbott 4,15 – wo „sein Verhör" für „ihn verhören" steht.

2) Ebenso bei dem Hilfsverbum [hieroglyph]:

[hieroglyphs] „das was deine Väter getan haben" Unamun 2,48.

<u>Anm. 1.</u> In Relativsätzen mit [hieroglyph] „über etw. sprechen" fehlt nach <u>unserm</u> Gefühl sehr oft ein zurückweisendes Pronomen:

„gehe zu dem Grabe [hieroglyphs] von welchem du gesagt hast: (ich habe die Sachen aus ihm geholt)" Abbott 5,2.

„der Mann [hieroglyphs] von dem du gesagt hast: (er ist in den Stätten gewesen)" Mayer a. 4,18; vgl. Unamun 1,18; Cor. 56;68.

Dies beruht gewiss darauf, dass man ägyptisch [hieroglyph] mit dem

Relativsätze §. 826-827

Objekt verband: „eine Sache sagen" für: „über eine Sache sagen" (vgl. An. I, 10,1).

<u>Anm. 2.</u> Gänzlich fehlt jede Zurückweisung in Relativsätzen, die sich an ein Wort für Zeit anknüpfen:

[hieroglyphs] „es kommt ein Jahr, wo man sich deiner Schönheit erinnert" An. III, 4,6; vgl. An. IX, 9.

[hieroglyphs] „so lange du lebst" Ostr. Gardiner pl. XX a.

Vgl. die alten Beispiele Gr. §. 546 a (bei Anknüpfung des Relativsatzes durch <u>n</u>) und Gr. §. 542, 2.

826. Zu den Relativsätzen gehört dann auch der so häufige Fall (§. 411), wo [hieroglyphs] einem Infinitiv dessen logisches Subjekt beifügt:

[hieroglyphs] „wegen des Hörens die Worte, das er getan hatte" P. jur. Turin 4,6; 4,12.

Statt des einfachen bestimmten Infinitivs kann man auch eine Umschreibung desselben nehmen:

[hieroglyphs] „die Art, wie du gegangen bist" Mayer A 1, 22; ähnlich ibd. 2, 12.

Dass auch dieses [hieroglyphs] perfektische Bedeutung hat, zeigt das in §. 411 Anm 1 angeführte Beispiel mit [hieroglyph].

827. Die substantivisch gebrauchten Relativformen sind nicht immer klar von den Participien zu scheiden, auf die sie ja zurückgehen. Wir haben das neutrische <u>śdm.t.f</u> „das, was er hört" bei den Participien behandelt, d.h. als „sein Gehörtes" (§. 382).

Das <u>śdm.t.n.f</u> haben wir dagegen als eine Relativform besprochen (§. 398). Beide Arten, die überdies auch oft ihr [hieroglyph] verloren haben, sind im Neuägyptischen selten, da sie so, wie im folgenden Paragraphen angegeben, durch den Artikel und die Relativform ersetzt werden.

Beispiele für <u>śdm.t.f</u> sind:

[hieroglyphs] „und folgt seinem Worte" Lieb. Tur. 2, 13.

§. 828   Relativsätze

„ich werde sehen ⟨hierogl.⟩ das was er tun wird" Lieb. Harr. 3,12.
„ich sage nicht ⟨hierogl.⟩ was ich sehe" Lieb. Tur. 2,10.
Solche für *śdm·t·n·f* sind:

⟨hierogl.⟩ „um zu sehen, was er gemacht hat" Wooden Tabl. 1.
⟨hierogl.⟩ N.N „was der Schreiber N.N. gesagt hat" Ostr. Berlin III, 33.
⟨hierogl.⟩ „was Amun gesagt hat, gedeiht". Insc. Hier. Ch. pl. 26.

828. Der jüngere Ausdruck für „das, was er hört", besteht aus dem männlichen Artikel (oder Demonstrativ) oder dem pluralischen Artikel, denen eine Relativform folgt.
Über die Formen ohne ⟨hierogl.⟩, die in dieser Verbindung üblich sind, vgl. §. 394.
Über den Unterschied, der zwischen einem ⟨hierogl.⟩ und einem ⟨hierogl.⟩ bestehen mag, siehe ebenda.
Beispiele des Gebrauches sind:

⟨hierogl.⟩ „was seine Kuh sagte" d'Orb. 5,9.
⟨hierogl.⟩ „was deine Väter getan hatten" Unamun 2,48; vgl. auch ibd. 2,51.
⟨hierogl.⟩ „alles, was ich tue, geschieht" Kadesch 62 (Sall. III, 3,8: ⟨hierogl.⟩).

vgl. auch Lieb. Beatty 17,6; Mayer A 1,18; An IX, 2; u.ö.
Ein: ⟨hierogl.⟩ „diese (Dinge), die er getan hatte" (P. Rollin 5) wird sich darin von der gewöhnlichen Form mit ⟨hierogl.⟩ unterscheiden, dass man bei ⟨hierogl.⟩ mehr an die einzelnen Stücke denkt.

Beachtenswert sind die Beispiele, wo das auf den Artikel zurückweisende Suffix nach ⟨hierogl.⟩ ausgelassen ist:

⟨hierogl.⟩ „das was ihr herausgeholt habt" Mayer A Rs 2,12.
„sage mir ⟨hierogl.⟩ „wohin du das Silber getan hast" Mayer A 4,4.

<u>Anm.</u> Der eigentümliche Gebrauch, dass man einem Substantiv, das

ein Demonstrativ und einen Relativsatz haben sollte, das Demonstrativ als Apposition nachfolgen lässt und diesem dann den Relativsatz anhängt, ist in §. 126 besprochen.

829. Ebenso wie sich der Relativsatz an den Artikel oder ein Demonstrativ anschliesst, schliesst er sich auch an das 𓏶𓄿" an, das als Subjekt eines Nominalsatzes steht (vgl. §. 462 ff.). Auch hier ist die Relativform verkürzt:

𓏶𓏺𓄿𓏤𓂋𓄿" 𓄿𓂋𓍿 „ein grosses Zeugnis ist es, das du mir sagst" Unamun 2, 60.

𓄿𓏤𓂝! 𓄿! 𓏺𓏺𓌅𓏤𓏜𓄿 „sie sind es, die ich gesehen habe" Mayer A 2, 14; ähnlich auch ibd. 2, 16; vgl. auch Hor. u. Seth 9, 7.

b. Relativsatz als Zustandssatz

830. Ebenso wie in der älteren Sprache werden auch die verschiedenen Satzarten, die wir „Zustandssätze" nennen, relativisch angehängt. Im allgemeinen schliessen sie sich nur an <u>unbestimmte</u> Substantiva, wie das ja auch im Koptischen (Kopt. Gr. §. 505) im allgemeinen der Fall ist. Indessen gelten dem Ägypter auch Worte als unbestimmt, die wir nach unserm Sprachgefühl nicht so auffassen würden.

831. Der reine Nominalsatz ohne Hilfsverb wird so verwendet in dem formelhaften Ausdruck rn·f „(ist) sein Name":

„ein Schloss 𓏶𓏤𓄿𓂋𓄿𓏜 „gross an Sieg" heisst es" An IV, 6,1 = An. II 1,1.

Häufiger ist der Nominalsatz mit adverbiellem Praedikat (§. 474):

„diese beiden (Kasten o. ä.) 𓄿𓏤 𓏶𓂝 𓏤𓏤𓏤 𓂋 𓏤𓏤𓏤 𓊪 𓄿 𓏤𓌅 𓂝𓂋𓊪 𓏤𓏤𓏤 in denen die Kupfergeräte waren" Insc. Hier. Ch. pl. 18.

𓂋𓄿𓍿𓏤𓂝𓄿𓏜 „die eine, die er hatte" P. Salt 1,9.—; vgl. auch Lieb. Beatty 29,1.

Auch ein Praesens I kann so gebraucht werden (§. 484):

§. 832 - 833   Relativsätze

„er ist dort als Fürst 〈hiero〉 zu dessen Sitze das Land herabsteigt" An. IV, 7,3 = An. II, 2,1.

„irgend ein Mann 〈hiero〉 dessen Name übel (?) ist" Leiden 348, 10,11.

832. Wichtiger sind die mit 〈hiero〉 gebildeten Zustandssätze; sie können ein besonderes nominales Subjekt haben, häufiger aber ist ihr Subjekt ein Suffix, das mit dem Substantive identisch ist.

So bei adverbiellem Praedikat:

„eine Tochter des Re 〈hiero〉 in der die Substanz jedes Gottes ist" d'Orb. 11,5.

„ein Haus 〈hiero〉 dessen Fenster (vom Boden aus 70 Ellen) entfernt war" Prinzengesch. 5,4.

„ein Hund 〈hiero〉 der hinter einem Manne folgte" ibd. 4,7.

Man beachte auch die folgenden Beispiele, in denen das Substantiv bestimmt ist:

„Frau T. 〈hiero〉 des K. Frau H. 〈hiero〉 P. die die Frau des K. war (und) Frau H., die mit dem P. lebte" P. Salt 2,2.

„er nahm die Bäuerin (〈hiero〉) 〈hiero〉 die in seiner Stadt war" An. VI, 15; - vgl. auch Amarna VI, 19.

833. Das Praesens II ist als Relativsatz gebraucht (§.498) in:

„es ist einer hier 〈hiero〉 der aegyptisch versteht" Unamun 2,77.

„ein Bote 〈hiero〉 der lesen kann" ibd. 2,59.

Besonders da, wo es sich um einen Zustand handelt und das Verbum im Pseudoparticip steht:

〈hiero〉 „ein Toter" P. Salt Rs. 1,8; vgl. auch P. Neschons 4,8; 4,9.

„ein Haus 〈hiero〉 mit Leuten versehen" Prinzengesch. 4,6.

„sechs Schiffe 〈hiero〉 beladen (mit allerlei Gutem)" Unamun 2,7; - vgl. auch Mayer A 5,11; Harr. 76,11; Max. d'Anii 5,11.

Relativsätze §. 834-835

Mit besonderem Subjekt steht es in:

„befreunde dich nicht mit dem Sklaven eines Anderen [gl.] dessen Name stinkt" Max. d'Anii 4,15.

834. Endlich verwendet man im Relativsatz auch die verschiedenen Ausdrücke, denen das unpersönliche [gl.] vorgesetzt ist (§. 524).

So in *śdm.f* und zwar auch negiert:

„ein [gl.] gleich dir [gl.] den sein Gott belohnt" An. III, 4,9, vgl. auch Amenemope 8,20.

„ein Knabe [gl.] ohne seines Gleichen" Wahr. u. Lüge 4,4 ; vgl. auch An VI, 33.

„eine Sache [gl.] die ich für dich gemacht habe" d'Orb. 8,9 ; vgl. auch ibd. 14,5.

Wie man sieht, wird das zurückweisende Pronomen hier ausgedrückt, auch wenn es sich um das Objekt handelt; das ist natürlich, da das Verbum hier keine Relativform ist.

Auch ein Nominalsatz kann so durch [gl.] eingeführt werden [gl.] „ein Diener, der ihm gehörte" Unamun 2,46. vgl. auch ibd. 2, 23.

c. mit *n* angeknüpft

835. Entsprechend dem in Gr. §. 546a Dargelegten, knüpft man auch ein relativisches Verbum durch *n* an. Dabei wird das *n* nach der gewöhnlichen Verwechslung zuweilen *m* geschrieben. In gewählter Sprache und besonders in Tell Amarna ist dieser Gebrauch häufig, und man sieht, dass das Verbum dabei die Relativform in ihrer älteren Schreibung ist:

„ein Begräbnis [gl.] das er gibt" Amarna III, 29; dasselbe mit [gl.] „das dein Ka gibt" ibd. V, 2, 12 ; vgl. VI, 32 x; IV, 39.
[gl.] „ein Fürst, den der Herrscher schafft" ibd. IV, 35

Auch die perfektische Form kommt so vor:

§. 836   Relativsätze

[hieroglyphs] „ein Diener, den er geschaffen hat" Amarna V, 2, 3;
ähnlich ibd. VI, 32x ; An. I, 7, 5.

Im Ganzen kommt die Anknüpfung mit _n_ nicht oft vor:
[hieroglyphs] „das Feld, das du geschaffen hast" Lansing 9, 2.
„der Teich [hieroglyphs] den deine Hand gegraben hat"
Lieb. Harr. 7, 8.

d. mit [hier.] angeknüpft

1. Allgemeines

836. Das alte Adjektiv _ntj_ hat seine Veränderlichkeit verloren und lautet in allen Formen nur [hier.], auch da, wo es als weibliches oder pluralisches Substantiv steht. Im Koptischen hat _ntj_ sein _n_ nur noch in einer Form ⲈⲚⲦⲀϤ- bewahrt, während es sonst zu ⲈⲦ- geworden ist. Ob es im Neuägyptischen ähnlich gewesen ist, können wir nicht sagen; vgl. indessen das im §. 839 Bemerkte. — Dabei hat sich aber die adjektivische Bedeutung „welcher" erhalten, bei der [hier.] an die Stelle des Subjektes des Relativsatzes tritt: „die Frau [hier.] im Hause (ist)", „die Frau [hier.] geschlagen (ist)".

Dieser normalen Gebrauchsweise ist dann freilich eine andere zur Seite getreten, bei der [hier.] nur noch eine Partikel ist, die den Relativsatz äusserlich anknüpft. Er behält dabei sein eigenes Subjekt: „die Stadt [hier.] der Sohn (ist) in ihr", „die Bäume [hier.] ich fälle sie".

Beide Gebrauchsweisen sind im Koptischen ebenso üblich (Kopt. Gr. §. 515 ff.) Das Substantiv, an das sich das [hier.] anschliesst, ist fast immer ein bestimmtes. Auch der Relativsatz mit [hier.] muss da, wo das [hier.] nur eine Partikel ist (und nicht das Adjektiv) ein Pronomen erhalten, das entsprechend §. 821 auf das Substantiv zurückweist, zu dem der Satz gehört. Über die Ausnahmen von dieser Regel

Relativsätze §. 837 – 838

siehe unten §. 843.

<u>Anm.</u> Ein sicherer Fall, wo [ntj] sich an ein unbestimmtes Substantiv schliesst, ist: [hieroglyphs] „gegen einen Menschen, der in dieser Lage ist" P. Neschons 5,16 wo ibd. 5,10 und 5,26 richtig [hieroglyph] steht, während ibd. 5,24 ein Particip gebraucht ist.

837. Ebenso wie einem Substantiv kann das [ntj] dann auch dem Artikel beigefügt werden [hieroglyphs] u.s.w., ein Gebrauch, der bei allen Fällen dieser Relativsätze gleich häufig ist. Er spielt im Neuägyptischen eine ebensolche Rolle wie das ⲡⲉⲧ- im Koptischen. Beispiele siehe in allen folgenden Paragraphen.

<u>Anm.</u> das [hieroglyphs] bei Ordinalzahlen siehe §. 252.

838. Wie das seiner adjektivischen Natur entspricht, wird das [ntj] auch als Substantiv gebraucht, ohne dass dieses seine relativische Verwendung beeinträchtigte. Reste des alten <u>ntj·w</u> „die welche", <u>nt·t</u> „das welches" finden sich noch in Tell Amarna als:

[hieroglyphs] „was auf ihr (der Erde) ist" Amarna IV, 38; vgl. auch ibd. IV, 33; VI, 25; II, 21.

Lebendig ist noch die Verbindung [hieroglyphs] „wie einer der", die wir oft mit „als wäre ...." zu übersetzen haben; auch hier kann der Relativsatz jede der unten aufgeführten Formen haben:

[hieroglyphs] „wie einer, der in Punt ist" Lieb. Kairo 10.
„sie wurde [hieroglyphs] als ob sie geprügelt wäre" d'Orb. 4,6. vgl. auch Lansing 4,4; 4,8.

Weiter ist wichtig der Ausdruck [hieroglyphs] „jeder welcher", „alles was", bei dem die Handschriften der Dyn. 21 wunderlich genug [hieroglyphs] schreiben – gewiss aus irgend einem graphischen Grunde:

[hieroglyphs] „alles, was du sagst" Apophismärchen 2,10.
[hieroglyphs] „alles, was ich sagen werde" Unamun 2,70.
[hieroglyphs] „wo immer sie sind" An. VI, 25; vgl. auch P. Bologna 5,8.

§. 839 - 840   Relativsätze

Hierzu gehört auch:

[hieroglyphs] „alles was sie (den Handwerkern) geben" Tabl. Rogers 1.
Neben diesem [hieroglyphs] steht nun noch ein anderes, das seine adjektivische
Bedeutung ganz verloren hat und nur noch der Ausdruck für „alles"
ist. Zum Teil ist es das alte [hieroglyphs]:

[hieroglyphs] „alles und alle Sachen" P. Neschons 5,10; 3,13
(Var. [hieroglyphs]).

Zum Teil wird es aber auch durch Ellipse aus „ alles, was (du wünschst)",
„alles, was (sein mag)" entstanden sein:

„ich schreibe nach Aegypten [hieroglyphs] und so
schicken sie (dir) alles" (scil. was du willst) Unamun 2,36
vgl. auch P. Turin 73,2.

839. An das eben erwähnte [hieroglyphs] erinnert äusserlich das [hieroglyphs], das ebenfalls
in Dyn. 21 für [hieroglyphs] vorkommt. Diese Schreibung hat aber wohl einen
Zweck, denn die Schreiber scheinen sie von dem einfachen [hieroglyphs] zu
scheiden. Es heisst immer [hieroglyphs] Neschons [hieroglyphs]
P. Neschons 5,16; 5,24; 5,26; 6,2 - trotzdem daneben [hieroglyphs] ibd. 5,26
oder [hieroglyphs] 5,24 steht. Andere Stellen mit [hieroglyphs] sind:
„alle Dinge [hieroglyphs] welche Leuten geschehen" P. Neschons
5,10; ähnlich ibd. 5,16; Covr. 61.
Danach könnte man vermuten, dass das [hieroglyphs] eine weniger reduzierte
Aussprache wiedergeben soll als das [hieroglyphs], etwas wie *ente.
Die Schreibung ist natürlich von dem r ntj des §. 680 hergenommen;
dafür spricht die Art, wie das [hieroglyph] klein über das [hieroglyph] gesetzt ist;
vgl. das [hieroglyphs] des Neschons mit dem [hieroglyphs] abgek. Justiz.

2. mit adverbialem Praedikat

840. In der Regel hat ein solcher Satz kein eigenes Subjekt und wird so
wie im Koptischen da gebraucht, wo unsere Sprachen ein Adjektiv
verwenden würden. Am häufigsten findet sich so die Praeposition [hieroglyph]:

Relativsätze §. 841

[Hieroglyphen] „jeder Mensch, der im ganzen Lande ist" d'Orb. 15,6.

[Hieroglyphen] „seine Schwester, die im Harim war" P. jur. Turin 5,3.

[Hieroglyphen] „die Sachen, die in ihm waren" Insc. Hier. Ch. pl. 18.

Und so mit Artikel:

[Hieroglyphen] „der welcher auf dem Zimmerplatze ist" Lansing 5,2.

[Hieroglyphen] „das was du willst" d'Orb. 3,2; vgl. auch Prinzengesch. 4,1.

Hierzu gehört dann auch das [Zeichen] der Gleichsetzung:

„N.N [Hieroglyphen] der Vorsteher des Gerichts war" Mes S.9.

Bei anderen Praepositionen:

[Hieroglyphen] „das Bett, welches er hatte" P. Salt Rs. 1,3.

[Hieroglyphen] „meine Ochsen, die du hast" Sall. I, 4,4.

[Hieroglyphen] „die Ceder, welche neben ihrem Hause ist" d'Orb. 10,5.

vgl. auch P. Bologna 3,2; Hor. u. Seth 15,7; Abbott 6,16.

Ein Adverb als Praedikat haben wir in:

„die Götter [Hieroglyphen] welche dort sind" Unamun 2,60.

841. Hat ein solcher Satz ein eigenes Subjekt, so gleicht er der in §. 465 ff. besprochenen Satzart:

[Hieroglyphen] „der (Ochse), den du wünschst" Wahr. u. Lüge 9,1.

[Hieroglyphen] Bata [Hieroglyphen] „die Blume, auf der das Herz des Bata lag" d'Orb. 12,6.

Ist dabei das Subjekt ein Pronomen, so drückt man so wie dort (§.466) angegeben, das Subjekt durch die Formen aus, die als Praefixe des Praesens I gebraucht werden:

§. 842   Relativsätze

[hieroglyphs] „das Land, in dem ich bin" Hor. u. Seth 15, 5.

[hieroglyphs] „diese Stelle, an welcher er ist" Amarna, Grenzstele N u. S.

„die Schlechtigkeiten [hieroglyphs] die nicht auf ihrem Platze sind" Hor. u. Seth 3, 3.

„diese Art [hieroglyphs] in welcher du bist" Ostr. Berlin III, 33.

Die Bedeutung aller dieser Sätze ist stets eine praesentische oder eine allgemeine zeitlose.

In den angeführten Beispielen ist das zurückweisende Suffix gesetzt. Viel häufiger sind aber solche, in denen es fehlt. Es sind das zunächst alle die, wo die Praeposition „in" auf das allgemeine [hieroglyphs] „das" zurückweist:

[hieroglyphs] „da wo meine Frau weilt" d'Orb. 14, 6.

[hieroglyphs] „dahin wo sich der König befindet" P. Tur. 67, 5.

[hieroglyphs] „da wo du bist" Hor. u. Seth 15, 8;

vgl. auch d'Orb. 8, 1; Unamun 1x+15; ibd. 2, 61; Abbott 6, 10; An. VI, 25.

Zuweilen fehlt das Suffix auch da, wo es sich auf einen allgemeinen Ausdruck des Ortes und der Zeit bezieht:

„Mütter und Brüder [hieroglyphs] die da sind" P. jur. Turin 4, 2.

[hieroglyphs] „dieser Ort, wo sich das ..... befindet" Mayer A. vs. 2, 13; – vgl. auch Hor. u. Seth 2, 13; 13, 12.

anm. Auffällig ist die Stelle An. VI, 9 : „ich kam [hieroglyphs] dahin, wo mein Herr war" – mit einem [hieroglyph] vor dem Subjekt.

3. mit verbalem Praedikat

842. Genau den hiervor besprochenen Sätzen mit adverbialem Praedikat entsprechen dann diejenigen, die ein verbales Praedikat haben. Nach dem bekannten Gesetze wird dieses teils durch ein Pseudoparticip und teils durch den Infinitiv mit [hieroglyph] ausgedrückt; dabei wird wie immer das [hieroglyph] sehr oft ausgelassen.

Relativsätze § 843

So steht das Pseudoparticip in:

[hieroglyphs] „der Mann, der tot ist" Tabl. Rogers 6.

[hieroglyphs] „wer ist die, die (da) kommt" Hor u. Seth 9,10.

[hieroglyphs] „der Ort, welcher verborgen ist" P. Salt 1,14.

Mit dem Infinitiv steht es in:

„die Steinmetze [hieroglyphs] die (damals) für ihn arbeiteten" P. Salt 5,10.

[hieroglyphs] „der welcher geht" Prinzengesch. 4,8.

[hieroglyphs] „der mich am Leben erhält" Lieb. Beatty 25,9.

Anm. die Verbindung [hieroglyphs] mit Infinitiv hat sich als ετας- im Achmimischen erhalten, vgl. Ä.Z. 44,113.

843. Hat ein Relativsatz der hier besprochenen Art ein eigenes Subjekt, so gleicht er genau dem Praesens I und hat auch, wenn das Subjekt ein Pronomen ist, dessen Praefixe.

Beispiele mit Pseudoparticip sind:

[hieroglyphs] „die Ceder, unter der sein (kleiner) Bruder zu schlafen pflegte" d'Orb. 13,4.

„ihr Grab [hieroglyphs] in dem sie ruhen" Unamun 2,52; vgl. auch Abbott 2,9.

Solche mit dem Infinitiv sind:

[hieroglyphs] „alles was man dir schreibt" An. VIII Rs 1,3.

[hieroglyphs] „jeder Auftrag, den du machst" Amarna VI, 19.

„die Stelle [hieroglyphs] welche sie wünschten" d'Orb. 2,1.

Das zurückweisende Pronomen wird, wie man sieht, regelmäßig gesetzt. Man beachte die Fälle, wo es als Objektssuffix einem zweiten Verbum angehängt ist, das von dem eigentlichen Verbum des Relativsatzes abhängt:

„diese Mannschaft [hieroglyphs], die sie töten wollen" Unamun 2,82.

§. 844   Relativsätze

Eine scheinbare Ausnahme sind hier ebenso wie in §. 825 die Sätze mit dem Verbum 〈hierogl.〉:

〈hierogl.〉 N.N. 〈hierogl.〉 „das viele Silber, von dem N.N. sagte: Gieb es" P. Bologna 6,4; vgl. auch P. Lee 2,5.

„der Libanon 〈hierogl.〉 von welchem du sagst: mir gehört er" Unamun 2,24.

Anm. Man beachte die Fälle, wo sich 〈hierogl.〉 an das Demonstrativum 〈hierogl.〉 anschliesst, das wie koptisch ⲡⲉ für „es ist" gebraucht ist: 〈hierogl.〉 „was für ein Kraut ist es, das Seth hier bei dir isst" Hor. u. Seth 11, 10 ; 〈hierogl.〉 „es ist keine jämmerliche Reise, in welcher ich beschäftigt bin" Unamun 2,23. — Hier ist, wie die Schreibungen zeigen, das ⲡⲉ (ⲛⲉ) und das Relativum zusammengezogen, ebenso im Koptischen (Kopt. Gr. §. 524 ff.).

4. mit 〈hierogl.〉 und 〈hierogl.〉

844. Im Gegensatz zu den bisher besprochenen Fällen steht nun der Satz, wo 〈hierogl.〉 nur partikelhaft gebraucht ist und das Hilfsverbum 〈hierogl.〉 anknüpft. Die Bedeutung ist meistens eine futurische.

Ein adverbielles Praedikat hat das 〈hierogl.〉 in:

„die Zahl der Leute 〈hierogl.〉 die vor ihm sein sollen" An. I, 15,6.

〈hierogl.〉 „dahin wo sie sein sollen" Insc. Hier. Ch. pl. 18 ; — vgl. auch d'Orb. 11,6 , Sall. I, 4,4.

Ob ein Beispiel wie: „alle Worte 〈hierogl.〉 um Neschons (und sie göttlich machen u. s. w.)" Neschons 5,13 —, das ein Pseudoparticip als Praedikat hat, futurisch zu fassen ist, stehe dahin.

Sonst handelt es sich meist um die Zukunft, sei es nun, dass das wirkliche Futurum steht:

Relativsätze §. 845

[⸻ hierogl. ⸻] „das was wir tun werden" P. Bologna 2,13; (aber 3,1 ohne ⸺); vgl. auch ibd. 4,10.

„schreibe mir [⸻ hierogl. ⸻] über das was du tun wirst" Ostr. Berlin III, 39;

vgl. auch Hor. u. Seth 16,3; d'Orb. 16,4; Prinzengesch. 5,6 oder sei es, dass man nach §. 494 das selbständige Praesens II gebraucht:

„die Bäume [⸻ hierogl. ⸻] die ich fällen werde" Unamun 2,16.

„schreibe uns [⸻ hierogl. ⸻] was wir tun sollen"

Hor. u. Seth 3,1; vgl. auch ibd. 12,5; 12,6; 14,6; 2,6.

[⸻ hierogl. ⸻] „was sie tun sollten" d'Orb. 11,1;

Wie man sieht, sind es gerade die jüngeren Handschriften, die die Form ohne ⸺ gebrauchen.

anm. 1. Das zurückweisende Pronomen fehlt in:

[⸻ hierogl. ⸻] „so lange er leben wird" P. Bologna II, 27 — weil es sich auf eine Zeitangabe bezieht.

anm. 2. auch hier findet sich der in §. 843 besprochene Fall, wo [⸻ hierogl. ⸻] „es ist" mit [⸻ hierogl. ⸻] zusammengezogen ist:

[⸻ hierogl. ⸻] „was sollen wir tun" Hor. u. Seth 2,2; 2,13.

845. Da die im vorigen Paragraphen besprochenen Beispiele mit [⸻] sämtlich ein Suffix als Subjekt haben, so liegt der Verdacht nahe, dass man bei einem nominalen Subjekt nicht [⸻] verwendet haben wird; man wird entsprechend §. 550 das Hilfsverbum ⸺ benutzt haben. In der Tat finden sich solche Beispiele. In älteren Handschriften benutzt man dabei die kurze Schreibung ⸺:

[⸻ hierogl. ⸻] „das was deine Hand getan hatte" Mayer A 1,5.

„die Diebe [⸻ hierogl. ⸻] N.N. [⸻ hierogl. ⸻] welche N.N. anzeigte" ibd.1,3 —

§. 846 - 847   Relativsätze

während man später das gewöhnliche 𓇋𓅓𓇳 benutzt:

"die Geister 𓈖𓏥 𓇋𓅓𓇳 𓂝𓈙𓃀𓏥 𓊃𓐍𓂋𓀁 " deren Stimme gehört wird "   P. Neschons 4, 14.

"jeder Ort 𓈖𓏥 𓇋𓅓𓇳 𓐍𓏏𓏤𓈇𓏥 𓄤𓄤𓄤 𓐍𓊪𓂋𓏥 " .... an welchem die guten Sachen geschehen " ibd. 6, 14.

Eine futurische Bedeutung scheinen diese Sätze freilich nicht zu haben.

846. Merkwürdig ist der Satz: 𓅓𓏏𓏤 𓈖𓏥 𓇋𓏤𓅱 𓅓𓏥 𓈖𓏥 𓅓𓏥 𓄿𓀀𓏥 "wer keinen Jungen hat" Ostr. Berlin III, 33 — wo das unpersönliche 𓇋𓏤 zwischen 𓈖𓏥 und das Wort für "es gibt nichts" eingeschaltet ist. Es ist das augenscheinlich die Verbindung ⲈⲦⲈ, die sich im gleichen Falle im Koptischen erhalten hat (Kopt. Gr. §. 523).

5 mit śdm·f u. ä.

847. Selten nur wird ein Verbum finitum mit 𓈖𓏥 angeknüpft.

So śdm·f und, zwar wohl als Relativform, in:

" N.N. 𓈖𓏥 𓎛𓐍𓏏𓀀 welcher wohnhaft ist (in der Stadt)" An. VI, 11.

𓅓𓏏𓏤 𓈖𓏥 𓇋𓅓𓇳 𓂝𓏥 𓈖𓏥 𓇳𓏤𓏥 𓇋𓇋𓀀𓅱 𓈖𓏥 𓀀 "der immer zu mir gekommen ist " Unamun 1x+8, — vgl. auch Amarna V, 29.

Die n- Form findet sich: 𓅓𓏏𓏤 𓈖𓏥 𓂝𓂝𓏥 𓈖𓏥 𓇋𓅓 "woher du gekommen bist" Prinzengesch. 6,11.

Hierzu gehören dann auch die Sätze, wo das śdm·f mit 𓂜 oder 𓇋𓏤 negiert ist:

"(der Eid) 𓈖𓏥 𓂜 𓇋𓂋𓏤𓀁 𓇋𓏤 den ich nicht (lügnerisch) spreche" Amarna, Grenzstele U. u. T.

"meine Väter 𓈖𓏥 𓇋𓏤𓅱 𓈉𓈉 𓇋𓂋𓀁𓏥 𓈉𓃀𓈉𓏥 die nicht Syrien gesehen hatten " Kadesch 92 ; vgl. auch Lansing 3, 2;

und ebenso Sätze mit 𓇋𓏤𓂜𓏥, die ja auch das Verbum p3j enthalten:

" N.N. 𓈖𓏥 𓇋𓏤𓂜𓏥 𓅓𓏏𓏤 𓇳𓏤 𓁷𓏤𓉐 𓂝𓈖𓏥 𓎛𓏏𓏤 𓈖𓏥 𓎛𓐍𓏏𓀀 den Re nicht Hausvorsteher werden liess" P. Rollin 2 ; ähnlich ibd. 3.

Sachregister

(die Zahlen beziehen sich auf die Paragraphen)

Abkürzungen 18, 713.
Absichtssätze 290, 294, 295, 791, 794.
Abstrakta 133, 154, 169.
Adjektiva 216 – 225.
   Steigerung 224, 610.
   als Praedik. 456.
   als Adv. 589.
   als Subst. 223.
   Ersatz durch nm m. Subst. 209, 211, 225.
Adjektiva auf ", ̂ 226 – 232.
   Plur. 149, 229, 230.
   mit Subst. verbunden 231.
Adverb 588 – 596.
   Stellung 338, 588, 694.
adverbiales Praedikat, adv. Nom. Satz 464 – 468.
   mit ‏ﺟ‎ 469 – 474.
   mit ⁓ 840 – 841.
Andauern eines Zustandes 449, 452, 475, 476, 488, 499.
„anderer" 237 – 239.
   für „auch" 240.
Anlaut von Verbalformen s. ‏ﺟ‎
Anrede 177, 697, 698.
Apposition 178, 188 – 191, 199.

Artikel
   bestimmter 171 – 178; 144, 249.
   unbestimmter 183 – 185.
   ohne Art. 159 – 170; 185, 202, 209.
Aussage 720 – 721; 283, 286, 306, 309, 313, 320, 468, 470, 481, 493, 506, 512, 546, 765, 769, 779.
Bedingungssätze 811 – 820; 301, 496, 523, 536, 537, 539, 584, 585, 670.
Befehl 494, 503.
begleitende Umstände 730 – 732; 299 – 301, 339 – 341; 431 – 434; 450, 471, 484, 495, 519.
   als Rel. Satz 830 – 834.
   bestimmtes Subst. 159, 823, 824, 832, 836.
Betonung s. Hervorhebung.
Bewegung, Verb der B. als Einleitung eines andern 295, 296, 358, 432, 476.
Briefformeln 114, 115, 268, 290, 305, 415, 433, 437, 459, 480, 546, 627, 699, 809.
Dativ 599.
   Stellung des D. 691, 693.

Sachregister §.§.

D. ethicus 360, 365, 600.
Demonstrativa.
  ältere 114-117.
  jüngere 118-127.
  als Subj. im Nom. Satz 459-463.
  als Apposition nachgestellt 828 Anm.
Demotisch
  Sprache 3, 7.
  Schrift 13, 31 Anm.
Determinative, hieratische 25-28.
Diminutive 135.
direkte Rede 428, 714, 727.
Dualis 155-156.
  dual. Schreibung beim Plur. 143 Anm.
Eigenschaftsverben 265.
(der) eine.... (der) andere 241.
"einige" 243.
Einschaltung im Satz 696.
Eintreten eines Vorgangs 449, 452, 475, 476, 488.
Ellipsen 708-716; 585, 739 Anm., 756, 766, 817.
emphatische Form
  ältere 302.
  jüngere 303.
  umschrieben 304, 545.
  Gebrauch 305-311; 236, 512, 725, 726, 734, 812.
Endungen

entstellt 11, 28.
sinnlos 253.
ergänzende Bemerkungen 307, 315, 321, 326, 489, 507, 733, 750, 753, 754, 761, 773.
ersetzendes Pronomen bei Hervorhebung 703-705.
Erzählung 720-722; 321, 492, 513, 561, 563, 769, 770.
"etwas" 243.
Femininalendung 130.
  vor Suffixen 139-141.
Flexion des Verbums 266-269.
Fluch 557.
Fragesätze 734-739; 286, 468, 482, 503, 506, 549, 587, 755, 766, 774.
Frageworte 740-746.
Fremdworte 6, 30.
Füllstriche u. ä. 21, 24, 28.
Futurum mit ⲉ 501-504; 559, 844.
Futurischer Gebrauch anderer Formen 307, 320, 494, 522, 546, 573, 581, 700, 701, 716, 752, 753, 765, 813, 844.
Gegensatz
  bei ⲙ 668.
  bei ⳉⲉ 519, 532.
Gegenwart 481.

Sachregister

gehen, Verba des g.
  plur. Inf. 413.
  mit ḥr u. Inf. 499, 500, 570.
  Flexion umschrieben 544, 561.
  wie Hilfsverben 573, 574 Anm.
Genetiv
  direkter 200-204.
  indirekter 205-215.
Gerundium, Part. wie G. gebraucht 380, 381.
Geschäftssprache 5, 191, 248, 260, 269, 290, 316, 325 Anm., 367, 381, 383, 425, 579, 713, 722.
Geschlecht der Subst. 128-131.
  durch Apposition umschrieben 129.
  Wechsel des G. 131.
Gewählte Sprache 5, 115, 183, 194, 264, 286, 318, 340, 342, 351, 380 Anm., 442, 482 Anm., 521 Anm., 589, 621, 626, 629, 684, 690, 708, 722, 726, 733, 744, 753, 754, 757, 786, 787, 824, 835.
Hervorhebung 699-707; 386, 451, 454, 455, 531 Anm., 554, 564, mit Pron. abs. 105, 700.
Hieratisches, besondere Zeichen 19-24; 39-40.
Hieroglyphische Schreibung 4, 9, 16, 41.
Imperativ
  (Imperativ)
  Bildung 347-353.
  fem. 353, 354.
  plur. 353, 354.
  umschrieben 555
  negiert 786-792.
  Zusätze zum J. 358-362.
„indem", s. begleitende Umstände.
indirekte Frage 729.
indirekte Rede 727, 728.
Infinitiv, seine Formen 399-400.
  mit Obj. 402.
  mit Obj. Suff. 399, 403.
  Geschlecht des J. 132.
  plur. J. 413.
  negiert 412.
  unbestimmter J.
    als Imper. 347.
    absolut 415.
    bestimmend beigefügt 414.
    als Genetiv 212, 417-419.
    nach Praepositionen, s. bei den einzelnen Praep.
    Bedeutung von r m. J. 476.
  bestimmter J. 409-413.
    Fortsetzung durch Konjunktiv 579.
„insgesammt" 344 Anm.
Interjektionen 686-688.
Interpunktion 56-58, 198, 207.
Kardinalzahlen 244-250.

| Sachregister | §.§. |

(Kardinalzahlen)
    mit nn angeknüpft 247.
Kausativa 264, 543.
    umschrieben 287, 555 Anm.
Keilschriftliche Wiedergabe 8, 44,
    92, 613.
Klassen der Verba, s. Anhang
    zum Register.
Körperteile 164, 203.
Kollektiva 142, 157, 158.
Komplementsinfinitiv 415 Anm. 3, 421.
Konjunktionen
    enklitische 682–685.
    nicht enklitische 666–681
    Praepositionen als K. 726.
    von K. abhängige Sätze 311, 314,
        323, 510, 726.
Konjunktiv
    Entstehung u. Bildung 575–578.
    wie ein Fut. gebildet 503 Anm.
    Bedeutung u. Gebrauch 577,
        579–587.
    negiert 587, 794.
Koordination 192–197; 175, 620,
    624, 627, 672.
Koptisch, Verhältnis zum K. 7.
Koseform von Namen 135 Anm.
Kursivschrift 9.
Ländernamen
    mit Art. 176

    im Gen. 204.
    wie ein Adj. (?) 229 Anm.
Lautliche Änderungen 44–55.
Listen, Formeln der L. 290, 425
    Anm.
Maass u. ä. 191, 210, 248.
„man" als Subj. 86, 269.
Negationen 747–799.
    (s. auch die einzelnen N.).
    doppelte N. 796.
    beim Konj. nicht wiederholt 587.
    Verstärkung der N. 797–798.
Neutrische Ausdrücke 85, 96, 132,
    223, 381, 398, 827.
Nominalsatz 452–456.
    mit Subst. als Praed. 454–455.
    mit Adj. als Praed. 456–457.
    mit Part. als Praed. 458.
    mit adv. Praed. 464–468.
        mit ⲡⲉ davor 469–474.
    mit verbalem Praed. s. Praes. I.
    Nom. S. als Relativsatz 831.
„ob..... oder....." 814.
Objekt
    nominales 160, 691
    pronominales 399, 693.
„oder" 198, 199, 577, 678
„ohne dass", „ohne zu" 495, 527–531;
    749.
Optativ 297, 298.

§.§.   Sachregister

(Optativ)
  umschrieben 291, 292.
  negiert 791.
Ordinalzahlen 251 - 252.
Orthographie 4, 8-18, 41, 253, 254.
Ortsausdrücke 165, 203.
Ortsnamen 131.
Parallelismus der Sätze 708.
Participien
  Formen 366 - 376.
    akt. perf. 366, 370, 373, 374.
    akt. impf. 366, 370, 373, 374.
    pass. perf. 366, 367, 373, 374.
    pass. impf. 366, 371, 373, 374.
  umschrieben 377, 378, 554.
  Gebrauch 379 - 386 ; 458.
    bei Hervorhebung 386, 554, 700, 701.
    pass. nach Je 767, 771.
    mit beigefügtem Subst. oder Suff. 382 - 385.
    mit Suff. als Obj. 82.
    dauernde Tätigkeit 376.
    Subst. gebraucht 380, 381.
Passiv, eigentliches
  Bildung 318, 319.
  Gebrauch 320 - 325, 771.
  nie als Subjunktiv 323 anm.
  umschrieben 319, 555.
  durch 3. plur. ersetzt 269.

Passiv auf $\bar{e}$ 270 - 272, 288, 289, 291, 293, 326, 771, 776.
Personalpronomen s. Pronomen.
Personalsuffixe s. Suffixe.
Personenbezeichnungen 167.
Pluralis 143 - 154.
  Endungen 145 - 152.
  gebrochener P. 153.
  Zeichen des P. 27, 143, 353.
  statt Suff. 3. plur. 81.
Possessivartikel 179 - 182.
Possessivsuffixe 139 - 142.
Possessivverhältnis durch Pron. abs. 107.
Praedikat, Arten des P. 452.
Praefixe des Praes. I 451, 455, 457, 466, 479, 480.
  Pr. des Konjunktivs 575, 576.
Praepositionen 597 - 665.
  zusammengesetzte 632 - 665.
  Fortfallen der Pr. 598, 632.
  als Konjunktionen 726.
  als Adverb 592, 593.
praepositioneller Ausdruck 597.
  als Praed. s. adverbiales Praed.
Praesens I
  Bildung 478 - 480.
  Gebrauch 481 - 485; 565, 805, 831, 843.
Praesens II 486

| Sachregister | §.§. |

(Praesens II)
  Bildung 487-490.
  Gebrauch 491-498; 566, 803, 814, 833, 844.
    futurisch 494.
Praesens consuetudinis 306, 309, 770.
Pronomen (personale) absolutum
  altes, Formen 87-97
    3. pers. 90, 97
    zum Gebrauch 457, 728.
    als Obj. beim Inf. 82 Anm.
  jüngeres, Formen 98-103.
    Gebrauch 104-106; 451, 454, 455, 575, 700, 751, 762.
    zur Betonung 105, 386, 700.
  als Possessivausdruck 107-110.
Pseudoparticip
  Bildung 327-336.
  Bedeutung 476.
  Gebrauch 337-346; 570, 706, 842.
Qualitativ des Koptischen 327.
Reflexives Pronomen 359 Anm., 360.
Regelung der Orthographie 10
Relativformen 387.
  alte 390-391.
  jüngere 392-396.
  umschrieben 396.

Gebrauch 821, 822, 825.
Relativform, perfektische 388, 397, 398, 823, 824, 835.
Relativsatz 821-847.
  mit Rel. form 507, 510, 822.
  als begleitender Umstand 473, 498, 524, 830-834.
  mit Art. u.ä. 828, 829.
  mit ⲛⲛ 835.
  mit ⲛⲛⲁ 836-847; 468, 550.
"sagen" ausgelassen 711.
Satz, selbständiger 719-722.
  abhängiger 723-729.
  Stellung der S. 800, 812.
  Ende des S. 694.
"schreien", Verba des 476.
Schrift 9, 19-28, 40, 42.
Schule 3, 5.
Schwur 426, 584, 712, 817.
"selbst" 111-113.
"siehe" 363, 364, 468, 482.
Sprache, ihre Schicksale 2-4.
  Entwicklungsstufe 6.
  s. auch Geschäftsspr. u. gewählte Spr.
Stoffangaben 191, 210.
Stoffausdrücke 154.
Striche am Wortende 24, 41.
Subjekt
  im Nom. Satz 452.

§.§.   Sachregister

(Subjekt)
    beim Verb. 267.
    Wechsel des S. beim Konj. 578.
    logisches S. des Inf. 410, 411, 415, 419, 424, 439, 572.
Subjunktiv 287-291; 511.
    nicht beim eig. Passiv 323 Anm.
Substantiva
    mit Endungen 133, 134, 376.
    mit Suff. 139.
    Zusammengesetzte S. 136, 137.
    absolut 186.
    bestimmend beigefügt 187.
Suffixe 59-86; 565.
    1. sg. 60, 61, fehlt 62, 403 Anm. 2.
    2. m. 65.
    2. f. 68, fehlt 68.
    3. m. 69.
    3. f. 70-74.
    1. pl. 75.
    2. pl. 76.
    3. pl. 77-81.
    S. bei dual. Worten 84.
    S. als Obj. beim Inf. 82.
        bei andern Formen 82.
Superlativ 224.
syllabische Schrift 29-31.
Texte, behandelte 4.
Titel als Appos. 190.
Umschreibung
    in Hierogl. 39-42.
    in unserer Schrift 43.
Umspringen von Konsonanten 55.
unbestimmtes Substantiv
    s. Artikel.
    mit Rel. S. 830, 836 Anm
Unbetontes verloren 5, 45.
unpersönliches Verbum 268, 271, 325.
unp. Hilfsverb 515-539.
Verbot 786-792
    im Futurum 502.
Verbum, Allgemeines 253-255.
    Klassen der V., s. Anhang der Register.
Vergangenheit
    bei emph. Form 309, 548, 550, 551.
    bei Praesens II 491.
    bei p₃j 568.
    bei Je 776, 779, 781.
    bei Je 769.
Vergleich 160, 621, 708.
Verkürzung von Subst. 138, 184, 201, 216 Anm. 2.
Vermischung in d. Schreibung 17.
Vokale bezeichnet 32-38, 44.
Vorschlagsvokal 255, 347, 348, 368.
Wahrnehmung, Verba der (finden, erblicken, wissen u. ä.) 341, 468, 473, 497, 519, 525, 723 Anm.

Sachregister §.§.

„werden" 338, 484, 519, 525.
Wiederholung 717, 718.
Wortschatz, geändert 6.
Wortspiele 8, 244.
Wortstellung 691–693; 267, 338
 339, 451, 452, 508, 588, 784.
Wunschausdrücke 689–690.
Zahlworte 244–252.
Zeit, beim Verbum 448.
Zeitangabe 186, 513, 695.
Zeitausdrücke 166.
 mit Dem. 118.
Zeitsatz 800–810; 299 Anm.,

(Zeitsatz)
 314, 322, 450, 468, 472, 485,
 496, 510, 523, 533, 539, 584, 585.
„Zeit verbringen" 433.
Zukunft, s. futurisch. Gebr.
Zurückweisendes Pron. im Rel. Satz
 821, 825, 832, 834, 836, 843.
 es fehlt 825, 828, 841, 844 Anm.
Zustand, beginnend 475, 476.
 andauernd 475, 476.
Zustandssatz s. begleitende
 Umstände.
Zweck 424, 425.

Wortregister

𓄿 bei zweikons. Zeichen 16.
𓄿 Partikel 685.
𓄿𓇋𓂋 37.
𓄿𓂋 36 Anm.
𓄿𓏌𓏥 46.
𓏤 und 𓏥 19.
(𓈖𓈖𓈖) 𓏤𓏌𓂋𓄿 633.
    m. Inf. 438
𓄿 „ 𓅝 799.
𓇋 in zweikons. Zeichen 16.
𓇋 für Praep. 𓇋 619.
𓇋𓄿 für Praep. 𓂝 443, 559, 609 Anm., 657.
𓇋𓄿 anlaut von Verbalformen 10, 255, 303, 347, 348, 367, 368, 370, 392, 397.
    fortgelassen 349 Anm., 373, 374, 394, 394 Anm.
𓇋𓄿𓏥𓄿 687.
𓇋𓄿 für 𓇋𓃀 23, 487 Anm. 1.
𓇋𓏌𓏥 46.
𓇋𓂋 „sein" s. Anhang der Register.
𓇋𓃀 anlaut von Particip 368 Anm. 2.
𓇋𓂋 als 𓂝 36.
    als 𓊃 38.
𓅩𓈖𓄿 798.
𓅜𓃀𓄿 275.
𓂋𓅝 799.

(𓂻) 𓅝 𓅝 634.
𓇋𓄿 adv. 592.
    Praep. m. Suff. 604.
(𓈖𓈖𓈖) 𓇋𓄿𓏥𓏥 „zugehörig" 234.
𓇋𓄿𓂋 786.
(𓂻) 𓍑 636.
(𓂻) 𓏏𓄿„𓂝 637.
𓇋𓄿𓄿 287, 291, 355, 356
𓇋𓄿𓄿𓂝 357.
𓇋 der Frage 517 Anm., 739, 818.
    𓇋 𓇋𓂋 in Frage 517 Anm., 739.
    als Endung 12.
    für no 38.
𓇋 der Hervorhebung 386, 701.
𓇋 vor Subj. des Infinitivs 316, 415, 419 Anm.
𓇋 Praep. 619.
𓇋 „sagt" 714.
    mit Suff. 𓇋𓄿𓈖, 𓇋𓂋𓈖𓄿 + Subj. 714.
in- Form des Verb. 316.
𓄿 „bringen" s. Anhang der Register.
𓇋𓄿𓈖 Pron. 1. pl. 102.
𓇋𓄿𓈖 Interj. 688.
𓇋𓊪𓄿, 𓊪𓄿, 𓇋𓄿𓊪 Pron.1.sg. 99.
    als Possessivausdruck 108
𓇋𓊪𓈖, 𓊪𓈖 99.
𓇋 der Hervorhebung 455, 705

Wortregister

𓄿 vor Zeit- u. Bedingungssätzen 301, 496, 813, 814, 817
𓄿𓀀𓀁 810.
𓄿𓀀𓏺𓈗 106.
𓄿 „machen" s. Anhang der Register.
𓄿𓀁"𓀀 Praep. 196, 620, 636.
𓄿𓂋 Fragewort 740, 741, 742.
𓄿𓂋 vor Opt. u. Imper. 298, 356 Anm.
𓄿𓈖 676, 815 Anm.
    vor Fragen 736, 737.
    𓄿𓈖𓂝 766.
𓄿𓈖𓏤 677.
    vor Fragen 736, 737.
    𓄿𓈖𓏤𓀀𓏺 774.
(−) 𓄿𓂝𓀀 „sehr" 590.
𓊪𓄡𓀀 774.
𓏺 als Vokal 33.
𓏺 Suff. 1. sg. 61.
𓏺𓀀 für ausl. 𓂋 29, 31, 51.
𓏺𓏺 als Vokal 34.
    konsonantisch 34.
𓏺𓏺 Suff. 1. sg. 61.
𓏺𓏺𓀀, 𓏺𓏺𓀁 Endung bei Particip. pass. 375.
𓏺𓏺𓀁𓀁 Interj. 687.
    𓏺𓏺𓀁𓄿𓂋 740.
𓆱𓀁𓀀 218.
(𓏺) 𓆱𓀁𓀀 (𓏺) 688, 726.
𓆱𓀁𓊃 „hier" 594.

𓂸 46.
𓂸𓀀𓂝𓍿 260 Anm.
𓂸𓏤 Adv. 595.
𓂸𓂸 „stehen" vor andern Verben 572.
𓂸𓏤 563−566.
𓂋𓏤 217.
(−) 𓂋𓏤𓀀 Praep. 638
    Adverb 595.
𓇋 als Vokal 35.
𓇋 bedeutungslose Endung 11, 253, 254.
𓇋𓏥 Suff. 3. plur. 77, 80, 81.
𓇋𓏥 für „man" 86.
𓇋𓏥 bei 1. pl. des Pseudop. 334.
𓇋 betonend 684.
𓇋𓀀 Pron. 1. sg. 88.
    als Obj. bei Inf. 82 Anm.
𓇋𓀀𓏤 Praep. 639.
𓇋𓏤 Zahlwort 245.
    „irgend einer" 241, 242, 245.
    mit 𓏤 „ein jeder" 242.
    als Verb 245 Anm.
𓇋𓏤 (𓏥) unbest. Art. 183−185.
𓇋𓇋 35, 155.
𓇋𓀀 Praep. u. Konj. 640.
𓇋𓏥 für 𓏥 22.
𓇋𓏥 Pron. 1. pl. 89.
𓇋𓆰 „sein" s. Anhang der Register.
𓇋𓆰 „wie viel?" 746.

𓄿𓏤 Adv. 589.
𓇋𓅱𓇋 Adv. 596.
𓂝𓂋𓏤 zur Hervorheb. 684.
𓂝 für 𓂧 22, 140, 270.
(𓄿)𓊪 Praep. 641
Adv. 593 Anm.
𓂜𓏤 Negation 767–775.
  mit besonderer Form 767.
  mit Pseudopart. 772 Anm. 2.
  mit n-Form 772.
  mit 𓄔𓅓 sḏm 553, 768.
  mit sḏm·t·f 445.
  in Fragen 737, 774.
  wechselt mit 𓈖 775.
𓂜𓂝𓂜 773.
𓂜𓏤𓊃 Negation 776–781; 10, 564.
𓈖 Negation 757–766.
  Verhältnis zu 𓄔𓅓 757.
  „es ist nicht", „es giebt nicht" 758.
  𓈖𓅓𓏛 758.
  mit Inf. 759.
  vor Nom. Satz u. Praesens I. 760.
  vor Fut. u. fut. Praes. II. 764, 768.
  vor emph. Form 765.
  𓈖 𓄔 𓂝 + Subj. sḏm 547.
  in Fragen 737, 766.
  für „indem nicht" 761.
  𓂜𓂝𓈖 758, 761, 764, 765.
𓂜𓏤𓏥𓏭𓊃 591.
𓇋𓈖𓎇 573, 820.

𓊪𓏤 Dem. 122.
𓅮 in 𓇋𓅮𓏤 für 𓇋𓅯𓏤 31.
𓅮𓏤 Hilfsverb 568, 776.
𓅮𓏤 Artikel 118, 171.
𓅮𓏤 Dem. in Zeitausdrücken 118.
  „es ist" im Nom. Satz 463.
𓅮𓏤" Dem. 122, 123.
  attributiv 124.
  vor Rel. Satz 126.
𓅮𓏤" „es ist" 459–463; 125, 829, 843.
𓅮𓏤" in Personennamen 124 Anm. 2.
𓅮𓏤𓂝 „dieses" als Subst. 120, 121.
  betontes Subj. im Nom. S. 461.
𓅮𓏤𓊃 679.
𓅮𓏤𓈖" 252, 455 Anm. 2, 504, 837, 838.
  mit 𓅮𓏤" 844 Anm. 2.
𓊪𓂝 „es ist" 115, 459; 740.
𓊪𓏤 „jener" 116.
𓊪𓏤 Dem. 114.
  irrig für 𓊪𓂝 115 Anm.
𓊪𓏤𓈖 „der von" 127, 171.
𓊪𓏤𓈖 für 𓊪𓏤 114.
𓊪𓊪 für Artikel 172.
𓊪𓄿𓇋𓊃𓅓 „siehe" 864.
  nach 𓇳 668, 669.
𓆑 Suffix 3. m. 69, 84, 604 Anm.
𓂋 Praep. 603–608.
  wechselt m. 𓈖 603.

Wortregister

(𓄿 Praep.)
  ausgelassen 607.
  „ etwas sein u. ä. 454, 455, 467, 469, 605 (19), 840.
  m. Inf. 420–422, 499, 500, 570 Anm., 608
  m. Subst. als Adv. 591.
𓄿 der Hervorhebung u. ä. 386, 701, 702, 714, 841
𓄿 für 𓇋𓏲 621.
𓄿 für art. 𓈖𓏭 174.
𓄿 statt 𓈖, als Praep. 599.
  vor Rel. Satz 835.
𓄿 des Verbots 787.
  𓄿𓁹 787, 789.
  𓄿𓂝𓏭𓏭𓐠 292, 790, 791.
𓃀𓂝 232
𓇋𓏲 Praep. 621.
  als Konjunktion 621.
  in Bedingung 819.
  mit sḏm.t.f 442.
𓇋𓏲𓈖𓏥 838.
𓇋𓏲𓄿𓈖, 𓇋𓏲𓈖 741.
𓇋𓏲𓈖 „hier" 595.
(𓄿)𓇋𓂝𓂝𓈖 Adv. 591
  Koordinirt 197.
(—)𓇋𓂝𓂝𓈖 Praep. 642.
𓄿𓏲𓀀 „komme" 354.
  𓄿𓏲𓏤𓏤𓏤 362.
𓄿𓏲𓏲𓀀 nach Imperat. 861, 689.

𓄿𓏲𓄿 Praep. mit Suff. 604.
  Adv. 592.
𓄿𓂝, 𓄿𓂝 für anlaut. m 29.
𓄿𓏤 für 𓄿𓏤 622.
𓄿𓏤 Praep. 622.
𓄿𓂝 für 𓄿𓂝 576 Anm. 1.
𓄿𓇋𓂝, 𓄿𓂓𓏲𓏲𓏲 776.
𓄿𓇋𓏲 für 𓇋𓏲 621.
𓄿𓈖𓏥𓁹 782–785.
  Ursprung 782.
  mit 𓄿𓈖, 𓈖 784.
𓄿𓈖𓏤 für 𓈖𓏤 98.
𓄿𓈖𓏤𓏲 Pron. 2.f. 100.
𓄿𓈖𓏤𓂝𓏥 Pron. 3. pl. 103.
𓄿𓂝, 𓄿𓈖𓂝𓎡, 𓄿𓈖𓂝 Pron. 3. masc. 10, 101.
  als Possessivausdruck 110.
𓄿𓏏𓊃, 𓄿𓈖𓏏𓊃 Pron. 3. fem. 101.
𓄿𓈖, 𓈖𓂝 Pron. 2. masc. 100.
  als Possessivausdruck 110.
𓄿𓋴𓏏 Adv. 595.
𓂋𓄿 gern in m-Form 313, 824.
𓈖𓋴𓇋𓏲𓄿 438, 633.
𓄿𓇋𓂝 199, 678.
𓋴 wie Hilfsverb 574.
(—)𓋴 bei Ordinalzahl 252.
𓄿𓇋𓊃𓏏 „da" 363, 482.
𓄿𓂝 und 𓇋𓂝 19.
𓄿𓂝 Praef. des Konjunkt. 10, 575, 581 Anm.

𓇋𓅱 Praep. 623-625; 196.

𓇋𓅱 als Konjunktion für 𓇋𓈖 625, 664, 726.

𓇋𓅱𓏏𓏏𓀁 s. 𓇋 des Verbots für 𓇋𓅱 623.

𓈖 lautliches 47, 513, 565, 619.

𓈖 Praeposition 599-602.
fehlt 601.
mit Inf. 423, 602.
als Konjunktion 602.
in Adv. 591.
in Praep. 633.

𓈖 vor Rel. Satz 835.

n- Form des Verbums 312-314;
266, 315, 564, 726, 733, 802,
810, 824, 835.
umschrieben 555.

𓈖 des Genetivs 205-206.

𓈖 für 𓇋 der Frage 739.

𓈖 für Praep. 𓇋𓈖 467, 603, 606.

𓈖𓏤𓏤𓏤 für auslautendes n 29.

𓈖𓏤𓏤𓏤 Suff. 1. pl. 75.

𓈖𓏤𓏤𓏤 nach Imperativ 362.

𓈖𓏥 Partikel 685.

𓈖𓆰 für auslautendes n 11.

𓈖𓄿 plur. Art. 174, 828.

𓈖𓄿, 𓈖𓄿𓏥 "dieses", substantivisch 119.

𓈖𓄿 für 𓇋 der Frage 789.

𓈖𓄿 für Praep. 𓈖 174.

𓈖𓄿 Demonstrativ. 122, 123.

𓈖𓄿 "es sind" 125.

𓈖𓄿𓏥 für Dem. 𓈖𓄿 122.

𓈖𓄿𓏥 "die von" 127.

𓈖𓄿𓈖 plur. Art. 173.

𓈖𓇋𓏏𓄿 Praep. 𓈖 m. Suffix 604.

𓈖𓄿𓏥𓏛𓈖 wie Hilfsverb 500 Anm., 574 Anm.

𓏏 irrig für auslaut. n 11.
für das Det. 𓏏 11 Anm.

𓏏 des Genet. 215

𓏏 "jeder" 220-222.
Verhältnis zum Artikel 161, 380.

𓏏 222, 838.

𓏏𓄿 "jenes" 117.

𓏏𓄿𓏥𓏏𓏛 Praep. 643.

𓏏𓄿 "wer?" 743.

"𓏏𓄿 𓏏𓄿" "wer?" 33, 743.

𓏏𓈖 "dieses" 117.

𓏏𓈖 Suffix 1. pl. 75.
Pron. 1. pl. 89.

𓏏𓈖 Endung 1. pl. des Pseudop. 334.

𓂜 Schreibung für 𓂜 747.

𓂜 Negation 747-756.
"es ist nicht" 748-750.
𓂜𓈖𓆑 "er hat nicht" 748.
mit Inf. (ohne zu) 749.
vor futur. Verb 503, 752, 753.
vor n- Form 754.
"indem nicht" 731, 750.

Wortregister

(𓅓𓐚𓏏)
𓀀𓅓𓐚𓏏 750, 753.
in Fragen 737.
𓅓𓐚𓏏 𓆓 731, 756.
mit 𓀁 𓅓, 𓅓 756.
als einfache Negat. 756 Anm.
𓅓𓐚𓏏 𓏤 796.
𓅓𓐚𓏏 𓀁 𓏥 𓅓𓐚𓏏 796.
𓅓 𓏥 𓂜 29.
𓉐 𓀁 𓏭𓏭 𓍢 𓏥 „einige" 185.
„etwas" 243
𓏴 𓏲 „zugehörig" 233.
𓏴 𓏭 𓏤 𓏥 „etwas" 243.
𓅓 𓂝 des Gen. 213.
𓅓 𓂝 in zusammengesetzten Subst. 136.
𓅓 𓂝 Relat. 836–847; 463, 483.
𓅓 𓂝 𓏭 𓀀𓅓 844, 846.
𓅓 𓂝 𓏭 𓂜 u. ä. 845.
𓅓 𓂝 𓏭 𓀀𓅓 𓀀 847.
𓅓 𓂝 𓏭 𓂜 222, 838.
𓅓 𓂝 𓏭 𓀁 u. ä. 841, 843.
𓅓 𓂝 𓏭 𓆓 415 Anm. 1.
𓅓 𓂝 in Ordin. zahlen 252
𓅓 𓂝 des Genetiv 214.
𓅓 𓂝𓂝 vor Sätzen 723
(—) 𓅓 𓂝 483, 680; vgl. 839.
𓂜, 𓆓 s. b. 𓀁
𓅓 𓂝 𓏭, 𓅓 𓂝 𓀁 𓏭 Pron. 3 pl. 103
𓂜 Lautliches 48–51.

𓂜 als Füllzeichen 21, 255.
𓂜 statt Anlaut 𓀀 𓀁 10, 255, 303, 348, 366 Anm., 367, 369, 392.
𓂜 Praep. 609–612.
fehlt. 427, 612.
mit Inf. 424–430; 611.
mit śdm·t·f 443.
als Konjunktion 611.
𓂜 in Adv. 590, 591.
𓂜 mit Suff. (𓂜, 𓂜) betont 677, 707.
𓂜 für 𓂜 545, 550, 558.
𓂜𓀀 Worte mit dieser Endung 15.
𓂜 vor Inf. 489.
(𓀁) 𓂜 Konjunktion 667, 683.
𓂜 𓂜 683.
𓂜 𓀁 ! „irgend einer" 242 Anm.
𓂜 𓀁 𓂜 „heisst er" 831.
𓂜 für 𓅓 𓂝 839.
𓂜 für anlaut. 𓂜 51.
𓂜, 𓂜, 𓂜, 𓂜 Praep. 𓂜 mit Suff. 609.
𓂋 𓀁 „können" 313, 416.
nach 𓀀 768
𓇋 𓊪 𓏤 Adv. 595.
𓉐 𓀁 𓀁, 𓉐 𓀀 𓀁 Interj. 686.
𓉐 𓀀 𓏭𓏭 𓀁 Interj. 686.
𓉐 𓀁 𓀁 𓂜 𓀁 Interj. 686.
𓉐 𓀁 𓀁 𓀁, 𓉐 𓀁 𓏥 𓀁 689.
in Beding. S. 820.

𓅱𓂝𓂋 Praep. 626.
(𓈖) 𓅱𓂝𓂋 644.
𓅱𓂝𓀁 Partikel 690.
(𓄿)𓅱𓂝𓏺𓀁 Praep. 645.
(𓄿) 𓂋𓏺, (𓂋) 𓂋𓏺 Praep. 646.
(𓊪) 𓂋𓏺 Adv. 593.
Praep. 646.

𓇋𓂋𓅓 , (𓂋) 𓇋𓂋𓏺 „selbst" 112.
𓇋𓂋 627.
𓇋𓂋𓏺 , 𓂋𓇋𓂋𓏺 Praep. 627.
koordinirt 194, 195, 197, 627.
als Adv. 592 Anm.
m. Inf. 437.
𓇋𓂋𓏺𓀁 437, 627.

𓅱𓂋𓏼𓂋𓀁 298, 690.
𓏏, 𓏏 im Hierat. 24, 613.
𓏏, 𓏏𓏺 vor Suff. 613.
𓏏 Praep. 613-617.
koordinirt 193.
mit Inf. 481-486; 476,
477, 480, 488, 489, 510,
570, 616, 842.
ausgelassen
vor Subst. 617.
vor Inf. 431-433; 477,
489, 714, 780, 842.
irrig gesetzt
vor Subst. 617.
vor Opt. 298 Anm. 1.

(irrig gesetzt)
vor Pseudopart. 477 Anm. 1.
vor Inf. 431-433; 542,
551, 575, 768 Anm.,
780, 793.
(𓄿, 𓈖, 𓂋) 𓏏 Praep. 647.
𓏏𓏺, 𓏏𓏺𓂋 statt 𓏏 mit Suff. 614.
𓏏𓏤 in Adv. 591.
𓏏𓂝𓇋𓏺𓂋 Praep. 614, 648.
Konjunktion 648.
𓏏𓇋𓀁 Praep. 635.
Adj. 281.
𓇳 wird zu 𓏺 52.
𓏞𓏥𓀁 667, 688 Anm.
𓏞 Schreibung 49.
als Hilfsverb 569, 570.
unpersönlich 571.
𓂋𓏺 Praep. 628.
m. Inf. 628.
als Konjunktion 628, 809.
(𓄿)𓇳𓏏𓏤 Praep. 649.
𓇳 Praep. 629.
𓇳 Konjunktion 667-674.
𓇳𓇋𓏺 518, 582.
𓇳𓏤𓀀𓏥 668, 669.
𓇳, 𓇳𓇋 vor Zeit- u. Bed.
S. 668, 673, 805, 807, 813.
vor Zeitadverb 593.
vor Konjunktiv 578.
in ⲩⲁⲩⲥⲱⲧⲙ 306, 309.

Wortregister

𓊵𓏏𓊪, 𓇋𓇋𓏏 683.
ḫr - Form des Verbums 317.
  𓇋𓆑 „sagt er" u.ä. 715.
  𓇋𓆑 + Subj. 715.
  𓇋𓏏𓆑 „sagt man" 106, 715.
(𓂋) 𓉔𓏤 Praep. 651.
(𓀀) 𓉔𓏤𓂻
  als Adv. 593, 808.
  als Praep. 650.
    mit Inf. 438.
  als Konjunktion 808.
𓁷𓂋𓏤 in Adv. 591.
(𓀀) 𓁷𓂋𓏤, (𓀀) 𓁷𓏤 Praep. 652.
𓈇𓏤 in Adv. 591.
𓈇𓏤 Praep. 630.
  𓈇𓏤𓂋 mit Suff. 630.
𓈇𓏤𓁷 Adv. 593.
𓈇𓏤𓊵𓏏 Praep. 630, 653.
𓄿 Pron. 3.m. 92.
𓏥 Suff. 3. pl. 79.
(𓀀) 𓐍 Praep. 654.
(𓏲) 𓐍 Adv. 593.
  Praep. 654.
  m. Inf. 438, 654.
𓐍𓏤 𓀀 u.ä. „ihm gehört" 109.
𓊃 Pron. 3. f. 93.
𓏥 Pron. 3. pl. 93.
𓊃𓏥, 𓏥 Suff. 3. pl. 79 Anm.
𓋴 Aussprache 92.
𓋴 Pron. 3. m. 91.

(𓋴)
  im Praesens I. 479.
  neutrisch 91.
𓋴 Pron. 3. f. 91.
𓋴 Pron. 3. pl. 91.
𓋴 Suff. 3. f. 74.
𓋴 als Obj. des Inf. 91 Anm.
𓋴𓊃𓏥, 𓋴𓊃𓏥 Pron. 97 Anm.
𓋴𓏤 Partikel. 685.
𓊃𓏥 m. Inf. 817.
𓊃 „mal" 186.
  𓊃 717.
(𓈖𓈖𓈖) 𓊃 Adv. 591.
𓂋𓂻 wie Hilfsverb 573.
𓊃𓏥 Pron. 3. pl. 94.
  Suffix 3. pl. 77.
𓊃𓇋𓏥 vor Inf. 440.
(𓋴𓀀) 𓊃𓇋 Praep. 655.
𓏏𓋴𓏥 für 𓊃𓏥 78.
𓏏 𓊃𓏥 für 𓊃𓏥 78.
𓏏 𓊃𓂋 für 𓊃 21, 72.
𓊃𓂋 für 𓊃 13, 71.
𓊃𓂋 Pron. 3. f. 96.
𓊃𓂋 Suff. 3. f. 70, 71.
𓊃𓏥 Pron. 3. pl. 95, 96.
  im Praesens I 479.
𓊃𓏥 als Obj. des Inf. 96 Anm.
𓊃𓏥 Suff. 3. pl. 79.
𓊃𓏏𓏥 „wo sind sie?" 745.
𓈙𓀀𓂻 „zuerst tun" m. Inf. 416.

𓌃𓂝𓏏𓏤 − 𓂝   Wortregister

𓌃𓂝𓏏𓀁, (−) 𓌃𓂝𓏏 Praep. 656.   𓂝𓏛 Artikel 171.
    𓌃𓂝𓏏 als Konjunktion 726.   Dem. in Zeitangabe 118.
    𓌃𓂝𓏏𓇋𓇋𓀁𓂝𓏥 „bis dass   („für: „diese ist"(?) 121 Anm.
    er" 443.   𓂝𓏛" Dem. 122, 123.
    𓌃𓂝𓏏𓂝𓏥 „bis dass er"   𓂝𓏛" „diese ist" 125.
    443, 586.   𓂝" als müssige Endung 14, 21.
𓍿𓏛𓀁 verstümmelt 257, 406.   𓏏 zur Schreibung eines ge-
    Inf. statt Pseudop. 476 Anm.   sprochenen t. 14, 140, 403
𓂐 und 𓀁 19.   Anm. 1.
𓈖𓏤 in Adv. 591   𓏏𓏤 als Pass. endung 270.
𓈋 Wechsel mit 𓂷 und 𓎡. 53   𓏏 am Inf. vor Suff. 403 Anm. 1.
𓈋𓏛𓇋𓏤𓀁 (𓈖𓈖𓈖) vor Inf. 441.   𓏏𓏤 für Pron. 2.m. 88.
(−) 𓈋𓏛𓇋𓀁𓂝𓏛 Praep. 657.   𓏏", 𓏏𓏥 für 𓏏𓏤 des Pseudop. 333.
(𓌉𓋴) 𓋴𓈖𓏏𓀁 Praep. 658.   𓏏 Konjunktion 681.
𓂷 für Endung des Pseudop. 328-330. 𓏏𓂝𓏛 Konjunktion 681.
𓂷𓏛 Konjunktion 675, 812.   𓏏𓏤𓂝, 𓏏𓂝𓏛 „dir gehört" 109.
𓂷𓏛𓀁 „er wird sagen" 716.   𓏏𓈖𓈖𓈖𓂝 „die von" 127, 171.
𓂷𓏛𓂝𓏛𓎡𓀁 239.   𓏏𓈖𓈖𓈖 bei Subst. 136.
𓂷" Suffix 2.m. 69.   𓂝𓏏 für zu sprechendes t 14 Anm.,
𓂷𓇋𓇋𓀁 237, 288.   140, 142, 267, 403.
𓂷𓏛 Endung des Pseudop. 328-330. 𓂝 wie ein Suff. 1.sg. 63, 64.
𓂷𓏛 als Suff. 2.m. 65-67.   𓂝𓀁, 𓂷 als Obj. bei nicht in-
(𓏛)𓂷𓂝𓏛 797.   finit. Formen 83.
𓂷, 𓂷𓇋𓇋 237, 238.   𓂝 als Praef. des Praes. I 478, 479.
𓂷𓂝𓏤𓏥 237, 238.   𓂝 Pron. 2.m. 88.
(𓈖𓈖𓈖) 𓎡𓏛 Praep. 659.   𓂝 Pron. 2.f. 88.
𓎟𓏛𓀁 gern in n- Form 313.   𓂝 nach Imper. 359.
𓎡𓀁 Konjunktion 682.   𓂝 als Passivendung u.ä. 270-272.
𓂝𓏭 im Hieratischen 21.   𓂝 für 𓏏𓤀 des Pseudop. 328, 329,
𓂝𓏪 als Suff. 2.pl. 76.   331, 333.

451   29*

Wortregister

ꜥ für 𓂝𓏤 des Pseudop. 330.
„siehe zu" 365.
für 76.
, Pron. 2. pl. 89.
Dem. 116.
„er selbst" 113.
Praep. 660.
Praep. 660.
negat. 793–795; 412, 587.
795.
795.
Dem. 114.
„jeder" 236.
, „wo?" 745.
Suff. 2. pl. 76.
in Frage 738.
wechselt mit 54.
und im Hierat. 20.
Wechsel 54.
, „hier" 594.
„geben" s. im Anhang der Register.

adv. 591.
Praep. 661.
662.
Praep. 661 Anm.
Praep. 631.
Konjunktion 631, 810.
Praep. 664.
m. Inf. 664.
als Konjunktion 810.
m. Inf. 665.
als Konjunktion 665, 810.
für 665, 788, 790.
„ganz" 295.
Praep. 663.
adv. 595.
, m. Suff. „selbst" 111.
verstümmelte Formen 257, 275.
mit Obj. „über etw." sprechen 825, 843.
422
u. 428–430; 725, 795

Klassen der Verba — Anhang

Anhang
Überblick über die Verben

I. Klassen der Verba.
II. *śdm* als Paradigma
III. 𓇋𓂝
IV. 𓄔
V. 𓂻
VI. 𓄟
VII. 𓂋𓏤

I. Klassen der Verba
(256 – 263)

3 rad. 256.
    emph. 310.
    Part. 370.
    Rel.f. 393.
2 rad. 257.
    Imp. 349.
    Part. 367, 370.
    Rel.f. 393.
II.ȝ. 259.
III.ȝ 259.
    Inf. 408.
Scheinbare III.ȝ 260.
    ś.f 279.
II. gem. 258.
    ś.f 274.
    Pseudop. 336.
    Part. 366.

III. gem. 258.
III. inf. 260.
    ś.f 277.
    Pass. 318.
    Pseudop. 332, 336.
    Imp. 350.
    Part. 366, 369, 370, 371.
    Rel.f. 391, 393.
    Inf. 400, 401, 403, 404, 408.
III. inf. II.ȝ 261.
    ś.f 279.
    Inf. 408.
4 rad. u. 5 rad. 262, 543.
IV. inf. 261.
    ś.f 280.
    Inf. 408.
Verstümmelte Verben:

Anhang   ṣdm als Paradigma

(Verstümmelte Verben)
    Imp. 348.
    Part. 367, 371.
    Rel.f. 392, 393.
Unregelmässige V. 263.
V. auf ⲟ u. ⲁ 257.

(V. auf ⲟ u. ⲁ) s.f 267, 275.
    Pseudop. 332, 333, 335.
    Imp. 353.
    Part. 369, 371, 374, 376.
    Rel.f. 393, 395.
    Inf. 405.

II. ṣdm als Paradigma

ṣdm.f Bildung 273-281
    Gebrauch 282-301; 801, 847.
    futur. 285.
    für n-Form 284, 312, 564.
emph. F. 307-311.
eigtl. Passiv 318-326.
in-Form s. bei ⲓ
n-Form s. bei ⲛ
ṣdm.tw.f Pass. 270-272
ṣdm.t.f (mit ⲟ u. ⲟⲉ):

(ṣdm.t.f) 442, 445, 723, 726.
    umschrieben 442, 443, 555.
    nach je 445.
ṣdm.tj.fj (mit ⲟ) 446.
ṣdm.t.f „das was er hört" 398.
ṣdm.t.n.f „das was er gehört hat"
    382, 398, 827.
ṣdm ⲟ ⲕ 562.
ṣdm 𓎡 ⲟ ⲕ 560, 561

III. je „sein"

Schreibung 487 Anm.
seine beiden Arten 453.
a) m. Subj. u. adv. Praed. 469-474.
    selbst. 470.
    begl. 471-474.
b) m. Subj. u. verb. Praed. (Praes. II)
    487, 490.
    selbst. 492-494.

futur. 503.
begl. 495-498.
c) unpersönlich 515-533; 300, 311.
    selbst. 311, 517, 722.
    begl. 519-526; 324, 532, 533,
    570, 699 Anm., 700 Anm.,
    701 Anm., 732, 806, 816,
    832, 834.

ⲉ u. 𓅱𓈖   Anhang

ⲉ   vor Nom. S. 516, 520.
   vor s̄·f 521, 806.
   vor n- Form 521 Anm., 722.
   vor emph. Form 311, 526.
   vor Pass. 324.
   vor Zeit- u. Bed. S. 523, 806, 816.
   vor Rel. S. 524, 832, 834.
   bei Hervorheb. 699 Anm., 700 Anm, 701 Anm.
ⲉ ⲉ   522.
ⲉ ⲁ   523, 816.
ⲉ ⲁ 𓀀 𓏏   526, 551.

ⲉ 𓅱𓈖   vor adv. Nom. S. 522.
ⲉ ⲉ   445, 529, 773.
ⲉ ⲉ □   530, 781.
ⲉ ⲁ   527, 528, 531, 762, 765.
ⲉ ⲁ ⲉ   531, 764.
ⲉ 𓀁 bei Hervorh. 528.
ⲉ 𓀁 𓏭 𓏏   527, 785.
ⲉ 𓀁 𓏏 ⲁⲁ   792.
ⲉ 𓏏𓏥   529, 753.
ⲉ 𓏏𓏥 𓅱𓈖   527, 756.
ⲉ𓅱𓈖 → „er geht nach" 710.

IV. 𓅱𓈖 ⲉ , 𓅱𓈖 „sein"
(258, 505)

𓅱𓈖 ⲉ perfektisch 377, 505, 506, 509, 510, 535, 804.
als Hilfsverb
   m. adv. Praed. 505–509.
   m. verb. Praed. 510–514; 804.
   mit → (fut.) 503.
   Part. 372, 377, 509, 514.
   Rel. F. 391, 393, 506.
Unpersönlich 534–539.
   perfektisch 535.
   vor Nom. Satz 535.
   vor s̄·f 536.

vor Praes. II 537.
vor Fut. 538.
vor ⲉ ⲁ 𓀀 𓏏 s̄d̄m 536.
vor ⲁ ⲉ 764.
𓅱𓈖(e) 𓀀 𓏏 , 𓅱𓈖(e) 𓏏 „er hat" 508, 624.
𓅱𓈖 ⲉ 𓏭 (?) s̄d̄m 513.
𓅱𓈖 als Hilfsverb 505, 507, 512.
𓅱𓈖 𓏏 𓏭 𓀀 804.
𓅱𓈖 unpersönlich
   vor Praesens I 806.
   vor Praesens II 539, 806, 816.

Anhang

V. 𓅓 „bringen"
(260)

ś.f 378.
Pass. 319.
Imp. 350

Part 367, 374.
Rel. F. 391, 393.
Inf 401, 404, 408.

VI. 𓁷 „machen"

𓁷 „machen" 273, 540.
 für „sein" 556–559.
 als Hilfsverb 540–562; 768.
𓂋𓏥𓌟, 𓂋𓏥𓂝, 𓂝𓏥𓌟𓂋𓏥 276.
 als Rel. F. 395.
𓂋𓏥 Part. pass. 366, 554.
 𓂋𓏥𓂝 nach 𓇋𓂝 318, 767
 als Part. act. 554 Anm.
𓂋𓌟 Rel. F. 391, 394.
𓇋𓁷𓂝, 𓇋𓁷𓂝𓂝, 𓇋𓁷𓂝 Imp. 351.
𓇋𓁷 Part. act. 370, 371, 552.
 in Zusammensetzungen 378.
𓇋𓁷𓂝𓏥𓂋𓏥𓂝 Part. pass. 371.
𓇋𓁷𓂝𓌟 emph. F. 303.
 zur Umschreibung 548–550;
 304, 545.
 perfektisch 548.
 mit 𓂋 śdm als Fut. 503, 559.
𓇋𓁷𓂝𓌟, 𓇋𓁷𓂝𓂝+Subj.,
  𓇋𓁷𓂝𓏥+Subj., 𓇋𓁷𓂝„+Subj.

Rel. F. 393, 552.
einem Inf. beigefügt 411, 419, 571.
irrig beim Konjunktiv 411 Anm. 2.
𓇋𓁷𓂝 für 𓂋𓂝 581.
𓇋𓁷𓂝𓂝𓌟 śdm für
  𓂋𓆑𓂝 („bis dass") 443.
𓂝 Part., gekürzt 374, 554.
𓂝𓌟, 𓂝𓌟 nach 𓇋𓂝 540,
  553, 767, 768.
𓂝 Inf. 402.
 m. Obj. (𓂝, 𓂝„, 𓂝) 402, 408.
 m. Suff. (𓂝𓌟, 𓂝𓂝𓌟, 𓂝𓌟) 403, 404, 408
𓂝+ Subj. Passiv 318.
𓂝 Pseudop. 336.
𓂝 Imp. 351.
𓀐𓂝 „tue nicht" 555, 788, 789.
𓂝+ Subj als Pass. 318.
 als emph. F. 276, 540, 545, 546, 550, 845.

𓂞, 𓂞, 𓂞   Anhang

(𓁹 + Subj.)
     zum Ersatz von 𓇋𓀁 556,
       556 Anm., 557.
     mit 𓂋 śḏm als Fut. 559.
𓁹 „welches gemacht hat" 824 Anm.

𓁹, 𓁹𓈖 „das beträgt" 268,
     325 Anm., 713.
𓁹𓂋 (n- Form) 313
     bei Inf. für das log. Subj.
     411 Anm. 1, 415, 419 Anm.

VII. 𓂞, 𓂞, 𓂞 „geben".
(263)

a) 𓂞
    ś.f 281.
    Part. 366, 370, 371, 373, 374
    Inf. 406-408.
    Rel. F. 393.

b) 𓂞 268.
    ś.f 281.
    Pass. 318.
    Pseudop. 332, 336.
    Part. 374.
    nach 𓇋𓀁 767.

c) mit Anlaut 𓇋𓂧:
    Part. 𓇋𓂧𓂞, 𓇋𓂧𓂞𓏏 370.
        𓇋𓂧𓂞𓇋𓇋𓏏 371.
        𓇋𓂧𓂞 370.
    Rel. F. 𓇋𓂧𓂞𓂋 393.

d) 𓂞𓏏, 𓂞𓏏 263.
    Pseudop. 332, 333.
    nach 𓇋𓀁 767.

e) 𓂞𓇋𓇋𓏏, 𓂞𓏛𓇋𓇋𓏏
    passiv. nach 𓇋𓀁 318, 767,
     771.
    nach Negation 𓏛
     788, 790.

𓂞𓇋𓇋𓏏 367.
Gebrauch von 𓂞
    Konstruktion mit Subjunk-
    tiv 287.
    mit Obj. u. Pseudop. oder Inf.
    mit 𓇋 342, 435, 724.
𓂋𓂞, 𓂋𓂞 290, 425.
𓈖𓂞𓏏 415 Anm. 1.

Koptisches Register

ⲁ- 541, 545, 548.	ⲁⲩⲱ 196.	ⲉⲓⲛⲁ- (Fut.II) 500 Anm.
ⲁ= 541, 545.	ⲁⲩⲱⲛ 347, 349.	ⲉⲓⲛⲉ, ⲛⲧ̄-: ⲉⲛ- 278, 303,
ⲁ- anl. des Impr. 347	ⲁϣ 740.	401, 404, 408.
ⲁⲗ= 404, 408.	ⲁϣⲁⲓ 259.	ⲉⲓⲟⲙ 30.
ⲁⲗⲟⲕ 349, 541.	ⲁϣⲏ 217.	ⲉⲓⲣⲉ, ⲣ̄-, ⲗⲗ= 401, 402 Anm.,
ⲁⲙⲁϩⲧⲉ 349.	ⲁϩⲣⲟ= 740.	404, 408.
ⲁⲙⲛ̄ⲧⲉ 228.	ⲁϫⲓ- 256, 347.	ⲉⲓⲱⲧ 34, 150, 151, 202 Anm.
ⲁⲙⲟⲓ s. ϩⲁⲙⲟⲓ.	ⲃⲁⲓ-ⲛⲟⲩϥⲓ 124 Anm. 1.	ⲉⲕⲟⲙ 368 Anm.
ⲁⲙⲥⲓⲉ 255, 368 Anm.	ⲃⲉⲛⲓⲡⲉ 210.	ⲉⲙⲉⲥⲓⲉ 255, 368 Anm.
ⲁⲙⲟⲩ, ⲁⲙⲏ 354.	ⲃⲉⲣⲉϭⲱⲟⲩⲧ 30.	ⲉⲙⲛ̄ⲧ 228.
ⲁⲙⲱⲓⲛⲉ 354, 362.	ⲃⲏϭ 36.	ⲉⲛⲉ 38 Anm. 517 Anm.,
ⲁⲙⲏⲓⲧⲛ̄ 354.	ⲃⲱⲕ, ⲉⲃⲓⲁⲓⲕ 153 Anm.	739.
ⲁⲛ 798.	ⲃⲱⲧⲉ 131.	ⲉⲛⲧⲁ- 550, 896.
ⲁⲛⲁⲩ 349.	ⲃⲱⲱⲛ, ⲃⲟⲟⲛⲉ 217.	ⲉⲣ- 378, 554.
ⲁⲛⲁϣ, ⲁⲛⲁⲩϣ 153.	ⲉ-, ⲉⲣⲟ= 609, 691 Anm.	ⲉⲣⲉ- 487, 526, 541, 556.
ⲁⲛⲓ 347.	ⲉ- Zustandsf. 453 Anm,	ⲉⲣⲉ- Zustandsf. 515, 519, 551
ⲁⲛⲓⲧ 83.	515, 519.	ⲉⲣⲏⲩ 34, 149, 229.
ⲁⲛⲓⲧⲛ̄ 83.	ⲉ= 487, 526, 541, 556.	ⲉϣⲧ 142.
ⲁⲛⲟⲕ 98, 99.	ⲉⲃⲓⲁⲧⲉ 149.	ⲉⲥⲧⲉ 677.
ⲁⲛⲟⲛ 102.	ⲉⲃⲟⲗ 591.	ⲉⲧ-, ⲉⲧⲉ- 836, 846.
ⲁⲡⲁϩⲧⲉ 187.	ⲓⲁϩⲁⲗⲟⲗⲓ 201	ⲉⲧⲁϩ- 477 Anm. 2, 842.
ᵉⲁⲣⲉ- 453 Anm., 541,	ⲉⲓⲉ- (Fut.III) 494 Anm. 2,	ⲉⲧⲃⲉ- 662.
549, 556.	503.	ⲉⲧⲡⲱ 134.
ⲁⲣⲓ- 255, 347, 351.	ⲉⲓⲉ, ⲉⲉⲓⲉ: ⲓⲉ 683.	ⲉⲧⲣⲉ- 290, 425.
ⲁⲣⲓⲧⲟⲩ 83.	ⲉⲓⲉⲛ̄ⲧ 228.	ⲕ 53
ⲁⲧ 799	ⲉⲓⲉⲣⲟ 216.	-ⲕ 49
ⲁⲧⲣⲏⲡⲉ : ⲁⲑⲣⲏⲃⲓ 231	ⲉⲓⲙⲉ 260, 279 Anm.	ⲕⲁⲁⲧ 64

ⲭⲟⲓⲁϩⲕ 613 Anm.	ⲙ̄ⲡⲟⲟⲩ 118.	ⲛ̄ⲧⲉ- 575, 576.
ⲕⲟⲟⲩⲉ 31, 239.	ⲙ̄ⲡ̄ⲣ- 788, 789.	ⲛ̄ⲧⲉ-, ⲛ̄ⲧⲁ= 623, 756.
ⲕⲱ 259.	ⲙ̄ⲡⲱⲣ 788.	ⲛ̄ⲧⲉⲣⲉ- 664, 810.
ⲙⲁ- 355	ⲙ̄ⲣⲱ 134.	ⲛ̄ⲧⲉⲩⲛⲟⲩ 118, 591.
ⲙⲁⲛⲕ̄- 376.	ⲙ̄ϧⲓⲧ 228.	ⲛ̄ⲧⲛ̄-, ⲛ̄ⲧⲟⲟⲧ= 663
ⲙⲁⲣⲉ- 291.	ⲛ̄- (artk.) 171.	ⲛ̄ⲧⲟ 100.
ⲙⲁⲥⲧ 63.	ⲛ̄- (Sen.) 205.	ⲛ̄ⲧⲟⲕ 100.
ⲙⲁⲧⲟⲓ̈ 37.	ⲛ̄-, ⲛⲁ= 599.	ⲛ̄ⲧⲟⲥ 101.
ⲙ̄ⲃⲟⲗ 591.	ⲛ̄-, ⲙ̄ⲙⲟ= 603, 691.	ⲛ̄ⲧⲟⲟⲩ 103.
ⲙⲉ, ⲙⲉⲣⲉ-, ⲙⲉⲣⲓⲧ= 401.	ⲛ̄- ⲁⲛ (neg.) 798.	ⲛ̄ⲧⲟⲟⲩⲉ 606 Anm.
ⲙⲉ=, ⲙⲉⲣⲉ- 768, 770.	ⲛⲁ- 127. ⲛⲁ- (†ⲛⲁ, ⲉⲓⲛⲁ) 500 Anm.	ⲛ̄ⲧⲟⲟⲩⲛ 591.
ⲙⲉⲣⲁⲧⲉ 149 Anm., 230.	ⲛⲁⲓ 122.	ⲛ̄ⲧⲟⲩ 101.
ⲙⲉϣⲁⲓ̈ 62.	ⲛⲁⲩⲥ. ⲉ- 691 Anm.	ⲛ̄ⲧⲱⲧⲛ̄ 103.
ⲙⲉϣⲁⲕ 768.	ⲛⲁϩⲙⲉⲧ 64.	ⲛⲟⲩⲓ 179.
ⲙⲉϩ- 252.	ⲛⲉ 125, 460, 843 Anm.	ⲛⲟⲩⲧⲉ 174.
ⲙⲏⲓⲧ·ϥ 83, 356.	ⲛⲉⲃⲑⲱ 138.	ⲛⲟⲩⲧⲙ̄ 217.
ⲙⲏⲣ 595.	ⲛⲉⲃϩⲏⲧ 201	ⲛⲟⲩϩ 145.
ⲙⲏⲧ 232.	ⲛⲉⲓ- 124 Anm. 1.	-ⲟ̣ⲓ̈ 148.
ⲙⲓⲥⲉ 255, 401 ff.	ⲛⲉⲙ-, ⲛⲉⲙⲁ= 620.	ⲟ: ⲟⲓ̈ 396.
ⲙ̄ⲙⲁⲩ 592, 604.	ⲛⲉⲛ- 173.	-ⲟ, -ⲱ, -ⲟⲓ̈ 217.
ⲙ̄ⲙⲁϩ- 641.	ⲛⲉⲥⲉ- 540.	ⲟⲉⲓⲕ 376.
ⲙ̄ⲙⲉ 211.	ⲛⲉϥ- 180.	ⲟⲛ 595.
ⲙ̄ⲙⲟⲛ 756	ⲛⲓⲃⲓ 220.	ⲡ- 171, 172.
ⲙⲛ̄- 782.	ⲛⲓⲙ 39, 174, 743.	ⲡⲁ- „der von" 127.
ⲙⲛ̄-, ⲛ̄ⲙⲙⲁ= 620.	ⲛ̄ⲛⲉ- 752.	ⲡⲁ- 182.
ⲙ̄ⲛⲁⲓ 595, 621.	ⲛⲟⲉⲓⲕ 376.	ⲡⲁⲓ 122.
ⲙⲛ̄ⲧⲉ-, ⲛ̄ⲧⲁ- 784.	ⲛⲟⲉⲓⲧ 11, 376.	ⲡⲗⲟⲡⲉ 127.
ⲙⲟⲟⲛⲉ 36.	ⲛ̄ⲥⲁ- 654.	ⲡⲁⲥ- 376.
ⲙ̄ⲡⲁⲧⲉ- 445 Anm., 555	ⲛ̄ⲥⲟⲡ 591.	ⲡⲁϩⲧⲉ 142, 156.
ⲙ̄ⲡⲉ- 776.	ⲛ̄ⲧ(ⲁ)- 680	ⲡⲁϩⲟⲩ 155.

Koptisches Register ΠΕ — ϢΑϤΕ

ΠΕ 125, 460, 843 Anm	ⲤⲔⲀⲒ 259.	ⲦⲞⲞⲨⲈ 156.
ΠⲈⲒ- 124 Anm. 1.	ⲤⲘⲒⲚⲈ 264.	ⲦⲞϢ, ⲦⲞⲞϢ 153.
ⲠⲈⲦ- 837.	ⲤⲚⲀⲨ2, ⲤⲚⲀⲨ2 153.	ⲦⲢⲒⲢ 51 Anm.
ⲠⲈϤ- 180.	ⲤⲚⲎⲨ 157.	ⲦⲰⲒ 179.
ⲠⲈⲬⲈ- 387, 394, 540.	ⲤⲚⲰⲰϤ 153.	ⲦⲰⲘⲤ 55.
ⲠⲈⲬⲀⲒ 61.	ⲤⲞϬⲚ 53	†- 61, 62
ⲠⲎ 121.	ⲤⲢⲞϤⲦ 328.	†ⲚⲀ- 500 Anm.
ⲠⲒ- 172.	ⲤⲦⲰⲦ 33.	†, ⲦⲀⲀ=:ⲦⲎⲒ=
ⲠⲒⲢⲈ (ΠΕΡΙΕ, ⲠⲢⲢⲈ)	ⲤϨⲒⲘⲈ 137.	ⲦⲞ:ⲦⲞⲒ 263, 332,
401.	Ⲥ†ⲚⲞⲨϤⲈ 216.	407, 468.
ⲠⲞⲤⲈ 72.	Ⲧ- 171	ⲞⲨ- 184.
ⲠⲰⲒ 179.	-Ⲧ 63, 64.	ⲞⲨⲎⲢ 746.
ⲠⲰϤ 34	ⲦⲀ- „die von" 127.	ⲞⲨⲎⲨ 336.
ⲢⲀ- (ⲢⲀⲚ-) 489.	ⲦⲀⲒ 122.	ⲞⲨⲚ- 61
ⲢⲀⲘⲒ 51.	ⲦⲀⲒ „hier" 594.	ⲞⲨⲚⲦⲈ- 508, 624, 784.
ⲢⲀⲦ- 164.	ⲦⲀⲘⲞ 279 Anm.	ⲞⲨⲞⲚ 242, 243.
ⲢⲀϢⲈ 347, 401, 406.	ⲦⲀⲨⲞ 275	ⲞⲨⲞⲞⲦⲈ 131.
ⲢⲀϨⲦ 145.	ⲦⲈ 125, 460	ⲞⲨⲞⲤⲦⲚ 253.
ⲢⲎⲤ 227.	ⲦⲈⲒ- 124 Anm. 1.	ⲞⲨⲦⲈ-, ⲞⲨⲦⲰ= 632, 634.
ⲢⲒⲘⲈ 51	ⲦⲈⲚ- (in ⲦⲈⲚⲢⲞⲘⲠⲒ)	ⲞⲨⲰⲦ 226.
ⲢⲒⲢ 33.	236.	ⲞⲨⲰϢ 259.
ⲢⲞ, ⲢⲰ= 164	ⲦⲈϤ- 180.	ⲞⲨⲰϨ 259
ⲢⲞⲘⲠⲈ 157 Anm.	ⲦⲎ „dort" 594.	ⲞⲨⲬⲀⲒ 259.
ⲢⲰ 683	ⲦⲎⲢ= 235.	Ϣ- 416.
ⲢⲰⲘⲈ 142.	ⲦⲘ- 795.	ϢⲀ- 586, 632.
ⲤⲀ- 654.	ⲦⲘⲈ 152.	656.
ⲤⲂⲦⲰⲦ 258, 385.	ⲐⲘⲈⲤⲒⲞ 277.	ϢⲀⲚⲦⲈ- 586.
ⲤⲎⲂⲈ (ⲦⲀⲚⲤⲎⲂⲈ) 206.	ⲦⲚⲦⲞⲚⲦ 328.	ϢⲀⲢⲈ-, ϢⲀ= 306, 667.
ⲤⲒⲘ 33.	ⲦⲞⲞⲦ= 164.	ϢⲀⲦⲈ- 555, 586.
ⲤⲒⲚⲈ 260	ⲦⲞⲞⲨ, ⲦⲞⲨⲈⲒⲎ 157	ϢⲀϤⲈ 401.

ϢΑϪΕ - ϬΝΟΝ   Koptisches Register

ϢΑϪΕ 264.	ϨΑΤΝ̄- 663.	ϨⲰ(ⲱ) = 164.
ϢΒⲞϤ 150.	ϨΑΘⲰⲢ 138.	ϨⲰⲂ 259.
ϢⲈ 406.	ϨⲈⲚ- 185.	ϪΑϬⲒ- 376.
ϢⲈⲈⲢⲈ 128.	ϨⲎ, ϨⲚⲦ= 646.	ϪΑⲦ- 376.
ϢⲈⲢ-ⲤϨⲒⲘⲒ 129.	ϨⲎⲦ, ϨⲦⲎ= 62, 139.	ϪⲈ 428, 429, 430.
ϢⲈⲦ- 244 Anm. 2.	ϨⲒ-, ϨⲒⲰⲰ= 613.	ϪⲈⲘⲒ 401 404, 408.
ϢⲎⲘ 217.	ϨⲒⲞⲘⲈ 151.	ϪⲞⲞⲨⲦ 8
ϢⲎⲢⲈ 128.	ϨⲒⲦⲚ̄- 663.	ϪⲠⲒⲞ 277.
ϢⲒⲢⲈ 217.	ϨⲒⲬⲚ̄- 661.	ϪⲠⲞ 49
ϢⲞⲚⲦⲈ 131.	ϨⲚ-, ⲚϨⲎⲦ= 632.	ϪⲰ= 164.
ϢⲞⲨ- 225.	ϨⲞⲈⲒⲚⲈ 652.	ϪⲰ, ϪⲞⲞ=: ϪⲞⲦ= 275, 303, 405, 408.
ϢⲞⲨⲈⲒⲦ 396.	ϨⲞⲞⲨ 50	ϪⲰϪ 139.
ϢⲰⲠ 256.	ϨⲞⲨⲘⲒⲤⲈ 201.	Ϭ 53
ϢⲰⲠⲈ 49, 253, 256.	ϨⲞⲞⲨⲦ 226 Anm.	ϬΑⲒ 53.
ϢⲰϤ 55.	ϨⲢⲀ- 164.	ϬΑϬⲒ- 376.
ϨⲀ- ϨΑⲢⲞ= 630.	ϨⲢⲈⲨ(?N.) 50.	ϬⲒⲂϬⲒⲂ 53.
ϨⲀⲒ 37.	ϨⲢⲎⲢⲈ 201	ϬⲒⲚ- 441.
ϨΑⲘⲞⲒ:ⲖⲘⲞⲒ 689.	ϨⲞⲨⲖⲀ† 149 Anm., 230.	ϬⲒⲚⲈ ⲬⲈⲘⲒ 401, 404, 408.
ϨΑⲤⲒⲈ 368 Anm.	ϨⲞⲨⲒⲦ 251	ϬⲚⲞⲚ 258, 265.

AN INDEX

TO PASSAGES FROM EGYPTIAN TEXTS CITED IN

A. ERMAN'S NEUÄGYPTISCHE GRAMMATIK

BY

HARRY A. HOFFNER, JR.

To Prof. D. W. Young,

my first teacher of oriental languages,

in appreciation for

his painstaking and imaginative instruction

and his continuing friendship.

This index to passages from Egyptian texts cited in Adolf Erman's Neuägyptische Grammatik was prepared during the academic year 1967-68 at Brandeis University. Valuable assistance was received from the following graduate students in the Department of Mediterranean Studies: E. Bowser, J. Hartley, J. Kickasole, J. Moyer, J. Oswalt, and B. Sommerville. The project was undertaken after I had learned from Prof. R. A. Parker of Brown University that no index of this type to Erman's grammar was available. I would express my gratitude to the Department of Mediterranean Studies and its chairman, Prof. C. H. Gordon, for making available to me the services of a secretary to aid me in the preparation of the manuscript.

While work on the index was in progress, there came to light a number of inconsistencies in the system of text abbreviations employed in Erman's grammar. Although in the majority of cases Erman indicated the column numbers of the papyrus with Arabic numerals, he occasionally used Roman ones. All such designations have been converted to Arabic numerals in this index. In the citations from Ä. Z. (today's Zeitschrift für ägyptische Sprache) it was the volume number which was cited in most cases, while in a few instances only the year number was provided. I have converted these into volume numbers. Erman was inconsistent also in the designation of papyri, in many cases employing the abbreviation P. (papyrus) before the name, in others omitting it. I have not been consistent myself in marking all texts which are papyri with P., but have at least endeavored to group all references to the same papyrus under one heading. Hopefully, the users of this index will not find references to Papyrus Rollin listed under both "P. Rollin" and "Rollin". Erman's occasional references to "Rec." have been incorporated into "Rec. de Trav." His few citations of "Esetemcheb" and his isolated spelling "Eseemheb" can be found under our heading "Eseemcheb." It would seem that Erman has "Corr." in mind even in the few cases where in a careful and neat hand we find "Coir." in the text. We have preserved the "arrowhead" brackets around references to Edfu and Medinet Habu, for they designate numbers employed by the Berlin Dictionary. Erman's rare

"Apophgesch." has been listed with the usual "Apophismärchen." The same is true of rare "Anast." for more common "An." and "Friedenvertrag" for "Friedensvertrag." The overall format of this index has been adopted from the index to passages from the Egyptian texts cited in A. H. Gardiner's Egyptian Grammar prepared by Gauthier-Laurent (Neuilly-sur-Seine, 1935).

Harry A. Hoffner, Jr.
June, 1968

INDEX TO PASSAGES CITED IN
A. ERMAN'S LATE EGYPTIAN GRAMMAR

The quotations don't refer to the Section-marks of the grammar, but to the pages

Ä. Z.

18:97	208	4:4	86
19:119	227, 311, 390	:6	176, 178
21:104	174	:10	152
22:	135	:13	409
28ff.	135	:14	175, 322
29:49-50	269	:15	188, 190, 420
32:127	419	:16	110, 129
37:92	174	5:1	18, 126, 410
:129	174	:2	131, 188, 420
:132	174	:3	161, 257, 396
43:97	244	:4	37, 84, 189, 419
44:6	128	:5	262, 395
:61	165	:6	18, 129, 188, 194, 255, 304, 318, 395
:113	232		
55:4	287	:7	327, 335
:85	355	:8	87, 308
		:9	18

Abbott

		:10	76, 77, 99, 159
1:6	71	:11	325
:10b	308	:12	81, 151, 306
:14	351	:13	150
2:9	431	:14	128
:10	75, 317	:15	188, 190, 247, 404
:11	235	:16	128
:12	151, 212	:17	299, 360
:13	329	:18	305, 319
:14	284, 329	:19	188, 418
:15	202, 394, 395	:21	191
:17	153	6:1	344
3:2	255	:2	344
:4	74 passim, 75, 90. 159, 162	:3	112
		:4	113
:5	262, 299	:5	128
:6	151, 197, 212	:7	18, 325
:10	115, 154	:8	128, 404
:11	18	:9	115
:16	243	:10	111, 128, 430
:18	131, 255	:11	99, 107
4:1	96, 104	:12	106, 111, 112, 203, 256, 404
:2	35, 37, 104, 262		

Abbott (cont'd)

6:13	197, 305, 307	9:	144
:14	127, 136, 357	12:	176
:16	224, 326, 429	13:	177, 414
:18	124, 347, 390	14:	182
:19	71, 73, 264	17:	107, 387
:20	224	18:	177, 182
:21	18, 199, 396		
:22	73, 144, 229, 249, 255, 333, 406, 407, 408	Amarna I 8:	74, 132, 171, 172, 208, 304, 357, 361
:24	188	14:	342
7:2	179	19:	173, 184
:5	18	30:	23, 98, 168, 190, 199, 307
:6	271		
:8	150, 346	34:	107, 132, 175, 298, 299, 386
:9	68		
:10	252, 255, 265, 332	35:	175, 187, 298, 289-90 394
:12	71, 159, 189, 190		
:13	71, 151, 153	36:	181, 182, 186, 187, 191, 284, 380, 410
:14	160, 299, 396		
8:21	178	37:10	187
rs.1	314	38:	33, 148, 151, 153, 173, 183, 187, 228, 299, 386
rs.19	314		

Abg. Justiz		39:	157, 212, 379
A.	166, 188, 199, 207, 211, 303, 305, 309, 314	41:	104, 143, 184, 341, 347
a.8	108	Amarna II	
B.	166, 188, 207, 211, 303, 305, 309, 314	5:	126
		7:	23, 148, 162, 173, 186, 187, 248, 407
C.	156, 188, 199, 303, 305, 309, 314	8:	77, 108, 336, 411
P.10488	138	9:	23, 157
P.10489	138	17:	181
17	17	21:	32, 77, 79, 110, 157, 215, 300, 381, 406, 4

Am. S.d.H.		23:	357
2:	128	25:15	342
3:	176	27:	187
:12	176	28:	148
4:	36, 296	29:	168, 173, 181, 182
5:	324	30:	173, 302, 351
5ff.	280	36:	28, 107, 190, 204, 292, 348
6:9	36		
7:	143, 188, 304, 402		

Amarna III
- 1: 75
- 2: 27
- 3: 96
- 13: 104
- 16: 100
- 17: 36, 78, 204
- 18: 14
- 19: 32, 256
- 22: 144
- 24: 311, 366
- 27: 73, 187, 418
- 28: 37, 73, 88, 251, 380
- 29: 98, 99, 143, 173, 181, 182, 191, 213, 284, 425

Amarna IV
- 3: 157
- 4: 27, 274
- 5:2 128
- 19: 79
- 25:12 79
- 26: 98
- 29: 173
- 31: 33
- 32: 27, 93, 191
- 33: 159, 182, 187, 274, 302, 324, 379, 427
- 35: 150, 213, 223, 385, 392, 394, 425
- 37: 173
- 38: 427
- 39: 425

Amarna V
- 2: 173
- :3 130, 284, 426
- :4 352
- :5 190
- :6 130
- :7 173, 180
- :12 187, 336, 425
- :13 79, 211
- 4: 128, 404
- 41 184
- 4r 82, 95, 379
- 7: 173

- 9: 292
- 11: 211, 292, 406, 411
- 15: 33, 173
- :10 317
- 21: 187
- 25: 173
- :7 173
- :15 74
- 26: 187, 418
- 29: 107, 347, 434
- :2-3 86
- :4 86
- :5 99
- :8 271
- :10 229
- :11 143, 146, 201, 388
- :11ff. 143
- :12 224, 266
- :13 282
- :14 139, 187, 190, 388
- :14-17 143, 146
- :17 68
- :18 75, 150
- :19 187
- :20 395
- :35 318
- :52 73
- 30: 187
- :13 229
- :20 187
- :29 187
- 33e 351
- 33w 182

Amarna VI
- 1: 175
- 3: 340, 366
- 7: 14
- 13: 386
- 14: 142, 143, 157, 366, 405
- 15: 14, 130, 256, 386, 390
- :3 143, 366
- :4 33, 158
- :7 366
- :10 366

Amarna VI (cont'd)
15:11	27	12:	383
16:	173,178		
:6	173	Amarna, Grenzstelen	
19:	14,28,159,173,175,	passim	103
	256,361,424,431	A:	198,76
:21	157	H:	418
20:	144,172,187,255,	M:	106
	342	N:	114,154,187,224,
24:	122,249,379		244,287,319,321,
25:	75,122,191,249,		388,412,430
	304	S:	114,126,151,154,
:4	81,130,132		187,201,203,215,
:7	74		244,287,318,321,
:9	79,256		388,412,418,430
:10	211	S:5	302
:11	191,419	:11	74
:14	79	:12	329
:18	405	:13	102
:22	73	T:	318,434
25:25	193	U:	194,266,318,434
27:1	93		
30:	28,77,79,87,126,	Amenemope	
	167,182,208,233,	1:6	177
	300,355,376,399	:11	108
31:	213,336	2:3	71,77
32:	173,180,304	:4	16,108
32l	166,167,317	:13	12,101
32r	122,166,173,380,	:15	9
	405,425,426	3:4	102
33:	30,173,183,191,	:9	176,206
	326,379,406,419	:10	181,206
33e	95,191	:11	176
33w	251,302,336	:17	229
		4:5	82
Amarna		:8	296
18:4	183	:17	375
75:13	162	5:5	311
		:8	320
Amarna Gr. Hymnus		:12	320
3:	109,150,411	:13	320
4:	148,149,173	:16	16
:33	149	:18	229,416
4-5	37	6:10	321
7:	288,342	:11	222
8:	37,353	:17	108
9:	182,284,353	:18	298
10:	179,342	7:1	9

Amenemope (cont'd)

7:4	24	12:8	12, 298
:7	15	:11	10, 14, 336
:8	100	:13	9
:9	139, 169, 297	:14	68
:10	139, 327	:19	109
:14	9	13:2	320
:15	229	:3	18
:17	12, 102	:6	10
:19	298	:7	401
8:3	9	:14	322
:7	125, 329	:15	309
:8	132	14:5	16
:10	401	:6	16
:11	298	:15-16	298
:13	355	:16	11
:16	304	:17	298
:19	254	15:1	309
:20	425	:3	377
9:1	266, 298	:4	414
:7	13, 381	:10	298, 330
:8	314, 315	:12	78-79, 79
:9	13	:13	309
:10	323	:14	9, 291
:12	24	:18	287, 301
:17	311	:19	13
:18	385, 406	16:3	404
:19	125, 332	:5	412
10:3	159, 292, 297	:19	404
:6	170, 282, 399	:22	165
:6-7	292	17:5	166
:12	12, 406	:7	354
:13	207	:9	23
:15	301	:11	413
:18	99	:14	381
11:1	108	:15	16
:2	15, 322	:16	269
:8	89	:20	12
:9	24, 166	:22	317
:10	327	18:2	310, 377
:11	18, 322	:3	179, 297
:13	9	:5	298
:17	331	:10	375
:19	146	:18	331
12:1	330	:21	114, 203
:5	102	:22	146
:7	310	:23	354

Amenemope (cont'd)

19:2	333		25:11	388
:6	309		:12	268
:12	375		:15	268
:13	367		:17	299, 302
:16	188		:18	76, 320
:17	189		:19	400
:18	397		:20	109
:23	334, 397		26:1	101
20:10	399		:2	130, 229
:16	298, 310		:3	130, 137
:19	9		:4	298, 310, 413
21:5	354		:13	149
:7	353		:22	105
:11	227, 331		27:2	327
:17	289		:5	404, 405
22:1	207		:7	113
:2	367		:9	227
:3	149		:11	412
:5	334, 341		:12	304
:7	170		:13	294
:8	79, 269		:14	203
:10	333		28:13	169
:11	290			
:13	108		Amherst	
:14	9		2:6	285
:16	176		4:2	214
:22	321			
23:1	389		Amonshymn. Leiden	
:10	170		2:16	68
:11	79, 269		4:13	128
:17	25, 300			
:19	310		An. I	
24:2	400		1:3	103
:6	317		:5	304
:9	282, 297		:7	181
:11	328		2:2	105
:12	299		:4	100
:13-14	354		:5	182, 379
:16	116		3:1	212
:19	179		:3	300
:22	90		:8-4:2	31
25:1	101		4:6	156
:2	12		:7	227
:3	414		:8	159
:8	157, 297		5:2	10
:10	403		:5	30

An. I (cont'd)

6:3	115		17:1	152,377	
:5	129		:2	287	
:7	107		:3	280,320	
:8	379		:5	90,151,318	
7:1	122		:7	166,285	
:2	416		:7-8	16	
:5	96,102,426		:8	344,400	
:6	327,379		18:1	374	
8:1	10		:2	327	
:2	115,388		:4	183,344	
:3	83,313		:7	372	
:6	252		:8	375,377	
:7	207		19:4-5	30	
:8	122		:6	345	
9:2	385		20:2	157	
:3	36		:5	157	
:4	139		:8	17	
:5	329,330		21:1	327	
:7	403		:5	16,377	
:8	110		:6	175	
:9	322,348,356		:8	71	
10:1	223,421		22:1	11,377	
:4	244,292,301,333		:6	18	
:5	11,244,318		23:1	16	
:6	157		:6	96	
11:2	98,377		24:4	109	
:4	307		:8	151	
:5-6	156		25:1	345	
:6	158		26:2	144,146	
:7	344		27:1	78,115	
:8	227		:3	31,403	
12:4	268,307		:4	345	
:5	216		:5	167,170	
:6	129		:6	330	
:8	170,385		:7	377	
13:7	183		:8	378	
14:1	311		28:1,7	108	
:5	327		:2	82,319,341	
:7	30,246		:7	100	
:8	110				
15:3	151		An. II		
:6	432		1:1	423	
:7	202		:2	226,298,355	
:8	287,398		:3	100	
16:4	245		:4	159	
:6	177,233		:6	298	

An. II (cont'd)

2:1	424
:4	411
3:1	112,184
:2	233
:3	322,355
4:3	152
:7	182,355
:11	149
5:7	211,356
5-8:	310
6:1	145,379
:2	12,96,99,233
:3	162,249,412
:5	75,202
:6	233
:7	151,166
7:3	104,406
:4	157
:5	325
:6	255
:7	86,387
8:3	274
:4	24,297,416
:5	318
:6	102,242,322
:7	271
9:1	130
10:2	321
:5	78,112,175
:6	93,287
11:1	210
:2	271
77:	298

An. III

1:2	163
:3	183
:4	189
:5	68
:10	96,325
:11	205,223
:12	109,339
2:1	11
:2	100
:3	17
:4	86,159

2:10	77
:11	96,101,170
:12	296
3:3	191
:8	301
:9	288
:10	295,339,398
:11	177,212,337
:12	299,337
:13	72,204,339,399
4:1	162,176,181,206
:1-2	234
:3	162,169,398
:4	81
:5	144,146
:6	130,421
:7	97
:8	113
:9	180,251,254,425
:10	77
:11	308
:12	23,223
5:1	106
:3	166,315
:4	334,353
:5	132,145,196,211, 350
:6	94
:7	26,157,202
:9	204
:10	229
:11	25,295
:12	406
6:1	131
:2	211,350
:3	167
:4	16,112,152,157
:6	275
:7	131,307
:9	233
:10	113,157,163,407
:12	89,114,311,314, 410
7:1	287
:2	283
:3	355

An. III (cont'd)

7:5	82,196		4:11	139,158
:6	202,223		5:1	232,416
:10	308		:3	352,380
:11	104,149		:5	299
8:2	296		:7	211,356
:3	84		:8	299,310
:4	294		:9	145,356,379
:5	291		:10	12,96,99
:6	102		:11	162
:7	97		:12	249,412
:8	91		6:1	226,423
rs.1:7	292,297		:2	298,317
:9	113		:3	100,355
2:1	285		:4	159,411
:2	90		:5	334
5:1	16		:6	298
:3	93		:10	201,232
:5	303		7:1	95
6:2	311		:3	424
8:	406		8:7	191
11:	352		9:4	344,359,374
			:5	26,94
An. IV			:6	72,157
1:10	25		:7	356
2:1	200		:8	85,229,258
:4	30,145		:10	406
:5	310		:12	131
:7	257,266		10:1	94,166,303,349,
:9	73			360
:17	380		:10	341
3:1	320		11:4	305,321
:2	146,254,347,415		:8	30,145
:4	130,140,213		:9	360
:5	104		:10	310
:7	86,189,303		:11	257,294,355
:8	159		:12	320,345,347
:10	24,157,306		12:1	235
:11	25,237,386		:2	19,323
4:1	240		:4	163,300
:2	105		13:5	403
:4	96		15:1	132,137,283,320
:5	152		:1-17:7	35
:6	303		:2	319
:7	286,310		16:1	94,296
:8	310,407		:2	84
:10	318,323,398		:3	294

477

An. IV (cont'd)

16:4	91		17:3	168
:5	102		:7	403
:7	91		19:2	350
:8	253		:17	306
:17	17		20:4	377
17:3	99		:5	165,378
:5	98,102		21:3	262,334
:6	302		:7	200
:7	73,91		22:2	276
22:	260		:3	204,360
			26:1	347

An. V

			:5	70
5:3	283		:6	287
6:1	30,145		27:2	400
8:2	288,398,399			
:3	177,295,337,339		An. VI	
:4	339		7:	205,234
:5	337		8:	180,206,285
:6	162,176,181,204		9:	430
:7	206,234		10:	176
9:1	169,398		10-11:	238
:6	202		11:	242,434
:8	336		:12	244
10:3	206,339		12:	101,141
:4	189,288		13:	29
:4-5	234		:26	129
:6	91,298,352		15:	200,274,424
:7	275,416		16:	182,261
:8	166		17:	108
11:1	141,222		19:	202,206
:5-6	262		20:	147
:6	396		21:	319
12:4	343		22:	188
13:6	244		23:	195
14:1	299		24:	212
15:2	72,284		25:	166,427,430
:5	13		:10	311
:6	132,211		27:	80,208
:6-7	303		28:	256,386
:7	149,372		30:	252
:9	314		33:	144,226,425
16:1	108		34:	199,319
:5	306		36:	262
:6	124,168,356,383		37:	324
17:1	353		39:	358,383
:2	313		42:	390

An. VI (cont'd)
   43:     347
   44:     320
   48:     196, 270
   51:     233
   52:     236
   53:     201, 419
   54:     158, 298
   63:     419
   64:     310
   66:     107
   69:     91, 325
   78:     291
   80:     264
   83:     339
   85:     175, 351
   86:     374
   87:     175

An. VII
   1:6   68
   7:3   378

An. VIII
   1:1   234, 286
    :5   344
    :8   373, 376
    :11   374, 376
    :12   329
   2:5   11, 341
    :9   268, 325
    :10   412
    :11   360
    :15   201
   3:2   123
    :3   373
    :5   161, 277
    :11   318
    :12   373
  rs. 1:1   187
    :3   431
    :4   123, 161, 242
    :5   164
   2:      344
   3:2   187

An. IX
   2:      320, 422
   4:      323
   5:      301, 372
   6:      216
   7:      34, 372
   8:      110
   9:      421
  10:     113
  15:     197
  16:     172
  17:     35, 101
  19:     275

Aor. VIII
  rs. 1:1   187
     3:2   187

Apophismärchen
   1:1   96, 124, 253, 338, 342
    :3   402
   2:2   89, 209, 272, 308
    :4   308 u. o.
    :5   175, 387
    :6   124, 129, 135, 273
    :10   427
    :11   197
   3:3   89, 209
  rs. 2:1   286
    :2   381
   3:3   381

Bentreschstele
   9:      168
  20:     168
  25:     168

Briefe Leiden (D. 19)
  368:    36

Burchardt
  mo. 482: 16

Carnarron Tabl. (D. 18)
                233

Corr.
- 15:   176, 179, 290
- :4   287
- 17:   11, 285, 317, 354
- 19:3   236
- :4   360
- :5   35, 347
- :6   210, 393
- :15   124
- :61   76
- 21:   17
- 31:   11, 13, 132, 201, 228
- 47:   204, 305
- 52:7   299
- 56:   129, 133
- :68   420
- 61:   165, 196, 199, 205, 207, 235, 329, 428
- 64:   87, 88, 107, 293, 317, 355, 367
- 65:16   215
- 68:   105, 108, 170, 178, 294, 323, 344, 351, 356, 359, 360, 367, 373
- 74:   158, 165, 325, 344, 348
- rs. 19:13 200
- :15   210

Dachelstele
- 6:   326

d'Orb
(D.19)   34
- 1:1   112, 221, 335, 359
- :2   324
- :2-3   250
- :3   73, 338
- :4   321
- :5   96, 301
- :6   37
- :8   34, 37, 113
- :9   37
- :10   11, 189, 222, 276, 279
- 2:1   431
- :2   168, 202, 306, 354
- :3   33, 234, 284-285, 339
- :4   339, 358
- :5   188
- :7   212, 354
- :9   12, 204, 294
- :10   32, 33, 139, 166
- 3:1   165, 169, 400
- :2   13
- :3   14, 229
- :4   315, 375
- :5   246
- :6   27, 33
- :7   27, 158, 336
- :9   12, 32, 171, 191, 284, 334
- :10   11, 32, 101, 311, 312, 324, 353, 374
- 4:1   25, 27, 29, 32, 191, 245, 268, 287, 332, 384, 399
- :2   300
- :3   81, 212, 286
- :4   25, 195, 197
- :5   235, 338
- :6   191, 197, 212, 285, 419, 427
- :7   28, 33, 175, 179, 184, 267, 351
- :8   96, 162, 163, 196, 285
- :9   196, 402
- :10   110, 272, 321, 376, 394, 395
- 5:1   129, 141, 158, 167, 196, 238, 330, 410
- :2   69, 334, 372, 389, 402
- :3   28, 142, 333, 402, 414
- :4   407
- :5   136, 196, 358
- :6   92, 196, 199
- :7   238, 298, 407
- :8   12, 171

d' Orb (cont'd)

5:9	115,189,422	9:2	212,270,294
5:16	358	:3	77,231,243
6:1	25,92,196	:4	253,320,343,373,
:2	72,243	:5	152,172,301
:3	194,197	:6	284,401
:4	75	:7	10,32,101,157,
:5	272,342		158,295,302
:6	317	:8	209
:7	293	:8-9	81
:8	72,188,196,200,	:9	112,144,146,158,
	203,291,402		264,284,293
:9	249,286-287,302,	10:1	210,401
	367,407	:2	32,70,72,222,240,
:10	12		283,381
7:1	312	:2-3	339
:2	14,91,113,409	:3	91,142,333,414
:3	13,330,410	:4	96
:4	194,199,210,256,	:5	271,317,429
	341,334	:6	210
:5	196,204,324,372,	:7	165,290,294
	389	:8	76,91,197
:6	108,223,332	:9	76,90,93,126
:7	71,87,176,181	:10	36,90,226,293
:8	323	11:1	73,104,196,237,
8:1	72,123,198,223,		241,433
	273,329,430	:2	200,293,306,318
:2	89,101,254,265,	:3	126,131,151,153,
	307,338,347,372,		290-291
	390,393	:4	250
:3	14,33,91,221,222,	:5	80,105,107,108,
	237,240,339,381,		137,296,334,424
	425	:6	300,432
:4	16,83,91,199,209,	:7	189,271,286
	248,278,327	:8	70,73,76,175,180,
:4-5	280,413		290
:5	113,142,143,196,	:9	91,176,253
	203,242,280,337,	:10	88,124
	400,409,414	12:	309
:6	94,193,194,196,	:1	70,294,300
	199,242,276,335,	:2	291,309
	341,399,408	:3	12,126,302
:7	91,158,270,291,	:4	167,168
	297,306	:6	33,304,429
:8	70	:7	154,161
:9	210,256,258,380	:9	193,196,290
9:1	347	:10	108,193,196

d'Orb (cont'd)

13:1	88,194,197,206		17:7	233,331
:2	300		:8	32,135
:3	330		:9	166,168
:4	72,315,431		:10	269,290,291
:5	113,115,149,150, 193,196,202,335, 409		18:1	37,97,176,182, 183,278-279,279, 295
:6	240,291,294,358		:3	209,211
:7	294		:4	294
:8	224,337		:7	80,126,130,143, 197
:9	236,299,300			
14:1	238,273		:8	197
:2	300		19:1	303
:3	109,300,310,367		:2	254,303
:4	110,293		:3	250
:5	80,172,240,256, 296,382,425		:4	125,139,295
			:5	293
:6	10,28,209,228, 264,279,306,405, 430		:6	96,303
			:7	74,81,237,291, 300
:7	237,290		:9	74,82,84,149, 269,295
:8	126,197,276,294, 295			
:9	14		Düm. H. J. 22/23	
15:1	188		Z.31	158
:2	126			
:3	274,291,295		Edfu	
:4	106,224		⟨3863 ff.⟩	111
:5	194,290			
:6	85,197,302,429		Eseemcheb	
:7	300		9:13	297
:8	160,234,341		11:	201
:9	233,331,342,373, 376		13:	180,188
16:1	228,296,341		Florenz Ostrakon	
:2	70,291		2619:	157
:3	168,204			
:4	169,176,182,183, 290,297,368,433		Friedensvertrag	
			22:	269,270
:5	358,381		24:	270
:7	327			
:8	76,286,408		Genf, D.	
:9,10(sic)	109		52:	293
17:1	98,293			
:4	300		Gloss. Golen	
:5	70		1:2	68
:6	343			

Grabstein Turin Nr. 169
    328

Grenzstele
 N 76
 S 76, 187, 190

Griffith Ä. Z.
 46:126 90
  :130 360

Gr. Hymnus
 3: 324
 4: 173
 9: 182

Harr.
 passim 154
 3:4 298
  :7 104
  :9-10 381
 4:1 183
  :12 18
 5:1 379
 7:12 89
 8:9 96
 11:4 11
 18:1 75
 23:4 381
 25:4 104
 26:10 379
  :11 383
 27:3 18, 380
 29:3 248, 407
  :4 250
  :10 379
 30:2 16
 32b:8 11
 42:4 164
  :8 128
 46:4 383
 49:5 347
 57:5 391
 72:12 159
 73:8 68
 75:1 73, 83, 150
  :2 96, 132, 133, 170,

75:2 188, 229, 248, 406, 418
 :3 37, 236, 291, 379
 :4 83, 107
 :5 73, 110
 :6 326
 :7 35
 :8 176, 178
 :9 37, 159, 176, 248
 :10 298
 :11 37
76:1 73, 112, 151, 153, 157, 162, 181
 :2 73, 308
 :5 99
 :6 176
 :7 68
 :7-8 352
 :8 96, 159
 :9 107
 :10 25, 68
 :11 108, 172, 235, 248, 424
77:1 73, 258, 306, 325
 :2 69, 92, 98, 172, 175, 185, 229, 306, 406
 :3 159
 :4 131
 :5 99, 104, 115
 :6 159, 325
 :7 33, 84, 113
 :10 77, 237, 381
 :11 68, 90, 95, 320
 :12 12, 187, 233, 418
 :13 14, 90, 308
78:1 14, 104
 :2 84, 90, 108, 315
 :3 12, 151, 392
 :6 11, 14, 151
 :7 152, 153, 319, 392
 :8 122, 315
 :9 16, 68, 69, 88, 108, 191, 236, 419
 :12 36, 74, 317
 :13 16, 262
79:1 92, 108, 299, 311

Harr. (cont'd)

79:2	122,123,248,262, 407	3:8	160,233,234,235, 295
:3	229,314,315	:10	175,180
:4	158,240,416	:11	198,306
:7	166	:12	165,321
:8	144,166,167,366	:13	196
:9	166,167,303	4:1	324
:10	166	:2	33,98,103,321
:11	167,181,262	:3	33,87,166,170, 293,295,314
500:	116		
rs.500:	80	:5	87
		:9	385

Hor. u. Seth

		:13	105,196
D.20	34	5:1	313,330
1:1	175	:2	35,131,294
:3	103	:3	293
:4	167	:4	35,140,276
:6	33	:6	71
:7	79	:7	33
:8	306	:8	94,290,300
:10	137,197,309	:8-9	262
:11	34,245,381	:9	94
:12	72,77-78	:10	301,323
2:1	71,98,321	:11	264,315
:2	196,290,433	:12	196
:3	87,103,166,197, 314	:13	27
		:14	32
:4	13,35,37,170, 290	6:1	32,94,168
		:2	243,315
:5	34,129,137,138, 400	:4	160
		:5	94,194,197,272, 383
:6	196,433		
:7	70,115,294	:6	87,196,314
:8	103,130,307	:7	319,321
:12	96	:8	27,79,311
:13	113,196,245,301, 430,433	:9	197,323
		:10	160,287,359
3:1	34,165,245,284, 296,387,433	:11	31
		:12	272,371
:2	168	:13	196
:3	37,77-78,300,399, 430	:13-14	239
		:14	165
:4	75,166	7:1	274
:5	300	:2	160
:6	91,196,272,328	:3	321
:7	105	:4	197,322

Hor. u. Seth (cont'd)

7:5	110	11:4	72, 73, 196
:6	324	:5	74, 166, 167, 196
:7	31, 276	:8	196
:9	371	:9	78
:10	72, 80	:10	10, 71, 266, 432
:11	73, 91, 175, 185, 350	:11	96, 321
		:12	235, 274
:12	196, 265	12:1	37, 87, 167, 314
:13	91, 196, 197, 307, 371	:2	132
		:4	250, 293, 321
8:2	74, 94, 103	:5	34, 70
:3	35, 158, 159, 161, 233, 235	:5-6	433
		:7	72, 306
:4	72, 73, 75, 300	:8	72
:5	265, 284, 307, 372, 375, 389	:9	167, 245
		:10	265, 272, 371
:6	72, 75, 86, 87, 295	:11	33, 198, 296
:7	160, 196	:12	197
:8	306, 309	13:1	105, 313, 367
:9	34, 167	:2	105
:10	113, 276, 380	:3	34, 110, 214, 245, 387
:13	87, 300		
9:1	167, 295	:3-4	276
:2	165, 166, 295	:4	197
:3	221	:5	94, 295
:5	32, 165, 166, 383	:6	71, 99, 382
:7	224, 423	:8	250
:8	33, 69, 198, 328	:9	294
:9	72, 198	:10	197, 272
:10	313, 431	:11	399
:11	160	:12	113, 301, 430
10:1	140, 198	14:1	34, 252, 301, 332, 387, 393
:2	353		
:3	94, 196, 295	:2	121, 132
:4	25, 294, 306	:3.4(sic)	121
:5	285	:4	91
:6-9	250	:5	126, 137
:7	73, 80, 196	:6	34, 166, 169, 433
:8	103, 165	:8	86
:9	165	:9	245, 286, 324
:10	166	:10	153, 272, 313, 330
:11	137	:11	25, 144, 283, 287
:12	140, 169, 197	:11-12	258
11:1	139	:12	99
:2	74	15:1	272
:3	74, 317	:2	25, 393

Hor. u. Seth (cont'd)
15:4	222	
:5	226, 227, 387, 430	
:5-6	276	
:6	87, 284, 306, 314	
:7	322, 323, 372, 389, 429	
:8	308, 324, 430	
:9	286	
:10	250	
:12	127, 265	
16:1	300	
:2	226	
:3	121, 196, 433	
:5	233	
:6	295	
:8	153	
18:12	197	

Inscr. Hier. Ch.
pl. 12:	106, 129, 159, 161, 175, 185, 202, 332, 350, 368, 389, 390, 394
13:	129, 130, 132, 141, 284, 322, 350
pl. 14:	76, 103, 160, 203, 256, 273, 285, 286, 335, 397, 409
15:	181, 205, 270
16:	28, 29, 188, 357
17:	83
18:	9, 29, 94, 110, 114, 151, 153, 158, 168, 169, 189, 197, 239, 279, 281, 286, 296, 332, 339, 402, 409, 423, 429, 432
:11	177
19:	181, 189, 190, 314
24:	308, 328
26:	73, 106, 176, 188, 190, 191, 293, 349, 352, 355, 422
:9	176
29:3	170, 182
:7	118

Israelstele
9:	269
22:	144, 342
24:	144, 187
27:	154

Joppegesch.
1:3	72, 74, 233, 236, 334, 409
:7	209
:8	206
:10	284
:11	165, 209, 295, 349
2:3	72, 131
:4	188
:5	131, 299
:8	241, 249, 407
:9	135, 295
:11	165, 169
:12	294
:14	207
3:7	347
:9	88
:10	120, 197
:11	73, 74

Kadesch
:	132, 293, 308
3:	227, 296
5:	95, 102
7:	122, 159, 391
10:	94
15:	91, 331, 335, 409
17:	115, 321
23:	284
24:	100, 391
25:	159
26:	157
29:	18, 148, 150, 317
30:	70, 113, 310
31:	313
32:	159
33:	320
34:	272
35:	272
36:	315
38:	271, 379

Kadesch (cont'd)

39:	319	101:	208
42:	25,262,384	102:	97
43:	150,382,384	103:	158
44:	273,372,373,374, 375	104:	343
		107:	213,239,374
45:	191,215,321,372, 373,389	109:	115,301
		110:	382
46:	310,342	112:	285
47:	284,372,374	113:	361
51:	350	114:	78
54:	379,381	115:	312,391
56:	148	117:	344
57:	385	118:	178,379
58:	262	124:	156,390
59:	148,156	125:	94,198,379,393
62:	422	126:	359
63:	16,113,189,320	129:	81
64:	35,150,392	136:	170,225
65:	35,391	138:	321
66:	131,306	142:	129
67:	109,303,387,392	144:	202
69:	256,258,384,385, 386	147:	340
		148:	347
70:	110	149:	373
71:	404	153:	163
73:	112	155:	383
75:	348	156:	376
76:	222,385	161:	342
77:	102,112,180,226, 385,386		

Kairo, W.B.

78:	170,343	Nr. פ	79
80:	88,157	Nr. ט	140,177
84:	383	Nr. ת	286 (D.18)
85:	296		
87:	394,395	Karnak	
89:	384	953:	216
90:	163,208		
91:	110,345	Koller	
92:	391,393,434	5:3	368,373
93:	344	:4	164
94:	157		
95:	196,258,386	Kopt. Gr.	
97:	176,269,386	379:4	296
98:	325		
99:	191,391	Kubanstele	
100:	318,333,337	11:	382

Kubanstele (cont'd)
15:	377		6:1	94
27:	382		:2	73
			:5	73, 392
L.D. III			:6	392
140c:	341		:8	303
:17-19	269		7:1	73
155:	215, 216		:3	383
187:	216		:4	381
187e:	215		:5	37, 385
229:19	269		:7	401
258:	68		:8	31, 94, 397
			8:1	71, 97, 99
Lansing			:2	401
	34		:3	162, 163, 209, 210, 391
1:4	183			
:7	127		:5	31
:9	165		:6-7	31
2:1	25, 74, 398		:7	268, 303, 399
:2	70, 85, 166, 223		:9	18
:3	86		:9-10	31
:4	212, 262, 342, 391, 406		9:1	73
			:2	31, 183, 426
:6	233		:6	37, 91, 198
:7	36, 79, 99, 159		:7	127
:8	36, 336, 387, 414, 416		:10	96
			:14	127
:9	72, 296, 347		10:1	25
3:1	197		:4	158, 160
:2	158, 392, 434		:5	68, 74
:3	73		:6	157
:4	98, 123, 157, 223		:8	74, 157, 382
:5	25, 223		:9	151
:5-7	145-6		:10	93
:7	121, 126, 390, 391, 392, 393		11:2	380
			:3	91, 102, 291, 308
:9	390		:4	99
:10	210, 224		12:1	292, 297
4:2	159, 210		:2	74, 381
:4	68, 427		:5	95, 102, 303
:8	308, 427		:6	36, 118, 175, 300
:10	99		:7	36, 380
5:2	94, 429		:8	126, 128
:5	73, 74		:9	98
:8	91		:10	79, 81
:9	202, 303		:11	73
:9-6:1	210		13a:8	82

Lansing (cont'd)			
13b:7	203	23:2	281-282, 326, 342, 404
14:1	98		
:2	100, 191, 419	:3	139, 233, 235, 308, 314, 343
:3	95, 100		
:4	31	:4	115
:5	31	:6	130, 202
:8	90	:7	171
:10	183	:8	130, 171, 291
15:3	290, 291	:9	103, 104, 115, 223
18:1	30	:10	315, 390, 391
rs. 9-10:	183	24:1	28, 32, 107, 403
		:2	73, 349, 398
Lieb. Beatty		:3	128, 138, 166, 299, 375, 400
D. 20	34		
2:9	226	:4	107, 197, 204, 349, 398
7:6	315		
16:9	177, 336	:5	132
:11	168, 380	:6	160, 233, 235
:12	131	:7	101, 162, 315, 342
17:1	175, 177, 184, 347, 351	:8	171, 262, 317
		:9	33, 226, 317
:2	342	25:1	180, 314, 380
:3	29, 97, 144, 313	:2	16, 97, 150, 300, 330, 341, 410
:4	177, 185, 228, 234, 309		
		:3	235, 241, 318, 343, 345, 416
:6	189, 198, 422		
:7	291	:4	117, 392
:8	221, 392	:5	157, 198, 206, 208
:9	233, 373, 398	:6	114
:11	34	:7	236, 273
:12	144, 411	:8	385, 392
18:2	233	:9	171, 176, 177, 180, 225, 431
:5	169		
:6	169	:10	222, 225
20:7	168	26:1	28, 132, 199, 284, 411
22:1	115, 355		
:1ff.	111	:2	242, 336, 411, 413
:2	82, 211	29:1	102, 129, 141, 345, 423
:3	211		
:4	221	:2	37
:5	405	:3	16, 33
:6	33, 99, 204, 249	:4	129, 149, 385, 406
:7	176	:5	345
:8	115, 227	:6	90
:9	74, 381	:7	76, 246, 294, 320, 402, 412
23:1	165, 171, 227, 235		

Lieb. Beatty (cont'd)
30:1	141, 200, 345	5:6	29, 30, 91, 233, 398
:4	301	:7	29, 32, 146, 149, 228
:5	177, 185	:8	29, 73, 229
:6	351	:9	72, 94, 171, 234
		:10	103, 132, 163

Lieb. Gard.
		:11	337, 374
18:3	74	:12	30
		6:1	30

Lieb. Harr.
		7:3	129
1:1	377, 386	:4	30, 227
:2	31	:5	342
:3	149, 373	:6	30
:5	73	:7	16, 115, 191, 226, 419
:6	26, 30		
:10	26	:8	82, 426
2:2	28	:9	30, 95, 97, 126, 195
:3	94, 295	:10	28, 30, 221, 412
:4	86	:11	204, 226, 242. 303
:6	244, 356	:12	30, 157
:7	221, 352	8:11	72
:9	244	24:9	162
:10	336		
:11	334		

		Lieb. Kairo	
:12	132, 141, 161, 345	passim	157
:13	26, 28, 162, 336	6:	169
3:1	243	7:	160
:2	226	8:	175, 184, 351
:4	28	9:	162
:5	336	10:	236, 333, 359, 427
:6	28	11:	380
:8	311	12:	168, 318, 398
:12	182, 422	13:	336, 345
4:1	183	14:	72, 104, 345
:2	29, 166, 182	16:	345
:3-4	352		
:5	159, 285, 299, 313		
:6	82, 176	Lieb. Tur.	
:8	9, 194, 299, 360, 374	1:1	310, 319
		:2	95, 129, 233, 313
:9	18, 30, 242	:4	234, 321
:11	163	:5	115
5:2	30, 225, 352	:6	103, 196, 287, 387
:3	14, 25, 86, 242, 296	:7	130
		:9	176, 248
:4	372	:10	106, 157
:5	77, 389	:11	252

Lieb. Tur. (cont'd)
1:12	246, 326, 371, 385, 413	2:3	68
:13	132	:4	74
:14	28, 29, 95, 132, 135	:5	14
:15	98, 188, 328, 329, 418	:9	107
		:11	107, 298, 399
		:14	160
2:3	226	:15	303
:5	159	3:1	400
:6	90, 101, 103, 132, 167, 328	:2	13
		:4	165
:7	129	:8	95, 103
:8	130	:9	207, 208
:9	106, 203, 393	:12	14
:10	37, 422	:13	13
:11	129, 167	:14	14
:12	29, 156	4:2	14
:13	130, 181, 421	:6	166
:14	182, 402	:13	14
rs. 2:	138	:15	243, 425
		:16	13
Lit. Br. Gol.		:17	14, 134, 207, 371, 375
1:2	32		
		5:2	298
Lit. Brief		:4	293
1:3	74	:7	247, 311, 312
		:10	30
Liverpool, Ostrakon		:11	299, 424
n. 13626	16	:13	165, 169
		6:6	247, 313
Louvre, Holzfigur ohne Nr.		:8	16
	213	:9	298
		:12	105
Lyon		:13	17
85:	178	:17	165
		:18	322
Mar. Ab. II		7:2	281, 282
54:8	175	:15	326
59:	377	:18	212
		8:1	12
Mar. Karn.		:3	73
54:52	397	:6	323, 400
:55	19	:7	24, 101
		:12	385
Max d'Anii		:14	377
1:6	16	:19	37, 304
:14	14	9:2	402

Max d'Anii (cont'd)
9:4	74	
:5	160	
:6	13,104,326	
:7	257	
:8	156	
:11	73,167	
:16	11,92	
:17	208	

Mayer B.
1:	309,404
2:	188,197
3:	357
6:	357

Med. Habu
1	347
⟨13⟩	175,184
⟨23⟩	175
⟨50⟩	122,157,378
⟨56⟩	25
⟨137⟩	177
⟨190⟩	181
⟨212⟩	184
⟨214⟩	144
⟨241⟩	144
⟨441⟩	99
⟨916⟩	24
999	208
⟨1162⟩	170

Mes. N.
2:	93,178,197,353
3:	296
4:	129
6:	284,401
7:	80,87,88
8:	27,129
9:	368,373
10:	235,286,299
11:	90,91-92
12:	96,325
14:	88,114
15:	333,351,357
16:	141,187,226, 285-286,374

17:	129,208,302
18:	167,298
21:	144,145,146,389
22:	208,221
25:	304
28:	156,356
29:	81,262,265
30:21	267
31:	334
32:	356
35:	96,356
36:	96,284

Mes. S.
6:	156
7:	103
8:	102
9:	429
11:	175
12:	34
13:	353
14:	91-92

München, Antiquarium
42:	213

Nauri
113:	269
115:	269

Ostr. Berlin III
24:	306
31:	92,97,296,323
32:	88,93,131,173, 355,399
33:	17,84,85,109,110, 131,157,186,191, 205,221,223,257, 266,288,290,294, 324,326,333,344, 353,374,386,390, 391,393,397,422, 430,434
34:	108,122,157,183, 188,357
35:	12,84,88,131,132

Ostr. Berlin III (cont'd)

35:	140,173,178,188,	50:	177
	191,207,280-281,	53:	354
	299,301,347,354,	54:	165
	380	55:	175,188,291,329
36:	16,35,163,181,	56:	136
	351,390,392	59:	212,285
37:	84,105,113,132,	60:	198
	135,178,183,191,	65:	165
	257,264,280-281,	77:	356
	288,319,347,350,	rs.55:	79
	351,394,396		
38:	98,104,108,170,	Ostr. Petrie	
	172,176,177,180,	3:	328
	181,208,235,241,	11:	30,215
	301,335,357,359,	14:	124,386,404
	360,386,399,408	16:	242,255,270,275,
39:	24,129,132,201,		304
	257,307,312,339,	18:	34,75
	343,344,394,395,	21:	165
	433	37:	236,286
40:	177,329	37:62	276
		46:	288
Ostrakon in Borchardts Besitz		50:	11
	137	60:	201,228,281
		62:	131
Ostr. Edinburgh		65:	360
9:2	35	73us:	301
		78:	290
Ostr. Florenz		79:	181
2625	208	92:	319,325
Ostr. Gardiner		P. Beatty	
2:	166,170,284,303	16:8	406
4:	175,201		
11:	345,286	P. Beatty I	
13:	286	B.7:	308
16:	10	28:	313,367
20:	25	29:	157
20a:	404,421	D.	203
28:	191	E.	87
29:	11,288	rs.D.1:	308
31:	24		
34:	276	P. Berlin	
36:	181	3047:	360
38:	314	9784:	28
42:	24	20377:	28,29,31,79,83,

P. Berlin (cont'd)

20377:	149,157,159,163,	2:18	131,188,233
	166,167,177,189,	:19	285
	190,210,212,250,	:20	252,285,335
	253,254,279,291,	:22	133-134
	305,333,336,358,	:23	167
	360,379,406,411,	:24	214,318,358
	414,415	:26	176,180
		:27	151,152,299,433

P. Berlin III

32:	84	3:1	433
38:	105	:2	11,429
		:3	234,333
		:4	159,382

P. Bologna

		:5	136
D. 19	34	:6	131,339,398,405
1:1	129	:7	240,256
:2	132,140	:8	255,393
:3	234	:9	196,306
:4	91,131,283,288	:10	321,392
:6	24	4:1	323
:7	189,210	:2	131,132,141,196
:8	402	:3	129,234,283,288
:9	234	:4	129
2:	290	:6	71
:1	70,93,189	:8	196
:2	86,191,304,356,	:9	310
	420	:10	166,234,245,433
:3	83,85,166,170,	5:4	140,276
	199,368	:5-6	278
:4	75,387	:6	28,146,368,373
:5	162	:7	130,257,329,360
:5-9	339	:8	84,287,311,427
:6	188,351,353	:9	77,85,234
:7	136,207,234,300,	6:1	137
	368	:2	101,129,130,140,
:8	260,285,328,329,		188
	399	:3	241,249
:9	139,243,304,307	:4	98,169,432
:10	93,130,157,160,	:5	404
	191,294,322	:6	397
:11	91,205	:6ff.	317
:12	84	:7	317
:13	175,185,433	:8	176
:14	131,205	:9	175,361
:15	205,309,337	:10	285
:16	394,395	7:1	26,84,234
:17	226,323	:3	77

P. Bologna (cont'd)

7:4	11	15:	275
:5	234	16:	314, 383, 410
:6	206		
:8	235, 246, 285	P. Brit. Mus. 10052	
:10	26, 234	15:8	214
:11	234		
8:4	74	P. Gurob III	
:9	156, 339	1:24	342
9:1	234		
:2	28, 132, 141	P. jur. Turin	
:3	79	2:3	299
:4	113, 262	:4	91, 178
:8	137	:5	140, 166, 169, 188,
:9	28, 134, 137, 171		354
10:1	129, 188, 189, 196,	:6	124, 129, 176, 180,
	199, 325, 361, 372,		181, 328
	387, 389	:7	70, 251
:2	70, 282, 287	:8	170, 356
:3	241, 314, 410	:9	285, 299
:4	233, 234, 235	3:1	175, 176, 180, 182,
:5	287, 325		354
:6	227, 285, 375	:2	189
:7	32, 156, 340, 344,	:4	104, 105, 315
	374	4:1	91, 98, 99, 180, 196,
:9	108		197, 202, 205
:10	90, 85-86	:2	85, 90, 98, 101, 129,
11:2	297		131, 175, 176, 178,
:3	10		188, 196, 197, 199,
:4	28, 137		208, 306, 308, 309,
:5	85		366, 430
:8	33	:3	87, 131, 196, 197,
12:1	137		308
:2	75, 122, 157	:4	196, 199
		:5	109, 196, 199, 306
P. Boulaq		:6	190, 199, 242, 304,
1:9	80		420, 421
:11	80	:7	188, 242
10:	35, 80, 129, 202,	:8	188, 242
	227, 290, 313, 351,	:9	242
	394, 395	:10	242
:1	288	:11	242
:7	336	:12	70, 199, 312, 326,
:10	144		421
:13	235	:13	242
12:6	18	:14	242
14:	386	:15	242

P. jur. Turin (cont'd)

5:1	93,176,177,178, 180,196,250		1:5	285,329,335
			:6	106,188,196,206, 229,253,305
:2	298		:7	107,108,165,188, 291,326
:3	104,166,186,188, 196,207,211,307, 429		:12	168
:4	93,197,291,299, 390,392		2:1	195
			:2	206
:5	82		:3	107
:6	177,231,342		:4	233,305,407
:7	74,90,109,190, 197,248,249,308, 330,410		:5	165,432
			:7	188
:8	147,322		P. Leiden 348	
:9	147		6:3	96
:10	147		9:	36
6:1	70,97,177,184, 199,204		10:11	424
:2	177,184		P. Leiden 361	
:5	104			124,351
:6	97,112,129,176, 178,283,312,390, 392		P. Leiden 363 4 u. o.	307

P. Kahun

39:	342		P. Leiden 364	84,287,329
:19	28		7:	307
			65:	361

P. Kairo, Ä. Z.

1881:119	29,81,121,169, 337,391		P. Leiden 365	84,111,159
:169	414			
			P. Leiden 367	

P. Kairo, W. B.

Nr. 5	379		5:	337
Nr. ⲡ	374		P. Leiden 368	
Nr. ⲇ	28,339,347,383			74,108,119,180, 205,255,329,368

P. Lee

1:1	227		10:	125,126
:2	95,168,203,248, 335		P. Leiden 370	
			3:	305
:3	82		12:	262
:4	108,131,136,197, 212		14:	254
			17:	262
:5	108,109,110,284,			

P. Mallet
1:2	175,325	2:6	322
:3	114	:8	196,293,328
:5	295	:11	165
2:3	169	:12	Vs. 28, 212, 246,
:5	207		421
:6	387	:13	322, Vs. 430
:7	334	:14	189,287,423
3:5	299	:16	189,423
:6	35,276,279	:17	181
:7	35,299	:18	Vs. 126,170,196
:8	333,400	:19	151,152,406
:3	400	:21	188
:5	34,276	3:6	201
:6	276	:8	364
5:5	306	:9	364
:7	168,319	:10	151
:8	397	:12	288,307
:9	344	:13	Vs. 126,162
6:4	111	:17	307
:6	243	:19	11
:8	368	:21	178,188
		:22-24	363

P. Mayer A
	394	:23	11, Vs. 126, 353, 358
1:3	125,265,433	:25	358,404
:5	433	4:1	394
:8	121,155	:2	170,188
:9	212,374	:3	175
:13	151,154,374	:4	356,422
:14	128,208	:5	176,237
:16	128,188	:9	312
:17	151,152,267,322	:12	108
:18	73, Vs.126,132, 152,155,189,190, 206,Vs. 212,422	:17 :18 :19	188,357,358 188,420 357
:19	189	5:11	131,188,424
:20	197	:12	159
:21	Vs. 126,151,152, 155	:17 :18	248 334
:22	Vs.126,188,206, 374,421	:19 :20	394 307
:23	115,197,212	8:22	84,356
:24	357	12:	83
2:2-3	364	13:6	152
:3	122	rs.1:3	285
:4	157,274	:5	265

P. Mayer A. (cont'd)

1:8	344		4:3	196
:9	288		:4	13,182
:14	254		:6	12,257,292
:16	415		:7	131
:18	157,279		:8	12,132,243
:23	359		:8-9	424
:26	157		:9	136,243,292
2:6	285		:10	124
:7	320		:11	92,257
:11	262		:12	130
:12	285,422		:14	229,327,434
:17	285,354		:15	19,124,229,327
:18	157,194		:16	100,130,196,293
:19	267		:17	97,196,297
:21	209,307		:18	92,301
4:10	259		:21	13,92,257,311
:17	359		:22	75,97,213,311
5:20	296		:23	311
			5:1	311

P. Neschons

		34	:3-4	264
passim	177		:4	68
1:8	18		:6	68
:13	9		:7	280
:15	9		:10	100,292,297,427, 428
2:4	16			
:9	9,18		:11	13,75,237,388
:14	317		:13	100,280,432
:15	126		:14	106,196,335
:16	126,322,323		:15	18
3:1	194		:16	264,334,427,428
:5	194,289		:18	166,188
:7	175		:19	285,413
:9	298		:20	176,189
:11	298		:22	285
:12	388		:23	128
:13	9,428		:24	427,428
:14	204,326		:26	427,428
:16	311		:27	9,326,348
:17	19,33		6:2	199,428
:17-18	276		:3	293,395
:18	286		:5	387
:19	16,199		:6	188
:20	129,213		:7	166
4:1	182,188,311		:8	106,287,387
:2	276		:9	100,318

Also :2 237 under 5 column.

P. Neschons (cont'd)
6:10	195,198,326	2:9	290
:11	186	:13	97,278
:13	395	:14	83,175,185,253,
:14	434		259,350
:17	132,145	:14-17	278
		:16	210

P. Rainer

		:17	262
	10,361	:19	74,79
		:21	30,281

P. Rollin
1:	111,128,196,203,	3:7	126
	86,98,129,394,	5:1	390
	395	:1,16	75
		:9	260
2-3:	434	:10	431
3:	101,274,335,395	7:10	157
4:	98,106,188,196,	rs.1:2	202
	229,326	:2-3	238
5:	186,189,239,422	:3	197,233,243,315,
			424,429

P. Salt
		:4	200
1:1	74,91,221,339	:6	415
:2	74	:7	284
:3	113,176,235,296,	:9	199,281,408
	346	:12	312
:4	106,151,152,153,	:16	359
	274,409	:17	407
:5	90,106,188,199,	2:1	385
	205	:2	343
:6	186,190,196,207,	:4	234,333
	324,420	:5	238,402
:9	114,260,335,423		
:10	319	P. Turin	
:12	147,207,386	2:9	359
:13	306	:12	324
:14	124,189,274,431	5:4.3(sic)	104
:16	388	16:4-7	279
:18	33,388	:17	214
:19	327	18:4	25
:21	165	19:9	329
2:1	93,196,207	33:21	254
:2	134,229,312,424	42:5	177
:3	312,335,351,359	45:8	347
:4	340	46:17	214
:5	136,204,327	52:8	262
:6	107,132,279,301	66:5	154
:7	243	:6	296

P. Turin (cont'd)

66:7	151,196	4:7-8	239,243
67:1	196,339	:8	78,231,306,374,431
:2	189		
:3	70	:9	70,131,224,238,288,326
:4	16		
:5	16,430	:10	272
:6	119,154,177	:11	74
73:2	428	:12	161,287,375
:ii 9	143,366	:13	144,145,214,263,291,294
112:7	159		
114:3	305	5:1	96,197,429
128:4	137	:2	73,141,253
129:7	326	:3	99,395
137:12	114	:3-4	338
⟨813⟩	113	:4	424
173:	213	:5	99
⟨503⟩	170	:6	70,270,302,433
20213:13-14	264	:7	95,107
		:8	74

Petersb. Prophez.

6-7:	69	:10	14,78,212,325,377
		:11	70

Petrie, Koptos

		:12	107,108,198
18:1	37,175,256,259	:14	87
:2	304	:18	87
19:1	196,286	6:1	311
20a:	24	:2	132
		:3	95

Pianchi

		:4	157,160
34:	170	:6	93
		:7	72,134,294

Pistis Sophia

		:8	91,376
190:18	179	:9	14
314:10	179	:10	12,284
		:11	14,287,434

Prinzengesch.

		:13	245,311,380
2:4	14	:14	188
4:1	311,395	:15	73,142,240,241
:2	74,130,136	:16	161,304
:3	270	7:2	165,227
:4	89,134,233	:3	70
:5	73,284	:4	28,198
:6	73,85,96,236,243,382,424	:6	88,121,132,138
		:7	188,320
:7	80,157,160,409,424	:8	130,257,283,387
		:9	338

Prinzengesch. (cont'd)			4:7	339
7:11	121,130,135,390,		:8	36
	391		:9	334
:13	74		:10	74
:14	14,74,196,209,		:11	107,322
	409		5:1	16,409
:15	295		:2	16,292,318
8:2	338		:3	74,113,264,288,
:5	132,134,210			301
:6	95		:4	88,172,205
:8	338		:5	144,145
:11	267		:6	320,323,387,388,
:12	283			398
Pyr.			:8	386
1707	220		:9	209,299,405
			:12	353
Raifet			6:1	132,144,145,211
	16		:1-2	303
			:2	149,314,372
Rec. de Trav.			:3	108,126
2:125	351		:5	13,306
4:149	269		:6	124,168,356,383
21:13ff.	68		:8	353
			:9	168,247
Ryl. IX			:10	166
10/3	170		:11	401
			7:1	406
Sall. I			:4	386
	308		:5	169,290
3:4	94,191,406,419		:6	255
:5	350		:7	86,274,298
:6	144,189,206,294,		:8	24,247,292,297,
	339			322,416
:7	91,234,288		:9	234
:8	298,352		:10	183,202
:9	275,416		:11	10,12,106,113,
:10	166,222			311,312
:11	141,145,350		8:1	23,151,234
4:1	344,374,402		:2	349
:2	17,80,188,190,		:3	29,82,83,294,319,
	204,407			345,349
:3	86,170		:4	81,94,113,156,
:4	98,113,322,429,			167
	432		:4-5	247
:5	172,173,234		:5	83,290,303,310
:6	109,171,206,283		:6	233,308,411

Sall. I (cont'd)

8:7	68,140,234	5:2	314
:8	310	6:3	358,394
:9	105,170	:4	68
:10	11,25,148	:7	345
:11	30,222,285	:8	352
9:2	114,144	:9	196,314
:3	125,126,130,138,	:10	313,386
	311,328,332	7:4	337
:4	104,211,407	:5	207
:5	284,287	:8	78
:6	68,118,299,407	8:6	393
:8	237,334	9:6	320
:9	91	10:4	340
:10	145,360	:6	373
		98:	381

Sall. II

11:3	378

Sall. IV

4:2	413
:3	144
:5	144,146
:7	144,146,413
5:3	413
:6	413
7:5	23
rs. 21:	212,269

Sall. III

	132,148,156,202,
	293,296,306,308,
	344,381
1:1	310
:4	308
:5	272
:6	310
:8	23,270
:10	314
2:2	209,262
:3	118,308
:4	215
:5	12,342
:6	389
:8	196
:9	350
3:4	299
:5	262,308,371,389
:6	148
:8	422
:9	16
:10	209
4:1	35,131,310
:2	175,392
:5	110
:7	299
:9	82,404

Sarg. Amenophis IV
    161

Sethe Ä. Z.
  64:9   317

Sinuhe
  84:    220

Stele Harris
  75:4   80

Stele K.
    150

Suit
  19:32   68

Tabl. Rogers
  1:    428

Tabl. Rogers (cont'd)

2:1	32		1:9	131
4:	83		:11	114,154
6:	431		:12	18,113,119
11:	13,188,190		:13	13,156,297,334
13:	193		:15	68,106
16:	175,180		:17	266,373
rs. 1:	100		:18	176,180,224,297,
3:	100			416,420
4:	194,284		:18-19	260
5:	100		:19	215
6:	133		:20	106,343
7:	129		:21	24,110,139,166,
9:10	205			287,326
			:22	59,156,242,298,
Tar. Zaub. Pap.				394,395
c 11	82		1x+1	412
			+2	210
Tell Amarna			+3	236,291,335,407
15:3	292		+4	165,285,315
			+5	175,185,351
Tell Amarna III			+5ff.	254,408
25:12	156		+5-6	258
			+6	13,33,78
Tell Amarna V			+7	107,134,141-142,
2:10	156			402,407
28:	156		+8	265,314,372,434
			+9	165,210,298
Tell Amarna VI			+10	188,195,209,348
14:	292		+11	314
25:10	156		+12	242,285,407
			+13	154,298
Theb. Gr.			+14	255
⟨112⟩	358		+15	24,292,297,330,
⟨650⟩	103			378,430
⟨652⟩	32		+16	11,24,105,354,
⟨1208⟩	28			371,377
			+17	61,328,354
Tsemescheb			+18	132,134,284,333
13:15	309		+19	61,297,353,377,
				396
Unamun			+20	91,265,372,382
	116		+21	260,330,341,376
D.21	34		+22	225,334,358
1:1	203		+22-23	403
:3	188,203,348		+23	113,247,313,383
:5	133		2:1	108,188,286,403

Unamun (cont'd)

2:3	13, 210, 375	2:41	24
:4	15, 147, 185, 350, 358	:42	24
		:43	136, 320
:5.6(sic)	147	:44	161, 303, 304, 344
:6	78, 147, 253, 343	:45	167, 326
:7	125, 297, 424	:46	83, 160, 299, 425
:8	92, 340	:47	165, 170, 188, 347, 352
:9	100, 300		
:10	317	:48	189, 190, 249, 257, 286, 340, 420, 422
:10-11	260, 416		
:12	224, 340	:49	125, 403
:13	14, 176, 179, 267, 341	:50	78, 260, 268, 399, 415
:14	10, 16, 144, 145, 168, 264, 308	:51	189, 394, 422
		:52	10, 137, 147, 165, 264, 292, 297, 298, 431
:15	188		
:16	433		
:18	104	:53	297, 334, 399
:19	74, 264	:54	140, 265, 372, 393
:19-22	147	:55	282
:20	420	:55ff.	134
:21	14, 104, 348	:56	91
:22	32, 76, 125, 188, 286, 293, 326	:58	415
		:59	13, 77, 240, 326, 424
:23	264, 397, 425, 432		
:24	106, 256, 334, 432	:60	76, 224, 287, 413, 423, 429
:25	210, 358		
:26	129, 135, 164, 165, 332	:61	267, 280, 430
		:62	161, 303, 355
:27	403	:64	24, 156, 161, 163, 273, 288
:28	246, 274, 329		
:29	14, 147, 247, 260, 313, 388, 416	:65	267, 284, 374
		:65-66	403
:30	264, 291, 327, 328, 336	:66	156, 161, 215, 286, 375
:31	77, 129, 242	:67	24, 188, 198, 329
:32	14, 242, 279, 341, 353, 413	:68	84, 131
		:69	83, 165, 400
:33	106, 123, 240	:70	81, 165, 166, 240, 242, 297, 407, 427
:34	139		
:35	79, 188	:71	200, 291, 322
:36	214, 428	:72	34, 76, 144, 360
:37	328, 341, 360	:73	169, 240, 244
:38	73, 87, 113, 309	:74	29
:39	239, 297	:75	299, 317
:40	84	:76	33, 109, 244, 298, 410

Unamun (cont'd)				
2:77	33, 243, 291, 293,		6:4	11, 315, 319
	326, 348, 403, 424		:5	376
:78	73, 110, 165, 248,		:6	349
	293, 325		:7	176
:78-79	144, 146		7:2	82
:79	208, 263, 297, 338,		:4	168
	352, 374		:6	214
:80	12, 29, 32, 194, 199,		:7	323
	280, 413		8:1	250
:81	13, 32, 70, 172, 253,		:2	28, 168, 386
	352		:4	294
:82	34, 431		:6	377
:82-83	415		:7	322, 323
:83	13, 33, 113, 166,		9:1	429
	170, 281, 311, 312,		:2	371
	340, 354		:5	310
3:9	214, 367		10:2	189
			:3	189

Urk. IV				
54:	37		Westcar	
150:	28		9:22	73
704:	19		11:19	69
784:	19			
891:	17		Westcar (Gr.)	
1163:	73		106ff.	69

Wahr. u. Lüge			Wooden Tablet	
2:2	73		1:	191, 422
:3	302		2:	191
:4	334		3:	177
:8	315, 407			
3:2	315			
:6	106			
4:1	79, 197			
:2	237			
:3	198, 315, 410			
:4	204, 309, 425			
:5	81, 274, 294			
:6	326			
5:2	26, 92, 101, 103			
:3	221, 376, 397			
:4	344			
:5	28, 376			
:6	344			
:7	359			
6:3	16			